Inhalt

Über dieses Buch 23

1 Social Media beginnt mit »Du«! 27

1.1 Was ist Social Media eigentlich? 27
1.1.1 Social-Media-Tools 28
1.1.2 Social Media ist für alle da! 28
1.1.3 Social Media ist mehr als ein Hype 29
1.1.4 Wem vertrauen Sie eher, einem Unternehmen oder
einem Freund? 30

1.2 Die neue Macht der Kunden 31
1.2.1 Markenloyalität in Social Media – die
Consumer Decision Journey 31

1.3 Evolution oder Revolution? Mundpropaganda ist nichts Neues 32
1.3.1 Mundpropaganda in Social Media 33
1.3.2 Empfehlungen sind im Social Web sichtbar 34
1.3.3 Märkte sind noch immer Gespräche 35

1.4 Was bringt Social Media für Ihr Unternehmen? 35
1.4.1 Brand Awareness – die Markenbekanntheit erhöhen 36
1.4.2 Brand Loyalty – die Markenloyalität erhöhen 37
1.4.3 Kunden durch Empfehlungsmarketing gewinnen 37
1.4.4 Social CRM – Kundenbindung und Kontaktpflege 38
1.4.5 Investor Relations 38
1.4.6 Wertvolles Kundenfeedback 39
1.4.7 Die Reichweite Ihrer Message erhöhen 39
1.4.8 Social Search – das Ranking in Suchmaschinen verbessern 40
1.4.9 Social Commerce – neue Vertriebskanäle erschließen 41
1.4.10 Öffentlichkeitsarbeit – authentisch, schnell und relevant 41
1.4.11 Targeting – Werbung ohne Streuverluste 42

1.5 Social-Media-Kommunikation 43
1.5.1 Vom Push- zum Pull-Marketing 44
1.5.2 Vom einseitigen Monolog zum vielseitigen Dialog 44
1.5.3 Social Media Marketing ist nicht (nur) Online-Marketing 45
1.5.4 Der Long Tail 46
1.5.5 Der Long Tail der Social-Media-Kommunikation 47

1.5.6	Social-Media-Marketingmix	47
1.5.7	Social Media für B2B-Unternehmen	47
1.5.8	Social und Crossmedia	49
1.5.9	Transmedia – eine Geschichte wird mehrmals erzählt	50

1.6 Die Social-Media-User 51

1.6.1	Die Welt als soziales Netzwerk	51
1.6.2	Die Social-Media-Nutzung	52
1.6.3	Kennen Sie einen Digital Native?	52
1.6.4	Die Nielsen-Regel	53
1.6.5	Meinungsführer	54

1.7 Die Marke im Social Web 56

1.7.1	Warum folgen User einer Marke im Social Web?	57

1.8 Der ROI von Social Media 58

1.8.1	Der ROI von Social Media lautet »Risk of Ignoring«	58
1.8.2	Der ROI hat viele Bedeutungen	59
1.8.3	Wenn Ignoranz zum Verhängnis wird – die Beispiele Nestlé und H&M	59
1.8.4	Domino's Pizza – die Krise als Chance	63
1.8.5	Hat jede Kritik auch eine Reaktion verdient?	64
1.8.6	Trolle, Flamewars und Shitstorms	64
1.8.7	Wie man richtig reagiert – das Beispiel Nivea	65

1.9 Zehn wichtige Grundsätze für Social Media Marketing 66

2 Social-Media-Strategie 73

2.1 Zielgruppen, Ziele, Strategie und Technologie 74

2.1.1	Die Social-Media-Strategie beginnt mit Ihren Kunden	74
2.1.2	Quellen für die Analyse eines Stimmungsbilds im Social Web	75
2.1.3	Social-Media-Nutzertypen	75

2.2 Ziele definieren 76

2.2.1	Nicht das Tool, sondern das Ziel ist entscheidend	77
2.2.2	Nur wer ein Ziel hat, kann es auch erreichen	78
2.2.3	Was ist ein »Like« wert?	78
2.2.4	Social Media als Absatzbringer?	80
2.2.5	Definieren Sie zuerst qualitative Ziele	81
2.2.6	Mit Kennzahlen legen Sie quantitative Ziele fest	81

2.3	**Strategiekonzept**	82
	2.3.1	Drei strategische Ansätze für den Einstieg –	
		reaktiv, proaktiv oder passiv?	83
	2.3.2	Voraussetzungen für die Social-Media-Strategie	85
	2.3.3	Sind Sie bereit? – In zehn Schritten zur richtigen	
		Social-Media-Einstellung	86
	2.3.4	Holistischer Ansatz nach Jeremiah Owyang	86
	2.3.5	Das Drei-Säulen-Modell der	
		Social-Media-Kommunikation	87
	2.3.6	Der Social-Media-Koordinator: Ihr eigener	
		Social-Media-Manager im Unternehmen	88
	2.3.7	Der Redaktionsplan	90
	2.3.8	Wie Sie Mitarbeiter zu Wort kommen lassen	92
	2.3.9	Mitarbeiter Recruiting durch Social Media	93
	2.3.10	Social Media Guidelines	96
	2.3.11	Der Social-Media-Manager	100
	2.3.12	Der Community Manager	100

2.4	**Kunden ein Sprachrohr geben**	101
	2.4.1	Nichts ist authentischer als eine aussagekräftige	
		Kundenmeinung	101
	2.4.2	Wie gehen Sie mit negativen Bewertungen um?	103
	2.4.3	Die Angst vor einem negativen Kommentar überwinden	103
	2.4.4	Das Lieblingskundenprinzip	104

2.5	**Ins Gespräch kommen**	105
	2.5.1	Die richtigen Tools nutzen	106
	2.5.2	Zuhören	107
	2.5.3	Aktiv werden – aber wie?	107
	2.5.4	Mit anderen teilen	108
	2.5.5	Beziehungsaufbau – das Wir betonen	109
	2.5.6	Interagieren – seien Sie mehr als ein kompetenter	
		Ansprechpartner	110

2.6	**Sie sind nicht allein (andere waren schon vor Ihnen da)**	111
	2.6.1	Shitstorms: Lernen Sie aus den Fehlern der anderen	113
	2.6.2	Experimentieren Sie	116

| 2.7 | **Content Marketing: Content ist King** .... | 117 |
| | 2.7.1 | Content Marketing mithilfe von Storytelling .... | 117 |

2.8	**Social Media Controlling – Erfolg messen**	118
	2.8.1	Key Performance Indicator	119
	2.8.2	Erfolg überprüfen – haben Sie Ihre Ziele erreicht?	120

| 2.8.3 | Kennzahlen Social Commerce | 120 |

2.8.3 Kennzahlen Social Commerce 120

2.8.4 Und was ist jetzt der ROI von Social Media? 121

2.8.5 Die Erfolgsspirale nach oben 123

2.9 Praxisbeispiel: Die Content- und Social-Media-Strategie von Resch&Frisch 124

2.10 Fazit – Ihre Social-Media-Strategie in drei bis sechs Jahren 128

3 Social Media Monitoring und Online Reputation Management ... 129

3.1 Monitoring zur Analyse Ihrer Zielgruppen nutzen 130

3.1.1 Monitoring zur Analyse Ihrer Markenpositionierung im Social Web 130

3.1.2 Monitoring zur Analyse und Gewinnung von Kennzahlen 130

3.1.3 Für wen ist Social Media Monitoring wichtig? 131

3.1.4 Definieren Sie zunächst die Keywords 132

3.2 Die richtigen Tools verwenden 133

3.2.1 Einen ersten Überblick verschaffen 133

3.2.2 Das Social Media Dashboard 137

3.3 Professionelle Social-Media-Monitoring-Tools 140

3.3.1 Große Auswahl an Tools 141

3.3.2 Professionelles Monitoring vs. Datenschutz? 142

3.4 Kennzahlen und Ergebnisse 143

3.4.1 Social-Media-Kennzahlen 143

3.5 Mit Social Media Monitoring zum guten Online-Ruf 144

3.5.1 Online Reputation Management für Unternehmen 145

3.5.2 Online Reputation Management für Personen 145

3.5.3 Ihr Ruf ist Ihr Kapital 147

3.5.4 Vorbeugung ist der beste Schutz 148

3.6 Welche Rechte haben Sie im Social Web? 149

3.6.1 Das Recht am eigenen Bild 150

3.7 Was tun Sie bei schlechter Online-Reputation? 151

3.7.1 Die richtige Reaktion ist entscheidend 151

3.7.2 Tipps für eine angemessene Stellungnahme 152

3.7.3 Negative Beiträge verschwinden lassen 154

3.8 Fazit 154

4 Foren und Bewertungsplattformen 155

**4.1 Foren und Bewertungsplattformen –
die Anfänge von Social Media** 155

4.1.1 Glauben Sie noch immer, dass über Ihr Produkt im Internet
nicht gesprochen wird? 156

4.2 Was Foren Ihrem Unternehmen bringen können 158

4.2.1 Brand Loyalty – Markenfans und Influencer erreichen 158

4.2.2 Marktforschung – Feedback zu Produkten einholen 158

4.2.3 Reputation Management – Expertenstatus aufbauen 158

4.2.4 Zielgenauen Traffic für Ihre Website und
Suchmaschinenoptimierung 158

4.3 Wie können Sie Foren für Ihr Unternehmen nutzen? 159

4.4 Wie funktionieren Foren? 160

4.5 Suchen Sie nach relevanten Foren 161

4.5.1 Tipps für den richtigen Einstieg 162

4.5.2 Erstellen Sie ein authentisches Forenprofil 162

4.5.3 Seien Sie geduldig 162

4.5.4 Helfen Sie weiter 163

4.5.5 Angebote und Mitgliederwerbung haben in
Foren nichts zu suchen 163

4.6 Fazit Foren 164

4.7 Bewertungen – der Austausch von persönlichen Erfahrungen 164

4.7.1 Bewertungen sind ein alter Hut 165

4.7.2 Warum Bewertungen für Sie wichtig sind 167

4.8 Allgemeine Bewertungen 168

4.8.1 Amazon 168

4.8.2 Google 169

4.8.3 check24.de 169

4.8.4 Yelp 170

4.8.5 kununu.de 170

4.8.6 Facebook-Rezensionen 171

**4.9 Best Practice Tourismus – wie Reisebewertungen eine ganze
Branche umkrempeln** 172

4.9.1 HolidayCheck 173

4.9.2 TripAdvisor 175

4.9.3 booking.com 175

Inhalt

4.10	**Tipps im Umgang mit Bewertungen**	176
4.10.1	Reagieren Sie direkt auf die Bewertung	176
4.10.2	Verbessern Sie Ihre Qualität	177
4.10.3	Finger weg von gefälschten Bewertungen	177
4.10.4	Nehmen Sie Kritik nicht persönlich	177
4.10.5	Streiten Sie sich nicht mit Ihren Kunden	177
4.10.6	Ignorieren Sie negative Bewertungen nicht	178
4.11	**Fazit Bewertungsplattformen**	178

5   Blogs – Ihre Social-Media-Zentrale 179

5.1	**Blogger Relations – Beziehungen zu Bloggern pflegen**	179
5.1.1	Wie die Blogosphäre die Medienlandschaft beeinflusst	180
5.1.2	Warum Sie bloggen sollten	180
5.2	**Was ist eigentlich ein Blog?**	181
5.2.1	Die Blogosphäre	182
5.3	**Welche Vorteile bietet ein Blog für Unternehmen?**	183
5.4	**Ein Blog ist ein Dialoginstrument**	184
5.4.1	Starten Sie ein Firmenblog – Corporate Blog	185
5.4.2	Blogs können Ihre Geschichten erzählen	185
5.4.3	Die besten Geschichten erzählt das Leben!	186
5.4.4	Wo das Produktportfolio viel Platz hat	186
5.4.5	Krisen-PR – mit Blogs kommunizieren Sie schnell, authentisch und relevant	188
5.5	**Wer schreibt in einem Blog?**	189
5.5.1	Mit Thementreue Kompetenz vermitteln	190
5.5.2	Rechtevergabe im Autorenteam	190
5.6	**Corporate Blogs**	190
5.6.1	Lassen Sie Ihre Abteilungen zu Wort kommen	191
5.6.2	Wie sich Corporate Blogs auf die Unternehmensstruktur auswirken	191
5.6.3	Die Angst vor negativer Mundpropaganda	192
5.6.4	Der richtige Umgang mit Kritik	194
5.6.5	Tippgemeinschaft – laden Sie zu Gastbeiträgen ein	196
5.6.6	Blogvernetzung – mit den richtigen Bloggern ins Gespräch kommen	198
5.6.7	Können Sie einen Firmenblogger ersetzen?	199
5.6.8	Was unterscheidet ein Corporate Blog von einer Website?	200

10

| 5.6.9 | Was zeichnet ein gutes Blog aus? | 200 |
| 5.6.10 | Ist das Blog die neue Website? | 201 |

5.7 Wo richtet man ein Blog am besten ein? 203

| 5.7.1 | Fremd gehostetes Blog | 203 |
| 5.7.2 | Selbst gehostetes Blog | 207 |

5.8 Wie machen Sie Ihr Blog bekannt? 211

5.9 Wie Sie in der Blogosphäre bekannt werden 213

| 5.9.1 | Durchforsten Sie die Blogosphäre | 213 |

5.10 Wie wird Ihr Blog gefunden? 214

5.10.1	Blog-SEO – Suchmaschinenoptimierung	214
5.10.2	Keywords definieren mit Google AdWords Keyword-Planner	215
5.10.3	Suchmaschinenoptimierte Texte schreiben	216

5.11 Wie können Sie ein Blog lesen? 218

5.12 Worüber schreiben? 219

| 5.12.1 | Perspektivenwechsel – schreiben Sie aus der Sicht des Kunden | 220 |
| 5.12.2 | Unternehmensrelevante Themen | 220 |

5.13 Selbst schreiben oder schreiben lassen? 221

5.14 Wie verfassen Sie gute Blogbeiträge? 223

5.15 Social Media Newsroom = Pressebereich 2.0 224

5.15.1	Freier Zugang	226
5.15.2	Social-Media-Aggregator	226
5.15.3	Aufbau eines Social Media Newsroom	227

5.16 Fazit – warum sich Bloggen für Sie lohnt 228

6 Twitter 229

6.1 Über Twitter und das Twitterversum 229

6.2 Was Unternehmen mit Twitter erreichen können 231

6.2.1	Regionale und internationale Kundenbindung	231
6.2.2	Krisenkommunikation – Informationen schnell und einfach verbreiten	232
6.2.3	Besseres Ranking im Suchergebnis	233
6.2.4	Wertvolles Feedback zu Produkten	233
6.2.5	Den neuesten Wissensstand zu einem Themengebiet erfahren	234
6.2.6	Kundensupport durch Expertenstatus	235

6.2.7	Best Practice – Twitter-Support von Microsoft	236
6.2.8	Die Konkurrenz beobachten	237
6.3	**Was passiert, wenn Sie Twitter ignorieren?**	237
6.4	**Die Funktionsweise von Twitter**	239
6.5	**Wie kommt man ins Gespräch mit 140 Zeichen?**	242
6.5.1	Folgen Sie den richtigen Twitterern	242
6.5.2	Follower zu sein, ist unverbindlich	243
6.5.3	Twitter ist keine Zeitverschwendung	243
6.5.4	Seien Sie Experte, und helfen Sie weiter	243
6.5.5	Was twittern? Best Practices deutschsprachiger Twitter-Accounts	244
6.5.6	Twitter im Unternehmen – wer darf twittern und wer nicht?	247
6.5.7	Unterwegs twittern	247
6.6	**Wie Sie Ihren Twitter-Account gestalten**	248
6.7	**Richtig twittern**	248
6.7.1	Ein paar Twitter-Tipps, wie Sie richtig und erfolgreich twittern	249
6.8	**Filtern und organisieren – so können Sie als Unternehmen Twitter effizient nutzen**	249
6.8.1	Hootsuite	250
6.8.2	TweetDeck	251
6.8.3	Twitter mit anderen Social-Media-Diensten verbinden	251
6.8.4	Sollte man Tweets löschen?	253
6.9	**Twitter als Verkaufs-Channel?**	254
6.9.1	Mit Gewinnspielen Aufmerksamkeit erregen	255
6.10	**Werbung in Twitter**	255
6.11	**Erfolg in Twitter messen**	256
6.11.1	Twitter-Metriken	256
6.11.2	Twitter-Monitoring und Twitter-Controlling	257
6.11.3	Kostenlose Twitter-Monitoring-Tools	258
6.12	**Fazit**	259

7	**Soziale Netzwerke**	261
7.1	**Freunde, Fans und Follower – die ganze Welt vernetzt sich**	261
7.2	**Das digitale Ich – die Geschichte der sozialen Netzwerke**	263

7.3	**Warum soziale Netzwerke bei Usern so beliebt sind**	264
7.4	**Soziale Netzwerke beinhalten Online-Mundpropaganda**	266
7.5	**Schneeball, Buschbrand & Co. – wenn Inhalte viral werden**	267
7.6	**Wozu Unternehmen soziale Netzwerke nutzen können**	268
7.6.1	Mehr über den Kunden und sein Verhalten herausfinden	268
7.6.2	Kundenbeziehung stärken und direkten Kontakt fördern	268
7.6.3	Personalsuche (Social Recruiting)	269
7.6.4	Produktwerbung	269
7.6.5	Reichweite	269
7.7	**Was Ihre relevanten sozialen Netzwerke sind**	270
7.8	**Facebook**	271
7.8.1	Die Geschichte von Facebook	273
7.8.2	Facebook-Userzahlen	274
7.8.3	Warum Facebook für Unternehmen relevant ist	274
7.8.4	Gruppe, Profil, Seite oder Gemeinschaftsseite – was ist das Richtige für mein Unternehmen?	276
7.8.5	Facebook-Profil	276
7.8.6	Facebook-Gruppe	278
7.8.7	Facebook-Seite (früher Fanseite)	279
7.8.8	Facebook-Gemeinschaftsseiten	281
7.8.9	Auf los geht's los – aber bitte mit Konzept!	282
7.8.10	Gemeinsam sind Sie stärker	283
7.8.11	Worauf Sie bei der Anlage einer Facebook-Seite achten müssen	284
7.8.12	Wie Sie zu Fans kommen	284
7.8.13	Was Ihren Fans wichtig ist	286
7.8.14	Welche Inhalte bei den Fans gut ankommen	287
7.8.15	Facebook Newsfeed-Algorithmus	288
7.8.16	Facebook-Tabs	289
7.8.17	Facebook-Applikationen (Apps)	292
7.8.18	Facebook Open Graph	293
7.8.19	Facebook-Werbeanzeigen	297
7.8.20	Gewinnspiele auf Facebook	300
7.8.21	Ihre Fans sprechen viele Sprachen? Das können Sie auch!	300
7.8.22	Facebook-Seitenstatistiken	301
7.8.23	Facebook Places/Orte	304
7.8.24	Facebook als Bewertungsplattform	307
7.8.25	Noch ein paar wichtige Facebook-Benimmregeln	308

7.9	**Google+**		309
	7.9.1	Das Google+-Profil	310
	7.9.2	Die Google+-Startseite	310
	7.9.3	Google+ Circles: der Kreis der Auserwählten	311
	7.9.4	Der +1-Button	312
	7.9.5	Google+-Unternehmensseiten	313
	7.9.6	Wie Sie Ihre Google+-Seite bekannt machen	314
	7.9.7	Wie Sie mit Ihren Followern kommunizieren können	315
	7.9.8	Hangouts	316
	7.9.9	Insights/Ripples	316
7.10	**Weitere soziale Netzwerke**		317
	7.10.1	Instagram – beliebte App und mobile Fotocommunity	317
	7.10.2	Stayfriends.de	318
	7.10.3	Das VZ-Netzwerk – StudiVZ & Co.	319
	7.10.4	wer-kennt-wen.de – früher eine große Nummer	319
	7.10.5	Myspace.com – Musik aus besseren Tagen	319
	7.10.6	Last.fm – Social Listening	320
	7.10.7	Soundcloud	320
	7.10.8	Spotify, Rdio & Co.	321
7.11	**Businessnetzwerke (B2B-Netzwerke)**		321
	7.11.1	XING	322
	7.11.2	LinkedIn	331
7.12	**Fazit**		334

8 Content und Sharing – Teilen bringt Freunde 337

8.1	**Was bedeutet Social Sharing eigentlich?**		338
8.2	**Was Social Sharing für Unternehmen bringt**		339
	8.2.1	Reichweite	339
	8.2.2	Besseres Ranking auf Suchmaschinen (SEO)	340
	8.2.3	Mehr Traffic auf Ihrer Website	340
	8.2.4	Günstige Technik	340
	8.2.5	Tools für Ihre Website	341
8.3	**Videoplattformen – wie sich Online-Videos bezahlt machen**		341
	8.3.1	Wie Sie mit Videos die Massen erreichen	342
	8.3.2	Bringen Sie mehr Besucher auf Ihre Website	342
	8.3.3	Das Besondere an Online-Videos	343
	8.3.4	Virale Kampagnen – wie sich Viren verbreiten	344

	8.3.5	Best Practice – The Force: VW-Passat-Werbung mit Darth Vader	345
	8.3.6	Idea is King	346
	8.3.7	Jay-Z und Bing	347
8.4	**Videomarketing**		348
	8.4.1	Storytelling mit interaktiven Videos	348
	8.4.2	Video-SEO – das Video soll gefunden werden können	349
	8.4.3	YouTube – eine der größten Suchmaschinen der Welt	350
	8.4.4	YouTube-Channel – Ihre Videozentrale	351
	8.4.5	YouTube-Werbung – wie Sie eigene Videos bekannt machen oder im dynamischen Umfeld von YouTube werben	354
	8.4.6	Mitmachvideo – die Königsklasse des Videomarketings	355
	8.4.7	MyVideo – hohe Reichweite bei jungen Webusern	357
	8.4.8	Clipfish – ein Platz für Marken und Serien	357
	8.4.9	Vimeo – da sind die Profis zu finden	358
	8.4.10	Google+ Hangouts	359
	8.4.11	Videostreamingdienste – Netflix, watchever & Co.	360
	8.4.12	Instagram Video	361
	8.4.13	Vine	361
8.5	**Fotoplattformen – Bilder hinterlassen einen bleibenden Eindruck**		361
	8.5.1	Warum Sie Fotoplattformen nutzen sollten	362
	8.5.2	Bilder-SEO – Ihre Bilder wollen gefunden werden	363
	8.5.3	Flickr – die beliebteste Bilderplattform der Welt	366
	8.5.4	Picasa wird zu Google+ Bilder	369
	8.5.5	Panoramio – geben Sie Ihren Bildern einen Ort	370
	8.5.6	Instagram	371
	8.5.7	Pinterest	371
	8.5.8	500px	372
	8.5.9	Photobucket	372
	8.5.10	Tumblr	373
	8.5.11	Snapchat	373
	8.5.12	WhatsApp	373
	8.5.13	Slingshot	373
8.6	**Guestsourcing – die Gästeperspektive macht das Foto oder Video relevanter**		375
8.7	**Social-Bookmarking- und Social-News-Dienste**		376
	8.7.1	Social Bookmarking & Content Curation	378
	8.7.2	Warum Sie Social-Bookmarking-Dienste nutzen sollten	379
	8.7.3	Delicious – der Favorit unter den Bookmarking-Diensten	380

8.7.4	StumbleUpon	382
8.7.5	Keeeb.com	383
8.7.6	Google Stars	383
8.7.7	Pinterest – das neue Social Bookmarking?	384
8.7.8	Social-News-Dienste – was das Publikum empfiehlt	384
8.7.9	Bauen Sie eine positive Online-Reputation auf	386
8.7.10	Höhere Sichtbarkeit und Reichweite Ihrer Inhalte	386
8.7.11	Digg – Social Bookmarking und Social News in einem	387
8.7.12	Reddit	387
8.7.13	Storify	388

8.8 Slideshare & Co. – teilen Sie Ihre Kompetenz mit 388

8.8.1	Hohe Sichtbarkeit und Reichweite	389
8.8.2	Slideshare	389
8.8.3	Scribd	391
8.8.4	Isuu.com	391
8.8.5	Prezi	391

8.9 Podcasts 391

8.9.1	Podcasts als USP (Unique Selling Proposition) im Content Marketing	392
8.9.2	Podcast-Nutzung	393
8.9.3	Corporate Podcast	393
8.9.4	Videocast	394

8.10 Fazit 396

9 Mobile Social Marketing 397

9.1 Mobile Social Web 398

9.1.1	Wie sich das Mobile Social Web auf Unternehmen auswirkt	398
9.1.2	Permanente Preis- und Produktvergleiche	399
9.1.3	Feedback in Echtzeit	400
9.1.4	Mobiler Kundenservice	400
9.1.5	Ortsbezogene Angebote auf dem Handy	401

9.2 Mobile Marketing 402

9.2.1	Der mobile und vernetzte Konsument	402
9.2.2	Den typischen Online-Shopper gibt es nicht	402
9.2.3	Mobile Marketing als Wettbewerbsvorteil	404

9.3 Mobile-Marketing-Strategie 405

9.3.1	Smartsurfer – sind Ihre Kunden im Mobile Web?	405
9.3.2	Wonach suchen und was kaufen die Smartsurfer?	406

9.3.3	Wie sehr nutzen Smartsurfer Social Media?		406
9.3.4	Zieldefinition		406
9.4	**Bluetooth-Werbung**		**407**
9.4.1	Bluetooth 4.0 erleichtert den Traum von Connected Devices		407
9.4.2	Der Vorteil von Bluetooth-Werbung		408
9.5	**QR-Codes – Produktscanner für Konsumenten**		**408**
9.5.1	Eventmarketing mit QR-Codes		409
9.5.2	Mit QR-Codes Informationen verbreiten		409
9.5.3	Wie Sie einen QR-Code erstellen		410
9.6	**Apps, Apps, Apps**		**411**
9.6.1	Mit der eigenen Unternehmens-App Kunden verbinden		412
9.6.2	Mobiles Markenbranding mit Mobile Games		412
9.6.3	WhatsApp		413
9.6.4	App-Strategie		414
9.7	**Tablet-Marketing**		**418**
9.7.1	Das Tablet als Werbemittel und zur Produktpräsentation		419
9.7.2	Interaktive Tablet-Werbung		420
9.7.3	Die iPad-App der Deutschen Post		421
9.8	**Mobile Advertising**		**421**
9.9	**Location Based Marketing**		**423**
9.9.1	Beliebte Location Based Services		424
9.9.2	Wie Sie Ihre Kunden im Hier und Jetzt abholen		424
9.9.3	Location Based Marketing		424
9.9.4	Lokales Marketing durch globale Netzwerke		425
9.9.5	Digitale Mundpropaganda steigern		425
9.9.6	Wer sind Ihre Local Heroes?		426
9.9.7	Foursquare		426
9.9.8	Lokales Marketing mit Foursquare		427
9.9.9	POI-Marketing mit Location Based Services		428
9.9.10	Lokales Empfehlungsmarketing		430
9.9.11	Facebook Places		430
9.9.12	YELP		430
9.9.13	Kritik an Location Based Services		431
9.10	**Mobile Commerce**		**431**
9.10.1	Mehr Absatz – wie es Tesco mit Mobile Commerce schaffte, seine Konkurrenz zu verdrängen		433
9.10.2	Was Shopping-Apps bieten müssen		433
9.10.3	Shopping-App mit Shopgate		436
9.10.4	Mobile Couponing – mobil Gutscheine verteilen		436

| 9.11 | **Mobile Payment** | 436 |

9.11 **Mobile Payment** 436

9.12 **Augmented Reality – erweiterte Realität** 438

9.12.1 Versteckte Informationen sichtbar machen 439

9.12.2 Best Practice – Wikitude 439

9.12.3 Shopping mit Augmented Reality 439

9.12.4 Augmented Reality als Kampagnen-Add-on 440

9.13 **Fazit – warum Sie Mobile Social Marketing betreiben sollten** 441

10 Social Commerce 443

10.1 **Social Shopping** 444

10.1.1 Neue Erwartungshaltung beim Social Shopping 445

10.1.2 Best Practice – Überraschen unter Freunden 445

10.2 **Die Social Shopper** 446

10.3 **Ziele des Social Commerce** 447

10.3.1 Schaffung personalisierter Kauferlebnisse 447

10.3.2 Brand Advocacy – mehr Absatz durch digitale
Mundpropaganda 447

10.3.3 Einblicke in die Customer Journey 448

10.3.4 Social-Commerce-Ziele für den stationären Handel 448

10.3.5 Social-Commerce-Ziele für den Online-Handel 449

10.4 **Die Prinzipien des Social Commerce** 449

10.4.1 Sicherheit – warum wir uns bei Freunden absichern 450

10.4.2 Autorität – warum wir Experten vertrauen 451

10.4.3 Exklusivität – warum Produktknappheit unser
Interesse weckt 452

10.4.4 Like – warum wir mögen, was andere mögen 454

10.5 **Facebook-Commerce** 458

10.5.1 Fans in Käufer umwandeln 458

10.5.2 Markenloyalität belohnen und Kunden binden 459

10.5.3 Die vier Stufen des Facebook-Commerce 460

10.5.4 Stufenweise zum sozialen Verkauf 460

10.6 **Open Graph – wie Sie Ihren Online-Shop mit
Facebook verknüpfen** 461

10.6.1 Neue Käufer im Netzwerk der Markenfans gewinnen 462

10.6.2 Mehr Traffic und Messung von Like-Effekten 462

10.6.3 Like oder Share – was ist besser? 462

10.6.4 Von der Marktforschung zum personalisierten Warenkorb 462

| 10.6.5 | Dem Käufer Sicherheit geben | 463 |
| 10.6.6 | Kritik am Open Graph | 464 |

10.7 Storefront – professioneller Produktkatalog in Facebook ... 465

10.8 Direkter Verkauf im Newsfeed ... 467

10.9 Vollintegrierte Facebook-Shops ... 467

10.9.1	Anbieter für Facebook-Shoplösungen	467
10.9.2	Tipps für einen erfolgreichen Facebook-Shop	469
10.9.3	Facebook-Währung	470
10.9.4	Die Hürden des F-Commerce	470

10.10 YouTube-Shopping ... 470

10.11 Fazit ... 472

| 10.11.1 | F-Commerce steht noch am Anfang | 472 |
| 10.11.2 | Social Commerce ist bei Jugendlichen noch nicht angekommen | 473 |

11 Crowdsourcing ... 475

11.1 Warum Gruppen klüger sind als der Einzelne ... 476

11.2 Crowdsourcing im Marketing ... 477

11.2.1	Kostenloses Online-Brainstorming	477
11.2.2	Innovationsmanagement	477
11.2.3	Werbekampagnen mit der Community umsetzen	479
11.2.4	Produktentwicklung in der Community	479
11.2.5	Wie Sie eine eigene Crowdsourcing-Community aufsetzen	481
11.2.6	Produktfehlentwicklungen verhindern	483
11.2.7	Wissensmanagement mit Wikis	484
11.2.8	Wie Sie Kreative übers Web engagieren	484
11.2.9	Crowdsourcing im Journalismus	485
11.2.10	Crowdsourcing im Online-Handel	486

11.3 Prinzipien für erfolgreiches Crowdsourcing ... 487

11.3.1	Partizipation, Transparenz und Geben-und-Nehmen-Prinzip	487
11.3.2	Finanzielle Anreize oder Auszeichnungen?	487
11.3.3	Wie Sie die Massen motivieren	488
11.3.4	Achten Sie auf markenrechtliche Aspekte	488
11.3.5	Sollen Sie Ideen preisgeben?	488
11.3.6	Wie sich die Offenlegung des Firmengeheimnisses als letzter Ausweg für Goldcorp erwies	489

11.4 Was können Sie crowdsourcen? 490

11.4.1 Beispiel Städtereisen – User Generated Content 490

11.4.2 Beispiel Konsumgüter – Marktforschung und Produktideen ... 490

11.4.3 Beispiel Lebensmittel – Kunden auszeichnen 491

11.5 Exkurs – Mass Customization 491

11.5.1 Absatz mit selbst gemachten Unikaten 492

11.5.2 McDonald's lud zum Burgerbauen ein 493

11.5.3 Do it yourself und Marke Eigenbau 494

11.5.4 Rechtsfragen beim Crowdsourcing 494

11.5.5 Crowdsourcing ermöglicht Projekte, die bisher nicht
denkbar gewesen wären 496

11.6 Crowdfunding 496

11.6.1 Vorteile des Crowdfundings 498

11.6.2 Crowdfunding in Deutschland 499

11.6.3 Erfolgreiches Crowdfunding am Beispiel
»First Truly Consumer 3D Printer« 500

11.6.4 Exkurs – Microfunding ist Crowdfunding mit
kleinen Geldbeträgen 501

11.7 Fazit – warum Sie crowdsourcen und crowdfunden sollten 501

12 Ausblick 503

12.1 Alles wird social 503

12.1.1 Big Data 503

12.1.2 Social Search 505

12.1.3 Smart Devices 505

12.1.4 Social Ads 506

12.1.5 Social Brands 507

12.2 Collaborative Consumption 507

12.3 Der vernetzte User wird zum SoLoMo-Konsument 509

12.4 Gamification – Marketing spielen 510

12.5 Audience Engagement 511

**12.6 Der Machtkampf unter den großen Vier: Google, Amazon,
Apple und Facebook** 514

12.7 Social Media verändert Mediensozialisation 515

| 12.8 | **Von Content Creation zu Content Curation** | 517 |
| 12.9 | **Fangen Sie an!** | 517 |

Die Autoren der Rechtstipps im Buch	519
Das Coverbild	521
Index	523

Über dieses Buch

Als wir im Winter 2010/2011 an der ersten Ausgabe unseres Buchs schrieben, gab es Google+ noch gar nicht, Facebook und StudiVZ kämpften um Platz eins unter den sozialen Netzwerken in Deutschland, und beim Thema Social Media Monitoring zuckten viele Marketing- und PR-Verantwortliche noch mit den Schultern.

Mittlerweile ist für viele User und auch Unternehmen so etwas wie Social-Media-Alltag eingetreten. Der Like-Button ist jetzt auch auf Anzeigen in der U-Bahn und im Supermarkt präsent. Wir sehen immer mehr Kampagnen, die Facebook, YouTube & Co. sinnvoll verknüpfen. Denn Social Media ist keine Eintagsfliege: Soziales Netzwerken ist beliebt und wird vor allem immer öfter mobil übers Smartphone genutzt. Die User suchen, fragen, kommentieren, fotografieren und filmen, sie teilen alles das, was ihnen wichtig erscheint, mit ihren virtuellen Freunden oder gleich der ganzen Welt. Der vernetzte Konsument nutzt alle Informationsquellen, um herauszufinden, ob das Produkt oder die Leistung das Richtige für ihn ist. Er postet auf Ihrer Facebook-Pinnwand, um sich Gehör zu verschaffen – im positiven wie im negativen Sinn.

Nachdem immer mehr Unternehmen in den letzten Jahren in Sachen Social Media unter Zugzwang gerieten und mit Social Media starteten, macht sich bei manchen eine gewisse Ernüchterung breit, denn allzu hoch gesteckte Ziele konnten dann doch nicht so einfach erreicht werden. So mancher Facebook-Seitenbetreiber fragt sich nach dem fünften iPad-Gewinnspiel, das rein auf die maximale Steigerung der Fanzahlen ausgerichtet war: »Was mache ich jetzt mit diesen vielen Fans eigentlich, die gar nicht an meinen Produkten und Postings interessiert sind?« Genau an dieser Stelle setzt die mittlerweile 3. Auflage von Follow me! an und zeigt Ihnen, was neben Fangenerierung und reinem Abverkauf noch alles so in Social Media möglich ist. Sie erfahren, wie Sie Ihre Lieblingskunden und Meinungsführer noch stärker involvieren und an sich binden, wie Sie Empfehlungen auslösen und für sich nutzen, virale Effekte stimulieren und wie Sie einfach Social-Media-Aktionen lancieren, die die User nicht so leicht vergessen. Und Sie erfahren diesmal ganz genau, wie Sie diese Ziele messen können. Noch dazu sind Sie mit den Rechtstipps im Buch auf der sicheren Seite.

2014 sollte jedes Unternehmen, egal ob groß oder klein, Social Media in seinem Marketingmix berücksichtigen. Für KMUs (kleine und mittlere Unternehmen) bietet es den entscheidenden Vorteil, mit kleinem Budget viele potenzielle Kunden erreichen zu können.

Mit diesem Buch lernen Sie Schritt für Schritt, wie Sie an das Thema Social Media erfolgreich herangehen können: Allem voran steht die Social-Media-Strategie, die Ihnen hilft, herauszufinden, wo und wie Sie mit Social Media neue Kunden für Ihre Sache gewinnen, Ihren Kundensupport verbessern, Ihren guten Ruf im Netz steigern und Ihre Produkte verkaufen können. Wenn Social Media bisher nur ein Hype für Sie war, bietet Ihnen dieses Buch nun die richtige Grundlage, sich umfassend über Social Media zu informieren.

Aufbau des Buchs

Kapitel 1, »Social Media beginnt mit »Du«!«, führt Sie in die Thematik Social Media ein und soll Sie dafür sensibilisieren, was Social Media für Ihr Marketing und Ihre Unternehmenskommunikation bedeutet.

Kapitel 2, »Social-Media-Strategie«, zeigt Ihnen den Weg zu einer Social-Media-Strategie und welche Unternehmenskultur dafür notwendig ist. Sie erfahren außerdem, wie Sie Social-Media-Kampagnen messen können.

In **Kapitel 3, »Social Media Monitoring und Online Reputation Management«**, erfahren Sie, wie Sie Ihre Zielgruppe im Social Web beobachten und wie Sie Ihren Ruf im Netz schützen.

Kapitel 4, »Foren und Bewertungsplattformen«, stellt die nach wie vor beliebten Foren und Bewertungsplattformen vor und veranschaulicht, warum sie zu Recht als Social-Media-Enklave der Experten gelten.

Kapitel 5, »Blogs – Ihre Social-Media-Zentrale«, zeigt Ihnen, wie Sie mit Ihrem Blog Kundenbeziehungen stärken können. In diesem Kapitel gehen wir auch ausführlich darauf ein, wie Sie Ihr eigenes Blog starten.

Kapitel 6, »Twitter«, erklärt Ihnen, wie Sie den Nachrichtenkanal sowohl für Ihre Öffentlichkeitsarbeit als auch für Ihren Kundensupport einsetzen können.

In **Kapitel 7, »Soziale Netzwerke«**, werden die wichtigsten sozialen Netzwerke (z. B. Facebook, Google+ oder XING) vorgestellt, mit denen Sie Online Relations und Empfehlungsmarketing betreiben können.

In **Kapitel 8, »Content und Sharing – Teilen bringt Freunde«**, erfahren Sie, wie Sie mit Content-Portalen wie YouTube und anderen Sharing-Plattformen wichtige Inhalte unter die User streuen und durch virales Marketing verbreiten können.

Kapitel 9, »Mobile Social Marketing«, zeigt Ihnen, wie Sie die Smartsurfer erreichen und wie Sie den Mobile Commerce – die Verbindung aus E-Commerce und Mobile Web – für sich nutzen können.

Kapitel 10, »Social Commerce«, zeigt Ihnen, wie Sie mit Social Media Ihren Online-Umsatz steigern und wie Sie Facebook für den Verkauf Ihrer Produkte nutzen können.

Kapitel 11, »Crowdsourcing«, zeigt Ihnen die Tools, mit denen Sie Produkte und Ideen gemeinsam mit der Community entwickeln können und wie sich mithilfe von Crowdfunding mit den Usern im Social Web Projekte finanzieren lassen.

Kapitel 12, »Ausblick«, zeigt Ihnen die wichtigsten Trends in Sachen Social Media Marketing und darüber hinaus.

Mit diesem Buch richten wir uns an Social-Media-Einsteiger, Unternehmer, Marketingverantwortliche, Brandmanager, KMUs und Selbstständige sowie an alle, die sich generell für Social Media interessieren und einen breit gefächerten Überblick über die Möglichkeiten erhalten möchten. Wir haben versucht, jedes einzelne Kapitel mit möglichst vielen Beispielen erfolgreicher Social-Media-Strategien verschiedener Unternehmen aus dem deutschsprachigen und internationalen Umfeld zu veranschaulichen. Wir haben dabei den Markt aus deutscher, österreichischer und schweizerischer Perspektive betrachtet, aus diesem Grund haben wir Beispiele aus allen diesen Ländern zur Veranschaulichung gewählt.

Die Autoren Anne Grabs, Elisabeth Vogl und Karim-Patrick Bannour sind seit Jahren privat in den sozialen Medien aktiv und verfügen auch beruflich über große Erfahrung im Social Media Marketing. Aufgrund ihres unterschiedlichen Backgrounds haben sie jeweils verschiedene Sichtweisen, was Social Media Marketing betrifft. Anne Grabs hat in Deutschland eine Ausbildung als Werbekauffrau absolviert. Elisabeth Vogl und Karim-Patrick Bannour haben in Salzburg studiert und kennen den österreichischen Markt sehr genau. Diese verschiedenen Perspektiven haben sich beim Schreiben des Buchs sehr bezahlt gemacht.

Weitere Hinweise

Wir haben bewusst auf eine gendergerechte Schreibweise verzichtet, um den Lesefluss nicht zu stören. Als ergänzende Informationsquelle haben wir auf der Website zum Buch unter *www.follow-me-buch.de* interessante und hilfreiche Informationen sowie alle bisherigen Rezensionen der Erstauflage zusammengestellt. Besuchen Sie auch unsere Facebook-Seite *www.facebook.com/social.media.marketing.buch* und geben Sie uns Ihr Feedback und Ihre Anregungen zum Buch! Um den Rahmen des Buchs nicht zu sprengen, sind wir nicht ausführlicher auf Enterprise 2.0, B2B und die Implikationen von Social Media für die Unternehmensführung eingegangen. Natürlich ist das ein sehr wichtiges Thema, denn Social Media bedeutet auch Veränderung der Kommunikation, der Machtstrukturen und der Hierarchien in Unternehmen. Wir haben an den entsprechenden Stellen im Buch darauf hingewiesen, wie sich Social Media Marketing auf die Unternehmenskultur auswirkt, haben aber davon abgesehen, dieses Thema umfassend abzudecken.

Danksagungen

Besonderer Dank gilt zunächst allen Lesern und Unterstützern der Erstauflage sowie dem Verlag Galileo Press, insbesondere Stephan Mattescheck und Britta Behrens, die Follow me! in seiner Erstauflage zu einem Bestseller gemacht haben. Das wäre ohne die zahlreichen Leser und Rezensenten und die Bemühungen des Verlags nicht möglich gewesen. Allen Rezensenten, die in Amazon und in ihren Blogs durchweg positiv berichtet haben, sei an dieser Stelle besonders gedankt. Aber auch für negatives Feedback waren wir dankbar und schätzen die zahlreichen Rückmeldungen und Tipps in Bezug auf die Neuauflage, die wir im Laufe des Jahres erhalten haben. Der Erfolg von Follow me! sowie das enorme positive Feedback haben uns beim Schreiben der 3. Auflage immer wieder motiviert. Eine Neuauflage ist kein neues Buch, aber es hat uns dennoch kreative Schreibkräfte abverlangt, die wir ohne die Unterstützung unserer Familie, unserer Freunde und unseres virtuellen Netzwerks nicht hätten mobilisieren können, und dafür möchten wir uns bedanken. Weiterer Dank geht an die Rechtsanwälte Peter Harlander und Sven Hörnich, die uns dabei geholfen haben, das Buch mit Rechtstipps zu versehen.

Und nun wünschen wir Ihnen viel Spaß beim Lesen!

Salzburg,
Anne Grabs, Elisabeth Vogl und **Karim-Patrick Bannour**

1   Social Media beginnt mit »Du«!

In Social Media dreht sich alles um Kontakte, deren Beziehungen zu- und untereinander und relevante Informationen, die sie miteinander teilen. Die Konsumenten vernetzen sich, sie tauschen Informationen, Meinungen, Erfahrungen und Empfehlungen aus. Jederzeit und überall.

Das US-Nachrichtenmagazin »Time« betitelte 2006 die »Person des Jahres« mit dem Wort »Du«. Mit diesem »Du« waren die zahlreichen Internetnutzer gemeint, dic dank neuer Webtechnologien ihre Meinungen und Gedanken ins Netz stellen konnten. In Social Media können die Nutzer ohne weitreichende Programmier-kenntnisse Informationen und Meinungen verbreiten, Videos veröffentlichen, Ver-anstaltungen live übertragen usw. All das, was früher den Profis und Medienunter-nehmen vorbehalten war, kann jetzt jeder User ganz einfach selbst tun. Die Nutzer suchen nicht länger nur nach Informationen, sondern starten ihren eigenen »TV-Sender« (YouTube) oder publizieren Blogs. Dadurch wandelt sich der Internetnut-zer vom reinen Konsumenten zum Produzenten, weshalb häufig von sogenannten *Prosumenten* die Rede ist. Das hat weitreichende Folgen, denn während die Kon-sumenten früher zum Zuhören verdammt waren, können sie jetzt mitreden, und das tun sie auch. Lassen Sie sich aber nicht vom »Du« dazu verleiten, den User – der auch Ihr Kunde sein könnte – nicht ernst zu nehmen: Nicht umsonst heißt es in Bezug auf Social Media immer wieder, auf Augenhöhe zu kommunizieren, genau so, wie Sie es mit Ihren Kunden in Ihrer Firma, am Telefon, per E-Mail oder bei jeg-lichem Kundenkontakt auch tun. Im Jahr 2010 wurde der Facebook-Gründer Mark Zuckerberg als »Person des Jahres« von Times gekürt. Dies zeigt Ihnen deutlich, welchen Stellenwert soziale Medien wie Facebook bereits medial einnehmen.

1.1   Was ist Social Media eigentlich?

Zunächst klären wir den Begriffswirrwarr rund um Social Media, soziale Netzwerke und Web 2.0. Grundsätzlich bietet das Web 2.0 (auch wenn es eigentlich nie ein Web 1.0 gab) für alle User die Möglichkeit, selbst Inhalte zu erstellen und diese über die verschiedensten Kanäle untereinander mitzuteilen. Daher stammt auch der Begriff *Mitmach-Web*. Social Media geht jedoch noch einen Schritt weiter: Denn hier teilen, informieren und kommunizieren Menschen, die in irgendeiner Art und Weise in Beziehung zueinander stehen, z. B. über soziale Netzwerke wie Facebook miteinander befreundet sind. Die Inhalte bekommen eine soziale Komponente und schaffen Interaktion. Plattformen wie Facebook, Twitter oder YouTube sind nur die Werkzeuge, um Kommunikation herzustellen und Beziehungen aufzubauen.

1.1.1 Social-Media-Tools

Social Media umfasst eine Vielzahl von Plattformen und Tools, die der Kommunikation, Interaktion und dem Austausch von Inhalten und Informationen dienen. Grob eingeteilt, sind das:

- ▶ soziale Netzwerke wie Facebook und Google+,
- ▶ Foto- und Videoplattformen wie YouTube, Vimeo, Pinterest sowie auch Instagram und Vine,
- ▶ mobile Communitys wie Foursquare und Instagram,
- ▶ Foren- und Bewertungsplattformen wie gutefrage.net und Yelp,
- ▶ Blogs und Microblogs wie Corporate Blogs oder Twitter und tumblr,
- ▶ Social Bookmarking wie Delicious sowie
- ▶ Open-Source-Plattformen wie Wikipedia.

Die Tools im Social Web ermöglichen eine *Many-to-many-Kommunikation*. User produzieren Inhalte (*User Generated Content*), und über diese Inhalte findet ein permanenter, zeitlich unbegrenzter Austausch mit anderen Usern statt. Damit ist die *One-to-many-Kommunikation*, wie wir sie von klassischer Werbung und Webseiten kennen, passé. Wenn Sie den Rücklaufkanal in Social Media abdrehen, bietet den Usern das dezentralisierte Web dennoch genügend Möglichkeiten, ihr Feedback loszuwerden. Um die Vorteile der Social-Media-Kommunikation nutzen zu können, müssen Sie der Diskussion im Social Web jedoch freien Lauf lassen. Dieses Bewusstsein erlangen Sie, indem Sie selbst ins Social Web gehen und eine Social-Media-Kompetenz erreichen. Dabei lernen Sie, wie Sie Informationen teilen, wie sich diese verselbstständigen und wie Sie den Kontakt zu Usern herstellen.

1.1.2 Social Media ist für alle da!

Jeder kann Teil des globalen Netzwerks sein. Die Online-Enzyklopädie Wikipedia hat gezeigt, wie sich User global über Open Source organisieren können. Wikipedia ist heute besser als das kostenpflichtige Brockhaus-Lexikon und übertrifft es in Vollständigkeit, Aktualität und Verständlichkeit. Die Autoren werden nicht speziell ausgewählt, sondern jeder User kann einen Beitrag in Wikipedia schreiben oder verändern. Wikipedia bündelt globales Wissen. Einer allein könnte niemals eine Enzyklopädie in 260 Sprachversionen aufbauen. Man spricht in diesem Zusammenhang auch von der »Weisheit der Vielen«. Damit ist gemeint, dass eine Gruppe gemeinsam klüger ist als eine Person allein. Wie kommt es aber, dass sich Internetnutzer zu einer kollektiven Autorenschaft zusammenschließen, um ein Nachschlagewerk von solcher Qualität ohne finanzielle Entschädigung aufzubauen? Das Mitmach-Web hat einen Beteiligungsboom bei den Internetnutzern ausgelöst. Es vernetzen sich Menschen aufgrund gemeinsamer Freunde, Interessen, Hobbys, Arbeit, um gemeinsam an Projekten zu arbeiten, auch wenn sie sich real noch nie gesehen haben.

1.1.3 Social Media ist mehr als ein Hype

Social Media als Hype abzutun, wäre fatal. Denn die Menschen werden das Internet auch in Zukunft nutzen, um ihre sozialen Kontakte zu pflegen. Der Austausch per E-Mail wird durch die Social-Media-Tools ergänzt. Und immer mehr Menschen nutzen diese Möglichkeiten, denn die Social-Media-Tools erschließen sich selbst Computerlaien. Ein Account in Facebook oder Twitter ist schnell angelegt. Das Drehen eines Handyvideos mit anschließendem Upload auf YouTube ist mit den heutigen Smartphones ein Kinderspiel. Die Technik macht es uns also viel leichter, am Austausch von Informationen teilzuhaben, und Social Media befähigt uns, über den ganzen Erdball hinweg miteinander zu kommunizieren.

Die Vorteile, die Social Media für die User bereithält, gelten gleichermaßen für Unternehmen, doch die Masse an Tools und Möglichkeiten ist unübersichtlich, und das Engagement muss wohlüberlegt sein. Deshalb genügt es auch nicht, sich »nur mal ein bisschen« mit Social Media zu befassen. Das Unternehmen Dell hat die Chancen von Social Media erkannt und 2010 ein »Social Media Listening and Command Center« eingeführt (siehe Abbildung 1.1). Die Markenkommunikation hat sich grundlegend geändert. In Social Media geht es vor allem um Kommunikation in Echtzeit und um die Interaktion mit den Usern. Geschehnisse im Hier und Jetzt werden von den Usern sofort nach außen kommuniziert.

Marketing-Take-away: Die Social-Media-Kommandozentrale

Das Unternehmen Dell hat im Dezember 2010 sein »Social Media Listening Command Center« eröffnet – eine Social-Media-Kommandozentrale, die alle Gespräche über das Unternehmen und die Produkte von Dell überwacht und die Kommunikation mit Dell-Kunden steuert. Das Unternehmen hat vor über fünf Jahren mit Social Media begonnen, und mittlerweile sind 5.000 Mitarbeiter in Social Media geschult. Sie verstehen Social Media als selbstverständlichen Teil ihres Jobs und nutzen neben der persönlichen Beratung auch die Social-Media-Kanäle, um mit potenziellen Kunden in Kontakt zu treten. Dieses Engagement wirkt sich auch auf den Abverkauf der Dell-Produkte aus. Laut eigenen Angaben aus dem Jahr 2012 generierte Dell rund 6,5 Mio. US$ Umsatz nur durch Twitter. Dem Twitter-Account @*delloutlet* folgen über 1,4 Mio. User.

Abbildung 1.1 Die Social-Media-Kommandozentrale von Dell

1.1.4 Wem vertrauen Sie eher, einem Unternehmen oder einem Freund?

Auf diese Frage haben Sie sicher schnell eine Antwort, und so geht es den meisten Konsumenten. Aktuellen Studien zufolge vertrauen rund 80 % der Befragten den Empfehlungen von Freunden und Bekannten. Demgegenüber vertraut nur ein Viertel der Befragten den Online-Werbespots und -bannern, auch wenn die Skepsis gegenüber Werbung generell abzunehmen scheint.[1]

Das Vertrauen in ein Unternehmen ist dann am stärksten, wenn das Produkt hält, was es verspricht, der Kunde einen exzellenten Service erfährt und die Firmenphilosophie dem Kunden noch dazu ein gutes Gefühl vermittelt. Nur so kann eine Beziehung zum Kunden aufgebaut werden, der letztlich nur Mensch ist und ein gutes Gefühl einkaufen möchte. Wenn Sie ihm immer wieder dieses Gefühl vermitteln, wird Ihr Produkt zur Lieblingsmarke des Kunden.

Freunde und Familie haben aber den größten Einfluss auf die Kaufentscheidung der User. Auch Prominente oder Meinungsführer im Netz gelten als Multiplikatoren, und deren Empfehlung dient als Entscheidungshilfe beim Kauf von neuen Produkten.

---

1 http://www.nielsen.com/de/de/insights/presseseite/2013/skepsis-gegenueber-werbung-nimmt-in-deutschland-ab.html

Die individuellen Lieblingsmarken mit hohem Vertrauensfaktor empfehlen die Verbraucher ihren Freunden, Bekannten und Verwandten. Wenn Menschen von ihren Lieblingsprodukten berichten, ist das für diese kostenlose Mundpropaganda (*Word of Mouth*). Mit ihren Meinungen beeinflussen die Kunden die individuelle Wahrnehmung und in weiterer Folge das Kaufverhalten anderer Käufer. Der Grund dafür ist, dass Ihre Kunden engen Freunden eher vertrauen und deren Aussagen als glaubwürdiger empfinden als die der klassischen Werbung oder PR. Gerät ein Unternehmen jedoch in die Verbraucherkritik, kippt auch das Vertrauen in die Marke.

1.2 Die neue Macht der Kunden

Im Social Web ist der Kunde nicht nur Käufer, sondern auch Markenbotschafter. Das verleiht dem Verbraucher eine neue Macht im Internet. Leere Werbeversprechen sind ihm zuwider. Er fragt stattdessen seine Community nach deren Produkterfahrungen. In der Vergangenheit wurden dafür vor allem Foren benutzt. Dort haben sich versierte User bereits vor zehn Jahren über Produkte, beispielsweise aus IT und Technik, ausgetauscht. Oft klärt ein relevanter Forenbeitrag von Nutzern besser auf als eine ausführliche Produktbeschreibung auf der Unternehmenswebsite. Deshalb liefert die Suchmaschine Google direkte Suchergebnisse aus Blogs, Statusupdates und Foren auch besonders weit oben im Suchergebnis. Das Wissen über Produkte kann nicht länger verschleiert oder verheimlicht werden, sondern wird von der Community bereitgestellt und über die gängigen Suchmaschinen gefunden.

Tipp: Kommunizieren Sie dort, wo Ihre Kunden sind

MOTOR-TALK.de ist eines der größten Internetforen über Auto und Motor mit über 2,4 Mio. registrierten Nutzern. Die dazugehörige Facebook-Seite zählt über 133.000 Fans. Dort tauschen sich Autoliebhaber und Motorradfans aus, geben sich gegenseitig Tipps, bieten Gebrauchtfahrzeuge an usw. Für die Automobilbranche sind das 2,4 Mio. potenzielle Kunden. Die Automobilindustrie mit ihren Beratern, Händlern und Werkstätten hätte hier die Möglichkeit, sich aktiv in die Diskussion einzubringen oder auf Fragen zu antworten. Der Kunde ist dankbar für Aufmerksamkeit und Hilfe vom Fachmann. Verkaufsoffensiven sind in solch einem Forum jedoch nicht gefragt.

1.2.1 Markenloyalität in Social Media – die Consumer Decision Journey

Das von McKinsey veröffentlichte Kaufentscheidungsmodell[2] (siehe Abbildung 1.2) zeigt, dass Empfehlungen von Freunden und Bekannten sowie die Markenloyalität

---

2 *http://www.mckinseyquarterly.com/The_consumer_decision_journey_2373*

Kaufentscheidungen nachhaltig beeinflussen. Der Kunde wählt nicht die Marke oder Dienstleistung, die ihn durch Werbung am stärksten beeinflusst hat, sondern wählt aus einer kleinen Markenauswahl diejenige, die auch bei Bekannten und Freunden sowie bei Bewertungsportalen gut abgeschnitten hat. Nach dem Kauf – wenn der Kunde das Produkt nutzt, genießt, bewundert – ist er besonders bereit, es weiterzuempfehlen. An diesem Punkt beginnt die Markenloyalität, die sich sowohl auf seine nachfolgenden Kaufentscheidungen auswirkt als auch die seiner Freunde beeinflusst. Das klassische Marketing vernachlässigt diesen Loyalitätszyklus. Mit Social Media Marketing können Sie auf die Rückmeldungen reagieren, Empfehlungen forcieren und so Markenloyalität aufbauen.

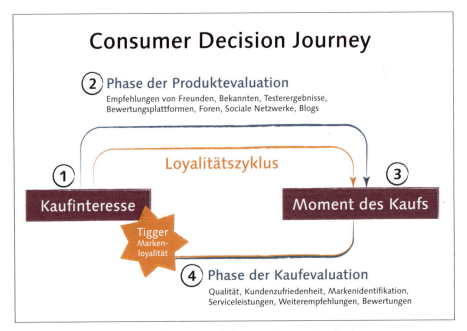

Abbildung 1.2 Für Markenloyalität gilt: Nach dem Kauf ist vor dem Kauf.

1.3 Evolution oder Revolution? Mundpropaganda ist nichts Neues

Im Café »220 Grad«, *www.220grad.com*, in Salzburg können Kunden auf einer Tafel ihre persönlichen Eindrücke, Meinungen und Gedanken aufschreiben. Das Feedback der Gäste ist durchweg sehr positiv: Liebevolle Sprüche und Danksagungen wie »Bestes Café in Salzburg« oder »Danke, ich hatte einen tollen Tag hier« zieren die Pinnwand. Die Meinungen der Gäste kann jeder andere Gast auch lesen. Das Café macht damit ein sonst verschlossenes Gästebuch öffentlich. Im Prinzip geschieht mittels Social Media nichts anderes: Kundenmeinungen werden transparent gemacht und weitergegeben. Jedes Lokal, jedes Geschäft, jedes Hotel, jeder Ort hinterlässt bei seinen Besuchern einen bleibenden Eindruck. Jeder Kunde macht individuelle Erfahrungen beim Kauf und bei der Nutzung von Produkten und Dienstleistungen. Früher konnten die Empfehlungen nur von Mund zu Mund weitergegeben werden, heute ist das Internet bzw. das Social Web das moderne Sprachrohr der Verbraucher. Mundpropaganda ist also nichts Neues. Unternehmen können sich das Weitergeben und Weitersagen von Produktempfehlungen im Social Web zunutze machen. Denn Empfehlungen wirken sich auch auf den Vertrieb von Produkten aus. Man bezeichnet diese Form des Marketings auch als *Empfehlungsmarketing* oder *Word-of-Mouth-Marketing*.

Mundpropaganda kann positiv und genauso auch negativ sein, und viele Unternehmen fürchten sich davor, negativer Mundpropaganda mit Social Media nun Tür und Tor zu öffnen. Doch brauchen sich Unternehmen, die in der Mehrheit zufriedene Kunden haben, innerhalb von Social Media überhaupt nicht zu verstecken. Außerdem bestätigen Studien wie jene von trnd in Zusammenarbeit mit der Wirtschaftshochschule ESCP Europe[3], dass sich die meisten Menschen deutlich mehr an positive (89 %) als an negative (7 %) Mundpropaganda erinnern. Gleiches gilt für die Verbreitung: Im Schnitt werden 7,44 Personen über positive Erlebnisse informiert, und in etwa gleich viele, nämlich durchschnittlich 8,25 Personen, werden über negative Erlebnisse informiert.

1.3.1 Mundpropaganda in Social Media

Die Reichweite dieser Meinungen vergrößert sich um ein Vielfaches, wenn wir Mundpropaganda in Social Media betrachten. Vorausgesetzt, die Meinungen der Facebook-Freunde stehen auf gleicher Höhe mit denen enger Freunde, ist der Einflussbereich eines Durchschnittsusers weitaus größer, als bisher angenommen. Denn er sendet seine Markenbotschaft an alle seine Freunde, und sie teilen diese Informationen wiederum mit allen ihren Freunden usw.

Der Wert eines Facebook-Fans (unter den 20 bekanntesten Marken) wurde von der Consulting-Agentur Syncapse in Zusammenarbeit mit der Marktforschungsagentur Hotspex deshalb auf 136,38 US$ geschätzt. Doch aktive Social Networker (siehe Abschnitt 1.6.5, »Meinungsführer«) vertrauen ihren Freunden auf Facebook nicht einfach blind. Sie lesen sich die Meinungen, Preisvergleiche und Empfehlungen kritisch durch. Sie durchschauen, wenn Unternehmen falsche Profile erstellen, nur um die Aufmerksamkeit ihrer Kunden zu erkaufen.

---

3 Mundpropaganda Monitor 01, trnd Forschung, 2010, *http://company.trnd.com/de/downloads/ trnd_wom_monitor_02.pdf*

1.3.2 Empfehlungen sind im Social Web sichtbar

Empfehlungen werden täglich ausgesprochen und online dokumentiert. Unternehmen müssen diese Empfehlungen so sichtbar machen, dass potenzielle Kunden sie auch lesen.

Das Social Web präsentiert sich z. B. im Kontext von Tourismusangeboten als Chance für die Hotelbranche und für Tourismusorganisationen. Früher war man auf die positive Mundpropaganda der Hotelgäste angewiesen, heute kann diese im Internet abgebildet werden. Aktive Online-Reiseshopper erzeugen neue Marktkräfte, indem sie ihre vertrauensvollen Urlaubsberichte posten und zum ausschlaggebenden Kriterium für andere Reisesuchende werden. Das Gesamtbild eines Hotels oder einer Urlaubsgegend wird entscheidend durch die Bewertungen und Meinungen der Gäste beeinflusst.

> **Exkurs: Digitale Mundpropaganda im Tourismus**
>
> 63 % der Deutschen buchen laut Bitkom-Analyse 2014 bereits ihren Urlaub oder Teile davon online. Also kaufen zwei von drei Internetnutzern über 14 Jahre Reiseleistungen (Flug, Hotel, Bahnfahrt) im Web, insgesamt sind das 34 Mio. Deutsche.[4]
>
> Online-Reiseshopper zählen zu einer der wichtigsten Zielgruppen im Internet, die bei Reisebuchungen auf Nummer sicher gehen. Vor der Buchung besuchen sie beispielsweise Urlaubsbewertungsplattformen wie HolidayCheck (*www.holidaycheck.de*), TripAdvisor (*www.tripadvisor.com*), Trivago (*www.trivago.de*), TripsByTips (*www.tripsbytips.de*) oder Yelp (*www.yelp.com*), nutzen sowohl Foto- und Videoplattformen als auch Google Earth zur visuellen Erkundung ihres Reiseziels und lesen Beiträge auf Reiseblogs. Die Bewertungen anderer Urlauber sind ausschlaggebend für die Buchung, denn die Online-Reiseshopper verlassen sich fast nur noch auf authentische Erfahrungs- und Reiseberichte.

Empfehlungen werden nicht nur in der Tourismusbranche ausgesprochen. Für alle Produkte gilt das gleiche Prinzip: Die User suchen in den Suchmaschinen nach Diskussionsbeiträgen und Produkterfahrungen. Deshalb hat Google Filter wie »Blogs« und »Diskussionen« in die Suche eingebaut. Plus: Wer ein Google+-Konto hat und angemeldet ist, sieht auch, wer von seinen Google+-Kontakten die Links im Suchergebnis früher schon mal geteilt hat. So wird die Suche noch sozialer.

Mundpropaganda in Social Media ist nicht auf bestimmte Produkte beschränkt. Empfehlungen werden sowohl für teure Waren mit einem hohen Kaufrisiko als auch für Billigprodukte mit einem geringen Kaufrisiko ausgesprochen und online veröffentlicht. Dennoch unterscheidet sich Word-of-Mouth-Marketing je nach Produkt. Das sollten Sie auch bei Ihrer Social-Media-Strategie bedenken.

---

4 *http://www.bitkom.org/de/presse/8477_78783.aspx*

1.3.3 Märkte sind noch immer Gespräche

»Märkte sind Gespräche« lautet die erste und wahrscheinlich wichtigste These im »Cluetrain Manifest«. Das mittlerweile über zehn Jahre alte Manifest ist erst heute im deutschsprachigen Raum richtig spürbar. Nicht alle der 95 Thesen des Manifests erheben heute noch Anspruch auf volle Gültigkeit. Gemeinsam ist allen Thesen jedoch die unverfälschte Stimme der User im Netz. Das Bedürfnis der Nutzer, ihre Statements zu Produkten im Internet zu veröffentlichen, geht auf die Weiterempfehlungen im richtigen Leben zurück. Die Gäste im eben beschriebenen Café »220 Grad« haben den Wunsch, ihre Meinungen mit möglichst vielen Menschen zu teilen. Informationen, Nachrichten und Empfehlungen wurden schon immer unter Menschen ausgetauscht. Dies ist ein nicht steuerbarer Prozess. Er passiert Ihnen, uns und allen anderen Menschen, und das täglich. Über die Verbraucher sagt das Manifest: »Wir sind keine Zielgruppen oder Endnutzer oder Konsumenten. Wir sind Menschen – und unser Einfluss entzieht sich eurem Zugriff.« Dieser Satz ist provokant, und Sie werden sich als Unternehmer fragen, warum Sie dann überhaupt mit den Usern in Kontakt treten sollen. In Social Media hat dieser Satz jedoch seine Berechtigung. Empfehlungen in sozialen Medien werden nur deshalb ernst genommen, weil sie von Menschen für Menschen geschrieben sind. Wenn Sie als Unternehmer zu Ihrer Zielgruppe in Social Media sprechen wollen, müssen Sie persönlich und ehrlich sein. Seien Sie keine Marke, seien Sie Mensch! Sie müssen so kommunizieren, als würden Sie den User persönlich treffen und mit ihm ins Plaudern geraten. Sie müssen sich zu 100 % auf den Kunden einlassen, seine Wünsche anhören, versuchen, ihn zu verstehen. Nur durch einen intensiven Austausch werden Sie ihn davon überzeugen können, dass Sie Social Media nicht als weiteren Kanal für Ihre PR-Markenbotschaften ausnutzen wollen. Unternehmen mit Handschlagqualität werden es möglicherweise leichter dabei haben, egal ob es sich um ein großes, mittelgroßes oder kleines Unternehmen handelt.

1.4 Was bringt Social Media für Ihr Unternehmen?

Social Media ist kein Allheilmittel zur Absatzsteigerung per se. Sie erreichen damit weder ausschließlich internetaffine Jugendliche, noch ist Social Media als reiner Vertriebskanal zu verstehen. Soziale Netzwerke sind keine Einbahnstraße, sondern ein Dialoginstrument. Sie fragen sich nun sicher, was Ihnen Social Media denn dann tatsächlich bringt? Social Media hilft Ihnen, intensive Kundenbeziehungen aufzubauen, zu verstärken und sie nach außen hin transparent zu machen. Das ist die entscheidende Grundlage für den erfolgreichen Verkauf Ihrer Produkte und Dienstleistungen durch Social Media. Damit haben Sie gegenüber Marken und Unternehmen, die nicht im Social Web aktiv sind, einen enormen Wettbewerbsvorteil. Social

Media Marketing ist zudem effektiver als Werbung in klassischen Medien, weil es ein direktes Feedback der Kunden zulässt und kostengünstiger ist. Sie müssen nur genügend Personal bereitstellen. Als Teil des Online-Marketings ist es zudem auch besser messbar und skalierbar.

1.4.1 Brand Awareness – die Markenbekanntheit erhöhen

Social Media eignet sich wie kein anderes Medium zum Markenbranding. Allerdings gilt es dabei nicht, die alten One-to-one-Kommunikationslösungen auf einen beliebigen Social-Media-Kanal zu adaptieren, sondern Formate zu schaffen, die die Interaktionsbedürfnisse Ihrer Kunden bedienen. Verabschieden Sie sich daher von Ihren Out-of-the-Box-Lösungen, denn die funktionieren in Social Media nicht. Im Social Web wünscht sich der vernetzte Konsument vor allem Aufmerksamkeit und Einfallsreichtum. Damit er sich mit Ihrer Marke auseinandersetzt und sie weiterempfiehlt, müssen Sie ihm eine erlebbare Markenwelt bieten.

Best Practice – interaktives Markenbranding von Heineken

Heineken hat mit »Legendary Football« eine interaktive Kampagne lanciert, die eine spielerische Auseinandersetzung mit der Marke Heineken auf allen Ebenen möglich macht. Ein interaktives YouTube-Video lässt den Zuschauer in ein episches Fußballdrama mit Engelschören eintauchen, das er selbst mitbestimmen kann. Zu der Kampagne gehört auch das interaktive Tippspiel »Starplayer« (siehe Abbildung 1.3), das sowohl über die Website, eine Facebook-Anwendung, als auch über eine Smartphone-App gespielt werden kann. Heineken nutzt seine Sponsoringkooperation mit der Champions League und lässt Fußballfans während der Liveübertragung in Echtzeit gegeneinander wetten. Der Clou an diesen Anwendungen ist, dass sie dem Kunden einen einzigartigen Mehrwert bieten und die Marke auf einer interaktiven Ebene kommuniziert.

> **Marketing-Take-away: Spielen Sie mit – der Gamification-Ansatz**
>
> »Gamification« ist derzeit ein Buzzword und bedeutet, Mechaniken und Funktionalitäten wie Belohnungen, Punkte, Auszeichnungen, Levels/Stufen, Führer oder Gruppen, die beim Spielen (insbesondere Computerspielen) auftreten, auf Nichtspiele wie z. B. Marketingkampagnen zu übertragen, um eine bessere Auseinandersetzung sowie ein stärkeres Userengagement mit der Marke und sogar höhere Abverkäufe zu erzielen. Spielmechaniken sind deshalb so interessant, da sie bewirken, dass sich der Spieler freiwillig und über einen langen Zeitraum mit der Marke beschäftigt. Belohnungen und Ziele tragen dazu bei, dass sich der Spieler immer wieder in die Markenwelt begibt, sie ihn also intrinsisch motiviert. Eine von selbst motivierte Markeninteraktion ist das Beste, was Unternehmen bei ihren Kunden bewirken können.

Abbildung 1.3 Interaktives Markenbranding – Starplayer von Heineken

1.4.2 Brand Loyalty – die Markenloyalität erhöhen

Loyale Markenfans und Markenbotschafter stehen für ihre Produkte und Services online wie offline ein, siehe Abschnitt 1.2.1, »Markenloyalität in Social Media – die Consumer Decision Journey«. Sie beeinflussen potenzielle Kunden in ihren Kaufentscheidungen. Mit Social Media kooperieren Sie mit Ihren »Influencern« und verbessern so Ihr Markenimage in den Online-Communitys.

1.4.3 Kunden durch Empfehlungsmarketing gewinnen

Mundpropaganda ist die beste Werbung, egal ob offline oder online. Zufriedene Kunden empfehlen ihren Freunden ein Produkt, eine Dienstleistung, eine Marke oder ein Unternehmen. Die Wahrscheinlichkeit, dass der eine oder andere Freund auch zu Ihrer konkreten Zielgruppe gehört, ist groß. In Social Media ist der Freundeskreis um ein Vielfaches größer, denn durchschnittlich hat jeder User 130 Freunde, weitaus mehr als im richtigen Leben, wo wir unsere besten Freunde nur an einer Hand abzählen können. Die Reichweite einer Produktempfehlung ist demnach auch um einiges höher als bei Mundpropaganda von Person zu Person. Man schätzt, dass eine geteilte Bewertung in Facebook zu einer zusätzlichen Einnahme von 15,72 US$ führt.[5] Mit digitaler Mundpropaganda können Sie neue Kunden gewinnen und Ihren Absatz steigern.

---

[5] F-Commerce – Selling on Facebook, Syzygy, 2011, www.syzygy.de/nl/syzygy_f-commerce-whitepaper.pdf, nachfolgend zitiert als »Studie F-Commerce«

> **Marketing-Take-away: Jede zwölfte geteilte Bewertung in Facebook zieht einen Verkauf nach sich**
>
> Das zumindest geht aus der Studie von Syzygy, »F-Commerce«, hervor. Dabei hat man verglichen, wie sich Bewertungen, die vor und nach dem Kauf in Facebook geteilt werden, auf den weiteren Abverkauf von Produkten im Online-Shop auswirken. Mehr dazu finden Sie in Abschnitt 10.5, »Facebook-Commerce«.

1.4.4 Social CRM – Kundenbindung und Kontaktpflege

Im Social Web hinterlassen Ihre Kunden unaufgefordert positive und kritische Meinungen in selbst gewählten Social-Media-Kanälen. Social CRM bedeutet, im jeweiligen Kanal des Kunden präsent zu sein. Durch Social CRM kommt der Kunde zu Ihnen und Sie zur richtigen Zeit zum Kunden. Zudem sparen Sie sich ein aufdringliches Direct Mailing mit geringer Response-Quote. Durch Ihr proaktives Auftreten im Social-Media-Kontext des Kunden können Sie kaufhemmende Fragen beantworten oder ihn in seiner Kaufintention bestärken, Kundenwünsche und Verbesserungsvorschläge analysieren und für Produktoptimierungen aufnehmen, Reputationsschäden abwehren, sich für Lob bedanken und schließlich dem Kunden Ihr Unternehmen näherbringen.

Nehmen Sie Abschied vom reinen Denken an »Datenbankaufbau« und »Newsletter-Empfängergewinnung«. Betreten Sie jene Räume, in denen Ihre Kunden bereits sind. Social CRM ist noch dazu öffentlich. Potenzielle Kunden können die Dialoge zwischen Ihnen und bestehenden Kunden mitlesen und erhalten so einen Einblick in Ihre professionelle Kundenpflege. Ein gut geführtes Social CRM führt schließlich zu mehr Abverkauf.

> **Marketing-Take-away: Kundengewinnung durch Social CRM**
>
> 57 % der Unternehmen, die ein Blog führen, berichten, dass sie Kunden durch relevante Blogbeiträge gewonnen haben.[6]

1.4.5 Investor Relations

Social Media eignet sich ebenfalls zur Pflege der Beziehungen zu Investoren. Gerade dort ist eine fundierte Vertrauensbasis wichtig. Aktionäre und Investoren müssen permanent vom Unternehmen bzw. vom Produkt überzeugt werden. Je nach Zielgruppe lohnt es sich, durch Social Media Investor Relations zu betreiben.

---

6 State of Inbound Marketing Report, HubSpot, 2011, *http://www.hubspot.com/state-of-inbound-marketing*, nachfolgend zitiert als »HubSpot«

1.4.6 Wertvolles Kundenfeedback

Waren Sie schon einmal von einem Produkt enttäuscht oder haben sich schlecht beraten gefühlt? Sie kennen so etwas sicher von Ihren eigenen Shoppingerlebnissen. Social Media macht diese negativen Erfahrungen transparent. Genauso oft (und hoffentlich noch viel öfter) sind Sie jedoch mit einem Produkt zufrieden. Kundenzufriedenheit ist im Social Web ebenfalls sichtbar. Bei der Einführung des Apple iPad beispielsweise gab es innerhalb der ersten Stunde enormen Kundenzuspruch in Form von 177.000 Nachrichten auf Twitter. Es lohnt sich, positives Kundenfeedback zu zeigen.

Negative Kommentare helfen, Produkt- und Prozessoptimierungen voranzutreiben. Die vielfältigen Meinungen und Wünsche Ihrer Kunden sind Ideengeber für einen besseren Service, für neue Anwendungen oder neue Einsatzgebiete. Das Social Web ist ein offenes Brainstorming für Produktideen. Negative Kommentare mögen anfangs unangenehm sein, aber kein Produkt ist perfekt. Man kann nur immer wieder daran arbeiten, es perfekt zu machen. Und die Kritik der Verbraucher ist die beste Antriebsquelle für Verbesserungen. Social Media stellt Ihnen hier die nötigen Tools zur Verfügung, Bewertungen, Kommentare und Ratings von Kunden zu sammeln. Oder Sie gründen eine eigene Ideencommunity und integrieren Ihre Kunden in die gesamte Wertschöpfungskette, wie z. B. das Unternehmen Tchibo (siehe Abschnitt 2.5.6, »Interagieren – seien Sie mehr als ein kompetenter Ansprechpartner«).

1.4.7 Die Reichweite Ihrer Message erhöhen

Mit einem einzigen Klick auf den »Gefällt mir«-Button in Ihrem Online-Shop hat der User seinen durchschnittlich 130 Facebook-Freunden gesagt, dass ihm ein bestimmter Artikel in Ihrem Online-Shop gefällt. Das Empfehlen von Informationen war noch nie so einfach wie heute. Im besten Fall erzielen Sie einen sogenannten *viralen Effekt*: Die Information wird von einem Kontakt zum nächsten weitergegeben und verbreitet sich wie ein Virus. Ein unterhaltsames oder aussagekräftiges Video, ein guter bzw. hilfreicher Blogbeitrag, ein interessanter Nachrichtenartikel: Wenn etwas aus der Sicht der User empfehlenswert ist, wird es auch empfohlen, schließlich kostet es nichts und geht schnell und einfach.

Somit können Sie die Reichweite Ihrer Marke und Ihrer Message um ein Vielfaches erhöhen. Während Sie früher nur die Kunden vor Ort, die Newsletter-Empfänger oder jene Zeitungsleser hatten, die Ihre Message wahrnehmen konnten, haben Sie jetzt ein Millionenpotenzial an Empfängern, von denen Sie heute vielleicht noch gar nichts wissen.

Marketing-Take-away: Mit Social Media verlängern Sie die Werbewirkung

Volkswagen ist mit *The Force* ein Video gelungen, das sich innerhalb kürzester Zeit viral verbreitet hat (siehe Abbildung 1.4). Der Spot war schon einige Tage vor dem offiziellen Kampagnenstart zum Super Bowl in Amerika am 6. Februar 2011 im YouTube-Channel von VW zu sehen. In diesen drei Tagen klickten ihn bereits 10 Mio. YouTube-Nutzer an. Die meisten wurden über Twitter (39 %) und Facebook (25 %) darauf aufmerksam gemacht.[7] Ein halbes Jahr nach der Veröffentlichung schauen die Nutzer noch immer gern *The Force*. Bisher haben es fast 60 Mio. YouTube-Nutzer gesehen. Durch Social Media vergrößert sich die Werbewirkungsdauer, weil die Kampagneninhalte auch nach dem Ende einer Kampagne zur Verfügung stehen. Nebenbei: Die Onliner nutzen Online-Werbung zur Inspiration.[8]

Abbildung 1.4 Über 50 Mio. YouTube-Nutzer haben den VW-Spot gesehen.

1.4.8 Social Search – das Ranking in Suchmaschinen verbessern

Google, Bing & Co. messen Social-Media-Inhalten eine immer größere Gewichtung bei. Google zeigt neben Videos, Fotos, Blog- und Forenbeiträgen auch, welche Links von Kontakten in Google+ geteilt und »geplusst« wurden. Aber auch Facebook und andere Social-Media-Dienste beeinflussen das Suchergebnis. Links und Inhalte, die auch »social« sind, d. h. durch die User in soziale Netzwerke oder in Social-Bookmarking-Dienste gelangen, werden von den Suchmaschinen besser bewertet, und das spiegelt sich im Suchergebnis wider. Links werden aber nur dann in Social Media geteilt, wenn Sie es einerseits dem User leicht machen, Ihre Web-

---

[7] Alterian, 2011, *http://www.alterian.de/ressourcen/praxisreports/die-macht-ist-viral*
[8] OVK Online-Report 2011/12, BVDW, 2011, *www.bvdw.org/fileadmin/bvdw-shop/ovk-report-2011-2.pdf*

site zu twittern oder zu plussen (Like-Button, Tweet-Button, Plus-Button), und andererseits von Zeit zu Zeit dazu auffordern. Nur dann schaffen Sie ein besseres Ranking in Suchmaschinen, generieren mehr Traffic für Ihre Website und gewinnen neue Kunden.

1.4.9 Social Commerce – neue Vertriebskanäle erschließen

Das Internet, und dementsprechend Social Media, wurde nicht für den Verkauf und Vertrieb gemacht, sondern für den Informationsaustausch und die Kommunikation zwischen Menschen. Doch verschiedene Anwendungen und Plattformen bieten perfekte Vertriebskanäle, die nur darauf warten, erschlossen zu werden. Facebook Commerce entwickelt sich als wichtiger Treiber für den Abverkauf von Produkten. Ist der Kunde einmal Fan von Ihrer Facebook-Seite und wird er durch kontinuierliche Updates auf Ihr Unternehmen, Ihre Aktivitäten, Ihre Firmenphilosophie und Ihre Produkte aufmerksam, ist er besonders motiviert, ein Angebot anzuklicken. Dies möchte er jedoch direkt in Facebook machen. Immer mehr Unternehmen gehen deshalb dazu über, Facebook-Shops zu integrieren. Mehr darüber finden Sie in Kapitel 10, »Social Commerce«.

1.4.10 Öffentlichkeitsarbeit – authentisch, schnell und relevant

Social Media verändert die Rollenverteilung bei den beteiligten Akteuren der Öffentlichkeitsarbeit. An die Stelle der Massenmedien tritt der Endverbraucher mit seinen Kommunikationsbedürfnissen. Mit Social Media stehen Ihnen kostengünstige und schnell einsetzbare Tools zur Verfügung, um wieder selbst zur Kommunikationszentrale zu werden. Denn potenzielle Mitarbeiter durchforsten das Social Web nach Bewertungen und Meinungen über den zukünftigen Arbeitgeber; Investoren möchten einen Einblick in die Unternehmensentwicklungen über den Jahresabschluss hinaus, und Journalisten erreichen Sie heute nicht mehr ausschließlich per E-Mail, sondern vor allem über Twitter.

Marketing-Take-away: Journalisten erreichen Sie über Social Media

In einer Umfrage unter Journalisten und PR-Fachleuten[9] gaben etwa 35 % der Befragten an, dass Social Media eine hohe oder sehr hohe Relevanz für ihre redaktionelle Arbeit hat. Wenn Sie heute Journalisten als Multiplikatoren für Ihre Öffentlichkeitsarbeit gewinnen wollen, müssen Sie Ihre Nachrichten direkt und in verknappter Form an sie adressieren, denn Pressemitteilungen werden in Twitter auf 140 Zeichen verkürzt, und einzig ein Link verweist auf weiterführende Informationen.

---

9 Social Media Trendmonitor 2011, news aktuell/Faktenkontor, 2011, *http://www.slideshare.net/ newsaktuell/social-media-trendmonitor2011*

Informationen müssen jedoch auf die jeweilige Zielgruppe (Kunde, Mitarbeiter, Journalist, Investor) zugeschnitten sein, damit jeder je nach Informationsinteresse einen schlüssigen und verständlichen Überblick erhält. Öffentlichkeitsarbeit in Social Media eignet sich außerdem zur Krisenkommunikation, um angemessen, d. h. im relevanten Social-Media-Kanal und zur richtigen Zielgruppe, schnell zu reagieren. Die *Realtime Search* sorgt außerdem dafür, dass Inhalte innerhalb von Sekunden von interessierten Usern gefunden werden können. Das ist auch positiv für Unternehmen, die in der Kritik stehen. Durch die schnelle Indizierung von Inhalten können Sie ad hoc Stellung nehmen.

1.4.11 Targeting – Werbung ohne Streuverluste

Einer der großen Vorteile von Social Media liegt darin, dass Sie Ihre Kunden gezielter denn je ansprechen können – und das zu einem vergleichbar viel geringeren Preis. Denn die Nutzer im Web teilen sozialen Netzwerken durch Interaktion, Profildaten usw. viel über ihre Person und ihre Interessen mit. Für Unternehmen ist das die perfekte Werbeumgebung, da sie Anzeigen zielgruppenspezifisch schalten können. Bei jedem Werbespot, bei jeder Printanzeige müssen Sie davon ausgehen, dass Sie massenhaft Streuverluste generieren. Mit Social Media können Sie das viel zielgenauer machen, denn Sie können die Online-Anzeigen gezielt nach Interessen, Hobbys, Geschlecht, Alter usw. schalten. Die Anzeigen, die Sie in Social Media verbreiten, müssen relevant, motivierend und speziell auf den User abgestimmt sein, damit er die Werbung nicht als störend, sondern als willkommene Abwechslung und Spaß unter seinen Freunden wahrnimmt.

> **Marketing-Take-away: Mit Targeting zielgenaue Kundenansprache**
> Mit den Informationen, die die sozialen Netzwerke über Ihre Nutzer bereitstellen, z. B. Alter, Geschlecht, Einkommen, Bildung, Interesse, können Sie Ihre Kunden gezielt ansprechen. Diese Form der Kundenansprache wird auch *Behavioral Targeting* genannt. Ein passgenaues Matching einer anvisierten Zielgruppe und jener Personen, die Ihre Produkte am Ende auch wirklich kaufen, wird es jedoch nicht geben. Auch im Social Media Marketing gibt es Streuverluste, die allerdings wesentlich geringer ausfallen als in der klassischen Werbung.

Social Media Marketing muss genau durchdacht sein und darf nicht zu blindem Aktionismus führen. Dazu gehören eine genaue Zielgruppenanalyse und ein Redaktionsplan genauso wie Social Media Guidelines, die das Verhalten Ihrer Mitarbeiter in den Communitys regeln. Bei aller Planung dürfen Sie jedoch den wichtigsten Social-Media-Grundsatz nicht vergessen: Kommunizieren Sie ehrlich und aufrichtig mit Ihren Kunden – wie im richtigen Leben auch! Wie eine gute Social-Media-Strategie aussehen kann, stellen wir Ihnen in Kapitel 2, »Social-Media-Strategie«, vor. Zunächst einmal verorten wir jedoch Social Media im Marketing allgemein.

1.5 Social-Media-Kommunikation

Dieses Buch befasst sich mit Social Media Marketing. Für einen leichteren Einstieg in die Thematik Social Media bedienen wir uns zunächst der Bezeichnung *Social-Media-Kommunikation*. Social Media umfasst Tools, die der Kommunikation, Kollaboration und Partizipation mit anderen Menschen dienen. Web 2.0-Tools und Social Media sind ja schließlich in den seltensten Fällen direkt für Unternehmen entwickelt worden, sondern hauptsächlich für Menschen. Wenn man dieses Prinzip im Social Web verinnerlicht hat, kann Social Media auch für Marketingzwecke eingesetzt werden. In aller Konsequenz verzahnt es sich dann mit der Preispolitik, der Distribution und der Produktgestaltung. Im Social Web wird kein Produkt ohne ein Gespräch darüber verkauft.

Denn Social Media Marketing funktioniert nicht nach Schema F des klassischen Marketings. Dort wird die Markenbotschaft üblicherweise über einen Top-down-Prozess auf das Produkt übertragen. Die Werte, für die das Produkt oder die Marke steht, werden so an die Zielgruppe kommuniziert. Der Verbraucher erfährt in diesem Prozess keinerlei Mitbestimmungsrecht. Man geht davon aus, dass der Kunde die Markenbotschaft einfach akzeptieren und das Produkt kaufen wird. Die vier Eckpfeiler des Marketings, das Produkt, der Preis, die Markenkommunikation und der Vertrieb, lassen sich jedoch nicht eins zu eins auf Social Media Marketing übertragen. Erst erfolgt der Beziehungsaufbau, dann wird verkauft. Kaufanreize werden über die Kommunikation mit Kunden geschaffen und gefördert. Erst im letzten Schritt – wenn der Kunde überzeugt ist und Sie sein Vertrauen gewonnen haben – wird verkauft.

Das RAVIOLI-Prinzip

Christian Clawien, Director Social & Emerging Media bei Interone, hat für den Aufbau der Kundenbeziehung im Social Web das RAVIOLI-Prinzip definiert. »RAVIOLI« steht für Relevance – Awareness – Value – Information – Organisation – Listen – Interaction. Relevanz, Aufmerksamkeit und Werte beziehen sich auf das Produkt bzw. das Unternehmen. Sie müssen stimmig sein, sonst können Sie keinen Kunden überzeugen. Information, Organisation und Zuhören sind die Grundpfeiler für Ihr Verhalten in Social Media. Sie müssen Informationen konsequent bereitstellen und adäquat antworten, wenn sich Rückfragen ergeben. Das können Sie aber nur, wenn Sie verantwortliche Mitarbeiter definiert haben. Und die müssen Ihren Kunden auch im Social Web zuhören. Am Ende mündet diese Vorgehensweise in die Interaktion mit Ihren Kunden.

Mittels Social-Media-Tools werden Serviceleistungen und Meinungen im Internet sichtbar gemacht. Jeder kann seine Meinungen veröffentlichen und so zu einem guten oder schlechten Ruf des Produkts im Netz beitragen. Die Eigendynamik des Internets und die Funktionsweise der Suchmaschinen können zu einer unerwarteten Reichweite dieser Meldungen und mitunter zu einer Reputationskrise von Unternehmen führen.

1.5.1 Vom Push- zum Pull-Marketing

Push-Marketing, das die Konsumenten mit Kaufanreizen penetriert, ist für Social Media Marketing nicht sinnvoll. Die Nutzer agieren nach einem neuen Pull-Prinzip: Das Interesse wird über das Social-Media-Umfeld verstärkt, die User suchen eigenständig nach relevanten Informationen. Das jahrelang praktizierte Reiz-Reaktions-Prinzip, bei dem man per Werbebotschaft einen Reiz sendet und hofft, dass die Käufer darauf anspringen, hat in Social Media endgültig ausgedient, denn es ignoriert vollkommen die Bedürfnisse des Käufers. Kommunikation dürfen Sie in Social Media aber nicht ignorieren. Im Gegenteil, Kommunikation ist die Grundbasis für Verkauf in und durch Social Media. Daher darf Social Media nicht als Absatzkanal nach dem alten Push-Prinzip aufgefasst werden. Sie müssen Informationen im Social Web bereitstellen und dauerhaft Gespräche anbieten (Pull-Methode). Ein Twitter-Account mit einer Nachricht pro Monat wird die Aufmerksamkeitsschwelle der User nicht erreichen.

1.5.2 Vom einseitigen Monolog zum vielseitigen Dialog

Klassische Kommunikation über TV, Print und Radio sind eindimensionale Kommunikationswege. Diese Einwegkommunikation stößt zunehmend an ihre Grenzen, denn die Verbraucher bevorzugen eine interaktive Informationssuche. Einer Studie der Unternehmensberatung McKinsey & Company und der Handelshochschule Leipzig (HHL) zufolge informieren sich mehr als 50 % der befragten Konsumenten sowohl auf den Internetseiten der Händler und Hersteller als auch in Foren und Webcommunitys. Weniger als 5 % der Konsumenten nutzen klassische Medien als Informationsquelle, um sich vor einer konkreten Kaufentscheidung über ein Produkt zu informieren. »Ob im klassischen Einzelhandel, in der Bankfiliale oder im Internet – die Kunden informieren sich eingehender und nutzen mehr Möglichkeiten zum Erfahrungsaustausch untereinander«, sagt Christoph Erbenich, Partner bei McKinsey, »Die klassische Marketingkommunikation reicht allein nicht mehr aus, um die Kaufentscheidung wesentlich zu beeinflussen.«

> **Tipp: Feedback durch bidirektionale Kommunikation**
>
> Social-Media-Kommunikation ist bidirektional, d. h., Sie können immer Feedback auf Ihre Botschaften erhalten. Das hilft Ihnen dabei, genügend Rückmeldung auf Ihre Nachrichten zu bekommen. Sie sehen dadurch, welche Nachrichten bei den Usern gut ankommen und welche auf weniger Interesse stoßen. Mit einem Redaktionsplan können Sie die wichtigsten Eckpfeiler der Social-Media-Kommunikation abstecken, hin und wieder müssen Sie aber auch experimentieren.

Achten Sie darauf, Ihre Leser nicht mit Informationen zu überfordern, spammen Sie also nicht. In Social Media ist es eine Herausforderung, einerseits interessante Beiträge zur Marke zu liefern und andererseits nicht zu werbelastig zu erscheinen. Bei Social Media geht es nicht darum, die User mit möglichst vielen Markenbotschaften zu überladen oder sie durch Werbung zu beeinflussen. Denn erstens beeinflussen sich die User gegenseitig, und zweitens wird eine intensive Kundenbeziehung nicht durch einseitige Markenbotschaften aufgebaut. Es geht vielmehr darum, den Wettbewerbsvorteil Kundenbeziehung auf Social Media zu übertragen. Die Basis für diese gute Beziehung ist die Social-Media-Kommunikation. In Social Media gilt es, diesen Dialog zu spiegeln. Unternehmen, die stets um eine gute Kundenbindung bemüht waren, werden es in Social Media leichter haben als Unternehmen, denen das bisher egal war. Ziel ist es immer, den Kunden aufzuklären, eine Plattform für seine Meinung zu bieten und erst am Ende zu verkaufen. Mit Social-Media-Kommunikation haben Sie die Chance, eindimensionale Kommunikation in einen vielseitigen Dialog zu transformieren. Sie wollen nun den Vorteil dieser Kommunikation erfahren? Mit positiven Kommentaren, Lob und Danksagungen der Kunden schaffen Sie ein Alleinstellungsmerkmal und heben sich von der Konkurrenz ab. Je eher Sie damit anfangen, desto eher gewinnen Sie das Vertrauen Ihrer Kunden in sozialen Netzwerken.

1.5.3 Social Media Marketing ist nicht (nur) Online-Marketing

Social Media Marketing wird als Teil des Online-Marketings definiert. Das mag daran liegen, dass die Maßnahmen vor allem online stattfinden. Je nachdem, was ein Unternehmen mit Social Media erreichen möchte, hat es mehr oder weniger mit klassischem Online-Marketing zu tun. Betrachten wir Facebook-Werbung, handelt es sich tatsächlich um klassisches Online-Marketing, weil mit dem Aufwand ein direkter Erfolg messbar wird, der sich beispielsweise in den Verkaufszahlen niederschlägt. Wenn man das ganze Potenzial von Social Media Marketing – vom Empfehlungsmarketing über Crowdsourcing bis hin zu einer offenen Unternehmenskultur – in den Fokus nimmt, handelt es sich um mehr als nur Online-Marketing.

Online-Marketing wird nach den strengen Regeln der Messbarkeit, der Klickraten und Seitenaufrufe eingesetzt. Anzeigentexte für Google werden so geschrieben, dass sie möglichst häufig angeklickt werden, unabhängig von der Markenbotschaft. Würden Sie Social-Media-Aktivitäten nach den Spielregeln des Online-Marketings planen, wäre für den Dialog mit Ihren potenziellen Kunden gar kein Platz mehr. Auch wenn Sie Online-Marketing bereits zur Produktpositionierung einsetzen, wird in Zukunft Ihr Social-Media-Engagement darüber entscheiden, ob Ihre Produkte in der Community gut ankommen. Denn Social Media entwickelt gerade in der Community sein Potenzial. Sie erhalten ehrliches und aufrichtiges Kundenfeedback, ohne dafür ein Marktforschungsinstitut beauftragen zu müssen.

1.5.4 Der Long Tail

Der *Long Tail* (»langes Ende«) wurde vom Chefredakteur des Wired Magazin, Chris Anderson, im gleichnamigen, viel zitierten Artikel »The Long Tail« erstmals vorgestellt. In Bezug auf den E-Commerce beschreibt er darin ein Absatzphänomen, bei dem Nischenprodukte mehr Umsatz erzielen als die beliebten Bestseller.

Dieses ökonomische Prinzip kann man besonders beim Online-Händler Amazon beobachten (siehe Abbildung 1.5). Die Bestseller werden häufig gekauft und erreichen scheinbar den größten Umsatz. Doch die Nischenprodukte erzielen insgesamt mehr Absatz als die Bestsellerverkäufe, auch wenn sie weniger nachgefragt und seltener verkauft werden. Das vielfältige und riesige Angebot von Amazon erzeugt den Long Tail, ohne den Amazon neben seiner Produktdifferenzierung (CDs, DVDs, Elektronik usw.) bei Weitem nicht so erfolgreich wäre. Die Umsatzstärke geht auf die individuellen Kundenwünsche und auf die Nachfrage nach Special-Interest-Produkten zurück.

Abbildung 1.5 Der Long Tail von Amazon

1.5.5 Der Long Tail der Social-Media-Kommunikation

Wenn wir diesen Long Tail auf die Social-Media-Kommunikation übertragen, haben wir die Möglichkeit, einen solchen Long Tail für die Unternehmensinhalte zu erzeugen. Mit einer Fülle an authentischen Beiträgen in Social Media – sei es im Firmenblog, auf der Facebook-Seite oder in einem Forum – stellen Sie den Long Tail her und bedienen damit die Interessen Ihrer Kunden. Manche Beiträge werden die Kunden sehr häufig lesen, andere werden nur auf das Interesse weniger Kunden stoßen, aber dennoch für eine kleine Gruppe relevant sein. Durch Social Media Monitoring finden Sie heraus, wonach die User im Kontext Ihrer Marke suchen, und wissen dann, worüber Sie schreiben können. Sie können aber auch proaktiv bei Ihren Abteilungen, beispielsweise beim Customer Support, nachfragen, welche Fragen die Kunden häufig stellen, und dazu beispielsweise Blogbeiträge schreiben. Mit der Zeit sehen Sie anhand der Statistiken, welche Beiträge bei der Zielgruppe gut ankommen, und können Ihre Nachrichten an diese Anforderungen anpassen.

Sehr viele unterschiedliche Beiträge zu ein und demselben Produkt werden von Suchmaschinen wie Google indiziert, egal ob Sie in einem sozialen Netzwerk wie Facebook aktiv sind, ein Firmenblog betreiben oder ob Ihre Botschaften in einem Social Media Newsroom zusammenfließen. Je mehr Sie über Ihre Produkte schreiben (Entstehungsprozesse, Vorteile, Anwendungsbeispiele) und je mehr Sie gemäß den Kundenbedürfnissen kommunizieren, desto größer ist die Wahrscheinlichkeit, dass die Inhalte unter diesen Stichwörtern auffindbar sind. Der Long Tail im Social Web verhilft Ihnen so zu mehr relevanten Besuchern und Kunden.

1.5.6 Social-Media-Marketingmix

Social Media Marketing ist als Teil des Marketingmix zu betrachten. Die Tools können im Produktionsprozess (*Crowdsourcing*), als Marktforschungsinstrument (*Social Media Monitoring*), für den Vertrieb (*Social Commerce*) sowie auch in der Markenkommunikation (*Empfehlungsmarketing*) eingesetzt werden. Egal welches Social-Media-Tool Sie für welchen Zweck einsetzen, es ist immer geeignet, um mit Ihrer Zielgruppe ins Gespräch zu kommen. Die Kunden erhalten somit oberstes Mitspracherecht. Beim klassischen Marketingmix ist die Kommunikationspolitik ein eigenständiger Bereich. Im Social Media Marketing ist die Kommunikation gewissermaßen übergeordnet. Dem Verkauf Ihres Produkts geht immer ein Gespräch, eine Empfehlung oder eine Diskussion voraus, die den Kunden überzeugt hat.

1.5.7 Social Media für B2B-Unternehmen

Dieses Buch legt einen starken Fokus auf B2C mit Beispielen aus dem Konsumgüter- und Dienstleistungsbereich. Dennoch lohnt sich Social Media auch für B2B-Unternehmen, denn auch Geschäftspartner und Businesskunden berücksichtigen bei ihren Kooperationen Empfehlungen und Erfahrungsberichte von anderen

Unternehmen. Laut dem European Communication Monitor gehören Social Media mit 27 % nach E-Mail mit 38,1 % zu den beliebtesten Kommunikationsformaten; sogar noch vor dem Face-to-Face-Gespräch oder einem Telefonat. Besonders B2B-Netzwerke wie LinkedIn und XiNG erfreuen sich großer Beliebtheit bei den Entscheidern, aber auch Facebook, Twitter und Corporate Blogs.[10] Mitunter haben im Industriesektor Weiterempfehlungen einen noch viel größeren Stellenwert als im Bereich B2C, da es sich häufig um erklärungsbedürftige und kostenintensive Investitionsgüter handelt. Unternehmen müssen daher den Kontakt zu Firmenkunden, Händlern und Zulieferern zunehmend auch im Social Web herstellen, um sie mit wichtigen Informationen für den Vertrieb zu versorgen und kontinuierlich von der Produktqualität zu überzeugen. B2B-Unternehmen profitieren von der Präsenz in Businessnetzwerken wie LinkedIn (siehe Abbildung 1.6).

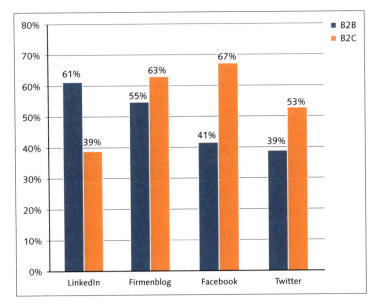

Abbildung 1.6 LinkedIn eignet sich für B2B, Facebook für B2C. (Quelle: HubSpot, The State of Inbound Marketing in 2012, http://www.hubspot.com/state-of-inbound-marketing/)

Immer mehr B2B-Marketingverantwortliche schätzen Social Media Marketing als wichtig oder sehr wichtig ein. Über 2/3 der B2B-Unternehmen investieren bereits in Social Media und erhöhen Jahr für Jahr die Ausgaben dafür. Die Investitionen sollen unter anderem für Kundengewinnungsmaßnahmen (69,3 %), die Bekanntmachung der Marke (17,3 %) und die Kundenbindung (13,1 %) genutzt werden.[11]

---

10 http://ffpr.de/newsroom/2014/07/10/are-you-a-public-relations-professional
11 http://www.realbusinessrescue.co.uk/news/why-b2b-businesses-should-leverage-the-potential-of-social-media-in-2013

Marketing-Take-away: Neukundengewinnung durch Social Media

B2B- und B2C-Unternehmen können durch Social Media Neukunden gewinnen. Für B2B-Unternehmen sind verstärkt Businessnetzwerke wie LinkedIn oder XING relevant, während B2C-Unternehmen stärker von einer Präsenz in Facebook oder Twitter wie auch einem Unternehmensblog profitieren.

1.5.8 Social und Crossmedia

Sie sollten Social-Media-Kommunikation nicht isoliert betrachten, sondern im Kommunikationsmix, und sie mit weiteren Medien wie TV, Print und Radio verknüpfen. Wenn Sie das nächste Mal eine Kampagne planen und Social Media ein Teil davon sein soll, überlegen Sie sich, wie Sie das eine Medium mit dem anderen verbinden können, z. B. ein Plakat, um auf ein Gewinnspiel im Social Web aufmerksam zu machen. Oder Sie verweisen im nächsten Werbespot auf die »Meinungen anderer Kunden« mit dem entsprechenden Link zur Website (mit gesammelten Erfahrungsberichten). Diese Verknüpfung wird auch als *Crossmedia* bezeichnet. Bei heutigen Crossmedia-Kampagnen werden TV, Print, Radio und Social Media gleichzeitig eingesetzt. Die Verknüpfung aller dieser Medien ermöglicht eine breite Zielgruppenansprache und in weiterer Folge eine optimale Streuung Ihrer Werbebotschaft. Kunden, die nicht sehr internetaffin sind, sprechen Sie dann gezielt über klassische Medien an. Dadurch steigt die Wahrscheinlichkeit, dass Ihr Kunde Ihre Werbekampagne in mindestens einem der Medien wahrnimmt. Im Idealfall wird er mehrmals über die unterschiedlichen Kommunikationskanäle darauf aufmerksam, d. h. online, offline, beim Lesen einer Zeitschrift und beim Fernsehen.

Abbildung 1.7 Febreze verweist direkt im Fernsehspot auf seine Facebook-Seite www.facebook.com/febrezedeutschland.

1.5.9 Transmedia – eine Geschichte wird mehrmals erzählt

In Social Media können Sie Ihre Geschichten erzählen. Storys, die Ihre Marke dem Kunden näherbringen. Denken Sie an Ihren letzten Werbespot – dem liegt auch eine Geschichte zugrunde. Diese Geschichte können Sie nutzen und in Social Media weitererzählen, mit anderen medialen Inhalten ausschmücken oder auf mobile Anwendungen (z. B. in Form eines Spiels) übertragen. Als *Transmedia* bezeichnet man diese Form des *Storytelling* in mehreren Online- und Social-Media-Kanälen.

Die Jeansmarke »Diesel« hat dies bei der Kampagne zur Sommerkollektion 2010 sehr eindrucksvoll gelöst. Für die neue Kollektion drehte Diesel ein Video mit Models, Laienschauspielern, eigenen Mitarbeitern und sogar mit Diesel-Kunden. Als Musikvideo »a hundred lovers« getarnt, entstand so ein Videokatalog mit InVideo-Shoppingelementen, d. h. mit Verlinkungen zum Online-Shop (siehe Abbildung 1.8).

Abbildung 1.8 Diesel präsentiert seine neue Kollektion als Musikvideo.

Besonders gelungen sind die Verlinkungen der Schauspieler innerhalb des Videos zu deren Twitter- und Facebook-Profilen. So erfahren die User direkt, wer hinter dem Video steckt, und können sich mit diesen Personen vernetzen. Diesel berücksichtigt damit den sozialen Aspekt von Social Media. Diesel hat verstanden, dass es in Social Media vor allem um die Menschen hinter den Botschaften geht.

> **Marketing-Take-away: Ersetzt Facebook die eigene Website?**
>
> Generell lautet die Antwort »Nein« – wenn überhaupt, dann nur partiell und im Rahmen von Fanbelohnungen. Im Juli 2010 entschied sich das Portal »FHM online« (die Website zum Männermagazin FHM), seine Website *www.fhm-online.de* direkt auf die Facebook-Seite zu leiten. Ein Jahr später hat man diese Weiterleitung wieder entfernt. Grund dafür dürfte für das Magazin wohl der eklatante Datenverlust gewesen sein, denn schließlich verfügt bei einer ausschließlichen Präsenz in Facebook nicht mehr der Verlag, sondern nur das Netzwerk über die Inhalte, Bilder, Kommentare und sogar Statistiken. Das hat die beiden Vorteile, die Einsparung beim Server und die optimale Erreichbarkeit der relevanten Zielgruppe, für FHM anscheinend nicht aufwiegen können. Zudem ändert Facebook in regelmäßigen Abständen seine AGB, was sich zum Nachteil des Verlags hätte auswirken können. Dennoch setzt FHM natürlich weiterhin auf seine Facebook-Präsenz, die auch prominent auf der Website eingebunden ist.
>
> Merke: Was mit Ihrer eigenen Website passiert, können Sie selbst beeinflussen. Was mit Facebook und den dort veröffentlichten Inhalten und der Community passiert, entscheidet am Ende immer Facebook.

1.6 Die Social-Media-User

Das Internet ist aus unserem täglichen Leben nicht mehr wegzudenken. Drei von vier Deutschen sind laut ARD/ZDF-Online-Studie online und können sich ein Leben ohne das Internet nicht vorstellen.[12] In der Altersgruppe der 14- bis 19-Jährigen sind nahezu alle online, und immer mehr Senioren entdecken das Internet für sich. Während für Jugendliche Aktivitäten wie *Flirten* und *Kontakte pflegen* im Vordergrund stehen, sind die Onliner ab 50 vor allem an *Testergebnissen* interessiert.[13] In Österreich finden wir ein vergleichbares Ergebnis: Laut Statistik Austria nutzen 81 % der Österreicher zwischen 16 und 74 Jahren das Internet; in der Schweiz sind es ebenfalls über 85 %.

1.6.1 Die Welt als soziales Netzwerk

Die User verbringen immer mehr der Zeit, in der sie online sind, in sozialen Netzwerken als mit anderen Online-Tätigkeiten. Soziale Netzwerke gehören zu den am meisten besuchten Websites, denn die Onliner suchen die Öffentlichkeit: Pro Woche werden 3,5 Mrd. Inhalte weltweit auf Facebook miteinander geteilt, und täglich werden 2 Mrd. Videos auf YouTube angesehen. Die Social-Media-Welt ist

---

12 BITKOM, 2011, *http://www.bitkom.org/de/markt_statistik/64026_67508.aspx*

13 Informationszentrale Internet, AGOF internet facts, 2011–03, *http://www.agof.de/index.1052.de.html*, nachfolgend zitiert als »AGOF-Studie«

bunt und (noch) nicht Facebook-blau. In Russland wird über *VKontakte* genetz-werkt, in China in *QZone*, *Weibo* und vielen anderen mehr.

Marketing-Take-away: Online vergleichen – offline kaufen

Mittlerweile wird das Internet ganz selbstverständlich zu Einkaufszwecken genutzt. Drei von vier Deutschen kaufen im Internet ein, also fast jeder Internetnutzer. Dabei bestellen laut Bitkom-Analyse 2014 zum Online-Shopping-Verhalten der Deutschen Schüler und Studenten am häufigsten, ältere Menschen nur sehr selten. Trotzdem: Die Zielgruppe 65+ verzeichnete im letzten Jahr um 11 % mehr Online-Einkäufer. Der Trend geht dabei eindeutig zum Tablet-Shopping: Doppelt so viele Nutzer wie vor zwei Jahren shoppen via Smart Devices. Die Bereitschaft für den Online-Einkauf ist also bei allen Zielgruppen groß, die Bereitschaft, für Retouren zu bezahlen, allerdings nicht. Seit Juni 2014 gilt jedoch eine neue Regelung beim Online-Einkauf: Online-Shops müssen nicht wie bisher Retouren unabhängig vom Warenwert kostenlos annehmen. Ob dies an den Online-Verkaufszahlen etwas ändern wird, werden die nächsten Monate zeigen.[14]

1.6.2 Die Social-Media-Nutzung

Etwa die Hälfte der deutschen Internetnutzer besitzt ein Online-Profil und betreibt aktives Social Networking. Die Nutzerzahlen der sozialen Netzwerke sind in den vergangenen Jahren explodiert, weil die Menschen auf der ganzen Welt am digitalen Klassentreffen teilhaben möchten. Nicht selten melden sich 10-Jährige bei Facebook an, auch wenn das offizielle Eintrittsalter erst bei 13 Jahren liegt. Genauere Zahlen zu den jeweiligen Plattformen finden Sie in Kapitel 7, »Soziale Netzwerke«.

1.6.3 Kennen Sie einen Digital Native?

Lange Zeit war man davon überzeugt, die *Digital Natives*, also »die digitalen Eingeborenen«, würden das Social Web vorantreiben. Man ging davon aus, dass mit den nach 1980 Geborenen eine neue Generation technologieaffiner Blogger, Video- und Podcaster heranwachsen würde (siehe Abbildung 1.9). Doch nur weil jemand mit neuen Medien groß geworden ist, befähigt ihn das noch lange nicht dazu, Medien auch sinnvoll einzusetzen (Stichwort Medienkompetenz). Kennen Sie in Ihrem Familien- und Bekanntenkreis so einen Digital Native, der bloggt oder eigene Videos produziert? Was man mit Sicherheit sagen kann, ist, dass jüngere Leute etwas unbedarfter an neue Medien herangehen, während Erwachsene (*Digital Immigrants*) und Senioren (*Silver Surfer*) oft eher zögerlich agieren.

---

14 *http://www.bitkom.org/files/documents/BITKOM-Praesentation_Trends_im_Online-Shopping_08_05_2014.pdf*

Abbildung 1.9 Digital Natives lernen schon früh den Umgang mit neuen Medien und Social Media.

> **Digital Visitor oder Digital Resident?**
>
> Weitaus schlüssiger ist die Unterscheidung der User in *Digital Visitors* (Netzbesucher) und *Digital Residents* (Netzbewohner). Die Netzbesucher sehen das Internet eher kritisch in Bezug auf Datenschutz und Informationsüberflutung. Netzbewohner sind aktive Gestalter im Social Web und können aufgrund ihres Einflusses in ihrem Netzwerk als »Influencer«, sprich als Meinungsführer, bezeichnet werden.
>
> Aber Social Media wirkt sich ebenfalls auf die Visitors aus, denn die Meinungen, Kommentare und Markenenthüllungen erreichen auch die Netzbesucher, sobald sie nach Informationen über ein Produkt im Internet suchen.

1.6.4 Die Nielsen-Regel

Eine ganz entscheidende und aufschlussreiche Regel für das Community-Management der eigenen Präsenz in Social Media ist die 90-9-1- oder auch *Nielsen-Regel*. Sie besagt, dass 90 % der User im Social Web nur Beobachter bzw. passive Zuschauer sind, während 9 % mitmachen (z. B. kommentieren) und gerade einmal 1 % aktiv Inhalte produzieren. Mittlerweile hat sich dieses Ungleichgewicht der Akteure im Social Web auf 70 % Beobachter zu 20 % Mitmacher zu 10 % Produzenten umverteilt, was vor allem daran liegt, dass es technologiebedingt immer leichter wird, eigene Inhalte zu produzieren. Die 1 bis 10 % aktive Produzenten können in Social Media auch als *Meinungsführer*, die sich zu Social Hubs zusammenfügen, bezeichnet werden. Dabei handelt es sich um qualitäts- sowie markenbewusste Trendsetter und Innovatoren. Sie haben eine Affinität zum Internet bzw. zu Social Media, nutzen die Interaktions-, Gestaltungs- und Veröffentlichungsmöglichkeiten im Social Web und spielen daher eine wichtige Schlüsselrolle für die Markenführung im Social Web.

1.6.5 Meinungsführer

Aktive User mit einer großen Reichweite werden im Social Web zu Meinungsführern, die einen großen Einfluss auf die Wahrnehmung Ihrer Marke ausüben können. Meinungsführer zeichnen sich durch ein hohes Eigeninteresse an unterschiedlichen Themen aus. Die Wahrscheinlichkeit, dass es für Ihr Produktportfolio und Ihre Dienstleistungen Meinungsführer gibt, die sich schon jetzt für Sie einsetzen, ist sehr hoch. Die Reichweite ihres Einflusses (deshalb auch Influencer genannt) hängt vom Grad ihrer Vernetzung, d. h. vom Bekanntheitsgrad ihrer Blogs, der Anzahl ihrer Facebook-Freunde und Follower auf Twitter und von der Häufigkeit ihrer Aktionen im Netz ab. Je mehr Menschen ihm folgen, desto größer ist die Wirksamkeit seines Netzwerks. Neben der Multiplikatorfunktion können Meinungsführer vor allem qualitatives Feedback zu Ihren Produkten und Dienstleistungen geben, denn sie sind zu einem hohen Grad an Ihrem Unternehmen interessiert.

Der Influencer oder Meinungsführer genießt ein großes Vertrauen bei seiner Zuhörer- und Leserschaft. Die Qualität seiner Beiträge ist durch seine neutrale Sichtweise garantiert. Sein Publikum hilft ihm, die Nachrichten über Produkte und Marken schnell zu verbreiten. Ob er sich als Multiplikator für Sie zur Verfügung stellt, hängt davon ab, inwiefern er bereit ist, seine Online-Reputation als souveräner Botschafter zu riskieren. Er genießt gerade wegen seiner unabhängigen Sichtweise, und weil er nicht von einem Unternehmen für seine positiven Beiträge bezahlt wird, das Vertrauen der Nutzer. Er ist daher eher wie ein sehr guter, aber kritischer Freund im Netz zu behandeln.

Marketing-Take-away: Durch Meinungsführer die Masse erreichen

Wenn ein Produkt am Markt gelauncht wird, werden zuerst sogenannte *Innovatoren* darauf aufmerksam, bevor immer mehr und mehr Verbraucher (*Early Adopters*) dieses Produkt kaufen und Unternehmen dadurch die *Early Majority* (die »frühe Mehrheit«) an Käufern erreichen. Hat sich das Produkt durchgesetzt, erreicht es die *Late Majority* (die »späte Mehrheit«). Solche Zyklen sind bei allen Produkten zu beobachten. Innovatoren und Early Adaptors können Hand in Hand mit den Meinungsführern gehen. Die Begeisterung für das Produkt führt bei den Meinungsführern dazu, dass sie ihre positiven sowie negativen Erfahrungen mit neuen Produkten an andere weitergeben.

Wie Sie Ihre Meinungsführer identifizieren

Es ist sinnvoll und notwendig, diese Meinungsführer im Social Web zu identifizieren und direkt anzusprechen. Ein erstes Screening können Sie mittels jener Social-Media-Monitoring-Tools durchführen, die wir Ihnen in Kapitel 3, »Social Media Monitoring und Online Reputation Management«, vorstellen. Überzeugen Sie diese Meinungsführer von Ihrem Produkt bzw. laden Sie sie als Tester ein. Wenn Sie sich auf die Diskussion über Ihr Produkt einlassen, können Sie die Influencer langfristig für sich gewinnen und zu Befürwortern Ihrer Marke machen. Bedanken Sie sich bei ihnen für positive Beiträge und Empfehlungen mittels Namensnennung oder eines persönlichen Anschreibens.

Marketing-Take-away: Die Top-Influencer für Kaufentscheidungen

Kaufentscheidungen werden von Freunden maßgeblich beeinflusst. Laut einer eMarketer-Studie (siehe Abbildung 1.10) tragen bei 55 % aller Konsumenten »Freunde« zur Kaufentscheidung bei, darauf folgen »Leute, die mich mögen« (55 %), »Experten« (51 %), »Online Freunde« (39 %), »Marken« (38 %), »Händler« (35 %) und »Influence Blogger« (26 %).[15]

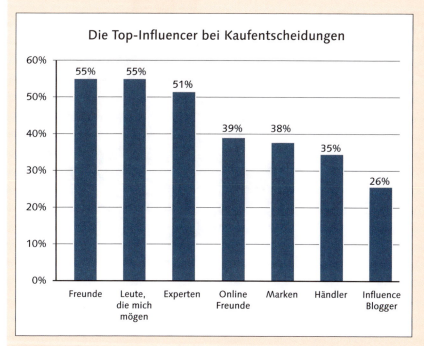

Abbildung 1.10 Nicht die Marke, sondern das Netzwerk ist ausschlaggebend für die Kaufentscheidung. (Quelle: eMarketer)

---

15 eMarketer, *http://www.emarketer.com/Products/Explore/ReportList.aspx*

1.7 Die Marke im Social Web

Um die in Abbildung 1.11 abgedruckte, von Brain Solis und JESS3 entwickelte Infografik über die Social Media Brandsphere zu verstehen, müssen zunächst die medialen Grundannahmen in der Grafik erklärt werden:

- Paid Media: bezahlte, digitale Werbung wie Banner oder Google Adwords
- Owned Media: eigene, selbst kreierte Inhalte, z. B. TV-Kampagnen
- Earned Media: von den Usern selbst erstellte Inhalte über Marken, d. h. User Generated Content
- Promoted Media: bezahlte In-Stream-Werbung, z. B. Video-Ads
- Shared Media: in Social Media erzeugte Inhalte, Storys und Dialoge zwischen Marken und Kunden

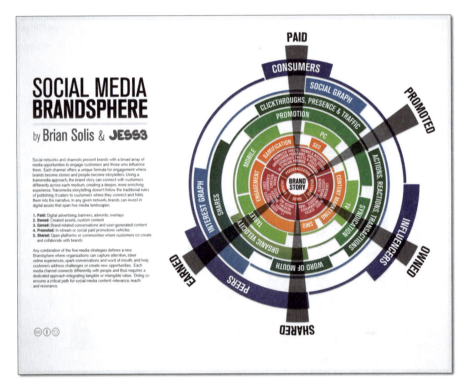

Abbildung 1.11 In der Mitte der Social Media Brandsphere steht immer die Brandstory. (Quelle: http://jess3.com/social-media-brandsphere/)

In der Mitte der Social Media Brandsphere steht immer die *Brandstory* – also die Geschichte, die sich über oder mit der Marke erzählen lässt. Dies wird gemeinhin auch als *Storytelling* bezeichnet. Geschichten ermöglichen es, die Marke im Dialog mit Kunden erlebbar zu machen. Das Spannende an Social Media ist dabei vor allem, dass der Kunde diese Geschichte nun miterzählt (Shared Media). Die Grafik macht deutlich, dass sich sinnvolle Synergien und Verknüpfungen zum klassischen Marketing und zum Online-Marketing ergeben. In Abschnitt 1.5, »Social-Media-Kommunikation«, haben wir bereits darauf hingewiesen. Im Folgenden möchten wir die Grafik samt den Kreisen näher erläutern. Die Farbe in Klammern bezieht sich auf den jeweiligen Kreis.

Die Marke wird durch ihre Werte sowie Empathie, Personalisierung und Relevanz definiert (Rot). Dadurch ergeben sich verschiedene Social-Media-Aktionen (Pink). Markenempathie führt demnach eher zu Likes, Klicks und Views, Personalisierung ermöglicht es, die Werbung an spezifische Konsumenten zu adressieren usw. Das geschieht mit unterschiedlichen Online-Strategien (Orange) und Technologien (Mobile, PC, TV, Tablet – Hellgrün). Die Inhalte werden natürlich verbreitet oder durch Promotion und Content Syndication weitergegeben (Grün), die durch Klicks, Besucher, Word of Mouth messbar werden (Dunkelgrün). Dies liefert Insights über die Struktur der Kunden im Social Web (Social Graph) und deren Interessen (Interest Graph – Hellblau). Dadurch lassen sich unterschiedliche Zielgruppen im Social Web ansprechen: Influencer (Meinungsführer), Konsumenten, Unterstützer (Peers).

1.7.1 Warum folgen User einer Marke im Social Web?

Laut einer deutschen Studie aus dem Jahr 2013 spielen die in klassischen Werbekanälen so wichtigen Faktoren wie Markenidentifikation und -verbundenheit in Facebook eher eine Nebenrolle. 85 % der Befragten konnten sich vorstellen, Fan oder Follower einer Marke zu sein, auch wenn die Markensympathie fehlt. Die Hauptgründe, warum jemand Fan oder Follower einer Marke ist: An erster Stelle steht die konkrete Informationsbeschaffung zu Produkten und Dienstleistungen (81,6 % der Befragten). Danach folgen Markensympathie (65,4 %) und Zugang zu Angeboten und Unterhaltung, erst danach kommt die Identifikation oder persönliche Verbundenheit mit der Marke.[16]

Ist ein User aber von einer Marke überzeugt, teilt er das seinem Netzwerk entsprechend mit. Er wird Fan und postet regelmäßig über die Marke. Diese Markenbekenntnisse sind jedoch nicht nur für die Community transparent (z. B. Google+), sondern werden durch Suchmaschinen wie Google auch für andere User sichtbar gemacht.

---

16 *http://www.internetworld.de/social-media/facebook/facebook-user-marken-folgen-298865.html*

In dem Moment, in dem eine Marke bei den Usern in Verruf gerät, werden häufig angeklickte Beiträge in den Suchmaschinen sehr weit oben platziert. Unternehmen verlieren dann mehr oder weniger die Kontrolle über die Markenkommunikation. Machen Sie den Test und suchen Sie nach Ihrem Unternehmen in Google: Sie werden Standardeinträge wie Ihre Website, Produktwebseiten und vielleicht sogar Wikipedia-Einträge vorfinden. Darüber hinaus werden aber auch Blogbeiträge, Links zu Tageszeitungen und Forenbeiträge angezeigt. Auf diese Art lesen Ihre potenziellen Kunden alle Ergebnisse zu Ihrem Produkt.

Marken und Unternehmen können sich im Internet nicht hinter ihrer Website verstecken. Die User finden alle positiven und negativen Meinungen auf einen Blick. Social Media bietet Unternehmen die Möglichkeit, ihre Markenfassade gegen einen authentischen Kundendialog einzutauschen. Erst im direkten Gespräch mit Ihren Kunden können Sie Ihr Markenversprechen einlösen, denn nicht nur das Produkt allein, auch der Service entscheidet über Erfolg oder Misserfolg einer Marke. Über kurz oder lang müssen Sie sich darauf einstellen, dass durch Social Media Ihr Markenbild infrage gestellt werden wird. Sie sollten deshalb Ihren Kunden eine sinnvolle Plattform anbieten, auf der Sie die Rückmeldungen transparent machen. Soziale Medien bieten ein umfassendes Repertoire an Tools und Möglichkeiten, solche Feedbackkanäle einzurichten.

1.8   Der ROI von Social Media

Jetzt denken Sie vielleicht: »Alles schön und gut, aber was bringt mir Social Media nun? Was ist denn der ROI von Social Media?« Unternehmen neigen in Gesprächen über Social Media dazu, nach dem ROI, also nach dem *Return on Investment*, zu fragen. Der ROI ist eine wichtige Kennzahl für Firmen, wenn es darum geht, Investitionsvorhaben abzuschätzen. Mit der Frage nach dem ROI steht und fällt für viele Firmen die Entscheidung für oder gegen Social Media Marketing. Die Frage nach dem ROI von Social Media ist jedoch irreführend. Oder können Sie sagen, was der ROI von TV oder Zeitungen ist? Für die Messbarkeit von Social Media Marketing gelten die gleichen Regeln wie beim klassischen Marketing: Es können immer nur einzelne Kampagnen mit bestimmten Zielen (Brand Awareness, Brand Loyalty, Zielgruppenengagement, Feedback, Performance, Leads usw.) ausgewertet werden.

1.8.1   Der ROI von Social Media lautet »Risk of Ignoring«

Die Wahrnehmung von Marken ist heute nicht mehr nur durch einseitiges Markenbranding erreichbar. Kaufentscheidungen werden durch die Empfehlungen anderer und die individuellen Vorlieben der Verbraucher beeinflusst. Der Austausch darüber findet zunehmend im Social Web statt. Dies zu ignorieren, stellt mittlerweile ein tatsächliches Risiko für Unternehmen dar. Social-Media-Ignoranz kann mitunter irreparable Rufschäden bei Marken hinterlassen, wie die Beispiele in Abschnitt 1.8.3, »Wenn Ignoranz zum Verhängnis wird – die Beispiele Nestlé und H&M«, zeigen. Deshalb wird der ROI in Social Media auch als *Risk of Ignoring* bezeichnet.

1.8.2 Der ROI hat viele Bedeutungen

Der ROI ist eine Kosten-Nutzen-Rechnung für getätigte Investitionen. Um ihn zu erheben, brauchen Sie blanke Zahlen, z. B. Verkaufszahlen oder die Höhe Ihres Werbebudgets, die Sie zu Ihren Social-Media-Investitionen ins Verhältnis setzen. Die Währung von Investitionen in Social Media sind jedoch Gespräche, die Sie zwar messen können, aber für die Berechnung des ROI brauchen Sie ein qualitatives Maß. Dafür helfen Kennzahlen wie die *Key Performance Indicators* (kurz KPIs). Mit den KPIs versucht man, die Gespräche im Social Web zu messen, z. B. den *Share of Voice*. Je nachdem, ob sich Firmen proaktiv oder passiv im Social Web verhalten, müssen andere KPIs erhoben werden. Wir erläutern alle relevanten KPIs in Abschnitt 2.8.1, »Key Performance Indicator«, ausführlich. Doch auch diese Kennzahlen haben ihre Schwächen, denn jedes Gespräch unterscheidet sich in Intensität und Dauer. Wie unterscheidet man Kommentare auf Facebook und in Blogs? Wie gewichtet man einen ausführlichen Blogkommentar? Wie bewertet man ein flüchtiges »Gefällt mir« auf Facebook?

Die Frage nach dem ROI in Social Media ist berechtigt, aber ein klassischer wirtschaftlicher Return on Investment ist in Social Media zu kurz gedacht. Der ROI in Social Media kann auch bedeuten, Kosten bei der klassischen Kundenbetreuung durch eine stärkere Präsenz in sozialen Netzwerken zu sparen. Oder Ihre Social-Media-Präsenz führt zu Einsparungen bei der Produktentwicklung, da Sie sich das Feedback der Kunden für die Produktinnovation zunutze machen. Es kann aber auch bedeuten, dass Sie auf Teile der bisherigen Werbung & PR verzichten, da Sie Ihre Zielgruppe im Social Web weitaus besser ansprechen können und ein höheres Branding erreichen, insbesondere weil Sie von den kostenlosen Empfehlungen Ihrer Markenbotschafter profitieren. Den tatsächlichen ROI in Social Media bezeichnet man alternativ auch als *Return on Engagement* oder *Return on Influence*.

1.8.3 Wenn Ignoranz zum Verhängnis wird – die Beispiele Nestlé und H&M

Ignorantes Verhalten gegenüber aufgebrachten Kunden im Netz ist schon einigen großen Unternehmen zum Verhängnis geworden. Im März 2010 stellte Greenpeace einen Videoschocker ins Netz, der Nestlé in Bezug auf Urwaldrodung in die Schranken weisen sollte. Mit einer Parodie auf den KitKat-Werbeslogan »Have a break, have a KitKat« schockierte Greenpeace mit der Aktion »Give rainforests a break«. In dem Video wird kritisiert, dass Nestlé für die Produktion des KitKat-Riegels Palmöl verwendet, für dessen Herstellung Urwald zerstört wird. Dieser Urwald ist jedoch Lebensraum der vom Aussterben bedrohten Orang-Utans. Deshalb wird der KitKat-Riegel als Finger eines Orang-Utans dargestellt. Die Botschaft ist damit klar: Wer KitKat isst, tötet die Affen. Wenige Tage nach dem Online-Gang der Kampagne ließ Nestlé eine englische Version des Videos wegen Urheberrechtsverletzung aus dem Netz entfernen. Die offizielle Facebook-Seite von KitKat wurde daraufhin mit negativen Kommentaren übersät. Auf Twitter reagierte der Konzern überhaupt nicht.

Marketing-Take-away: Der Streisand-Effekt

Der Griff zur Rechtskeule wegen Urheberrechtsverletzung hat Nestlé in die eigentliche Reputationskrise geschickt, denn die User im Netz fanden das gar nicht in Ordnung, kopierten das Video und verbreiteten es erneut im Social Web. Man nennt dieses Phänomen den »Streisand-Effekt«. Sobald versucht wird, Inhalte im Netz zu löschen und somit deren Verbreitung zu unterdrücken, hat dies eher den gegenteiligen Effekt, die Information wird nur noch interessanter. Unternehmen müssen daher höllisch darauf achten, dass sie bei einer Krisen-PR nicht falsch reagieren.

Der Shitstorm spielte sich nicht nur im Social Web ab, sondern wurde auch von Straßenaktionen begleitet. Mit der richtigen Mischung aus Online- und Offline-Aktionen konnte Greenpeace genügend Sympathisanten und Multiplikatoren finden, die Nestlés Negativimage verstärkten. Die Greenpeace-Kampagne wurde binnen zwei Monaten von einer Viertelmillion Menschen weltweit unterstützt. In Deutschland wurden etwa 2.000 Verbrauchermeinungen gegen Palmöl aus Urwaldzerstörung getwittert. Nestlé äußerte sich zunächst sehr verhalten zu den Vorwürfen. Das Unternehmen gab zwar eine Pressemitteilung heraus, allerdings enthielt diese nur beschönigende Worte ohne eine konkrete Stellungnahme zu den Vorwürfen. Greenpeace hielt jedoch unbeirrt an der Forderung »Kein Palmöl aus Urwaldzerstörung!« fest (siehe Abbildung 1.12). In der Zwischenzeit pflanzte sich das Virus weiter fort.

Die Kommentare auf der englischsprachigen Facebook-Seite müssen für den Nestlé-Konzern ein Albtraum gewesen sein. Einige User beschwerten sich über Nestlés Arroganz, andere riefen zum Boykott auf. Der Nestlé-Konzern reagierte streckenweise sehr zynisch auf die Kommentare, wahrscheinlich weil er keinen Notfallplan für Krisensituationen in petto hatte. Sogar die Facebook-Seite wurde von Nestlé kurzerhand offline gestellt. Eine offizielle Stellungnahme muss jedoch sofort erfolgen, maximal ein bis zwei Tage danach. Nestlé entschied sich aber erst einen Monat nach Aufkommen des Videos dafür, mit den Fans zu diskutieren. Zwei Monate später gab Greenpeace bekannt, Nestlé habe in einem Aktionspapier versprochen, weder Palmöl noch Papier aus Regenwaldzerstörung mehr zu beziehen. Ein halbes Jahr später war der Reputationsschaden in Google immer noch sichtbar: Unter dem Stichwort »KitKat« wurden Video- und Blogbeiträge zu dem Fall angezeigt.

Abbildung 1.12 Wie Greenpeace Nestlé angreift.

> **Rechtstipp von Sven Hörnich: Deutsches Recht bei »rufschädigenden Äußerungen« im Internet**
>
> »Unliebsame« Äußerungen sind nicht zwingend rechtswidrig, denn Meinungsäußerungen sind grundsätzlich erlaubt. Freilich darf der Meinungsträger nicht gegen sonstiges Recht (Urheberrecht, Recht am eigenen Bild, Allgemeines Persönlichkeitsrecht) verstoßen. Hier ist jeder Fall anders gelagert. So kann unter Umständen die Äußerung über einen aus der Presse bekannten Konzernchef mit Namensnennung und Bild erlaubt sein – die Abbildung seiner »unbeteiligten« Tochter und/oder Ehefrau verstieße jedoch gegen geltendes deutsches Recht. Ist eine Rechtsverletzung ausgemacht, stellt sich in einem weiteren Schritt die Frage, ob sich deren Verfolgung lohnt oder ob damit die Sache nicht erst »ins Rollen« gebracht wird und Nachahmer auf den Plan treten.
>
> Ist die vorbenannte Grenze des Shitstorms erst erreicht, ist dem rechtlich vielfach nur schwer beizukommen. Es gibt – unabhängig davon, ob deren Äußerungen rechtswidrig sind oder nicht – schlicht zu viele Gegner. Eine gute (auch anwaltliche) Beratung zeichnet sich auch im Frühstadium bereits dadurch aus, dass es hierzu gar nicht erst kommt, obgleich dies nicht immer zu verhindern ist. Die Grundfrage ist im vorliegenden Beispiel

bereits, warum sich Nestlé auf sachfremde Urheberrechtsdiskussionen hinsichtlich der Verpackung einließ. Dieser taktische Fehlgriff gegenüber Greenpeace lässt sich, unabhängig von der Frage, ob die KitKat-Verpackung wirklich urheberrechtlichen Schutz genießt, mit einem simplen, aber extrem wichtigen Wort erklären: Meinungsfreiheit bzw. deren grundsätzliche Unantastbarkeit!

Generell ist bei Äußerungen Dritter zu trennen, in welche Rechtspositionen des Unternehmens überhaupt eingegriffen wird. Meinungsäußerungen, d. h. wertende Äußerungen, sind grundsätzlich frei, soweit es sich nicht um sogenannte Schmähkritik handelt. Letzteres ist der Fall, wenn eine Person – fern jeder Auseinandersetzung mit der Sache – verächtlich gemacht werden soll. Beispiele sind schlichte Beleidigungen oder je nach Schärfe vielleicht sachfremde Entgegnungen wie: »Woher willst du das wissen, du kommst doch aus ...« Rechtlich angreifbar sind hingegen sogenannte falsche Tatsachenbehauptungen, nämlich solche Aussagen, die mit »richtig« oder »falsch« zu kategorisieren sind. Greenpeace hatte jedoch nichts Falsches behauptet, sondern von der Meinungsfreiheit Gebrauch gemacht. Selbst wenn nunmehr die Entrüstungen Dritter in Richtung Beleidigung umgeschlagen sein sollten, war diesen nicht mehr beizukommen.

Vom Fehltritt zur Krise – das Beispiel H&M

Die Modekette H&M bekam Anfang des Jahres 2010 bitter zu spüren, wie sich User im Netz gegen ihre Marke solidarisierten. Eine H&M-Filiale in New York hatte unverkaufte Ware zerschnitten und entsorgt. Eine Studentin bekam Wind davon und erzählte es der »New York Times«. Auf ein direktes Schreiben an die H&M-Zentrale in Stockholm erhielt sie keine Antwort. Die Reaktionen auf der H&M-Seite fielen dafür umso heftiger aus. Kunden kritisierten die Modekette sehr massiv und beschimpften sie als asoziales Unternehmen. Gerade der eisige Winter in New York hätte Anlass geben sollen, die Kleidung an Bedürftige zu spenden. H&M reagierte zunächst distanziert mit Verweis auf die fehlenden Qualitätsstandards der Ware und die Sicherheitsbestimmungen des Unternehmens.

Die Kritik ließ nicht nach, und der Imageverlust drohte immer größer zu werden. Das Unternehmen sah sich gezwungen, verärgerte und enttäuschte Kunden zu besänftigen. H&M entschuldigte sich und beteuerte, dass es sich um ein Malheur gehandelt habe, und in Zukunft werde man seine Praxis ändern. Die Modekette H&M hätte sich einigen Ärger und den Reputationsschaden für die Marke sparen können, wenn sie direkt auf die Beschwerde der Studentin reagiert hätte. Erst durch die Ignoranz gegenüber dem Verbraucher ist der Fall online eskaliert. H&M hat sich dennoch auf die Diskussion auf seiner Website eingelassen. Manche Unternehmen tendieren bei Kritik dazu, Kommentare sperren zu lassen, anstatt sich der (berechtigten) Verbraucherkritik zu stellen. Das beruht auf der Unternehmenseinstellung, unzufriedene Kunden brauche man nicht zu beachten. Doch heute können die Verbraucher Bewertungsportale, Preisvergleichsseiten, Facebook und Blogs verwenden, um ihren Ärger kundzutun. Google macht diese Nachrichten transparent, Facebook offenbart sie direkt dem Freundes- und Bekanntenkreis. Damit können sich Verbraucher mit sehr geringem Aufwand an eine breite Öffentlichkeit richten und eine große Reichweite erzielen.

1.8.4 Domino's Pizza – die Krise als Chance

Egal wie schwerwiegend eine Reputationskrise ist, sie kann auch zu enormen Verbesserungen im Unternehmen und sogar zur Umsatzsteigerung führen. Domino's Pizza erlitt im April 2009 einen herben Reputationsschaden, als zwei Mitarbeiter eine ekelerregende Zubereitungsmethode als Videobotschaft auf YouTube stellten. Der Spott der Mitarbeiter breitete sich wie ein Virus in Twitter aus. Domino's Pizza reagierte adäquat auf die massenhafte Negativpresse und lud die Konsumenten dazu ein, auf Twitter zu diskutieren (*www.twitter.com/dpzinfo*). In seiner Videobotschaft entschuldigte sich Geschäftsführer Patrick Doyle von Domino's Pizza, USA, für den Vorfall und gab sein Bedauern über den Vertrauensmissbrauch zum Ausdruck (siehe Abbildung 1.13). Die Mitarbeiter wurden sofort entlassen.

Abbildung 1.13 Domino's Pizza antwortet per YouTube-Video auf die Kritik.

Im Dezember 2009 veröffentlichte Domino's Pizza ein Video mit dem Slogan »The pizza turnaround« unter *www.pizzaturnaround.com*. Die Pizzamarke hatte die Markenkrise zum Anlass genommen, sich im Internet neu zu positionieren. Und die wichtigste Person bei dieser Neuausrichtung war: der Kunde. Die Kunden von Domino's Pizza wurden nach deren Wünschen und bevorzugten Geschmacksrichtungen befragt. Mit den besten Zutaten und ausgefallenen Pizzavarianten verfolgte Domino's Pizza ein Jahr lang energisch das Ziel, für seine Kunden die beste und leckerste Pizza zu machen. Geschäftsführer Patrick Doyle spricht in dem Videozeitraffer auch über Kritik: »*You can either use negative comments to get you down or you can use them to exite you and energize your process of making a better pizza.*« Klingt sehr amerikanisch, aber er bringt es auf den Punkt. Natürlich können sich Unternehmen von dieser Krise herunterziehen lassen. Sie können es aber auch einfach als Anlass nehmen, es besser zu machen. Im Abspann des Videos gilt der Dank den treuen lokalen Kunden. Die Inspiration lieferten jedoch die unsanftesten und rausten Kommentare der Kritiker, womit besonders die Kritiker im Netz gemeint waren.

Der Turnaround verschaffte Domino's Pizza in England eine Umsatzsteigerung von 29 %. Domino's Pizza gewährte Rabattaktionen auf Facebook. Das Unternehmen nutzte auch den Location-Based-Service »Foursquare« und belohnte Personen, die sich online bei Domino's Pizza »eincheckten«, mit einer Pizza. Treue Kunden, die besonders häufig bei Domino's Pizza eincheckten, wurden sogar mit einem Foto in der Filiale ausgezeichnet. Domino's Pizza hat seine Reputationskrise sinnvoll genutzt und sich nicht von negativen Kommentaren unterkriegen lassen. Das Unternehmen hat es geschafft, eine sehr schwere Rufschädigung ins Gegenteil umzukehren, aber nicht, indem es versucht hat, die Kritik abzustreiten, sondern indem es die Rückmeldungen seiner Kunden sehr ernst genommen hat.

1.8.5 Hat jede Kritik auch eine Reaktion verdient?

Sie sollten regelmäßig prüfen, welche Rückmeldungen Sie in den sozialen Netzwerken erhalten haben. Wie oft wird Ihr Produkt gelobt, wie oft kritisiert? Wie reagieren Kunden auf Befragungen oder Produktideen? Wenn Sie ungeschönte oder teilweise beleidigende Kommentare lesen, können Sie davon ausgehen, dass es sich in der Regel um eine ehrliche Kritik des Kunden handelt. Mit Verweis auf die »Netiquette« (Internet-Etiquette) können Sie die Diskussion lenken und Vorwürfe richtigstellen. Natürlich ist negatives Feedback unangenehm, aber es hilft Ihnen auch, Ihr Produkt zu verbessern. Zeigen Sie sowohl Interesse an den Kundenmeinungen als auch Ihre Veränderungsbereitschaft bei berechtigter Kritik. Wenn Sie Kritik ignorieren, stacheln Sie damit nur die Diskussion an.

1.8.6 Trolle, Flamewars und Shitstorms

Allerdings gibt es auch sogenannte Trolle im Netz, die ausschließlich negative Kritik äußern und das Gegenüber provozieren wollen. Sobald das Unternehmen einlenkt, macht es sich bei solchen Trollen erst recht lächerlich. Der deutsche Blogger Sascha

Lobo hat sich intensiv damit befasst, wie man einen »Shitstorm« überlebt. In Foren treten sie als sogenannte Flamewars auf. Dabei machen die User nichts anderes, als sich immer wieder neue Streiche und Sticheleien gegen eine Person oder ein Produkt auszudenken. In solchen Fällen ist Abwarten die beste Medizin. Shitstorms kommen und gehen. Für Unternehmen ist es deshalb eine Gratwanderung, angemessen auf diese Kritik im Netz zu reagieren. Denn einerseits müssen Maßnahmen getroffen werden, um sich vor einem Imageschaden zu schützen. Andererseits ist es sinnvoll, sich nicht auf Flamewars einzulassen, wenn die Kritik nur dem Spaß einiger User dient. Handelt es sich jedoch um eine echte Verbraucherkritik, muss dazu Stellung genommen werden. Wer das versäumt, riskiert eine Reputationskrise, die sich am Ende auf alle Medien auszubreiten droht.

1.8.7 Wie man richtig reagiert – das Beispiel Nivea

Nivea hat mit der Kampagne »Look Like You Give A Damn« im September 2011 die Blogosphäre und das Twitterversum in Aufruhr versetzt. Für die Kampagne wurde ein Farbiger neben seinem ungepflegten früheren Ich dargestellt. Sein Alter Ego war ein unrasierter Kopf mit Afrofrisur, den er in der rechten Hand hielt und dabei zum Wurf ausholte (siehe Abbildung 1.14). Das allein war schon eine grenzwertige Darstellung, die Aufforderung »Re-civilize yourself« das i-Tüpfelchen, das das Fass zum Überlaufen brachte und einen Feuersturm an negativen Kommentaren in Facebook und Twitter auslöste. Denn die Aufforderung kam bei der Zielgruppe alles andere als gut an. Die fanden die Anzeige einfach nur rassistisch, unangemessen und total geschmacklos. Die Entrüstung war so groß, dass User sofort dazu aufriefen, nie wieder Nivea-Produkte zu kaufen.

Nivea erkannte seinen Fehler sofort und zögerte nicht, sich bei seinen Kunden zu entschuldigen. Wenige Tage nach dem Launch der Anzeige in der Zeitschrift »Esquire« entschuldigte sich Nivea offiziell auf seiner Facebook-Seite, da dort die Kritik am heftigsten ausgefallen war. In dem offiziellen Statement hieß es:

»We at Nivea would like to thank everyone who provided feedback and comments about the recent »Re-civilized« NIVEA FOR MEN advertisement, which ran in the September issue of Esquire magazine.

The advertisement offended many and for this we are deeply sorry. After realizing this, we are acted immediately to remove the advertisement from all marketing activities.

Diversity and equal opportunity are crucial values of our company. Our priority and immediate next step is to review our internal approval processes to ensure this never happens again.

Thank you again for your concerns, we appreciate and value your feedback.«

1 Social Media beginnt mit »Du«!

Abbildung 1.14 Nivea wurde wegen seiner »Re-civilize yourself«-Anzeige heftig kritisiert und reagierte sofort.

Bemerkenswert an der Stellungnahme ist, dass sich Nivea nicht nur entschuldigt und bedauert, seine Kunden mit der Anzeige beleidigt zu haben, sondern Nivea bedankt sich auch mehrmals für das Feedback der User. Das zeigt, dass die User im Netz sehr ernst genommen werden und ihre Kritik genauso wichtig ist wie die eines Werberats oder ein Beschwerdebrief einer prüfenden Organisation. Im Gegenteil, wenn erst einmal so eine Lawine losgetreten wurde, gilt es, alle Ressourcen und Kräfte zu bündeln, um die Kunden zu besänftigen und sie und vom Gegenteil zu überzeugen.

1.9 Zehn wichtige Grundsätze für Social Media Marketing

Das Internet wird missverständlicherweise oft als rechts- und regelfreier Raum gesehen, vor allem bezieht man sich dabei auf die Urheberrechtsdiskussionen rund um den freien Austausch von Musik und Filmen. Doch so wie in der nicht virtuellen Umgebung gelten auch im Internet Gesetze und Regeln, an die wir uns halten sollten.

Es wäre schön, wenn man ganz einfach zehn Regeln aufstellen könnte, an die sich jeder hält und damit automatisch alles richtig macht. So sind unsere folgenden zehn Grundsätze nicht gemeint. Vielmehr sind sie eine Zusammenstellung der wichtigsten Grundlagen für die erfolgreiche Interaktion von Unternehmen mit ihren Kunden. Es gäbe noch viel mehr als nur diese zehn, aber sie bilden eine gute Grundlage. Wenn Sie es schaffen, diese zu verinnerlichen und zu befolgen, sind Sie bereits auf einem sehr guten, weil richtigen Weg.

1 Social Media ist kein klassisches Marketinginstrument

Wie wir bereits mehrmals in diesem Buch erwähnt haben: Das Internet wurde nicht als Marketinginstrument entwickelt, sondern für die Kommunikation zwischen Menschen. Gleiches gilt natürlich auch für Social Media. Beobachten Sie doch einmal sich selbst und wechseln Sie in die altbekannte Userperspektive:

Wie reagieren Sie, wenn Ihnen ein User oder ein Unternehmen ständig Werbebotschaften à la »Kaufen Sie, kaufen Sie« oder »Ich bin der Beste, der Größte, der Schönste, der Tollste« schickt? Glauben Sie, dass dieser User Gehör findet, dass er ernst genommen und seine Meinung wertgeschätzt wird? Sicherlich nicht.

Warum wir das Wort Marketing überhaupt mit »Social Media« koppeln, liegt daran, dass ein erfolgreiches Social-Media-Engagement eines Unternehmens nicht wie ein Fremdkörper außerhalb der restlichen Unternehmenskommunikation und -planung liegen kann, sondern integriert sein und Einfluss auf alle Ebenen haben sollte, egal ob im Bereich Personal, PR oder eben im Bereich Marketing. Man sollte Social Media Marketing aber nicht falsch verstehen: Es ist kein neuer Kanal, der sich mit alten Kommunikations- und Marketingmethoden beackern lässt.

2 Aktiv zuhören

Zuhören und daraus lernen: Man kann es nicht oft genug sagen. Wenn Sie wissen wollen, wie Sie mit Ihren Zielgruppen in Social Media kommunizieren können und worüber und in welcher Art und Weise die User miteinander sprechen, dann hören Sie zuallererst gut zu. Nehmen wir ein Beispiel aus unserem realen Leben, um Kommunikation und aktives Zuhören in Social Media zu veranschaulichen. Angenommen, Sie sind zu einer Party als Begleitung eines guten Freundes eingeladen. Sie wissen, dass Sie dort nur diesen Freund kennen werden und sonst niemanden. Was werden Sie tun, wenn Sie bei den Gastgebern eintreffen?

Zur Tür hereinstürmen, lautstark Ihre Anwesenheit verkünden, jedem ungefragt Ihre Visitenkarte in die Hand drücken, sich in jede Diskussion einklinken, egal ob Sie dazu aufgefordert wurden oder ob Sie überhaupt etwas dazu zu sagen haben? Hoffentlich nicht. Normalerweise werden Sie sich an Ihren Freund halten und sich von ihm vorstellen lassen, beobachten, welche Leute hier sind, und sie anhand ihrer Gestik, Mimik, ihres Outfits und der Themen, über die sie sprechen, einzuordnen versuchen. Wir stellen Fragen, interessieren uns für die anderen, und erst wenn wir gefragt werden, diskutieren wir mit. Genau dasselbe machen wir in Social Media.

Wenn Sie nicht wissen, wie Sie mit bestimmten Usern oder in Foren, Gruppen oder anderen Communitys mit den Usern kommunizieren sollen, welche Themen gefragt und angebracht sind und welche Quantität der Informationen gewünscht ist, dann hören Sie einfach zu. Beobachten Sie. Sie werden merken, dass viele Fragen, die Sie sich vorher gestellt haben, dadurch beantwortet werden.

3 Zuerst denken, dann handeln

Vielen Negativbeispielen im Bereich Social Media liegt die Missachtung dieser Regel zugrunde. Dabei ist das keine neue oder spezielle Regel ausschließlich für Social Media, sondern sie gilt ja für uns alle und jederzeit. Der Grund dafür ist so einfach, dass er manchmal übersehen wird: Alles, was Sie im Internet und in Social Media machen, ist öffentlich und für die Unendlichkeit dokumentiert. Nicht nur die direkte Reichweite ist größer, sondern auch die Chance, weitergeleitet zu werden und dem sogenannten *Schneeballeffekt* zu unterliegen. Wenn Sie also beispielsweise einen kritischen Pinnwandeintrag eines Fans Ihrer Facebook-Seite kommentarlos löschen oder eine böse Antwort daruntersetzen, können Sie sicher sein, dass dieser User allen seinen Freunden davon erzählt, und diese erzählen es möglicherweise wieder allen ihren Freunden und so weiter und so fort.

Deshalb ist es ganz wichtig, überlegt und professionell zu handeln. Wenn Sie sich nicht sicher sind, was die angemessene Reaktion oder Antwort ist, dann fragen Sie jemanden, der Ihnen weiterhelfen kann, gehen eine Runde um den Block oder beschäftigen sich zunächst mit etwas anderem. Letzteres hilft vor allem dann, wenn Ihr Unternehmen oder konkrete Leistungen von einem User kritisiert werden und Sie sich möglicherweise persönlich oder stellvertretend für Ihr Unternehmen zu Unrecht angegriffen fühlen. Doch persönliche Emotionen sollten in solchen Fällen außen vor bleiben.

4 Es geht immer um den Benefit für den User

Der User steht im Mittelpunkt: Was ihm weiterhilft, das macht ihn glücklich. Und glückliche und zufriedene User sind die besten Botschafter und Multiplikatoren Ihrer Message und Ihres Unternehmens. Bereits in der Konzeptionsphase sollten Sie darüber nachdenken, warum ein User überhaupt Ihre Inhalte in Social Media konsumieren sollte.

Welchen Vorteil hat er davon? Wissensvorsprung? Monetärer Vorteil? Imagegewinn? In allem, was Sie in Social Media machen, geht es zuallererst um den User, um seinen Mehrwert. Was er davon hat, dass er auf Ihrer Facebook-Seite auf »Gefällt mir« klickt oder Ihr Follower auf Twitter wird, sollten Sie auf alle Fälle beantworten können. Das müssen Sie natürlich einerseits auch als solches kommunizieren und andererseits selbst befolgen.

5 Schnell und relevant sein

Schnelligkeit und Relevanz, das sind zwei Schlagworte, die in Bezug auf Social Media oft verwendet werden, aber nichts von ihrer Gültigkeit eingebüßt haben. Das Internet ist ein schnelles Medium, und die User erwarten eine schnelle Reaktion. Wenn Ihnen ein User eine Frage auf Ihrer Facebook-Seite oder auf Ihrem Blog stellt, sollten Sie sicherstellen, dass Sie sofort darüber Bescheid wissen und reagieren (können).

Es geht einerseits um diesen konkreten User und darum, ihn respektvoll und ernsthaft zu behandeln, andererseits um alle anderen, die jetzt und in Zukunft auf die gestellte

Frage stoßen und Sie nach der Professionalität Ihres Umgangs damit beurteilen werden. Seien Sie dort präsent, wo nach Ihnen gefragt wird. Wenn Sie sich in soziale Netzwerke begeben, müssen Sie regelmäßig kommentieren und relevante Inhalte posten.

6 Aus den Fehlern (anderer) lernen

Es steckt schon im Wortlaut: Social Media = soziales Medium. Entsprechend sollten Sie sich auch verhalten. Das bedeutet, dass wir in allem, was wir in Social Media tun, nicht immer und zuerst an ROI und Verkauf oder Vertrieb denken sollten, sondern dass wir anderen helfen und einen guten Eindruck hinterlassen, was oft langfristig gesehen wesentlich mehr wert ist. Es geht aber auch darum, die Chance zu nutzen, um die menschliche Seite des Unternehmens, vor allem die Mitarbeiter, über Social Media in den Vordergrund zu stellen.

In Social Media kommt es darauf an, Fehler nicht zu übersehen oder gar wegzudiskutieren. Machen Sie lieber das Eingeständnis: »Ja, da haben wir einen Fehler gemacht«, und kündigen Sie Verbesserungen an. Was so leicht gesagt ist, ist in der Unternehmenskultur jedoch vielfach unerwünscht. Unternehmer sehen das Eingeständnis eines Fehlers als Schwäche an. Aber Fehler sind Wegweiser für neue Lösungen. Eine solche Denkweise erfordert jedoch die Fähigkeit, unternehmerisches Handeln kritisch zu hinterfragen und eine Fehlertoleranz zu entwickeln. Wer sich in Social Media professionell bewegen will, muss auch die Fehlbarkeit des Unternehmens akzeptieren – irren ist menschlich. Nur so sind Sie offen für kritische Rückmeldungen. Gerade dort müssen Sie als Unternehmer ansetzen und aktiv werden. Das Schöne dabei ist: So, wie Ihre Fehler transparent sind, so sind es die Fehler der anderen auch. Wenn Sie aufmerksam genug sind und am Ball bleiben, können Sie viel von deren Fehlern lernen und sie selbst vermeiden.

7 Den Usern eine Bühne bieten

Unsere Ausführungen zu Web 2.0 und dem Mitmach-Web zeigen, wie gern die User im Netz partizipieren. Neben regelmäßigen Inhalten Ihres Unternehmens sollten Sie die Plattformen auch so nutzen, dass Sie die User zu eigenen Postings einladen. Die Affinität zu Fotos und Videos ist in sozialen Medien besonders hoch. Laden Sie die User zu Foto- und Videocontests ein. Belohnen Sie die User mit etwas Ruhm und Öffentlichkeit, und stellen Sie die besonders aktiven User mit Namen vor (mit Einverständnis des Users natürlich).

Beachten Sie auch das Copyright: Klauen Sie nicht Content von Usern, und geben Sie ihn auf keinen Fall als Ihren eigenen aus, egal ob es um Bilder, Videos oder Texte geht. Immer mehr Internetuser stellen Ihnen Content kostenlos im Rahmen der *Creative Commons* zur Verfügung, wenn Sie die genaue Lizenzierung beachten und einhalten.

Noch viel wichtiger ist es aber, dass Sie mit Ihrem Social-Media-Engagement den zufriedenen Kunden einen Raum bieten, in dem diese ihrer Zufriedenheit öffentlich und authentisch Ausdruck verleihen können.

1 Social Media beginnt mit »Du«!

8 Spammen Sie nicht!

Lesen Sie die Spam-Mails, die tagtäglich in Ihrem E-Mail-Postkasten landen? Warum also sollten wir das Gleiche unseren Facebook-Fans, Twitter-Followern, Bloglesern oder Gruppenmitgliedern antun? Was schon per E-Mail nicht funktioniert, tut es auch nicht in Social Media. Behandeln Sie Ihr Gegenüber so, wie Sie selbst behandelt werden möchten.

Sie sollten sich bei jedem einzelnen Beitrag, den Sie veröffentlichen möchten, fragen: »Welchen Nutzen hat dieser Beitrag für den Leser?« Wenn Sie sich nicht sicher sind, ob Sie den Beitrag veröffentlichen sollen, ist es möglicherweise besser, es nicht zu tun. Was Sie auf keinen Fall machen sollten: Aus Mangel an Inhalten einfach den Beitrag der letzten Woche noch einmal posten oder wegen schlechter Buchungslage Ihres Hotels das Package XY zum vierten Mal bewerben. Sie würden schnell merken, dass die User sich schrittweise zurückziehen und Sie aus ihrem Wahrnehmungskreis entfernen. Das sollten Sie nicht riskieren.

9 Authentisch sein

Seien Sie Sie selbst: Verstellen Sie sich nicht, und versuchen Sie nicht, jemand zu sein, der Sie nicht sind, egal ob als Person oder als Unternehmen. Vermitteln Sie nicht den Eindruck, dass Sie Leistungen anbieten oder Wünsche erfüllen, die Sie dann nicht erfüllen können. Das bleibt nicht unentdeckt.

Wenn Sie jedoch eine Agentur beauftragen, in Ihrem Namen in Social Media zu kommunizieren, geht die nötige Authentizität verloren. Niemand kann besser über Ihr Unternehmen berichten als Sie selbst. Sie persönlich erleben den Unternehmensalltag. Sie können abschätzen, was morgen passieren wird. Sie kennen die inhaltliche Ausrichtung Ihrer Firma wie kein anderer. Wenn Sie alternativ einen Praktikanten für Social Media abstellen, haben Sie möglicherweise ein Kompetenzproblem. Auch wenn sich dieser Praktikant sehr gut im Social Web auskennt, kann er niemals das Unternehmen in allen Belangen vertreten. Oder würden Sie einem Praktikanten Prokura einräumen? In kritischen Situationen fehlt dem Praktikanten möglicherweise die notwendige Erfahrung, auf einen Fall angemessen zu reagieren. Dennoch sollte vom Abteilungsleiter über die Sekretärin bis hin zum Praktikanten jeder die Möglichkeit bekommen, über das Unternehmen zu sprechen«, und alle sollten ungefähr Bescheid wissen, ob und was in Social Media kommuniziert wird. Mittels Social Media Guidelines können Sie Verantwortlichkeiten sowie die Kommunikation in Social Media perfekt regeln.

Wenn in Ihrem Unternehmen der Teamzusammenhalt stimmt, die Mitarbeiter motiviert und die Kunden zufrieden sind, wird es Ihnen leichtfallen, »gute« Beiträge zu finden. Berichten Sie von Ihren Mitarbeitern, zeigen Sie Bilder von Ausflügen oder Weiterbildungen. Wenn Sie treue Kunden zur Werksbesichtigung einladen, machen Sie ein Video und zeigen es Ihren Fans und Followern. Wenn Sie neue Produkte entwickeln, neue Services anbieten, teilen Sie es Ihrem Online-Netzwerk mit. Versuchen Sie, sich vorzustellen, was Ihre Kunden interessieren könnte: neue Entwicklungen, neue Produkte, Ihre Zukunftsvisionen, die Unternehmensphilosophie. Engagieren Sie sich über das Tagesgeschäft hinaus. Unterstützen Sie gemeinnützige Projekte, fördern Sie regionale Kulturprojekte, achten Sie auf nachhaltiges Wirtschaften. Wenn Sie es ernst mit

Ihrem Engagement meinen, müssen Sie darüber in den Social-Media-Kanälen berichten. Positive Unternehmensaktivitäten sind nur dann nach außen hin zu kommunizieren, wenn sie den Grundsatz der Echtheit erfüllen. Die User kommen schnell dahinter, wenn Inhalte nur »zur Kosmetik« geäußert werden.

10 Gemeinsam statt einsam

Warum kooperieren wir eigentlich, und warum ist das für Menschen so unglaublich wichtig? Gemeinsam sind wir stärker, das gilt auch fürs Web, und zwar nicht nur innerhalb Ihres Unternehmens, sondern auch mit den Kunden. Lernen Sie durch Zusammenarbeit mit den anderen: Vermeiden Sie Fehler, die andere bereits gemacht haben. Nehmen Sie das Know-how auf, das im Web öffentlich zugänglich ist, und geben Sie Ihres ebenfalls weiter. Geben und Nehmen, das ist die Devise. Überlegen Sie bei Ihrem nächsten TV-Spot, wie Sie den Zuschauern eine Feedbackmöglichkeit in sozialen Medien bieten können. Kommunizieren Sie Ihr nächstes Gewinnspiel auf Facebook direkt in den klassischen Medien. So erhalten Sie mehr Fans und damit mehr Reichweite. Laden Sie Ihre Konsumenten via TV dazu ein, auf Ihrem Portal Produkte zu bewerten. Berücksichtigen Sie bei Crossmedia-Kampagnen Social Media, sodass alle Kanäle am Ende zusammenlaufen und Sie sicher abschätzen können, wie erfolgreich die Kampagne war.

Nachdem wir Ihnen nun eine Einführung in Social Media gegeben haben, Ihnen einige Grundlagen mit Zahlen, Daten und Fakten genannt sowie die wichtigsten Grundsätze vorgestellt haben, möchten wir im nächsten Kapitel mit Ihnen gemeinsam chronologisch und Schritt für Schritt den wichtigen Bereich »Social-Media-Strategie« erschließen.

2 Social-Media-Strategie

Auch wenn Facebook, Twitter, Instagram, YouTube & Co. gerade in sind, so ist das Ziel entscheidend – nicht das Tool. Erst wenn Sie Ihre Ziele definiert und den Weg dorthin skizziert haben, kann Social Media für Ihr Unternehmen Erfolg versprechend sein: Doch Erfolg in Social Media kann sehr vieles bedeuten.

Social Media ist vielfältig einsetzbar und umfasst alle Bereiche des Marketingmix:

▶ *Brand Awareness*: Ihre Markenbekanntheit (im Netz) steigern.

▶ *Brand Loyalty*: Ihre Markenloyalität erhöhen.

▶ *Brand Advocacy*: Meinungsführer an sich binden und als Markenfürsprecher nutzen.

▶ *Empfehlungsmarketing*: Mundpropaganda als beste Werbung für sich ausnutzen.

▶ *Content Marketing*: Mit den richtigen Inhalten die jeweiligen Zielgruppen ansprechen und an sich binden.

▶ *Community-Engagement*: Die Interaktion mit der Community im Social Web erhöhen.

▶ *Reichweite*: Durch neue Kommunikationswege (Social, Mobile) Ihre Nachrichten weit streuen, neue Zielgruppen erschließen.

▶ *Viral Branding*: Kampagnen im Social Web verbreiten und das Engagement mit der Marke erhöhen.

▶ *Online Reputation Management*: Ihre positive Unternehmensreputation steigern, negative Reputation verhindern.

▶ *Online Relations*: Journalisten und Blogger ansprechen.

▶ *Marktforschung*: Consumer Insights – Informationen über Ihre Kunden und die Konkurrenz gewinnen.

▶ *Kundenservice*: Ihren Kundenservice verbessern, die Kundenzufriedenheit erhöhen.

▶ *E-Commerce*: Mit Social, Mobile und Facebook Commerce Ihre Produkte im Social Web verkaufen.

▶ *Produktpolitik*: Durch Crowdsourcing mit der Community Produktideen entwickeln.

▶ *Preispolitik*: Durch Crowdfunding Projekte mit der Community finanzieren.

Sie können das aber nur, wenn Sie Ihre Zielgruppe im Social Web an den richtigen Stellen aufspüren, wenn Sie genügend Personal bereitstellen können und Social Media mit Ihrer Firmenphilosophie vereinen. Es bringt also überhaupt nichts, einfach nur in Social Media »drin« zu sein oder alle Tools auszuprobieren, wenn sich Ihre potenziellen Kunden dort nicht aufhalten.

2.1 Zielgruppen, Ziele, Strategie und Technologie

Zäumen Sie das Pferd also nicht von hinten auf, indem Sie mit den Tools bzw. der Technologie anfangen. Das führt langfristig nur dazu, dass Sie viele Social-Media-Baustellen haben, aber keine nachhaltige Strategie. Auf diese Weise sind schon viele Facebook-Seiten entstanden, die nach zwei Monaten ein trauriges inaktives Dasein fristeten und schließlich gelöscht oder nicht mehr betreut wurden, weil sich der Sinn einer solchen Seite dem Unternehmen gar nicht erschloss. Das ist schade, denn jedes Unternehmen kann spannende Geschichten über seine Marke oder den Firmenalltag erzählen und so die Interaktion mit der Zielgruppe erhöhen. Das geht jedoch nur mit Konzept.

Social-Media-Strategie mit dem POST-Framework

Die beste Methode, eine Social-Media-Strategie zu definieren, ist die POST-Methode oder das POST-Framework von Charlene Li und Josh Bernoff. POST steht für »People«, »Objectives«, »Strategie« und »Technology«, die in dieser Reihenfolge durchdacht werden müssen.

Das bedeutet, Sie müssen zuerst Ihre Zielgruppe analysieren, dann die Ziele ableiten, dann die Strategie definieren und zum Schluss die geeignete Technologie auswählen. Nicht das Tool, sondern Ihre Zielgruppe und Ihre Social-Media-Ziele sind entscheidend. Die Ziele werden aufgrund der Ergebnisse der Zielgruppenanalyse definiert. Dafür müssen sich Unternehmen fragen, wer ihre potenziellen Käufer sind und in welchen Netzwerken sie sich aufhalten. Sie können dafür das Social Web nach Einträgen durchforsten (siehe Kapitel 3, »Social Media Monitoring und Online Reputation Management«), bestehende Kunden befragen oder auf Statistiken zurückgreifen.

2.1.1 Die Social-Media-Strategie beginnt mit Ihren Kunden

Beginnen Sie zunächst bei Ihren bestehenden Kunden. Finden Sie heraus, wo und in welchem Ausmaß Ihre Kunden im Social Web unterwegs sind. Nutzen Ihre Kunden soziale Netzwerke, schreiben sie Blogbeiträge, oder schauen sie lieber Videos im Netz? Informieren sich die User vorab im Netz über Ihr Produkt? Welche Informationen wünschen sich die User? Auf welchen Plattformen tauschen sich die User aus (Blogs, Fotoportale, Foren, Videoportale)? Durch diese Recherche erfahren Sie, wo und wie Sie das Wort an Ihre Zielgruppe richten müssen.

Um herauszufinden, ob Ihre Zielgruppe im Netz aktiv ist, benötigen Sie ein gutes Know-how über Ihre Kunden und deren soziodemografische Daten, d. h. Alter, Geschlecht, Einkommensstruktur, Interessen usw. Sollten Sie darüber noch nicht Bescheid wissen, können Sie auf Sinus-Milieus zurückgreifen. Je nachdem, welche Werte Ihr Produkt vermittelt, können Sie anhand der Sinus-Milieus Ihre Zielgruppe eingrenzen.

2.1.2 Quellen für die Analyse eines Stimmungsbilds im Social Web

Neben dem Social Media Monitoring und der aktiven Recherche im Internet können erste wichtige Hinweise über das Nutzerverhalten Ihrer Zielgruppe im Netz die Studien über die Internetnutzung in Deutschland, Österreich und der Schweiz liefern. Diese Studien zeigen Ihnen, welche Altersgruppen besonders intensiv surfen, wie die Geschlechter verteilt sind, und geben Ihnen Rückschlüsse über den Berufsstand der Onliner. Die ARD/ZDF-Online-Studie gibt unter *www.ard-zdf-onlinestudie.de* Auskunft über die Social-Media- und Mediennutzung in Deutschland. In Österreich dient Ihnen der Austrian Internet Monitor (AIM) unter *http://www.integral.co.at/de/aim/* als Informationsquelle. In der Schweiz können Sie diese Informationen in der MA-Net-Studie nachlesen, und zwar unter *www.remp.ch/d/media/internet.php*.

Mediadaten

Auch die sozialen Netzwerke, Videoseiten, Twitter usw. stellen Informationen über die Struktur ihrer Nutzer bereit. Häufig finden Sie diese Informationen in den Mediadaten. Dadurch erfahren Sie beispielsweise, wer auf welcher Plattform am aktivsten ist. Wir erläutern deshalb in jedem Kapitel die Nutzerstruktur der sozialen Netzwerke, (Micro-)Blogs, mobilen Plattformen und Sharing-Portale ausführlich.

2.1.3 Social-Media-Nutzertypen

Li und Bernoff teilen die unterschiedlichen Social-Media-User bzw. deren Nutzerverhalten in sieben verschiedene *Social Technographics Profiles* (kurz STP) ein, die wir Social-Media-Nutzertypen nennen wollen:

▶ *Creators* (Kreative) verfassen eigene Blogbeiträge, haben eine eigene Website, prosumieren Videos.

▶ *Conversationalists* (Diskutanten) schreiben Statusmeldungen in sozialen Netzwerken und Beiträge auf Twitter.

75

- *Critics* (Kritiker) bewerten und schreiben Erfahrungsberichte zu Produkten und Dienstleistungen, kommentieren Blogbeiträge, nehmen an Forendiskussionen teil, editieren Wikipedia-Beiträge.
- *Collectors* (Sammler) abonnieren Newsletter und Blogbeiträge, verschlagworten und bewerten Inhalte.
- *Joiners* (Teilnehmer) haben ein Social-Networking-Profil und besuchen soziale Netzwerke.
- *Spectators* (Zuschauer) lesen Kundenbewertungen, Blogs, Forenbeiträge und Twitter-Nachrichten, hören Podcasts, schauen Videos an.
- *Inactives* (Inaktive) haben weder ein Social-Networking-Profil noch lesen sie Beiträge im Internet.

Wenn sich in Ihrer spezifischen Zielgruppe besonders viele männliche »Zuschauer« befinden, müssen Sie Ihre Inhalte in Foren und Blogs streuen und selbst darin aktiv werden. Wenn Sie auf Ihre Produkte aufmerksam machen wollen, müssen Sie alle Bereiche, d. h. Produktbewertungen, Blogs, Foren, Podcasts, Videos, Twitter, bedienen. Wenn Sie mit »Kritikern« ins Gespräch kommen wollen, müssen Sie sich der Kritik stellen. Sie müssen die Angst vor einem negativen Kommentar überwinden und Ihre Kunden vom Gegenteil überzeugen. Wenn alle Ihre Kunden in sozialen Netzwerken inaktiv sind, aber dennoch ab und an im Internet sind, können Sie ihnen eine Plattform anbieten, auf der sie Fragen stellen und Ideen einbringen können. Das kann entweder ein Forum sein oder eine eigene Community-Plattform. Sie sehen, dass sich die Frage nach dem Tool oder der geeigneten Technologie erst am Ende Ihrer Analyse stellt.

.2 Ziele definieren

er zweite Schritt im POST-Framework wird als *Objectives* bezeichnet. Ihre Ziele efinieren Sie auf Basis der vorangegangenen Zielgruppenanalyse. Die Analyse ist ur Ihre Ziele grundlegend wichtig, denn Sie erfahren dadurch ja nicht nur, wo Ihre Kunden unterwegs sind, sondern auch, was und wie sie dort kommunizieren. Je nach Soziodemografie Ihrer Zielgruppe können Sie unterschiedliche Portale nutzen. Social Media Marketing bietet keine Lösungen »out of the box«! Neben Alter und Geschlecht gilt es auch, Social-Media-Angebote zu schaffen, die die Kommunikations-, Interaktions- und Partizipationsbedürfnisse Ihrer Kunden ansprechen. Wenn sich ein Gewinnspiel für eine junge männliche Zielgruppe bewährt hat, muss das noch lange nicht heißen, dass dies auch die ältere und passivere Käuferschaft anspricht. Social Media bieten Ihnen aber an dieser Stelle die Möglichkeit, Ihre Markenbotschaft zielgruppenspezifisch und spielerisch an das Publikum zu richten.

2.2.1 Nicht das Tool, sondern das Ziel ist entscheidend

Die User halten sich nicht erst seit gestern im Social Web auf. Bereits vor über zehn Jahren gab es die ersten Foren, in denen sich User über Produkte austauschten. Aber kein Unternehmen hätte es damals für möglich gehalten, darin seine Zielgruppe aufspüren und eine intensive Kundenbindung aufbauen zu können. Das ist heute jedoch anders. Spätestens seit es Social Media gibt, tummeln sich auch Ihre Kunden auf unterschiedlichsten Plattformen, die Sie identifizieren müssen.

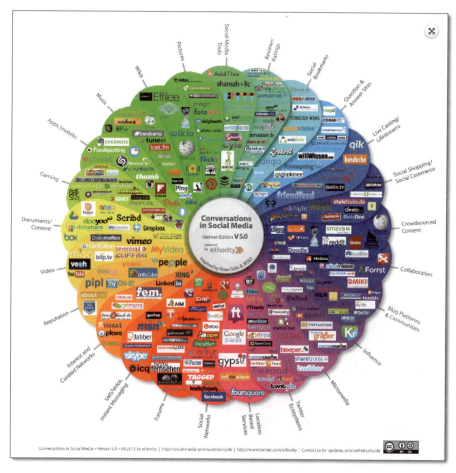

Abbildung 2.1 Das Social-Media-Prisma (Quelle: ethority AG)

Das Social-Media-Prisma zeigt, wie viele Social-Media-Tools es mittlerweile gibt (siehe Abbildung 2.1). Dabei ist diese Übersicht nicht einmal vollständig. Sie müssen nicht alle Tools kennen. Es genügt, wenn Sie hin und wieder neue Services ausprobieren. Legen Sie sich dazu einfach einen Testaccount an, und erproben Sie neue Software. Fragen Sie sich dabei aber immer, ob es ein sinnvolles Tool ist, mit dem Sie Ihre Zielgruppe erreichen können. Das setzt voraus, dass Ihre Zielgruppe die Anwendung nutzt oder damit zumindest umgehen könnte.

2.2.2 Nur wer ein Ziel hat, kann es auch erreichen

Wie definieren Sie Ziele im klassischen Marketing? Genau! Sie legen ein Ziel fest, das Sie anhand von Zahlen messen können: Sie möchten 10 % mehr Absatz mit einer Plakatwerbung erreichen; Sie wollen mit einem Werbespot mindestens 30 % Markenbekanntheit erzielen; Sie investieren in Distribution, um 50 % mehr Verkäufe zu generieren. In Social Media lassen sich ebenfalls qualitative Kommunikationsziele (Markenimage, Engagement), die sich durch Kennzahlen (User, Impressionen, Reaktionen) messen lassen, und quantitative Marketingziele (Absatz) festlegen. Achten Sie jedoch darauf, Ihre Ziele konkret, messbar, erreichbar, realistisch und zeitlich abgegrenzt zu definieren. Bestehen Sie nicht auf 10.000 Fans bis Jahresende, nur weil der Konkurrent sie hat.

2.2.3 Was ist ein »Like« wert?

Der Like-Button (deutsch »Gefällt mir«) erlaubt es den Usern, schnell und einfach Ihre Stimme für eine Sache abzugeben. Man könnte sogar sagen: »Like« ist das Demotransparent des digitalen Zeitalters (Abbildung 2.2). Aber handelt es sich dabei vielleicht nur um ein unverbindliches »Ja«, das der Facebook-Nutzer gern einmal klickt, ohne weiter darüber nachzudenken?

Abbildung 2.2 Der Like-Button hat es schon in die reale Welt geschafft.

In Facebook stehen wir immer vor der Frage, was ein Fan überhaupt wert ist (Schätzungen zufolge etwa 130 US$). Denn was bedeutet ein flüchtiger Klick auf »Gefällt mir« im Vergleich zu einem Kommentar oder einer ausführlichen Bewertung? Einer Studie von »EdgeRank Checker« zufolge[1] ist ein Kommentar in Facebook viermal mehr wert als ein »Like«, denn in der Studie brachte ein Beitrag, der kommentiert wurde, weitaus mehr Klicks, als wenn dieser nur »geliked« wurde. In der Studie wurde untersucht, wie sich Likes, Kommentare und Impressionen auf die Klicks und Sharings eines Beitrags auswirken. Das Ergebnis: Pro »Like« wurde ein Beitrag durchschnittlich 3,1-mal, bei einem Kommentar aber 14,7-mal angeklickt. Tausend Impressionen führten im Schnitt zu fünf Klicks. Fazit: Der Klick auf »Gefällt mir« wird häufig überbewertet. Wichtiger ist die Interaktion.

Oder was wollen Sie mit 10.000 Fans, wovon 2.000 inaktive User sind, die seit Monaten nicht mehr online waren? Es genügen manchmal schon 1.000 Fans, die wirklich an konkreten Produktempfehlungen interessiert sind und die sie dann auch an die richtigen Zielpersonen weiterleiten (siehe Abschnitt 1.6.5, »Meinungs-führer«). Nur so können sich Empfehlungen im Social Web herumsprechen. Eine wichtige Kenngröße für die Messung Ihres Erfolgs ist deshalb der tatsächlich aktive User, der immer dem inaktiven User vorzuziehen ist.

Marketing-Take-away: Joseph Brot lockt mit Social Media mehr Besucher in sein Geschäft

Ein schönes Beispiel, wie man mithilfe von Social-Media-Kanälen und geringem Budget sehr viel Aufmerksamkeit für sein Unternehmen und seine Leistungen erhalten kann, ist die Geschichte von Joseph Brot. Joseph Brot ist eigentlich eine kleine Bäckerei im österreichischen Waldviertel, die Biobrot backt. Als man die erste Bäckereifiliale in Wien eröffnen wollte, nutzte man Social Media, um das Angebot bekannt zu machen.

Man sprang geschickt auf den derzeitigen »Biozug« auf, um neue Zielgruppen zu erreichen. Um die vorwiegend urbane Bevölkerung anzusprechen und sie für das Lebensmittel Brot zu begeistern, nutzte man vor allem Facebook. Mithilfe eindrucksvoller Bilder (man inszenierte die Backwaren als exklusive Produkte bzw. die Bäckereifiliale als Boutique) und entsprechenden Texten (mit Witz) auf der Facebook-Seite schaffte man es, einen wahren »Hype« in Wien auszulösen. Joseph Brot war innerhalb kürzester Zeit in aller Munde, und so hatte man in Facebook den idealen Kommunikationskanal für bestehende und potenzielle Kunden gefunden, um die Bekanntheit der Marke zu steigern bzw. Kunden in die Filiale zu holen. Dank der Kommunikation auf Facebook wurde es »hip«, bei Joseph Brot einzukaufen. Außerdem wurde man auf Foursquare aktiv, um den Kunden die Möglichkeit zu geben, ihren Freunden via »Check-in« mitzuteilen, wann sie bei Joseph Brot einkaufen.

Die Fanzahl explodierte, die Facebook-Seite hat mittlerweile knapp 20.000 Fans und erhielt über 80 Empfehlungen in den ersten Monaten nach Eröffnung. Dadurch konnte man auch die tatsächlichen Verkäufe im Geschäft steigern. Der entscheidende Erfolg

---

1 EdgeRank Checker, 2011, *http://edgerankchecker.com/blog/2011/11/comments-4x-more-valuable-than-likes/*

der Kampagne war, dass Joseph Brot im Kampagnenzeitraum eine deutlich höhere Kundenfrequenz im Geschäft verzeichnete und durch den Facebook-Hype auch zahlreiche Presseartikel über die Bäckereifiliale publiziert wurden. Dies führte zu einer unbezahlbaren Reichweite off- und online. Die Besucher waren häufig an einem bestimmten Produkt interessiert, »weil sie ihn auf Facebook gesehen hatten«.[2]

Abbildung 2.3 Facebook für den Unternehmenserfolg nutzen
(Quelle: Screenshot der Facebook-Seite von Joseph Brot)

2.2.4 Social Media als Absatzbringer?

Wenn Sie Social Media Marketing ausschließlich als Absatzbringer einsetzen, werden Sie nicht das Vertrauen Ihrer Kunden gewinnen. Das benötigen Sie aber, um individuelle Kundenbeziehungen aufzubauen. Marketingziele wie »20 % mehr Absatz durch Angebote auf unserer Facebook-Seite« sind dem absatzorientierten Marketing geschuldet. Mit Social Media Marketing bringen Sie zwar Ihre Verbraucher mit der Marke in Kontakt, Sie betreiben aber kein reines Absatzmarketing. Mit Social Media Marketing verfolgen Sie generell immer folgendes Ziel: durch regelmäßigen Austausch über Ihr Unternehmen und Ihre Produkte eine starke Kundenbindung, einen guten Ruf im Netz und eine intensivere Markenwahrnehmung erzeugen, um nachhaltig mehr Umsatz zu generieren. Natürlich können 20 % Absatzsteigerung ein berechtigtes Ziel sein, aber Sie dürfen den Dialog, die proak-

---

[2] Allfacebook.de, 2010, http://allfacebook.de/wp-content/uploads/2012/07/Joseph-Brot.pdf

tiven Beiträge Ihrer Kunden und die positiven Rückmeldungen nicht vernachlässigen, sonst kommt kein Dialog zustande.

2.2.5 Definieren Sie zuerst qualitative Ziele

Die richtigen Ziele können Sie daher erst ableiten, wenn Sie die Perspektive Ihrer Kunden einnehmen. Durch den Perspektivenwechsel finden Sie heraus, was sich Ihre Kunden wünschen. Definieren Sie erst einmal Ihre qualitativen Ziele vor dem Hintergrund des Dialogaufbaus, nicht der Zahlengenerierung. Folgende Fragen sollten Sie sich dafür stellen:

▶ Haben Ihre Kunden schon einmal im Social Web über Ihr Produkt gesprochen? Gibt es hohen Kommunikationsbedarf?

▶ Existieren bereits spezielle Foren oder Seiten über Ihr Produkt? Worüber tauschen sich die User dort aus?

▶ Gibt es Meinungsführer, Markenliebhaber und Influencer? Was schreiben oder kritisieren sie?

▶ Wie bewerten Ihre Kunden Ihren Kundenservice? Gibt es Nachholbedarf?

▶ Wodurch werden die Kunden bei ihrer Consumer Decision Journey beeinflusst? Wer oder was beeinflusst ihre Kaufentscheidungen?

Was sind qualitative Ziele?

Anschließend können Sie die qualitativen Kommunikationsziele bestimmen, wie etwa das Markenbranding erhöhen (Brand Awareness), neue Produkte positionieren, die Markenidentität verbessern und das Markenimage stärken, die Markenbekanntheit steigern, loyale Markenfans gewinnen (Brand Loyalty), das Community-Engagement und die Markeninteraktion erhöhen, die Online-Reputation verbessern, Meinungsführer gewinnen, positive Mundpropaganda erhöhen, Empfehlungsmarketing (Brand Advocacy), d. h. Empfehlungen von Kunden generieren, den Kundenservice verbessern, Online Relations, d. h. mehr Austausch mit Journalisten, Bloggern und Investoren, Kundengewinnung über das Social Web, Produktinnovation mit Kunden und Vertrieb, d. h., Produkte über das Social Web und das Mobile Web distribuieren.

2.2.6 Mit Kennzahlen legen Sie quantitative Ziele fest

Nun können Sie diese Ziele anhand der zu erreichenden Zahlen festmachen:

▶ *Impressionen/Reichweite/Views*: in sozialen Netzwerken, Blogs, Twitter, YouTube

▶ *Aktionen*: proaktiv erstellte Beiträge und User Generated Content wie Bewertungen, Blogbeiträge, (Weiter-)Empfehlungen, Kommentare

2 Social-Media-Strategie

- *Aktivitäten*: Anfragen/Kontaktaufnahmen, (Online-)Bestellungen
- *Reaktionen*: Followings, Sharings (geteilte Inhalte), Klicks
- *Nutzer* (Unique Active Users): Fans, Follower, Blogabonnements
- *Downloads*: Tutorials, Videos, Podcasts, Bilder, Mobile Apps

Quantitative Ziele dienen der Kostenkalkulation

Ein quantitatives Ziel könnten z. B. 2.000 Videoaufrufe in einem halben Jahr sein. Setzen Sie sich Ziele, die Sie nachher messen können, z. B. 50 Blogleser im ersten, 100 im zweiten Monat, 10 Kommentare im ersten, 20 Kommentare nach sechs Monaten pro Blogbeitrag. Dabei können Sie auch einen Blick über die Schulter der Konkurrenz werfen und so eine Benchmark zum Vergleich für sich festlegen. Seien Sie bei Ihrer Zieldefinition konkret. Nur dann können Sie abschätzen, wie viel Aufwand und Manpower damit verbunden ist. Sie wollen 1.000 Follower aus Ihrer relevanten Zielgruppe innerhalb eines halben Jahres generieren? Gut, dann kalkulieren Sie aber auch den Recherche- und Personalaufwand ein. Prüfen Sie anhand der quantitativen Ziele immer wieder, ob Sie und Ihre Mitarbeiter zielführend arbeiten. Sollten Sie in umgekehrter Hinsicht von Ihrem eigentlichen Ziel noch meilenweit entfernt sein, können Sie weitere Social-Media-Maßnahmen treffen.

Behalten Sie bei Ihren Zielen auch immer die Zielgruppe und deren Nutzerverhalten im Auge. Investieren Sie nicht unnötig Personal für die Verbreitung eines Videos, wenn es einfach nicht viral genug ist. Quantitative Ziele sind sehr nützlich, um sich in den Tiefen des Social Web nicht zu verlieren. Wenn Sie erst einmal angefangen haben, werden Sie immer wieder neue Tools und Kommunikationsmöglichkeiten entdecken, die sehr viel Zeit in Anspruch nehmen können.

2.3 Strategiekonzept

Wenn Sie Ihre Ziele definiert haben, legen Sie im Strategiekonzept Ihre Social-Media-Maßnahmen fest. Dabei spielen unternehmerische Voraussetzungen wie Personalaufwand, Kompetenzen im Umgang mit Social Media und generell die Frage, ob die Firma für Social Media bereit ist, eine Rolle. Wir schlagen Ihnen deshalb zu Beginn drei strategische Ansätze für Ihren Social-Media-Einstieg vor. Im nächsten Schritt erläutern wir Ihnen, wie Sie einen Redaktionsplan erstellen und Themenverantwortliche definieren, denn die drei Säulen der Social-Media-Kommunikation lauten: Unternehmen, Mitarbeiter und Kunden. Das Lieblingskundenprinzip erklärt Ihnen, wie Sie genau die Kunden finden, die für das Verbreiten Ihrer Nachrichten wichtig sind.

2.3.1 Drei strategische Ansätze für den Einstieg – reaktiv, proaktiv oder passiv?

Für den Einstieg in Social Media können wir verschiedene Szenarien unterscheiden. Je nach Engagement in Social Media treten die Unternehmen sehr aktiv oder eher passiv auf. Hannes Mehring von der »Social Media Schmiede« hat drei strategische Ansätze für den Social-Media-Einstieg abgeleitet. Dabei unterscheidet er zwischen reaktivem, proaktivem und passivem Ansatz, wobei der proaktive Ansatz langfristig den größten Erfolg verspricht. Dadurch lässt sich Social Media in möglichst viele Unternehmensbereiche integrieren (Marktforschung, Verkauf, Kundenservice). Der reaktive Einstieg und der passive Einstieg sind nicht geeignet, um Social Media Marketing zu betreiben, denn Voraussetzung für den Verkauf Ihrer Produkte in Social Media sind Ihre aktiven Bemühungen, eine Kundenbeziehung aufzubauen.

Die drei Ansätze lassen sich wie folgt unterscheiden (siehe Abbildung 2.4):

▶ Proaktiver Ansatz: Man bemüht sich aktiv aus freiem Willen.
▶ Reaktiver Ansatz: Man reagiert bei Bedarf.
▶ Passiver Ansatz: Man ist Beobachter.

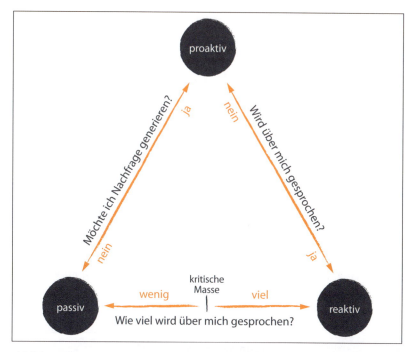

Abbildung 2.4 Drei Ansätze für den Einstieg in Social Media (Quelle: http://socialmedia-schmiede.de, Fotocredit: Hannes Mehring)

Proaktiver Ansatz

Der proaktive Ansatz eignet sich für den Beziehungsaufbau und in weiterer Folge für den Vertrieb Ihrer Produkte. Sprechen Sie Ihre Kunden direkt an, und bieten Sie ihnen einen Feedbackkanal durch eine Facebook-Seite, eine Community-Seite oder ein eigenes Firmenblog. Proaktiv kann ebenso heißen, die Kunden direkt in den Produktionsprozess mit einzubinden (siehe Kapitel 11, »Crowdsourcing«). Der proaktive Ansatz ist durch ein internes wie externes Social-Media-Verständnis im ganzen Unternehmen verankert. Social Media Guidelines regeln die Kommunikation der Mitarbeiter nach außen und definieren die Verantwortlichen pro Abteilung (siehe Abschnitt 2.3.8, »Wie Sie Mitarbeiter zu Wort kommen lassen«).

Reaktiver Ansatz

Der reaktive Ansatz ist durch eine abwartende Haltung gekennzeichnet. Mittels Social Media Monitoring werden die sozialen Netzwerke nach Kommentaren durchforstet. Auf Meinungen und Aussagen wird entsprechend reagiert. Mit dem Ziel, eine negative Darstellung zu verhindern, klären die Unternehmen ihre Kunden entsprechend auf. Nach Mehrings Einschätzung eignet sich der reaktive Ansatz als erster Social-Media-Einstieg. Sie können das Community-Verhalten studieren, Tools ausprobieren und einen ersten Eindruck von der Kommunikation in Social Media gewinnen.

Richtig reagieren mit einem Notfallplan

Werden die Stimmen im Netz über ein Produkt jedoch plötzlich lauter, reagieren die Unternehmen oft unangemessen oder zu spät. Rollt eine negative Reputationswelle auf Unternehmen zu, sind sie schnell überfordert und hilflos. Um auf solche Szenarien gut vorbereitet zu sein, lohnt es sich, einen Plan für die Krisenkommunikation festzulegen, der einerseits die Antworten definiert und andererseits Verantwortlichkeiten regelt.

Passiver Ansatz

Der passive Ansatz ist nicht als eigenständiges Strategiekonzept zu verstehen. Die Beobachterrolle dient dazu, die Kontrollierbarkeit der Kommunikation zu sichern, und bietet, etwa im Fall einer Negativberichterstattung, die Möglichkeit, einzugreifen (reaktiver Ansatz). Die Beobachterposition hilft, die Bedürfnisse und Wünsche der Kunden zu ergründen, und gibt dann aufschlussreiche Hinweise für die Verfolgung eines reaktiven oder proaktiven Ansatzes.

Marketing-Take-away: Schalke 04 kauft seinen Fans die Seite ab

Fans des FC Schalke 04 initiierten Mitte 2010 eine Facebook-Seite für den Fußballverein. Schalke interessierte sich zu Beginn herzlich wenig dafür. Doch innerhalb eines Jahres stieg die Anzahl der Fans auf 300.000. Täglich wurden bis zu 3.000 Pinnwandeinträge hinterlassen. Das weckte dann doch das Interesse des Vereins, und er musste für seine anfängliche Skepsis gegenüber Social Media die stattliche Summe von 50.000 € zahlen. Die Initiatoren der Seite spendeten die Hälfte des Gewinns direkt an »Schalke hilft« und ließen die Fans über die Verwendung des restlichen Gewinns abstimmen. Die Fans waren über den Kauf und die Übernahme von offizieller FC-Seite zunächst geteilter Meinung, denn die offene Form der Kommunikation mit Witzeleien und trockenem Humor, wie die Gründer sie gepflegt hatten, drohte nun passé zu sein. Drei Monate später erzielten die Beiträge des Vereins dennoch hohe Interaktionsraten mit bis zu 3.200 Likes und 200 Kommentaren. Das dürfte den Verein Schalke 04 von der Power von Social Media nun endgültig überzeugt haben.

2.3.2   Voraussetzungen für die Social-Media-Strategie

Der Social-Media-Einstieg muss mit der Firmenphilosophie übereinstimmen, denn die Werte, die Social Media transportiert – Gemeinschaft, Teilen, Ehrlichkeit –, passen mitunter zunächst einmal nicht zum Unternehmen. Können und wollen Sie überhaupt so ehrlich wie in Social Media kommunizieren? Bisweilen müssen Sie auch an der Produktpositionierung arbeiten, wenn die neue und die bisherige Produktkommunikation auseinanderklaffen. Ihr Social-Media-Engagement wird auf lange Sicht den Blick Ihrer Kunden auf Ihr Unternehmen verändern. Authentische, offene und dialogorientierte Kommunikation schafft die nötige Vertrauensbasis für den weiteren Verkauf. Mit kurzfristigen Social-Media-Kampagnen erhöhen Sie nur die Aufmerksamkeit Ihrer Kunden. Mit einer langfristig angelegten Social-Media-Strategie gewinnen Sie die Loyalität Ihrer Kunden.

Marketing-Take-away: Strategische Markenführung

Die Digitalisierung unseres Lebens führt zu immer stärkeren Veränderungen, die über den Medienkonsum hinausgeben. Es hat zu Umwälzungen in der Musik- und Filmindustrie geführt, neue Geschäftsmodelle hervorgebracht, den Journalismus in eine Krise gestürzt und zu mehr Transparenz von Unternehmen geführt. Strategische Markenführung im digitalen Zeitalter bedeutet, sich auf die dynamischen Entwicklungen dieses Wandels einzulassen, und dazu gehört mittlerweile auch Social Media.

Wenn Sie heute mit Social Media Marketing anfangen, gehen Sie bereits den ersten Schritt einer strategischen Markenführung, die ohne Social Media nicht mehr denkbar ist. Dort wird die Marke vom Unternehmer gemeinsam mit dem Kunden geführt, alles verzahnt und ergänzt sich. Strategische Markenführung im Social Web ist daher alles, aber keinesfalls statisch. Verabschieden Sie sich schnell von Ihren bisherigen linearen Marketingmodellen und -lösungen »out of the box«, denn die bewirken nur, dass Ihre Marke schnell wieder in Vergessenheit gerät. Social Media Marketing bleibt ein ständiger Versuch, die Marke im Kontext Ihrer Kunden auf mehreren Ebenen crossmedial zu kommunizieren, sei es in Facebook, auf einem Tablet oder direkt im Shop.

2.3.3 Sind Sie bereit? – In zehn Schritten zur richtigen Social-Media-Einstellung

Die Social-Media-Strategie muss zu Ihrem Unternehmen passen. Viele Unternehmen sind noch nicht bereit für Social Media und müssen im ersten Schritt die Strukturen und die Unternehmenskultur dafür schaffen. Wie Sie abschätzen können, ob Ihr Unternehmen bereit ist für Social Media, können Sie anhand folgender Fragen klären:

▶ Haben Sie Angst, die Kontrolle über Ihre Unternehmenskommunikation an Mitarbeiter abzugeben?

▶ Wird das Unternehmen autoritär geführt?

▶ Fürchten Sie Kritik oder negative Kommentare? Können Sie bzw. Ihre Mitarbeiter mit ungeschöntem Feedback umgehen?

▶ Möchten Sie Social Media am Arbeitsplatz verbieten?

Wenn Sie diese Fragen mit »Ja« beantwortet haben, raten wir Ihnen dringend, Ihre Unternehmenskultur hin zu einer demokratischen, vertrauensvollen Führung zu verändern.

War Ihre Antwort auf die oben genannten Fragen jedoch »Nein«, haben Sie die ersten Social-Media-Hürden genommen und können einen Schritt weitergehen:

▶ Herrscht bei Ihnen eine partizipative und dialogorientierte Unternehmenskultur?

▶ Wird bei Ihnen eine ehrliche Feedbackkultur auf Führungs- und Mitarbeiterebene gelebt?

▶ Können Sie personelle, zeitliche und/oder finanzielle Ressourcen für Social Media zur Verfügung stellen?

▶ Besitzen Sie die nötige Software und Hardware (schnelle Internetleitungen, freier Zugang zu Social-Media-Websites) im Haus?

▶ Verfügen Ihre Mitarbeiter über Social-Media-Kompetenz und die notwendige soziale Kompetenz für die Krisenkommunikation?

▶ Und ganz allgemein: Ist Ihr Unternehmen bereit für die nötigen Veränderungen?

Wenn Sie diese Fragen mit »Ja« beantwortet haben, steht Ihrem Social-Media-Engagement nichts im Wege. Werte wie Offenheit, Ehrlichkeit und die Teilhabe aller Mitarbeiter sind für den Erfolg von Social Media Marketing unerlässlich, denn sie beschreiben das, was Social Media im Kern ist.

2.3.4 Holistischer Ansatz nach Jeremiah Owyang

Der Social-Media-Experte Jeremiah Owyang von Altimeter Group, der auch die Social-Media-Kennzahlen in Abschnitt 2.7, »Content Marketing: Content ist King«, aufgestellt hat, unterscheidet fünf Social-Media-Stile in Unternehmen (Verteilung in Klammern).[3]

▶ *Zentralisiert* (28,8 %): Eine Abteilung kontrolliert alle Social-Media-Aktivitäten. Reguliert und einheitlich. Kritik: fehlende Authentizität.

▶ *Dezentralisiert* (10,8 %): Keine Abteilung steuert die Social-Media-Aktivitäten, sondern sie ergeben sich spontan in verschiedenen Bereichen und Ecken des Unternehmens. Unkoordiniert und organisch gewachsen, hohe Authentizität. Kritik: sehr experimentell.

▶ *Koordiniertes* »Hub and Spoke« (41 %): Eine Abteilung sitzt in der Mitte aller Social-Media-Aktivitäten und koordiniert diese an die jeweiligen Abteilungen. Social Media wird weit in die Organisation/Firma gestreut. Kritik: zeitaufwendig.

▶ *Mehrfaches* »Hub and Spoke« (18 %): Wie koordiniertes »Hub and Spoke« mit zusätzlicher Differenzierung in Unternehmensmarken und –sparten.

▶ *Holistisch* (1,4 %): Jeder Mitarbeiter ist zu Social-Media-Aktivitäten befugt und ermächtigt. Alle Mitarbeiter verfügen über die notwendige Social-Media-Kompetenz.

Die meisten Unternehmen agieren koordiniert (41 %), und gerade einmal 1,4 % trauen sich den holistischen Ansatz zu, den Jeremiah Owyang jedoch als den erfolgreichsten für Social Media Marketing sieht.

2.3.5 Das Drei-Säulen-Modell der Social-Media-Kommunikation

Wenn wir an Social Media für Unternehmen denken, haben wir meistens ein bestimmtes Modell im Kopf dazu, wie die Kommunikation aussehen könnte: Das Unternehmen spricht, und der Kunde hört zu. Im Gegensatz zur traditionellen Unternehmenskommunikation hat der Kunde im Social Web die Möglichkeit, zu antworten, Feedback zu geben, selbst und unaufgefordert Fragen zu stellen. Das ist es, was Social Media auszeichnet. Social Media schafft also einen Dialog zwischen Verkäufer und Käufer. In Social Media sprechen jedoch Unternehmen, Mitarbeiter und Kunden. Erfolgreiche und umfassende Social-Media-Kommunikation basiert auf mehr als einer Säule (dem Unternehmen). Wir sprechen vom sogenannten *Drei-Säulen-Modell* der Social-Media-Kommunikation.

Säule Mitarbeiter

Viel zu oft werden die Mitarbeiter vergessen und von der Konzeption der Social-Media-Strategie ausgeschlossen. Die Mitarbeiter werden meist mit dem fertigen

---

3 Social Business Forecast 2011, Jeremiah Owyang, 2010, *http://www.web-strategist.com/blog/2010/12/09/slides-social-business-forecast-2011-the-year-of-integration-leweb-keynote/*

Ergebnis der Marketingabteilungen konfrontiert und somit vor vollendete Tatsachen gestellt. Dieser zentralisierte Social-Media-Stil vernachlässigt jedoch die Meinungen, Erfahrungen und Ideen der Mitarbeiter und verhindert mitunter die Identifikation mit dem Social-Media-Vorhaben. Der Prozess der Social-Media-Konzeption unter Miteinbeziehung aller (oder zumindest ausgewählter) Mitarbeiter ist sehr wichtig, um den Sinn der späteren Aktionen und Verantwortlichkeiten nachvollziehen zu können. Denn Sie brauchen Mitarbeiter als Vermittler in Social Media. Wenn Ihre Mitarbeiter für Sie aktiv werden sollen, sollten sie auch von Anfang an Mitbestimmungsrecht haben. Außerdem sind sie häufig viel näher am Kunden als die Geschäftsführung.

Säule Kunden

Der Kunde ist der wichtigste und glaubwürdigste Kommunikator, wird aber ebenfalls vernachlässigt: Unternehmer gehen mit der Vorstellung an Social Media heran, der Kunde solle sich berieseln lassen, wie es in der traditionellen Werbung und Unternehmenskommunikation üblich ist. Aber von sich aus aktiv über das Unternehmen zu kommunizieren, das geht dann vielen doch zu weit. Dennoch: Die Kunden tun es sowieso, und was kann authentischer sein als die Inhalte und Informationen, die ein (zufriedener) Kunde über das Unternehmen mit seinen Freunden und der restlichen Welt teilt?

Sie haben Bedenken, die Social-Media-Kommunikation könnte Ihnen über den Kopf wachsen? Natürlich bedarf es einer gründlichen Koordination mit Redaktionsplan und Social Media Guidelines, eines großen Feingefühls im Umgang mit den Usern und eines gesamtheitlichen Social-Media-Verständnisses.

2.3.6 Der Social-Media-Koordinator: Ihr eigener Social-Media-Manager im Unternehmen

Im Rahmen unserer Erarbeitung von Social-Media-Lehrgängen für verschiedene Unternehmen haben wir den sogenannten *Social-Media-Koordinator* entwickelt. Dahinter steht die Idee, jemanden im Unternehmen zu haben, der den Überblick über das gesamte Social-Media-Engagement des Unternehmens hat, ohne für jede einzelne Tätigkeit selbst zuständig zu sein und für die Umsetzung komplett verantwortlich zu zeichnen. Das geht über die Idee des Social-Media-Managers hinaus, der sich oft allein um alles kümmern muss.

Der Koordinator ist nicht umsonst

Die Arbeitszeit eines jeden Mitarbeiters ist knapp bemessen. In vielen Unternehmen wird sogar jeder einzelne Arbeitsschritt zeitlich erfasst. Social Media Marketing ist ein Personal-Investment. Viele Unternehmer entgegnen darauf: »Und jetzt sollen wir uns auch noch mit Social Media beschäftigen? Dafür haben wir überhaupt keine Zeit!« Es stimmt, dass Social Media Zeit in Anspruch nimmt, vor allem wenn es funktionieren soll und Sie Ihren Erfolg gründlich messen wollen. Das Gute ist: Mit Social Media können Sie langfristig Kosten senken und vorhandenes Knowhow nutzen. Versuchen wir einmal, eine Gegenrechnung aufzumachen: Was hat die Produktion des letzten Prospekts, der letzten Anzeigenkampagne in der Tageszeitung oder die Erstellung des Mailings gekostet? Was hat es tatsächlich gebracht? War es den »Einmaleffekt« wirklich wert? Überlegen Sie nun einmal, wie viele Wochenstunden Sie für dasselbe Geld in eine (zusätzliche) Arbeitskraft investieren könnten.

Marketing-Take-away: Social-Media-Budgets werden immer größer

Die Budgets für Social Media Marketing, insbesondere durch Verschiebungen im Online-Marketing und Kürzungen bei klassischer Werbung, steigen stark an. Bislang wurde nur ein Bruchteil des Werbekuchens für Social Media aufgewendet. Laut Umfragen plant jedoch jeder zweite Marketingverantwortliche, 2014 mehr Budget für Social-Media-Aktivitäten bereitzustellen – unter anderem auch deshalb, weil immer mehr User mobil unterwegs sind und am Smartphone surfen, bevorzugt in sozialen Netzwerken. Social Media ist also keine grundsätzliche Frage des Budgets mehr, sondern eine Frage der Budgetprioritäten und -verlagerungen. Sind Sie noch bereit, für Inserate in Tageszeitungen oder TV-Spots immense Summen zu zahlen, aber wenn es um Social Media Marketing geht, halten Sie sich zurück? Das Social Web müssen Sie ohnehin beobachten, und das nimmt auch die meiste Zeit in Anspruch. Danach haben Sie leichtes Spiel, in Social Media Ihre eigenen Inhalte an die richtigen User zu kommunizieren.[4]

Vorteile des Social-Media-Koordinators

Wer also soll die Social-Media-Aktivitäten Ihres Unternehmens betreuen und umsetzen? Es gibt natürlich immer die Möglichkeit, Teile davon oder das Ganze an Agenturen auszulagern, die dann die Betreuung übernehmen. Doch gerade jener Vorteil, den Social Media bietet und den die User auch fordern und fördern, geht dabei größtenteils verloren: der direkte Draht zwischen dem Unternehmen und den Kunden. Deshalb empfehlen wir gerade kleineren und mittleren Unternehmen (KMUs), das Social-Media-Know-how im Haus aufzubauen und die Betreuung aus dem Unternehmen heraus zu machen. Aber egal, wie Sie es auch handhaben, Sie sollten bereits vor Beginn Ihres Social-Media-Engagements einen Plan haben:

---

4   http://www.businessinsider.com/nearly-half-of-business-leaders-plan-to-increase-their-social-media-budgets-in-2014-2014-1

- Worüber schreiben wir (Themen)?
- Wie schreiben wir (Stil)?
- Wo schreiben wir (auf welchen Plattformen)?
- Welche Inhalte können wir nutzen und veröffentlichen?
- Wann ist der richtige Zeitpunkt dafür?
- Von wem bekommen wir die notwendigen Informationen?
- Wer ist dafür verantwortlich?

Das Ganze mündet in einen Redaktionsplan, der genau wie ein Mediaplan für Werbemaßnahmen über einen bestimmten Zeitraum definiert, wann wo welche Social-Media-Maßnahmen eingesetzt werden.

2.3.7 Der Redaktionsplan

Der Redaktionsplan hilft Ihnen, Ihre Ziele in Social Media zu erreichen. Er gibt Ihnen Planungssicherheit und verhindert, dass Ihnen die Themen und Inhalte ausgehen oder Sie den Überblick verlieren. Sie können und sollten natürlich nicht alles planen, denn Social Media ist direkte Kommunikation, ist Dialog, ein Gespräch auf Augenhöhe. Aber Sie können Verantwortlichkeiten definieren. Und nichtsdestotrotz möchten Sie Ihre (potenziellen) Kunden ja zur richtigen Zeit über bestimmte Themen informieren, nicht nach Redaktionsschluss. In Social Media wird die Redaktion nicht geschlossen, sondern der Zeitpunkt entscheidet generell darüber, ob eine Nachricht verbreitet werden kann oder nicht. Weit zurückliegende News können nicht mehr verbreitet werden.

Wie kann so ein Redaktionsplan aussehen?

Egal ob in einem Tabellenprogramm auf dem Computer, auf Papier oder sonst wo: Machen Sie einmal eine Liste von Themen, die regelmäßig in Ihrem Unternehmen auftauchen. Nehmen wir das Beispiel eines Hotels. In jedem Hotel gibt es gewisse Fixtermine, die jährlich wiederkehrend stattfinden: die Silvestergala, der Neujahrsbrunch, das Osterfest, das Sommerfest, die Eröffnung der Sommer- oder Wintersaison im Ort usw.

Schreiben Sie diese Veranstaltungen oder Themen der Reihe nach in eine Spalte untereinander (siehe Tabelle 2.1) und bestimmen Sie, in welcher Kalenderwoche (KW1 bis KW52) dieses Ereignis stattfindet. Dabei können Sie direkt festlegen, welcher Ihrer Social-Media-Auftritte damit bespielt werden kann (in Tabelle 2.1 steht B für »Blog«, F für »Facebook« und T für »Twitter«). Fügen Sie zusätzlich sowohl die relevante Abteilung und/oder die maßgeblichen Mitarbeiter als auch die benötigten Medien/Beiträge hinzu.

	KW1	KW2	KW...	KW52	Abteilungen/ Mitarbeiter	Medien
Produktinfos, neue Produkte, Produktlaunch	B, F, T				Produktmanagement/PR	Blogbeitrag
Firmen-Events, Weihnachtsfeier, Sommerfest, Silvestergala			B, F	B, F	Public Relations	Fotos, Pressemitteilung, Blogbeitrag
Mitarbeiter, Auszeichnungen, Auszubildende					Human Relations	Videointerview, Auszubildender, YouTube, Blog
Ergebnisse, Jahresabschluss, Warentests	T, B				Investor Relations/Public Relations	Jahresabschluss, Infografik
Umfragen, Quiz					Marktforschung/ Marketing	Umfragetool
Gewinnspiele, Aktionen		F, T			Marketing	Gewinnspiel

Tabelle 2.1 So einfach kann ein Redaktionsplan aussehen.

Dass die Silvestergala am 31. Dezember stattfindet, ist klar. Doch wann fragen die Kunden jedes Jahr verstärkt nach der Silvestergala bei Ihnen an? Das ist dann der richtige Zeitraum, um in Social Media darüber zu sprechen.

Addieren Sie zu den Fixterminen noch Themen, von denen Sie wissen, dass sie im definierten Zeitraum interessant werden. Denn das Ziel ist ja, dem Kunden Informationen zur Verfügung zu stellen, die über die bisherige Unternehmenskommunikation hinausgehen. Welche Informationen Sie nach außen kommunizieren, hängt vom Grad Ihrer Offenheit ab.

Der Redaktionsplan hat noch einen Zweck: Wenn Sie ihn umfassend und überlegt erstellen, kann er als Vorlage für Mitarbeiter dienen, und die Tätigkeit kann somit weitergegeben werden. Nach einer gewissen Zeit haben Sie genügend Erfahrungen gesammelt, um einen Teil der täglichen Social-Media-Arbeit an eine geeignete Person zu delegieren, die den Redaktionsplan als Anleitung nutzen kann. Wie schaut so ein Redaktionsplan nun aus? Das Kernelement eines solchen Plans sind die relevanten Themen. Relevant für wen? Natürlich für den (potenziellen) Kunden!

Tipp: Effektive Kommunikation mit dem Redaktionsplan

Trotz der Aktualität und Spontaneität der Echtzeitkommunikation in Social Media können Sie im Vorfeld einen Großteil Ihrer Themenfelder abstecken. Ansonsten laufen Sie Gefahr, vor dem Computer zu sitzen und nicht zu wissen, worüber Sie nun eigentlich schreiben sollen. Aus so einer Situation resultieren sehr oft kontraproduktive Beiträge – seien dies Wiederholungen von älteren Beiträgen, trockene Pressemeldungen oder überhaupt totale Themenverfehlungen. Der Redaktionsplan hilft Ihnen, dass Ihre Meldungen auch den gewünschten Effekt erzielen.

Wer schreibt den Redaktionsplan?

Fragen Sie Ihre Abteilungsleiter und Mitarbeiter. Gerade Ihre Mitarbeiter verfügen häufig über mehr Detailwissen und individuelle Erfahrungen mit Kunden. Sie können möglicherweise besser einschätzen, was Ihre Kunden interessiert und welche Nachrichten gut ankommen werden.

Außerdem sollten Sie sich schon jetzt überlegen, welches Material (Videos, Fotos usw.) Sie dafür benötigen. So kommen wir zum wesentlichen Punkt der Koordination: Wer kümmert sich um das Material und um die Kommunikation? Denn wenn Sie diesen Redaktionsplan umfangreich und sorgfältig aufbereiten, haben Sie nicht nur dafür gesorgt, dass Ihnen keinesfalls die relevanten Themen ausgehen, sondern gleichzeitig die Social-Media-Aktivitäten delegiert. Nur im Bedarfsfall und bei konkreten Fragen sollten Sie hinzugezogen werden müssen.

2.3.8 Wie Sie Mitarbeiter zu Wort kommen lassen

Haben Sie sich schon einmal die Frage gestellt, welche Ihrer Mitarbeiter bzw. Kollegen in Social Media aktiv sind? Haben Sie es schon einmal selbst überprüft? Sie werden staunen, wie viele Menschen in Ihrer Firma in Facebook angemeldet sind.

Der Großteil der berufstätigen Menschen in Deutschland nutzt das Internet bei der Arbeit. Das betrifft einerseits den passiven Medienkonsum, andererseits aktives Netzwerken. Ihre Mitarbeiter pflegen mindestens eines, wenn nicht sogar mehrere Profile in sozialen Netzwerken. Gerade in Businessplattformen wie XING treten sie dadurch als Unternehmensbotschafter auf. Warum sollten Sie dieses Potenzial nicht nutzen? Social Media funktionieren nur dann, wenn Persönlichkeiten hinter den Botschaften stehen. Gerade deshalb ist es ja so wichtig, bereits bei der Konzeption Ihrer Social-Media-Strategie Ihre Mitarbeiter von Anfang an mit einzubinden, ihre Ideen zu hören und ihnen das Gefühl zu geben, Teil der Social-Media-Philosophie zu sein.

So verschieden die Menschen sind, so unterschiedlich ist ihr Interesse an Social Media. Ihre Mitarbeiter haben ganz unterschiedliche Zugänge. Der eine fotografiert gern, der andere macht gern Videos, der nächste twittert dafür umso lieber, andere sind im Gaming sehr aktiv. Machen Sie sich die verschiedenen Stärken und Leidenschaften Ihrer Mitarbeiter zunutze. Denn wenn jemand etwas gern macht, dann macht er es meistens auch sehr gut.

2.3.9 Mitarbeiter-Recruiting durch Social Media

Das Social Web entwickelt sich beim Recruiting von Mitarbeitern als immer wichtigere Informationsquelle für Unternehmen. Laut der Online-Social-Media-Recruiting-Studie aus 2014 haben 43 % der Befragten dank Social Media konkret Stellen besetzen können. Das am intensivsten eingesetzte Netzwerk ist XING, wobei hier das Firmenprofil am häufigsten genannt wird: Knapp 60 % nutzen es gelegentlich oder regelmäßig. Alle anderen Netzwerke werden laut Studie so gut wie gar nicht genutzt. Wichtig für eine erfolgreiche Recruiting-Strategie in sozialen Netzwerken ist ein klares Anforderungsprofil und die genaue Kenntnis der Zielgruppe – es nützt z. B. gar nichts, junge Fachkräfte auf XING zu bewerben, wenn sich diese eher in Facebook aufhalten. Laut der Studie wird Social Media inzwischen eher für das »Active Sourcing«, also die aktive Ansprache von potenziellen Bewerbern, als für Personalmarketing und Employer Branding eingesetzt.[5]

Zu einem ähnlichen Ergebnis kommt die Erhebung Recruiting Trends 2014, durchgeführt vom Online-Jobportal Monster Österreich. Soziale Medien werden von den großen Unternehmen in Österreich zwar positiv gesehen, aber kaum für das Recruiting eingesetzt. Fast 70 % der offenen Stellen werden bei den 500 größten Unternehmen in Österreich über Online-Anzeigen vergeben.[6]

Davon abgesehen greifen auch Ihre zukünftigen Mitarbeiter auf das Social Web zurück, um einen Blick hinter die Kulissen der Unternehmensfassade zu werfen und herauszufinden, wie wichtig Ihnen die Meinung Ihrer Mitarbeiter ist. Handeln Sie also proaktiv und starten Sie eine geeignete Plattform, auf der Sie gemeinsam mit Ihren Mitarbeitern nach außen kommunizieren, z. B. ein Mitarbeiterblog (siehe Kapitel 5, »Blogs – Ihre Social-Media-Zentrale«).

---

5 Social Recruiting Survey, Jobvite, 2011, *http://recruiting.jobvite.com/images/State-of-Social-Recruiting-Infographic.gif*

6 *http://info.monster.at/Recruiting_Trends_2014/article.aspx*

Marketing-Take-away: Social Recruiting bei Adecco

Der weltweit größte Anbieter für Personaldienstleistungen, Adecco, machte sich 2011 auf die Suche nach einem neuen CEO und nutzte dabei Social Media, da vor allem talentierte Studienabsolventen für diesen Job angesprochen werden sollten (siehe Abbildung 2.5). Anstelle eines Einstellungsgesprächs mussten die Bewerber durch einen virtuellen Arbeitstag ihr Können unter Beweis stellen. Der Aufgabenbereich umfasste virtuelle Mitarbeitergespräche und das Einstellen neuer Mitarbeiter, Personalentwicklung sowie Konfliktmanagement. Wie auch im richtigen Leben musste der »Chef auf Probe« diese Entscheidungen gegenüber beharrlichen Journalisten rechtfertigen. Insgesamt gingen 2.300 Bewerbungen auf diesem Weg ein, die nach Eignung und Persönlichkeitstest auf zehn Kandidaten reduziert wurden. Das Bemerkenswerte an dieser Ausschreibung war jedoch, dass die Bewerber keine Möglichkeit ausließen, ihr Netzwerk für sich zu aktivieren und die PR-Trommel zu rühren, sodass auch lokale Zeitschriften Bewerber porträtierten. Für Adecco war das kostenlose PR und reputationssteigernd zugleich.[7]

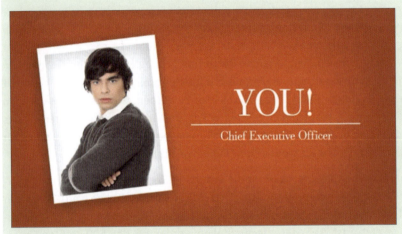

Abbildung 2.5 Adecco suchte einen neuen Chef und fand ihn über Social Media.

Social Media ist nicht Dienst nach Vorschrift

Social Media ist kein Bereich, in dem man Dienst nach Vorschrift machen kann. Dennoch müssen Sie nicht rund um die Uhr für Anfragen zur Verfügung stehen. Konsumenten verstehen es durchaus, wenn Sie nur zu den Geschäftszeiten »online« erreichbar sind und am Wochenende Anfragen nicht beantwortet werden. Im Idealfall vermerken Sie es auch auf Ihrer Facebook-Seite (z. B. in den Kontaktdaten). Wenn Sie dies so umsetzen, sollten Sie sich aber auch selbst daran halten, d. h. keine Postings am Wochenende veröffentlichen. Wann Ihre Kunden besonders

---

7 http://www.youtube.com/watch?v=7OMNV3evccg

aktiv im Netz sind, entnehmen Sie am besten den Facebook Insights, den Statistiken für Ihre Facebook-Seite.

Rechtstipp von Sven Hörnich: Unbedingt Rechtsrat bei Arbeitszeiten am Wochenende einholen

Grundsätzlich ist nach dem deutschen Arbeitszeitgesetz (§§ 9 ff.) die Beschäftigung an Sonn- und Feiertagen untersagt. Ausnahmen (z. B. für Gaststätten) regelt das Gesetz entweder selbst oder eine hierauf beruhende Verordnung, Letztere unterschiedlich von Bundesland zu Bundesland. Vor Aufnahme einer Tätigkeit in Bereichen, die eine Sonn- und Feiertagsarbeit erforderlich machen könnten, sollte unbedingt entsprechend individueller Rechtsrat eingeholt werden.

Die Alternative lautet, einen Social-Media-Berater oder eine Agentur zu engagieren, die zwar teuer sind, aber dafür die 24/7-Kommunikation übernehmen können. Wir empfehlen Ihnen dennoch, die permanente Kommunikation selbst in die Hand zu nehmen oder an einen Social-Media-Koordinator in Personalunion abzugeben. Ihre Kommunikation ist dann einfach authentischer.

Rechtstipp von Sven Hörnich: Spezielle Rechte für eine beauftragte Agentur einräumen

Beauftragen Sie eine Agentur mit der Betreuung Ihrer Social-Media-Maßnahmen, müssen auch spezielle Rechte eingeräumt werden, um für Sie als Unternehmen sprechen zu dürfen, denn die Agentur agiert ja wie ein Pressesprecher für Sie. Die Erscheinungsformen der Beauftragung Dritter für Pressearbeit sind vielfältig. Eine Bevollmächtigung erscheint zu weitgehend. Andererseits soll der Agent auch nicht in eigenem Namen handeln. Sinnvoll ist es, dem Agenten als bloßem Boten vorab eine klare »Marschroute« vorzugeben, die ihm aufzeigt, welche Informationen an die Öffentlichkeit gelangen dürfen und welche nicht. Ein guter Agent zeichnet sich vor allem durch das »Wie« der Erklärung aus. Für den Fall der Preisgabe von vertraulichen Informationen kann vorab eine Vertragsstrafenregelung vereinbart werden, da der Nachweis der Höhe des tatsächlichen Schadens bei Indiskretionen oft schwierig ist.

24/7-Kommunikation

Diese Kommunikationsform ermöglicht den Usern theoretisch, 24 Stunden pro Tag an allen 7 Tagen der Woche Anfragen an Ihr Unternehmen zu stellen. Das bedeutet für Sie, jederzeit verfügbar sein zu müssen. Natürlich ist das nicht immer möglich, und es kommt auch auf die Art der Kundenanfrage an. Es gilt dennoch, permanent zu prüfen, ob Nachrichten im Social Web kreisen, die möglicherweise eine erhebliche Rufschädigung nach sich ziehen könnten. Denn das Internet ist generell ein schnelles Medium, und die User erwarten eine angemessen schnelle Reaktion – und eine fundierte noch dazu. Die meisten Reputationsschäden im Web sind entstanden, weil sich Unternehmen zu viel Zeit mit einer Antwort gelassen haben.

Damit Sie von negativen Meldungen im Netz rechtzeitig erfahren, müssen Sie sich einen geeigneten Modus überlegen. Zum einen können Sie oder Ihre Mitarbeiter mittels Social Media Monitoring (siehe Kapitel 3, »Social Media Monitoring und Online Reputation Management«) auch am Wochenende prüfen, ob negative Nachrichten im Web kursieren. Wenn Sie es einrichten können, versuchen Sie. auch außerhalb normaler Geschäftszeiten auf die Fragen und Meinungen der User zu antworten. Wenn Ihnen das zu viel Arbeit ist, sprechen Sie mit Ihren Mitarbeitern. Einigen Mitarbeitern wird es nichts ausmachen, auch nach der Arbeit Fragen im Social Web zu beantworten, denn sie sind ja ohnehin online. Sie müssen und sollten nicht so weit gehen, dem zuständigen Mitarbeiter auch gleich den genauen Wortlaut der Beiträge zu diktieren. Das ist meist nicht notwendig und wäre auch kontraproduktiv: Wer nicht zum Mitdenken angehalten wird, macht Fehler. Sie sollten nur Starthilfe geben.

Der Redaktionsplan bietet Mitarbeitern Sicherheit

Ein ganz wichtiger Punkt ist, den Mitarbeitern neben dem Redaktionsplan auch Sicherheit und Orientierung zu geben. Dabei geht es nicht um Verbote und Verordnungen, sondern um relevante Grundsätze, die dem Mitarbeiter jene Sicherheit geben, um souverän für das Unternehmen zu sprechen. Sorgen Sie auf alle Fälle für klare Zuständigkeiten, einfache Kommunikationswege und eindeutige Grenzen. Nichts ist schlimmer, als wenn der Mitarbeiter bei einem konkreten Problem nicht weiß, wen er dazu fragen kann und wer die Entscheidungsbefugnisse hat, oder aber sich für konkrete Entscheidungen erst durch mehrere Instanzen und Hierarchien durchfragen muss. Auch muss von Anfang an geklärt werden, wo die Grenzen des Betriebsgeheimnisses und des Datenschutzes liegen. Wenn Sie das alles berücksichtigen, haben Sie die wesentlichen Voraussetzungen erfüllt.

Sie werden in der Praxis schnell merken, welche Mitarbeiter sich besonders aktiv zeigen und welche noch etwas mehr Starthilfe benötigen. Sie sollten ein ausreichendes Maß an Geduld und Verständnis haben: Kein Meister ist bis jetzt vom Himmel gefallen, und Social Media ist noch ein so neuer Bereich, dass man keine jahrelange Praxiserfahrung voraussetzen sollte.

2.3.10 Social Media Guidelines

Einerseits regeln Social Media Guidelines die Verwendung von Social Media während der Arbeitszeit, und andererseits klären sie auch über Rechtliches bei der Nutzung von Social Media auf, insbesondere über Datenschutz und Urheberrecht. Social Media Guidelines vermitteln daher auch notwendige Social-Media-Kompetenz. Anstatt Seiten wie Facebook & Co. zu sperren, wird ein aufgeklärter Umgang mit neuen Medien vermittelt. Sperrungen und Verbote wären ohnehin unwirksam, da immer mehr Menschen via Smartphone ins mobile Netz gehen. Mitarbeitern geben diese Guidelines einen Rahmen für die richtige Verwendung von Social-Media-Tools. Sie müssen sich dann nicht mehr fragen, ob sie diese Medien überhaupt nutzen dürfen, sondern wissen auch, wie, wann und wie oft. Das gilt für Ihren Mitarbeiter in der Produktion genauso wie für den Social-Media-Koordinator.

> **Social-Media-Grenzen ziehen**
>
> Die Führungsebene kann sich mit Social Media Guidelines davor schützen, dass unternehmensrelevante und vertrauensvolle Informationen nach außen gelangen. Oft kennen die Mitarbeiter die Grenzen der Unternehmenskommunikation nicht und gehen davon aus, dass sie »alles« schreiben dürfen. Sie müssen aber dafür sorgen, dass Betriebsgeheimnisse und Geschäftsgeheimnisse nicht nach außen gelangen. Viele dieser rechtlichen Aspekte sind zwar bereits in den Arbeitsverträgen geregelt, aber nicht in Bezug auf die Nutzung von Social Media. Social Media Guidelines weisen die Mitarbeiter auf die rechtlichen Konsequenzen eines schweren Regelverstoßes hin. Jedem Mitarbeiter muss klar sein, dass geschäftsschädigende Äußerungen wie Beleidigungen, Behauptungen und Kommentare, die den Betriebsfrieden gefährden, im Social Web nichts zu suchen haben.

Best Practice: »Herr Bohne« erklärt die Tchibo Guidelines

Da Social Media Guidelines häufig wie ein Konvolut von Geboten und Verboten wirken, wenig Praxisbezug haben und im Fachjargon der Rechtsanwälte geschrieben sind, hat sich Tchibo ein charmantes Video für seine Richtlinien überlegt. In dem YouTube-Video »Herr Bohne geht ins Netz«, *http://www.youtube.com/watch?v=e_mLQ_eWk_0*, passieren Herrn Bohne allerlei Sachen (Beleidigungen, Partyexzesse, Mobbing, Ideenraub) im Social Web, die Konsequenzen für sein Leben außerhalb des Digitalen haben (siehe Abbildung 2.6).

Abbildung 2.6 Witzige und informative Aufklärung zugleich – »Herr Bohne geht ins Netz« erklärt selbst Laien die Social Media Guidelines. (Quelle: Screenshot Tchibo-Video)

Der Bedarf an Richtlinien für sicheres Verhalten im Social Web ist groß, denn Social Media greift gleichzeitig in die private und in die berufliche Nutzung ein. Unternehmen müssen daher die richtigen Maßnahmen treffen. Um die passenden Social Media Guidelines für Ihr Unternehmen zu entwickeln, müssen zunächst folgende Fragen beantwortet werden:

▶ Wer darf Social Media an seinem Arbeitsplatz nutzen?

▶ Gibt es zeitliche Beschränkungen? Was passiert bei einer Überschreitung?

▶ Wer darf in Social Media als Unternehmen/als Mitarbeiter des Unternehmens auftreten, und wie tritt derjenige auf?

▶ Welche Informationen sollen und dürfen kommuniziert werden?

▶ Wer ist für die Koordination/Informationsbeschaffung usw. zuständig, und wer ist der direkte Ansprechpartner bei Fragen/Problemen?

▶ Worauf soll man bei der privaten Nutzung von Social Media achten?

Facebook- und YouTube-Sperren sind nicht die Lösung

Bei der Regelung der Nutzung von Social Media am Arbeitsplatz ist zu bedenken, dass immer mehr Mitarbeiter Zugriff auf das mobile Internet über ihr Smartphone (z. B. iPhone oder Android-Handys) haben. Flatrates mit unbegrenztem Datenvolumen, technisch ausgereifte Geräte und eigene Applikationen für den direkten und komfortablen Zugriff auf Social-Media-Plattformen ersetzen mitunter schon Laptop und PC. Würden Sie also einzelne Seiten und Dienste wie Facebook, YouTube und Twitter sperren, hätte das nur bedingt Erfolg, weil Ihre Mitarbeiter so oder so Zugriff darauf haben. Mit einem Handyverbot würden Sie sich bei Ihren Mitarbeitern sehr unbeliebt machen, auch wenn es vielleicht möglich wäre.

Außerdem verhindern Sie dadurch, dass die Mitarbeiter zu Recherchezwecken oder Kundenkommunikation auf diese Plattformen zugreifen können. Wenn sich Ihre Mitarbeiter positiv zu einem Produkt im Social Web äußern, profitieren Sie schließlich davon. Die Frage ist also, wo die Grenze zwischen privatem und beruflichem Social-Media-Konsum zu ziehen ist.

Betroffen von der Fragestellung sind alle Abteilungen in Ihrem Unternehmen. In vielen Unternehmen nehmen zwei Abteilungen oft besonders gegensätzliche Positionen ein: Die IT-Abteilung möchte aus Sicherheitsgründen so restriktive Zugangsbeschränkungen wie möglich. Marketing- und PR-Abteilungen pochen auf einen komplett freien Zugang. Es gilt, einen Kompromiss zu finden, der für das Unternehmen und die Mitarbeiter gleichermaßen sinnvoll und vertretbar ist.

Natürlich stellt sich die Frage nach der Mitarbeiterproduktivität und dem Kostenfaktor Zeit. Doch im Prinzip sollte es Teil der Eigenverantwortung jedes Mitarbeiters sein, seine Arbeitszeit sinnvoll und produktiv einzusetzen und angebotene Möglichkeiten verantwortungsvoll zu nutzen. Das gilt für Social Media genauso wie für das private Telefonieren über das Firmentelefon oder das Versenden von privaten E-Mails über den Firmenaccount.

Abgrenzung privater und beruflicher Nutzung

Wenn Ihre Mitarbeiter ein eigenes Blog betreiben, ist es wichtig, dass sie sich inhaltlich von Ihrem Unternehmen abgrenzen bzw. das Blog mit einem Hinweis darauf versehen, dass diese Inhalte und Werthaltungen nicht denen des Unternehmens entsprechen müssen. Auf seinem Privatblog, *www.denquer.de*, schreibt Blogger Stefan Oßwald daher: »*Das ist mein privates Weblog [...] Meine hier vertretenen Meinungen müssen nicht mit denen meines Arbeitgebers übereinstimmen.*«

Eine perfekte Social Media Guideline gibt dem Mitarbeiter Sicherheit, was er darf und wie er Social Media privat wie beruflich am besten für sich und seine Firma einsetzen kann.

Social Media Guidelines downloaden

Die BITKOM, *www.bitkom.org*, stellt Social Media Guidelines kostenlos zur Verfügung. Die österreichische Wirtschaftskammer bietet unter *www.telefit.at* einen Entwurf für Social Media Guidelines, den Sie kostenlos herunterladen können. Unter *http://www.social-media-guidelines.com* können Sie sich ebenfalls umfassend über das Thema Guidelines informieren.

Rechtstipp von Sven Hörnich: Rechte des Arbeitgebers

Aus (deutscher) rechtlicher Sicht ist es trotz des »Marktdrucks auf Öffnung der Netze« sinnvoll, die private Internetnutzung am Arbeitsplatz zu untersagen. Hintergrund ist, dass die Vermengung privater und geschäftlicher Daten eine Vielzahl von rechtlichen und tatsächlichen Folgeproblemen mit sich bringt, die hier nicht abschließend erörtert werden können. Hierbei sind die Arbeitszeit- oder die Virenproblematik oftmals die geringsten Probleme. So kann beispielsweise der PC eines plötzlich wegen Krankheit abwesenden Mitarbeiters nicht ohne Weiteres durch Dritte genutzt bzw. auf für das Unternehmen existenziell wichtige anstehende Termine hin geprüft werden. Denn man könnte dabei auf höchst sensible private Daten des Kollegen treffen (welche, das soll der Fantasie des geschätzten Lesers überlassen werden). Gleiches gilt für die Thematik des Verdachts einer missbräuchlichen Nutzung (z. B. für illegales Filesharing). Die Erlaubnis als solche sowie deren genaue Bedingungen sind vor diesem Hintergrund auch nicht ohne Weiteres zu bewerkstelligen und werden in größeren Unternehmen eine Beteiligung des Betriebsrats erforderlich machen. Dies wird einen erheblichen (rechtlichen) Beratungsaufwand mit sich bringen.

2.3.11 Der Social-Media-Manager

Mittlerweile gehen viele Unternehmen dazu über, einen Social-Media-Manager einzustellen. Der Social-Media-Manager definiert die Social-Media-Strategie Ihres Unternehmens entweder in Eigenregie oder häufig auch in Absprache mit Ihrer Agentur. Anschließend ist er für die Konzeption und Durchführung einzelner Social-Media-Kampagnen, die Auswahl der richtigen Tools und die Pflege Ihrer Social-Media-Präsenzen zuständig. Für die Erfolgsmessung nutzt er Social Media Monitoring und berichtet die Ergebnisse an Sie zurück.

> **»Wir crowdsourcen viral, um Buzz zu erzeugen«**
>
> Mit Sätzen wie »Wir müssen den nötigen Buzz erzeugen«, »Wir müssen virales Seeding machen« und »Wir müssen nur die Influencer ansprechen« werden Sie von selbst ernannten Social-Media-Profis mit Anglizismen überschüttet. Das ist einfach nur irreführend und unfair Ihnen gegenüber, da der Marketingjargon ohnehin schon mit Anglizismen übersät ist. Fragen Sie Ihren Social-Media-Berater einfach nach einer schlüssigen Erklärung solcher Social-Media-Floskeln. Wenn er sich schwertut, wissen Sie, dass er keine Ahnung hat.

Externe Social-Media-Manager, die beispielsweise in Online-Agenturen sitzen, oder selbst ernannte »Social-Media-Berater« eignen sich nur bedingt für diese Aufgabe. Häufig leidet darunter die Authentizität. Wir empfehlen Ihnen deshalb, alle Social-Media-Initiativen selbst durch einen Manager zu steuern. Das bringt nicht nur authentische Beiträge und Antworten, sondern auch die nötige Sicherheit. Ihre Agentur sollte indes vielmehr Ideengeber sein und mit Ihnen eine langfristige Social-Media-Strategie verfolgen.

2.3.12 Der Community Manager

Es empfiehlt sich, einen Community Manager für einzelne oder die gesamten Social-Media-Aktionen zu beschäftigen, der in engem Kontakt zu der Online-Community und einzelnen Kunden steht. Der Community Manager steht als erster Ansprechpartner mit Kunden und Geschäftspartnern in Kontakt. Er kommentiert Blogbeiträge, Statusupdates und Foreneinträge, er verbreitet Ihre News und Aktionen in Social Media. Bedeutungsvolles Feedback meldet er Ihnen entsprechend zurück. Er weist Sie darauf hin, wenn Kampagnen eine ungünstige Entwicklung nehmen, und schlägt geeignete Gegenmaßnahmen vor. Er beobachtet Ihre Konkurrenz und kontrolliert Ihre Social-Media-Maßnahmen. Es lohnt sich, einen Community Manager einzustellen, da Sie dadurch den Erfolg Ihrer Initiativen besser abschätzen können.

> **Tipp: Was zeichnet den Community Manager aus?**
>
> Der Community Manager muss über fundiertes Wissen bezüglich Unternehmens- und Social-Media-Kommunikation verfügen und diese Medien bereits für sich selbst ausprobiert haben. Die Blogosphäre (Bloggerszene) sollte er durch sein eigenes Blog kennen, ebenso sollte er journalistisches Können und ein gewisses Praxiswissen in Online-Technologien vorweisen können. Er sollte ein Netzwerker sein, der gern persönlichen Kontakt hat und in der Lage ist, Beziehungen zu Käufern zu pflegen. Der Grad seiner Vernetzung ist entscheidend für den Erfolg Ihrer Maßnahmen. Wählen Sie jemanden, der schon viele Jahre die Unternehmenskommunikation innehat und sich auch mit Social Media auskennt. Anderenfalls schulen Sie einen Mitarbeiter in Social Media. Oder Sie stellen einen externen Community Manager ein, der bereits sehr gut vernetzt ist und Ihre Marke nach außen hin vertreten kann.

2.4 Kunden ein Sprachrohr geben

Die Erfahrungsberichte Ihres Kunden sind sehr ehrlich, denn sie gehen auf individuelle Erlebnisse zurück – ganz im Gegenteil zu den Unternehmen, die nur in den höchsten Tönen von ihren Produkten oder Dienstleistungen sprechen. Aber keiner glaubt mehr wirklich, was Unternehmen über sich selbst sagen. Vielmehr wollen die Konsumenten wissen, ob das Produkt tatsächlich hält, was es verspricht. Gerade deshalb sind Bewertungsportale wie »TripAdvisor« oder »Yelp« so erfolgreich (siehe Kapitel 4, »Foren und Bewertungsplattformen«). Als die Bewertungsportale bekannt wurden, gab es zum Teil harsche Reaktionen von Unternehmen, die kritisch bewertet wurden: Man drohte mit der Rechtskeule, und so manches Portal erlebte eine Flut an Klagen. Doch all das half nichts. Immer mehr Konsumenten nehmen sich das Recht auf freie Meinungsäußerung heraus und bewerten ihr Urlaubserlebnis, den Fernseher oder das Abendessen im Restaurant. Während es früher oft nur eingefleischte User waren, die diese Bewertungsportale nutzten, sind es heute immer mehr Durchschnittsuser. Das liegt vor allem daran, dass Suchmaschinen wie Google die Bewertungsportale bzw. -ergebnisse sehr prominent in ihr Suchergebnis integrieren und User, die die einzelnen Portale oft gar nicht mit Namen kennen, so auf die Bewertungen stoßen.

2.4.1 Nichts ist authentischer als eine aussagekräftige Kundenmeinung

In Social Media geht es auch darum, Voraussetzungen zu schaffen, damit Ihre zufriedenen Kunden Sie online bewerten. Und wenn User erst einmal auf Basis von Bewertungen anderer User ein Produkt kaufen, dann ist die Hürde, selbst eine Bewertung abzugeben, nicht mehr so hoch. Mittlerweile gibt es technische

Systeme, die dem Kunden nach Kauf eines Produkts oder einer Dienstleistung eine E-Mail schicken mit der Bitte, auf einem bestimmten Portal eine Bewertung abzugeben, wenn er mit der Leistung zufrieden war. Darüber hinaus sollten Sie in Ihrem Blog oder über Ihre Facebook-Seite den Usern die Möglichkeit bieten, ihre Zufriedenheit äußern zu können.

Deshalb sollte die Kommentarfunktion im Blog unbedingt aktiviert sein. Sie können bei Bedarf (auch um Spams herauszufiltern) die Kommentare zuerst an den Admin des Blogs schicken lassen, der sie dann freigibt. Genauso ist es wichtig, den Fans Ihrer Facebook-Seite zu erlauben, dass sie Beiträge auf der Pinnwand veröffentlichen. Sie schaffen somit die Voraussetzung dafür, dass die User der ganzen Welt sagen können, dass sie zufrieden mit Ihren Produkten und Ihrem Service waren.

Loyale Kunden stehen für Sie ein

User posten nicht nur ihre eigenen Erlebnisse, sondern reagieren auch auf Beleidigungen und falsche Bewertungen. Sollte also einmal ein User eine völlig überzogene und unrichtige Behauptung aufstellen, können Sie auf Ihre markenloyalen Kunden zählen. Die Sorge, dass Sie einen großen Reputationsschaden erleiden, ist in Social Media nur dann gegeben, wenn Sie tatsächlich Probleme mit der Kundenzufriedenheit haben. Gerade deshalb ist es auch wichtig, so viele Kunden wie möglich wissen zu lassen, dass es die eine oder andere Plattform gibt, und sie aufzufordern, ihrer persönlichen Meinung Ausdruck zu verleihen.

Sichtbarkeit der Seite	Seite veröffentlicht	Bearbeiten
Beitragsoptionen	Jeder darf in der Chronik meiner Seite posten Jeder darf Fotos und Videos zu meiner Seitenchronik hinzufügen	Bearbeiten
Sichtbarkeit des Beitrags	Beiträge auf der Seite werden in meiner Seitenchronik angezeigt	Bearbeiten
Zielgruppen für Beiträge und Privatsphäre	Privatsphäre-Steuerung für Beiträge aktiviert	Bearbeiten
Nachrichten	Nutzer können meine Seite privat kontaktieren.	Bearbeiten
Markiererlaubnis	Andere Personen können auf meiner Seite gepostete Fotos markieren.	Bearbeiten
Ländereinschränkungen	Seite ist für alle sichtbar.	Bearbeiten
Altersbeschränkungen	Seite wird allen angezeigt.	Bearbeiten
Seitenmoderation	Es werden keine Begriffe auf der Seite blockiert.	Bearbeiten
Filter für vulgäre Ausdrücke	Deaktiviert	Bearbeiten
Vorschläge für verwandte Seiten	Lege fest, ob deine Seite anderen Nutzern empfohlen werden soll	Bearbeiten
Antworten	Es wurden für deine Seite Antworten auf Kommentare aktiviert	Bearbeiten

Abbildung 2.7 Newsfeed-Einstellungen für die Facebook-Seite (Quelle: Screenshot facebook.com)

Sie sehen also: Sie können Ihre zufriedenen Kunden dazu bringen, als Multiplikator und Botschafter Ihres Unternehmens aktiv zu werden. Das ist ein Potenzial, das Sie weder über bezahlte Agenturen noch über die Mitarbeiter haben. Denn etwas Glaubwürdigeres als die Meinung anderer Konsumenten gibt es für Konsumenten nicht.

2.4.2 Wie gehen Sie mit negativen Bewertungen um?

Behandeln Sie negative Bewertungen und Kommentare immer professionell und mit Respekt. Meistens verbirgt sich mindestens ein Fünkchen Wahrheit dahinter, denn der Kunde hat die Situation so erlebt oder kritisiert das Produkt aus seinem subjektiven Standpunkt heraus. Da hilft es auch nichts, wenn Sie es ganz anders sehen.

Würden Sie den Beitrag einfach löschen, dann würde der betroffene Kunde seinen Unmut darüber und die ursprüngliche Unzufriedenheit einfach woanders kommunizieren und auf unterschiedlichen Seiten vervielfältigen (Streisand-Effekt). Das wäre definitiv kontraproduktiv. Es gibt nur eine Ausnahme: wenn der Beitrag des Users unter die Gürtellinie geht. Wird einer Ihrer Mitarbeiter oder ein anderer Ihrer Kunden persönlich angegriffen, beleidigt oder beschimpft oder verstößt der Beitrag gegen Gesetze (handelt es sich beispielsweise um kinderpornografisches, diskriminierendes oder urheberrechtlich geschütztes Material), sind Sie sogar verpflichtet, sofort nach Kenntnisnahme des Beitrags diesen zu löschen.

Achten Sie dabei auf Folgendes:

▶ Reagieren Sie schnell.

▶ Danken Sie dem User für das Feedback.

▶ Bleiben Sie professionell und werden Sie keinesfalls ausfallend oder persönlich angreifend.

▶ Versprechen Sie dem User, dass Sie dem Ganzen nachgehen.

▶ Versichern Sie ernsthaft Besserung und sagen Sie auch, wie Sie den Fehler in Zukunft vermeiden wollen.

Denken Sie daran: Es geht nicht nur um diesen einen User, sondern um alle anderen Nutzer, die jetzt oder in Zukunft über diesen Beitrag des Users stolpern und nicht wissen (können), ob das der Wahrheit entspricht oder nicht.

2.4.3 Die Angst vor einem negativen Kommentar überwinden

Die Praxis zeigt, dass die Angst vor negativen Bewertungen im Web unbegründet ist, wenn es in der Realität ebenfalls eine ausreichend große Zahl von zufriedenen Kunden gibt. Negative Bewertungen sind oft die meistgelesenen, doch die User haben mittlerweile zum größten Teil die Kompetenz, zu beurteilen, ob das eine echte und ernsthafte Bewertung ist und ob sie für sie persönlich relevant ist. Denn was für den einen eine negative Bewertung ist, kann für den anderen eine kaufentscheidende Information sein. Und nicht jeder negative Kommentar ist negativ: Wenn ein User in einer Hotelbewertung schreibt, dass es ihm zu ruhig war und rundherum keine Möglichkeit bestand, Party zu machen und Lokale zu besuchen, kann dieses Hotel gerade deswegen für ein Ruhe suchendes Pärchen genau das Richtige sein.

> **Praxisbeispiel: Die Krise aussitzen? – Der Hahnenkampf der Deutschen Bahn**
>
> Die Deutsche Bahn AG hatte mit ihrer Facebook-Kampagne »Chef-Ticket« einige Anlaufschwierigkeiten, entschied sich aber dagegen, Kunden ein Sprachrohr zu geben. Die damals genutzte Facebook-Seite *www.facebook.com/chefticket* wurde kurz nach Online-Gang im Oktober 2010 mit negativen Kommentaren der User übersät. Aufhänger für die Kritik war zunächst das Kampagnenvideo, bei dem ein Hahnenkampf nachgestellt wurde, der besonders bei Tierschützern die Alarmglocken läuten ließ. Doch dann weitete sich die Kritik auch auf den Service der Deutschen Bahn aus, und es wurden übergreifende Diskussionen selbst zum Projekt »Stuttgart 21« angestoßen. Die Deutsche Bahn reagierte darauf konsequent nicht, ausschließlich spezielle Fragen zum Ticket wurden beantwortet. In einer von »Alterian« durchgeführten Analyse fand man heraus, dass die Kampagne bei der Mehrheit der Kunden sehr gut ankam und aus Vertriebssicht ein voller Erfolg war, vor allem weil das Preis-Leistungs-Verhältnis des beworbenen Produkts unschlagbar war. Aus Sicht der Markenführung war es aber eher ein Fehlschlag, da laut Alterian vor allem Twitter der wichtigste Kanal für die Verbreitung der Kampagne war und gerade dort die Kritik am heftigsten ausfiel.

2.4.4 Das Lieblingskundenprinzip

Jedes Unternehmen hat seine Lieblingskunden: Ein Unternehmen, das erfolgreich am Markt besteht, hat Stammkunden, die mit der Leistung so zufrieden sind, dass sie regelmäßig wiederkommen und ihren Freunden dieses Unternehmen weiterempfehlen. Wie könnte man grob einen Lieblingskunden beschreiben? Der sogenannte *Lieblingskunde* ist von Unternehmen zu Unternehmen verschieden: Es gibt ganz bestimmte Eigenschaften, die ein Lieblingskunde aus Sicht des Unternehmens erfüllen sollte:

1. Er bringt gute Umsätze.

2. Er weiß, was er will.

3. Er ist begeistert von Ihrem Unternehmen und den Produkten.

4. Er erzählt das auch weiter (Ihnen und seinen Freunden).

5. Er kommt regelmäßig wieder.

Fallen Ihnen schon ein paar Ihrer Kunden bei diesen Stichwörtern ein? Sie haben mehr Lieblingskunden, als Sie bedienen können. Denn viele potenzielle Lieblingskunden wissen leider (noch) nicht, dass es Ihr Unternehmen gibt und die Produkte und Dienstleitungen direkt auf ihn zugeschnitten sind. Diese Lücke schließt das Lieblingskundenprinzip. Wenn Sie wissen, warum die bestehenden Lieblingskunden so zufrieden sind und wann sie zum Produkt greifen, dann wissen Sie auch, wie Sie die anderen potenziellen Lieblingskunden zur richtigen Zeit mit den richtigen Themen erreichen können.

Sie müssen also herausfinden, was dem Lieblingskunden bei Ihnen so gut gefällt, und das Ganze in Worte fassen. Wenn Sie nicht in direktem Kundenkontakt stehen, fragen Sie jene Mitarbeiter, die es sind: Verkauf, Kundensupport, Marketingabteilung. Wovon erzählen die Kunden regelmäßig, was loben die Kunden an Ihrem Unternehmen? Vor allem die Mitarbeiter, die täglich mit den Kunden zu tun haben, wissen, was den Kunden besonders gut gefällt. Anschließend sollten Sie herausfinden, wann diese zufriedenen Kunden mit den ersten Überlegungen/Vorbereitungen für den Kauf beginnen.

Wie Sie Ihre Lieblingskunden finden

Bleiben wir beim Beispiel Hotel. In einem Hotel haben unterschiedliche Mitarbeiter Kontakt zu den Gästen: die Rezeption, der Barkeeper, die Betreuer im Wellnessbereich usw. Jeder von ihnen ist für viele Gäste ein Ansprechpartner und guter Zuhörer hinsichtlich der Erlebnisse des Gasts während seines Urlaubsaufenthalts. An der Rezeption bzw. in der Buchungsabteilung weiß man, wann welcher Kunde eine Anfrage bzw. Buchung getätigt hat.

Zusätzlich können Sie externe Informationen mit einbeziehen, z. B. Bewertungen von Bewertungsplattformen oder Kommentare auf Ihrer Facebook-Seite oder in Ihrem Blog. Somit haben Sie alle relevanten Informationen, die Sie benötigen:

▶ Wann hat der Kunde bei Ihnen erstmals nach dem Produkt oder der Dienstleistung gefragt bzw. über den Kauf/Konsum nachgedacht?

▶ Wann hat er es gekauft/konsumiert und warum?

▶ Wie war er zufrieden, und was hat ihm besonders gut gefallen?

Damit können Sie einen Redaktionsplan erstellen, um zum richtigen Zeitpunkt über jene relevanten Themen zu schreiben. Auf diese Weise erscheinen die wichtigen Infos zum richtigen Zeitpunkt bei Ihrem Lieblingskunden.

2.5 Ins Gespräch kommen

Sie haben Ihre Zielgruppe analysiert, Ihre Lieblingskunden bestimmt und Ihre langfristige Strategie definiert? Jetzt ist es an der Zeit, mit Ihren Kunden ins Gespräch zu kommen. Der letzte Punkt des POST-Frameworks lautet Technologie. Wenn Sie unterschiedliche Social-Media-Typen bedienen wollen, müssen Sie unterschiedliche Tools verwenden. Der Kundendialog wird je nach Zielgruppe und Tool anders ausfallen.

Ihre Social-Media-Aktivitäten müssen zu Ihnen und Ihrem Unternehmen passen. Angenommen, Ihre Zielgruppe ist sehr aktiv im Web, während Ihre gesamte Unternehmenskommunikation bisher sehr zurückhaltend war und Sie wenige Informationen nach außen getragen haben. Dann wird Ihr Einstieg in Social Media erst einmal zurückhaltender sein. Ausgehend von Ihrer Social-Media-Strategie, können Sie nun unterschiedlich vorgehen. Sie können sich passiv, reaktiv und proaktiv in sozialen Medien bewegen. Und entsprechend wählen Sie auch die Tools aus. Für den passiven Ansatz genügt weitestgehend Social Media Monitoring (siehe Kapitel 3, »Social Media Monitoring und Online Reputation Management«). Für den reaktiven Ansatz müssen Sie zumindest Ihren Mitarbeitern genügend Social-Media-Kompetenz vermitteln und Zuständigkeiten definieren. Entscheiden Sie sich für den proaktiven Ansatz, steht Ihnen das gesamte Spektrum an Social-Media-Tools zur Verfügung, die Sie je nach Zielgruppenanalyse und Zieldefinition auswählen. Deshalb ist die Wahl der Technologie der letzte Punkt im POST-Framework.

Ihr Firmenalltag bietet eine Menge Gesprächsstoff

Ein Großteil Ihres täglichen Firmenalltags ist für Ihre Zielgruppe interessant. Gehen Sie dafür in Gedanken alle Abteilungen durch und schreiben Sie auf, welche News das Marketing, die Produktion, der Vertrieb, die Personalabteilung gerade oder in Zukunft zu berichten hat. Ist ein Umzug oder ein zusätzliches Büro geplant? Rekrutieren Sie bereits neue Mitarbeiter? Wann ist deren erster Arbeitstag? Wann kommen neue Produkte auf den Markt? Welche Produkte sollen vom Markt entfernt werden, und was sagt Ihre Zielgruppe dazu im Netz?

2.5.1 Die richtigen Tools nutzen

Die wichtigsten Social-Media-Tools haben wir in diesem Buch in den einzelnen Kapiteln zusammengestellt. Von Foren und Bewertungsplattformen über Blogs und Microblogs (Twitter), soziale Netzwerke und Sharing-Plattformen bis hin zu mobilen Communitys und Social Commerce werden alle Möglichkeiten im Social Web veranschaulicht. Trotz der Tools müssen Sie einige grundlegende Überlegungen und Haltungen verinnerlichen, damit Sie mit den Tools auch das erreichen, was Sie möchten. Ins Gespräch kommen Sie, indem Sie zuhören.

2.5.2 Zuhören

Bei Ihrer Zielgruppenrecherche und -analyse haben Sie bereits ein wenig zugehört. Nun gilt es, permanent die sozialen Medien zu beobachten. Warum ist Zuhören so wichtig? Im Grunde ist das wie im wahren Leben auch. Jedes gute Gespräch beginnt mit aktivem Zuhören. Denn damit finden Sie heraus, was Ihren Gesprächspartner beschäftigt und welche Wünsche er hat. Im Anschluss daran können Sie angemessen reagieren. Ihre Zielgruppe tut im Netz nichts anderes, als ihre Bedürfnisse mitzuteilen. Sie konnten bisher nur nicht darauf reagieren, weil Sie nichts davon wussten (oder wissen wollten?). Zuhören gewährt Ihnen einen Einblick in die Wunschwelt Ihrer Kunden. Sie können davon ausgehen, dass die Rückmeldungen weitaus authentischer sind als die beschönigten Meinungen in der Marktforschung. Achten Sie darauf, wie viele Beiträge von den »Creators« und »Critics« stammen. Diese Beiträge unterscheiden sich von den spontanen Momentaufnahmen der »Joiners« und »Conversationalists« (siehe Abschnitt 2.1.3, »Social-Media-Nutzertypen«).

Bessere Marktforschung gibt es nicht!

Wenn Sie zuhören, aufmerksam mitlesen und Meinungen sammeln, erhalten Sie sehr genaue Marktforschungsergebnisse, mit denen kein noch so gestelltes Testsetting mithalten kann. Denn niemand hat Ihre Kunden dazu aufgefordert, solche Beiträge zu formulieren. Sie tun es ganz von sich aus. Auch wenn Sie selbst nicht aktiv werden wollen, sollten Sie sich zumindest diesen Vorteil der sozialen Medien zunutze machen. Außerdem: Wenn Sie positives Feedback von Kunden erhalten, freuen Sie sich auch darüber, oder? Sie werden staunen, wie viel Positives Ihre Kunden untereinander austauschen.

Trotz der geringen Hürde fällt Zuhören vielen Unternehmern, Marketing- und PR-Experten zu Beginn sehr schwer. Das mag daran liegen, dass sie bisher ebenfalls nicht zugehört und ihr Produkt nach den Regeln des klassischen Marketings an den Mann gebracht haben. Im Social Web müssen Sie jedoch zuhören, sonst werden Sie langfristig keinen Erfolg haben. Die Menschen im Internet sprechen so oder so über Ihre Produkte. Sie müssen nur zuhören.

2.5.3 Aktiv werden – aber wie?

Wer zuhört, hat auch das Bedürfnis, zu antworten. Sie werden schon bald den Wunsch verspüren, Ihren Kunden zurückzuschreiben. Wenn Kritik an Ihrer Dienstleistung geäußert wurde, werden Sie die Dinge richtigstellen wollen.

Reagieren Sie auf Nachrichten Ihrer Kunden in Twitter, Foren und sozialen Netzwerken. Auch wenn die User andere User um Hilfe bitten, heißt das noch lange nicht, dass Sie kein Wort mitzureden haben. Im Gegenteil: Sie sind derjenige, der am besten auf Servicefragen reagieren kann. Zeigen Sie dem Kunden Ihre Kompetenz! Vielleicht haben die User nur nicht mit Ihnen gerechnet. Mancher Kundenwunsch wird für Sie neu sein. Viele Unternehmen achten nicht darauf, Rückmeldungen zu kommentieren. Sie ignorieren die Kritik in der Hoffnung, dass die Meldung niemals zutage tritt. Dabei wäre das Feedback die Chance, den Kundenservice zu verbessern und neue Kunden zu gewinnen. Nur wer für seine Fehler einsteht, kann die Dinge in Zukunft besser machen.

Um das Schreiben kommen Sie aber nicht herum. Wenn Ihnen als Unternehmer das Schreiben nicht liegt, geben Sie die Kommunikation an die richtige Unternehmensabteilung ab. Authentizität bedeutet auch, ehrlich zu sagen, dass einem Twitter und Facebook nicht liegen. Es gibt andere Bereiche, wie z. B. die Ideengenerierung und die Produktentwicklung durch Crowdsourcing, die Ihnen möglicherweise mehr zusagen. Für viele Unternehmen ist Social Media zu Beginn ein Experiment. Erst in der Umsetzung merken sie, wie effizient und sinnvoll man es einsetzen kann.

Lassen Sie sich nicht von Worst-Case-Szenarien abschrecken

Sie brauchen jedoch nicht stundenlang die Regeln der Social-Media-Kommunikation zu studieren, bevor Sie mit Ihren Kunden reden. Wie authentische Gespräche entstehen, können Sie erst nachvollziehen, wenn Sie damit anfangen. Manche Unternehmen malen sich ein halbes Jahr lang Worst-Case-Szenarien aus, bevor sie ihren ersten Pinnwandeintrag schreiben. Beginnen Sie lieber in kleinen Schritten, mit Ihren Kunden zu reden, als sich in Diskussionen über die Kommunikationsstrategie zu verlieren. Ihr Redaktionsplan liefert Ihnen ohnehin die wichtigsten Themen.

2.5.4   Mit anderen teilen

Das Social Web basiert auf dem Geben-und-Nehmen-Prinzip. Sie stellen Informationen zur Verfügung, andere erhalten wichtige Informationen. Jemand bittet Sie um Rat, Sie helfen weiter und bekommen positives Feedback. Es geht nicht vordergründig um die Frage, was Ihnen Social Media Marketing bringt (auch wenn Sie sich diese Frage stellen). Viel wichtiger ist die Frage, was Sie von sich aus einbringen und Ihren Kunden bieten können. Informationen müssen frei zur Verfügung gestellt werden, damit die User sie leicht untereinander teilen können (»Share it«-Funktionen). Sie müssen Offenheit demonstrieren, um das Vertrauen Ihrer Kunden zu bekommen. Sie müssen die Kunden um ihre ehrliche Meinung bitten, um wertvolles Feedback zu erhalten. Über Erfolg oder Misserfolg im Social Web entscheidet einzig Ihre Community. Daher ist es wichtig, sie entsprechend zu achten und in den Mittelpunkt Ihrer Social-Media-Aktivitäten zu stellen. Denken Sie an die Bedürfnisse Ihrer Community, seien Sie da, wenn Hilfe benötigt wird.

2.5.5 Beziehungsaufbau – das Wir betonen

Einen Kundendialog können Sie nicht allein führen. Das funktioniert nur gemeinsam. Sie sind also auf Ihre Kunden angewiesen, wenn Sie Social Media Marketing betreiben. Wenn Sie nur Monologe im Social Web führen, erreichen Sie Klicks, aber Sie bauen keine Kundenbeziehung auf. Verfolgen Sie mit Social Media ein langfristiges Ziel, können Sie das nur im Austausch mit Ihren Kunden erreichen. Bei all Ihren Aktivitäten sollten Sie sich immer wieder ins Gedächtnis rufen, dass Social Media auf Gemeinschaft und auf dem Miteinander beruht. Im Alleingang bewirken Sie keine Interaktion. Es ist sicher eine Umstellung, seine Kunden als »Freunde« zu betrachten, aber im Social Web sind sie es. Und wie gehen Sie mit Freunden um? Sie helfen Ihnen, kommunizieren wertschätzend und achten darauf, dass es ihnen gut geht. Dabei müssen Sie Ihre Lieblingskunden bestärken und ihnen auf verschiedenste Weise Anerkennung zollen. Potenzielle Kunden müssen Sie überzeugen und versuchen, deren Vertrauen zu gewinnen.

Marketing-Take-away: Kunden kaufen Emotionen

Das Wir-Gefühl erzeugen Sie nicht nur über das Produkt, sondern durch das Gefühl, dass das Produkt beim Kunden auslöst. Viele Unternehmen sind geneigt, zu entgegnen, dass der Kunde doch (nur) ein Produkt kauft und keine Beziehung. Das stimmt aber nicht. Jede Marke steht für eine bestimmte Unternehmensphilosophie, für ein Gefühl, und beides kauft der Kunde mit.

Marken werden üblicherweise über ihre Produktpositionierung wahrgenommen. Jedes Auto steht beispielsweise für einen bestimmten Lifestyle und spricht unterschiedliche Altersgruppen und Einkommensklassen an. Hinzu kommen die Außendarstellung des Unternehmens und die Servicequalität beim Verkauf und danach. In Social Media werden neben diesen Werten auch die Meinungen anderer Käufer und das Vertrauen in den Verkäufer berücksichtigt. Käufer und Verkäufer stehen also mehrfach in Beziehung.

Wie Sie das Wir-Gefühl erzeugen

Die Firma muss sich nach außen hin vermenschlichen. Geben Sie dem Kunden permanent das Gefühl, dass seine Meinung willkommen ist. Verraten Sie ihm, welche neuen Ideen Sie haben, und fragen Sie ihn nach seiner Meinung. Betonen Sie die Wichtigkeit der Community. Entschuldigen Sie sich öffentlich für Produktfehlentwicklungen. Zeigen Sie potenziellen Käufern, was Sie durch das wertvolle Kundenfeedback bisher verbessern konnten. Wenn Sie etwas nicht verbessern konnten, erklären Sie Ihren Kunden, warum. Bedanken Sie sich für die Kundentreue so, als würden Sie jedem einzelnen Kunden die Hand schütteln.

Praxisbeispiel: Iron Glory lädt Fans zur Produktgestaltung ein

Wie man in einer Nische mit aktiven und treuen Fans ein Produkt aufbauen kann, zeigt das kleine Fitnessmodelabel »Iron Glory« aus Österreich. Aufgrund seiner eigenen Begeisterung für Fitness und Sport startete Dominik Fürtbauer eine Facebook-Seite für Hobbysportler. Unter dem Namen »Iron Glory« wurde zunächst eine Facebook-Gruppe gegründet, die sich mit Themen rund um Bodybuilding und Gym-Fitness beschäftigte. Er startete die Kommunikation mit gleichgesinnten Sportlern auf Facebook und stellte bald fest, dass ein Thema immer wieder für Diskussionen sorgte: die Bekleidung. Viele Fitnessbegeisterte beklagten sich, dass Fitnessbekleidung hauptsächlich in der Farbe Schwarz erhältlich sei.

Die User wünschten sich Shirts in Weiß. Der Betreiber griff diese Idee auf und gestaltete eine eigene Fitnesskollektion – in Weiß. Da aber die Idee aus der Community gekommen war, band er die User intensiv in den Entstehungsprozess des Produktdesigns mit ein. So wurden z. B. auf Facebook Ideen dazu gesammelt, welche Designelemente das Logo für das neue Shirt besitzen sollte. Danach wurden vier unterschiedliche Logos präsentiert und die von der Community favorisierte Variante verwendet.

Für den Verkauf der T-Shirts wurde ein eigener Webshop gelaunEcht – und innerhalb von nur zwei Stunden war die erste Auflage an T-Shirts verkauft. Die Aktion wurde zum Selbstläufer, und der Anfangserfolg sollte keine Eintagsfliege bleiben. Als von der Community der Wunsch nach bunten Shirts geäußert wurde, besprach man sich zuerst intern und ließ dann via Facebook die Community aus mehreren Farben entscheiden. So wurde die nächste Generation an Shirts, diesmal farbig, gedruckt. Da die Sportler voller Stolz ihr Shirt beim Sport zur Schau trugen und eifrig Fotos davon auf Facebook und anderen Social-Media-Plattformen stellten, fand die Kollektion auch große Verbreitung im Social Web.

2.5.6 Interagieren – seien Sie mehr als ein kompetenter Ansprechpartner

Wenn Sie Ihren Kunden kompetenten Service in Echtzeit bieten und mit ihnen eine intensive Beziehung aufgebaut haben, können Sie in Social Media eine Stufe weitergehen. In einer intakten Beziehung ist es üblich, Freunde nach Feedback zu fragen. Die wertvollsten Rückmeldungen erhalten Sie von Ihren treuen Lieblingskunden. Deshalb lohnt es sich, ihnen eine Plattform zur Verfügung zu stellen, auf der sie das tun können. Beziehen Sie Ihre Kunden in unternehmerische Entscheidungsprozesse, wie die Produktentwicklung, mit ein. Ihre Kunden werden es als Anerkennung empfinden, wenn ihre Meinungen und Ideen als Grundlage für ein neues Produkt verwendet werden. Im Endeffekt übertragen Sie damit nur Meinungsforschung ins Echtzeitmedium Internet.

Die höchste Form des Kundendialogs – gemeinsame Produktentwicklung

Auch wenn Social Media die perfekten Voraussetzungen für integrative Entwicklungen bietet, setzen im deutschsprachigen Raum wenige Unternehmen diese (höchste) Form des Kundendialogs um (Abbildung 2.8). Als bekanntestes Beispiel in Deutschland gilt die Plattform *www.tchibo-ideas.de* und im englischsprachigen Raum *www.mystarbucks-idea.com*. Beide Plattformen bieten Community-Mitgliedern die Möglichkeit, Ideen und Wünsche rund um das Unternehmen kundzutun. Die Ideen werden sowohl von der Community als auch final vom Unternehmen bewertet.

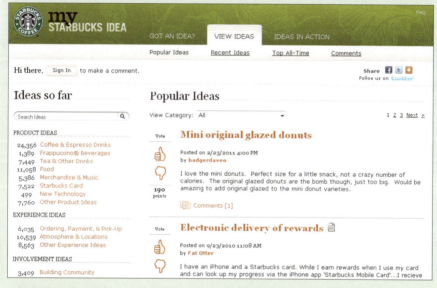

Abbildung 2.8 Kundenmeinungen sind eine perfekte Grundlage für die Neu- und Weiterentwicklung eines Produkts.

2.6 Sie sind nicht allein (andere waren schon vor Ihnen da)

Sie sind trotz Zielgruppenanalyse und -strategie unsicher, wie Sie sich in Social Media verhalten sollen? Seien Sie unbesorgt. Sie sind nicht allein, denn andere waren bereits vor Ihnen da. Beobachten Sie Ihre direkte Konkurrenz und die eigene Branche bei deren Social-Media-Aktivitäten. Schauen Sie sich auch Positivbeispiele anderer Unternehmen an. Richten Sie sich dazu einfach einen Talkwalker Alert mit den Stichwörtern »Social Media«, »Social Media Best Practices« ein. So erhalten Sie einen Einblick in aktuelle Beispiele. Das Gleiche gilt für Blogs, Twitter und Facebook.

> **Linktipps: Bleiben Sie auf dem Laufenden**
>
> Die Portale Allfacebook.de (*http://allfacebook.de*) und Futurebiz (*http://www.futurebiz.de*) widmen sich speziell Kampagnen in Facebook und veröffentlichen auch immer wieder interessante White Papers. Mit einem starken Fokus auf technische Lösungen informiert das Portal t3n (*https://t3n.de*) sowohl in Printform als auch digital über die Entwicklungen im Social-Media-Bereich. Der PR-Blogger (*http://pr-blogger.de*) liefert spannende Einblicke in die Social PR. Medienfachzeitschriften wie die WuV und Horizont berichten ebenfalls von Social-Media-Best-Practices.

Best Practice – das Daimler-Blog

Der Automobilkonzern Daimler führt seit 2007 ein Firmenblog unter der Adresse *www.blog.daimler.de* (siehe Abbildung 2.9). Als eines der deutschen DAX-Unternehmen wird dieses Beispiel immer wieder als Best Practice zitiert. Wir sind ebenfalls der Meinung, dass Daimler die Aufmerksamkeit verdient hat.

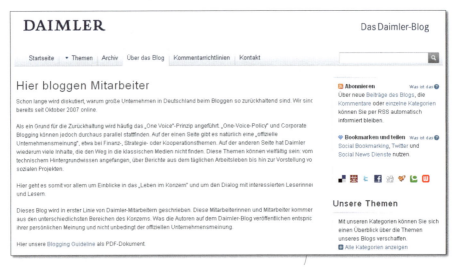

Abbildung 2.9 Hier bloggen die Daimler-Mitarbeiter.

Daimler nutzt neben dem eigenen Blog auch Facebook, Twitter, YouTube und andere Social-Media-Plattformen. Unter dem Blogtitel »Einblicke in einen Konzern« berichten die Mitarbeiter über ihre Arbeits- und Lebenswelten. Der Titel macht deutlich, was Daimler mit diesem Blog bezwecken will: Die Kunden sollen einen Einblick in das Unternehmen Daimler erhalten, fernab von Pressemitteilungen und Werbeanzeigen. An diesem Beispiel sieht man, dass hinter den Social-Media-Aktivitäten eine Firmenphilosophie steht, die dieses Engagement von Daimler erst lebendig macht. Der Konzern spricht damit den Teil seiner Zielgruppe an, der im Internet sehr aktiv ist und das Unternehmen kritisch betrachtet. Daimler kann ohne Zweifel als Best Practice genannt werden.

Weitere spannende Corporate Blogs sind das voestalpine-Blog unter *http://www.voestalpine.com/blog/de/*, das Blog von Ritter Sport, *http://www.rittersport.de/blog/* sowie das Blog des Kranherstellers Palfinger unter *http://blog.palfinger.ag/*.

Social Media funktioniert nur als Teil der Unternehmenskultur

Wer Social Media in aller Konsequenz nutzen möchte, sollte eine solche Unternehmenskultur etabliert haben oder zumindest langfristig darauf hinarbeiten (Social-Media-Strategie). Die Art und Weise, wie andere Unternehmen in Social Media kommunizieren, kann Ihnen als Orientierung dienen. Achten Sie auch darauf, mit welchen Tools andere Firmen arbeiten und welche Erfahrungen sie dabei machen. Vielleicht entdecken Sie auf dem Weg eine neue Anwendung, die auch für Sie interessant sein könnte.

2.6.1 Shitstorms: Lernen Sie aus den Fehlern der anderen

Nicht nur Positivbeispiele eignen sich zur Orientierung. Sie können auch aus den Fehlern anderer Unternehmen lernen. Besonders Beispiele von Marken, die einen Reputationsschaden im Social Web erlitten haben, sollten genauer unter die Lupe genommen werden. Was war der Grund für die Rufschädigung? Was hat zur schnellen Verbreitung der Negativberichterstattung beigetragen? Wie haben es die Kunden wahrgenommen? Wie hat das Unternehmen letztlich reagiert?

Insbesondere sogenannte Shitstorms bieten Aufschluss über die richtigen Verhaltensregeln und eine erfolgreiche Krisen-PR, da es sich meist um Extremsituationen für Unternehmen handelt, auf die schnell und sicher reagiert werden muss – so zum Beispiel die Anti-Nespresso-Kampagne von Solidar Suisse gegen Nestlé im September 2011, in der der bekannte Clooney-Spot parodiert wurde (*http://www.youtube.com/watch?v=2G8QljHVn_A&lc*). Solidar Suisse wollte damit über die Ausbeutung der Kaffeebauern aufklären und dazu aufrufen, seine Fair-Trade-Forderungen gegenüber Nestlé zu unterstützen. Nestlé ist nicht das erste Mal Zielscheibe von Kritikern. In Kapitel 1, »Social Media beginnt mit »Du«!«, haben wir bereits über die Blamage von Nestlé-KitKat berichtet. Diesmal hat Nestlé elf Stunden nach der Aktion relativ rasch reagiert. Allerdings waren die Antworten standardmäßig und beschränkten sich auf Pressemitteilungen über das AAA-Programm. Die ehrliche Kommunikation mit seinen Kunden suchte Nestlé nicht. Damit musste sich Nestlé bei einigen Kritikern den Vorwurf gefallen lassen, Nachhaltigkeit nicht ernst zu nehmen.

> **Zuckergate in Österreich: Shitstorm wegen eines halben Kilos Zucker**
>
> Viel Häme musste 2014 auch der Wiener Haubenkoch Mario Plachutta auf Facebook einstecken. Die Vorgeschichte: In einer erlaubten Pause hat ein Kellner des Restaurants Plachutta selbst gekaufte Erdbeeren mit Zucker aus dem Plachutta-Warenlager versüßt. Die Folge: Der Mitarbeiter wurde entlassen. Er ging mithilfe der Arbeiterkammer (AK) vor Gericht. Die Entlassung sei zu Unrecht erfolgt. Es sei kein Diebstahl gewesen, weil kein Bereicherungsvorsatz vorhanden gewesen wäre. In einer Verlautbarung kritisierte der Haubenkoch das Urteil und stellte die Frage in den Raum, warum sich die österreichische Arbeiterkammer für einen temporären Arbeiter aus der Slowakei, der in Österreich nicht einmal seinen festen Wohnsitz habe, so einsetze. Daraufhin entbrannte ein wahrer Shitstorm: Boykottaufrufe auf Facebook, ein Zucker-Flashmob vor dem Restaurant in der Wollzeile und übelste Beschimpfungen des Gastronomen und seiner zwei Kinder.

Raupe im Salat – wie Vapiano einen Shitstorm verhinderte

Wie man als Unternehmen einen Fehler geschickt eingesteht und daraus eine Stärke macht, zeigte die Restaurantkette Vapiano, als ein Kunde ein Video einer Raupe in seinem Salat auf deren Facebook-Seite veröffentlichte. Mit den Worten »*Man könnte dies als Beleg für die Frische unserer Salate sehen. Wir nehmen dies aber im Gegenteil sehr, sehr ernst. So etwas darf bei uns nicht passieren! Wir haben einen sehr hohen Qualitätsanspruch und darum wollen wir diesen Vorfall klären ...*« entschuldigte man sich bei seinen Kunden via Facebook. Mit Erfolg: Statt böser Kommentare gegen die Restaurantkette gab es böse Kommentare gegen den User, der das Video hochgeladen hatte.

Abbildung 2.10 Kritik ernst nehmen und nicht herunterspielen heißt die Devise. (Quelle: Screenshot Facebook-Seite Vapiano)

Sehen Sie Beschwerden als Chance, sich weiterzuentwickeln und zu verbessern. Ein Kunde, der sagt, was ihm nicht gefällt, kann wiedergewonnen werden und spricht vielleicht für viele andere, die dasselbe nicht äußern, aber denken.

Unsere Shitstorm-Tipps

1. Betreiben Sie Monitoring: Sie sollten zügig mitbekommen, wenn der Unternehmens- oder ein Produktname gehäuft im Web diskutiert wird oder auf Ihrer Facebook-Seite ungewöhnlich viele Kommentare und Userpostings ankommen. Nicht wenige Shitstorms starten am Wochenende, Sie sollten das zum einen mitbekommen und zum anderen so weit sein, auch am Wochenende reagieren zu können.

2. Schnell und angemessen reagieren: Selbst wenn Sie keine konkrete Antwort oder Lösung parat haben, sollten Sie schnell reagieren und auf keinen Fall die Kritik ignorieren. Zeigen Sie den Usern, dass der Unmut wahrgenommen wurde, und sorgen Sie dafür, dass alle relevanten Personen und Abteilungen an der Krisenkommunikation und -lösung mitwirken. Aber: Nicht jedes kritische Posting ist gleich ein Shitstorm. Mit Erfahrung und Einschätzungsvermögen können Sie in den meisten Fällen beurteilen, ob es sich zu einer veritablen Krise entwickeln wird oder nicht.

3. Antworten Sie dort, wo die User erreichbar sind: Auf einen Shitstorm auf Facebook sollten Sie nicht zuerst mit einer PR-Verlautbarung antworten. Reagieren Sie zunächst dort, wo der Shitstorm aufgekeimt ist, und schaffen Sie eine Informationszentrale dort, wo die User erreichbar sind.

4. Zeigen Sie Stärke, indem Sie sich entschuldigen: Fehler sind menschlich, und das wissen die meisten Menschen. Entschuldigen Sie sich bei den Kritikern (sofern die Kritik berechtigt ist), und nehmen Sie die Kritiker ernst, auch wenn die Kritik aus Ihrer eigenen Sicht vielleicht etwas überzogen wirkt. Seien Sie aber mit Rechtfertigungen vorsichtig, es könnte so wirken, als würden Sie den Schuldigen woanders suchen und nicht bereit sein, etwas zu verbessern.

5. Geloben Sie Besserung: Einem Versprechen müssen auch Taten folgen, und die User erwarten sich heute und in Zukunft, dass Sie an der Fehlervermeidung und Verbesserung arbeiten. Das müssen Sie nachhaltig kommunizieren und glaubwürdig dokumentieren – auch für die User, die in Zukunft über diese Krisenkommunikation stolpern und nicht wissen, ob das ein Einzelfall war und bereits behoben wurde oder nicht.

6. Vermeiden Sie Zensur: Jedes gelöschte kritische Posting wird in vervielfachter Form durch Freunde des Users zurückkehren, dessen Posting Sie gelöscht haben. Löschen Sie nur dann, wenn ein Posting/Kommentar gegen geltende

Gesetze verstößt oder andere Personen attackiert. Sie selbst sollten Ihren Umgangston immer seriös und sachlich halten.

7. Lassen Sie die Rechtskeule außen vor: Drohungen mit Klagen werden von der Community immer mit noch mehr Hohn und Häme bestraft. Selbst wenn Sie im Recht sind, sollten Sie immer versuchen, den Konsensweg zu gehen.

8. Bewahren Sie Ruhe: Auch wenn es in der heißen Phase schwerfällt, müssen Sie darauf vertrauen, dass der Shitstorm wieder abklingt, sich die teilnehmenden User beruhigen und sich anderen Themen zuwenden. Sie können nicht jeden Shitstorm-Teilnehmer sofort zum Markenbotschafter umdrehen, aber der langfristige Schaden hält sich in vielen Fällen in Grenzen.

9. Fragen Sie Experten: In jedem Krisenfall gibt es Überraschungen und Wendungen, die Sie nicht voraussehen können. Konsultieren Sie Experten für Krisenkommunikation oder zum Krisenthema, die Ihnen weiterhelfen können.

Im Idealfall haben Sie eine aktive und treue Community hinter sich, die Sie in einem Krisenfall auch unterstützt und hinter Ihnen steht. Häufig entstehen Diskussionen zwischen den Usern, und ausfällige und unangemessene Kommentare werden oft von anderen Usern zurechtgewiesen. Bereiten Sie sich so früh wie möglich mit einem Krisenplan auf mögliche Krisenthemen vor, und erarbeiten Sie einen Workflow, damit Sie im Bedarfsfall nicht allein dastehen.

> **Tipp: Nutzen Sie Monitoring-Tools**
>
> Es gibt mittlerweile zahlreiche Tools am Markt, die das Monitoring Ihrer eigenen Accounts und des gesamten Internets ermöglichen. Hier werden beispielsweise auf Ihrer Facebook-Seite Aktivitätshäufungen beobachtet (wenn sich etwa ein Krisenfall anbahnt), oder es wird gemeldet, wenn gewisse Keywords in Bezug auf Ihr Unternehmen gerade gehäuft im Internet erwähnt werden. Ein solches Facebook-Shitstorm-Tool ist der Shitstorm Alert von Fanpage Karma (*http://www.fanpagekarma.com/alerts*).

2.6.2 Experimentieren Sie

Es gibt keinen Königsweg für Social Media Marketing, außer man geht ihn. Er bleibt in mancher Hinsicht ein Experiment, denn Sie müssen ausprobieren, welche Tools und Kampagnen bei Ihrer Zielgruppe gut ankommen. Für manche Marken eignet sich ausschließlich eine Testercommunity, in der User exklusiv Produkte zum Testen erhalten. Andere Marken müssen verstärkt alle klassischen Kommunikationskanäle mit Social Media kombinieren, um die Kunden zu erreichen.

Überraschen Sie in Social Media, indem Sie auch Wege abseits des bekannten Marketings gehen. Laden Sie Ihre aktivsten Community-Mitglieder zu einer Werkschau ein. Damit belohnen Sie Ihre treuen Kunden im realen Leben. Starten Sie eine eigene Radio- oder Fernsehshow, indem Sie regelmäßig per Livestream Videobeiträge von sich ins Internet übertragen. Drehen Sie den nächsten TV-Spot mit Ihren Lieblingskunden. Social Media stellt Ihnen sehr viele kostenlose Tools zur Verfügung, aber die Ideen müssen Sie liefern und sich die Zeit nehmen, sie auch umzusetzen.

2.7   Content Marketing: Content ist King

Content Marketing existiert als Begriff schon recht lange, erlebt aber derzeit einen Hype. Unter Content Marketing versteht man die aktive Ansprache und Bindung seiner Zielgruppe mit relevantem Inhalt. Der Inhalt ist nicht werblich, sondern informativ, und will den Nutzern einen Mehrwert bieten. Die Inhalte werden auf der Unternehmenswebsite, in Blogs und auf Social-Media-Plattformen verbreitet. Ebenso werden Inhalte in Form von E-Books, Whitepapers, Videos und Newslettern zur Verfügung gestellt. Lego startete bereits in den 90er-Jahren damit, Content Marketing zu nutzen und im Internet nützliche Informationen zu seinen Produkten anzubieten. Auch das veränderte Kaufverhalten mit der Möglichkeit, Produkte im Web zu bewerten, die Bedeutung von Suchmaschinenrankings sowie die steigende Wertigkeit von Online-Plattformen haben dazu geführt, dass Content Marketing immer stärker als eigene Online-Strategie definiert wird. Unternehmen müssen Content zur Verfügung stellen, um im Web gefunden und von Usern auch in sozialen Netzwerken geteilt werden zu können.

Guten Content zu liefern, bedeutet also, sich intensiv mit der Marke oder dem Produkt auseinanderzusetzen. Denn die Geschichten, die erzählt werden, müssen Emotionen erzeugen, damit sich Menschen mit der Marke identifizieren können. Mit gutem Content erreicht ein Unternehmen potenzielle Kunden direkt. Und dabei wird dieser Kunde nicht gestört, wie es bei Werbung oft der Fall ist. Guter Content löst Probleme oder beantwortet Fragen von potenziellen Kunden. Das schafft Vertrauen und weckt das Interesse für das Unternehmen und für die Produkte. Je mehr die Kunden auf das Internet sowie auf soziale und mobile Technologien angewiesen sind, um Informationen zu erhalten und Kaufentscheidungen zu treffen, desto höher wird die Nachfrage nach relevantem Content sein.

2.7.1   Content Marketing mithilfe von Storytelling

Als Teil des Content Marketing werden in Unternehmen Geschichten strategisch dazu eingesetzt, Traditionen, Werte und die Unternehmenskultur zu vermitteln.

Beim Storytelling geht es aber nicht nur um guten Text, sondern auch andere Medienformate wie Videos, Infografiken oder Podcasts können für dafür eingesetzt werden. Vor allem die Reportage erlebt durch Dienste wie Storify einen Aufschwung. Storify (*https://storify.com*) ist ein Tool, mit dessen Hilfe man Beiträge aus Facebook, Twitter, Slideshare, Instagram, audioboo, Google Maps usw. ganz einfach sammeln und in die eigene Website oder das eigene Blog integrieren kann. Dies kann mit Fotogalerien oder einem Mix aus verschiedenen digitalen Medien erfolgen. Der Österreicher Günther Exel hat sich auf das Erzählen von Geschichten mithilfe von digitalen Medien spezialisiert. Er bietet beispielsweise Echtzeitreiseberichte an, die Betreiber von Blogs und Webseiten in ihre Plattformen integrieren können. Er wandert etwa durch die Altstadt von Lissabon und erzählt via Vine-Video und Storify, was ihm bei seinem Walk auffällt und was sich Urlauber nicht entgehen lassen sollten *http://www.travellive.cc/eventreportagen/lissabonlive/lissabonlive-tag-2/*). Es ist eine authentische Art der Urlaubskommunikation, der User hat das Gefühl, er sei bereits vor Ort, und bekommt einen besonders intensiven Eindruck von seinem anvisierten Reiseziel. Exel nennt dies auch mobiles Storytelling. Diese Art des Geschichtenerzählens wird in Zukunft sicherlich noch stärker genutzt werden, auch mithilfe von Smartphone-Apps, die die Umsetzung erleichtern werden. Apps wie steller (*https://steller.co/*) oder storehouse (*https://www.storehouse.co*) eignen sich jetzt schon dazu.

Die wichtigsten Schritte für erfolgreiches Content Marketing:

1. Setzen Sie sich Ziele und planen Sie Content und dessen Produktion sorgfältig.
2. Recherchieren Sie Ihre Zielgruppe: Wo ist sie erreichbar, und wie sollten die Inhalte aufbereitet sein?
3. Produzieren Sie relevanten Content mit Mehrwert für Ihr Publikum/Ihre Zielgruppe und im richtigen Format.
4. Posten Sie den Content auf allen Ihren Plattformen und Kanälen (Offline- und Online-Streuung).
5. Unterstützen Sie die Streuung nach Möglichkeit mittels zusätzlicher Werbemaßnahmen (z. B. Facebook-Werbeanzeigen bzw. -Postings) und externer Kanäle.
6. Beobachten Sie die Verteilung sowie das Feedback und betreiben Sie laufend Erfolgsmessung.

2.8　Social Media Controlling – Erfolg messen

Eine der wichtigsten Fragen, die Social Media Marketing nach sich zieht, ist die nach dem Erfolg. Damit Sie Erfolg messen können, müssen Sie, wie auch im klassischen Controlling, Ziele definieren. Das haben Sie ja im ersten Schritt bereits getan (siehe Abschnitt 2.2.5, »Definieren Sie zuerst qualitative Ziele«). Diese Ziele können

Sie anhand von quantitativen Kennzahlen messen, die den Social-Media-Einsatz dem Ergebnis gegenüberstellen. Je nach Ziel lassen sich verschiedene *Key Performance Indicator* (kurz KPI) beschreiben, und es lassen sich für die Erfolgsmessung in Social Media zwölf KPIs ableiten.

2.8.1 Key Performance Indicator

▶ Share of Voice = Markenerwähnungen / Gesamterwähnungen {Marke + Konkurrent A, B, C … n}

▶ Zielgruppenengagement (Audience Engagement) = {Anzahl der Kommentare + Shares + Links} / Anzahl der Views

▶ Diskussionsreichweite (Conversation Reach) = Summe aller Diskussionsteilnehmer / kalkulierte Diskussionsteilnehmer

▶ Aktive Markenfans (Active Advocates) = Anzahl der aktiven Markenfans (der letzten 30 Tage) / Summe aller Markenfans

▶ Einfluss der Markenfans (Advocate Influence) = einmaliger Einfluss von Markenfans / Summe aller Einflüsse von Markenfans

▶ Markenfan-Effekt (Advocacy Impact) = Anzahl aller von Markenfans initiierten Diskussionen / Summe aller Markenfans

▶ Lösungsrate (Issue Resolution Rate) = Anzahl aller erfolgreich beantworteten Kundenanfragen / Anzahl aller Serviceanfragen

▶ Bearbeitungsdauer (Resolution Time) = Bearbeitungsdauer für eine Kundenanfrage / Summe aller Serviceanfragen

▶ Zufriedenheits-Score (Satisfaction Score) = Kundenfeedback {A,B,C … n} / gesamtes Kundenfeedback

▶ Topic Trends = Anzahl aller spezifischen Trenderwähnungen / Anzahl aller Topic Trends

▶ Stimmungsbarometer (Sentiment Ratio) = {positive : neutrale : negative Markenerwähnungen) / Summe aller Markenerwähnungen

▶ Ideeneffekt (Idea Impact) = Summe aller positiven Kommentare, Erwähnungen, Teilungen, Likes / Summe aller Kampagnendiskussionen, Erwähnungen, Teilungen, Likes

Der *Share of Voice* (kurz SoV) ist ein Indikator aus der klassischen Werbung und wird dort aus der Anzahl der Zielgruppenkontakte durch eigene Werbung geteilt durch Anzahl der Zielgruppenkontakte durch Werbung in der Branche berechnet. Er wurde auf Social Media Marketing entsprechend übertragen.

Diese Kennzahlen sind von John Lovett und Jeremiah Owyang definiert worden. Sie beziehen sich auf Dialogqualität, Markenfans, Servicequalität und Innovationsgrad Ihrer Social-Media-Aktivitäten.

2.8.2 Erfolg überprüfen – haben Sie Ihre Ziele erreicht?

Mit diesen Indikatoren können Sie je nach Maßnahme, Kampagne oder Strategie prüfen, ob Sie Ihre Ziele erreicht haben. Wenn Sie den Kundendialog, die Reichweite und das Community-Engagement messen wollen, verwenden Sie den *Share of Voice*, das *Zielgruppenengagement* und die *Diskussionsreichweite*. Wollen Sie Markenloyalität, Brand Advocacy und den viralen Erfolg Ihrer Kampagne messen, verwenden Sie die Indikatoren *aktive Markenfans*, *Einfluss der Markenfans* und *Markenfan-Effekt*. Für die Qualität Ihres Service und die Verbesserung Ihres Kundensupports messen Sie die *Lösungsrate*, die *Bearbeitungsdauer* und den *Zufriedenheits-Score*. Und um den Grad Ihrer Innovation zu messen, verwenden Sie den KPI *Topic Trends* und den *Ideeneffekt*. Weitere Messgrößen sind: Stimmungsbarometer zur Bestimmung des Sentiments (Stimmungsanalysen: positiv, negativ, neutral), der Online-Reputation (Net Reputation Score) und der digitalen Mundpropaganda (Social Influencer Score). Um Vergleiche anstellen zu können, sind natürlich Vergleichswerte und Orientierungswerte (Benchmarks) nötig. In der noch jungen Disziplin Social Media Marketing sind Benchmarks erst wenig etabliert. Hinzu kommt, dass viele Unternehmen ihre Erfolgswerte in Social Media nicht nach außen kommunizieren. Sie können die Werte aber nicht nur für sich, sondern auch für Ihre Konkurrenten berechnen und direkt vergleichen. Dazu müssen Ihnen natürlich die Daten der Konkurrenten vorliegen, oder Sie filtern sie einfach mit. Sie können z. B. parallel zur Kampagne eines Konkurrenten Ihre eigene Aktion starten und dann im Vergleich den Share of Voice berechnen.

2.8.3 Kennzahlen Social Commerce

Wenn Sie jedoch messen wollen, wie sich Social Media auf den Online-Verkauf Ihrer Produkte ausgewirkt hat, bieten sich Zahlen aus dem Online-Marketing zur Überprüfung an. Der E-Commerce liefert beispielsweise Analysen von Warenkörben, von Umsätzen wie *Lead-Generierung* und *Conversion Rate*. Die Conversion Rate gibt Auskunft darüber, in welchem Maß die Vorgabe (z. B. mehr Verkäufe) zum Erfolg geführt, »konvertiert«, hat.

Wenn Sie messen wollen, wie sich Empfehlungen (Like, Share) in Social Media auf den Verkauf auswirken, wird es schon diffiziler. Die Parameter dafür lauten *Revenue per Share* (kurz RPS) und *Revenue per Like* (kurz RPL), die Sie *pre-purchase*, also vor dem Kauf, oder *post-purchase*, also nach dem Kauf, berechnen können. Der Anbieter Eventbrite (ein Anbieter zur Vermarktung von Eventtickets in Facebook) erzielt beispielsweise einen Revenue per Share in Höhe von 2,53 US$ post-purchase und einen Revenue per Like in Höhe von 1,34 US$ pre-purchase (Quelle: F-Commerce, Syzygy, 2011).

2.8.4 Und was ist jetzt der ROI von Social Media?

Die Frage nach dem *Return on Investment* wird immer wichtiger, seit sich Social Media als eigenständige Marketingdisziplin durchzusetzen beginnt. Denn schließlich müssen Marketingmanager und Agenturen begründen, wofür sie Geld ausgeben und was am Ende dabei herumkommt. Die Frage ist also berechtigt, doch sie wird falsch gestellt. Die Frage nach dem ROI von Social Media ist genauso irreführend wie die Frage nach dem ROI von Zeitungen. Der ROI ist kein Maß für Medien, sondern ein Wirtschaftsmaß, das Aufwendungen und Erträge ins Verhältnis zueinander setzt (siehe Abbildung 2.11). Die Frage muss deshalb lauten: Wie hat sich unsere Imagekampagne in Facebook, Twitter und YouTube auf die Markenwahrnehmung (Bekanntheit, Loyalität, Brand Advocacy) ausgewirkt, und wie hat sich dies im Kampagnenzeitraum auf unseren Absatz ausgewirkt?

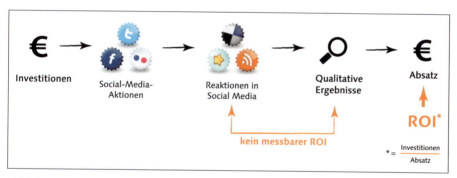

Abbildung 2.11 Der ROI ist ein Wirtschaftsmaß, das Ihre Social-Media-Investitionen im Verhältnis zum Verkauf bewertet.

Häufig laufen jedoch mehrere Kommunikations- und Marketingmaßnahmen parallel, sodass sich ein kausaler Zusammenhang zwischen Absatz und einer konkreten Social-Media-Maßnahme kaum herstellen lässt, es sei denn, die Social-Media-Kampagne war die einzige Maßnahme in dem Zeitraum. Es lohnt sich daher, die Kampagnen genau auszuwerten, um Rückschlüsse von qualitativen Ergebnissen auf die Absatzsteigerung zu ziehen. Bei der Auswertung der qualitativen Größen helfen die genannten KPIs. Angenommen, Sie haben im Kampagnenzeitraum einen sehr hohen Share of Voice von 60 % erreicht, der vorher (ohne Social-Media-Maßnahmen) nur 20 % betrug. Nun können Sie dazu noch die Entwicklung Ihrer Abverkäufe ins Verhältnis setzen und sehen daran, wie sich ein Ergebnis in Social Media auf Ihre Umsätze auswirkt.

Es kann aber auch sein, dass sich der positive Empfehlungseffekt einer Kampagne auf ganz andere Parameter zurückführen lässt, die nichts mit Social Media zu tun haben: die Stimmung des Kunden, Jahreszeiten, Wirtschaftslage usw. Damit Sie sichere Zusammenhänge herstellen können, müssen Sie Ihre Social-Media-Kampagnen kontinuierlich auswerten und zu anderen Marketingaktivitäten und Ihrem Absatz ins Verhältnis setzen.

Marketing-Take-away: Der ROI der Old-Spice-Kampagne

Old Spice ist ein Männerparfüm der Marke Proctor & Gamble, das etwas in die Jahre gekommen war und bei der Käuferschaft eher das Image eines Altherrendufts hinterließ. Deshalb schickten P&G im Februar 2010 während des Super Bowls in Amerika einen Spot ins Rennen (siehe Abbildung 2.12), der anschließend eine Welle der Begeisterung in Social Media auslöste. Das enorme Interesse der User, die das YouTube-Video in den ersten fünf Monaten über 16 Mio. Mal ansahen, machte aus dem Werbespot erst einen viralen Erfolg. In weiterer Folge wurde die Kampagne rund um den charmanten Schauspieler Isaiah Mustafa weiter ausgebaut, der mit Videoantworten auf die Fragen der User in Facebook und Twitter reagierte.

Abbildung 2.12 Der Old Spice Man wird als viraler Erfolg gefeiert, aber ist er auch ein Umsatzerfolg?

Alle Old-Spice-Videos zusammen generierten in dieser Zeit eine Reichweite von 110 Mio. Views, die Interaktion auf der Facebook-Seite stieg um 800 %, die Anzahl der Follower in Twitter stieg um 1.000 %. Doch wie wirkte sich diese Vorzeigekampagne auf die Abverkaufszahlen von Old Spice aus? Der Umsatz des beworbenen Produkts »Red Zone After Hours« ging um 7 % zurück, während die Produktlinie des Old-Spice-Männerduschgels eine Umsatzsteigerung von 106 % im Juni 2010 verzeichnete. Von Juni 2009 bis Juni 2010 stieg der Umsatz jedoch nur um 8 %. Anzumerken ist außerdem, dass in dieser Zeit auch verkaufsfördernde Maßnahmen durch Gutscheine und Aktionen stattfanden, die den Umsatz zusätzlich beeinflusst haben.[8]

Die Messung des ROI ist nicht unmöglich, aber sie ist mitunter schwierig, da sich häufig mehrere Marketingmaßnahmen sinnvoll ergänzen und der gesteigerte Umsatz ein nachgelagerter Effekt von Aktionen in der Vergangenheit sein kann. Ein valider ROI wird sich erst nach einer Zeit einstellen können.

2.8.5 Die Erfolgsspirale nach oben

Der Beginn Ihres Social-Media-Engagements ist bereits der Anfang einer Erfolgsspirale nach oben. Sie beginnen mit Zuhören, und im nächsten Schritt reagieren Sie auf Kundenwünsche. Indem Sie eigene Inhalte zur Diskussion stellen, interagieren Sie mit Ihrem Zielpublikum. Und am Ende verkaufen Sie direkt und indirekt auch Ihre Produkte, da Sie das Vertrauen der User gewonnen haben. Die Erfolgsspirale kann nur gelingen, wenn Sie aktiv im Netz sind und messbare Ziele festlegen. Die berechneten Kennzahlen helfen Ihnen bei der Optimierung einzelner Kampagnen. Wenn Sie Kennzahlen messen, ohne vorher ein Ziel festgelegt zu haben, verringert sich die Aussagekraft, und die Erfolgsmessung verkommt zu einem Zahlenspiel. Achten Sie auch darauf, die richtigen und relevanten Zahlen für Ihre KPIs zu erheben.

Die stetige Erfolgsmessung ist wichtig, um mit anderen Abteilungen wie Marketing und Verkauf Maßnahmen zu vergleichen. Somit finden Sie heraus, welche Social-Media-Maßnahmen greifen. Andere Abteilungen werden hellhörig werden, wenn Sie mit konkreten Zahlen und Reportings belegen können, zu welchen Erfolgen Social Media geführt hat. Damit steigt häufig auch die Bereitschaft aller Unternehmensabteilungen, Social Media ernst zu nehmen. Wenn Ihnen Kennzahlen für den Anfang zu kompliziert sind, messen Sie die Kommentare, Likes, Shares Ihrer Social-Media-Aktivitäten. Machen Sie Screenshots von positiven und negativen Kommentaren. Halten Sie fest, was andere User über Sie sagen. Speichern Sie Links und Bilder der Diskussionen im Netz.

Nun wollen wir ein Beispiel aus unserer Praxis vorstellen und die Herangehensweise sowie die Strategie kurz beleuchten.

---

8 SymphonyIRI, BVDW, *detailverliebt.de*

2.9 Praxisbeispiel: Die Content- und Social-Media-Strategie von Resch&Frisch

Der österreichische Backwarenhersteller Resch&Frisch (*http://www.resch-frisch.com*) hat sich im Jahr 2012 entschieden, in Social Media aktiv zu werden. Dabei war Resch&Frisch in seiner Branche bei Weitem nicht das erste Unternehmen, das sich mit den sozialen Medien auseinandersetzte. Bislang kommunizierte Resch&Frisch jedoch nur offline bzw. via Website und Newsletter. Da das Unternehmen in verschiedenen Geschäftsfeldern tätig ist, beispielsweise Einzelhandel (Filialen), Gastronomie und »Back's zuhaus« (Tiefkühlgebäck-Lieferservice), sollten diese verschiedenen Zielgruppen auch in Social Media mit unterschiedlichen Themen und Inhalten angesprochen und aktiviert werden. Ziel war eine crossmediale Kommunikation, also die Verbindung der Offline- mit der Online-Welt, und eine höhere Aufmerksamkeit und Reichweite für die Kompetenzen des Unternehmens. Das galt insbesondere für die Bereiche Ernährungswissenschaften, Rohstoffqualität und Lebensmittelunverträglichkeiten, in denen das Unternehmen viel Kompetenz intern aufgebaut hatte, was aber von vielen Konsumenten noch nicht in der Form wahrgenommen wurde.

Konzeptionsphase

Zunächst entwickelte man in einem gemeinsamen Workshop Zielsetzungen, Wünsche und entsprechende Ideen zur Erreichung und Messung der Ziele:

▶ Die Schaffung einer Plattform für direkten Austausch und dauerhaften Dialog mit den (potenziellen) Kunden im deutschsprachigen Raum.

▶ Die Zufriedenheit der Kunden authentisch kommunizieren, am besten durch die Kunden selbst. Dadurch sollen neue Kunden von den Produkten und Leistungen des Unternehmens überzeugt werden.

▶ Eine Community schaffen, die das Unternehmen bei der Produktinnovation und -weiterentwicklung unterstützt.

▶ Die relevanten Zielgruppen auf neue Produkte aufmerksam machen und Feedback bekommen.

▶ Besucher auf die Website und in den Online-Shop bringen.

Den größten Erfolg schienen einerseits Facebook und andererseits ein Unternehmensblog zu versprechen. Man erkannte, dass man sich nur mit gutem, gehaltvollem Content und authentischer Kommunikation erfolgreich positionieren und damit die Marke stärken konnte. Mithilfe einer mehrstufigen Social-Media-Strategie wurden die Ziele innerhalb von zwei Jahren umgesetzt.

Phase 1: Community-Aufbau und -Aktivierung auf Facebook

Am Beginn stand eine Facebook-Seite, da eine solche Unternehmensseite relativ einfach einzurichten ist und viele potenzielle Kontakte/Fans auf Facebook aktiv sind. Es wurde ein redaktioneller Fahrplan für die neue Facebook-Seite erstellt. Vor allem wollte man, neben klassischen Produkt- und Unternehmensinformationen sowie thematisch relevantem Content aus der Branche, Interaktion und Kundenfeedback auf der Seite forcieren.

Zum Start wurde in allen Kanälen auf die neue Facebook-Seite hingewiesen: auf der Website, im Online-Shop, im Newsletter, im Kundenmagazin usw. Damit konnte ein Teil der Stammkunden auf der Facebook-Seite als Fan gewonnen werden.

Das Generieren von Kundenfeedback gelang beispielsweise durch Produkttests, für den sich Facebook-Fans bewerben konnten. Nach Erhalt der Testprodukte konnten sie einen Online-Fragebogen ausfüllen und ihre Meinung zum Produkt kundtun. Das direkte Feedback konnte bei der Verbesserung und Weiterentwicklung der Produkte genutzt werden, und man zeigte damit gleichzeitig auch, wie ernst man die Meinung seiner Kunden nahm und nimmt.

Abbildung 2.13 Facebook-Fans können neue Produkte vorab testen und ihr Feedback geben.

Die Ergebnisse des Produkttests wurden in verschiedenen Medien kommuniziert. Das half dabei, die Zufriedenheit der Kunden sichtbarer zu machen, andere Kunden zu Feedback zu animieren und damit für mehr Empfehlungen im Web zu sorgen. In einem weiteren Schritt wurden auch bestehende Gastronomiekunden mit ins Boot geholt (z. B. mit der Verlosung von Gewinnen, die von Gastrokunden wie z. B. Hotels oder Restaurants als Gewinn zur Verfügung gestellt werden), um zu zeigen, wie gut die Produkte in diesem Bereich etabliert sind, um so neue Gastronomiekunden auf sich aufmerksam zu machen.

Mittlerweile hat Resch&Frisch eine gute Facebook-Community aufgebaut (*https://www.facebook.com/reschundfrisch*), die man mit den unterschiedlichsten Themen und Inhalten bei Laune halten möchte. Dabei scheut man sich auch nicht, neue Themen auszuprobieren, um zu sehen, wie diese bei den Fans ankommen. Ebenso werden regelmäßig Umfragen zu neuen Produkte für den Online-Shop durchgeführt.

Phase 2: Das Corporate Blog

Nach der erfolgreichen Etablierung des Facebook-Auftritts wurde in Phase 2 ein Unternehmensblog gestartet. Bei der Konzeption des Blogs ging es darum, weitere Themenwelten von Resch&Frisch stärker zu kommunizieren und diese Themen vor allem in Google auffindbar zu machen. Darauf aufbauend, wurden ein Themenplan, ein Keyword-Konzept und die Struktur des Blogs erarbeitet. Die Blogbeiträge werden von einer Ernährungswissenschaftlerin geschrieben und via Facebook und Newsletter angeteasert. Ein relevanter Teil der Blogbesucher kommt jedoch über die Google-Suche auf das Blog.

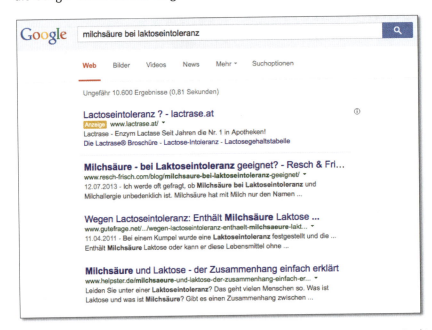

Abbildung 2.14 Blogbeiträge erhalten bei entsprechender Aufbereitung ein gutes Ranking auf Google.

Erfahrungswerte der Social-Media-Managerin von Resch&Frisch

Die Ernährungswissenschaftlerin Evelyn Zangenfeind ist gemeinsam mit einer Kollegin für Facebook und allein für das Blog verantwortlich. Sie kümmert sich um den Redaktionsplan sowie das Community-Management, koordiniert die Maßnahmen mit den anderen Abteilungen und sorgt dafür, dass auch spontane Themen aufgegriffen und umgesetzt werden können. Sie denkt plattform- und abteilungsübergreifend, holt in regelmäßigen Redaktionssitzungen alle zusammen und erarbeitet gemeinsam mit den Kollegen und Kolleginnen die redaktionellen Aktivitäten.

Content und Ideen für Postings und Kampagnen (z. B. Gewinnspiele) werden hauptsächlich inhouse und im Team erarbeitet.[9] Es gibt einmal im Monat eine Redaktionssitzung, in der sie darauf achtet, dass Facebook und Blog bei allen anderen Marketing- und Kommunikationsmaßnahmen mit bedacht werden. Für die Planung, die Erstellung des Redaktionsplans und weitere organisatorische und konzeptionelle Aufgaben benötigt sie etwa zehn Stunden pro Monat. Die konkrete Betreuung der Facebook-Seite verlangt etwa acht Stunden pro Monat, für jeden Blogbeitrag (inklusive Recherche, Auswahl/Organisation passender Bilder usw.) braucht sie rund zwei Stunden.

Evelyn Zangenfeind ist selbst in Facebook aktiv und sieht das auch als eine der Grundvoraussetzungen/Qualifikationen, um Facebook wirklich gut betreuen zu können. Sie teilt ausgewählte Unternehmensinhalte auch in ihrem privaten Facebook-Profil. Das ist insofern kein Problem für sie und ihre Kontakte, da ihre Facebook-Freunde wissen, dass sie für das Unternehmen arbeitet und für die Social-Media-Kommunikation verantwortlich ist. Weitere Qualifikationsmerkmale sind für sie die Fähigkeiten,

- kommunizieren und formulieren zu können,
- Humor zu haben und nicht alles persönlich zu nehmen sowie
- kreativ zu sein.

Sie war ursprünglich selbst reiner Social-Media-Anwender und hat sich durch Interesse und Engagement in die Materie eingearbeitet. Als eine der wichtigsten Voraussetzungen für ein erfolgreiches Social-Media-Engagement eines Unternehmens sieht sie folgende Faktoren:

- Unternehmenskultur: Das Unternehmen muss mit Kritik umgehen können und offen sein für Feedback und Neuerungen.
- Es muss entsprechende Zielsetzungen geben, die Tätigkeitsbereiche müssen klar strukturiert sein, und jeder muss wissen, wie weit seine Kompetenzen gehen.

---

9 Das Unternehmen Resch&Frisch ist ein aktiver Kunde der Social Media Agentur viermalvier.at, für die Elisabeth Vogl und Karim-Patrick Bannour tätig sind.

▶ Die Unternehmensführung muss voll hinter dem Social-Media-Engagement stehen.

▶ Das Unternehmen sollte so umfassend wie möglich integriert werden in alle Phasen des Social-Media-Engagements, und alle Mitarbeiter müssen wissen, welche Ziele das Unternehmen damit verfolgt, und hinter dem Engagement stehen (können).

Ziele für die Zukunft

Katalog, Website, Online-Shop, Newsletter, Blog und Facebook werden immer stärker miteinander verbunden und ebenso die Offline- mit der Online-Welt. Dabei rücken die Filialen und deren Kunden stärker in den Vordergrund: Informationen über das Online-Angebot in jeder Filiale, idealerweise auch ortsgebundene Angebote für Smartphone-Nutzer. Außerdem sollen die Online-Absätze gesteigert und die Kundenbindung sowie das Empfehlungsmarketing noch stärker forciert werden.

2.10 Fazit – Ihre Social-Media-Strategie in drei bis sechs Jahren

Wenn Sie Ihren Social-Media-Zielen treu bleiben und kontinuierlich den Dialog mit Ihren Kunden suchen, wird sich Ihre Strategie nach drei bis sechs Jahren in den Umsatzzahlen widerspiegeln. Die positiven Kommentare werden sich steigern, die negativen immer mehr aus dem Netz verschwinden. Ihre Verkäufe werden zunehmen, die Abbruchzahlen werden geringer, weil Sie das Feedback der Kunden ernst genommen haben. Sie werden möglicherweise ein Video vielfach im Web verbreitet haben, weil hinter dem Video eine spannende Idee passend zu Ihrem Zielpublikum steht. Sie werden über Ihr Blog neue Kunden generieren, weil der potenzielle Käufer direkt zu Ihrem Blog geführt wird. Social Media wird Teil Ihrer Firmenphilosophie und Ihrer Kommunikationsstrategie geworden sein.

3 Social Media Monitoring und Online Reputation Management

Social Media Monitoring benötigen Sie, um herauszufinden, wo genau Ihre (potenziellen) Kunden im Social Web zu Hause sind. Aber noch wichtiger ist die Frage, wie über Sie oder Ihr Produkt gesprochen wird. Ihren guten Ruf im Netz schützen Sie mit Online Reputation Management. Mit den richtigen Monitoring-Tools erhalten Sie schnell einen Überblick über die aktuellen Meinungsbilder im Social Web.

Ein besonders wichtiger Teil einer erfolgreichen Social-Media-Strategie ist das Social Media Monitoring. *Monitoring* bzw. *Web Monitoring* meint das Ermitteln oder Beobachten von Gesprächen oder Erwähnungen bestimmter Themen, Akteure oder Keywords im Web. Für den richtigen Start Ihres Social-Media-Engagements liefert es wichtige Einblicke in das Nutzerverhalten im Netz und das aktuelle Stimmungsbild über Ihr Unternehmen. Außerdem prüfen Sie mit Social Media Monitoring auch, ob Sie Ihre Ziele in Social Media erreicht haben. Es wundert uns daher, dass das Monitoring noch so stiefmütterlich behandelt wird und etliche Unternehmen Social Media aus dem Bauch heraus starten. Enthusiasmus für Social Media ist wichtig, aber an Monitoring kommen Sie nicht vorbei.

Eine Umfrage unter PR-Agenturen und Pressestellen von Unternehmen im Jahr 2011 ergab, dass selbst diese durchaus in Medienclipping und -beobachtung geübten Fach- und Führungskräfte viel zu häufig auf professionelles Webmonitoring verzichten. Gerade einmal 37 % der Befragten aus Unternehmenspressestellen betreibt tägliches Webmonitoring. 22 % verzichten sogar komplett darauf. Je größer das Unternehmen, desto größer ist auch die Bereitschaft, sich dem Webmonitoring regelmäßig und professionell zu widmen. Als Motivation dazu sind vor allem Medienresonanz (53 %), Webbeobachtung im Rahmen einer Krisen-PR sowie Wettbewerbsbeobachtung (jeweils 34 %) zu nennen. Die Befragung zeigte auch, dass vornehmlich die PR-Abteilungen federführend beim Webmonitoring sind (67 %), nur in 26 % der befragten Unternehmen obliegt es der Marketingabteilung. Und auch wenn fast 75 % der Befragten vor allem auf Google Alert setzen, steigt die Zahl der Nutzer professioneller Webmonitoring-Tools, so die Umfrage. Das anwachsende Bewusstsein der Notwendigkeit von Monitoring geht einher mit der Erwartung eines steigenden Risikos von negativer Kommunikation über das Unternehmen im Internet.[1]

Tipp: Social Media Monitoring automatisieren

Monitoring ist ein laufender Prozess, den Sie für Ihr Unternehmen automatisieren soll-
ten. Es reicht nicht, wenn Sie ein einziges Mal im Monat in Google nach dem Namen
Ihres Unternehmens suchen. Verlassen Sie sich dabei nicht blind auf die Monitoring-
Tools, sondern wahren Sie selbst ein Mindestmaß an Aufmerksamkeit im Social Web.
Social Media Monitoring ist nicht nur eine Momentaufnahme, sondern noch viel mehr
die kontinuierliche Beobachtung und Einschätzung des gesamten Social Web.

3.1 Monitoring zur Analyse Ihrer Zielgruppen nutzen

Social Media Monitoring dient Ihrer Zielgruppenanalyse, um Social Media effizient
zu nutzen. Zu Beginn einer Kampagne bzw. bei der Erstellung Ihres Social-Media-
Konzepts finden Sie dadurch heraus, wo genau über Sie, Ihr Unternehmen, Ihre
Marke, Ihre Branche oder über einzelne Produkte und Dienstleistungen gesprochen wird. Mindestens genauso wichtig ist das begleitende, sprich laufende Monitoring, um den Erfolg Ihres Konzepts und die Zielerreichung zu überprüfen. Durch
laufendes Monitoring können Sie korrigierend eingreifen, noch bevor Ihre Social-
Media-Aktionen in die falsche Richtung gehen.

3.1.1 Monitoring zur Analyse Ihrer Markenpositionierung im Social Web

Am Beginn eines jeden Social-Media-Engagements sollte eine fundierte Markt-/
Bestandsanalyse stehen. Denn nur dann können Sie sicher wissen, wo und wie die
Menschen über Ihre Marke sprechen und wo Sie mit Ihrem Unternehmen in den
Weiten des Social Webs aktiv werden sollten. Verschaffen Sie sich einen guten
Überblick und ersten Eindruck. Doch auch begleitend ist Monitoring wichtig: Wie
wird Ihre Marke/Ihr Unternehmen jetzt wahrgenommen (im Vergleich zu früher),
wie kommt die eine oder andere Social-Media-Kommunikationsmaßnahme bei
den Usern an, all das sollten Sie laufend erheben und beobachten, damit Sie entsprechend reagieren und verbessern können. Und schlussendlich können Sie nur
damit auch wirklich wissen, ob sich der Erfolg eingestellt hat, also das vorab defi-
nierte Ziel erreicht wurde.

3.1.2 Monitoring zur Analyse und Gewinnung von Kennzahlen

Der Trend im Social Media Monitoring geht in Richtung standardisierter Kennzahlen, um Zieldefinition, Zielerreichung und Vergleichbarkeit (Benchmarking) zu

---

1 Quelle: *http://www.presseportal.de/pm/6344/2157970/*

ermöglichen. Der Punkt ist: Zahlen sind nicht alles. In Social Media geht es um Menschen, um Dialog und Interaktion. Daher wird der *ROI* (*Return on Investment*) in Social Media häufig auch als *Return on Influence* bezeichnet. Er besagt, dass wenige, aber dafür besonders relevante und gut vernetzte Kontakte (z. B. Follower auf Twitter, die wiederum viele Follower haben und an Ihrem Thema interessiert sind) definitiv sehr viel mehr wert sind als eine hohe Zahl nicht relevanter Follower, die im Grunde genommen nicht an Ihrer Message interessiert sind. Sie werden sie deshalb auch nicht weiterverbreiten. Kundenbindung schaffen, Ansprechpartner sein, Kompetenz vermitteln, Sympathie erzeugen, das sind die Schlagworte, die bei Social Media zählen. Durch das Social Media Monitoring werden die wichtigsten Daten gesammelt, um daraus relevante *KPIs*, (*Key Performance Indicators*, siehe Kapitel 2, »Social-Media-Strategie«) abzuleiten. Da Social Media kein zusätzlicher Verkaufskanal ist, kann man auch nicht mit klassischen Kennzahlen an die Thematik herangehen.

Monitoring – leicht gemacht

Sie fragen sich jetzt sicher, wie Sie gleichzeitig Facebook, Twitter, XING, Blogs und Foren überwachen sollen, und sehen sich bereits in MS-Excel-Listen untergehen? Wir können Sie beruhigen: Das Internet wäre nicht das Internet, wenn es nicht bereits die wichtigsten Monitoring-Tools gäbe. Und was im »normalen« Web, außerhalb sozialer Medien, schon sehr gut funktioniert, etabliert sich auch gerade in Social Media. Deshalb möchten wir Ihnen nun eine Auswahl an Tools und Plattformen vorstellen und ein praxiserprobtes Setting anbieten, das zumindest in der Anfangsphase Ihres Social-Media-Engagements ausreichen wird. Das vorgeschlagene Setting ist für Einsteiger und KMUs (kleinere und mittlere Unternehmen) ideal. Für große Konzerne, bekannte Marken oder internationale Kampagnen sollten Sie jedoch unbedingt auf professionelle Tools und Beratung zurückgreifen.

3.1.3   Für wen ist Social Media Monitoring wichtig?

Grundsätzlich ist Social Media Monitoring für Unternehmen aller Größen wichtig: Egal ob Sie ein kleines Unternehmen oder ein multinationaler Konzern sind, Sie sollten großes Interesse daran haben, die Konversationen im Social Web mitzubekommen und die Reichweite Ihrer Marketingmaßnahmen zu messen. Social Media Monitoring dient zudem der Krisenprävention, sollte Ihre Marke im Netz einmal in Verruf geraten.

Innerhalb des Unternehmens bzw. des Kampagnenteams gibt es wiederum mehrere Nutzergruppen, die vom Social Media Monitoring profitieren:

▶   Die Mitarbeiter des Unternehmens bzw. die mit der Social-Media-Betreuung beauftragten Agenturen sind natürlich die wichtigsten Nutzer.

- Um der Notwendigkeit für das Unternehmen, in Social Media aktiv zu sein, noch mehr Ausdruck zu verleihen, hilft Monitoring, die Chefs in der Führungsebene mit Zugriffs- und Kennzahlen zu überzeugen.

- Idealerweise sollte jeder Mitarbeiter des Unternehmens zumindest ansatzweise wissen, welche relevanten Faktoren in Social Media für seinen Arbeitgeber existieren. Viele Mitarbeiter sind privat in Social Media unterwegs und können so einerseits in der eigenen Nutzung sensibilisiert werden und andererseits möglicherweise als Unternehmensbotschafter aktiviert werden.

Sie sehen also, Social Media Monitoring kann viele Zwecke erfüllen und viel zum Erfolg des Unternehmens im Internet beitragen. Nun möchten wir Ihnen zeigen, wie Sie damit am besten umgehen.

Rechtstipp von Peter Harlander: Auf Rechtskonformität achten

Monitoring-Tools sammeln Daten und werten diese aus. Nicht alle Tools bewegen sich dabei im Rahmen der in europäischen Ländern wie Deutschland, Österreich oder der Schweiz gültigen Datenschutzvorschriften. Manche Tools versprechen sogar, selbst Foren auszuwerten, die eigentlich nur geschlossenen Benutzergruppen zugänglich sein sollten. Eine detaillierte rechtliche Analyse der einzelnen Tools und ihrer oft sehr umfangreichen Funktionen würde wohl mehrere Doktorarbeiten füllen und damit ganz klar den Rahmen dieses Buchs sprengen. Die Autoren raten daher, jeweils vor der Nutzung konkreter Funktionen zu prüfen, ob die Nutzung der Funktion rechtskonform ist.

3.1.4 Definieren Sie zunächst die Keywords

Ziel ist es, herauszufinden, wo, wann und vor allem wie über Sie gesprochen wird. Dazu brauchen Sie eine Liste von Keywords, nach denen Sie suchen (lassen) können. Das können beispielsweise sein:

- das Unternehmen selbst
- einzelne Produkte oder Dienstleistungen
- Namen relevanter Personen des Unternehmens
- die Branche
- die Konkurrenz
- die Region

Die Ausgangsbasis für Social Media Monitoring: Keywords

Die Keywords sind die Ausgangsbasis für das Monitoring. Die Programme, mit denen man Monitoring betreibt, arbeiten fast ausschließlich auf Basis von Suchwörtern: Wo werden die gesuchten Keywords im Web gefunden, und wie ist die Konversation zu beurteilen? Das sind die zentralen Fragen der Social-Media-Monitoring-Tools.

3.2   Die richtigen Tools verwenden

Vorausschicken möchten wir eine persönliche Erfahrung: Verlassen Sie sich nicht auf das Ergebnis eines einzelnen Tools (egal ob kostenpflichtig oder kostenlos), sondern nutzen Sie mehrere Tools parallel, und nehmen Sie so eine Überprüfung der Datenqualität anhand eines Vergleichs der Ergebnisse vor. So gehen Sie sicher, nichts Wichtiges übersehen zu haben. Am besten funktioniert unserer Meinung nach ein Mix aus kostenlosen und kostenpflichtigen Tools. Das bestätigen auch Branchenkollegen und Kunden.

Ein großes Manko war lange Zeit der Mangel an Tools in deutscher Sprache bzw. für deutsche Keywords. Denn es geht nicht nur darum, dass Sie als Nutzer sich leichter tun, wenn die Begriffe und Funktionen auf Deutsch verfügbar sind, sondern vor allem darum, dass das Tool die gefundenen und analysierten Konversationen ordnen und strukturieren soll. Und das gelingt nicht, wenn das Tool die deutsche Sprache nicht unterstützt. Nicht alle Tools können das derzeit. Auch deshalb sind Kennzahlen wie »Tonality«, d. h. die Tonalität der Beiträge, bei vielen Tools nur bedingt aussagekräftig. Es hat sich allerdings in der letzten Zeit eine vorzeigbare Zahl an regionalen Anbietern von Monitoring-Tools etabliert, die gezielt den deutschsprachigen Markt bedienen möchten und auch können. Ein paar davon werden wir in diesem Kapitel ebenfalls vorstellen.

Die folgende Liste an Tools, die wir zusammengestellt haben, erhebt absolut keinen Anspruch auf Vollständigkeit, sondern ist ein vielfach erprobter und genutzter Einstieg in die Thematik. Manche der genannten Tools, vor allem die kostenlosen, sind hin und wieder nicht verfügbar oder könnten einmal vielleicht ganz von der Bildfläche verschwinden. Wir versuchen deshalb, immer auch eine Alternative zu erwähnen.

3.2.1   Einen ersten Überblick verschaffen

Am Beginn jeder Social-Media-Strategie steht die Erstanalyse relevanter Plattformen. Woher sollen Sie sonst wissen, in welchen Netzwerken und auf welchen Social-Media-Plattformen über Sie gesprochen wird?

Talkwalker

Während wir früher Google Alerts als Einsteigertool empfehlen konnten, haben wir jetzt eine bessere Variante für Sie. Talkwalker Alerts (*http://www.talkwalker.com*) erfüllt ein übersichtliches und umfassendes Monitoring-Setting.

Es übernimmt für Sie die tägliche Suche nach bestimmten Begriffen im Web und liefert Ihnen das Suchergebnis per E-Mail. Das heißt, sobald im Web etwas über einen Ihrer Suchbegriffe (Name des Unternehmens, Produktname) veröffentlicht wird, erhalten Sie eine Benachrichtigung. Das ist sehr komfortabel und funktioniert zudem relativ zuverlässig.

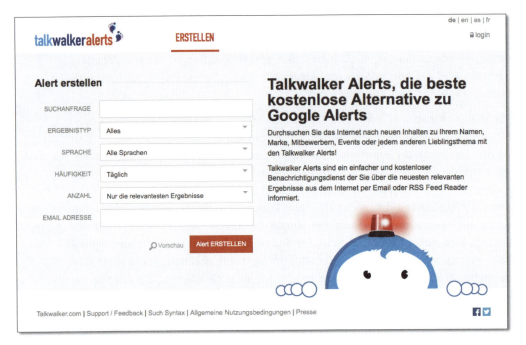

Abbildung 3.1 Talkwalker Alerts ist ein empfehlenswertes Monitoring-Einsteigertool. (Quelle: Screenshot talkwalker.com)

Außerdem bietet Talkwalker seit Neuestem mit dem Produkt »Talkwalker Social Search« auch umfangreiche Social-Media-Analysen an. Damit können Sie ausführlichere Analysen über Suchergebnisse, Performance, Tonalität und verbundene Themen zu Ihrem Suchbegriff einsehen.

> **Tipp: Die richtigen Keywords wählen**
>
> Je genauer Sie die Suchbegriffe einschränken (es gelten die gleichen Filter und Funktionen wie im »normalen« Google), desto geringer ist die Zahl von nicht relevanten Suchergebnissen. Sie können die Suchbegriffe laufend korrigieren, ergänzen oder minimieren.

Social Mention

Social Mention (siehe Abbildung 3.2) ist ebenfalls ein kostenloses Tool, es geht aber einen Schritt weiter als Talkwalker Alerts, denn damit können Sie Social Media

3.2 Die richtigen Tools verwenden

auch filtern. Es bietet die Möglichkeit, die Ergebnisse via E-Mail zu erhalten, und versucht zusätzlich, die gefundenen Beiträge in Social-Media-Kennzahlen einzuordnen. Diese Kennzahlen sind jedoch nur bedingt aussagekräftig, da das Tool derzeit nicht die deutsche Sprache unterstützt. Trotzdem kann es Ihnen dabei helfen, Grundtendenzen zu erkennen. Für eine erste Bestandsaufnahme und begleitendes Monitoring ist es gut einsetzbar. Sie können das gesamte Social Web nach dem Suchwort durchforsten lassen, nach Social-Media-Plattformen filtern oder eine bestimmte Kategorie von Plattformen (z. B. soziale Netzwerke) auswählen.

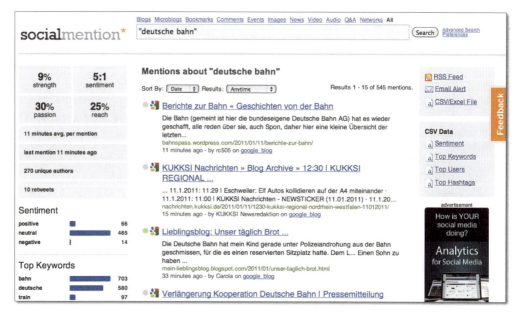

Abbildung 3.2 socialmention.com zeigt auch entsprechende Kennzahlen. (Quelle: Screenshot socialmention.com)

Im linken Bereich des Suchergebnisses finden Sie vier Kennzahlen, die Ihnen bei professionellen Tools immer wieder begegnen werden:

- Strength
- Sentiment
- Passion
- Reach

Darunter finden Sie eine Auflistung der häufigsten Keywords, der aktivsten User und weitere Statistiken. Auch diese Informationen sollten Sie nicht für bare Münze nehmen: Es handelt sich um eine Momentaufnahme von Social Mention, also kein überdauerndes Ergebnis, und ist deshalb nur bedingt aussagekräftig. Im rechten Bereich haben Sie zudem die Möglichkeit, das Suchergebnis als CSV-Datei auf Ihren Computer herunterzuladen.

Social Searcher

Ein weiteres gutes Tool für den ersten Überblick ist Social Searcher (*http:// www.social-searcher.com*), das die drei Plattformen Facebook, Twitter und Google+ nach dem gesuchten Keyword durchsucht und auch zusätzliche Such- und Filtermöglichkeiten bietet.

Icerocket

Die kostenlose Variante des Social-Media-Monitoring-Tools »Buzz« von Meltwater ist ebenfalls erwähnenswert, weil die Qualität der Aufbereitung sehr gut ist und die Möglichkeiten umfangreich sind. Sie können nach einzelnen Ergebnissen auf Facebook, Twitter und Blogs filtern. Außerdem können Sie auf *www.icerocket.com* Ihre Suchanfrage speichern oder als RSS abonnieren.

Tipp: Durch Datenvergleich zu validen Ergebnissen gelangen

Es ist vor allem der Vergleich der Ergebnisse von Talkwalker, Social Mention, Icerocket und anderen Tools, der eine aussagekräftige Bilanz liefert. Gerade bei den kostenlosen Tools sollten Sie sich nicht auf eine einzige Datenquelle verlassen.

Social-Media-Suchmaschine Topsy

Die Suchmaschine Topsy (*www.topsy.com*) liefert ein Suchergebnis mit jenen Beiträgen, die das gesuchte Keyword enthalten. Sie sehen auch, wie viele User denselben Link ebenfalls veröffentlicht haben. Topsy ist also ebenfalls ein gutes Tool, um Trends zu beobachten. Sie können das Suchergebnis sogar nach Sprachen filtern.

Sie sollten die Wahl des Monitoring-Tools auch davon abhängig machen, ob Ihnen die Aufbereitung und grafische Darstellung sowie die Qualität des Ergebnisses zusagt. Probieren Sie einfach mal viele verschiedene Tools aus und entscheiden Sie sich dann für das für Sie optimale Setting.

Closed Data und Privatsphäre – die Grenzen des Monitorings

Ein grundsätzlicher Hinweis: Das Monitoring stößt da an seine Grenzen, wo Inhalte nicht öffentlich zugänglich sind. Das ist vor allem bei Profilen von Usern in sozialen Netzwerken der Fall, wenn die User die Sichtbarkeit ihres Profils durch Privatsphären-Einstellungen eingeschränkt haben.

Manche Anbieter versprechen zwar Lösungen, mit denen auch solche Daten gefiltert werden können, aber wenn Daten nicht zugänglich sind, kann bzw. darf es auch keine Ergebnisse geben. Sollte ein Tool daher tatsächlich eigentlich nicht zugängliche Daten sichtbar machen können, ist das rechtlich ganz klar unzulässig. Nicht nur rechtlich begibt man sich mit solchen Tools aufs Glatteis. Wenn User mitbekommen, dass sie ausspioniert werden, ist Ihre Reputation in ernster Gefahr.

Viele Social-Media-Nutzer sind sich der allgemeinen Zugänglichkeit ihrer Profilinformationen nicht oder nur ungenügend bewusst. Die Debatte um die Rechtmäßigkeit der Datenverarbeitung von Google Analytics in Deutschland hat gezeigt: Berücsichtigen Sie vorab nicht nur länderspezifische Unterschiede in der Rechtssprechung und Wahrnehmung des Datenschutzes, sondern gestehen Sie den Internetnutzern generell das Recht auf Privatsphäre zu. Ob die Auswertung von nicht öffentlichen Inhalten rechtskonform ist, ist mehr als zweifelhaft. Beachten Sie deshalb unsere Rechtstipps in diesem Kapitel.

Wir haben Ihnen nun eine erste Auswahl an kostenlosen Tools vorgestellt. Es gibt in jedem Bereich natürlich noch einige mehr (zu den kostenpflichtigen kommen wir später). Probieren Sie sie einfach selbst einmal aus, dann sehen Sie, welches Ihnen persönlich am besten gefällt.

Tipp: Social Media Monitoring Tool Report

Die Agentur Goldbach Interactive erstellte 2012 und 2013 einen sehr umfangreichen und informativen Vergleich aus 300 Social-Media-Monitoring-Tools, den wir Ihnen sehr empfehlen können: *http://www.goldbachinteractive.ch/insights/fachartikel/social-media-monitoring-tool-report-2013*.

3.2.2 Das Social Media Dashboard

So, wie Sie jeden Tag einen Blick in die Zeitung werfen oder Ihren E-Mail-Account auf neue E-Mails hin checken, so sollten Sie auch immer darüber im Bilde sein, wie über Sie in Social Media gesprochen wird und was gerade Trendthemen sind. Verschaffen Sie sich bereits am Morgen einen Überblick, und bleiben Sie dran. Dabei hilft Ihnen das sogenannte *Social Media Dashboard*. Im Prinzip ist das nichts anderes als ein individuell eingerichteter Startbildschirm, der relevante Inhalte auf einer Seite zusammenfasst.

Marketing-Take-away: Social Media auf einen Blick

Das Social Media Dashboard vereint alle Plattformen, auf denen Sie aktiv sind, sowie das Suchergebnis zu relevanten Themen und Keywords. Es hilft Ihnen, den Überblick zu behalten. Sie können es verschiedenen Personen im Unternehmen zugänglich machen: Vor allem die Skeptiker im Unternehmen können so besser verstehen, worum es in Social Media geht und warum Social Media für das Unternehmen so wichtig ist. Für die Führungsebene ist das Social Media Dashboard ein übersichtliches Tool, mit dem der allseits gewünschte »Überblick über alles« geschaffen werden kann.

Netvibes

Egal ob Sie Social Media Monitoring selbst betreiben oder ob Sie von einem Kunden beauftragt worden sind, es gibt dafür ein sehr hilfreiches Tool: Netvibes (*www.netvibes.com*).

Netvibes ist ein kostenloses und online geführtes Dashboard, eine Art Online-Startbildschirm mit allen relevanten Inhalten auf einen Blick: Egal ob News, Websuche, RSS-Feeds, Facebook, Twitter oder Fotos und Videos, alle Quellen sind als Widget integrierbar. Dadurch ergibt sich eine geordnete und kategorisierte Ansicht der Quellen. Sie können die Anordnung selbst wählen und so eine übersichtliche Seite schaffen. Wenn Sie mehrere Unternehmen oder Themen betreuen, können Sie jeweils einen Tab (Reiter) dafür einrichten.

Haben Sie zuvor mithilfe von Google oder einem Monitoring-Tool herausgefunden, wo (auf welchen Plattformen und Diensten) Ihr Unternehmen und Ihre relevanten Themen diskutiert werden, können Sie diese Plattformen mithilfe von Netvibes im Blick behalten. Richten Sie dazu Netvibes als Startseite Ihres Browsers ein, damit Sie sich bereits zu Beginn Ihrer Tätigkeiten am Computer einen Überblick verschaffen können.

Tipp: Öffentlichen Netvibes-Tab einrichten

Wenn Sie für einen Kunden das Social Media Monitoring betreuen, ist es manchmal hilfreich, auch dem Kunden Zugang zur Fülle der Informationen zu verschaffen bzw. den Aufwand hinter dem Monitoring zu visualisieren, ohne dass Sie ihn mit den zum Teil unübersichtlichen Tools quälen müssen, mit denen Sie sonst das Monitoring-Tagesgeschäft bewältigen. Dazu können Sie dem Kunden ebenfalls einen Netvibes-Account einrichten und ihm sogar einen Ihrer Netvibes-Tabs zugänglich machen.

Die Funktionalitäten dieser Plattform gehen so weit, dass Sie damit einen Social Media Newsroom umsetzen können. Ein gutes Beispiel dafür ist der Newsroom der PR-Expertin Kerstin Hoffmann, zu finden auf *www.netvibes.com/pr-doktor* (siehe Abbildung 3.3).

Das bedeutet, dass Sie beispielsweise eine öffentliche Seite mit einer Zusammenfassung aller Inhalte erstellen, die über Sie bzw. Ihr Unternehmen im Web existieren, und zusätzlich für sich einen oder mehrere Reiter privat, also nicht veröffentlicht, für das Monitoring nutzen.

3.2 Die richtigen Tools verwenden

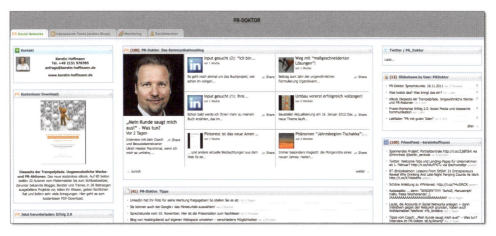

Abbildung 3.3 Netvibes als Social Media Newsroom (Quelle: Screenshot www.netvibes.com/pr-doktor)

Hootsuite

Unser absoluter Favorit ist dieser Webservice mit dem etwas gewöhnungsbedürftigen Namen, aber vielen Vorteilen. Ursprünglich als reines Twitter-Tool zum Verwalten eines oder mehrerer Twitter-Accounts konzipiert, bietet es mittlerweile zahlreiche interessante Funktionen und Zugänge zu vielen verschiedenen Plattformen (siehe Abbildung 3.4).

Abbildung 3.4 Alle Social-Media-Profile auf einen Blick mit Hootsuite

Alles in einem Tool

Wir empfehlen Ihnen Hootsuite, da Sie damit nicht nur Social-Media-Nachrichten in mehrere Kanäle (Twitter, Facebook) streuen, sondern gleichzeitig auch nach Keywords filtern können. Ihre Social-Media-Profile werden auf einen Blick zusammengefasst und übersichtlich strukturiert. Neben Twitter können Sie unter anderem Facebook-Profile, -Seiten, -Gruppen, Google+-Seiten, Foursquare, WordPress und LinkedIn integrieren. Sie können mehrere Spalten mit den Suchergebnissen zu unterschiedlichen Keywords anlegen und haben so Ihre Themen weitestgehend im Blick.

In der Basisversion ist Hootsuite kostenlos nutzbar. Diese Version wird in den meisten Fällen auch ausreichen. Sie müssen keine Software herunterladen und installieren, sondern registrieren sich im Web unter *http://hootsuite.com*. Sie können mehrere Reiter (Streams) anlegen und diese wiederum individuell belegen. Legen Sie einen eigenen Reiter für Ihren persönlichen Twitter-Account an, in dem Sie zusätzlich noch Reiter mit einer Twitter-Suche nach bestimmten Keywords oder Hashtags integrieren.

Neben Hootsuite gibt es noch weitere vergleichbare Tools, beispielsweise Tweet-Deck und MarketMeSuite, die einen ähnlichen Funktionsumfang haben und ebenfalls sehr beliebt sind. Welches Tool Sie am Ende verwenden, bleibt Ihnen überlassen. Sie können alle genannten Tools kostenlos und relativ unkompliziert testen. Die meisten von ihnen sind auch als Smartphone-App verfügbar.

3.3   Professionelle Social-Media-Monitoring-Tools

Trotz der Vielzahl an kostenlosen Tools, von denen wir Ihnen unsere Favoriten vorgestellt haben, ist es mitunter unumgänglich, auf professionelle Tools zurückzugreifen. Die Vorteile dieser Tools liegen meistens in der größeren Vielfalt an Filtern und Funktionalitäten, der besseren Aufbereitung der Daten und in umfangreicheren Statistiken. Dadurch können Themen und Meinungsführer besser identifiziert, die Online-Reputation von Personen im Unternehmen ermittelt und die Reichweite von Autoren genau gemessen werden.

Je nach Größe Ihres Unternehmens, der Markenbekanntheit und der Bandbreite Ihrer Keywords, die Sie überwachen wollen, reicht möglicherweise ein gutes Setting aus jenen kostenlosen Tools, die wir Ihnen bereits vorgestellt haben. Sie genügen für die tägliche Analyse und zur Überwachung digitaler Reputation kleineren Umfangs. Kostenpflichtige Monitoring-Tools wurden früher bei großen Konzernen mit mehreren Produktlinien als Frühwarnsystem und zur Marktforschung eingesetzt. Mittlerweile setzen immer mehr kleine, in Social Media aktive Unternehmen auf professionelle Tools, da auch der Kostenaufwand für die Nutzung dieser Services gesunken ist.

3.3.1 Große Auswahl an Tools

Mittlerweile ist die Liste solcher Social-Media-Monitoring-Tools bereits relativ lang, und die einzelnen Dienste sind in ihrem Funktionsumfang am Anfang zum Teil auch schwer voneinander zu unterscheiden. Wir möchten Ihnen hier mit einer kleinen Auswahl an Diensten, die wir selbst getestet oder im Einsatz haben, einen Überblick verschaffen:

- Brandwatch – *www.brandwatch.com*
- Engagor – *www.engagor.com*
- BrandsEye – *www.brandseye.com*
- Viralheat – *www.viralheat.com*
- UberVU – *www.ubervu.com*
- Trackur – *www.trackur.com*
- Radian6 – *www.radian6.com*
- SDL SM2 –*www.sdl.com/products/SM2/*
- Sysomos Heartbeat – *www.sysomos.com*
- BuzzRank – *www.buzzrank.de*
- Lithium – *www.lithium.com*
- Beevolve – *www.beevolve.com*

Testen Sie mit kostenlosem Demozugang

Ein Großteil der vorgestellten Monitoring-Dienste bietet einen kostenlosen Demozugang, auf den Sie zugreifen sollten. Der Umgang und die Zufriedenheit mit einem Tool unterliegen oft dem subjektiven Eindruck und Empfinden des Nutzers und dessen individuellen Anforderungen. Deshalb unsere Empfehlung: Probieren Sie mehrere Tools parallel aus. Da es bei manchen dieser Monitoring-Dienste schnell um mehrere 100 oder 1.000 US$ Nutzungsgebühren im Monat geht, sollte das nicht leichtfertig entschieden werden. Im Zweifel bietet das Social Web oder eine spezialisierte Monitoring-Agentur entsprechend Erfahrungsberichte.

Beispiel: BuzzRank

Aus den zahlreichen von uns getesteten bzw. im Einsatz befindlichen kostenpflichtigen Monitoring-Tools möchten wir exemplarisch eines herausgreifen und dessen Funktionsweise genauer vorstellen. Denn BuzzRank (Abbildung 3.5) geht, wie immer mehr andere professionelle Monitoring-Tools, bei der Beurteilung der Tonalität der Suchergebnisse einen neuen Weg: Nicht das Tool führt zunächst die Bewertung der Mentions durch, sondern Sie selbst. Erst durch die regelmäßige Einordnung der Beiträge (positiv/neutral/negativ, Schulnotensystem, Star-Rating) auf Basis des menschlichen Einschätzungsvermögens kann ein Tool diese komplexe Aufgabe in Zukunft unterstützend übernehmen.

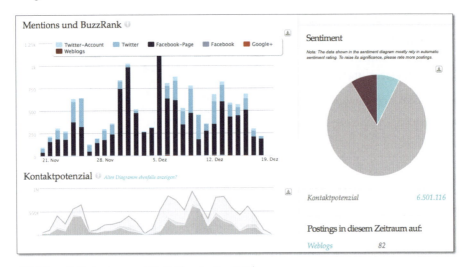

Abbildung 3.5 Analyse und Statistiken in BuzzRank

3.3.2 Professionelles Monitoring vs. Datenschutz?

Am Thema Monitoring entbrennt regelmäßig eine Diskussion rund um das Thema Datenschutz und Privatsphäre. Grund dafür ist, dass nicht wenige Monitoring-Tools versuchen, User in gewisse Schubladen einzuordnen und die gesammelten Daten weiterzuverarbeiten. Dies geschieht dann wiederum oft auf Servern im Ausland: Die meisten Anbieter kostenloser oder kostenpflichtiger Social-Media-Monitoring-Tools sitzen in den USA, so auch ihre Server. Dorthin werden die über die User gesammelten Daten übertragen. Kritik entsteht aber auch immer wieder an der Tatsache, dass einige Monitoring-Tools behaupten, auch in geschlossene Foren, Gruppen und Profile Einsicht zu haben. Wir empfehlen Ihnen, den Ruf des von Ihnen in die engere Wahl genommenen Monitoring-Tools im Web zu überprüfen und die AGB des Anbieters zu konsultieren, im Interesse aller Internetnutzer und genauso der von und für Ihr Unternehmen generierten sensiblen Daten.

> **Rechtstipp von Peter Harlander: Achten Sie auf den Sitz des Anbieters**
>
> Das Tool BuzzRank beispielsweise stammt von einem Unternehmen mit Sitz in Deutschland und unterliegt somit den strengen deutschen Datenschutzvorschriften. Das kann von Vorteil sein.

3.4 Kennzahlen und Ergebnisse

Wenn Sie nun also Ihr perfektes Social-Media-Monitoring-Setting gefunden haben, sollten Sie auch wissen, wie Sie schlussendlich mit dem Ergebnis des Monitorings am besten umgehen. Für den Fall, dass Sie nicht Betreuer und Entscheider in einer Person sind, muss bereits im Vorfeld abgeklärt werden, wer im konkreten Problemfall (z. B. bei einer Eskalation negativer Kommentare bzw. einem Shitstorm) zu kontaktieren ist und die Entscheidungsbefugnis hat, entsprechende Maßnahmen zu treffen. Idealerweise wird das bereits im Rahmen der Erstellung des Redaktionsplans definiert.

So oder so müssen die Wege kurz sein. Es darf nicht passieren, dass vom Auftreten eines negativen Beitrags bis zur Lösung mehrere Tage vergehen. Das Social Web verlangt eine schnelle und trotzdem überlegte und professionelle Reaktion. Ansonsten kann der Schuss nach hinten losgehen.

Social-Media-Beobachtungen

Das Monitoring von Social Media liefert verschiedene Informationen, die wiederum ganz unterschiedlich interpretiert und weiterverarbeitet werden können. Zum einen könnte es um die Beobachtung und Begleitung einer Social-Media-Kampagne oder um einzelne Beiträge gehen. Es könnte zum anderen aber auch um ein grundsätzliches Monitoring, also ein Hineinhören in die Weiten des Social-Media-Universums gehen, um das Grundrauschen wahrzunehmen, das es zu Ihren Themen gibt. Ersteres dient dazu, so früh wie möglich Userreaktionen zu ermitteln und im Bedarfsfall so rasch wie möglich reagieren zu können.

Social Media Monitoring hilft vor allem, langfristig zu messen und herauszufinden,

- was Ihre Kunden wirklich wollen,
- womit Ihre Kunden zufrieden waren,
- was Ihren Kunden grundsätzlich nicht gefallen hat,
- was die User über Ihre Konkurrenz denken und
- welche Trends und neuen Möglichkeiten sich in Ihrer Branche auftun.

3.4.1 Social-Media-Kennzahlen

Mit Kennzahlen messen Sie den Erfolg Ihres Engagements. Kennzahlen dienen auch der quantitativen und qualitativen Vergleichbarkeit Ihrer Position bzw. Reputation im Social Web. Zahlen, Daten und Fakten sind meist die Entscheidungsgrundlage, und der Trend geht im Social Media Monitoring auch in diese Richtung.

Wir wollen Sie nicht mit der Masse an Social-Media-Kennzahlen überfordern, sondern stellen Ihnen lieber ein paar der wichtigsten Kennzahlen vor, die von den meisten Tools auch analysiert werden:

▶ *Mentions:* Erwähnungen, sprich Anzahl der gefundenen Beiträge (die das Keyword beinhalten).

▶ *Reach:* Anzahl möglicher erreichbarer Kontakte (Reichweite) und Anzahl der User, die das Keyword verwenden, dividiert durch die Gesamtzahl der Beiträge, in denen das Keyword vorkommt.

▶ *Sentiment:* Damit ist die grundsätzliche Tonalität der Beiträge gemeint. Unterteilt in »positiv«, »neutral« und »negativ«, werden normalerweise die »grundsätzlich positiven« Beiträge den »grundsätzlich negativen« gegenübergestellt.

▶ *Share of Voice:* Anzahl eigener Beiträge im Vergleich zum Mitbewerber oder zum Gesamtmarkt.

▶ *Passion:* Damit ist die Wahrscheinlichkeit gemeint, dass User mehrmals über die Marke schreiben bzw. dass das Keyword häufig verwendet wird.

▶ *Demografische Informationen:* Geschlecht, Alter, Standort, Sprache der User, die das Keyword erwähnen.

▶ *Influencer:* Damit sind jene User gemeint, die in ihrem Netzwerk Meinungsführer sind, viele Freunde haben und als themenkompetent wahrgenommen werden.

▶ *Top-Themen und Top-Keywords:* Welche Themen und Keywords werden in Bezug auf das gesuchte Keyword häufig noch verwendet/diskutiert?

Das sollte für einen ersten Einblick genügen. Sie sehen, dass es hauptsächlich darum geht, vergleichbare Werte zu erhalten, die die eigene Position gegenüber jener der Gesamtheit oder der Konkurrenz darstellbar machen bzw. innerhalb der eigenen Gesamtergebnisse eine Beurteilung über die Qualität erlauben. Die Summe der qualitativen und quantitativen Kennzahlen und Erkenntnisse ergibt eine Aussage über die Online-Reputation Ihres Unternehmens oder einer unternehmensrelevanten Person.

3.5 Mit Social Media Monitoring zum guten Online-Ruf

Der (gute) Ruf Ihres Unternehmens ist offline wie online ein Erfolgskriterium. In welchen Tönen sprechen die Menschen über Ihr Unternehmen, Ihre Produkte und Leistungen, Ihren Service? Während es offline oft gar nicht so einfach ist, das über den bekannten Kundenkreis hinaus festzustellen, bietet das Internet durch das Monitoring einige Möglichkeiten hierzu. Nur so können Sie herausfinden, ob der

Online-Ruf Ihres Unternehmens, Ihrer Marke, eines Produkts, genauso aber Ihrer eigenen Person gut ist. Das Erfassen, Beobachten, Bewerten und Verbessern dieses Rufs wird unter dem Begriff *Online Reputation Management* (ORM) zusammengefasst. Allerdings ist neben der Online-Reputation des Unternehmens (eigene Unternehmenspräsenzen, Erwähnungen des Unternehmens in einem Beitrag, einer Bewertung usw.) ein weiterer Faktor mindestens genauso wichtig: einzelne Mitarbeiter, die in Verbindung mit dem Unternehmen gesehen werden und aus der Sicht der Kunden, Geschäftspartner, Investoren und Lieferanten das Unternehmen nach außen vertreten. Das sind bei Weitem nicht mehr nur Geschäftsführer, Abteilungsleiter, Pressesprecher oder andere Personen in leitenden Positionen: Durch die Transparenz der Daten können Sie auf Facebook, XING und vielen anderen Plattformen durch eine einfache Suche feststellen, welcher User in seinem Profil Ihr Unternehmen als Arbeitgeber eingetragen hat und so eine Verbindung zu Ihrem Unternehmen herstellt.

3.5.1 Online Reputation Management für Unternehmen

Ziel ist es, dass sich im gesamten (Social) Web ein positives, aber realistisches Bild Ihres Unternehmens darstellt, und genau hier müssen wir auf einen wichtigen Punkt hinweisen: Online Reputation Management bedeutet nicht, negative Beiträge einfach durch Dienstleister löschen lassen zu wollen. Nicht nur, dass das sehr kostspielig wäre, es ist in vielen Fällen auch gar nicht möglich (beispielsweise können Sie den eigenen Twitter-Beitrag eines Users nicht löschen, es sei denn, es stehen gesetz- oder regelwidrige Inhalte darin) und in den meisten Fällen kontraproduktiv. Viele Reputationskrisen sind dadurch entstanden, dass Unternehmen die anfänglich vereinzelt auftretende, aber berechtigte Kritik an ihrem Unternehmen oder seinen Services oder Leistungen einfach gelöscht haben. Vielmehr geht es darum, mit aktiven Maßnahmen gegenzusteuern. Social Media bieten mit all seinen verschiedenen Tools und Inhalten viele Möglichkeiten, die positive Online-Reputation Ihres Unternehmens zu steigern. Im Grunde hat alles, was Sie in Social Media tun, Einfluss auf die Online-Reputation. Sie sollten deshalb alle Tools und Plattformen zu nutzen wissen. Wichtig ist es aber auch, im Rahmen eines laufenden Monitorings Veränderungen oder gar Krisenthemen festzustellen, die sich negativ auf die Online-Reputation auswirken könnten.

3.5.2 Online Reputation Management für Personen

Wir möchten zusätzlich zur Unternehmensreputation im Social Web auf den persönlichen Ruf von unternehmensrelevanten Personen im Netz eingehen und Ihnen zeigen, was Sie selbst aktiv dafür tun können. Für Unternehmer oder Personen in Führungspositionen ist es sehr wichtig, dass sie einen guten Ruf im Netz haben, da viele Bewerber, Mitarbeiter und Geschäftspartner auch nach der Chefetage des Unternehmens googeln oder nach ihren möglichen zukünftigen Kollegen. Aber umgekehrt ist es genauso.

Fast alle tun es, obwohl es nur wenige wirklich zugeben: Personalverantwortliche googeln selbstverständlich nach Bewerbern. Das Ergebnis ist ihnen mindestens genauso wichtig wie deren Bewerbungsunterlagen. Investoren klopfen im Internet den potenziellen Geschäftspartner genau ab, bevor sie sich auf ein Geschäft mit ihm einlassen.

Umso schlimmer ist es, wenn Sie dann auf einem Partyfoto sehr unvorteilhaft, möglicherweise angetrunken und in zweideutiger Pose mit Kollegen einer anderen Abteilung zu sehen sind. Oder Google listet unter den ersten zehn Suchergebnissen immer noch die uralte Bewertung.

Wie Freunde und Bekannte Ihrer Online-Reputation schaden können

Das Ganze kann schneller passieren, als Sie glauben. Es müssen ja nicht einmal Sie persönlich gewesen sein, der das Foto von der Karnevalsparty online gestellt, auf dem Foto markiert und im Text erwähnt hat, sondern ein (vermeintlich) guter Freund oder irgendjemand, den Sie an diesem Abend kennengelernt haben. Online-Reputation ist das Bild, das Sie im Web abgeben, der Eindruck, den Sie über das Internet vermitteln. Um Rufschädigungen über sich selbst mitzubekommen, sollten Sie Social Media Monitoring für sich selbst betreiben.

Die Thematik der Online-Reputation wird die heranwachsende Jugend noch massiv einholen. Auch wenn die Digital Natives spielerisch mit Social Media umgehen können, wird ihnen ihr naiver und sorgloser Umgang mit Daten und der eigenen Privatsphäre in Zukunft auf den Kopf fallen. Auf ihre Arbeitssuche beispielsweise kann er schwerwiegende Auswirkungen haben. Wer von uns hat in seiner Jugend nicht die eine oder andere Jugendsünde begangen: Aber glücklicherweise ist in den meisten Fällen außer einer Erinnerung nichts zurückgeblieben. Das ist heutzutage anders, denn das Internet vergisst nichts. Die Allgegenwärtigkeit von foto- und videotauglichen Handys und die ständige Internetverfügbarkeit sind die Ursache und Werkzeug der permanenten Dokumentation. Deshalb ist es auch wichtig, im Rahmen der Vermittlung von Medienkompetenz darauf besonders ein besonderes Augenmerk zu legen. Ein Versuch, die Webuser dafür zu sensibilisieren, ist eine Kampagne von *www.netzdurchblick.de* bzw. der Medienanstalt Hamburg/Schleswig-Holstein mithilfe eines durchaus gelungenen Kinospots und Online-Videos (siehe Abbildung 3.6). Das Video zeigt einprägsam, wie schnell sich beispielsweise Posts oder Fotos von und über einen feuchtfröhlichen Partybesuch nachteilig auswirken können, z. B. bei einem Bewerbungsgespräch.

3.5 Mit Social Media Monitoring zum guten Online-Ruf

Abbildung 3.6 Videospot zur Sensibilisierung der Webuser für mehr Medienkompetenz

> **Rechtstipp von Peter Harlander: Das Recht auf Vergessen**
>
> Dass das Internet nichts vergisst, ist aus rechtlicher Sicht nicht mehr ganz korrekt. Der Europäische Gerichtshof (EuGH) hat erst im Frühling 2014 entschieden, dass Personen ein »Recht auf Vergessen« haben. Google wurde damit verpflichtet, Links zu Inhalten, die Persönlichkeitsrechte oder Datenschutzrechte verletzen, zu löschen. Google hat bereits reagiert und ein Formular zur Verfügung gestellt: *https://support.google.com/legal/contact/lr_eudpa?product=websearch*.
>
> Es ist damit zu rechnen, dass auch andere Unternehmen in Zukunft Löschungen vornehmen müssen.
>
> Ein Allheilmittel ist die neue Rechtsprechung trotzdem nicht. Zum einen müssen Inhalte, an denen ein großes öffentliches Interesse besteht, unter Umständen trotz des neuen Urteils nicht gelöscht werden. Zum anderen sind Internetdienste von Unternehmen außerhalb der EU von diesem Urteil überhaupt nicht betroffen. Bei der Preisgabe von persönlichen Informationen im Internet ist daher weiterhin Vorsicht anzuraten.

3.5.3 Ihr Ruf ist Ihr Kapital

Der Ruf, der Ihnen persönlich und Ihrem Unternehmen im Social Web vorauseilt, ist einiges wert. Ein guter Ruf kann Ihnen im B2B- und B2C-Bereich viele Türen öffnen. Ein schlechter Ruf kann es Ihnen extrem schwer bis fast unmöglich machen, auch nur in die Nähe dieser Türen zu kommen. So schnell heutzutage gerade über das Social Web ein Ruf aufgebaut werden kann, so schnell kann er auch wieder zerstört werden.

Wer nach seinem Namen googelt, ist noch lange nicht eingebildet

Wie steht es um Ihren Ruf im Netz? Haben Sie schon einmal eine umfassende Websuche nach Ihrem Namen gemacht? »Ego-Googeln« ist die Hauptdisziplin für erfolgreiches Online Reputation Management für Personen und wird auch als Teil des Selbstmarketings gesehen. Das hat nichts mit Narzissmus oder Eitelkeit zu tun, sondern mit Professionalität. Möglicherweise können Sie ja gar nichts dafür, dass rufschädigende Inhalte über Sie im Web existieren. Doch indem Sie sie ignorieren oder tolerieren, gehen Sie das Risiko ein, Ihre berufliche Karriere nachhaltig zu gefährden. Vorsicht: Es geht nicht immer nur um die klassischen Fauxpas wie unvorteilhafte Bilder oder Videos von Partys. Es gibt viel banalere Inhalte, denen Sie vielleicht gar keine Relevanz beimessen.

Nehmen wir das Gegenbeispiel: Sie informieren sich im Web über einen Bewerber, der sich bei Ihnen bis dato schriftlich und mit guten Chancen auf ein weiteres Gespräch beworben hat. Im Web finden Sie unter anderem sein Facebook-Profil, dessen Pinnwandeinträge offen lesbar für alle User sind. Dort lesen Sie folgenden Beitrag: »Heute ist es in der Arbeit wieder so langweilig. Der Chef und die Kunden nerven total.« Welches Bild erzeugt dieser Bewerber bei Ihnen? Laden Sie ihn immer noch zu einem persönlichen Bewerbungsgespräch ein?

Natürlich stellt sich hier die Frage, wo die Grenze zwischen privatem und beruflichem Leben der Menschen liegt. Im Zweifelsfall sollte jeder User die Grenze selbst sehr präzise ziehen, zumindest wenn er beispielsweise einen begehrten Job haben will. Denn dann kann das ein entscheidender Vorteil sein.

3.5.4   Vorbeugung ist der beste Schutz

Überlegen Sie bei jeder Information, die Sie veröffentlichen, egal ob Foto, Video, Link oder Kommentar, ob sie zu dem Bild passt, das Sie von sich oder Ihrem Unternehmen vermitteln wollen, und ob Sie auch in zehn Jahren noch dazu stehen können.

Wenn Sie den konkreten Fall haben, dass bereits Inhalte über Sie im Web existieren, die nicht gerade Ihre Schokoladenseite zeigen bzw. ein falsches Bild von Ihrer Integrität und Professionalität zeichnen, sollten Sie schnell reagieren und diese Inhalte löschen bzw. löschen lassen. Vorausgeschickt sei jedoch, dass eine Löschung meist keine einfache Aufgabe ist. In den meisten Fällen haben Sie keinen direkten Zugriff auf diese unvorteilhaften Inhalte, weil Sie sie gar nicht selbst veröffentlicht haben, oder die Inhalte wurden automatisiert oder von anderen Usern übernommen und weiterverbreitet (beispielsweise ein Tweet, der von anderen

Usern weitergeleitet wurde). Nichtsdestotrotz haben Sie Rechte, die Sie im Einzelfall geltend machen können und auf denen Sie in Ihrem eigenen Interesse auch beharren sollten.

Rechtstipp von Peter Harlander: Datensicherheit durch Datenvermeidung

Beherzigen Sie den Grundsatz der Datenvermeidung. Beachten Sie bei der Veröffentlichung von Daten, dass diese möglicherweise auch von Ihrem Chef, Ihren Geschäftspartnern, Ihrem Bankbetreuer und anderen für Sie extrem wichtigen Menschen eingesehen werden können. Daten, die einmal im Internet veröffentlicht wurden, können in der Praxis oft nicht mehr vollständig gelöscht werden, da auf viele Speicherorte im Ausland weder faktisch noch rechtlich zugegriffen werden kann. Die Einschaltung eines spezialisierten Anwalts kann die Sache oft beschleunigen, da diese in der Regel alle rechtlichen und technischen Möglichkeiten zur Erwirkung einer schnellen Löschung kennen. Das ist vor allem dann wichtig, wenn das Bild geeignet ist, Ihren Ruf zu beschädigen. Gerade in sozialen Netzwerken, in denen sich die lächerlichen oder peinlichen Inhalte rasch viral verbreiten, ist eine sofortige Reaktion oft die einzige Möglichkeit. Wer in dieser Situation unnötig Zeit verschwendet, muss mit den Folgen oft dauerhaft leben.

3.6 Welche Rechte haben Sie im Social Web?

Egal ob als Unternehmen oder als Einzelperson, auch im Internet gelten Rechte und Gesetze. Neben den Markenrechten für Unternehmen sind es noch eine ganze Reihe weiterer, gesetzlich verankerter Rechte, die den Missbrauch Ihrer Daten oder Ihres Eigentums verhindern oder dafür sorgen sollen, dass der aufgetretene Schaden gering gehalten oder wieder gut gemacht werden kann. Exemplarisch möchten wir nun auf eine in Bezug auf Social Media häufig aufkommende Thematik eingehen, auf das Bildrecht.

Rechtstipp von Sven Hörnich: Wie komme ich an einen Dritten heran, der nicht über ein Impressum verfügt?

Nach einer aktuellen Entscheidung der deutschen Gerichtsbarkeit ist eine Internetplattform – derzeit mangels rechtlicher Grundlage – nicht verpflichtet, die Userdaten einer ihrer Kunden an einen verletzten Dritten herauszugeben. Es bleibt dem – zum Beispiel durch Rufmord – Geschädigten derzeit wohl nur der Weg über einen Strafanzeige gegen Unbekannt, um dann im Wege der Akteneinsicht vielleicht an die Daten des Autors zu gelangen.

Was zunächst zivilrechtlich wie ein »Segen« für Autoren ohne Impressum wirkt, könnte sich stark zu deren Lasten auswirken. Denn auch bei eventuellen Missverständnissen oder rechtlicher Unkenntnis müsste damit beispielsweise ein Nutzer, der das Urheberrecht eines Dritten (z. B. bei einem Gedicht) verletzt, statt mit einer kleinen zivilrechtlichen Auseinandersetzung sogleich mit einem Strafverfahren rechnen, je nachdem, wie viel Bedeutung die Strafverfolgungsbehörde der Angelegenheit beimisst.

Um dies zu vermeiden, sollten gegebenenfalls derzeit auch Privatpersonen ein Impressum vorhalten.

3.6.1 Das Recht am eigenen Bild

Wenn Sie nicht gefragt wurden, ob Sie mit der Veröffentlichung eines Bilds einverstanden sind, und somit das Recht an Ihrem eigenen Bild verletzt wurde, können Sie einen Anwalt mit der Löschung beauftragen, oder Sie nehmen die Sache selbst in die Hand: Finden Sie heraus, wer das Bild online gestellt hat. Wenn es beispielsweise ein Foto auf einer Fotoplattform oder ein Video auf YouTube ist, dann sehen Sie nach, wie der Accountname lautet. Oft stecken Pseudonyme (Nicknames) dahinter, in manchen Fällen aber auch echte Namen und Kontaktdaten. Für den Fall, dass es Content innerhalb eines sozialen Netzwerks (z. B. Facebook) ist, wird es Ihnen in den meisten Fällen leichter fallen, den Urheber zu ermitteln. Wenn Sie den User ermittelt haben, bitten Sie ihn, die Inhalte zu löschen.

Wie Sie auf Bilder gelangen, ohne in einem Netzwerk angemeldet zu sein

In vielen sozialen Netzwerken à la Facebook gibt es die Möglichkeit, Personen auf Fotos zu markieren, die dort zu sehen sind, ohne dass diese gefragt werden oder zustimmen müssen. Das geht sogar so weit, dass sie in dem Netzwerk mit Namen und E-Mail-Adresse markiert werden. Sie erhalten dann eine Einladung per E-Mail, sich im Netzwerk zu registrieren, um das Foto zu betrachten (wenn die Privacy-Einstellungen es nicht anders erlauben).

Wenn Netzwerkfreunde Sie markieren und Sie damit nicht einverstanden sind, bitten Sie den Urheber, die Markierung zu löschen oder das Bild gänzlich zu entfernen. Man sollte meinen, dass das unter Freunden kein Problem sein sollte, aber auch hier stößt man unter Umständen auf Unverständnis oder negative Reaktionen. Falls der Urheber also nicht reagiert oder aber sich weigert, wenden Sie sich an den Betreiber der Plattform mit dem Hinweis, dass der Content Ihr Persönlichkeitsrecht verletzt, und bestehen Sie auf einer Löschung. Viele Plattformen bieten für solche Fälle eigene Formulare an, über die man einen diesbezüglichen Antrag einbringen kann. Das Thema wird seitens vieler Plattformen immer ernster genommen, und im Normalfall wird rasch reagiert.

Rechtstipp von Peter Harlander: Klären Sie die Kosten vorher ab

Wenn weder Urheber noch Plattform reagiert, können Sie entweder einen professionellen Reputationsservice oder einen Rechtsanwalt einschalten. Die Einschaltung eines

Rechtsanwalts verursacht selbstverständlich Kosten. Der Anwalt wird immer versuchen, diese Kosten von Ihrem Gegner zu erlangen. Wenn dies jedoch nicht möglich ist, weil der Gegner anonym ist oder weil er sich nur schwer greifbar im Ausland aufhält, müssen Sie diese Kosten selbst tragen. Sollte der Rechtsanwalt das Kostenthema nicht ohnehin von selbst ansprechen, ist es daher jedenfalls sinnvoll, sich vorab über die ungefähr zu erwartenden Kosten zu erkundigen und eine entsprechende schriftliche Vereinbarung zu treffen.

3.7 Was tun Sie bei schlechter Online-Reputation?

Im Idealfall wird über Ihr Unternehmen, Ihre Marke oder relevante Themen nur positiv gesprochen, und es besteht kein akuter Handlungsbedarf. Das bedeutet aber noch lange nicht, dass Sie sich zurücklehnen und ausruhen können. Ihre Online-Reputation verlangt nach Kommunikation, Reaktion und Präsenz. Auch auf positive Beiträge sollten Sie reagieren und zeigen, dass Sie das Gegenüber ernst nehmen, vor allem dann, wenn sich der User an Sie wendet und Ihnen das positive Feedback explizit zukommen lässt. Aber betrachten wir jetzt einmal die Reaktionsmöglichkeiten im Fall negativer Tonalitäten (Sentiments) von Beiträgen über Ihr Unternehmen. Diese können direkt auf einer Ihrer unternehmenseigenen Social-Media-Präsenzen auftauchen oder aber auf einer Plattform, die Sie nicht jeden Tag selbst aktiv nutzen und überblicken.

3.7.1 Die richtige Reaktion ist entscheidend

Richtig oder falsch – das ist auf den ersten Blick und im jeweiligen Moment nicht immer leicht zu beurteilen. Im professionellen Umgang mit Kritik am eigenen Unternehmen oder der eigenen Leistung ist auf alle Fälle eines zu beachten: Falsch ist es immer dann, wenn es aus dem Bauch heraus kommt. Selbst wenn Sie überzeugt davon sind, dass die Kritik unberechtigt oder überzogen formuliert sei, so nehmen Sie sich Zeit. Tun Sie sich den Gefallen und warten Sie mit der Reaktion. Ein paar Stunden später sehen Sie vielleicht schon mit weitaus mehr Abstand und weniger persönlicher Angegriffenheit auf die Kritik. Genauso falsch wäre es aber, überhaupt nicht zu reagieren. Denn dann kann niemand wissen, ob es sich bei der Kritik um einen Dauerzustand oder einen Einzelfall handelt.

Wie Sie mit Kritik in Facebook umgehen sollten

Auf Ihrer Facebook-Seite beschwert sich ein User über die Qualität eines Ihrer Produkte oder über die mangelnde Freundlichkeit des Personals? Wie sollten Sie darauf reagieren, bzw. sollten Sie überhaupt darauf reagieren? Ja, das sollten Sie. Eine Reaktion ist unbedingt notwendig. Es geht in diesem Fall nicht nur um den konkreten User, sondern um alle anderen, die jetzt oder in Zukunft über diese Beschwerde stolpern und sie lesen. Da der Beitrag öffentlich ist (und sogar für nicht in Facebook registrierte User über die gängigen Suchmaschinen gefunden werden kann), muss eine Reaktion ebenfalls öffentlich erfolgen.

3.7.2 Tipps für eine angemessene Stellungnahme

Um im Fall der Fälle angemessen reagieren zu können, haben wir einige Tipps für eine adäquate Stellungnahme zusammengetragen:

▶ Höflich für das Feedback danken: Selbst wenn Sie wissen, dass dieser spezielle User ein kategorischer Nörgler ist, andere wissen das meistens nicht.

▶ Kritik ernst nehmen: Auch wenn es nur der subjektive Eindruck eines Users ist, ein Fünkchen Wahrheit steckt meistens dahinter.

▶ Sachlich bleiben: Auch wenn der User eine unangebrachte Tonart wählt – bleiben Sie immer professionell, und halten Sie Ihr Niveau.

▶ Konkrete Verbesserungen ankündigen, umsetzen und dokumentieren: Orten Sie die Ursache des Problems, und kündigen Sie plausible Verbesserungen an. Somit ist für den Rest der Zielgruppe nachvollziehbar dokumentiert, dass das Problem in Zukunft nicht mehr auftreten sollte.

▶ Authentisch bleiben: Versprechen Sie nichts, was Sie nicht halten können. Das gilt nicht nur bei der Reaktion auf Kritik, sondern generell. Möglicherweise ist die Kritik eine Reaktion auf falsche Versprechen Ihrerseits. Wenn Sie jetzt schwindeln und die Probleme negieren, wird das nicht die letzte öffentliche Beschwerde gewesen sein.

Rechtstipp von Peter Harlander: Durch professionelle Reaktion Rechtskosten vermeiden

Eine sinnvolle und angemessene Reaktion auf Lob und Kritik ist auch aus rechtlicher Sicht empfehlenswert. Gegenüber Unternehmen, die erkennbar höflich und bemüht agieren, verhalten sich auch die Kunden und Kritiker deutlich kompromissbereiter. Das erleichtert die außergerichtliche Lösung von Problemfällen, was wiederum zu einer deutlichen Reduzierung von Rechtsstreitigkeiten vor Gericht und den damit verbundenen Kosten führt.

Riskieren Sie keinen Streisand-Effekt

Wenn der Beitrag des Users in irgendeiner Art und Weise Sie oder jemanden in Ihrem Unternehmen persönlich angreift (Beleidigung, Beschimpfung), gegen ein Gesetz verstößt oder, die Wortwahl betreffend, absolut die Gürtellinie unterschreitet, dann haben Sie auf den meisten Social-Media-Plattformen die Möglichkeit, diesen Beitrag löschen zu lassen oder selbst zu löschen. Das sollte aber wirklich der allerletzte Schritt sein. Versuchen Sie zuerst, auf den User einzugehen und ihn darauf hinzuweisen, dass er eine Grenze überschritten hat. Selbst wenn er nur Unwahrheiten von sich gibt: Lassen Sie sich nicht zu emotionalen Aussagen hinreißen. Gehen Sie lieber eine Runde um den Block, bevor Sie antworten. Wenn Sie berechtigte Kritik löschen, ist das in den meisten Fällen eine Aufforderung an den User, seine Kritik auf anderen Portalen erneut zu posten. Sein Netzwerk wird es zum Anlass nehmen, den Unmut über die Löschung kundzutun. Damit haben Sie eine einzelne Kritik multipliziert, was Sie durch eine einfache Stellungnahme hätten verhindern können (Streisand-Effekt). Die meisten Imageschäden großer Konzerne im Netz gehen auf solch ein Verhalten zurück.

Wie reagieren Sie bei Kritik, die nicht an Sie direkt gerichtet ist?

Falls ein negativer Beitrag nicht direkt auf Ihrer Seite veröffentlicht wird, sondern beispielsweise einem Freund auf die Pinnwand gepostet wurde, sollten Sie vorsichtig sein mit einer direkten Reaktion: Der User hat nicht Ihnen diese Nachricht zukommen lassen, sondern einem Freund.

Sie sollten aber darauf reagieren, indem Sie die Kritik aufnehmen und den Fehler zu beheben und zu vermeiden versuchen. Außerdem können Sie in Ihrem Blog einen Artikel veröffentlichen, der die Thematik behandelt.

Und was ist mit positivem Feedback?

Auf positives Feedback sollten Sie natürlich auch reagieren: Dadurch zeigen Sie, dass Sie präsent sind und Ihnen die Meinung Ihrer Kunden wichtig ist. Meist genügen schon ein einfacher Satz wie »Vielen Dank für das tolle Feedback!« und ein freundlicher Gruß. Vermeiden Sie aber Standardantworten per Copy-and-paste, das wäre kontraproduktiv. Wie auch eine fehlende Reaktion wäre dies in etwa so, als wären Sie bei einem persönlichen Gespräch zwar physisch anwesend, würden aber nicht zuhören.

Sie sehen also, es dreht sich vieles um soziale Interaktion, um Gespräche – nur dass diese Gespräche online geführt werden. Ansonsten gelten die gleichen Regeln, die Sie im »Offline«-Leben auch beachten (sollten).

Die Angst vieler Entscheider, man öffne durch Social Media negativer Kritik Tür und Tor, ist unbegründet. Kein Unternehmen, das gut wirtschaftet und in der Mehrheit zufriedene Kunden hat, muss sich davor fürchten. Im Gegenteil: Die Praxis hat bereits bewiesen, dass Kunden in vielen Fällen auf falsche oder unangebrachte Kritik einzelner User reagieren und die Kritik sogar öffentlich richtigstellen oder zurückweisen. Auf Ihre loyalen Kunden können Sie sich im Netz verlassen.

3.7.3 Negative Beiträge verschwinden lassen

Sie können negativen Beiträgen aber auch proaktiv entgegnen, indem Sie sie einfach »downranken«. Das heißt, Sie sorgen dafür, dass andere Inhalte im Suchergebnis besser, d. h. höher gelistet werden und der negative Beitrag so idealerweise mindestens auf Seite 2 in Google oder noch weiter nach hinten wandert. Dabei sollten Sie auf professionelle Hilfe zurückgreifen. Vor allem Experten aus dem SEO-Bereich bzw. auf ORM (Online Reputation Management) spezialisierte Agenturen und Firmen können hier einiges mehr bewegen als Sie allein – je nach Schwere Ihres Imageschadens natürlich. Sie sollten jedoch Abstand davon nehmen, kritische Beiträge löschen zu lassen. Jeder Kritiker, dem das auffällt, wird dafür sorgen, dass seine Kritik noch weitaus größere Kreise zieht und mehr Aufmerksamkeit erlangt. Am Ende könnte ein Shitstorm daraus resultieren.

3.8 Fazit

Im Wesentlichen geht es im Sinne der Online-Reputation Ihres Unternehmens aber darum, alle Kanäle zu nutzen, auf denen Sie Ihre Marke und das »richtige« Bild von sich und Ihrem Unternehmen kommunizieren und manifestieren können. Das Gleiche gilt genauso auch für einzelne Personen. Das können SEO-optimierte Fotos auf Bilderplattformen sein, ein professionell eingerichtetes Facebook-Profil, eine eigene kleine suchmaschinenoptimierte Website, professionell überarbeitete XING- und LinkedIn-Profile usw.

Egal ob Sie Online Reputation Management selbst betreiben oder es einem Profi überlassen: Hauptsache, Sie tun es. Nutzen Sie die Chance, mit wenig Aufwand viel für Ihre berufliche Zukunft und jene Ihres Unternehmens zu erreichen. So manches Geschäft ist nicht zustande gekommen, weil entsprechend negative Inhalte über den Geschäftsführer im Netz standen, und der eine oder andere Kunde hat den Kauf eines Ihrer Produkte dann doch nicht erwogen, weil zu viele ungeklärte negative Bewertungen darüber zu finden waren.

4 Foren und Bewertungsplattformen

Foren und Bewertungsplattformen werden im Social Media Marketing häufig vernachlässigt, dabei handelt es sich um die Anfänge von Social Media. Nach wie vor tauschen sich User zu Spezialthemen aus und bilden oft kleine Fachcommunitys mit starken Influencern. Verschaffen Sie sich Zugang zu echten Powerusern und authentischen Multiplikatoren.

4.1 Foren und Bewertungsplattformen – die Anfänge von Social Media

Viele Unternehmen und Agenturen vergessen beim medialen Hype rund um Facebook, Twitter und YouTube völlig das Urgestein von Social Media: Foren und Bewertungsplattformen. Entstanden Ende der 70er-Jahre (damals als »Usenet«), erfreuen sich Foren nach wie vor großer Beliebtheit und bilden oft relativ kleine, aber höchst aktive und interessierte Communitys rund um ein bestimmtes Thema. Auch wenn die vielen kleinen Themenforen nicht die mediale Aufmerksamkeit erhalten und kein Massenphänomen à la Facebook sind, so vereinen sie in Summe doch eine beträchtliche Anzahl von relevanten Usern. Darunter finden sich auch wichtige Influencer, die möglicherweise zu Ihrem Thema viel zu sagen und die entsprechenden Kontakte haben. Foren- und Community-Arbeit ist sehr zeitaufwendig und verlangt viel Aufmerksamkeit und Know-how im Umgang mit den Forenmitgliedern, nicht nur auf sachlicher, sondern auch auf sozialer Ebene.

Marketing-Take-away: Foren sind gefragt

User durchqueren Foren vor allem dann, wenn sie nach der Lösung eines bestimmten Problems in Google & Co. suchen. Durch die Suchmaschine stolpern sie häufig eher zufällig über einen Foreneintrag, z. B. wenn sie sich über ein neues Handy informieren wollen oder einen Tipp gegen Husten suchen. Eins dieser relevanten Foren ist *www.gutefrage.net*. Auch wenn diese Foren optisch nichts hermachen (siehe Abbildung 4.1:), bieten sie den Informationssuchenden nach wie vor einen enormen Mehrwert: neutrale Einschätzungen von Konsumenten und Semi-Experten. Foren haben einiges an Entwicklungen und Hypes überlebt, weil in vielen Foren gerade das »Unter sich sein«, das Treffen Gleichgesinnter und der Austausch mit ihnen so wichtig sind.

155

4 Foren und Bewertungsplattformen

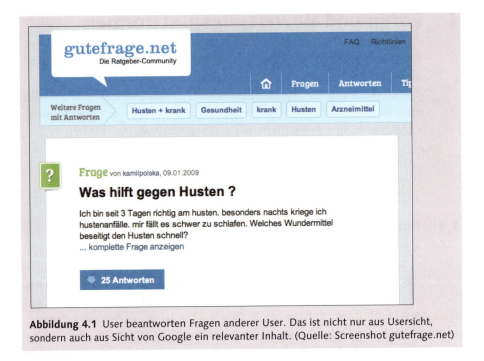

Abbildung 4.1 User beantworten Fragen anderer User. Das ist nicht nur aus Usersicht, sondern auch aus Sicht von Google ein relevanter Inhalt. (Quelle: Screenshot gutefrage.net)

4.1.1 Glauben Sie noch immer, dass über Ihr Produkt im Internet nicht gesprochen wird?

Da irren Sie sich aber. Machen Sie den Test und googeln Sie nach Ihrem Namen, Unternehmen oder Ihrer Marke. Sie werden definitiv Einträge über sich und Ihre Produkte finden.

Veranschaulichen wir das Ganze anhand eines Beispiels. Nehmen wir einmal an, Sie wären ein Hersteller eines neu auf den Markt gekommenen Babypflegeprodukts. Es handelt sich also um ein erklärungsbedürftiges Produkt mit einer sehr sensiblen und informationsbedürftigen Zielgruppe: den Eltern. Sie möchten als Unternehmen wissen, ob und wie die Kunden mit dem Produkt zufrieden sind, welche Probleme und Fragen es diesbezüglich gibt und ob und wie Sie das Produkt verbessern könnten. Nun könnten Sie sich einerseits eine Marktforschungsumfrage leisten oder andererseits auf die Informationen zurückgreifen, die in Foren diesbezüglich vorhanden sind. Eltern wollen nur das Beste für ihre Kinder und schreiben unheimlich viele Beiträge und Fragen in Elternforen, beispielsweise in den Foren *www.parents.at* (siehe Abbildung 4.2), *www.gofeminin.de*, *www.netdoktor.at* und *www.gutefrage.net*. Wenn Sie die relevanten Foren mittels Keyword-Suche gefunden oder über ein professionelles Monitoring-Tool (siehe Kapitel 3, »Social Media Monitoring und Online Reputation Management«) herausgefiltert haben, können

4.1 Foren und Bewertungsplattformen – die Anfänge von Social Media

Sie zu Beginn zuerst einmal beobachten, worüber und wie sich die Forenmitglieder miteinander unterhalten, und dann selbst aktiv werden. Das schaffen Sie, indem Sie auf konkrete Fragen antworten oder selbst Fragen stellen, dabei aber immer als offizieller Vertreter Ihres Unternehmens auftreten. Mit der Zeit werden Sie als kompetentes Mitglied wahrgenommen, können nicht nur bei konkreten Fragen weiterhelfen und das Image Ihres Unternehmens verbessern, sondern auch das Produkt weiterentwickeln und Traffic auf Ihre Website bringen.

Abbildung 4.2 Das Elternforum parents.at ist die erste Anlaufstelle für Eltern, wenn es um Eltern-Kind-Fragen geht.

Rechtstipp von Peter Harlander: Zuerst informieren, dann agieren

Die Aneignung von Wissen darüber, wie in Foren kommuniziert wird, ist auch aus rechtlicher Sicht unbedingt empfehlenswert. Wenn eine Marketingaktion in einem Forum entgleist und die Forenbenutzer ihren Unmut über die Aktion äußern, kann man gegen derartige Unmutsäußerungen rechtlich in der Regel überhaupt nichts unternehmen. In Foren gilt daher ganz besonders: zuerst informieren, dann agieren.

Marketing-Take-away: Wie Sie in Foren richtig kommunizieren

Auch wenn es Ihnen schon beim Lesen der Foreneinträge in den Fingern juckt, über Ihre tolle Marke, Produktqualität und vielleicht noch Testergebnisse zu schreiben, sollten Sie zunächst einmal durch Beobachtung lernen, wie die Forenuser miteinander kommunizieren. Erst dann können und sollten Sie aktiv werden, z. B. durch konkrete Hilfestellung bei bestimmten Fragen, aber nicht einfach durch das Eröffnen eines neuen Beitrags. Das würde zum schnellen Ausschluss aus der Community führen, und Sie könnten nur schwer wieder Zugang zu ihr finden.

Wenn Sie diese Punkte beachten und langfristig aktiv sind, können Sie sich einen Expertenstatus erarbeiten: Die User werden Sie aktiv um Ihre Meinung und Ihren Rat fragen. Fassen wir also einmal zusammen, was Ihnen die Forenarbeit bringen kann.

4.2 Was Foren Ihrem Unternehmen bringen können

Foren sind nicht nur marktforschungsrelevant, sondern eignen sich auch zur Identifikation von und Kontaktaufnahme mit Markeninfluencern. Nebenbei wirkt sich Engagement in Foren auch auf das Suchmaschinenranking aus und bringt neuen Traffic auf Ihre Website.

4.2.1 Brand Loyalty – Markenfans und Influencer erreichen

In Foren, die ja größtenteils themenspezifisch eingegrenzt sind, bewegen sich fast ausschließlich themenrelevante Mitglieder, die als solche erkennbar und erreichbar sind. Darunter sind auch Meinungsführer (Influencer), die über das konkrete Forum hinaus gut vernetzt sind und ihre Erfahrungen in Blogs und auf Facebook, Twitter usw. miteinander teilen. Somit können Sie viele relevante User aus Ihren Zielgruppen erreichen.

4.2.2 Marktforschung – Feedback zu Produkten einholen

Da es sich bei Foren häufig um geschlossene Räume (nur mit Registrierung zugänglich) mit Moderation handelt, fühlen sich die meisten Forenmitglieder unter sich und tauschen sich dementsprechend unverblümt und direkt aus. Das ist authentisches, ehrliches Feedback zu Ihren Produkten, Leistungen oder Ihrem Unternehmen.

4.2.3 Reputation Management – Expertenstatus aufbauen

Foren sind ideal zum Aufbau des eigenen Expertenstatus. Dass Sie ein Experte in Bezug auf Ihr Unternehmen, Ihr Produkt oder Ihre Dienstleistung sind, ist klar. Lassen Sie die Forenmitglieder das auch wissen, aber nicht von oben herab, sondern auf Augenhöhe, und gehen Sie dabei auf die User zu.

4.2.4 Zielgenauen Traffic für Ihre Website und Suchmaschinenoptimierung

Durch Foren bringen Sie ebenfalls zielgenauen Traffic auf Ihre Website. In Forenbeiträgen, in Ihr Profil und Ihre Signatur können Sie Links zu Ihrer Website und zu den diskutierten Produkten oder Leistungen setzen, was erfahrungsgemäß viel Traffic von Usern auf Ihre Website bringt, die auch ein konkretes Interesse daran haben.

Die Nutzung von Suchmaschinen ist nach wie vor eine der häufigsten Tätigkeiten der Onliner und der erste Schritt zu Informationen. Sie sind wahrscheinlich selbst schon einmal über einen Eintrag auf *http://www.wer-weiss-was.de* oder *http://www.gutefrage.net* gestolpert. Foren haben lange Bestand und werden deshalb gern in der Google-Suche als seriöse Information bewertet. Foren sorgen deshalb für ein gutes Suchmaschinenranking Ihres Produkts/Ihrer Dienstleistung. In den meisten Fällen sind die Beiträge für Suchmaschinen zugänglich (nur das Erstellen oder Beantworten von Beiträgen ist fast immer registrierungspflichtig) und haben ein gutes Ranking, weil Suchmaschinen diese Beiträge als besonders relevant einstufen (da es sich, ähnlich wie bei Blogs, um Usermeinungen handelt).

4.3 Wie können Sie Foren für Ihr Unternehmen nutzen?

Es gibt mehrere Ansätze, die sich ergänzen und die gerade dann, wenn Sie noch über wenig Erfahrung in der Forenarbeit verfügen, aufbauend zu verstehen sind:

1. *Beobachten und lernen:* Sie können die Kommunikation in Foren beobachten, um im Rahmen des Social Media Monitoring mehr über die Sichtweise Ihrer Kunden oder Zielgruppen hinsichtlich Ihres Produkts oder Ihres Unternehmens herauszufinden. Foren spielen im Social Media Monitoring eine wichtige Rolle, denn es sind Räume, in denen sich Fachexperten oder direkte Anwender bewegen und sich untereinander austauschen. Durch das Beobachten lernen Sie, wie sich die User untereinander verhalten, auf welcher Ebene und Basis die Kommunikation abläuft und wie Sie hier am besten einsteigen können.

2. *Aktiv werden:* Foren eignen sich in besonderem Maße auch dafür, interessierten und durchaus kritischen Usern über Ihr Produkt oder Ihre Dienstleistungen aktiv Fragen zu stellen oder ihnen eine Produktprobe anzubieten und sie um ehrliches und authentisches Feedback zum Produkt zu bitten.

3. *Selbst ein Forum/eine Community aufbauen:* Beide vorher genannten Möglichkeiten spielen sich hauptsächlich in fremden Foren ab. Sie können natürlich auch auf Ihrer Unternehmens- oder Produktwebsite ein eigenes Forum einrichten und so einen Raum für Diskussionen und Austausch unter den Usern schaffen. Die technischen Voraussetzungen dafür sind relativ gering, doch scheuen viele Unternehmen den administrativen Aufwand und mögliche Kritik am Produkt, die somit auf der eigenen Website geäußert werden würde. Auch hier möchten wir Ihnen mit auf den Weg geben, dass User Kritik so oder so äußern, egal ob dies auf Ihrer oder einer anderen Website geschieht. Besser ist es, Sie wissen über die Kritik Bescheid und können darauf mit Produktverbesserungen

und aktiver Kommunikation reagieren. Ein Hauptproblem beim Aufbau einer eigenen Community ist neben dem großen Zeit-/Personalaufwand auch das schwierige Erreichen einer kritischen Masse: Damit eine Community funktioniert, müssen sich ausreichend viele aktive Mitglieder darin bewegen und miteinander kommunizieren, ansonsten wird das Forum nicht als relevant und aktiv wahrgenommen und schläft einen Dornröschenschlaf, aus dem es nur mit viel Aufwand und meist nur kurzfristig geweckt werden kann.

4. *Kleine, aber kritische Community:* In Foren gelten berechtigterweise strenge Regeln für die Nutzung und die Kommunikation. Die User möchten nicht zugespammt werden, weder mit sich wiederholenden Fragen noch mit Werbung. Die Community ist klein und kritisch, aber wenn Sie offen und ehrlich kommunizieren und das Feedback und die Informationen aufnehmen, sind Foren eine tolle Quelle und Hilfe für Sie.

Rechtstipp von Peter Harlander: Prüfen Sie die AGB!

Wie bei anderen Plattformen gilt auch für Foren: Wer ein Forum für Marketingzwecke nutzt, muss nicht nur das Gesetz, sondern auch die AGB des Forums einhalten. Oft ist Werbung klar untersagt.

4.4   Wie funktionieren Foren?

In Foren geht es um Diskussionen. Jemand stellt eine Frage oder ein Thema zur Diskussion, und andere Forenmitglieder können auf diesen Beitrag oder auf eine der Antworten reagieren. Die Gesamtheit der Beiträge (Ursprungsbeitrag und die entsprechenden Antworten/Kommentare) bezeichnet man als *Thread*. Bei jedem Posting stehen der Autor, sein Profilbild (*Avatar* genannt) und das Datum sowie die Uhrzeit der Veröffentlichung. Die Threads sind ähnlich wie die Twitter-Timeline oder wie Blogs in chronologischer Form sortiert. Der Ursprungsbeitrag steht immer ganz oben, die Antworten folgen darunter. Manchmal ist es technisch auch möglich, ein Bild oder ein Foto mit zu veröffentlichen. Das ist beispielsweise in Grafikerforen absolut sinnvoll.

Eine besondere Rolle spielen die Administratoren bzw. Moderatoren im Forum. Sie sorgen dafür, dass das Klima unter den Diskussionsteilnehmern sachlich bleibt, dass keine unerwünschte Werbung und keine Spams veröffentlicht werden und dass sich einzelne Threads nicht zu chaotisch entwickeln. Man erkennt sie daran, dass in ihrem Profil bzw. bei jedem ihrer Beiträge das Wort »Administrator« oder »Moderator« angeführt wird. Mit diesen Personen sollten Sie es sich schon einmal auf gar keinen Fall verscherzen.

> **Rechtstipp von Peter Harlander: Vorsicht beim Anschreiben von Forenmitgliedern**
> Beim Anschreiben von Forennutzern gilt höchste Vorsicht. Das Verbot unverlangter Werbezusendungen gilt auch hier. Aus rechtlicher Sicht vermeidet man Probleme effizient, wenn man ehrlich berücksichtigt, dass kein Forenbenutzer Lust auf Werbung hat, und wenn man den Benutzern daher einen echten Mehrwert bietet. Überlegen Sie also genau, wie Sie die Nutzer am besten ansprechen.

4.5 Suchen Sie nach relevanten Foren

Natürlich sollten Sie zunächst herausfinden, in welchen Foren über Ihre Themen diskutiert wird. Die Zahl der Foren ist riesig, da kann man schnell den Überblick verlieren. Deshalb können wir Ihnen die folgenden Tools empfehlen:

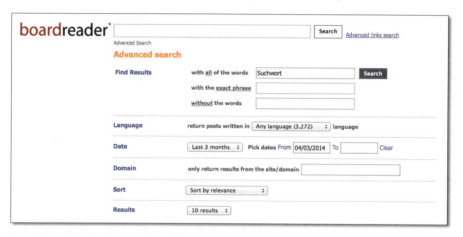

Abbildung 4.3 Mit Forensuchmaschinen wie boardreader.com können Sie explizit Foren nach gewissen Themen durchsuchen. (Quelle: Screenshot boardreader.com)

1. *Google Suche:* Der Branchenprimus bietet die Möglichkeit, das Suchergebnis nach bestimmten Kategorien zu filtern: nach Websites, Blogs, Statusupdates (soziale Netzwerke), News und eben auch nach Diskussionsbeiträgen. Damit können Sie nach Forenbeiträgen zum gewünschten Thema suchen. Sie erhalten zum Teil auch Beiträge aus Nichtforen, aber für den ersten Überblick ist dies auf alle Fälle sehr praktisch. Die Blogsuche finden Sie unter *http://www.google.de/blogsearch*, die Forensuche unter *https://www.google.de/webhp?tbm=dsc*.

2. *Boardreader*: Auf *www.boardreader.com* bzw. *www.forum-kompass.de* bieten beide Services die Möglichkeit, nach deutschsprachigen Foreneinträgen zu suchen. Außerdem zeigen sie in Form eines Trend Graphs an, wann der gesuchte Begriff besonders oft verwendet wurde und welche Foren am meisten Einträge

dazu bieten. Toll ist auch, dass es eine erweiterte Suche mit vielen Eingren-
zungs- und Filtermöglichkeiten gibt.

3. *Forumcheck.de:* Stöbern Sie auf *www.forumcheck.de* nach den eingetragenen
   Foren zu Ihren Themen, vielleicht finden Sie dort noch ein paar passende Foren.
   Wenn Sie in solchen Forenlisten nichts finden, sollten Sie woanders weitersu-
   chen. Verlassen Sie sich nicht auf die Vollständigkeit solcher Listen. Die Qualität
   dieser Listen ist zum Teil recht unterschiedlich.

Dies war nur eine kleine Auswahl an Such- und Listendiensten, die im Web zu finden sind. Meistens müssen Sie sich auf eine längere Suche einstellen und viele
Foren durchgrasen, um herauszufinden, welche für Sie relevant sind. Vergessen Sie
nicht die dritte Säule der Social-Media-Kommunikation: Ihre Kunden. Fragen Sie
Ihre zufriedenen Kunden, ob und in welchen Foren sie aktiv sind, und bitten Sie
sie, auch dort ihrer Zufriedenheit Ausdruck zu verleihen, aber drängen Sie sie nicht.
Wenn Sie die entsprechenden Foren gefunden haben, in denen Ihr Thema diskutiert wird, sollten Sie mit Bedacht den nächsten Schritt gehen. Wie werden Sie also
in Foren aktiv?

4.5.1 Tipps für den richtigen Einstieg

Foren sind Räume für Menschen, nicht für Unternehmen: Deshalb sollten Sie sich
auch als Person und nicht als Unternehmen registrieren. Damit fällt es Ihnen
wesentlich leichter, mit den Forenmitgliedern ins Gespräch zu kommen.

4.5.2 Erstellen Sie ein authentisches Forenprofil

Wählen Sie einen seriösen Usernamen (Nickname). Versuchen Sie nicht, mit einer
falschen Identität Privatheit vorzutäuschen. Geben Sie im Profil an, wo Sie arbeiten
und was Sie in Ihrem Unternehmen tun. Sie sollten Ihr Profil vollständig ausfüllen.
Verwenden Sie das gleiche Profilbild wie auf Facebook oder Twitter. Geben Sie eine
Kurzbiografie an, setzen Sie Links auf Ihren Twitter- oder Facebook-Account. Nutzen Sie auch die Möglichkeit vieler Foren, Ihre Signatur zu individualisieren. Geben
Sie z. B. den Link zu Ihrem Blog oder Ihrer Website an, gepaart mit einem anspre-
chenden Spruch. Verschwenden Sie allerdings nicht zu viel Platz, und halten Sie
sich an die Nutzungsbedingungen des Forums.

4.5.3 Seien Sie geduldig

Die wichtigste Regel in Social Media gilt auch für Foren: zunächst einmal zuhören,
dann erst aktiv werden. Dazu gehört gerade in Foren in erster Linie viel Geduld.
Lernen Sie die Sprache der Community, bevor Sie beginnen, mitzudiskutieren.
Ansonsten werden Sie als Spammer oder Marketer abgestempelt und fliegen direkt

wieder raus oder verlieren zumindest jegliches Vertrauen der anderen Forenmitglieder.

Sie sollten sich unbedingt der Community vorstellen. Dafür gibt es eigens eingerichtete Bereiche in Foren. Das zeigt den anderen, dass Sie an einer transparenten und echten Kommunikation und Teilhabe an der Community interessiert sind. Ein Phänomen, das man in vielen Foren wiederfindet: Neue User erstellen einen ganz neuen Thread mit einer Frage, die bereits mehrfach zu einem früheren Zeitpunkt von anderen Usern gestellt und von der Community bereits beantwortet wurde. Im Normalfall werden die »Neuen« von den Administratoren, Moderatoren oder von besonders aktiven Usern darauf angesprochen (meist mit einem Link zum entsprechenden Thread). In der Regel wird höflich, aber bestimmt auf die Suchfunktion hingewiesen. Versuchen Sie, diesen Anfängerfehler zu vermeiden, und stöbern Sie einmal durch das Forum, um dessen Struktur besser zu verstehen. Wenn Sie das Gefühl haben, sich sicher zu bewegen, sollten Sie regelmäßig aktiv sein und relevante Beiträge veröffentlichen. Manche Foren haben sogar ein Punktesystem eingeführt, damit besonders fleißige Mitglieder auch als solche sofort erkennbar sind.

4.5.4 Helfen Sie weiter

Helfen Sie den anderen weiter, wo Sie nur können. So werden Sie als Experte wahrgenommen und gewinnen das Vertrauen und die Sympathie der Community. Vermeiden Sie werbliche Inhalte. Ein Link zu relevanten, weiterführenden Inhalten darf natürlich auch auf Ihre Website oder Ihren Online-Shop führen. Lassen Sie sich nicht in emotionale, unsachliche Diskussionen verwickeln. Bleiben Sie beim Thema, und akzeptieren Sie auch konträre Meinungen. Selbst wenn Ihr Gegenüber das nicht schafft: Sie können sich dadurch ab- und hervorheben. In Foren gelten geschriebene wie ungeschriebene Gesetze und insbesondere der Forenknigge: Achten Sie auf die Einhaltung der Forennutzungsbedingungen genauso wie auf die Respektierung forenspezifischer Gepflogenheiten.

Für den seltenen Fall, dass es noch kein passendes Forum gibt, sollten Sie sich Rat bei Profis oder bei anderen Forenbetreibern holen und dabei keine Wunder erwarten. Die Mitglieder werden nicht gleich am ersten Tag zu Tausenden in Ihr Forum strömen. Das Erreichen der kritischen Masse ist ein langwieriger Prozess, an dem nicht wenige gescheitert sind. Denn selbst wenn Sie die kritische Masse erreicht haben, muss diese Community auch auf Dauer am Leben erhalten bleiben.

4.5.5 Angebote und Mitgliederwerbung haben in Foren nichts zu suchen

Seien Sie in Foren vorsichtig bei Angeboten in Bezug auf Marketing oder massenhafte Mitgliederwerbung, die im Web kursieren: In vielen Fällen handelt es sich um unseriöse Anbieter bzw. ineffektive und nicht nachhaltige Maßnahmen, die hier definiert werden. Sie gewinnen dadurch weder Reputation noch nachhaltigen Traffic. Konzentrieren Sie sich lieber darauf, langfristig eine positive Reputation aufzubauen sowie Feedback und viele eigene Erfahrungen zu sammeln. Der Dialog mit Ihnen als Ansprechpartner wird für Qualitätssicherung, Produktentwicklung und Innovation entscheidende Informationen liefern.

Rechtstipp von Peter Harlander: Forenmarketing mit unlauteren Mitteln ist wettbewerbswidrig

Wenn Foren systematisch mit Pseudoeinträgen zugemüllt werden, die nur den Sinn haben, die Benutzer auf die eigene Website zu leiten, ist dies illegales Spamming. Wenn sich bezahlte Agenturmitarbeiter als nette Konsumenten ausgeben und das Produkt ihres Kunden in den Himmel loben, ist dies illegale versteckte Werbung.

Wenn sie dabei auch noch die Produkte der Mitbewerber herabsetzen, ist dies eine illegale Herabsetzung fremder Unternehmen bzw. Produkte und möglicherweise eine illegale Form der vergleichenden Werbung. Forenmarketing mit unlauteren Mitteln ist daher höchst riskant.

4.6 Fazit Foren

Obwohl Foren größtenteils aus der Wahrnehmung der Medien und vieler User durch den Hype rund um Facebook und Twitter verdrängt wurden, spielen sie nach wie vor eine wichtige Rolle bei der Informationssuche und der Diskussion von Fragestellungen zu speziellen Themen. Vor allem Foren zu den Themen Gesundheit und Krankheit erleben derzeit einen Boom und werden immer öfter als medizinischer Ratgeber genutzt. Sie sollten sich auf alle Fälle einen Überblick darüber verschaffen, ob es für Sie relevante Foren gibt, und in jeder Hinsicht ernsthaft überlegen, wie Sie sich in Foren engagieren. Als authentische und unverfälschte Quelle von Informationen, Meinungen und Erfahrungen aus Konsumentensicht können Foren sehr, sehr hilfreich für Ihr Unternehmen und dessen Online-Reputation sein.

4.7 Bewertungen – der Austausch von persönlichen Erfahrungen

Konsumenten suchen nach Entscheidungshilfen in der Unendlichkeit von Angeboten und der Produktvielfalt des Markts. Bei Angeboten im Web kommt noch dazu, dass man viele Produkte nicht zunächst anfassen und ausprobieren, sondern erst nach Lieferung und Bezahlung überprüfen kann, ob das Gerät oder die Leistung auch wirklich das Richtige ist, die Bedürfnisse befriedigt und die Erwartungen

erfüllt. Nebenbei: »Augmented Reality«-Shopping versucht, diese Kluft zu überwinden (siehe unsere Ausführungen über Augmented Reality in Kapitel 9, »Mobile
Social Marketing«).

Da ist es nur die logische Konsequenz, dass viele Konsumenten nach Bewertungen
und Erfahrungsberichten anderer Konsumenten suchen. Natürlich gab und gibt es
viele Websites von Herstellern oder Händlern, die eine Bewertungsmöglichkeit
bzw. Kommentarfunktion für User anbieten, doch scheint das für viele User den
Zweifel an der Authentizität zu wecken: Auf der eigenen Website wird der Händler
oder Hersteller doch sicher keine negativen Bewertungen zulassen, könnte man
argumentieren. Auf unabhängigen Websites ist diese Gefahr zunächst weniger
offensichtlich. Dazu gehören auch die Bewertungsplattformen. Sie ermöglichen
zum einen, dass Webuser bestimmte Produkte oder Dienstleistungen bewerten,
und zum anderen, dass User Bewertungen für gesuchte Produkte finden und als
Unterstützung bei der Kaufentscheidung nutzen. Hier setzt sich der Kreis fort, weil
ein Teil jener User, die sich aufgrund der vorhandenen Bewertungen für ein Produkt
entschieden haben, wiederum auf der Bewertungsplattform ihr Feedback geben
und die bestehenden Bewertungen bestätigen oder relativieren.

4.7.1 Bewertungen sind ein alter Hut

Bewertungen gibt es im Web schon lange, die sogenannten Bewertungsplattformen standen am Beginn des User-Generated-Content-Zeitalters, doch haben sie
nichts von ihrer Relevanz für die Konsumenten verloren. Ganz im Gegenteil, sie
gewinnen an Einfluss im Informations- und Kaufentscheidungsprozess und werden
durch die Weiterentwicklung der Internettechnik, beispielsweise der Smartphones,
sogar noch weiter gepusht.

Nun gibt es einige, die behaupten, ihre Kunden würden die Bewertungsportale gar
nicht mit Namen kennen, und deshalb wären diese Plattformen nicht relevant.
Doch wer heute eine gängige Suchmaschine wie Google oder Bing nutzt und den
Namen eines Produkts oder Unternehmens eingibt, erhält oft an ziemlich prominenter Stelle im Suchergebnis eine Bewertung auf einer solchen Plattform. Mittlerweile werden Bewertungen sogar im normalen Google-Suchergebnis dargestellt
und in viele mobile Applikationen für Smartphones integriert. Sie sehen also, die
Relevanz von Bewertungen wird sogar eher stärker.

Bewertet wird heutzutage alles, was aus Sicht der User eine Bewertung verdient:
Hotels, Städte, Computer, Dienstleistungen und sogar Lehrer. Diejenigen, die
bewertet werden, sind in manchen Fällen nicht so glücklich darüber, doch aus der
Sicht der Konsumenten sind Bewertungen eine wichtige, weil authentische Informationsquelle.

4 Foren und Bewertungsplattformen

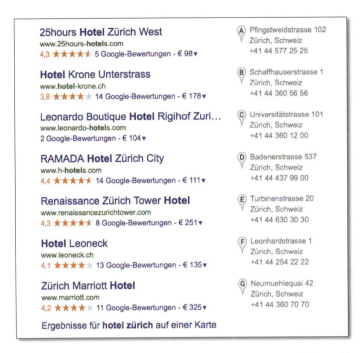

Abbildung 4.4 Google zeigt im organischen Suchergebnis auch die Zahl an Google-Bewertungen. (Quelle: Screenshot google.com)

Die ersten Branchen, die mit dem Phänomen der Bewertungsplattformen direkt konfrontiert waren, sind unter anderem der Tourismus und die Unterhaltungselektronik. Während einige Akteure aus der Wirtschaft anfangs versuchten, die Plattformen bzw. die User mit rechtlichen Mitteln daran zu hindern, von ihrem Recht auf freie Meinungsäußerung Gebrauch zu machen, hat man heute aus diesen Fehlern gelernt und versucht, das Beste daraus zu machen. Denn das Problem liegt meistens nicht in der Bewertung selbst, sondern in der mangelhaften Qualität des Angebots, zumindest aus der Sicht des Konsumenten. Negative Bewertungen beinhalten meistens einen Funken Wahrheit und entspringen der subjektiven Wahrnehmung des Kunden, egal ob der Unternehmer es so sieht, nachvollziehen kann oder es möchte. Deshalb hilft es nichts, die Bewertungen dort und da zu unterbinden: Der unzufriedene Kunde hat im Internet Tausende Möglichkeiten, seine Unzufriedenheit kundzutun. Besser er macht es dort, wo man es als bewertetes Unternehmen mitbekommt und darauf reagieren kann.

Auch bei den Bewertungsplattformen geht der Trend verständlicherweise hin zur Kommerzialisierung der Plattformen. Dabei entsteht natürlich immer auch der Gedanke, dass damit die Authentizität der Bewertungen auf der Strecke bleiben kann. Alle Bewertungsportale sind bemüht, durch Information, Transparenz und Kontrolle zu zeigen, dass die »echten« Kundenbewertungen im Vordergrund stehen. Mittels verschiedener Prüfverfahren soll sichergestellt werden, dass wirklich nur Bewertungen von tatsächlichen Kunden online gehen. Der Bewertungsbetrug hat zwei Gesichter: Unternehmen, die selbst oder über Agenturen positive Bewertungen über sich schreiben (lassen), sowie Unternehmen, die negative Bewertungen über einen Konkurrenten schreiben (lassen). Beides kann nie zu 100 % vermieden werden.

Doch so oder so haben gefälschte Bewertungen ein Grundproblem: Sie können mittel- und langfristig nicht funktionieren und ziehen zwangsläufig einen nachhaltigen und oft irreparablen Imageschaden nach sich. Positive Bewertungen haben ja den Effekt, potenzielle Kunden dazu zu bewegen, sich für das Produkt oder die Dienstleistung zu entscheiden. Wenn Kunden das auf Basis dieser Bewertung tun und das Produkt bzw. die Dienstleistung nicht das hält, was die Bewertungen versprechen, kehrt der Kunde zu diesen Bewertungen zurück und gibt seine persönliche und ehrliche Meinung kund: in Form einer besonders negativen Bewertung, weil er nun sicher festgestellt hat, dass ein Teil der Bewertungen nicht echt ist. Das heißt also, dass gefälschte positive Bewertungen automatisch negative Bewertungen produzieren. Das kann jedoch nicht im Interesse des Unternehmens sein.

Rechtstipp von Peter Harlander: Fälschungen zahlen sich nicht aus

Zwei Formen unrichtiger Bewertungen erscheinen für Unternehmer besonders verlockend: Das Unternehmen schreibt selbst positive Bewertungen über sich oder lässt sie über Agenturen schreiben, oder das Unternehmen schreibt negative Bewertungen über einen Konkurrenten (oder lässt schreiben). Beides kann nie zu 100 % vermieden werden. Beides ist aber ganz klar wettbewerbswidrig und höchst riskant. Oft muss nur ein Mitarbeiter, der davon weiß, den Job wechseln, und schon ist die Sache aufgeflogen und bei Gericht. Sie sollten daher derartige Methoden keinesfalls in Erwägung ziehen.

4.7.2 Warum Bewertungen für Sie wichtig sind

Bewertungen haben wichtige Eigenschaften, die sowohl für die User als auch für Sie als Unternehmen ausschlaggebend sind. Sie sind jederzeit, schnell und weltweit abrufbar, haben eine enorme Langlebigkeit und sind deshalb bei Suchmaschinen sehr beliebt (hohe Sichtbarkeit). Und Bewertungen zeugen von hoher Glaubwürdigkeit. Für die Informationssuchenden sind Bewertungen eine der schnellsten und zugleich verlässlichsten Informationsquellen. Für Sie sind Bewertungen eine Möglichkeit, unsichere Kunden schnell, einfach und nahezu kostenlos von Ihrem Produkt zu überzeugen.

Generell gilt: Die User greifen auf Bewertungen als relevante Informationsquelle für ihre Konsum- und Kaufentscheidung zurück. Wenn sie zwei vergleichbare Unternehmen vor sich haben, das eine mit zahlreichen, hauptsächlich positiven Bewertungen, das andere mit wenigen oder hauptsächlich negativen Bewertungen, wird die Entscheidung in fast allen Fällen klar ausfallen.

Auf den meisten Bewertungsplattformen können die User ein Unternehmen selbst eintragen, wenn es noch nicht vorhanden ist. Deshalb ist die Wahrscheinlichkeit groß, dass auch Ihr Unternehmen bereits existiert. Das sollten Sie überprüfen und darauf reagieren:

▶ Sie können den Eintrag in den meisten Fällen als »Geschäftsinhaber« übernehmen und damit eigene Inhalte (Text, Fotos) hinzufügen.

▶ Motivieren Sie Ihre Kunden zu Bewertungen, damit Sie eine ausreichende Basis an positiven Bewertungen haben, vor allem aktuell sollten sie sein.

4.8 Allgemeine Bewertungen

Bewertet wird heutzutage alles: Hotels, Restaurants und Unterhaltungselektronik sowieso, mittlerweile aber sogar Lehrer und Arbeitgeber, Ärzte und Handwerker. Der Konsument macht von seinem Recht auf freie Meinungsäußerung Gebrauch, teilt Zufriedenheit wie Unzufriedenheit mit der Welt und hilft somit anderen Konsumenten, die richtige Wahl zu treffen. Zu dieser Wahl sollte auch Ihr Unternehmen bzw. Ihr Produkt gehören. Solche Portale sind mittlerweile die wahrscheinlich wichtigste Anlaufstelle für Kundeninteressen – direkt nach Google.

4.8.1 Amazon

Amazon ist der Primus unter den Bewertungsplattformen. Hier wird alles bewertet, was letztlich auch auf den Long Tail von Amazon (siehe Abschnitt 1.5.4, »Der Long Tail«) zurückzuführen ist. Wie sehr man von Amazon-Bewertungen profitieren kann, haben wir bei der ersten Auflage von Follow me! bemerkt. Mit jeder Bewertung stiegen auch die Verkaufszahlen. Nach einem Jahr hatten wir 43 Bewertungen in Amazon, mehr als jedes Konkurrenzwerk. Heute sind es 67 Bewertungen. Bekamen wir positives Feedback via Facebook, Twitter oder in Form einer Blogrezension, haben wir diese Leser auch aktiv um Feedback in Amazon gebeten, was sie uns gern zur Verfügung stellten. Das Gleiche gilt auch für Sie. Wenn Sie bereits zufriedene Kunden haben, die ihre Zufriedenheit schon einmal online oder offline geäußert haben, bitten Sie sie um eine Rezension in Amazon, insbesondere wenn es ein Produkt ist, das besonders häufig über Amazon bestellt wird.

4.8.2 Google

Auch Google hat die Bedeutung der Bewertungen erkannt und lässt diese immer stärker in das Suchergebnis mit einfließen. Allerdings bietet Google mittlerweile selbst einige Bewertungstools an. Man kann z. B. für ein Hotel seiner Wahl eine Bewertung (in Textform) abgeben und die Qualität der Unterkunft mittels Sternevergabe bewerten. Diese Informationen verknüpft Google mit dem lokalen Google-Places-Eintrag, sodass der User auf einen Blick nicht nur Adresse, Links und Vorschaubild des Hotels sieht, sondern auch gleich aktuelle Bewertungen dazu. Diese Bewertungen wirken sich positiv auf das Suchergebnis aus, d. h., wurden besonders viele Bewertungen abgegeben, stuft Google diese Unterkunft als wichtig ein und platziert sie weiter oben.

Google+

Ein weiteres Bewertungstool schafft Google mithilfe seines eigenen sozialen Netzwerks Google+. Wer dort angemeldet ist und eine Bewertung verfasst, wird im Suchergebnis mit Namen angezeigt. Das heißt, der Suchende bekommt Ergebnisse geliefert, denen Google einen Urheber zuordnen kann. Dies geschieht auch, wenn er nicht bei Google angemeldet ist. Diese Artikel sind für den Nutzer glaubwürdiger als Suchergebnisse ohne Quelle. Sie geben auch dem Autor mehr Glaubwürdigkeit und erhöhen so den Wert der Website. Google arbeitet also an einem personalisierten Web, in dem Begriffe wie *Trust* und *Authorship* eine große Rolle spielen – auch unter dem Stichwort »Google Authorship« bekannt. Zusätzlich zeigt Google den aktuellsten Beitrag aus dem Google+-Unternehmensaccount im Suchergebnis an.

Das zeigt, wie relevant Googles lokale Bewertungen und Tipps für die User – vor allem am Smartphone – sind. Dabei greift das Smartphone über GPS auf die aktuellen Standortdaten zu und stellt die Points of Interest auf einer Karte dar. So können Touristen vor Ort anhand der Bewertungen sehen, wo sich gut besuchte Restaurants in der Nähe befinden.

4.8.3 check24.de

Immer öfter bieten diese Bewertungsplattformen mehrere Funktionen gleichzeitig. Das in Deutschland sehr aktive Preisvergleichsportal check24 (*http://www.check24.de*), das auch Kundenbewertungen enthält, gibt seit ungefähr drei Jahren sehr viel Geld dafür aus, die eigene Marke bekannter zu machen. Allein 2013 wurden ca. 50 Millionen Euro in Werbung investiert. Die Betreiber der Plattform bezeichnen sich selbst als einen der größten Einkaufsberater im Internet. Viele andere Mode- und Konsumgüterunternehmen, die Onlineshops betreiben, haben in den vergangenen Jahren stark aufgerüstet und Bewertungsfunktionen in ihre Shops eingebaut. Und die Kunden machen Gebrauch davon. Dank technischer

Möglichkeiten werden sie nach dem Onlineeinkauf über die Produkte in ihrem Warenkorb befragt und können eine Bewertung abgeben. Diese kann, für Schreibfaule, mittels Sternebewertung oder auch in Textform abgegeben werden.

Es können so gut wie alle Produkte und Dienstleistungen bewertet werden, daneben werden auch Produkttests integriert und Preisvergleiche dargestellt. Die Bewertungs- und Preisvergleichsplattformen verdienen ihr Geld einerseits mit Werbeanzeigen und Verlinkungen, andererseits mit Marktforschungsdaten, die erhoben und an Agenturen, Institute und andere kommerzielle Abnehmer oder Medien verkauft werden.

Sie sollten auf alle Fälle beobachten, ob eines Ihrer Produkte bewertet wurde und wie es bei den Usern abschneidet. Ähnlich wie auf check24, eBay oder ciao.de können auch auf dooyoo.de (*http://www.dooyoo.de*) Produkte und Dienstleistungen bewertet werden. Ein vergleichbares Prinzip verfolgt in Deutschland die Plattform *http://www.yopi.de*. In der Schweiz ist *http://www.testbeste.ch* die erste Anlaufstelle für Tests und Preisvergleiche.

4.8.4 Yelp

Yelp hat Ende 2013 QYPE übernommen. Der Name »Yelp« ist eine Kurzform von »Yellow Pages« (Gelbe Seiten). Die Bewertungsplattform, bekannt für ihre Restaurantbewertungen, ist vor allem mobil am Smartphone gut zu bedienen und in den USA bereits seit 2004 online. Das Geschäftsmodell basiert auf dem Anzeigenverkauf für auf der Plattform registrierte lokale Geschäfte. Yelp ist nach Städten und Stadtteilen strukturiert. Unternehmer können ein kostenloses Konto einrichten und zusätzliche Informationen zu ihrem Geschäft eintragen, dazu gehören auch Sonderangebote. Sie können auch auf Userbeiträge antworten. Viel Userkritik gab es bei der Übernahme von QYPE, hatte man doch den Usern versprochen, ihre Bewertungen gingen nicht verloren. Tatsächlich wurden aber viele Einträge aus QYPE nicht in Yelp übernommen, da ein Filter, der über die bisherigen QYPE-Bewertungen lief, zahlreiche Beiträge aussortierte und als mangelhaft herabgestufte. Des Weiteren wird Yelp immer wieder beschuldigt, seine Webseite und Benutzerbewertungen auf der Grundlage zu manipulieren, ob dieses Unternehmen Werbekunde von Yelp ist oder nicht. In Zukunft kann man auch Videobewertungen abgeben und so zum Beispiel die Stimmung, die Lichtverhältnisse und die Geräuschkulisse eines Restaurants einfangen und so anderen einen besseren Eindruck von der Atmosphäre vermitteln.

4.8.5 kununu.de

kununu ist eine Bewertungsplattform für Unternehmen. Dort können Arbeitnehmer über ihre Erfahrungen mit einem Unternehmen (Verhalten von Vorgesetzten, Kollegenzusammenhalt, Arbeitsatmosphäre, Gehalt und Benefits usw.) berichten und ihre Arbeitgeber bewerten. Zudem können sich auch potenzielle neue Bewerber vorab über einen Betrieb informieren.

Hier wird sozusagen der Spieß einmal umgedreht, und der Arbeitgeber erhält ein Zeugnis. Wenn ein Kunde, Geschäftspartner, potenzieller Investor oder zukünftiger Traummitarbeiter auf der Suchmaschine seines Vertrauens Ihren Unternehmensnamen eingibt, könnte es sein, dass eine Bewertung von kununu.de auftaucht. Ist ein Unternehmen einmal auf kununu bewertet, ist es durch die hohe Reichweite von kununu jederzeit im Internet auffindbar. Sie sollten deshalb unbedingt darauf achten, ob bereits ein Eintrag Ihres Unternehmens besteht, da es für Ihre Online-Reputation sehr wohl ausschlaggebend sein kann, wie sich (ehemalige) Mitarbeiter über Ihr Unternehmen bzw. Ihren Führungsstil und Ihre Qualifikation als Chef äußern. Sie haben die Möglichkeit, als Unternehmen offiziell zu einer Bewertung Stellung zu nehmen, oder können aus einer Liste kostenpflichtiger Pakete eines auswählen, um den Unternehmenseintrag optisch und inhaltlich aufzuwerten. Mit knapp 600.000 Bewertungen zu 160.000 gelisteten Firmen ist kununu marktführendes Portal für Arbeitgeberbewertungen und Employer Branding im deutschsprachigen Raum. Rund 1.000 Unternehmen aus der Schweiz, Deutschland und Österreich nutzen die Reichweite eines kostenpflichtigen Firmenprofils. Seit 2013 gehört kununu zur XING AG.

4.8.6   Facebook-Rezensionen

Auch Facebook geht einen Schritt weiter in Richtung Bewertungsplattform und bietet seinen Usern die Möglichkeit, Unternehmensseiten zu bewerten. Ziel ist, die vielfach gesammelten User- und Unternehmensdaten sinnvoll mit ortsbezogenen und qualitativen Daten zu verknüpfen.

Facebook-Nutzer können über die Funktion REZENSION eine Facebook-Seite mit einem bis fünf Sternen bewerten und optional auch einen Textkommentar dazu verfassen, die Verteilung der Sternebewertung kann sich jeder auf der Facebook-Seite öffentlich ansehen. Damit die Nutzer eine Sternebewertung bzw. Rezension hinterlassen können, muss die Facebook-Seite zum aktuellen Stand (Juni 2014) als Facebook-Ort angelegt sein (also eine Unternehmensadresse hinterlegt sein). In der mobilen Facebook-Variante werden die Bewertungen noch prominenter angezeigt. Facebook fordert seine User auch aktiv auf, Orte zu bewerten, die man besucht hat bzw. bei denen man »eingecheckt« hat. Die Bewertungen möchte Facebook in Zukunft auch für ein Ranking nutzen, also z. B. aufgrund der Bewertungen die beliebtesten Pizzerien küren. Sie sehen also, Facebook pusht das Thema »Bewertungen« aktiv, möchte auch hier zu Google aufschließen und Kundenmeinungen sammeln, die von anderen Nutzern als relevante und oft kaufentscheidende Information gesucht werden.

4 Foren und Bewertungsplattformen

Abbildung 4.5 Facebook-Rezensionen erhalten einen immer höheren Stellenwert für User und auch aus Sicht von Facebook. (Quelle: Screenshot www.facebook.com/kitzbuehel)

Fast jeder kann bewertet werden

Weitere Bewertungsplattformen sind beispielsweise jene spezieller Berufsgruppen. Dazu gehören die durch die Medien bekannt gewordene Lehrerbewertungsplattform http://www.spickmich.de sowie Ärztebewertungsportale wie http://docinsider.de. In Deutschland gab es 2014 ein richtungsweisendes Urteil zu Bewertungen, um den Schutz der Privatsphäre der User auf solchen Plattformen zu wahren. Bei der Ärzteplattform Sanego (http://www.sanego.de) können Patienten anonyme Beiträge veröffentlichen, die anderen bei der Arztwahl helfen sollen. Auf Beschwerde eines Arztes, der negativ bewertet wurde (laut Arzt zu Unrecht), hatte der Portalbetreiber die Beurteilungen zwar gelöscht, wenig später waren sie aber neu zu lesen. Der deutsche Bundesgerichtshof in Karlsruhe musste sich mit der Frage beschäftigen, ob ein Internetbewertungsportal bei falschen Behauptungen eines Nutzers dessen Identität preisgeben muss. Man kam in dem Grundsatzurteil zu dem Schluss, dass die Anonymität der Bewerter im Internet geschützt werden müsse, vorausgesetzt, es wird keine Strafanzeige gestellt.

4.9 Best Practice Tourismus – wie Reisebewertungen eine ganze Branche umkrempeln

Der Urlaub ist ein besonders zu behandelndes Thema für viele Konsumenten. Zunächst einmal ist es für viele Menschen eine der wichtigsten Zeiten des Jahres, die der Erholung, Regeneration und Unterhaltung dient. Urlaube sind meist eine kostspielige Angelegenheit und nehmen einen relevanten Teil des Freizeitbudgets in Anspruch. Zusätzlich verlangen Urlaube normalerweise ein gewisses Maß an Planung und kostbare Urlaubstage, die man nicht vergeuden möchte. Außerdem gibt es im Gegensatz zu herkömmlichen Produkten wie Computern oder Fernsehern kein Umtauschrecht im eigentlichen Sinn. Die Konsumenten müssen sich also doppelt und dreifach informieren und sich auf verschiedene Informationsquellen verlassen. Relevante Quellen waren und sind natürlich Freunde und Bekannte oder die Berater im Reisebüro. Wenn nun aber keiner der Freunde bisher in der Urlaubsregion war oder man keine kompetente Auskunft im Reisebüro bekommen hat, bleibt nur das Internet als Informationsquelle. Aber auch für Businessreisende ist es wichtig, die wenigen Stunden Freizeit, die man hat, gut nutzen zu können oder auch ein Hotel zu finden, das von Lage und Ausstattung her den Anforderungen gerecht wird. Im Internet gibt es mittlerweile Millionen von Hotelbewertungen, die auf unterschiedliche Reiseportale und Communitys verteilt sind. Und diese Bewertungen sind zu einem entscheidenden Kriterium bei der Buchung eines Urlaubs geworden: Etwa 87 % aller Gäste lesen diese Bewertungen, bevor sie sich für ein Hotel entscheiden

4.9.1 HolidayCheck

Das größte deutschsprachige Urlaubsbewertungsportal ist HolidayCheck (*http://www.holidaycheck.de*), dessen gleichnamiges Unternehmen in der Schweiz am Bodensee sitzt. 1999 als Plattform gegründet und 2003 in ein Unternehmen übergegangen, wurde es 2006 unter anderem von der Tomorrow Focus AG übernommen (Teil von Hubert Burda Medien), die heute die absolute Anteilsmehrheit an HolidayCheck hat. Zum Bewertungsportal gehört auch ein Online-Reisebüro. So versucht HolidayCheck, seine Marktposition zu monetarisieren. Inwieweit damit die Unabhängigkeit gefährdet ist, kann man heute noch nicht sagen. Im Großen und Ganzen gilt die Plattform aber als zuverlässige und authentische Informationsquelle. Jedes Jahr wird der sogenannte HolidayCheck-Award an Hotels verliehen, die bei den Usern am beliebtesten sind, also die besten Bewertungen erhalten haben.

User können auf HolidayCheck mittlerweile so gut wie alle Urlaubsregionen und Reisearten bewerten bzw. Bewertungen darüber ansehen. Zentrale Elemente sind die Bewertungen von Hotels, Reisetipps und Schiffen (siehe Abbildung 4.6). Laut eigenen Angaben auf der Website verfügt die Plattform über aktuell mehr als 3 Mio. Bewertungen, Fotos und Videos. Dazu gibt es noch ein Reiseforum, in dem sich User untereinander austauschen können.

4 Foren und Bewertungsplattformen

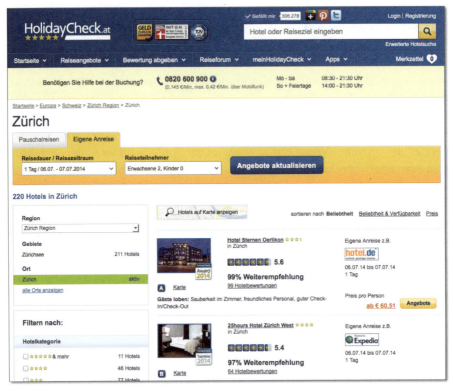

Abbildung 4.6 Viele potenzielle Hotelgäste gehen bei ihrer Recherche auf eine Bewertungsplattform wie HolidayCheck, um sich ein authentisches Bild machen zu können.
(Quelle: Screenshot holidaycheck.at)

Wenn Sie ein Hotel besitzen oder betreuen, sollten Sie unbedingt den sogenannten HotelManager nutzen. Darunter versteht man einen Zugang für Hoteliers, um den Eintrag des eigenen Hotels auf HolidayCheck zu managen. Dieser Zugang ist kostenlos und ermöglicht Ihnen,

- über neue Bewertungen automatisch informiert zu werden (per E-Mail),
- die Bewertungen des eigenen Hotels kommentieren/beantworten zu können,
- das Hotelprofil zu ergänzen (News, Infos, Bilder),
- die Bewertungen auf der eigenen Website einzubinden und
- Zugriff auf HolidayCheck-Seitenstatistiken rund um Ihr Hotel zu haben.

Mittlerweile gibt es diese Möglichkeiten auch für Tourismusdestinationen. Damit erhalten Sie die Chance, die Bewertungen im Blick zu behalten, um entsprechend reagieren zu können.

4.9.2 TripAdvisor

Das Portal TripAdvisor (*http://www.tripadvisor.com*) ist mit 150 Mio. Bewertungen und Erfahrungsberichten die größte internationale Reiseplattform weltweit. User finden Unterkünfte, Restaurants, Sehenswürdigkeiten und reiserelevante Informationen aus der ganzen Welt. TripAdvisor gehört zum Reisekonzern Expedia und verdient sein Geld unter anderem mit Werbeflächen auf der Plattform und mit Bezahleinträgen von gelisteten Unternehmen. Es gibt aber auch eine kostenlose Variante eines Eintrags. Sie können Ihr Unternehmen registrieren oder als offizieller Vertreter übernehmen (wenn es beispielsweise bereits von einem User angelegt und bewertet wurde) und zusätzliche Fotos und offizielle Informationen (Öffnungszeiten, Besonderheiten wie 24-Stunden-Rezeption usw.) hinzufügen. Außerdem können Sie über das Management-Antwort-Formular direkt auf eine Bewertung bzw. Kritik antworten und in Kontakt mit dem Bewerter treten. Somit können Sie auf jede Bewertung reagieren.

Applikationen von TripAdvisor

TripAdvisor verfügt auch über Applikationen für Smartphones und sogar über eine eigene, sehr beliebte Applikation auf Facebook namens »Cities I've visited«, auf der man jene Orte visualisieren kann, die man schon einmal bereist hat.

4.9.3 booking.com

An Booking (*http://www.booking.com*) kommt heutzutage kaum ein Reisender, aber auch kaum ein Hotelier im deutschsprachigen Raum vorbei. Eigentlich ist booking.com eine Hotel-Buchungsplattform, wichtiger Bestandteil ist jedoch auch User Generated Content wie Bewertungen und Fotos. Zusätzlich können Herzen und eine Punktebewertung für die Kategorien Sauberkeit, Komfort, Lage, Ausstattung, Hotelpersonal und Preis-Leistungs-Verhältnis vergeben werden. Der große Vorteil für die User ist, dass sie eine strukturierte Übersicht an Unterkünften zu Preis und Hotelleistung erhalten und sofort buchen können, aber erst vor Ort bezahlen. Zudem kann man sehr kurzfristig ohne Kosten stornieren.

Zwischen vielen Hoteliers und booking.com herrscht eine Art Hassliebe. Der Grund: Auf diesem US-Portal werden mittlerweile 50 % aller Online-Hotelbuchungen in Europa getätigt – und booking.com verlangt pro Hotelbuchung bis zu 20 % vom Hotelier. Dies schafft eine ungewollte Abhängigkeit und Monopolstellung. Vor Kurzem hat booking.com ein neues Portal gelauncht, *www.villas.com*, das nach dem gleichem Prinzip wie booking.com aufgebaut ist.

4.10   Tipps im Umgang mit Bewertungen

Neben den genannten Urlaubsbewertungsplattformen gibt es noch viele weitere, z. B. tripsbytips.de, zoover.com oder trivago.de. Auf vielen Buchungsportalen wie booking.com oder expedia.de können Kunden Bewertungen über die gebuchte Leistung abgeben, und Generalisten wie ciao.de bieten ebenfalls die Möglichkeit, Hotels und andere touristische Betriebe zu bewerten. Behalten Sie also auch diese Portale im Blick. Nutzen Sie hierzu entsprechende Monitoring-Tools, wie in Kapitel 3, »Social Media Monitoring und Online Reputation Management«, beschrieben.

Sie sollten die Bewertungen über Ihr Unternehmen, Ihre Leistungen oder Ihre Produkte stets beobachten und entsprechend reagieren können. Wenn Sie ausschließlich positive Bewertungen erhalten, dann nehmen Sie das als tolle Bestätigung Ihres Erfolgs, und teilen Sie dies mit Ihren Mitarbeitern. Für den Fall, dass sich die eine oder andere negative Bewertung daruntermischt, wissen Sie wenigstens, wo es noch Verbesserungsbedarf gibt, und sollten darauf reagieren. Die Reaktion auf eine negative Bewertung sollte immer mehrere Punkte beinhalten.

4.10.1   Reagieren Sie direkt auf die Bewertung

Danken Sie dem Kunden für das Feedback, und entschuldigen Sie sich für Fehler. Versprechen Sie konkret Verbesserung bzw. Problembehebung, und sagen Sie vor allem, wie Sie den Fehler in Zukunft vermeiden möchten. Selbst wenn Sie wissen, um welchen Kunden es sich konkret handelt (weil der Bewerter sich mit dem richtigen Namen angemeldet und geäußert hat oder spezielle Fakten bzw. zeitlich eingrenzbares Wissen preisgibt) und Sie diesen als kategorischen Nörgler bloßstellen könnten, ist es wichtig, professionell und sachlich zu bleiben. Schließlich ist alles, was wir im Internet tun, öffentlich. Wenn wir schon nicht diesen einen Kunden zurückgewinnen können, dann können wir zumindest allen anderen und zukünftigen Besuchern dieses Portals zeigen, dass wir ernsthaft an der Zufriedenheit der Kunden interessiert sind. Irren ist menschlich, und die Kunden verzeihen den einen oder anderen Fehler, vor allem wenn sie das Gefühl haben, dass intensiv daran gearbeitet wird, aus vergangenen Fehlern zu lernen und sie zukünftig zu vermeiden.

Rechtstipp von Peter Harlander: Kunden dürfen ihre Meinung äußern

Das Wichtigste zuerst: Kundenmeinung lässt sich auf dem Rechtsweg kaum unterbinden. Wenn ein Sauberkeitsfanatiker postet, dass ein täglich mehrmals perfekt gereinigter und alle Hygienevorschriften erfüllender Pool eine Dreckkloake ist, weil er dort ein erst vor zwei Sekunden abgefallenes Haar entdeckt hat, können Sie auf dem Rechtsweg rein gar nichts dagegen unternehmen. Dies geht nur bei unrichtigen Tatsachenbehauptungen, also wenn jemand behaupten würde, der eigentlich perfekt gereinigte Pool wäre eine dunkelbraune Suppe gewesen.

4.10.2 Verbessern Sie Ihre Qualität

Wenn Ihnen Ihre Kunden Feedback geben, sollten Sie das besonders ernst und wichtig nehmen. Ihre Kunden sind Ihr Kapital, und was Ihre aktuellen Kunden bemängeln, werden zukünftige Kunden auch nicht viel besser beurteilen. Die Kritik lässt sich sehr oft an konkreten Mängeln festmachen. Beheben Sie die Mängel, und kommunizieren Sie das auch.

Damit können Sie langfristig dafür sorgen, dass die Zahl der negativen Bewertungen abnimmt. Zusätzlich sollten Sie proaktiv dafür sorgen, dass die Zahl der positiven Bewertungen steigt. Fordern Sie Ihre Kunden auf, ihrer Zufriedenheit Ausdruck zu verleihen, und zeigen Sie ihnen explizit, wo sie die Bewertungen abgeben können (bzw. sollen). Integrieren Sie die Bewertungen in Ihre Website, oder verlinken Sie zumindest dorthin.

Was Sie unbedingt vermeiden sollten, haben wir im Folgenden zusammengefasst.

4.10.3 Finger weg von gefälschten Bewertungen

Schwindeln fliegt im Internet immer auf, es ist nicht die Frage, ob, sondern nur, wann. Was passiert Ihrer Meinung nach, wenn Ihr Unternehmen oder Produkt tolle, aber unechte Bewertungen auf einer Plattform hat und die Kunden aufgrund dieser Bewertungen eine Kaufentscheidung treffen? Es wird eine falsche Erwartungshaltung geweckt. Die Kunden werden real nicht alles wie erwartet vorfinden und viele negative Bewertungen schreiben. Dies gleicht einer Lawine, die, einmal losgetreten, nur noch schwer zu stoppen ist und einen langfristigen bis irreparablen Imageschaden nach sich zieht.

4.10.4 Nehmen Sie Kritik nicht persönlich

Wir wissen, wie schwer das ist, vor allem wenn es sich bei dem Unternehmen oder Produkt um das Ergebnis großen persönlichen Engagements handelt. Doch im Grunde ist der Kunde König, und wenn er nicht zufrieden ist, muss an der Qualitätsschraube gedreht und etwas optimiert werden.

4.10.5 Streiten Sie sich nicht mit Ihren Kunden

Was gibt das für ein Bild ab, wenn Sie einen Ihrer Kunden öffentlich beschimpfen oder ihn nicht ernst nehmen oder herabsetzen? Selbst wenn dieser konkrete Kunde es vielleicht verdient hätte, so bekommen doch alle anderen bestehenden und potenziellen Kunden mit, dass Sie im Ernstfall aus allen Rohren schießen und kein Pardon kennen. Das ist unprofessionell und verschreckt die Kunden.

4.10.6 Ignorieren Sie negative Bewertungen nicht

Selbst wenn Sie wissen, dass der Bewerter ein Berufsnörgler ist, die anderen User wissen das nicht. Würden Sie die Bewertungen löschen (lassen), könnten andere User denken, Sie würden damit versuchen, ihnen eine wichtige Information vorzuenthalten. Und wie bereits gesagt, steckt in den meisten Bewertungen mindestens ein Fünkchen Wahrheit. Zumindest ist es die Wahrheit des Kunden, und die müssen Sie ernst nehmen, auch wenn Sie das alles ganz anders sehen. Versuchen Sie also, die Bewertung so seriös wie möglich zu betrachten, und reagieren Sie professionell.

4.11 Fazit Bewertungsplattformen

Bewertungen sind das Zugpferd für erfolgreiches Empfehlungsmarketing, und es lohnt sich, zufriedene Kunden dazu einzuladen, Ihr Feedback online zu hinterlassen, wo es die Kaufentscheidung anderer Kunden positiv beeinflusst. Haben Sie keine Angst vor negativen Bewertungen, die meisten sind ohnehin positiver Natur. Negative Kommentare, von denen Sie sonst vielleicht nie erfahren hätten, werden wiederum direkt an Ihr Qualitätsmanagement kommuniziert und können so sinnvoll genutzt werden.

5 Blogs – Ihre Social-Media-Zentrale

Immer mehr Unternehmen setzen auf »PR off the records«, auf Hintergrundgeschichten aus dem Unternehmen, auf authentische Informationen und den Kundendialog. Ein Blog ist das perfekte Dialogmedium, um Kundenbeziehungen zu pflegen und neue Kunden zu gewinnen.

Ein Blog ist Ihre eigene Social-Media-Zentrale, die Sie für Ihre Online Relations jederzeit einsetzen können. Was früher auf der Website als Newsbereich oder Pressecorner geführt wurde, können Blogs viel besser. Mit Ihrem Blog können Sie täglich News, Infos, kurze Statements, Ankündigungen usw. an Ihre Leserschaft senden. Nur von der PR-Sprache (»Wir reden über uns, und ihr hört bitte nur zu!«) müssen Sie sich verabschieden, denn die interessiert so gut wie niemanden mehr.

Blogs – ein überholtes Tool?

Blogs gibt es schon seit mehr als 15 Jahren. Sie haben aber in den letzten Jahren eine rasante Entwicklung genommen. Mit dem Aufkommen sozialer Netzwerke wie Facebook glaubten einige, dass Blogs nicht mehr zeitgemäß wären und von der Bildfläche verschwinden würden. Doch das Blog hielt der Weiterentwicklung stand, und soziale Netzwerke förderten sogar die Verbreitung und Popularität von Blogs.

Mit einem Blog können Sie Ihre gesamten Social-Media-Aktivitäten zusammenführen. Dazu gehören Verlinkungen zu den Social-Media-Kanälen, das Einbinden von Videos und Bildern, das Anzeigen Ihrer Blogleser usw. Das Blog ist daher Ihre Social-Media-Zentrale, über die Sie Ihre Social-Media-Strategie steuern.

5.1 Blogger Relations – Beziehungen zu Bloggern pflegen

Online Relations, d. h. Public Relations im Internet, funktionieren heute nicht mehr, ohne die Beziehungen zu Bloggern zu pflegen. Sie müssen daher auch Blogger Relations betreiben. Mittlerweile gibt es Blogger, die eine respektable Anzahl an Lesern verzeichnen. Dementsprechend ist auch ihr Einfluss auf ihre Leserschaft überaus hoch. Wenn Blogger zu Fernsehdiskussionen eingeladen werden oder sogar eigene Sendezeiten bei diversen TV-Sendern bekommen, geschieht das nicht ohne Grund. Blogs und Microblogs (siehe Kapitel 6, »Twitter«) haben in der

Medienlandschaft einen großen Stellenwert: Erste inoffizielle Informationen über neue Smartphones werden beispielsweise immer öfter von Powerbloggern veröffentlicht. Aber das gilt nicht nur für Technologiethemen, sondern sicher auch für Ihre Branche. Haben Sie schon einmal geschaut, wo überall über Ihr Unternehmen, Ihre Produkte und Dienstleistungen oder unternehmensrelevante Themen berichtet wird? Wenn nicht, erfahren Sie in Kapitel 3, »Social Media Monitoring und Online Reputation Management«, mit welchen Social-Media-Tools Sie das herausfinden. Sicher hat auch schon das eine oder andere Blog über Sie berichtet. Und nun stellen Sie sich vor, da ist ein Powerblogger darunter, der eine große Leserschar hinter sich vereint, die auf sein authentisches und kompetentes Wort viel Wert legt. Private Blogger sind wichtige Multiplikatoren, die mit ihrem unabhängigen Blog und ihrer starken Vernetzung die öffentliche Meinung stark beeinflussen. Insbesondere bei Spezialthemen konnten sich in der Vergangenheit Experten mit ihren Blogs sehr gut positionieren. Sie sind mindestens genauso wichtig wie die Riege an Journalisten, die Sie mittels Pressearbeit und Lobbying dazu bringen wollen, positiv über Ihr Unternehmen oder Ihr neuestes Produkt zu schreiben. Die Lobby der Blogger ist jedoch die Blogosphäre. Lobbyarbeit betreiben Sie mit Ihrem eigenen Blog, durch Lesen und Kommentieren branchenrelevanter Blogbeiträge und durch intensiven persönlichen Austausch mit den Bloggern.

5.1.1 Wie die Blogosphäre die Medienlandschaft beeinflusst

Durch die Blogosphäre haben sich die klassischen Grenzen zwischen Medienproduzenten und Medienkonsumenten aufgelöst: Während lange Zeit klassische Medien wie Print, Radio und TV die Inhalte produzierten, die der Zuschauer, Zuhörer und Leser nur konsumieren konnte, können die Blogger eigenständig Inhalte veröffentlichen und einem weltweiten Publikum zugänglich machen. Kein Verlag oder Medienunternehmen kann diese Blogger mehr daran hindern, ihre Inhalte mit anderen Menschen zu teilen. Blogger werden daher als *Prosumenten* bezeichnet, da sie gleichzeitig Inhalte produzieren und konsumieren (andere Blogbeiträge lesen und kommentieren). Was zu Beginn als Journalismus von Amateuren abgetan wurde, ist heute eine gängige Alternative zu Mainstream-Medien. Neben qualitativ sehr hochwertigen Blogbeiträgen gibt es selbstverständlich auch weniger anspruchsvolle Beiträge. Fakt ist jedoch, dass die Blogosphäre den Journalismus stark beeinflusst hat und es weiterhin tut.

5.1.2 Warum Sie bloggen sollten

Immer mehr Unternehmen, auch im deutschsprachigen Raum, haben bereits ihr eigenes Blog gestartet. Manches Blog ist ein Experiment geblieben, aber zahlreiche Firmenblogs haben die Vorteile des Bloggens für sich erkannt und informieren die

Öffentlichkeit über unternehmensrelevante Neuigkeiten. Andere Blogger greifen diese Informationen auf, analysieren, bewerten und kommentieren sie und verteilen sie weiter. Mit Blogs können Sie neue Kunden gewinnen und treue, interessierte Kunden ausführlich informieren. Durch Kommentarfunktionen können Sie wertvolles Feedback Ihrer Kunden sammeln. Oder Sie nutzen die Kommentarfunktion für ein Gewinnspiel und fordern Ihre Leser auf, einen Kommentar für die Teilnahme zu hinterlassen. So erfahren Sie nicht nur, wer Ihre Blogleser sind, sondern sammeln auch positive Rückmeldungen.

Blogs können ebenso für ein effizienteres Projektmanagement innerhalb Ihres Unternehmens eingesetzt werden, insbesondere um den Arbeitsprozess für alle Mitarbeiter transparenter zu machen. Das Unternehmen IBM nutzt interne Blogs seit Jahren für ihr Wissensmanagement und hat damit sehr gute Erfahrungen gemacht. Da wir in diesem Buch hauptsächlich den Marketingaspekt von Blogs beleuchten möchten, gehen wir nicht weiter auf die firmeninternen Verwendungsmöglichkeiten ein. Wir zeigen auf, wie Sie mit Ihren relevanten Bloggern in Kontakt kommen und von potenziellen Kunden gefunden werden können. Und wir zeigen Ihnen, wie Sie ganz leicht Ihr eigenes Blog starten können.

5.2 Was ist eigentlich ein Blog?

Ein Blog ist eine chronologisch strukturierte Website, die in Form eines Online-Tagebuchs oder -Journals geführt wird (siehe Abbildung 5.1). Daher stammt auch der Name »Blog« als Kurzform für »Weblog«, also Webtagebuch. Es sind übrigens beide Formen erlaubt: der Blog und das Blog. Wir haben uns für das Blog entschieden. Der chronologische Aufbau hat zur Folge, dass der jüngste Beitrag ganz oben steht, der älteste ganz unten. Ursprünglich sind Blogs entstanden, um mit möglichst geringem technischem Aufwand eigene Inhalte im Web zu veröffentlichen. Was bis zu dem Zeitpunkt nur über ein oft komplexes Content-Management-System (kurz CMS) auf dem eigenen Server möglich war, wurde durch die Blogtechnologie enorm erleichtert. Denn die meisten Bloganbieter stellen kostenlos eine eigene Website (meist als Subdomain) zur Verfügung. Über eine einfache Eingabemaske kann der User seine Beiträge veröffentlichen.

Das Blog kann privat, d. h. nur an ausgewählte Leser gerichtet, oder öffentlich geführt werden. Der große Vorteil der Blogtechnologie ist, dass der Blogger seine Inhalte selbst verwaltet und die Rechte nicht an ein Unternehmen (z. B. einen Verlag) abgibt. Die leichte Bedienbarkeit der Blogsoftware führte zu einer regelrechten Explosion an Blogs.

5 Blogs – Ihre Social-Media-Zentrale

Abbildung 5.1 Ein Blog erkennt man am chronologischen Aufbau, an den Kommentar- und Sharingfunktionen und der Hervorhebung des Autors. Ein gelungenes Beispiel ist das Blog von Yello Strom.

5.2.1 Die Blogosphäre

Die Blogosphäre ist die Gesamtheit aller Blogs, ihrer Autoren und deren Vernetzung. Waren es im Jahr 2006 rund 36 Mio. Blogs, so dürften es im Jahr 2014 bereits weit über 200 Mio. Blogs sein, Tendenz nach wie vor steigend. Mittlerweile gibt es zahlreiche erfolgreiche und beliebte Online-Magazine, die als kleines Blog gestartet haben und nun über eine ansehnliche Zahl von Lesern und Abonnenten verfügt. Ein paar sehr bekannte Beispiele sind »Mashable« und die »Huffington Post«.

> **Den Überblick behalten**
>
> Damit Sie in der Vielfalt der Blogs nicht untergehen, gibt es die Möglichkeit, Blogs per RSS-Feed zu abonnieren. RSS steht für *Really Simple Syndication*. Damit können Sie die Inhalte in einem standardisierten Format veröffentlichen, das der interessierte Leser mit einem Feedreader wie etwa dem Browsertool Feedly (*www.feedly.com*) abonnieren kann. Das geht aber auch genauso gut mit E-Mail-Programmen (Microsoft Outlook) oder Ihrem Browser. Mit RSS-Feeds werden dem Abonnenten neue Beiträge automatisch geliefert, ähnlich einem Newsletter.

5.3 Welche Vorteile bietet ein Blog für Unternehmen?

▶ Sie haben eine eigene Plattform zur Verfügung, über die Sie direkt mit den Zielgruppen in Kontakt treten und kommunizieren können, unabhängig von Gatekeepern wie Journalisten, Medien und Werbetreibenden.

▶ Sie können Ihre Reichweite erhöhen, da Sie von Usern über Empfehlungen oder Suchmaschinen gefunden werden, die bis dato von Ihnen noch nichts wussten (und umgekehrt).

▶ Sie können Marktforschung betreiben: Stellen Sie Fragen, und Ihre Zielgruppe wird Sie beantworten. Über Ihr Blog werden Sie andere Blogger finden und kennenlernen, die bereits über Ihr Unternehmen oder eines Ihrer Produkte geschrieben haben. Auch so kommen Sie zu sehr relevantem Feedback und wichtigen Informationen über Kundenzufriedenheit, -bedürfnisse und das Konsumverhalten Ihrer Zielgruppen.

▶ Das direkte Feedback Ihrer Kunden hilft, die Qualität Ihrer Produkte und Leistungen zu verbessern: Kritik kann schmerzen, aber dafür haben Sie die Möglichkeit, direkt und öffentlich darauf zu reagieren und die Kritik zum Anlass zu nehmen, im konkreten Fall und für die Zukunft daran zu arbeiten, den Auslöser der Kritik zu vermeiden.

▶ Blogs helfen, menschlich zu wirken, authentisch zu sein. Das Buzzword »Authentizität« hört man überall, aber es hat sich seine Stellung auch verdient: Die Konsumenten haben genug von der Hochglanzkommunikation und Strahlemann-Werbung der letzten Jahrzehnte. Sie wollen wissen, ob das Unternehmen bzw. seine Produkte das Richtige für sie sind und warum. Außerdem glauben Konsumenten vor allem der Meinung anderer Konsumenten und am allermeisten jener ihrer Freunde. Hier schließt sich der soziale Kreis wieder.

▶ Sie können Kompetenz und Autorität im Fachgebiet zeigen: Jedes Unternehmen verfügt über Expertenwissen. Mit einem Blog können Sie Ihr Know-how nach außen kommunizieren. Von den zufriedenen Stammkunden werden Sie als Experte wahrgenommen, sonst würden sie nicht wiederkommen und ihren Freunden von Ihnen erzählen. Das kann man mit einem Blog untermauern und langfristig verankern.

▶ Sie können sich vom Wettbewerb abheben: Durch die Möglichkeit, unbegrenzt viele Beiträge zu vielen verschiedenen Themen zu schreiben, haben Sie mit einem Blog das Tool, um sich von anderen abzuheben: nicht durch Diffamierung der Konkurrenz, sondern durch das Überzeugen mit Ihren Stärken.

▶ Ein Blog hilft Ihnen, bei den relevanten Zielgruppen an Einfluss zu gewinnen: Wenn Sie konsequent Ihren Themen treu bleiben und regelmäßig zu diesen Themen gute Beiträge schreiben, werden Sie immer mehr als Experte auf diesem Gebiet wahrgenommen. Ihre Souveränität wird steigen. Es wird immer mehr Leute geben, die Ihren Beiträgen absolut vertrauen.

▶ Ein Blog hilft außerdem dabei, die eigene Online-Reputation zu steigern: Sie haben negative Bewertungen über Ihr Unternehmen im Social Web entdeckt? Außerdem stehen diese Bewertungen ganz oben in Google? Keine Sorge. Nehmen Sie die Kritik ernst, und versuchen Sie zukünftig, den genannten Fehler zu vermeiden. Sprechen Sie das Problem aktiv im Blog an, und erklären Sie, wie Sie aus den Fehlern gelernt haben. Keiner ist perfekt, und das wissen die Menschen da draußen auch.

Suchmaschinen lieben Blogs

Ein Blog lebt davon, dass regelmäßig Beiträge (auch englisch *Posts* oder *Blogposts*) verfasst werden. Dadurch wird mittel- und langfristig die Menge an Blogbeiträgen immer größer. Damit wird nicht nur das Blog »gefüttert«, sondern auch die Suchmaschinen, die auf Blogs gern zurückgreifen, werden damit bestückt. Warum? Suchmaschinen beurteilen Websites mit unterschiedlichem und ständig aktualisiertem Inhalt (Content) und vielen Unterseiten (Links) höher als Websites mit wenigen (aktuellen) oder sich wiederholenden Inhalten. Vielleicht haben Sie es selbst schon einmal erlebt. Sie haben in Google oder Bing nach einem bestimmten Begriff gesucht und im Suchergebnis eine Website angeklickt, die sich bei genauerer Betrachtung als Blog herausgestellt hat. Vielleicht haben Sie aber auch gar nicht bemerkt, dass es sich dabei um ein Blog handelte. Tatsache ist, dass Blogs immer öfter auf sehr guten Plätzen im Suchergebnis auftauchen, insbesondere lösungsorientierte Beiträge, die unter den ersten Suchergebnissen gereiht werden. Sie erleichtern Ihren Kundensupport, denn die Kundenanfrage wird direkt im Blogpost beantwortet. Sie können mit einem Blog also auch Ihre FAQ (Frequently Asked Questions) abbilden. In Kapitel 1, »Social Media beginnt mit »Du«!«, haben wir Ihnen bereits den Long Tail der Social-Media-Kommunikation vorgestellt. Mit vielen unterschiedlichen Blogbeiträgen zu einem übergeordneten Thema lässt sich genau dieser Long Tail erzeugen.

5.4 Ein Blog ist ein Dialoginstrument

Auf Websites haben Besucher meist nur die Möglichkeit, ein Kontaktformular auszufüllen oder sich per E-Mail und Telefon an das Unternehmen zu wenden. Die Kundenanfragen werden aber niemals öffentlich, d. h. für andere Kunden sichtbar, dargestellt. Wenn überhaupt eine öffentliche Stellungnahme durch den User möglich ist, dann über das Gästebuch.

Blogs bieten von Beginn an mit der Kommentarfunktion die direkte und öffentliche Reaktionsmöglichkeit für die User. Die Kommentarfunktion lädt dazu ein, Feedback zu geben und seine Meinung zu äußern. Die bewusste und offene Auseinandersetzung mit Kritik ist auf einem Blog sehr wichtig und wurde durch die Verbreitung der

Blogs gefördert. Auch wenn Sie diese Transparenz und Kritikfähigkeit irritieren mag, dürfen Sie die Kommentarfunktion nicht verbieten, sonst verkommt Ihr Blog automatisch zu einem klassischen Einweg-Kommunikationsorgan, an dem kein User wirklich Gefallen finden wird. Grundsätzlich sollte die Möglichkeit des Kommentierens immer gegeben sein, um Ihren Kunden zu signalisieren, dass Sie an einem Dialog interessiert sind. Das meiste Feedback wird ohnehin positiv ausfallen. Häufig werden gar keine Kommentare hinterlassen, was Sie jedoch nicht als Manko des Blogs zu werten brauchen. Aus eigener Erfahrung wissen wir, dass viele User die Blogbeiträge zwar lesen, aber keinen konkreten Anlass zum Kommentieren sehen.

5.4.1 Starten Sie ein Firmenblog – Corporate Blog

Für Unternehmen empfiehlt sich das sogenannte *Corporate Blog*, bei dem mehrere Autoren der Firma Beiträge schreiben. Es handelt sich um eine wünschenswerte und sinnvolle Beitragskonstellation, da jeder Mitarbeiter seine Sicht der Dinge darstellen und seine Kompetenz einbringen kann. Auch hier bietet die Blogsoftware eine ideale Lösung: Verschiedene Autoren können unabhängig voneinander unter ihrem eigenen Autorennamen einen Beitrag veröffentlichen. Somit wird einerseits die einzelne Person gestärkt, in Summe aber auch das Blog durch die Vielfalt der Autoren und der Aspekte, die damit eingebracht werden können. Technisch gesehen, bieten die meisten Blogs auch die Möglichkeit, den Autoren unterschiedliche Rollen zuzuweisen. So gibt es in vielen Fällen einen oder zwei Administratoren, die sich um tiefer gehende technische bzw. inhaltliche Belange kümmern, Kommentare freischalten oder die Beiträge der einzelnen Autoren zur Revision bekommen und dann freigeben. Somit wird ein gewisser Qualitätsstandard gesichert, was wiederum der Thementreue des Blogs und der Wahrnehmung der einzelnen Autoren als kompetent zugutekommt.

5.4.2 Blogs können Ihre Geschichten erzählen

Blogs sind also in vielerlei Hinsicht nützlich und sinnvoll. Vor allem aber können Blogs Ihre Geschichten erzählen. Natürlich keine Märchen, sondern die Geschichten Ihres Firmenalltags. Blogs bieten uneingeschränkten Platz für Ihre Beiträge, während eine Website vom Platz her begrenzt ist. Dort stellen Sie üblicherweise Ihr Produkt- und Dienstleistungsspektrum dar. In einem Blog zeigen Sie Ihre Kompetenzen über die Beiträge selbst.

Blogbeiträge sollten daher persönlich und ehrlich formuliert sein und sich nicht wie Werbeanzeigen lesen. Alle Blogbeiträge zusammen reflektieren einen Teil des aktuellen Firmengeschehens, und nach ein paar Jahren schreiben Sie damit Firmengeschichte. Mit einem Firmenblog gewähren Sie kleine Einblicke in Ihren Firmenalltag, informieren und geben Tipps, schreiben darüber, was in der Firmenzentrale, im

Vertrieb und im Außendienst los ist. Kurzum: Sie sind transparenter als jene Unternehmen, die ausschließlich über klassische Medien kommunizieren, und führen einen Dialog mit Ihren aufgeklärten und vernetzten Kunden. Die Geschichten, die Sie erzählen, sind so vielfältig wie Ihr Unternehmen selbst.

Welche Geschichten bloggen Unternehmen?

Das Schokoladenblog von Ritter Sport (*www.ritter-sport.de/blog*) informiert über Kooperationen, Projekte und Produkte rund um die Schokolade, ohne dass die Beiträge wie kühle Pressemitteilungen klingen. Die Keks- und Waffelbäckerei Hans Freitag (*www.keksblog.com*) erzählt Geschichten aus dem Unternehmensalltag und holt auch regelmäßig Meinungen der Leser ein. Egal ob Autokonzern, Industrie- oder Handelsunternehmen oder einfach ein kleiner Handwerksbetrieb: Geschichten gibt es genug, sie müssen nur erzählt werden.

5.4.3 Die besten Geschichten erzählt das Leben!

Die besten Geschichten schreibt das Leben. Das dachte sich auch das Tourismusamt des australischen Bundesstaats Queensland im Januar 2009 und schrieb den Traumjob »Reiseblogger« aus. Tourism Queensland suchte darin für sechs Monate einen »Island Caretaker«, der über das Great Barrier Reef bloggen sollte. Die Erkundung der paradiesischen Inseln wurde mit einem paradiesischen Gehalt von über 12.000 € pro Monat vergütet. Über 34.000 Personen aus der ganzen Welt bewarben sich mit einem 60-Sekunden-Video auf YouTube unter *www.youtube.com/user/islandreefjob*. Das Tourismusbüro entschied sich für den sympathischen, offenen und vernetzten Ben Southall, der dann auf dem Blog *www.islandreefjob.com* über seine Reisen berichtete bzw. Nachberichte schrieb. Das Tourismusamt verfolgte damit das Ziel, das Great Barrier Reef aus der Sicht eines Entdeckers zu beschreiben und letztendlich wieder mehr Besucher zum Korallenriff zu locken. Abenteurer fühlten sich von Bens persönlichen Erfahrungen angesprochen. Zudem wird einem individuellen Reisebericht eher Glauben geschenkt als dem Reisekatalog. In Ihrem Unternehmen gibt es sicherlich solche Persönlichkeiten wie Ben Southall, die einerseits ein Schreibtalent besitzen und sich andererseits gern mit anderen Menschen austauschen. Nutzen Sie das Potenzial Ihrer Mitarbeiter und schreiben Sie gemeinsam ein Corporate Blog. Auch wenn das Projekt »Islandreefjob« beendet ist und keine neuen Blogbeiträge mehr veröffentlicht werden, so bleiben die Blogbeiträge vielen Lesern dennoch in Erinnerung und können über die Suchmaschinen weiterhin gefunden werden.

5.4.4 Wo das Produktportfolio viel Platz hat

Für ein erfolgreiches Blog braucht es also talentierte Autoren und außerdem eine Vielfalt an Themen, damit die Regelmäßigkeit der Beiträge gesichert ist. Ein Corpo-

5.4 Ein Blog ist ein Dialoginstrument

rate Blog lebt von den Beiträgen seiner Mitarbeiter. Mit regelmäßig erscheinenden neuen Beiträgen in authentischer Sprache tragen die Mitarbeiter dazu bei, jede Woche neu zu informieren. Die Themenvielfalt, die auf Ihrer Website eingeschränkt ist, hat auf Ihrem Blog viel Platz.

Das österreichische Backwarenunternehmen Resch&Frisch[1] betreibt seit 2013 ein eigenes Corporate Blog, *www.resch-frisch.com/blog*. Das Unternehmen stellt einerseits Tiefkühlbackwaren her und liefert sie an Haushalte wie auch an die Gastronomie und Hotellerie, andererseits betreibt es selbst viele Filialen. Eine heterogene Kundenschicht also, die sich aus Unternehmen (B2B) und Konsumenten (B2C) gleichermaßen zusammensetzt. Dazu werden noch Spezialbackwaren für Menschen mit Lebensmittelunverträglichkeiten oder Sportler angeboten. Das sind viele verschiedene Leistungen und Angebote, die nicht jedem Kunden gleichermaßen bekannt waren.

Im Rahmen einer umfassenden und langfristigen Social-Media-Strategie entschied sich das Unternehmen nach dem erfolgreichen Start einer Facebook-Seite, ein Corporate Blog zu starten und mehr über diese Kompetenzen zu schreiben, um so mehr Aufmerksamkeit und Reichweite dafür zu erzielen. Beispielsweise sollen Menschen mit Lebensmittelunverträglichkeiten, die nach verträglichen Produkten auf Google & Co. suchen, die Blogbeiträge von Resch&Frisch finden und so auf die Produkte aufmerksam werden. Somit schließt sich die Lücke zwischen Anbieter und Nachfrager (siehe Abbildung 5.2).

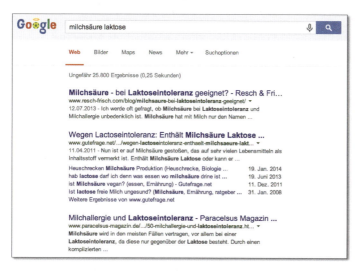

Abbildung 5.2 Blogbeiträge werden bei der richtigen Verwendung von Keywords von jenen interessierten Internetnutzern gefunden, die aktiv auf der Suche nach genau dieser Information sind.

---

1 Hinweis/Disclaimer: Das Unternehmen Resch&Frisch ist ein aktiver Kunde der Social-Media-Agentur viermalvier.at, für die die Autoren Elisabeth Vogl und Karim-Patrick Bannour tätig sind.

Das Ziel des Corporate Blog ist also unter anderem, neben den allgemein bekannten auch die noch nicht überall wahrgenommenen Leistungen zu kommunizieren und einer breiteren Öffentlichkeit zugänglich zu machen. Eine unternehmenseigene Ernährungswissenschaftlerin betreut das Blog und kümmert sich um die Koordination und die redaktionelle Betreuung. Sie gibt dem Blog ein Gesicht und vermittelt Themenkompetenz durch ihre Person und ihr Fachwissen.

5.4.5 Krisen-PR – mit Blogs kommunizieren Sie schnell, authentisch und relevant

Blogbeiträge werden von Suchmaschinen schnell indiziert, d. h. häufig unmittelbar nach der Veröffentlichung im Suchergebnis angezeigt. Blogs eignen sich daher für aktuelle Kommunikation und Nachrichten, die schnell verbreitet werden sollen. Das ist letztlich ein wichtiger Faktor für erfolgreiche Krisen-PR. Unternehmen, die um ihren guten Ruf im Netz fürchten, sollten ihre Stellungnahme (neben der klassischen Pressemitteilung und einem Eintrag auf der Firmen-Homepage) auf ihrem Blog veröffentlichen, damit sie sich auf schnellstem Wege verbreiten kann. Ganz entscheidend jedoch für die Krisenkommunikation ist die Kommentarfunktion auf Blogs. Bislang mussten Kunden und Geschäftspartner Pressemitteilungen stillschweigend hinnehmen. Ausschließlich die Medienunternehmen hatten ein Mitspracherecht. Social Media bietet jedoch jedem User die Möglichkeit, seine Meinung in Foren, als Facebook- oder Twitter-Status, auf dem eigenen Blog oder auf der Unternehmenswebsite, in einem Wiki oder wo auch immer im Internet zu verbreiten. Die Meinung eines aufgebrachten Kunden erhält dadurch die gleiche Bedeutung wie die des Chefredakteurs einer für Sie relevanten Fachzeitschrift.

Die gleichberechtigte Kommunikation mittels Blogs erlaubt es Ihnen, in Zeiten von Krisen-PR einen Dialog mit Ihren Kunden zu führen. Das Eingehen auf die Kommentare der Kunden mit einer persönlichen Stellungnahme wirkt sich auch auf den Leser aus. Authentische und ehrliche Beiträge von Firmenchefs und Mitarbeitern schaffen Vertrauen beim Leser, denn dann erst wird auf Augenhöhe kommuniziert. Und während Sie wichtige Rückmeldungen und Meinungen erhalten, leisten Sie wertvolle Überzeugungsarbeit bei verunsicherten Kunden. Da die Kommentare immer sichtbar sind, können neu hinzugekommene Leser die bisherige Diskussion nachvollziehen und sich ihr eigenes Bild machen. Der Kunde findet direkt die relevanten Informationen.

Blogs, die thematisch eingegrenzt sind, insbesondere Firmenblogs, sind herausgefordert, einerseits unternehmensrelevante Blogbeiträge zu verfassen und andererseits auch über den Tellerrand des Unternehmens hinaus spannende Infos zu posten.

> **Best Practice – FRoSTA-Blog**
>
> Auf dem FRoSTA-Blog (*www.frostablog.de*) berichten die Mitarbeiter humorvoll vom Unternehmen und von den alltäglichen Geschehnissen. Neben neuen und bekannten FRoSTA-Produkten werden Infos aus dem Firmenalltag gebloggt, beispielsweise wie sich Druckkosten im Büro einsparen lassen. Aber auch brandaktuelle Themen und branchen- oder unternehmensrelevante kritische Medienberichte werden aufgegriffen und glaubwürdig erörtert.

Das bedeutet, Sie allein entscheiden, welche Informationen relevant sind. Die Beiträge sollten nach Möglichkeit einen Blick hinter die Kulissen des Unternehmens gewähren. »Informieren und unterhalten« sollte die Devise bei der Auswahl relevanter Blogbeiträge lauten.

5.5   Wer schreibt in einem Blog?

Zunächst klären wir einmal die Autorenbezeichnung: Der Autor oder die Autoren eines Blogs sind die *Blogger*. Sie verfassen *Blogbeiträge* oder *Blogartikel*. Auf einem Blog schreibt entweder eine einzelne Person oder ein ganzes Autorenteam. Das Blog kann entweder persönliche oder berufliche/unternehmerische Aspekte behandeln.

Die meisten der weltweit betriebenen Blogs wurden und werden als Personen- oder Themenblogs geführt. Die Blogger schreiben darin über berufliche oder private Erlebnisse oder über ein Thema, das sie besonders interessiert. In vielen dieser Blogbeiträge steht die Meinung des Autors zum behandelten Thema oder Sachverhalt im Vordergrund. Es geht also verstärkt um die persönliche Sicht des Bloggers. Deshalb ist es auch legitim, dass häufig aus der Ich-Perspektive geschrieben wird. Wichtig dabei ist, dass der Autor im Artikel seine persönliche Meinung als solche erkennbar macht. Das hat sich im Laufe der Zeit als Standard etabliert und steht letztlich auch für die Authentizität des Beitrags. Viele bekannte Blogger tendieren mittlerweile dazu, ihr Verhältnis zum Produkt oder Unternehmen darzulegen, um nicht in ein falsches Licht gerückt zu werden (beispielsweise den Anschein zu erwecken, es handele sich um einen »bezahlten Blogartikel«, sprich Schleichwerbung).

> **Rechtstipp von Peter Harlander: Bezahlte Werbung muss immer als solche erkennbar sein**
>
> Erkennt man bezahlte Werbung nicht schon anhand der grafischen Gestaltung, wie z. B. bei einem Werbebanner, muss anders darauf hingewiesen werden, etwa durch den Vermerk »Werbung«. Wenn bezahlte Werbung als redaktioneller Beitrag getarnt ist, ist dies wettbewerbswidrig.

5.5.1 Mit Thementreue Kompetenz vermitteln

Bei persönlichen Blogs, in denen der Autor Aspekte seines Lebens darstellt, ist Thementreue weniger wichtig. Wenn aber schon der Titel des Blogs ein bestimmtes Themengebiet absteckt, ist es wichtig, seinem Thema halbwegs treu zu bleiben. Denn Blogs sind das perfekte Tool, um seine Themenkompetenz aufzubauen, zu stärken und vor allem nach außen zu vermitteln. Stellen Sie sich vor, Sie schreiben über einen langen Zeitraum hinweg nur zu einem bestimmten Themengebiet. Sie finden eine gewisse Zahl von Lesern und Abonnenten und werden immer stärker als Kompetenz auf diesem Gebiet wahrgenommen, da Sie fundierte und interessante Blogbeiträge schreiben. Würden Sie plötzlich auf ein komplett anderes, themenfremdes Gebiet umschwenken, würde das einen Großteil Ihrer Leser irritieren. Ihnen selbst würde es ja auch so gehen, wenn Ihr Lieblingsmagazin nicht mehr über die neuesten Trends aus dem Fachgebiet schreiben würde.

5.5.2 Rechtevergabe im Autorenteam

Technisch gesehen, können den einzelnen Autoren unterschiedliche Rechte gegeben werden, je nachdem, was ihnen im Einzelnen zugestanden wird: Vom »einfachen« Autor, der Beiträge verfassen und zur Revision einreichen kann, bis hin zum Administrator, der die Beiträge aller Autoren und alle Kommentare sieht, freigibt und nachträglich bearbeiten kann, gibt es mehrere Varianten. Es sollte am besten vorher schon geklärt sein, wer Administratorrechte bekommt – idealerweise mehr als eine Person, damit im Notfall auch ein anderer User die notwendigen Tätigkeiten durchführen kann.

5.6 Corporate Blogs

Ein Corporate Blog ist ein Unternehmensblog. Corporate Blogs werden als Kommunikationsmedium genutzt, um unter anderem Einblicke in das Unternehmen zu gewähren und die direkte Kommunikation zwischen Unternehmen und Kunden zu fördern.

Unternehmenskompetenzen können auf Ihrem Blog ausführlicher und aus einem anderen Blickwinkel beschrieben werden, als es auf Ihrer Website möglich wäre. Beiträge, die nicht unmittelbar ein neues Produkt betreffen, sondern möglicherweise nur über den Produktionsprozess berichten, würden in der Fülle zur Unübersichtlichkeit der Website führen. Auf einem Blog ist Platz für alle Arten von Beiträgen. Es können grundsätzlich alle Themen behandelt werden, die im Zusammenhang mit dem Unternehmen und seinen Produkten stehen.

5.6.1 Lassen Sie Ihre Abteilungen zu Wort kommen

Häufig werden die Beiträge von der Marketing- oder der Kommunikationsabteilung verfasst. Mitunter sind jedoch auch die Unternehmen so mutig, Mitarbeiter aus anderen Abteilungen, z. B. dem Außendienst, Beiträge schreiben zu lassen. Das hat einerseits den Vorteil, dass regelmäßig Beiträge auf dem Blog stehen, andererseits wird damit ein großes Spektrum an unternehmensrelevanten Themen abgebildet. Denn nichts ist langweiliger als eine Kopie der bisherigen Unternehmenskommunikation. Blogs bieten ja gerade die Möglichkeit, darüber hinaus zu informieren. Was bisher nicht wichtig genug für eine Pressemitteilung war oder strukturbedingt nicht auf die Website passte, hat jetzt Platz im Corporate Blog, egal ob es kurze Meldungen oder ausführliche Blogbeiträge sind.

Warum Daimler bloggt

Was mag dann wohl ein aktiennotiertes Unternehmen wie die Daimler AG dazu bewogen haben, 2007 ein Corporate Blog zu starten, auf dem Mitarbeiter ganz selbstverständlich Beiträge veröffentlichen? Daimler schreibt dazu auf seinem Blog *www.blog.daimler.de*:

»Auf der einen Seite gibt es natürlich eine offizielle Unternehmensmeinung, etwa bei Finanz-, Strategie- oder Kooperationsthemen. Auf der anderen Seite hat Daimler wiederum viele Inhalte, die den Weg in die klassischen Medien nicht finden. Diese Themen können vielfältig sein: vom technischem Hintergrundwissen angefangen über Berichte aus dem täglichen Arbeitsleben bis hin zur Vorstellung von sozialen Projekten.«

Die Spanne zwischen offiziellen Themen und Firmenalltag ist sehr groß, und auch in Ihrem Unternehmen wird es Themen geben, für die sich Ihre Markenfans brennend interessieren. Ob Sie, wie Daimler, zwischen B2C und B2B unterscheiden, bleibt letztlich Ihnen überlassen und hängt maßgeblich von Ihrer Firma ab.

Corporate-Blog-Beispiele

Auf der Website *www.corporateblogs.at* finden Sie zahlreiche Best-Practice-Beispiele von Unternehmensblogs sowie Tipps und Guidelines für den erfolgreichen Start eines Firmenblogs.

5.6.2 Wie sich Corporate Blogs auf die Unternehmensstruktur auswirken

Ein Corporate Blog hat, ebenso wie Social Media im Allgemeinen, Auswirkungen auf Unternehmensstrukturen. Ein vormals unsichtbarer Mitarbeiter, der im stillen Kämmerlein seiner Arbeit nachging, wird jetzt nach außen hin transparent. Seine Beiträge sind kommentierbar, und er muss möglicherweise zu seiner persönlichen

Sichtweise Stellung beziehen. Im positiven Sinn führt das zu einem Austausch mit Kunden, und viele Fragen lösen sich so von selbst. Blogs klären dort auf, wo Pressemitteilungen, Webseiten, TV-Spots zu kurz greifen. Die Unternehmenshierarchie (Chef – Mitarbeiter – Kunde) wird durch die Kommentarfunktion aufgeweicht, ermöglicht es doch einen direkten Austausch. Corporate Blogs machen ein Unternehmen glaubwürdiger als je zuvor. Es setzt allerdings voraus, dass sich das Unternehmen gegenüber seinem Publikum öffnet und Unternehmensprozesse transparent macht. Nur mit Unternehmenstransparenz können Sie das Vertrauen Ihrer Kunden und anderer Interessenten gewinnen. Transparenz bedeutet aber natürlich auch, bereit zu sein, seine besten Mitarbeiter zu Wort kommen zu lassen und sie so auch für den Mitbewerb und für Headhunter identifizierbarer zu machen. Doch die Gefahr der Abwerbung Ihrer Topmitarbeiter bestand auch schon vor Entstehung der Blogs und darf in diesem Zusammenhang nicht überbewertet werden.

Generell sind die Mitarbeiter ein wichtiger Akteur im Zusammenhang mit einem Corporate Blog: Auch sie nutzen ein Blog, um sich zu informieren, auszutauschen und Feedback oder Kritik anzubringen.

Das Blog als Sprachrohr der Mitarbeiter

Die Unternehmerin Anita Freitag-Meyer, Geschäftsführerin des Keks- und Waffelherstellers Hans Freitag, begann im März 2011, ein Unternehmensblog einzurichten. Doch dieses entwickelte sich ganz anders als erwartet: Nachdem die Geschäftsführung auf einer Betriebsversammlung der Belegschaft mitteilen musste, dass die damalige wirtschaftliche Lage keine Lohn- und Gehaltserhöhungen erlaubte, blieb es zunächst ruhig. Doch nach kurzer Zeit begannen mehrere User, auf dem Bloggästebuch sehr kritisch darüber zu schreiben. Das wiederum brachte andere Mitarbeiter dazu, das Unternehmen und die Entscheidung der Geschäftsführung zu verteidigen. Das passierte öffentlich. Eine Konsequenz daraus war, dass Frau Freitag-Meyer seitdem regelmäßig Infos und Berichte der Geschäftsführung auf das Blog stellt, um die Mitarbeiter besser zu informieren und mit einzubinden. Mittlerweile herrscht ein sehr positiver Austausch, der sich auch auf das Betriebsklima auswirkt.[2]

5.6.3 Die Angst vor negativer Mundpropaganda

Das wohl häufigste Gegenargument für den Start eines Corporate Blog ist die Angst der Unternehmen, man würde dadurch nur negative Mundpropaganda zutage fördern. Dabei werden nicht nur die Meinungen der Kunden, sondern auch die der Mitarbeiter gefürchtet. Noch immer werden Blogs gelauncht, bei denen die Kommentarfunktion gesperrt ist. Das ist jedoch einer der größten Fehler, den ein Unter-

---

2 Quelle: *http://karrierebibel.de/sag-es-durchs-blog-wie-bloggen-die-unternehmenskommunikation-veranderte/*

nehmen in Sachen Social Media machen kann. Dadurch verliert das Blog die Funktion eines Dialoginstruments. Das ist in etwa so, als würden Sie in Ihr Geschäft keine Kundschaft lassen aus Angst, sie könnte etwas Negatives sagen. Die Bedenken der Unternehmer sind meistens auf Unsicherheiten im Umgang mit Blogs und Social Media zurückzuführen.

Die Angst vor einem negativen Kommentar überwinden

Neben Beschimpfungen haben Unternehmen vor allem Angst vor einem negativen Kommentar, einer negativen Rückmeldung zu einem Produkt, die dann für immer nach außen hin sichtbar ist. Darin liegt jedoch die eigentliche Chance eines Blogs: Mit den positiven und negativen Rückmeldungen der Käufer können Sie einen Dialog starten. Löschen Sie daher Kommentare nicht, wenn ein Kunde sich negativ zu einem Produkt äußert. Das würde Ihr Blog innerhalb der Blogosphäre nur in Verruf bringen. Fragen Sie Ihre Kunden stattdessen nach Verbesserungsvorschlägen und Alternativen. Wenn sich die Kritik auf einen Servicemangel bezieht, bieten Sie Ihre direkte Hilfe an. Bemühen Sie sich um skeptische Kunden wie um Lieblingskunden gleichermaßen.

Letztendlich ist die Kommentarfunktion das eigentliche Vehikel zum Kundendialog. Es wäre eher schädlich für Ihr Unternehmen, diese Funktion zu blockieren. Denn Ihr Publikum könnte auf andere Kommunikationskanäle wie Facebook, Twitter und YouTube ausweichen, um die Kritik zu verbreiten. Im schlimmsten Fall würden Sie von dessen Unmut gar nichts erfahren oder mittels Social Media Monitoring erst zu spät darauf aufmerksam werden. Wenn der User jedoch direkt auf Ihrem Blog seine Meinung postet, haben Sie die Möglichkeit, adäquat zu reagieren. Sie demonstrieren dadurch gleichzeitig anderen Usern, wie serviceorientiert und kompetent Sie arbeiten. Langfristig verringern sich gerade durch diese Blogbeiträge Serviceanfragen, da der User die Antwort direkt im Blog findet. Wenn Sie Ihr Publikum ernst nehmen, gewinnen Sie auch sein Vertrauen und schaffen Sympathie.

Wenn ein Unternehmen negative Kommentare von Mitarbeitern auf dem Blog fürchtet, sollte es sich ohnehin fragen, ob es in Sachen Unternehmensphilosophie Nachholbedarf hat.

Rechtstipp von Peter Harlander: Beziehen Sie die Mitarbeiter mit ein

Zum Start des Blogs lohnt sich eine Auftaktveranstaltung, bei der jeder Mitarbeiter über diese neue Form der Kommunikation informiert wird. Dabei ist es auch wichtig, das Autorenteam auf die Netiquette und Kommentarrichtlinien hinzuweisen. Mitarbeiter, die nicht zur Abgabe von Kommentaren berechtigt sind, sollten über Social Media Guidelines aufgeklärt werden, warum und weshalb sich das Unternehmen für diese Struktur entschieden hat.

Sinnvoller ist es jedoch, eine Lösung zu finden, die alle Mitarbeiter berechtigt, Kommentare abzugeben, schließlich steckt das Firmen-Know-how nicht nur in der Marketingabteilung. Die Social Media Guidelines haben wir bereits in Kapitel 2, »Social-Media-Strategie«, behandelt.

Netiquette – mit Kommentarrichtlinien schützen

Beim näheren Betrachten der Blogosphäre und ihrer »Netiquette« (Kurzform für den englischen Begriff »net etiquette«, zu Deutsch Netz-Etikette) fällt auf, dass sich bereits Kommentarrichtlinien etabliert haben. Andererseits hat das Unternehmen auch die Möglichkeit, eigene Kommentarrichtlinien bzw. Netiquette für das Blog zu definieren, wie es beispielsweise auch das Daimler-Blog gelöst hat: *www.blog.daimler.de/kommentar-richtlinien*. Natürlich können diese Richtlinien letztendlich nicht verhindern, dass ein User einen unangebrachten Kommentar schreibt oder andere User beschimpft. Sie können aber im Zweifelsfall mit Bezug auf die Netiquette entsprechend reagieren. Mitunter ergreifen sogar andere Leser Partei für das Unternehmen, sodass die Diskussion zum Selbstläufer unter den Markenfans und Markenkritikern wird. Das passiert jedoch nur dann, wenn es sich um eine lebendige Community handelt.

5.6.4 Der richtige Umgang mit Kritik

Auf einen kritischen Kommentar sollte das Unternehmen so schnell wie möglich mit einer offenen Stellungnahme via Kommentarfunktion reagieren. Die Antwort sollte durchdacht sein, damit Missverständnisse aufgeklärt werden können. Ernst gemeinte Kritik sollte generell willkommen sein, denn sie hilft, Fragen zu klären, die möglicherweise auch andere Kunden haben. Als Unternehmen müssen Sie mit negativen Rückmeldungen rechnen oder sie zumindest einmal in einem Krisenszenario durchgespielt haben. Damit stellen Sie sicher, dass im Falle eines Falles die richtigen Abteilungen und die verantwortliche Person benachrichtigt werden. Nur so können Sie im Zweifelsfall angemessen reagieren. Krisen-PR im Social Web muss vor allem schnell erfolgen. Verzögerungen bewirken nur, dass sich die Negativmeldungen weiter aufschaukeln. Schnell bedeutet aber nicht, dass die Antwort auf eine Kritik unüberlegt erfolgen sollte. Natürlich müssen die Antworten im Einklang mit der Firmenphilosophie verfasst werden. Von einer Bloggerabmahnung ist generell abzuraten. Die Vergangenheit hat gezeigt, dass die Blogosphäre auf Abmahnungen sehr empfindlich reagiert.

Der Fall JAKO – wie eine Bloggerabmahnung zur Reputationskrise des Unternehmens führte

Im Fall der JAKO AG, die den Sportblogger Frank Baade (*www.trainer-baade.de*) für seine Kritik am neuen JAKO-Logo verklagte, bekam das Unternehmen die Reichweite der Blogosphäre zu spüren. Frank Baade nahm die Inhalte aus dem Netz, doch ein paar Monate später wurde er erneut verklagt, da der Nachrichtenaggregator *www.newstin.de* die Logo-Verunglimpfung erneut dokumentierte. Newsaggregatoren sammeln Inhalte im Netz und veröffentlichen sie erneut, auch wenn die ursprünglichen Beiträge bereits gelöscht worden waren. Der Vorwurf des Anwalts gegenüber Baade war für die Blogosphäre nicht rechtens. Es dauerte daher nicht lange, bis sich die gesamte Usergemeinde über die Vorgehensweise der Anwälte des Sportartikelherstellers mit Beiträgen wie »Wie JAKO anderen Leuten das letzte Trikot auszieht« echauffierte. Über 100 Blogs und Tausende Tweets (Twitter-Nachrichten) berichteten von dem unangemessenen Verhalten des Herstellers. Am Ende musste JAKO aufgrund der vehementen Kritik im Netz einlenken. Viel sinnvoller wäre es gewesen, wenn JAKO das direkte Gespräch mit dem Blogger gesucht hätte, dessen Logo-Kritik gerade einmal 400 User gelesen hatten. Mit einem eigenen Blogbeitrag auf Ihrem Firmenblog (wenn Sie bis dahin noch keines besitzen, setzen Sie einfach schnell ein Krisenblog auf), der die Fakten und die Sachlage erläutert, sollten Sie ebenfalls auf die Bloggerkritik reagieren. Das führt dazu, dass Sie mit den Beiträgen auch in Suchmaschinen auftauchen. Zugleich dient es als Grundlage für die Berichterstattung anderer Medien und Blogs.

Blogosphäre: A-, B- oder C-Blogger?

Kritik an Ihren Produkten kann nicht nur auf Ihrem eigenen Blog geübt werden, sondern auch auf anderen Blogs. Sobald Sie mittels Social Media Monitoring auf einen negativen Blogbeitrag aufmerksam werden, gilt es erst einmal, zu schauen, wer diesen Beitrag verfasst hat. Sie müssen die Relevanz des Bloggers in der Blogosphäre beurteilen. Sie müssen herausfinden, ob es sich um einen A-Blogger (auch »Alpha-Blogger«), einen B- oder einen C-Blogger handelt. A-Blogger haben einen besonderen Stellenwert in der Blogosphäre.

Alpha-Blogger sind die »Könige in der Bloggerwelt«. Ihre Blogs werden täglich von mehreren Tausend Usern gelesen. A-Blogger in Deutschland sind beispielsweise Markus Beckedahl mit seinem Netzpolitikblog (*www.netzpolitik.org*), der PR-Blogger Klaus Eck (*www.pr-blogger.de*) sowie Sascha Lobo (*www.saschalobo.com*). B-Blogger haben zwischen 100 und 1.000 Besucher, C-Blogger bis zu 100 Besucher pro Tag. B- und C-Blogger machen den Großteil der Blogosphäre aus. B-Blogger sind ebenso vernetzt wie A-Blogger, nur noch nicht so »berühmt«. Wenn die Kritik von einem A- oder B-Blogger stammt, sollten Sie möglichst schnell darauf reagieren. Diese Blogger haben eine große Leserschaft, und wenn Sie nicht sofort Stellung beziehen, werden weitere negative Kommentare anderer User folgen. Generell sei Ihnen empfohlen, jeden negativen Blogbeitrag zumindest zu beobachten.

5.6.5 Tippgemeinschaft – laden Sie zu Gastbeiträgen ein

Sie müssen nicht alles selbst schreiben. Wer kann authentischer über Ihr Produkt sprechen als Ihre Kunden selbst? Die Meinung Ihrer Kunden ist ein wertvolles Gut beim Social Media Marketing. Blogs bieten sich dazu an, diese Meinung abzubilden. Laden Sie Ihre Kunden dazu ein, Blogbeiträge auf Ihrem Firmenblog zu verfassen. Solche Beiträge werden Gastbeiträge genannt, da der Autor nicht direkt zum festen Autorenteam gehört.

Rechtstipp von Peter Harlander: Alle notwendigen Rechte vorab sichern

Sollten Sie die Gastbeiträge beispielsweise nicht nur im Blog, sondern auch in einem Printmagazin abdrucken wollen, sollten Sie sich die dazu notwendigen Rechte gleich von Anfang an bei Ihren Gastautoren sichern. Wenn lediglich ein Gastbeitrag im Blog abgesprochen wurde, wäre eine Verwendung des Beitrags an anderen Stellen ohne zusätzliche Rechteeinräumung rechtswidrig.

Achten Sie darauf, Ihr Blog regelmäßig mit Beiträgen zu befüllen, um bei der Leserschaft kontinuierlich das Interesse zu wecken. Gastbeiträge sichern Ihnen einerseits kostenlos Inhalte, andererseits unabhängige Kundenmeinungen. Kunden schreiben aus der Verbraucherperspektive und bringen ihre ganz persönliche Sichtweise zum Ausdruck. Stammleser bieten Gastbeiträge in einem neuen Schreibstil und mit der Fremdeinschätzung des Gastautors. Der Gastautor bringt frischen Wind in die Unterhaltung. Seine Perspektive ist einerseits neutral und unabhängig und spiegelt andererseits die Meinung anderer Kunden wider.

Best Practice – Ritter-Sport-Blog

Corporate Blogs müssen nicht ausschließlich von Chefs und Mitarbeitern geführt werden, auch Kunden können darin zu Wort kommen. Das Ritter-Sport-Blog beispielsweise lädt Kunden dazu ein, ihre Erfahrungsberichte auf *www.ritter-sport.de/blog* zu posten. Die Alfred Ritter GmbH & Co. KG stellt bestimmten Usern – den sogenannten Ritter-Sport-Botschaftern – Testschokolade zur Verfügung, die im Anschluss bewertet wird.

Auf diese Weise entsteht eine Community unter den Schokoladenfans. Ritter Sport nutzt die Meinungen seiner Kunden, um eine lebendige Plattform für den Austausch über Ritter-Sport-Produkte zu etablieren. Schokoladenfans werden aufgefordert, mitzumachen und sich als Botschafter einzubringen. Der Botschafteraufruf hat dem Unternehmen 200 Bewerbungen eingebracht, aus denen schließlich 24 Ritter-Sport-Botschafter ausgewählt wurden, die auf dem Blog berichten. Die Botschafter wurden zudem zu einem Produktionsrundgang und einer exklusiven Schokoladenverkostung in die Firmenzentrale eingeladen. Das Unternehmen hat erkannt, dass seine Schokofans Lieblingskunden sind, und macht sie zu Ritter-Sport-Botschaftern. Über den Reiter VORSCHLÄGE können die User sogar eigene Schokoladenwünsche posten (siehe Abbildung 5.3).

5.6 Corporate Blogs

Abbildung 5.3 Mit den Lieblingskunden und durch sie kommunizieren: Corporate Blogs sind vielseitig einsetzbar und ein geniales Tool.

Ritter Sport sammelt dadurch Ideen für neue Schokoladenkreationen. In Kapitel 11, »Crowdsourcing«, gehen wir ausführlich auf Marktforschung und Ideengenerierung gemeinsam mit den Kunden ein.

Wo sind Ihre Markenfans, die Sie in Zukunft als Markenbotschafter bzw. als Gastautoren einsetzen können? Wenn Sie es noch nicht wissen, finden Sie es mit Social Media Monitoring ganz leicht heraus.

Autorenblogs

Im deutschsprachigen Raum haben sich in den letzten Jahren vor allem Autorenblogs etabliert. Mehrere Autoren und Blogger schreiben dabei gemeinsam zu einem bestimmten Thema. Ein sehr bekanntes deutsches Autorenblog ist *www.carta.info*. Dort schreiben verschiedene Autoren gemeinsam zum Thema Politik, Ökonomie und digitale Öffentlichkeit. Für das Blog bringt das den Vorteil, dass regelmäßig neue Blogbeiträge verfasst werden. Blogs, die über längere Zeit keine neuen Inhalte zur Verfügung stellen, verlieren in kürzester Zeit ihre Stammleserschaft. Carta.info lädt darüber hinaus häufig zu Gastbeiträgen ein. Es finden sich immer wieder Autoren und Blogger aus verschiedenen Branchen zusammen, um gemeinsam an einem Thema zu schreiben. Die Autorenvielfalt bewirkt gleichzeitig abwechslungsreiche Beiträge. Auch für Ihre Branche ist es sinnvoll, ein Autorenblog in Betracht zu ziehen. Möglicherweise arbeiten Sie eng mit anderen

Unternehmen zusammen, jedes mit seinem eigenen Schwerpunkt. Oder Sie stehen in direkter Kooperation mit einer anderen Branche (Beispiel Technik und Medizin) und wollen diese Kombination thematisch abbilden. Beide Unternehmen oder Branchen profitieren von diesem Autorenblog. Denn je mehr Beiträge Sie verfassen, desto mehr Besucher erhalten Sie, und desto mehr Zielgruppen sprechen Sie an.

Rechtstipp von Peter Harlander: Impressum nicht vergessen

Egal ob es sich um ein Autoren- oder ein Corporate Blog handelt: Vergessen Sie keinesfalls ein vollständiges, leicht und unmittelbar auffindbares Impressum. Am besten ist es, wenn das Impressum über einen Link in der Fußzeile des Blogs sowie zusätzlich über einen dafür geeigneten Menüpunkt, wie etwa KONTAKT oder ÜBER UNS, auffindbar ist.

5.6.6 Blogvernetzung – mit den richtigen Bloggern ins Gespräch kommen

Ein Blog darf nicht isoliert für sich stehen. Die Vernetzung mit anderen Bloggern bildet häufig die Grundlage für ein lebendiges Blog mit vielen Kommentaren. Finden Sie heraus, wer zu dem gleichen Thema bloggt. Schreiben Sie selbst Kommentare zu interessanten Beiträgen. Dabei hinterlassen Sie auch den Link zu Ihrem Blog und erhöhen die Aufmerksamkeit anderer Leser gegenüber Ihrem Blog. Wenn Sie zu einem Thema schreiben, das bereits auf anderen Blogs behandelt wurde, nehmen Sie darauf Bezug, und verlinken Sie den Blogbeitrag in Ihrem Text. Eine Erwähnung am Ende des Artikels ist ebenfalls möglich. Diese Erwähnungen werden auch als *Trackback* bezeichnet, da sie durch »Backlinks« auf den ursprünglichen Beitrag verweisen. Dieser automatische Benachrichtigungsdienst ermöglicht den einfachen Austausch der Blogger untereinander. In den meisten Fällen bedankt sich der Blogger dann sogar für die Erwähnung.

Die Blogroll – Blogger, vernetzt euch!

Eine andere Möglichkeit, sich mit Bloggern zu vernetzen, ist die Blogroll. In einer Blogroll (oder Linkliste) stehen üblicherweise die Blogs, in die Sie Ihr Blog einreihen würden. Egal ob bekannte oder unbekannte Blogs, Sie können dort alle Blogs eintragen, die Sie für relevant erachten. Bei Unternehmen betrifft das vor allem Branchenblogs oder Blogs, die zu dem gleichen Thema berichten.

Ein vernetztes und häufig kommentiertes Blog zeigt an, dass Sie in Ihrer Blogosphäre Fuß gefasst haben. Erst durch den Austausch mit anderen Bloggern gewinnt Ihr Blog an Eigendynamik und wird selbstverständlich an andere Leser weitergeleitet.

5.6.7 Können Sie einen Firmenblogger ersetzen?

Immer wieder kommt es vor, dass Mitarbeiter das Unternehmen verlassen. In der Vergangenheit war es nicht allzu problematisch, wenn Mitarbeiter aus dem Marketing oder der Pressesprecher das Unternehmen verließen. Diese Mitarbeiter wurden bisher durch neue Mitarbeiter problemlos ersetzt, dazu wurden Presseverteiler übergeben und die neuen Mitarbeiter per Mitteilung angekündigt. Wenn jedoch ein Mitarbeiter das Unternehmen verlässt, der über einen längeren Zeitraum für Ihr Blog geschrieben hat, muss die Community entsprechend sensibilisiert werden. Denn das ist in etwa so, als würden Sie einen langjährigen Mitarbeiter des Kundensupports verabschieden. Solche Mitarbeiter stehen stellvertretend für die Unternehmenswerte und verleihen der Firma ein Gesicht.

Die Einzigartigkeit des Firmenbloggers

Blogger erzeugen aufgrund ihrer Persönlichkeit Sympathie bei den Lesern. Sie vermitteln mit persönlichen Beiträgen Authentizität und Glaubwürdigkeit. Generell ist es natürlich möglich, den Firmenblogger neu zu besetzen, als Person bleibt er dennoch unersetzlich.

Ein Bloggerwechsel ist eine schwierige Angelegenheit, selbst wenn sich Unternehmen und Mitarbeiter im Guten trennen. Sein Weggehen muss im Vorhinein unbedingt angekündigt werden. Die Leserschaft sollte nicht mit dem neuen Blogger überrumpelt werden. Sie muss außerdem erfahren, warum sich der bisherige Blogger verabschiedet. Meistens sind es berufliche Gründe, da sich der Blogger auf andere Weise verwirklichen möchte, und die Community hat in meisten Fällen Verständnis dafür. Sollten Sie also einen Blogger verabschieden und ersetzen, ist es wichtig, den Wechsel zu thematisieren und den neuen Blogger vorzustellen. In der Regel bietet sich eine Übergangsphase von etwa einem Monat an, in der der alte Blogger noch da ist und der neue bereits eigene Beiträge schreibt. Wenn Sie einen neuen Blogger wählen, achten Sie auf den Grad seiner Vernetzung und darauf, ob er eine »Fangemeinde« mitbringen kann. Dann profitiert das Corporate Blog auch insofern von dem Wechsel, da sich die Reichweite des Blogs erhöht.

Rechtstipp von Peter Harlander: Vorsorge statt Nachsicht

Auch rechtlich sollte für diesen Fall unbedingt vorgesorgt werden. Stellen Sie in Form einer vertraglichen Vereinbarung sicher, dass Inhalt, Name und auch Foto des Autors auch nach dessen Ausscheiden aus dem Unternehmen weiterhin im Unternehmensblog erscheinen dürfen.

5.6.8 Was unterscheidet ein Corporate Blog von einer Website?

Zunächst ist es wichtig, den Unterschied zwischen Corporate Blog und Website hervorzuheben. Ein Blog ersetzt nie die Website, sondern ergänzt sie um einige wesentliche Funktionalitäten:

▶ Ein Blog ist ein aktuelleres Medium als eine Website. Man könnte das Blog auch als Ersatz für den Newsbereich der Website sehen, wobei sich die Inhalte sehr wohl unterscheiden (sollten). Im Newsbereich werden meist PR-Texte veröffentlicht. Pressemitteilungen sollten Sie aber nicht eins zu eins in Ihr Blog übernehmen.

▶ Deshalb ist ein Blog ein authentischeres Medium. Der Autor eines Beitrags erzählt seine Sicht der Dinge, seine persönliche Meinung, seine persönliche Erfahrung.

▶ Auch deshalb werden Blogs gegenüber Websites von Suchmaschinen im Suchmaschinenranking durchaus bevorzugt. Nachdem die User verstärkt an authentischen und hilfreichen Inhalten interessiert sind, versuchen die Suchmaschinen, dem Rechnung zu tragen, und heben Blogs und andere Social-Media-Inhalte im Suchergebnis nach oben.

▶ Im Gegensatz zur Website ist das Blog ein Dialoginstrument. Die Besucher/Leser des Blogs können und sollen kommentieren und Feedback geben. Somit findet ein Geben und Nehmen statt: Nicht nur der Blogautor sollte das Recht haben, seine Meinung zu äußern, sondern auch der Leser.

5.6.9 Was zeichnet ein gutes Blog aus?

Wie konzipieren Sie ein erfolgreiches Blog, das Sie umsetzen und führen können? Zunächst müssen Sie die technische Basis schaffen: Sie müssen das Rad nicht neu erfinden, sondern können auf eine Vielzahl von selbst oder fremd gehosteten Bloglösungen zurückgreifen.

> **Tipp: Googeln Sie nach Erfahrungsberichten**
> Sollte Ihnen jemand eine Blogsoftware vorschlagen, dann schauen Sie einfach einmal im Internet nach, was andere User darüber sagen und welche Erfahrungen andere Blogger damit gemacht haben – ganz im Sinne von Social Media.

Neben der technisch einwandfreien und praktikablen Umsetzung ist bereits am Beginn des Prozesses wichtig, die Rahmenbedingungen abzuklären: Ist Ihr Unternehmen schon so weit, diesen Schritt zu gehen? Akzeptiert die Geschäftsführung des Unternehmens jene Offenheit gegenüber den Bloglesern, die für erfolgreiche Blogs notwendig ist? Gibt es Mitarbeiter, die Sie schon in den Konzeptionsprozess integrieren können? Wer wird welche Rolle bei der Betreuung des Blogs spielen? Das ist nur ein Ausschnitt jener Fragen, die Sie sich im Vorfeld stellen müssen. Bei der Frage des Blogdesigns, das in vielen Fällen an das Design der Website angelehnt wird, gerät man gerade bei älteren Websites oft in den Zwiespalt, auch gleich eine ganz neue Website haben zu wollen, frei nach dem Motto: »Wenn schon, dann gleich alles neu!« Oder sollten Sie vielleicht gleich ganz und gar auf Ihre Website verzichten?

5.6.10 Ist das Blog die neue Website?

Nachdem wir bisher schon so viele Lobeshymnen auf die Blogs dieser Welt geschrieben haben, liegt die Frage, ob ein Blog nicht die neue Website ist bzw. die Website als solche ablösen wird, natürlich auf der Hand. Und tatsächlich: So manche Website für kleinere Projekte bzw. kleine Unternehmen wird mittlerweile mit WordPress, der beliebtesten Blogsoftware, umgesetzt, und zwar aus folgenden Gründen:

▶ WordPress ist ein mit den notwendigen und aktuellen Funktionalitäten ausgestattetes CMS. Unter CMS (Content-Management-System) versteht man, wie der Name schon sagt, eine Software für Websites, die der Kunde selbst mit Inhalten bestücken und aktualisieren kann. Viele Kunden wollen nicht jedes Mal ihre Agentur oder den Webdesigner bemühen und bezahlen, wenn es um das Austauschen eines einzelnen Fotos oder Texts geht. Mittels CMS kann der Kunde sich auf der Website einloggen und die gewünschten Änderungen selbst vornehmen.

▶ WordPress ist weitverbreitet: Wenn Sie der bisherige Programmierer im Stich lässt, werden Sie keine Schwierigkeiten haben, Ersatz zu finden. Viele Webdesigner/Programmierer kennen WordPress bzw. können sich in relativ kurzer Zeit einarbeiten. Der verhältnismäßig einfache Aufbau und die gute Dokumentation im Vergleich zu so manchem exotischen oder komplexen System nehmen diese doch in vielen Fällen berechtigte Sorge der Auftraggeber.

▶ WordPress wird extrem gut unterstützt: Es gibt nichts, was es nicht gibt, zumindest bei WordPress scheint das der Fall zu sein, egal ob Sie eine bestimmte Funktionalität benötigen oder es Probleme bei der Aktualisierung oder der WordPress-Installation gibt. Jeder Programmierer kann auf eine große WordPress-Community zurückgreifen, falls er das Problem nicht selbst lösen kann. Genauso einfach ist es, mit WordPress mit der Zeit zu gehen. Sie müssen für viele neue Features, die im Web auftauchen und für Ihre Website sinnvoll sind, keine Programmierung in Auftrag geben, sondern können auf den Pool an Plugins aus der Community zurückgreifen.

▶ Die WordPress-Bedienelemente wurden intuitiv und einfach gestaltet: Wer schon einmal ein WordPress »von innen« gesehen hat, sprich, wer das sogenannte *WordPress-Dashboard* kennt, auf dem man neue Blogbeiträge schreibt und das Blog verwaltet, weiß, wie einfach es zu bedienen ist. Sogar jene User, die eine angeborene Scheu vor Computern und komplexeren Content-Management-Systemen haben, können dafür begeistert werden.

▶ Dasselbe gilt auch für kleinere technische Änderungen, sei es das Tauschen von Bildern in einzelnen Artikeln, die Neuanlage von Kategorien, Tags oder statischen Seiten, die Änderung der Farbgebung oder das Aktivieren oder Deaktivieren einzelner Plug-ins (z. B. Integration der Social-Sharing-Buttons): Vieles davon geht mit einem einzigen Mausklick. Das erlaubt es dem Administrator bzw. Betreuer im Unternehmen, inhaltlich und technisch schnell und komfortabel reagieren zu können.

▶ WordPress ist suchmaschinenoptimiert: Darauf bauen nach wie vor noch viele Blogs, wobei Google das langfristig nicht mehr so stark berücksichtigen wird, wie es derzeit der Fall ist. Aber egal, ob Google in Zukunft Blogs per se noch bevorzugt oder nicht, Suchmaschinen werden jene Websites, die optimierte Felder, Überschriften usw. verwenden, besser finden und im Suchergebnis darstellen können.

Die Website bleibt die Visitenkarte des Unternehmens

Wie wir bereits am Anfang dieses Buchs dargelegt haben, ergänzen sich im Idealfall alle zusätzlichen Tools, anstatt sich zu ersetzen. Als die E-Mail für die Massenkommunikation populär wurde, hat man Telefon und Fax auch totgesagt. Beides gibt es heutzutage nach wie vor, und beides hat seine Daseinsberechtigung. Gleiches gilt für das Blog: Während die Website die Visitenkarte und das Verkaufsmedium ist, ist das Blog die Hintergrund- und Geschichtenplattform.

Hier finden die Gespräche statt, die vor, während und nach der Übergabe der Visitenkarte passieren. Facebook wiederum ersetzt, trotz ähnlichen chronologischen Aufbaus, auf keinen Fall das Blog. Und Twitter wiederum ersetzt nicht Facebook. Über jeden Kanal können Sie spezifische Zielgruppen erreichen, an die Sie über den anderen Kanal nicht herankommen können. Warum also die eine Zielgruppe durch die andere ersetzen?

Nun werden Sie sich fragen, warum jetzt nicht die ganze Welt auf WordPress umsteigt. Es gibt gute Gründe dafür, dass wir hier von »Websites für kleinere Projekte bzw. Unternehmen« sprechen. WordPress stößt dann an seine Grenzen, wenn es um große Projekte mit beispielsweise der Integration eines komplexen Online-Shops, einer aufwendigen Websitestruktur mit Tausenden Unterseiten oder eines CRM-(Customer-Relationship-Management-)Systems geht. Hierfür gibt es dann CMS wie TYPO3, Joomla!, Drupal oder spezialisierte Anbieter für die jeweilige Branche. Im Idealfall haben Sie eine Webagentur, die Sie unvoreingenommen und bedarfsorientiert berät und Ihnen das für Sie ideale System empfiehlt. Ansonsten hilft sehr oft die Suche im Web nach Diskussionen und Empfehlungen rund um die Wahl des idealen Systems für Ihre Website.

5.7   Wo richtet man ein Blog am besten ein?

Wir haben in den vorangegangenen Kapiteln ausreichend gute Gründe geliefert, warum Sie sich für ein Blog entscheiden sollten. Ist Ihre Entscheidung nun zugunsten des Blogs gefallen, stellt sich die Frage, wie und wo Sie es einrichten.

Eigenhosting oder Fremdhosting?

Technisch gesehen, gibt es zwei Varianten: ein Blog direkt bei einem der vielen Bloganbieter einrichten oder so wie die eigene Website auf einem von Ihnen angemieteten oder betriebenen Server. Wir möchten Ihnen beide Möglichkeiten vorstellen und die jeweiligen Vor- und Nachteile beleuchten.

5.7.1   Fremd gehostetes Blog

Die einfachste und schnellste Möglichkeit, zu einem eigenen Blog zu kommen, ist es, direkt bei einem der zahlreichen Bloganbieter ein Blog einzurichten. Mit wenigen Klicks können Sie alle notwendigen Einstellungen treffen und direkt loslegen. Die von uns vorgestellten Bloganbieter haben eine kostenlose Basisversion im Programm:

Vorteile

▶ Kostenlos und schnell einzurichten: Es dauert nur wenige Minuten, und das Blog ist online.

▶ Enthält für den Einsteiger bzw. persönlichen Gebrauch ausreichende Funktionalitäten.

▶ In vielen Fällen ist eine große Community (andere Blogautoren) vorhanden, mit der Sie sich austauschen können.

▶ Einige Bloganbieter verfügen über sogenannte *Top-Listen* bzw. stellen die einzelnen Blogs in Verzeichnissen vor.

Nachteile

▶ In der kostenlosen Variante ist keine eigene Domain, sondern nur eine Subdomain (z. B. ihrname.WordPress.com) möglich.

▶ Es gibt nur begrenzte Gestaltungsmöglichkeiten bei Design und Layout.

203

- Die Inhalte liegen nicht auf Ihrem Server, sondern auf einem fremden, der nicht Ihnen gehört. Das wird dann zum Nachteil, wenn der Bloganbieter in Konkurs geht, denn dann droht der komplette Datenverlust.

Im deutschsprachigen Raum gibt es eine Fülle an Anbietern, bei denen Sie ein Blog einrichten und führen können. Im Folgenden haben wir die bekanntesten davon herausgegriffen.

Blogger/Blogspot

Ursprünglich von einigen Jungunternehmern gestartet, wurde Blogger (wird manchmal auch als Blogspot geführt) im Jahr 2002 von Google aufgekauft und gehört zu den größten und bekanntesten Bloghostern weltweit, was als Mitglied der Google-Familie auch nicht sehr verwundert.

Das Anlegen eines Blogs ist sehr einfach (siehe Abbildung 5.4), vor allem wenn man bereits ein Google-Konto besitzt (ein solches ist auch Bedingung für das Einrichten eines Blogs auf Blogger). Sie können aus verschiedenen Designs auswählen und andere Social-Media-Elemente hinzufügen, etwa Bilder auf Flickr. In der Gratisvariante erhalten Sie eine Subdomain: *http://ihrname.blogspot.com*. Sie können aber auch eine eigene Domain direkt bei Blogger kostenpflichtig reservieren und das Blog weiterhin wie gewohnt nutzen. Auch bieten Drittanbieter zusätzliche kostenpflichtige Designs für Blogger an.

Abbildung 5.4 Bei Blogger können Sie in wenigen Schritten ein eigenes Blog anlegen, Sie benötigen dazu aber ein Google-Konto.

Bringt »Blogger« Vorteile für das Suchmaschinenranking?

Branchenexperten sind sich unschlüssig, ob es aus SEO-Gründen besser ist, ein Blog direkt bei Blogger einzurichten (als Google-Familienmitglied könnte das ja Rankingvorteile bieten) oder woanders. Wenn Sie unbedingt ein fremd gehostetes Blog nutzen möchten, sollten Sie nach unserer Meinung jenen Betreiber wählen, der entweder Ihrer Zielgruppe am besten entspricht oder der bezüglich Funktionalität und Betreuung für Sie optimal ist.

Weitere Anbieter sind beispielsweise:

▶ *www.blog.de*

▶ *www.blogger.de*

▶ *www.myblog.de*

▶ *www.typepad.com*

▶ *http://twoday.net*

Zu erwähnen ist daneben auch der Online-Dienst Tumblr: Der US-amerikanische Mikroblogging-Dienst *www.tumblr.com* erfreut sich steigender Beliebtheit. Im Grunde ist Tumblr eine Mischung aus Twitter und einem »echten« Blog. Es können weitaus mehr Text- und Bildinhalte auf Tumblr veröffentlicht werden als auf Twitter. Immerhin gibt es laut Tumblr über 190 Mio. Blogs auf der Plattform (Stand Juni 2014). Sie können eigene Inhalte online stellen oder interessante Inhalte anderer wiedergeben, sprich teilen. Das Prinzip des erneuten Teilens von Inhalten anderer ähnelt dem Retweeten bei Twitter, doch: Man übernimmt mit einem Klick die Inhalte in sein eigenes Tumblr-Blog und lässt sie fast wie seine eigenen erscheinen. Diese einfache Copy-and-paste-Funktion stößt bei vielen Usern und Experten auf Urheberrechtsbedenken. Eine weitere neue Bloggingplattform ist Medium *http://medium.com*.

Für Tools wie Tumblr und Medium gilt: Es sind ideale Tools für die Nutzung als Personenblog oder Themenblog, aus unserer Sicht aber nicht als Unternehmens- oder Markenblog. Vor allem müssen Unternehmen beachten, dass die AGB vieler Plattformen keine oder nur eine eingeschränkte kommerzielle Nutzung zulassen. Bitte gehen Sie immer auf Nummer sicher, und lesen Sie die AGB genau durch.

Die Möglichkeiten, bei diesen Anbietern das Blog an das Design Ihres Unternehmens bzw. die individuellen Anforderungen anzupassen, sind allerdings meistens sehr beschränkt. Für den privaten Gebrauch völlig ausreichend, empfehlen wir nicht, es als Unternehmensblog zu nutzen: Dafür bietet sich definitiv WordPress weitaus besser an, vor allem in der selbst gehosteten Variante. Der Vollständigkeit halber möchten wir Ihnen aber vorher noch die direkt bei WordPress gehosteten Pakete vorstellen.

WordPress

WordPress ist mittlerweile die am meisten genutzte Blogsoftware der Welt. Egal ob direkt bei WordPress gehostet oder auf dem eigenen Server installiert, private User und Unternehmen setzen gleichermaßen auf die Open-Source-Software. Hinter WordPress steckt das Unternehmen Automattic.

WordPress' Baukastenprinzip

Die Stärke und der Erfolg von WordPress liegen zum großen Teil in der Open-Source-Software: Alle Codes sind frei zugänglich, und jeder Programmierer kann in seiner Installation ganz nach Belieben bestehende Codes verändern oder neue Bausteine programmieren. Viele dieser Bausteine werden wiederum im WordPress-Forum zum kostenlosen oder kostenpflichtigen Download angeboten, oft auch inklusive technischer Unterstützung. Daraus hat sich eine umfangreiche Fülle an Zusatzprogrammen entwickelt, die fast keine Wünsche mehr offenlassen.

Deshalb ist es in den meisten Fällen gar nicht mehr nötig, etwas Eigenes zu programmieren, sondern man kann auf den Pool an Programmen zurückgreifen. Die Community an Usern, die solche Programme umsetzen und veröffentlichen, ist gewaltig groß, immer am Ball und sehr flexibel. Man muss selten sehr lange auf ein neues Feature warten, wenn der Bedarf wirklich da ist: Irgendjemand wird im selben Moment schon daran tüfteln.

Kostenloses Blog auf WordPress.com

WordPress bietet auf seiner Website die Möglichkeit der kostenlosen Einrichtung eines Blogs. Dieses ist dann unter der Adresse ihrname.WordPress.com erreichbar. Sie können aus zahlreichen Vorlagen ein Blogdesign auswählen und dieses auch leicht modifizieren, sei es in der Wahl der Farbgebung oder der Integration von Fotos und Videos von anderen Plattformen. Für das Blog selbst stehen maximal 3 GB zur Verfügung, was für die normale Nutzung ausreichend ist. Einfache Statistiken geben Auskunft darüber, wie viele Webuser Ihr Blog besucht haben und welche Websites auf Ihr Blog verlinken. Dies ist also für den privaten bzw. persönlichen Gebrauch eine komfortable und sinnvolle Variante. Eine Einschränkung gilt es zu erwähnen: WordPress behält sich bei der kostenlosen Variante vor, ab und an eine Werbeanzeige innerhalb Ihres Blogs einzublenden.

Kostenpflichtiges Blog auf WordPress.com

Das kostenpflichtige Paket beinhaltet ein paar zusätzliche Features: Sie können eine eigene Domain, z. B. *http://www.ihrname.de*, dafür reservieren, haben mehr

Speicherplatz zur Verfügung als bei der kostenlosen Variante und auch mehr Möglichkeiten, das Design und das Layout des Blogs zu individualisieren. Außerdem ist es werbefrei. Da dieses Paket schon für wenige US-Dollar im Monat erhältlich ist, zahlt es sich in den allermeisten Fällen aus, wenn Sie nicht generell auf eine selbst gehostete Bloginstallation setzen können oder wollen.

5.7.2 Selbst gehostetes Blog

Die Vorteile eines selbst gehosteten Blogs liegen auf der Hand. Selbst wenn die Installationskosten etwas höher liegen, werden Sie langfristig damit besser fahren und zufriedener sein. Früher oder später würden Sie das Blog sowieso auf Ihrem eigenen Server installieren. Obwohl es neben WordPress noch einige andere Softwarelösungen gibt (Nucleus, b2evolution, Movable Type usw.), möchten wir Ihnen aus Gründen der Praktibilität und der branchenweiten Erfahrungswerte hier besonders WordPress vorstellen: Es ist die beliebteste Blogsoftware am Markt und wird von vielen Profis genutzt und empfohlen. Wenn aber Ihre bestehende Infrastruktur eine andere Blogsoftware bevorzugt, dann nichts wie her damit: Hauptsache, Sie machen ein Blog.

Self-Hosting zahlt sich aus

Erfreulicherweise ist die Self-Hosting-Variante nicht mehr so teuer wie früher. Sie können bereits für wenige Euro im Monat ein WordPress-Hostingpaket reservieren, inklusive Domain und ausreichend Datentransfervolumen. Für Einsteiger und kleine Unternehmen mit überschaubarem Traffic ist dies eine perfekte Lösung. Wenn Sie ein Blog für ein großes Unternehmen oder eine bekannte Marke betreiben möchten, müssen Sie natürlich für eine dementsprechende Infrastruktur sorgen. Möglicherweise bietet jener Server, auf dem schon Ihre Website liegt, alle notwendigen Funktionalitäten für eine WordPress-Installation. Überprüfen Sie das am besten zusammen mit Ihrem Webmaster.

Die Spezifikationen finden Sie auf *http://codex.WordPress.org/Hosting_WordPress*, das aktuelle WordPress-Softwarepaket können Sie unter *http://de.WordPress.org* herunterladen.

Sobald die Installation des Pakets vollständig durchgeführt ist, können Sie sich der Anpassung von Design, Layout und Funktionalitäten widmen. Hier sind der Kreativität und dem Bedarf fast keine Grenzen gesetzt. Als Administrator können Sie so gut wie alle Arbeitsschritte über das Dashboard durchführen.

Blogdesign/-layout

Für WordPress gibt es unzählige Designvorlagen (siehe Abbildung 5.5), die mit wenigen Klicks auf das eigene Blog installiert werden können. Mit einer Vorlage bestimmen Sie das Aussehen und die Gestaltung Ihres Blogs (so z. B. auch die Aufteilung: wie viele Spalten, welche Inhalte in welcher Spalte usw.).

> **Achten Sie auf das »Responsive«**
> Immer mehr Internetnutzer surfen über mobile Endgeräte wie Smartphones und Tablets. Damit Ihr Blog auch für dieses Publikum gut lesbar ist, muss das Blog bzw. das Blogdesign für die responsive Darstellung optimiert sein. Responsives Webdesign verbreitet sich mittlerweile immer stärker, da die Zahl mobiler Websitebesucher rasant steigt.

Viele dieser sogenannten *Themes* (Designvorlagen, Templates) sind kostenlos erhältlich, einige bekommen Sie für einen meist sehr günstigen Preis. Sie bzw. Ihr Webmaster sollten sich zuerst Inspirationen oder konkrete Vorlagen holen, bevor Sie die komplette Neuprogrammierung eines solchen Themes in Auftrag geben, so können Sie einiges an unnötigen Kosten sparen. Sie finden zahlreiche Themes direkt bei WordPress unter *http://WordPress.org/extend/themes* oder bei einem der vielen Drittanbieter. Googeln Sie einfach nach »WordPress Themes« (siehe Abbildung 5.5). Achten Sie auch darauf, dass das gewählte Template den aktuellen Anforderungen vollständig entspricht (z. B. responsive Darstellung).

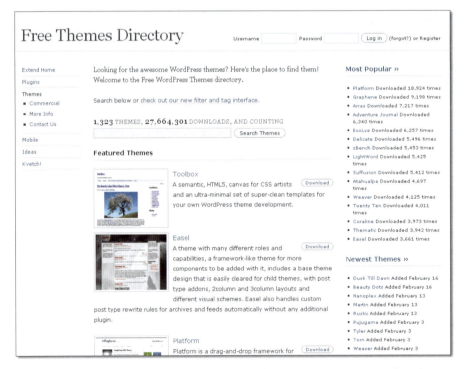

Abbildung 5.5 Für das Blogdesign können Sie kostenlose Vorlagen, sogenannte Blog-Themes, verwenden.

Funktionalitäten

Auch bei der Auswahl an Funktionalitäten ist die Liste an möglichen Features schier endlos. So gut wie alle Inhalte, die bereits irgendwo im Web existieren, können im Blog mit eingebunden werden: Fotos, Videos, andere Bloginhalte, Facebook, Twitter usw. Wie bereits eingangs erwähnt, werden viele dieser Tools gar nicht von WordPress direkt erstellt, sondern von anderen Blogbetreibern, die diese dann veröffentlichen und zum großen Teil kostenlos weitergeben.

Die Erweiterung der WordPress-Funktionalitäten geht über Plug-ins, die Sie schnell und einfach installieren können. Ein paar besonders hilfreiche sind:

▶ *Jetpack:* Das von Automattic (WordPress-Hersteller) angebotene Zusatzpaket bietet viele zusätzliche Funktionalitäten. Eine besonders nützliche ist die E-Mail-Abonnement-Funktion: Das ist eine Art Newsletter-Funktion für Ihr Blog. Jeder Webuser kann sich mit seiner E-Mail-Adresse im vorgesehenen Feld anmelden und erhält automatisch jeden neuen Blogbeitrag Ihres Blogs per E-Mail zugesandt. Viele Webuser können mit den RSS-Feeds nichts anfangen und wissen deshalb auch nicht, ob und wie man diese abonnieren kann. Aber einen Newsletter per E-Mail zu bestellen, das kann nun wirklich jeder. Somit schaffen Sie die besten Voraussetzungen dafür, dass die Inhalte Ihres Blogs auch von diesen Usern regelmäßig gelesen werden (können).

▶ *Videos/Fotos:* In den jeweiligen Kapiteln hatten wir ja bereits darauf hingewiesen: Es ist aus Sicht der eigenen Reichweite besser, Fotos und Videos auf eigens dafür vorgesehenen Plattformen zu veröffentlichen, um für die User dort auch sichtbar zu sein. Damit Sie sich aber die Arbeit und somit das Leben leichter machen, gibt es zahlreiche Plug-ins für die Einbindung von Fotos und Videos im Blog, die jedoch ganz woanders gespeichert sind. So können Sie beispielsweise alle Fotos, die Sie auf Flickr gespeichert haben, in Form von Minibildern in der Sidebar darstellen lassen. Die Möglichkeiten sind vielfältig und helfen dabei, das Blog einerseits optisch aufzulockern, andererseits müssen Sie aber nicht immer und überall darauf achten, neue Fotos hochzuladen oder Links zu ersetzen: Die meisten Tools machen das automatisch.

▶ *»Share«-Funktionen:* Nachdem wir in Social Media auf Mundpropaganda und das Empfehlungsmarketing durch die User setzen, müssen wir natürlich alle technischen Voraussetzungen treffen, damit die User das auch so einfach wie möglich machen können. Für WordPress gibt es zahlreiche Plug-ins, um beispielsweise in der Sidebar oder direkt bei jedem einzelnen Artikel eine Leiste mit den Symbolen der gängigsten Social-Media-Plattformen einzurichten, mit deren Hilfe der User mit nur ein bis zwei Klicks den Artikel beispielsweise seinen Freunden auf Facebook, Google+ oder Twitter weiterempfehlen kann. Das geht einerseits über die traditionelle Social-Bookmarking-Leiste, andererseits über die interaktiven Buttons wie den »Gefällt mir«-Button für Facebook, den »+1«-Button für Google+ oder den »Tweet«-Button für Twitter.

▶ *SEO (Suchmaschinenoptimierung):* WordPress ist per se schon ziemlich gut suchmaschinenoptimiert. Sie können aber mittels spezieller SEO-Tools durchaus versuchen, ein noch besseres Ranking für Ihr Blog und einzelne Blogbeiträge herauszuholen. Beispielsweise gibt es Tools, die es ermöglichen, dass Sie bei jedem Blogbeitrag den »Title« und die »Description« selbst mit Keywords befüllen können. Aber auch hier gilt natürlich: alles mit Maß und Ziel. Zu viel des Guten ist nie gut.

Rechtstipp von Peter Harlander: Datenschutzrecht beachten

Vor allem die »Gefällt mir«- und »Teilen«-Buttons von Facebook werden zurzeit intensiv unter datenschutzrechtlichen Gesichtspunkten diskutiert. Prüfen Sie daher generell, bevor Sie derartige Funktionen von Fremdanbietern einbauen, immer die aktuelle Rechtslage, damit Sie sich mit dem Einbau dieser Funktionen keine Rechtsprobleme einhandeln.

Der Bedarf und die Anforderungen an WordPress-Plug-ins sind sehr dynamisch: Egal ob bei Social Bookmarking, Share-Buttons bzw. der Integration von Facebook und Google+, SEO oder Zusatzfeatures für Autorenblogs: Manche Plug-ins werden laufend weiterentwickelt, andere wiederum durch bessere ersetzt. Die Installation der jeweiligen Plug-ins ist sehr einfach und kann vom Administrator des Blogs mit wenigen Klicks durchgeführt werden. Sie sollten aber darauf achten, dass Sie nur getestete Plug-ins verwenden und nicht zu viele davon installieren, da sich dies sonst negativ auf die Ladezeiten des Blogs auswirken und auch ein Sicherheitsrisiko darstellen könnte. Das wäre für den User und für Suchmaschinen wie Google gleichermaßen negativ.

Tipp: Der richtige Einsatz von Plug-ins

Viele Blogs übertreiben es mit der Anzahl der installierten Plug-ins: Da blinken in jeder Ecke des Bildschirms dann Social-Media-Icons, laufen Slideshows und versuchen Werbebanner, die Aufmerksamkeit des Lesers zu gewinnen. Das geht jedoch zulasten der Leserbindung. Weniger ist deshalb mehr. Verwenden Sie keine grellen Farben, einen eher hellen Hintergrund und dunkelgraue Schriften. Stellen Sie den Content in den Mittelpunkt, und nutzen Sie nach Möglichkeit nur eine einzelne Sidebar. Verwenden Sie nicht zu viele Plug-ins, sondern nutzen Sie jene, die für den Blogbesucher wichtig sind (E-Mail-Abo-Funktion, Tagcloud, Facebook, Twitter). Vermeiden Sie vor allem Plug-ins, die zu dynamisch sind und zu viel Aufmerksamkeit auf sich ziehen.

Zu viele Plug-ins verlangsamen außerdem die Ladezeiten Ihres Blogs und verschlechtern damit die Performance bei Usern und Google gleichermaßen. Jedes Plug-in ist auch eine potenzielle Sicherheits- und Fehlerquelle.

Blogsicherheit

Aus Sicherheitsgründen sollten Sie dafür sorgen, dass

▶ die Softwareversion Ihres WordPress-Blogs immer auf dem aktuellsten Stand ist,

▶ Sie keinen Standarduser und kein Standardpasswort verwenden (Beispiel: User »Admin« und Passwort »123«),

▶ Sie alle notwendigen Sicherheitsvorkehrungen am Server vornehmen und

▶ Sie den Zugriff auf verschiedene Verzeichnisse so weit wie möglich einschränken.

Sie finden im Web zahlreiche Tutorials, also Anleitungen, wie Sie Ihr WordPress-Blog weiter optimieren können. Außerdem gibt es mittlerweile genug professionelle Programmierer, die sich mit WordPress auskennen und Ihnen im Bedarfsfall weiterhelfen.

5.8   Wie machen Sie Ihr Blog bekannt?

Für Ihre Online Relations ist es wichtig, dass Sie Ihr Blog überall dort bekannt machen, wo Sie die Möglichkeit haben, Ihre bestehenden und potenziellen Kunden darauf hinzuweisen: offline und online.

Online

Online umfasst alle Bereiche, auf denen Sie präsent sind, also Unternehmenswebsite, E-Mail-Signatur, Social Media usw.:

▶ Allgemeiner Link auf Ihrer Website, auf Ihrer Facebook-Seite, auf Twitter, Google+: Weisen Sie grundsätzlich mit einem Link auf die Blogstartseite auf Ihr Blog hin.

▶ Link in Ihrer E-Mail-Signatur: Genau so, wie Sie die Adresse Ihrer Website und die URL Ihrer Facebook-Seite in die Signatur eintragen, so sollten Sie das auch mit der Adresse Ihres Blogs tun.

▶ Link und Artikel im E-Mail-Newsletter: Schreiben Sie einen eigenen Artikel im Newsletter über das neue Blog und was den Leser dort erwartet. Übernehmen Sie den einen oder anderen Blogartikel in den Newsletter. Weisen Sie am Ende jedes Newsletters auch auf weiterführende Informationen hin, die der Leser auf Ihrem Blog erhält.

▶ Auf Facebook, Google+ und Twitter usw. regelmäßig einen einzelnen Blogbeitrag vorstellen und verlinken: Sie könnten das auch automatisiert machen, aber noch mehr empfiehlt es sich, jeden neuen Blogartikel auf Twitter, Google+ und auf Facebook eigenständig vorzustellen. So können Sie einen individuellen Ankündigungstext zum Link hinzufügen, der den User animieren soll, auf den Link zu klicken und den Blogartikel zu lesen.

▶ Damit Ihr Blog gefunden wird, tragen Sie ihn in entsprechende Blogverzeichnisse ein.

Tipp: Mit Quellenangaben mehr Vernetzung erreichen

Auch sehr wichtig ist die Verlinkung innerhalb der Blogosphäre mittels Blogroll. Außerdem sollten Sie nach Bedarf und Möglichkeit innerhalb eines Artikels auf andere Blogbeiträge verlinken, die Ihnen z. B. als Inspirationsquelle gedient haben oder die weiterführende Informationen beinhalten. Dabei kommt Ihnen die Technologie von Pingback/Trackback zugute: Wenn Sie ein Blog in einem Artikel oder in der Blogroll verlinken, wird im Normalfall das andere Blog darüber verständigt. Somit können Sie den anderen Blogbetreiber dezent und freundlich auf Ihr Blog hinweisen.

Wenn Sie inhaltlich zu einem Blogartikel eines anderen Blogs etwas zu sagen haben, können Sie einen Kommentar abgeben und bei der Kommentarerstellung die URL Ihres Blogs eintragen. Damit weisen Sie den Blogbetreiber und die anderen Blogleser auf Ihr Blog hin. Machen Sie das aber nur, wenn Ihr Beitrag für die anderen auch wirklich relevant ist.

Rechtstipp von Peter Harlander: Urheberrecht gilt auch für Blogs

Nur weil es technisch möglich ist, die Inhalte eines Blogs in Form eines RSS-Feeds zu abonnieren und diese anschließend einfach in das eigene Blog einzubauen, ist dies noch lange nicht legal. Sollten Sie fremde Inhalte in Ihr Blog integrieren wollen, müssen Sie dazu zuvor die Genehmigung des Urhebers bzw. Rechteinhabers einholen. Ebenfalls unter keinen Umständen sollten Sie fremde Blogbeiträge einfach ungefragt in einen eigenen Blogbeitrag kopieren.

Offline

Nutzen Sie auch all Ihre analogen Präsenzen (außerhalb des Internets), um auf das Blog hinzuweisen:

▶ auf Ihrer Visitenkarte

▶ auf dem Brief-/Rechnungspapier

▶ auf Plakaten

▶ im Prospekt/Folder/auf dem Flyer

▶ im Schaufenster

▶ an der Kasse

- im persönlichen Gespräch mit den Kunden
- in Ihrem Geschäft, auf Ihren Firmenfahrzeugen usw.

Sie sollten alle Möglichkeiten nutzen, die Bekanntheit des Blogs zu stärken, damit sich der Aufwand so schnell wie möglich bezahlt macht.

5.9 Wie Sie in der Blogosphäre bekannt werden

Zuerst müssen Sie interessante Blogger finden, die zu einem oder mehreren Ihrer Themen schreiben. Abonnieren Sie deren Feeds (Beiträge), und versuchen Sie, aufmerksam wahrzunehmen, welche Inhalte wie aufbereitet und verpackt werden. Dadurch lernen Sie sehr viel darüber, wie Sie das eigene Blog führen sollten.

Sie können für Sie interessante Blogger finden, indem Sie direkt in der Suchmaschine eines Ihrer Themen eingeben. Wenn Sie ein relevantes Blog gefunden haben, sehen Sie sich die sogenannte *Blogroll* an. Das ist eine Liste von Blogs, auf die der Blogger verlinkt und die er als »gute Quelle« oder »Freunde« bezeichnet. Auch darunter werden sehr viele für Sie wichtige Blogs sein.

5.9.1 Durchforsten Sie die Blogosphäre

Versuchen Sie gerade am Anfang, alle relevanten Beiträge anderer Blogger zu lesen. Wenn Sie etwas Sinnvolles zu sagen haben, geben Sie einen Kommentar ab. Dadurch werden Sie von dem Blogger, aber auch von anderen Kommentatoren wahrgenommen, und es könnten ein paar neue Blogabonnenten daraus resultieren. Hinterlassen Sie aber ja keine Kommentare nur um des Kommentars willen oder um einen Link auf Ihre Website oder Ihr Blog zu bekommen. In den allermeisten Fällen wird das ignoriert oder sogar öffentlich abgelehnt.

Rechtstipp von Peter Harlander: Spam ist wettbewerbswidrig

Kommentar-Spam schadet nicht nur Ihrem Ruf, sondern ist – vor allem wenn Kommentar-Spamming im großen Stil und systematisch betrieben wird – auch wettbewerbswidrig.

Schreiben Sie selbst relevante Beiträge informativer, unterhaltsamer oder skurriler Art, Hauptsache, sie stoßen bei Ihren Kunden auf Interesse. Natürlich müssen Stil und Thema zum Unternehmen passen und dürfen nicht wie ein Fremdkörper wirken.

5.10 Wie wird Ihr Blog gefunden?

Wenn Sie die Analysetools kennen und nutzen, die den Traffic auf Ihrer Website und dessen Herkunft messen (z. B. Google Analytics), wissen Sie, dass die Besucher Ihrer Website normalerweise aus verschiedenen Richtungen kommen:

1. *Direktzugriffe:* Diese User kennen die URL Ihrer Website und geben sie in die Adressleiste des Browsers ein.

2. *Verlinkte Seiten:* Ihre Website wurde auf anderen Websites als Link eingetragen, z. B. von Partnerunternehmen, in Medienberichten. Beispielsweise wird auf Unternehmenswebsites auf die Marketingagentur, die das Design und die Website umgesetzt hat, per Link verwiesen.

3. *Social Media:* Der Link wurde in Facebook, Google+ oder auf Twitter und in Bewertungsportalen veröffentlicht und geteilt.

4. *Über Suchmaschinen:* Der Webuser hat auf Google, Bing oder einer anderen Suchmaschine ein Suchwort eingegeben, und Ihre Website wurde im Suchergebnis auf einem halbwegs relevanten Platz ausgewiesen. Leider zeigt Google Analytics seit einiger Zeit nicht mehr, über welches Suchwort (Keyword) wie viele User auf Ihr Blog gefunden haben.

Für Sie sind besonders die Punkte 3 und 4 interessant. Während unter Punkt 1 und 2 sehr viele Stammkunden zu finden sind bzw. User, die Ihr Unternehmen bereits kennen, wird unter Punkt 3 eine nicht unbeträchtliche Anzahl von potenziellen Kunden sein, die Ihr Unternehmen noch nicht oder noch nicht sehr gut kennen. Genau dabei helfen Blogs, und darauf möchten wir in diesem Kapitel den besonderen Fokus legen. Dennoch ist natürlich Ihre begeisterte Stammkundschaft der wichtigste Multiplikator im Social Web und im »nicht virtuellen« Raum, auf den wir ganz große Stücke setzen, wenn es um die digitale Mundpropaganda in Social Media geht.

5.10.1 Blog-SEO – Suchmaschinenoptimierung

Mithilfe von SEO können Sie neue Kunden auf Ihr Blog leiten. Analog zu Ihrer Website werden auch die Blogartikel ebenfalls für die Suchmaschine geschrieben. Blogs haben aber gegenüber der Website einen entscheidenden Vorteil: Während Sie auf Ihrer Website aus designtechnischen oder inhaltlichen Gründen in der Menge der Seiten und der Texte beschränkt sind, sind Sie es auf einem Blog in keiner Weise. Dort können Sie so viele Beiträge zu einem Thema schreiben, wie Sie möchten, und es aus unterschiedlichen Sichtweisen beleuchten. Und bei jedem Artikel können Sie andere relevante Keywords mit einfließen lassen, ohne sich zu wiederholen. Durch diese Keywords gelangt Ihr Kunde auf Ihr Blog.

> **Von potenziellen Kunden gefunden werden**
> Nun gilt es also, festzustellen: Wonach suchen Ihre bestehenden und Ihre potenziellen Kunden? Was geben sie in Google ein? Welche Suchwörter verwenden sie? Machen Sie sich einmal die Arbeit und begeben Sie sich auf die Suche nach den Antworten. Ihr gesamter Webauftritt, egal ob Website, Blog, Facebook, Google+, Twitter oder alle anderen Plattformen, werden es Ihnen mit Traffic danken.

Die Anzahl der Keywords, die zu Ihrem Unternehmen, Ihren Produkten bzw. der Produktpalette und den Bedürfnissen der Kunden passen, wird auch in Ihrem Fall enorm groß sein. Woher wissen Sie, welches Keyword wichtig ist und welches nicht? Google bietet mit dem Google AdWords Keyword-Planner eine Möglichkeit, herauszufinden, welche relevanten Suchwörter besonders oft verwendet werden.

5.10.2 Keywords definieren mit Google AdWords Keyword-Planner

Dieses Tool zeigt Ihnen, welche Suchbegriffe auf Google in welchem Umfang (Suchvolumen) gesucht werden. Sie können einzelne Wörter, Wortgruppen oder sogar ganze Websites auswerten lassen. Das ist sehr informativ und wichtig, weil Ihnen selbst möglicherweise nicht alle Keywords einfallen, nach denen die Lieblingskunden, sprich Ihre Zielgruppen, auf Suchmaschinen wie Google suchen.

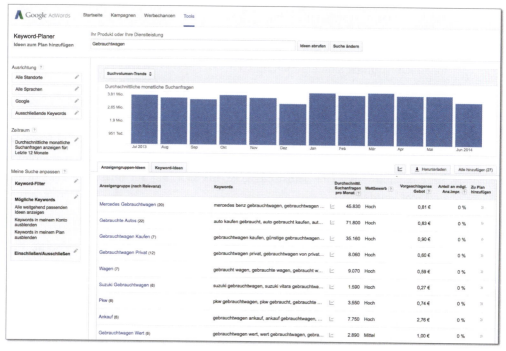

Abbildung 5.6 Der Google AdWords Keyword-Planner liefert Ideen für Keywords.

Stellen Sie eine Liste mit Themen zusammen (siehe Redaktionsplan in Kapitel 2, »Social-Media-Strategie«), und erfassen Sie zu jedem Thema die relevanten Keywords. Diese Liste gilt für alle Blogautoren gleichermaßen. Beim SEO-Texten des Blogartikels dient sie als »roter Faden«, um darauf zu achten, dass die richtigen Keywords hineingetextet werden. Die Autoren sollten sich dadurch aber nicht in ihrer Kreativität und im freien Schreiben behindert fühlen. Im Zweifelsfall lassen Sie einzelne Keywords einfach weg oder ignorieren sogar die ganze Liste, wenn der Blogbeitrag ein ganz neues Themengebiet behandelt. Sie schreiben nach wie vor für Ihre Leserschaft und nicht für Suchmaschinen. Trotzdem sollten Sie immer im Hinterkopf behalten, dass Ihre potenzielle Leserschaft Sie noch gar nicht kennt, sondern erst über Google zu Ihnen finden muss.

5.10.3 Suchmaschinenoptimierte Texte schreiben

Wie bauen Sie nun aber die Keywords in den Text so ein, dass sie für den Leser unauffällig und für die Suchmaschinen relevant sind?

Überschriften

Suchmaschinen werten beispielsweise Überschriften (H1, H2, H3) und Links sowie fett geschriebene Wörter als besonders informativ und relevant. Verwenden Sie beispielsweise in jedem Blogbeitrag eine H1-Überschrift (oder auch »Überschrift 1« in WordPress, sozusagen die Hauptüberschrift innerhalb des Texts) und für die Zwischenüberschriften H2- oder noch besser H3-Überschriften. Wichtig dabei ist, dass in den Überschriften ebenfalls einige relevante Keywords enthalten sind, wobei sie inhaltlich natürlich Sinn ergeben müssen.

Links

Bei Links ist es wichtig, dass der Link das hält, was er verspricht. Links werden grundsätzlich nicht mehr mit »Klicken Sie hier«, sondern in den Text an der relevanten Stelle gesetzt, auf der die verlinkte Seite erwähnt wird. Wenn die verlinkte Seite inhaltlich zum Link selbst passt, ist aus Sicht der Suchmaschine alles richtig gemacht worden.

Fettschreibung

Das Hervorheben von einzelnen Wörtern mittels Fettschreibweise ist ebenfalls eine Methode, um Keywords besonders sichtbar zu machen. Versuchen Sie, für den Leser relevante Textpassagen oder Begriffe so hervorzuheben, dass ein geübter oder gestresster Leser sich mittels Screening einen Überblick über den Text verschaffen kann. Somit tun Sie nicht nur sich (und der Suchmaschine) einen Gefallen, sondern auch allen Lesern. Zu viel des Guten wäre aber schon wieder schlecht.

Wortvariation

Denken Sie auch an Wortvariationen, und verwenden Sie nach Möglichkeit verschiedene gängige Varianten eines Worts. In Österreich, Deutschland und der Schweiz gibt es oft sogar innerhalb des Landes unterschiedliche Bezeichnungen für ein und dieselbe Tätigkeit, beispielsweise »Skifahren« und »Schifahren«.

Neben den besonders wichtigen inhaltlichen Elementen gibt es noch weitere Möglichkeiten, wie Sie Ihr Blog für die Suchmaschine optimieren können:

▶ Jeder einzelne Beitrag bekommt eine individuelle und permanente Blog-URL. Sie können bei den meisten Blogportalen und -softwaresystemen einstellen, dass die URL den Titel des Blogbeitrags enthält. Wenn Sie die vorangegangenen inhaltlichen Tipps befolgt haben, enthält der Beitragstitel einige der relevanten Keywords. Somit trägt auch die URL diese Keywords, und das hilft dabei, gefunden zu werden.

▶ Überladen Sie Ihr Blog nicht mit Plug-ins. Jedes aktive Plug-in verlängert die Ladezeiten des Blogs. Das ist nicht nur für die Besucher Ihres Blogs lästig, sondern wird auch von Google negativ bewertet: Je schneller eine Seite lädt, desto besser ist das aus Suchmaschinensicht.

Erfolg messen mittels Tracking-Tool

Ein Tracking-Tool bzw. Trafficanalyse-Tool, wie beispielsweise Google Analytics, zeigt Ihnen bei einem sehr gut geführten Blog, wie sich SEO und Keywords in Beiträgen positiv auf die Besucherströme auswirken. Die Zahl jener Besucher, die über ein bestimmtes Keyword von der Suchmaschine auf Ihr Blog kommen, steigt. Idealerweise finden mehr User Ihr Blog über Suchmaschinen als über den direkten Aufruf Ihres Blogs.

Interessant ist auch, dass in so manchen Fällen nicht die Startseite des Blogs am häufigsten aufgerufen wird, sondern einzelne Beiträge. Das liegt wiederum daran, dass jene User, die von einer Suchmaschine wie Google oder Bing auf Ihr Blog kommen, im Suchergebnis einen bestimmten Blogartikel gesehen und angeklickt hatten. So soll es auch sein: User, die Ihr Unternehmen oder zumindest den im Blogartikel beschriebenen Aspekt noch nicht kennen, finden so auf Ihr Blog.

Rechtstipp von Peter Harlander: Datenschutz beachten

Bei der Auswertung der Benutzerströme ist darauf zu achten, dass es zu keinen Verletzungen von Datenschutzrechten kommt. Erkundigen Sie sich daher immer, wie das von Ihnen verwendete Tracking-Tool entsprechend den Datenschutzbestimmungen Ihres Landes konfiguriert werden kann.

5.11 Wie können Sie ein Blog lesen?

Aus dem eigenen Nutzungsverhalten und der eigenen Erfahrung heraus sind wir froh und dankbar, dass es heutzutage nicht mehr notwendig ist, alle interessanten Websites aktiv zu besuchen, um sie auf neue oder die gesuchten Inhalte hin zu überprüfen. So ist es auch und vor allem bei Blogs. Wenn Sie auf ein interessantes Blog stoßen, können Sie sich natürlich in altbekannter Weise den Namen oder die Webadresse (URL) merken und es dann regelmäßig besuchen. Sie werden das nicht mehr tun, wenn Sie wissen, wie Sie Blogs abonnieren. So geht's mittlerweile immer mehr Bloglesern.

Es gibt mehrere Möglichkeiten, Bloginhalte zu abonnieren: Technisch gesehen, basieren alle auf RSS-Feeds. Dahinter steckt ein standardisiertes Format, in dem die Blogbeiträge für Programme angeboten werden, die diese Feeds abonnieren.

Blog im Browser abonnieren

Die meisten gängigen Browser wie Internet Explorer, Firefox, Chrome Safari und Opera bieten die Möglichkeit, den RSS-Feed als »dynamisches Lesezeichen« zu abonnieren. Genau so, wie Sie normale Websites als Lesezeichen/Favoriten ablegen, können Sie das mit dem RSS-Feed machen. Wird ein neuer Blogbeitrag veröffentlicht, erscheint ein Hinweis in der Lesezeichenleiste, und der Beitrag lässt sich öffnen und lesen.

Blog im Mailprogramm abonnieren

Eine gerade im Businessbereich am Arbeitsplatz viel genutzte Variante ist das Abonnieren von RSS-Feeds im Mailprogramm, z. B. in Microsoft Outlook. Der Vorteil dabei ist: Jeder von uns ist es gewohnt, sein Mailprogramm auf neue, ungelesene Mails hin zu checken. Somit muss man kein zusätzliches Programm öffnen, sondern hat alles auf einen Blick.

Blog in einem Feedreader abonnieren

Es gibt für das Abonnieren, Lesen und Verwalten von RSS-Feeds natürlich auch eigene Webdienste: Die bekanntesten Feedreader sind Feedly und My Yahoo. Einer der früher beliebtesten Feedreader war der Google Reader, der aber 2013 von Google eingestellt wurde. In den meisten Reader-Diensten können Sie unterschiedliche Ordner anlegen und die abonnierten Feeds/Blogs thematisch sortieren.

Blog als E-Mail abonnieren

Die meisten Webuser kennen und nutzen die Funktion, Newsletter per E-Mail zu abonnieren. Für Blogs gibt es ebenfalls diese Möglichkeit: Über Tools wie Feedburner von Google oder Jetpack von WordPress wird der RSS-Feed in eine E-Mail umgewandelt und dem Abonnenten zugesandt. Diese Funktion ist absolut sinnvoll, weil Sie damit jene User erreichen können, die mit RSS-Feeds nicht umgehen können. Doch das hat auch einen Nachteil: Ihr Blogbeitrag als E-Mail konkurriert im Posteingang möglicherweise mit vielen Spam-E-Mails und anderen Newslettern, die um die Aufmerksamkeit des Empfängers werben, und kann dabei auch untergehen. Nachdem bei den Feedabonnement-Möglichkeiten aber kein Entweder-oder-Prinzip gilt und Sie sich daher als Blogbetreiber nicht für E-Mail-Abo oder für Feedreader entscheiden müssen, sollten Sie alle Abo-Funktionen zur Verfügung stellen, aus denen der User dann auswählen kann.

Rechtstipp von Peter Harlander: Rechtliche Bestimmungen für E-Mail-Newsletter beachten

Wenn Sie sich dafür entscheiden, Ihre Blogbeiträge als E-Mail-Newsletter zu versenden, müssen Sie darauf achten, dass die E-Mails alle rechtlichen Bestimmungen für E-Mail-Newsletter erfüllen.

Das waren nun alle Arten des Senderprinzips, das bedeutet, dass Sie aktiv Ihre Leser über neue Beiträge informieren. Worauf wir aber schon im vorigen Kapitel eingegangen sind und was wir als die langfristig wichtigste und unternehmerisch spannendste Möglichkeit sehen, neue Leserschaften zu erreichen, ist das Gefundenwerden über die Suchmaschinen.

Wenn Sie ein Blog länger und erfolgreich betreiben, sprich mit aktuellen, authentischen und relevanten Beiträgen versehen, werden Sie eine immer größere Zahl von neuen Besuchern haben, die Ihr Blog über bestimmte Keywords finden werden. Diese sollten Sie nun über relevante Inhalte zu binden versuchen, d. h., Ihr Ziel ist es, sie in Abonnenten verwandeln.

5.12   Worüber schreiben?

Die Liste an Themen ist länger, als Ihnen vielleicht spontan einfallen würde. Erstellen Sie deshalb einen Redaktionsplan, der Ihnen nicht nur dabei hilft, die relevanten Themen zu dokumentieren, sondern auch die Zuständigkeiten und Verantwortlichkeiten innerhalb des Unternehmens wiederzugeben. Außerdem ermöglicht der Redaktionsplan es Ihnen, Aufgaben zu delegieren. Im Folgenden schildern wir Ihnen einige Aspekte zu den Inhalten Ihres Blogs, die wir Ihnen besonders ans Herz legen möchten.

5.12.1 Perspektivenwechsel – schreiben Sie aus der Sicht des Kunden

Erstens sollten Sie bedenken, dass es nicht immer darum gehen muss, dass Sie persönlich alles als relevant empfinden, was auf dem Blog veröffentlicht wird. Was Ihrer Meinung nach zu banal oder zu oberflächlich wäre, ist für Ihre Kunden und Leser aber vielleicht relevant und interessant: Versuchen Sie deshalb immer, die Perspektive zu wechseln und aus der Sicht des Kunden zu handeln. Hilfreich dabei ist es, die Erfahrungen jener Mitarbeiter mit einfließen zu lassen, die in direktem Kontakt mit den Kunden stehen, z. B. des Kundensupports. Diese Kollegen werden Ihnen bestätigen, dass es oft banale und wiederkehrende Fragen und Themen sind, die die Kunden beschäftigen. Und diese Kollegen werden es Ihnen danken, wenn langfristig die Anzahl der sich wiederholenden Fragen sinkt, weil viele User ihre offenen Fragen bereits über das Blog vorweg beantwortet bekommen. Wir haben schon darauf hingewiesen. Mit dem Blog lassen sich auch FAQs wunderbar abbilden. Die Stärke von Blog-FAQs: Über Beispielgeschichten können Problem und Lösung näher am Kunden erarbeitet werden.

Tipp: Lernen Sie von der Konkurrenz

Wie bei der Produktentwicklung können Sie auch bei der Konzeption des Blogs und zur Inspiration für Blogbeiträge einen Blick auf die Konkurrenz werfen. Worüber schreibt der Mitbewerb? Wie schreiben sie, und wie ist die Resonanz der Leser? Welche Beiträge kommen besonders gut an, welche weniger gut? Was schreiben andere Blogger regelmäßig? Viele Themen werden Ihnen auf dem Silbertablett serviert.

5.12.2 Unternehmensrelevante Themen

Die Breite der Themen hängt natürlich ganz stark von Ihrer Branche, Ihrer Produktpalette und Ihrer Unternehmensstruktur ab. Was aber auf alle Fälle auf Ihrem Unternehmensblog einen Platz finden sollte:

▶ Hintergrundgeschichten aus dem Unternehmen

▶ Informationen über die Entwicklung neuer Produkte

▶ Umfragen

▶ Erfahrungsberichte von Mitarbeitern, Kunden, Partnerunternehmen in Form von Gastbeiträgen

▶ Personalentwicklung, Vorstellen neuer Mitarbeiter

▶ lustige Anekdoten

▶ Brancheninfos

▶ Neuigkeiten generell

▶ unterhaltsame Inhalte wie Gewinnspiele, Quiz, Spiele usw.

▶ Interviews mit Experten, die besondere Hintergrundinformationen liefern, gebloggt als Text, Podcast oder Video

5.13 Selbst schreiben oder schreiben lassen?

Social Media ist mit Zeitaufwand verbunden. Entweder Sie stellen jemanden dafür ein, oder Sie verlagern den bisherigen Personaleinsatz hin zu Social Media Marketing. Das ist bei Blogs nicht anders, sogar noch etwas verstärkt. Blogbeiträge wollen wohlüberlegt, gut recherchiert, strukturiert und ansprechend geschrieben sein. Im Schnitt können Sie mit einem Aufwand von mindestens 60 Minuten pro Blogbeitrag rechnen. Kaum ein Unternehmen wird über Zeitüberschuss in der Führungsebene oder bei Mitarbeitern klagen. Wie ist das Zeitproblem also zu lösen?

Investieren Sie in Personal

Versuchen wir einmal, das Ganze aus einem anderen Blickwinkel zu betrachten: Wie viel Geld geben Sie monatlich oder jährlich für Werbung aus? Können Sie sich vorstellen, einen Teil davon in Personal für Social Media zu investieren, wenn Ihr Social-Media-Engagement erste Früchte trägt? Ein unternehmerisches Risiko tragen Sie bei jeder Maßnahme, die Sie treffen – warum also bei Social Media eine Ausnahme machen?

Eine externe Agentur beauftragen

Unsere Erfahrungen haben gezeigt, dass Blogs immer dann erfolgreich sind, wenn sie direkt im Unternehmen geführt und betreut werden. Sie haben natürlich auch die Möglichkeit, mangels personeller Ressourcen eine externe Agentur mit der Erstellung von Blogbeiträgen zu beauftragen. Das kann funktionieren, wenn folgende Punkte sichergestellt werden:

▶ Alle relevanten Personen in Ihrem Unternehmen müssen Bescheid wissen, was und worüber auf dem Blog geschrieben wird. Nichts ist peinlicher, als wenn der Chef des Unternehmens während einer Veranstaltung auf aktuelle Blogbeiträge angesprochen wird, die unter seinem Namen veröffentlicht wurden, und er keine Ahnung hat, worum es überhaupt geht.

▶ Es müssen ausreichend Befugnisse bei jenen Personen liegen, die die Kommentare beantworten und auf Fragen, Lob oder Kritik reagieren sollen.

Die Gefahr ist groß, dass eine externe redaktionelle Betreuung immer auch als solche wirkt und kommuniziert. Damit würde der Nutzen des Blogs geschmälert oder sogar infrage gestellt, denn es geht ja um authentische Meldungen. Eine externe Agentur kann das nur mit einem sehr genauen Briefing bewerkstelligen. Sie sollten also im Fall einer Auslagerung der Autorenschaft nur auf jemanden zurückgreifen, der das Unternehmen sehr gut kennt und in dessen Namen sprechen kann.

Entdecken Sie Autoren

Versuchen Sie sich einmal mit dem Gedanken anzufreunden, die Blogbetreuung im eigenen Unternehmen zu bestreiten. Sie wissen ja noch gar nicht, in wie vielen Ihrer Mitarbeiter das Potenzial zum Blogautor steckt. Und vergessen Sie ja nicht die Power der Gastautoren, von Ihren Stammkunden und Lieferanten bis hin zu Ihren Kooperationspartnern: Scheuen Sie sich nicht, diese authentischen Quellen mit einzubeziehen.

Die Mitarbeiter mit einbeziehen

Bevor Sie mit dem Blog starten, sollten Sie sich grundsätzlich überlegen, welche Mitarbeiter dafür geeignet sind und welche Befugnisse sie erhalten müssen. Eine zentrale Stelle in Ihrem Unternehmen sollte sich um die Koordination kümmern (siehe Social-Media-Koordinator in Kapitel 2, »Social-Media-Strategie«). In vielen Fällen ist diese Person auch gleichzeitig »Moderator«: Als Administrator des Blogs erhält er alle Blogbeiträge vorab und kann etwaige Fehler in Form und Inhalt korrigieren. Doch schränken Sie die Kreativität der Mitarbeiter nicht zu sehr ein.

Veranstalten Sie einen Workshop mit den Mitarbeitern, in dem Sie zeigen, welche Möglichkeiten ein Blog für das Unternehmen und die einzelnen Mitarbeiter bietet. Die Blogger müssen es mit Spaß und Interesse tun, ansonsten funktioniert es nicht: Die Beiträge würden nur spärlich eintrudeln und sowohl inhaltlich als auch vom Ton her nicht die gewünschte Kundenansprache treffen. Nutzen Sie das Blog nicht nur gegenüber den Kunden, um ihnen die Kompetenz Ihres Unternehmens zu vermitteln, sondern vermitteln Sie auch den Mitarbeitern, dass das Bloggen ihnen hilft, ihre Kompetenz nach außen transparenter zu machen. Nicht zuletzt werden sie dadurch noch wertvoller für die Firma.

Dazu muss sichergestellt sein, dass die bloggenden Mitarbeiter wissen,

▸ über welche Themen sie bis zu welchem Detailgrad schreiben dürfen, ohne etwaige Betriebsgeheimnisse zu lüften,

▸ wen sie fragen sollen, wenn Letzteres oder ein anderer Punkt unklar ist.

All diese Fragen rund um Ihr Blog sollten ebenfalls in den Social Media Guidelines geklärt werden. Wenn die aktuelle Unternehmenskultur noch nicht so weit ist, die Türen etwas weiter zu öffnen als bisher, sollten zuerst die Rahmenbedingungen geschaffen werden, die das authentische und offene Bloggen überhaupt ermöglichen.

5.14 Wie verfassen Sie gute Blogbeiträge?

Gerade am Beginn des Bloggens werden Sie sich immer wieder fragen, in welchem Umfang und Stil Sie einen Beitrag verfassen sollen. Sie sollten versuchen, frei heraus zu schreiben und Ihre Gedanken zu Papier zu bringen. Schreiben Sie die Geschichte so, als ob Sie jemandem davon erzählen würden. Überwinden Sie die Hürden und zu hohen Ansprüche im Kopf, und denken Sie daran, dass es gerade um die persönliche Ansprache des Lesers geht, nicht um eine Pressemeldung.

---

10 Tipps für das Schreiben in Corporate Blogs

Unser Kollege Klaus Eck, selbst erfolgreicher Blogger mit seinem Blog PR-BLOGGER, hat in einem Blogbeitrag »10 Tipps für das Schreiben in Corporate Blogs« zusammengefasst:

1. Bieten Sie attraktive und aktuelle Inhalte an.
2. Behalten Sie Ihre Stakeholder im Blick.
3. Präsentieren Sie sich authentisch und verlässlich.
4. Wählen Sie Themen, die zu Ihrem Unternehmen passen.
5. Erzählen Sie Geschichten.
6. Bereiten Sie Ihre Inhalte anschaulich auf.
7. Fassen Sie sich kurz.
8. Nutzen Sie Feedback als Chance.
9. Verbessern Sie Ihren Google Pagerank.
10. Planen Sie genügend Zeit ein.

Detailinfos zu den einzelnen Punkten finden Sie im Blogbeitrag auf
http://pr-blogger.de/2013/10/30/10-tipps-fur-das-schreiben-in-corporate-blogs/.

Ergänzend dazu möchten wir Ihnen noch folgende Tipps geben:

▶ Sorgen Sie für ein ansprechendes Blogdesign und eine gute Usability (Nutzerfreundlichkeit). Damit ist gemeint, dass sich der interessierte User halbwegs intuitiv zurechtfindet, die Farben nicht zu grell sind und die Gestaltung des Blogs sinnvoll ist. Übertreiben Sie es nicht mit den Widgets und bunten Funktionalitäten. Lehnen Sie die Farbgebung an die Website an, das sorgt für Wiedererkennungswert.

▶ Sprechen Sie den Leser an. Damit ist nicht nur die direkte Ansprache gemeint, sondern auch ein ansprechender Text. Verzichten Sie lieber auf zu förmliche Phrasen und Schreibweisen, und gehen Sie mit dem Leser in eine Art Dialog bzw. bahnen Sie diesen an. Stellen Sie konkrete Fragen an die Leserschaft. Vor allem am Ende eines Blogbeitrags können Sie nach den eigenen Erfahrungen der Leser fragen und sie zu Kommentaren einladen. Reagieren Sie aber auch entsprechend rasch auf Kommentare.

- Nutzen Sie Multimedia wie Fotos und Videos. Fassen Sie deren Inhalt in ein paar Sätzen zusammen, bzw. erklären Sie kurz, worum es im Video geht. Die Qualität des Bilde rückt in den Hintergrund, die Qualität der Inhalte in den Vordergrund. Ein interessantes Handyvideo bringt mehr als ein langweiliger Hochglanz-Imagefilm. Multimedia hilft Ihnen auch, Blogtexte aufzulockern, den Inhalt interessanter zu gestalten und ansprechender zu machen. Wenn Sie Zahlen und Daten verwenden, unterstützen Grafiken und Statistiken die Visualisierung.

- Besonders beliebt sind bei Blogautoren und Lesern gleichermaßen die sogenannten *Hitlisten* (z. B. »Die zehn beliebtesten Social-Media-Monitoring-Tools«), wie man sie auch aus Zeitschriften kennt. Dem Leser wird damit ein Vorschlag geliefert und ein Teil der Recherche und Mühen abgenommen.

- Regelmäßigkeit und Aktualität sind das A und O: Aus eigener Erfahrung wissen wir, wie schwierig es ist, regelmäßig Blogbeiträge zu schreiben. Entweder es fehlt die Zeit, oder es ist kein wirklich passendes Thema parat. Nichtsdestotrotz beurteilen User und Suchmaschinen Blogs auch nach Aktualität und Regelmäßigkeit. Wenn monatelang gar kein Beitrag veröffentlicht wird, nutzen auch nicht drei Artikel auf einen Streich. Dann verschießen Sie Ihr Pulver nur unnütz: Verwenden Sie am besten die »Planungsfunktion« Ihres Blogs. Damit können Sie Blogbeiträge im Vorhinein schreiben und eine automatische Veröffentlichung zum passenden Datum einstellen.

Rechtstipp von Peter Harlander: Urheberrecht klar einhalten

Das Urheberrecht ist ganz leicht einzuhalten, wenn man eine einfache Regel beherzigt: Entweder man erstellt die Inhalte selbst, oder man erwirbt die zur Verwendung von fremden Inhalten notwendigen Rechte. Wer Inhalte wie Texte oder Fotos nicht selbst gestalten kann oder will, sollte zusätzlich darauf achten, dass er die Rechte von einer vertrauenswürdigen Quelle bezieht. Holt man sich beispielsweise die Erlaubnis zur Nutzung eines Fotos von einer Website ein, die das Foto selbst rechtswidrig verwendet hat, bringt dies nichts, da die Erlaubnis von einem Nichtberechtigten wertlos ist.

Sorgfalt ist auch anzuwenden, wenn man Inhalte verwendet, die unter einer liberalen Open-Source-Lizenz wie den Creative-Commons-Lizenzen veröffentlicht wurden. Viele dieser Lizenzen gibt es in unterschiedlichen Ausgestaltungen. Sind Inhalte für ein Unternehmensblog gedacht, müssen Sie darauf achten, dass eine kommerzielle Nutzung erlaubt ist.

5.15 Social Media Newsroom = Pressebereich 2.0

News- und Pressebereiche gibt es schon lange als fixen Bestandteil von Websites. Der Pressebereich dient vordergründig als Informationsquelle für Journalisten, die sich über das Unternehmen informieren wollen. Häufig ist der Zugang sogar passwortgeschützt, also für die Kunden gesperrt. Mit dem Newsbereich gelangte zwar etwas mehr Dynamik in den Pressebereich, aber es wurde nach wie vor in der klassischen PR-Sprache kommuniziert. Pressebereich und Newsbereich entsprechen der lang gepflegten Kommunikationspraxis, bei der das Unternehmen entscheidet, wer wann wo welche Inhalte vorgesetzt bekommt.

Reading, Writing, Sharing

Die Inhalte in Ihrem Social Media Newsroom stehen für das Teilen im Social Web bereit: Das Teilen der Informationen mit anderen Usern sollte über »Share«-Funktionen möglich sein. Dazu gehört auch das einfache Abonnieren der Inhalte mittels RSS-Feed. Die Qualität der Informationen kann vom Webuser sofort und direkt im Newsroom mittels »Kommentar«-Funktion beurteilt werden. Das Feedback können Sie nutzen, um die Inhalte besser aufzubereiten und darzustellen. Das bedeutet, dass die Qualität der Inhalte von Haus aus hoch genug sein sollte.

Abbildung 5.7 Der Social Media Newsroom von Coca Cola Deutschland bietet einen guten Überblick über alle konzerneigenen Inhalte. (http://newsroom.coca-cola-gmbh.de)

Mit Social Media hat sich nun vieles geändert: Die Kommunikation ist bidirektional, nicht mehr unidirektional: Konsumenten unterhalten sich mit anderen Konsumenten über das Unternehmen, und das Unternehmen kommuniziert im Idealfall sogar mit. User Generated Content und die Meinungen von Webusern sind auch für Journalisten valide Informationen geworden. Diese Entwicklung hat vor den News- und Pressebereichen der Websites nicht haltgemacht. Deshalb sollte der Pressebereich 2.0 auch die Meinungen der Kunden beinhalten, die im Social Web ausgetauscht werden. Der Social Media Newsroom ist daher in der Idealvariante das Abbild der Online Relations, der Kundenbeziehungen im Social Web. Dass es in der Praxis oft Schwierigkeiten mit User Generated Content gibt, zeigt das Beispiel Skittles, auf das wir später eingehen.

5.15.1   Freier Zugang

Es gibt nicht mehr nur einen geschlossenen, passwortgeschützten Kreis von Menschen mit Zugang zu den Informationen, sondern jeder Webuser hat Zugang. Die Informationen richten sich nicht mehr ausschließlich an Journalisten oder Branchenexperten, sondern sollen vom »neuen« Experten, dem Meinungsführer im Social Web, gefunden und genutzt werden. Bieten Sie deshalb so viele Informationen wie möglich, und überlassen Sie die Selektion den Lesern selbst.

5.15.2   Social-Media-Aggregator

Ein Social Media Newsroom sucht die Inhalte zusammen, die über das Unternehmen im ganzen Social Web verstreut sind: Fotos auf Fotoplattformen, Videos auf Videoplattformen, verschiedene Social-Media-Profile (Facebook-, Twitter-, Google+-, XING-, LinkedIn-Accounts) relevanter Mitarbeiter des Unternehmens, Blogbeiträge über das Unternehmen usw. Dadurch wird dem interessierten User die Suche nach relevanten Informationen über das Unternehmen erleichtert. Er findet alles auf einer Website und die entsprechenden Ansprechpartner gleich dazu. Meist ist das der Marketing- oder PR-Verantwortliche des Unternehmens. Neben dem Namen sind auch die Social-Media-Profile aufgeführt, über die man diese Person erreichen kann.

Risiken beim Aggregieren von User Generated Content

Die Fortsetzung des Gedankens wäre ja, nicht nur eigene Inhalte im Social Media Newsroom darzustellen, sondern auch fremde Inhalte, also die der User. Das sollte allerdings aus zwei Gründen wohlüberlegt und konzipiert sein: Einerseits ist es in den meisten Fällen nicht gestattet, fremde Inhalte (beispielsweise die RSS-Feeds von fremden Blogs) auf der eigenen Website darzustellen. Und andererseits riskieren Sie damit, dass imageschädigende Inhalte den Weg in Ihren Social Media Newsroom finden, der ja zur Imageförderung gedacht ist.

> **Wählen Sie die RSS-Feeds sorgfältig aus**
> Wenn Sie beispielsweise alle Twitter-Beiträge einbinden, die ein bestimmtes Keyword beinhalten (also nicht ausschließlich von Ihrem Unternehmens-Twitter-Account stammen), könnten Twitter-User, die es darauf anlegen, genau dieses Keyword verwenden und unpassende oder eben sogar imageschädigende Twitter-Beiträge zu diesem Keyword verfassen, die dann in Ihrem Social Media Newsroom auftauchen.

Dieser Worst Case ist bereits in der Praxis aufgetreten. Eines der bekanntesten Beispiele ist das von Skittles. Das Unternehmen hatte eine Art Newsroom veröffentlicht, der sich fast ausschließlich aus User Generated Content zusammensetzte. Das hatten einige User erkannt und die Website inhaltlich übernommen und gespammt.

5.15.3 Aufbau eines Social Media Newsroom

Es gibt mittlerweile verschiedene Praxisbeispiele, wie ein Social Media Newsroom aussehen kann: Natürlich hängt es vom Corporate Design des Unternehmens ab und von den Inhalten, die dargestellt werden sollen. Wir möchten Ihnen hier ein paar Beispiele vorstellen, die uns besonders gut gefallen (siehe Abbildung 5.8).

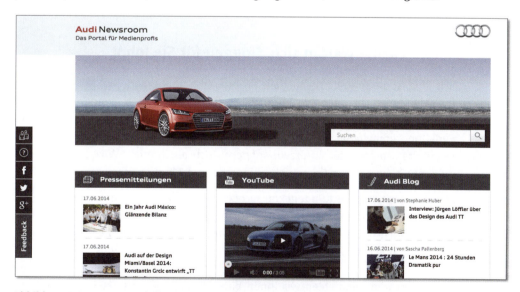

Abbildung 5.8 Der Automobilhersteller Audi spricht alle Online-Multiplikatoren mit seinem Social Media Newsroom gleichermaßen an: Journalisten und Autoblogger wie auch den durchschnittlichen Internetnutzer, der sich für die Marke interessiert.

Die technische Basis ist in vielen Fällen die Blogsoftware WordPress, die sich optimal für einen Social Media Newsroom eignet, da dies ja eigentlich nichts anderes als ein etwas anders gestaltetes Blog ist. Es gibt aber auch andere, vom Unternehmen selbst erstellte Softwarelösungen, die sich auf Social Media Newsrooms spezialisiert haben. Außerdem setzen manche auf den Webservice Netvibes (*www.netvibes.com*), den wir Ihnen bereits in Kapitel 3, »Social Media Monitoring und Online Reputation Management«, vorgestellt haben.

Die Aufteilung der Inhalte wiederum wird davon beeinflusst, welche Inhalte welchen Stellenwert haben. Wenn viele gute bzw. aussagekräftige Fotos oder Videos zur Verfügung stehen, wird diesen ein größerer Stellenwert eingeräumt als sonst. Zentrales Element sollten aber vor allem die Newsbeiträge sein. Sie bieten dem User einen Überblick über die aktuellen Themen. Darum herum werden die anderen Inhalte platziert, die über das Unternehmen im Web existieren.

Ein aus unserer Sicht ebenfalls erwähnenswertes, weil gelungenes Beispiel eines Social Media Newsroom ist jener der Lufthansa. Auf *http://newsroom.lufthansa.com* werden neben den üblichen Elementen News, Facebook, Twitter, YouTube, Fotos und Pressemeldungen auch Lufthansa-Publikationen zum Download angeboten, und ein expliziter Hinweis auf die Creative-Commons-Lizenz sowie Linkangebote für Medien, Investoren und zum Thema »Nachhaltigkeit« runden das Ganze schön ab. Außerdem empfehlenswert: der Newsroom von Adidas Deutschland (*http://news.adidas.com/DE*).

5.16   Fazit – warum sich Bloggen für Sie lohnt

Das Blog ist die zentrale Anlaufstelle für interessierte Kunden. Ihre Kunden sollten Ihr Feedback nicht irgendwo im Social Web veröffentlichen, sondern direkt auf Ihrem Blog. Dort ist es auch für andere Kunden sichtbar. Mit der »Kommentar«-Funktion sammeln Sie wertvolles Feedback. Blogs lassen sich nicht nur als erweitertes Presseorgan 2.0 einsetzen, sondern auch als internes Wiki oder zur Produktentwicklung in der Community (siehe Kapitel 11, »Crowdsourcing«).

Mit Blogs können Sie Kundenakquise betreiben sowie Kundenbindung und Ihre Online Reputation stärken. Die Fülle an Beiträgen erzeugt langfristig einen Long Tail, der auch Ihren Kundensupport erleichtert, da die Fragen der Konsumenten bereits im Blog beantwortet werden. Sie sehen, es gibt viele Gründe, ein Corporate Blog zu starten. Wenn Sie sich von bestehenden Unternehmensblogs inspirieren lassen möchten, empfehlen wir Ihnen einen Besuch bei unserer neuen Website *www.corporateblogs.at*, auf der wir regelmäßig neue Corporate-Blog-Projekte vorstellen.

6 Twitter

Twitter ist weder Blog noch soziales Netzwerk, sondern Echtzeitmedium aufgrund seiner Dynamik und Aktualität, und das mit nur 140 Zeichen. Richtig verstanden und genutzt, ist es ein perfektes Tool, um mit Kunden und Journalisten in Dialog zu treten, Feedback zu bekommen oder es als Vertriebsmedium zu nutzen.

Was haben Präsident Barack Obama, Sängerin Britney Spears und Schauspieler Ashton Kutcher gemeinsam? Genau: Sie alle twittern. Sie müssen aber nicht erst reich und berühmt werden, bevor Sie twittern dürfen. In Twitter zwitschern Sie gleichberechtigt mit anderen Persönlichkeiten um die Wette. Die große Stärke von Twitter ist die Kommunikation »in Echtzeit«. Auf Twitter erfahren Sie mitunter von Weltgeschehnissen, noch bevor Zeitungsverlage und Medienhäuser davon in Kenntnis gesetzt werden. Internetnutzer und Smartsurfer (siehe Kapitel 9, »Mobile Social Marketing«) betreiben auf diese Art echten Bürgerjournalismus. Das wohl bekannteste Beispiel dafür ist die Landung des Flugzeugs im Hudson River im Januar 2009 (*http://twitpic.com/135xa*). Davon machte der New Yorker Janis Krums am 15. Januar 2009 mit seinem Handy ein Foto und lud es direkt in Twitter mit der Kurznachricht: »*There's a plane in the Hudson. I'm on the ferry going to pick up the people. Crazy.*« hoch. Da er so zeitnah von der Landung berichtete, kam das Foto innerhalb kürzester Zeit in klassische Medien, und Janis Krums wurde zum perfekten Beispiel für modernen Bürgerjournalismus in Echtzeit.

6.1 Über Twitter und das Twitterversum

Twitter wurde im Jahr 2006 gegründet, um seinen Nutzern die Möglichkeit zu bieten, auf einer öffentlich zugänglichen Website eine spontane Statusmeldung zu veröffentlichen, ganz nach dem Motto: »Was machst du gerade?« Twitter wird heute fälschlicherweise noch oft vorgeworfen, dass viele User genau diese Frage mit einer banalen Antwort versehen und die Inhalte auf Twitter somit völlig belangloser Natur seien. Die Realität beweist aber das Gegenteil.

Twitter hat weltweit 255 Mio. monatlich aktive Nutzer (zum Vergleich: Facebook hat fast 1 Mrd. monatlich aktive Nutzer, Stand Juni 2014). Von den monatlich aktiven Nutzern posten allerdings lediglich etwa 50 Mio. User täglich etwas, der Rest nur sehr spärlich oder gar nicht.[1] Twitter wird im deutschsprachigen Raum nicht so intensiv genutzt wie beispielsweise in Nordamerika, Großbritannien oder im arabischen Raum. Die Angaben für den deutschsprachigen Raum schwanken je nach Quelle, denn offizielle Zahlen werden von Twitter nicht veröffentlicht. Schätzungen zufolge könnten es in Deutschland etwa 1 Mio. aktive Twitter-User sein.[2] In Österreich gibt es ca. 120.000 Twitter-Accounts, und die Hälfte davon dürften aktive Twitter-User sein (siehe Abbildung 6.1). Unsere Kunden fragen oft, warum sie Twitter überhaupt verwenden sollten, da doch die Zahl der aktiven Twitterer in Deutschland, Österreich und in der Schweiz relativ gering ist. Für die PR-Arbeit und Investor Relations beispielsweise ist Twitter gegenwärtig aber unverzichtbar, denn nur so erreichen Sie Redakteure und Journalisten heute direkt und schnell.

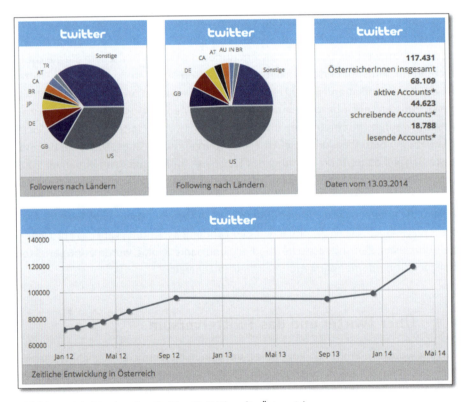

Abbildung 6.1 Die aktuellen Twitter-Statistiken für Österreich
(Quelle: Screenshot socialmediaradar.at)

---

1 http://onlinemarketing.de/news/twitter-der-schein-truegt
2 http://buggisch.wordpress.com/2014/02/04/wie-viele-twitter-nutzer-gibt-es-in-deutschland/

6.2 Was Unternehmen mit Twitter erreichen können

Die Kommunikation in Twitter ist öffentlich und ohne Hierarchie. Jeder kann mit jedem auf Augenhöhe kommunizieren. Es ist kein Problem, mit einem Firmenchef oder einer leitenden Person ins Gespräch zu kommen. Twitter ist unkonventionell und bietet seinen Nutzern offenen Austausch und direkten Kontakt. Das ermöglicht Kunden, Journalisten und Firmen auf direktem Wege anzuschreiben.

6.2.1 Regionale und internationale Kundenbindung

Für Unternehmen ist Twitter die Chance, eine persönliche Kundenbeziehung durch direkten Kontakt aufzubauen. Der Kunde erfährt hier anstelle einer kühlen Beratung per Telefon-Hotline oder E-Mail authentischen Service von Personen, die wirklich erreichbar sind. Der Vorteil besteht darin, dass die Twitter-Kommunikation öffentlich und transparent geschieht: Das hat einerseits positive Auswirkungen auf das Image des Unternehmens, kann aber auch helfen, langfristig den Supportaufwand zu verringern. Somit ist ein öffentlicher Frage-Antwort-Bereich über Twitter möglich, der den Kundensupport wesentlich verbessert, für die Kunden wie auch für das Unternehmen.

Best Practice – Allianz

Dass auch konservative Branchen, wie etwa die Versicherungsdienstleister, den Schritt in die unkonventionelle Echtzeitkommunikation wagen sollten, zeigt das Beispiel Allianz. Social Media Manager Markus Walter begann 2009 mit dem Twitter-Channel (siehe Abbildung 6.2). Mit Twitter lassen sich laut Markus Walter für die Allianz folgende Ziele verfolgen und verwirklichen: 1. Monitoring, Dialog und Krisenkommunikation, 2. Imagebuilding, Networking und Trendscouting, 3. klassische Unternehmenskommunikation. Das gelinge, indem man neben dem aktiven Zuhören auch schnell sei, beweglich und immer up to date. Seiner Ansicht nach hat sich die Corporate-Kommunikationskultur bei der Allianz ganz maßgeblich aufgelockert.[3] Das Beispiel zeigt, dass auch Finanzdienstleister den Dialog mit Kunden via Twitter suchen können. Mittlerweile hat die Allianz eine Vielzahl von Twitter-Channels für verschiedene Zwecke: »@Allianz_hilft« für Finanz- und Versicherungsfragen sowie Versicherungsinfos, das Allianz-Kundenmagazin »@1890allianz« usw.

---

3 PR Blogger, 2011, *http://pr-blogger.de/2011/02/07/markus-walter-8-social-media-management-by-allianz*

Abbildung 6.2 Finanz- und Versicherungsdienstleister wie die Allianz nutzen die Echtzeitkommunikation.

6.2.2 Krisenkommunikation – Informationen schnell und einfach verbreiten

Twitter ist ein Echtzeitmedium. Nachrichten, Inhalte und Links werden innerhalb kürzester Zeit breit gestreut – vorausgesetzt, es handelt sich um eine Information, die für die breite Masse interessant ist. Das ist insbesondere für Ihre Krisenkommunikation wichtig, wenn es gilt, schnell, direkt und konkret zu einem Vorwurf Stellung zu beziehen. Auf Twitter werden viele Inhalte mittels *Retweet* einfach weitergeleitet. Relevante Informationen können auf Twitter viral werden.

Echtzeitjournalismus bei Wiesenhof

Dies machte sich beispielsweise Wiesenhof zunutze, als das Unternehmen im August 2011 eine Gegenkampagne zu einem ARD-Beitrag über Wiesenhof startete (siehe Abbildung 6.3). Via Twitter, Facebook und YouTube verbreitete Wiesenhof seine offizielle Stellungnahme im Wiesenhof-Blog auf http://www.wiesenhof-news.de/2011/08/30/faire-recherche-ard-exclusiv-reportage-uber-wiesenhof. So konnte sich die Nachricht schnell verbreiten und für Aufklärung sorgen. Wiesenhof erhielt von den Lesern sowohl Zustimmung zur Gegenkampagne als auch kritische Stellungnahmen.

Abbildung 6.3 Wiesenhof nutzte Twitter, um seine Stellungnahme schnell zu verbreiten.

Rechtstipp von Peter Harlander: Ignorieren Sie Twitter nicht

Unternehmen, die das von ihren Kunden öffentlich im Internet publizierte Feedback lange ignorieren, müssen oft feststellen, dass eine große Anzahl von negativen Beiträgen über ihr Unternehmen auffindbar ist. Wenn diese Unternehmen dann rechtlichen Rat suchen, erfahren sie, dass es in den allermeisten Fällen unmöglich ist, etwas gegen öffentlich publizierte Kritik zu unternehmen. Je früher man daher die Sache proaktiv und mit professioneller Marketingunterstützung angeht, desto besser ist es.

6.2.3 Besseres Ranking im Suchergebnis

Generell erhält Social-Media-Content immer mehr Stellenwert von und in Suchmaschinen. Häufig angeklickte Tweets sind auch langlebig. Wenn Sie beispielsweise nach »Hudson Airplane Landing« in Google suchen, wird der Link mit dem Twitter-Bild von Janis Krums, *http://twitpic.com/135xa*, immer noch auf der ersten Seite in Google gelistet, obwohl die Landung nun schon etliche Jahre her ist. In Zukunft gilt: Je öfter Links in Social Media geteilt werden, desto besser ist das Ranking der Website, die hinter dem Link steht. Außerdem wird auch immer stärker zählen, ob der User, der den Link teilt, gut vernetzt ist, also einen Multiplikator darstellt.

6.2.4 Wertvolles Feedback zu Produkten

Durch die Beschränkung auf 140 Zeichen sind Twitter-Beiträge kurz und prägnant, und so sind auch die Beiträge und Kommentare der User. Durchaus unverblümt und direkt werden positive wie negative Erlebnisse, Erfahrungen und Meinungen kommuniziert. Twitter verhilft Ihnen zu einem schnellen und breiten Überblick über das Feedback zu bestimmten Produkten oder zu Ihrem Unternehmen. Sie müssen nur die Scheu davor verlieren, sich dem Feedback zu stellen. Es passiert so oder so, auch wenn Sie es nicht möchten oder versuchen, es zu ignorieren. Besser ist es, wenn Sie es proaktiv einfordern und nutzen.

Best Practice – dm alverde auf Twitter

alverde ist die Eigenmarke des Drogeriemarkts »dm« für den Bereich Naturkosmetik. Unter *www.twitter.com/dm_alverde* kommuniziert alverde »direkt aus der dm-Zentrale« (siehe Abbildung 6.4). Der Corporate Twitter Account wird von Produktmanagerin »Helena« betreut. Es werden hier unter anderem Gewinnspiele durchgeführt, Kundenwünsche aufgenommen und diskutiert, über neue Produkte informiert, Inhalte der Facebook-Seite kommuniziert und Veranstaltungen angekündigt.

Die Meinungen sind nicht immer positiv. Manchmal sind Kunden enttäuscht, weil Produkte aus dem Sortiment genommen wurden. alverde bietet in diesem Fall alternative Produkte an oder verweist auf Produktinnovationen.

Abbildung 6.4 Der Twitter-Kanal von dm alverde

6.2.5 Den neuesten Wissensstand zu einem Themengebiet erfahren

Wenn Sie sich in ein neues Thema einlesen möchten, ist Twitter das ideale Medium dafür. Sie müssen nur den richtigen Twitter-Usern folgen, die viel zum gewünschten Thema kommunizieren und sich selbst als Experten zu diesem Thema profilieren möchten. Diese User versuchen, so viele relevante Informationen und Links wie möglich zu twittern. So können Sie es sich in Zukunft sparen, lange Wege zu Veranstaltungen auf sich zu nehmen, vorausgesetzt, das Publikum vor Ort twittert. Beispielsweise wird jedes Jahr breit und ausgiebig von der »DLD Conference« getwittert. Sie müssen aber gar nicht zwingend vor Ort dabei sein, um interessante Inhalte dieser renommierten Konferenz mitzubekommen. Über die Twitter-Suche können Sie sich ganz einfach alle aktuellen Nachrichten über die Konferenz mit dem Hashtag #DLD anzeigen lassen, so das tagesaktuelle Geschehen mitverfolgen und am Ende sogar Zusammenfassungen lesen.

6.2.6 Kundensupport durch Expertenstatus

Der Kundensupport wird üblicherweise via E-Mail und Telefon gewährleistet. In Twitter sind Support und Beratung öffentlich. Das hilft Ihnen, Ihr Expertenwissen zu kommunizieren. Das ist im Social Web wichtig, denn Sie konkurrieren hier nicht nur mit Ihren Wettbewerbern, sondern auch mit den Meinungsführern und Influencern, die Ihre Produkte im Social Web bewerten und weiterempfehlen. Nur durch einen ausgezeichneten Kundensupport und News vom Experten können Sie dem entgegenwirken. Dafür müssen Sie aber in einen wertschätzenden und aufmerksamen Kontakt mit Ihren Kunden treten.

Mit ihrem Twitter-Support versucht auch die Deutsche Telekom, Hilfestellung für ein breites Produktspektrum zu geben und Fragen der Kunden in Echtzeit zu beantworten (siehe Abbildung 6.5). Im Minutentakt twittern die Telekom-Mitarbeiter via @telekom_hilft (*http://twitter.com/telekom_hilft*) und beantworten Fragen zu DSL-Geschwindigkeiten, Online-Services sowie Telekom-Tarifen und Verträgen.

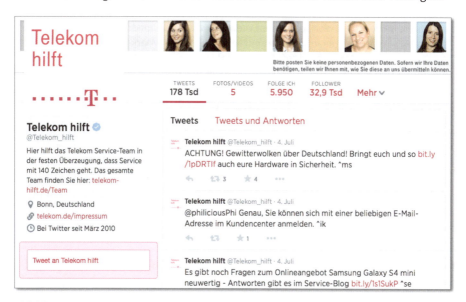

Abbildung 6.5 Die Telekom hilft via Twitter.

Twitter-Fake @telekom_hilft

Trotz der Twitter-Hilfe muss die Telekom mit Kritik zurechtkommen. Ein User hat sich 2011 den Spaß gemacht, über den Account @telekom_hilft Servicelücken der

Telekom zu parodieren. Entdecken Sie den »Schönheitsfehler« dieses Accounts? Anstelle des kleinen »l« in »hilft« setzte der User ein großes »I«, und schon war der Fake-Account perfekt. Auf die Frage eines Kunden: »Kann man in Ihrem Shop auch WLAN-Kabel kaufen?«, antwortete der Fake-Account beispielsweise: »Sind Sie bescheuert? ^nm.« Das Namenskürzel »nm« gab dem Fake-Account noch zusätzliche Autorität. Lange hat der Spaß natürlich nicht angehalten. Die Telekom ließ den Account sperren.

Rechtstipp von Sven Hörnich: Was können Sie tun, wenn Ihr Twitter-Account gefakt wird?

Im Fall von Fake-Accounts sind nach deutschem Recht einerseits die originären Namens- und/oder Markeninhaber betroffen und andererseits auch Dritte, die das Angebot für echt halten. Die Fallgestaltungen gehen über das Telekom-Beispiel weit hinaus. So sind in meiner beruflichen Praxis auch Fake-Accounts von Schauspielern, Musikstars und -sternchen in diversen Social Communities ein Thema, die dort fleißig Fans und von diesen wiederum Daten sammeln. Die Frage aus Sicht der »Parodierten« ist zunächst, in welche Rechtsposition eingegriffen wird. Markenrechte und/oder Unternehmenskennzeichen greifen regelmäßig nur bei Handeln im geschäftlichen Verkehr und bei Verwechslungsgefahr (§ 14 MarkenG).

Aber Vorsicht an Nachahmer: Geschäftliches Handeln kann schon durch ein paar Werbebanner auf der sonst »ach so privaten Website« vorliegen. Einer Verwechslungsgefahr bedarf es nicht bei sogenannten bekannten Marken (z. B. Marken diverser Koffeingetränke). Wenn das Markenrecht nicht greift, ist vielleicht § 12 BGB einschlägig, der die unbefugte Namensanmaßung verbietet. Aus Sicht der »Abnehmer« wiederum kann sich je nach Fallgestaltung ebenfalls ein Anspruch ergeben, so beispielsweise wegen Betrugs, soweit der Adressat im Glauben, es mit einem Popstar zu tun zu haben, Vermögensdispositionen traf. Im vorstehenden Beispiel lag das Problem bzw. der Fehler des Nachahmers übrigens vor allem darin, dass der Name tatsächlich sehr leicht verwechselt werden konnte. Hätte der Nachahmer einen stärkeren Abstand zum Telekom-Zeichen gesucht, wäre sein Handeln marken- bzw. namensrechtlich vielleicht eher von der Kunstfreiheit gedeckt und damit »unantastbar« geworden. Von einer direkten Übernahme der Originaltexte bzw. deren Bearbeitung wäre dann aber noch immer im Hinblick auf ein mögliches Urheberrecht an dem Text abzuraten gewesen.

6.2.7 Best Practice – Twitter-Support von Microsoft

Microsoft betreibt über Twitter einen erfolgreichen Support-Channel für die Spielkonsole Xbox (siehe Abbildung 6.6). Ein eigenes Team scannt das Web und vor allem Twitter mittels Monitoring-Tools auf Erwähnungen diverser Keywords rund um das Produkt ab. Sie reagieren proaktiv, wenn ein User ein Problem oder eine Frage in seinem eigenen Profil postet, sprechen den User direkt auf Twitter an und bieten Hilfe. Die User reagieren positiv überrascht und sind zufrieden mit diesem Support. Auf *http://twitter.com/xboxsupport* vereint das Team mittlerweile über

410.000 Follower (Stand Juni 2014). Microsoft ist sich sicher, dass Supportanfragen via Telefon oder E-Mail damit proaktiv vorweggenommen und verhindert werden können und dass die Zufriedenheit dieser Kunden besonders hoch ist.

Abbildung 6.6 Bei Fragen rund um das Produkt Xbox ist @XboxSupport die erste Anlaufstelle für Twitter-affine Kunden.

6.2.8 Die Konkurrenz beobachten

Sie sind auf Twitter transparent, und so ist es auch Ihre Konkurrenz. Über Twitter können Sie schneller neue Branchentrends mitbekommen. Sie können das Kundenfeedback verfolgen, das Ihre Konkurrenz erhält, und dadurch auch Ihre eigene Produktentwicklung vorantreiben und auf konkrete Wünsche in Ihrer Branche reagieren.

6.3 Was passiert, wenn Sie Twitter ignorieren?

Ebenso wie in Facebook werden auch in Twitter immer wieder Markenpräsenzen von Markenfans initiiert. In Kapitel 2, »Social-Media-Strategie«, haben wir bereits vom FC Schalke berichtet. Dasselbe haben Marco Bereth und Michael Umlandt mit einem Twitter-Account für das ZDF im Juni 2009 gemacht. Der damalige Account @zdfonline wurde von den beiden Hobbyjournalisten mit News gefüttert und galt fast zwei Jahre vermeintlich als offizieller Twitter-Auftritt des Fernsehsenders. Durch ihren offiziellen Status konnten sie sich sogar das Twitter-Konto @zdfneo sichern, das lange Zeit ebenfalls von einem »Fake-Twitterer« befüllt worden war. Mit wachsender Follower-Anzahl stieg aber auch das Risiko, das ZDF könnte dahinterkommen und sie abmahnen. Deshalb informierten die beiden die Fernsehzentrale, und im April 2011 kam es zu einem Treffen, bei dem das ZDF ausgesprochen entspannt reagierte und den beiden Botschaftern direkt einen Job in der Firmenzentrale in Mainz anbot. Daraufhin durften die beiden Fans offiziell unter @ZDF twittern, *http://twitter.com/ZDF* (siehe Abbildung 6.7). Das ZDF hat in dieser Sache vorbildlich reagiert und sofort erkannt, dass es sich lohnt, das Engagement von Markenfans zu belohnen, denn eines ist sicher: Dadurch hat das ZDF die besten Markenbotschafter, die es in Deutschland für den Sender gibt, gewonnen.

Abbildung 6.7 Der Twitter-Kanal des ZDF.

Rechtstipp von Sven Hörnich: Wer ist hier im Recht?
Nach deutschem Recht das ZDF!

Es lag nach hier vertretener Auffassung sogar ein Handeln im geschäftlichen Verkehr vor, was zur Anwendbarkeit des Markenrechts führte. Unabhängig davon, dass »ZDF« als Marke bekannt ist (§ 14 Abs. 2 Ziffer 3 MarkenG) lag zudem zwischen den Dienstleistungen Verwechslungsgefahr vor (§ 14 Abs. 2 Ziffer 2 MarkenG). Dieses Vorgehen ist damit keinesfalls zur Nachahmung empfohlen, da je nach Fallgestaltung auch eine Strafbarkeit im Raum steht (§ 143 MarkenG). Selbst bei rein »privaten« Accounts bzw. privater Nutzung derartiger Zeichen wäre das ZDF durch das Namensrecht gemäß § 12 BGB geschützt.

Die Journalisten hatten damit in rechtlicher Hinsicht eine gehörige Portion Glück und reihen sich ein in Überlieferungen der Medienwelt wie diejenige hinsichtlich eines vormaligen Chefs eines holländischen Piratenfunks, dessen Programm schlicht so gut war, dass man ihn – statt einer Verfolgung – sofort einstellte.

6.4 Die Funktionsweise von Twitter

Twitter ist also ein Microblogging-Dienst. Statt eines Blogs bzw. eines Blogbeitrags werden in Twitter nur Kurznachrichten mit 140 Zeichen verfasst. Sie können die Kurznachrichten anderer Personen abonnieren, die öffentlich sichtbar sind. Twitter ist eigentlich kein klassisches soziales Netzwerk und bezeichnet sich auch nicht als solches, aber es entwickelt sich in diese Richtung. Das zeigen auch das neue Design und die erweiterten Funktionalitäten.

> **Rechtstipp von Peter Harlander: Die Funktionsweise von Twitter ist aus rechtlicher Sicht sehr vorteilhaft**
>
> Aufgrund des Umstands, dass man anderen Benutzern folgen muss, um deren Nachrichten zu erhalten, ist das Problem unverlangter Werbezusendungen eigentlich ausgeschlossen. Unbedingt vermeiden sollte man jedoch, andere Menschen in Tweets nur deshalb zu erwähnen, um diese auf sich aufmerksam zu machen. Das wird ebenfalls als Belästigung wahrgenommen.

Stream/Timeline

Als *Stream* bezeichnet man den Nachrichtenstrom eines Twitter-Users. Im Stream werden alle Ihre Statusmeldungen veröffentlicht. Den Stream eines Users (Name des Twitter-Accounts) erreichen Sie immer unter der URL *http://twitter.com/USERNAME*, Karim-Patrick Bannour also unter *http://twitter.com/karimbannour* (siehe Abbildung 6.8).

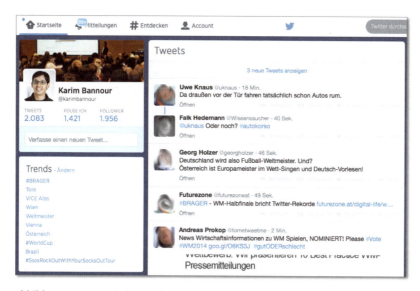

Abbildung 6.8 So sieht beispielsweise die eigene Twitter-Startseite aus – mit den Tweets der Personen, denen Sie folgen.

Bio (Biografie)

In der *Bio* erläutern Sie, worüber Sie schreiben und wer schreibt. Bei Corporate Twitter Accounts werden die Namen abgekürzt. Als Kürzel verwendet man z. B. »^AG«, #AG oder »/AG« für Anne Grabs. Bei der Deutschen Bahn (*https://twitter.com/db_bahn*) nutzt man die ersten beiden Buchstaben des Vornamens und kürzt z. B. Simon mit »/si« ab.

Follower

Follower sind die Personen, die Ihre Nachrichten (Ihren Twitter-Account) abonniert haben. Wenn Sie etwas auf Twitter veröffentlichen, sehen das Ihre Follower auf ihrem Stream.

Following

Unter *Following* sind die Personen angegeben, denen Sie folgen, d. h. deren Nachrichten Sie abonniert haben. Indem Sie unter dem Profilbild eines Users auf FOLLOW klicken, folgen Sie dem Nachrichtenstrom des Nutzers.

Tweet

Tweet ist die Bezeichnung für eine Nachricht auf Twitter. Ihnen stehen 140 Zeichen für eine Nachricht zur Verfügung. Die Zahl 140 geht auf die Zeichengröße einer SMS (Handy) zurück. Häufig wird in Twitter die eigentliche Information nur »angekündigt« und mit einem verkürzten Link zur eigentlichen Seite (Blogposting, Newsseite) verlinkt.

Linkverkürzung

Da lange Links den wertvollen Platz auf Twitter schmälern, werden die Links verkürzt. Als Link- oder URL-Verkürzer bietet sich bit.ly an. Denn bit.ly bietet Ihnen Klickstatistiken (siehe Abschnitt 6.11.3, »Kostenlose Twitter-Monitoring-Tools«). Alternativ können Sie über Hootsuite den URL-Verkürzer *http://ow.ly* nutzen, der ebenfalls Statistiken anbietet.

Direct Message (private Nachrichten)

Mit der Funktion *Direct Message* (DM) können Sie Nachrichten privat an einen Follower senden. Direct Messages sind nicht öffentlich einsehbar (im Gegensatz zu @Replies).

Retweet (RT)

Retweeten bedeutet, eine Twitter-Meldung zu zitieren. Sie twittern die Meldung eines anderen Users mit Quellenangabe noch einmal, d. h., Sie geben sie weiter an Ihre Follower.

@ Mentions (Erwähnungen)

Wenn Sie von einem Twitterer öffentlich mittels @-Funktion angeschrieben werden, zeigt Ihnen Twitter das unter den *Erwähnungen* an. Wurde einer Ihrer Tweets zitiert bzw. retweetet, zeigt Ihnen das Twitter ebenfalls in dieser Liste an. *Mentions* werden auch als Erfolgskriterium genutzt, um herauszufinden, ob die eigenen Tweets es wert waren, erneut gesendet zu werden.

Hashtag

Hashtags werden mit dem Rautezeichen (#) kenntlich gemacht. Häufig sind gewisse Hashtags bereits etabliert, wie beispielsweise das Hashtag #fail für Fehler an einem Produkt, beim Service usw.

Listen

Mittels Listen können Sie Ihre Follower Gruppen zuordnen. Sie können selbst Listen erstellen oder anderen Listen folgen. Von vielen Twitterern werden Listen dazu genutzt, die für sie nicht relevanten Follows herauszufiltern. Listen können entweder privat oder öffentlich zugänglich sein. Sie können beispielsweise eine Liste empfehlenswerter Twitterer zu einem bestimmten Thema zusammenstellen. Ein Beispiel für eine öffentlich geteilte Liste ist jene der auf Twitter aktiven EU-Parlamentarier: *https://twitter.com/Europarl_EN/lists/all-meps-on-twitter*.

Twitter-Suche

Mit der Suchfunktion können Sie sowohl nach Twitter-Accounts (thematisch oder direkt nach User) als auch nach Themen, Branchen oder Konkurrenten suchen. Mit der erweiterten Suche können Sie auch nach Sentiments (positiven wie negativen) zu Begriffen suchen: *https://twitter.com/search-advanced*.

Tipp: Hashtags könnten missbraucht werden

Einige Unternehmen, die versuchten, Hashtags in Form gezielter PR-Kampagnen einzusetzen, scheiterten an konzeptionellen Fehlern, dem eigenen Imageproblem oder dem Hohn der Community. Beispiel: McDonald's USA wollte die Twitter-Community auffordern, positive Erlebnisse mit McDonalds's unter dem Hashtag #MCDStories zu twittern. Doch viele User nutzten die Gelegenheit, negative Erfahrungen mit dem Unternehmen oder Negativpresse rund um die Konzernpraktiken öffentlich anzuprangern.[4]

---

4 *http://mashable.com/2013/10/19/hijacked-hashtags/*

6.5   Wie kommt man ins Gespräch mit 140 Zeichen?

Die Kommunikation in Twitter ist so unterschiedlich wie die Menschen selbst. Einige nutzen es zum Plaudern mit Gleichgesinnten. Die meisten beziehen hier ihre Nachrichten, da auf Twitter immer die neuesten Nachrichten stehen. Damit Sie die neuesten Nachrichten erhalten, müssen Sie den richtigen Twitterern folgen. Die Twitter-Meldungen gelangen immer ungefiltert in Ihren Nachrichtenstrom. Das mag auch einer der Gründe sein, warum Twitter zu Beginn etwas unübersichtlich wirkt. Jeder User folgt unterschiedlichen Accounts und schafft sich so seine eigene Sprechblase.

6.5.1   Folgen Sie den richtigen Twitterern

Twitter ist erst ab 80 bis 100 abonnierten Twitter-Accounts sinnvoll. Und es macht nur Spaß, wenn Sie den richtigen Twitterern folgen. Auf *https://twitter.com/who_ to_follow* werden Ihnen ein paar Twitterer empfohlen. Sie können nach Interessen und Themen (Musik, Unterhaltung, Sport, Lustiges) wählen. Twitter listet die bekanntesten Twitterer in diesen Kategorien auf. Neben den Vorschlägen von Twitter können Sie aber auch bei anderen Twitter-Usern nachsehen, wem diese folgen. Gerade wenn Sie einem wichtigen Journalisten folgen, finden sich in seiner Follower-Liste bestimmt weitere interessante Persönlichkeiten.

Wenn Ihnen gefolgt wird, d. h. Sie neue Follower haben, prüfen Sie, ob der Twitter-Account Interessantes für Sie bereithält. Meistens sind es die gleichen Themen oder ist es die gleiche Branche, die Sie mit einem anderen Twitterer verbindet. Bedanken Sie sich gerade zu Beginn bei neuen Followern.

Twitter-Trends und Twitter-Charts eignen sich auch, um zu erfahren, welche Twitterer und welche Tweets besonders gern gelesen werden. Twitter-Trends finden Sie auf *https://twitter.com/i/discover*.

> **Tipp: Twitter-Ranking deutscher Marken**
>
> Auf *http://www.stefan-borchert.de/index.php?section=service_twittermarken_follower* finden Sie ein aktuelles Ranking von deutschsprachigen Marken auf Twitter.

Es gibt eine Vielzahl an Tools und Websites, die sich explizit mit dem Suchen und Finden von Twitterern beschäftigen. Die meisten dieser Websites werden allerdings vor allem im englischsprachigen Raum genutzt:

▸ *www.twazzup.com* ermöglicht Echtzeitsuche.

▸ *www.tweepz.com*, *www.nearbytweets.com* und *www.geochirp.com* ermöglichen eine lokale Suche (also nach Twitterern in der näheren Umgebung).

▶ *www.wefollow.com* zeigt Personen nach bestimmten Kategorien.

▶ *www.manageflitter.com* hilft Ihnen beim Managen Ihres Twitter-Accounts.

6.5.2 Follower zu sein, ist unverbindlich

Twitter ist unverbindlicher als Facebook, was die Beziehungen zwischen den Usern angeht. Sie können heute jemandem folgen (»followen«, seine Inhalte abonnieren) und morgen seine Twitter-Inhalte wieder abbestellen (»entfolgen« oder »unfollow«). Sie folgen meist unbekannten Personen, weshalb sie erst testen müssen, ob die Informationen des Users Sie wirklich interessieren. Jeder User hat eigene Themen und eine eigene Schreibweise. Deshalb eignet sich Twitter besonders, die eigene Expertise auf einem Gebiet darzustellen. Pro Statusmeldung müssen Sie sich auf 140 Zeichen beschränken. Da bleibt nicht viel Platz. In Sachen Unternehmenskommunikation stellt das eine große Herausforderung dar.

6.5.3 Twitter ist keine Zeitverschwendung

Nun können Sie als Unternehmer argumentieren, dass Sie ohnehin schon mit zu vielen Informationen überflutet werden und froh darüber sind, keinen zusätzlichen Informationskanal nutzen zu müssen. Oder Sie lesen eine Studie, die besagt: Twitter schmälert die Produktivität, da sich Angestellte im »Twitterversum« 40 Minuten pro Tag verlieren. Nun kommt es bei Twitter natürlich darauf an, wie es genutzt wird. Wenn die Mitarbeiter in diesen 40 Minuten mit Kunden im Dialog stehen, die Aktivitäten der Konkurrenz aufspüren und Ihr Unternehmen positiv kommunizieren, ist das bei Weitem kein Produktivitätsverlust.

Fakt ist aber auch, dass es nahezu unmöglich ist, alle Tweets, die pro Tag, pro Stunde, pro Minute eingehen, zu lesen. In dem sich ständig wechselnden Nachrichtenstrom sind es die User gewohnt, Nachrichten kurz zu überfliegen.

6.5.4 Seien Sie Experte, und helfen Sie weiter

Twitter eignet sich jedoch nicht nur zur Informationsgewinnung bezüglich des Tagesgeschehens oder der aktuellen Politik. Auch Informationsangebote und Services zu Themen wie Reisen, Bildung, Kunst und Kultur, Sport, Mode, Technik usw. sind hier vertreten. Ihren Themenschwerpunkt definieren Sie entlang Ihrer Produktpositionierung und/oder Ihrer Dienstleistung. Ihre Abonnenten müssen dieses Expertenwissen mit den richtigen Tweets immer wieder nachlesen können. Wenn Sie wiederholt Beiträge zum gleichen Thema schreiben, werden Sie bzw. Ihr Twitter-Account langfristig als kompetenter Experte auf diesem Themengebiet wahrgenommen. Schreiben Sie über Ihre tägliche Arbeit als Macher der Firma. Teilen Sie den Kunden mit, was in Ihrem Unternehmen geschieht. Von der Personalentwicklung über Kooperationen, Produktentwicklungen, Branchentrends bis hin zur Planung von Firmen-Events ist alles für den User interessant, was ihm ermöglicht, einen Blick hinter die Kulissen des Unternehmens zu werfen. Dabei ist es auch wichtig, angemessen zu kommunizieren. Kühle Pressemeldungen werden selten neue Follower generieren, eher einige Follower vertreiben. Persönliche Formulierungen in Ihrem speziellen Schreibstil kommen dagegen besonders gut an. Der Leser muss immer das Gefühl haben, dass er gerade ein nettes, interessantes Themenangebot erhält, dabei aber frei entscheidet, ob er Ihnen folgt oder sich näher informiert. Kleiner Tipp: Nutzen Sie Hashtags (z. B. #marketing), um Themenschwerpunkte kenntlich zu machen, beispielsweise wenn Sie über mehrere Tage über ein Firmen-Event twittern.

6.5.5 Was twittern? Best Practices deutschsprachiger Twitter-Accounts

Sollen Sie persönliche Befindlichkeiten oder seriöse Statusmeldungen twittern? Weder das eine noch das andere ist zu 100 % richtig. Twitter lebt von interessanten Nachrichten in Echtzeit und Inhalten von Mensch zu Mensch, nicht von von Medienmachern produzierten Inhalten. Twitter ist der richtige Ort, um seine persönliche Meinung zu Politik, Wirtschaft usw. kundzutun, aber das muss natürlich in einem gewissen Rahmen passieren, ohne zu beleidigen oder Ähnliches. Emotionale und zu private Tweets, wie z. B. Äußerungen über Mitarbeiter, sind natürlich nicht angebracht und schaden allenfalls Ihrem Online-Ruf.

Gleichzeitig ist Twitter nicht die Verlängerung Ihrer PR-Abteilung. Mit ausschließlich kühlen PR-Antworten werden Sie bei den Usern nicht landen können, denn Ihre Kunden setzen voraus, dass sie in Twitter individuell behandelt werden. Erzählen Sie von Ihrem Alltag als Geschäftsführer, Marketing- oder Produktionsleiter. Lassen Sie die User teilhaben an den Geschehnissen in Ihrem Unternehmen. Antworten Sie anderen Usern auf deren Meldungen. Zitieren Sie spannende Beiträge anderer User (Retweet). Posten Sie Links zu Themen, über die Sie sich gerade informieren. Kündigen Sie auf Twitter Facebook-Einträge, Blogbeiträge, Pressemitteilungen und Neuigkeiten über Ihre Website mit dem entsprechenden Link an. Wenn Sie ein neues Video oder Foto hochgeladen haben, schicken Sie einen Link auf Twitter raus (Facebook, YouTube, Flickr usw. ermöglichen automatische Verknüpfungen zu Twitter).

Teilen Sie Ihre Tipps und Tricks zu Produkten mit. Stellen Sie Fragen, oder machen Sie direkt eine Umfrage mit Twtpoll (*http://twtpoll.com*). Das Gleiche gilt für Ihre Mitarbeiter. Geben Sie Ihren Angestellten die Möglichkeit, Geschichten aus dem Alltag des Unternehmens zu erzählen. Beispielsweise könnte der Praktikant von seinen ersten Erfahrungen im Unternehmen berichten. Oder der Marketingassistent schreibt, dass er auf dem Weg zum Fototermin für die neue Produktkampagne ist.

Wichtig ist immer, den Usern etwas Spannendes mitzuteilen, was sie dazu einlädt, Ihren Stream weiter zu verfolgen und Ihre Tweets weiterzuleiten (retweeten). Natürlich müssen alle Nachrichten immer im Einklang mit der Wahrung von Firmengeheimnissen, insbesondere im Hinblick auf die Konkurrenz, veröffentlicht werden. Auch das muss vorab in der Twitter-Schulung und im Redaktionsplan geregelt sein.

Best Practice – Deutsche Bahn

Die Deutsche Bahn betreibt unter *http://twitter.com/dbkarriere* einen eigenen Twitter-Jobaccount (siehe Abbildung 6.9). Hier kann das interessierte Publikum spezielle Jobangebote der Deutschen Bahn verfolgen. Sie spricht dadurch einen Teil ihrer Zielpersonen (und solche, von denen sie noch gar nicht wusste, dass sie zur Zielgruppe gehören) adäquat an. Neben eigenen Jobangeboten retweetet die Deutsche Bahn auch Jobangebote von anderen Unternehmen. Follower erhalten Infos über Azubis, Awards und Veranstaltungen im DB-Konzern.

Abbildung 6.9 Die Deutsche Bahn ist auf Twitter auch für potenzielle neue Mitarbeiter da.

Best Practice – SPAR Österreich

SPAR Österreich twittert seit Februar 2009 unter *http://twitter.com/SPARoesterreich* (siehe Abbildung 6.10). Hinzugekommen ist in der Zwischenzeit noch ein reiner Jobaccount unter @SPARJobsAT. Die Themen variieren von Gewinnspielen, SPAR-Eröffnungen, Preisen und Auszeichnungen der SPAR-Filialen über neue Mitarbeiter, Produkte und Angebote bis hin zu Events, speziellen Projekten, Initiativen usw. Mittlerweile folgen @SPARoesterreich etwa 2.500 Twitterer (Stand Juni 2014).

6 Twitter

Abbildung 6.10 SPAR Österreich nutzt Twitter für viele verschiedene Themen und Infos aus dem Konzern.

Best Practice – World Economic Forum

Ein gutes Beispiel, wie man Twitter als Team kontinuierlich als Themen-Channel und zur Öffentlichkeitsarbeit nutzen kann, ist der Twitter-Account des World Economic Forum (WEF) in Davos (Schweiz). Auf *http://twitter.com/DAVOS* stehen insgesamt fünf Mitarbeiter zur Verfügung, um Fragen zu beantworten, interessante Tweets weiterzuleiten und einen Überblick über relevante Themen und Diskussionen zu bieten (siehe Abbildung 6.11). Mit immerhin 2,13 Mio. Followern gibt es hier ein breites Publikum und eine beachtliche Reichweite für das Pressebüro des WEF.

Abbildung 6.11 Auch das WEF hat einen eigenen Twitter-Account mit 2,13 Mio. Followern.

6.5.6 Twitter im Unternehmen – wer darf twittern und wer nicht?

Im Grunde ist das keine Frage des Dürfens, denn mitunter tun es Ihre Mitarbeiter längst. Aber wenn alle Ihre Angestellten außer Ihnen privat wie auch beruflich twittern, gehen Sie als Chef unter. Die achte goldene Regel der Social-Media-Kommunikation – Authentizität – gilt besonders in Twitter. Sie überzeugen in Twitter, wenn Sie als Chef selbst kommunizieren und dabei auch Ihre Mitarbeiter zu Wort kommen lassen. Dafür eignet sich besonders ein *Corporate Twitter Account*. Dass Twitter zwar als Spielerei daherkommt, im wirtschaftlichen Sinn aber purer Ernst ist, haben unsere Beispiele von Reputationsschäden eingangs schon gezeigt. Damit Twitter professionell genutzt wird, müssen alle im Unternehmen betroffenen Mitarbeiter entsprechend geschult werden. Dabei können folgende Fragen auftauchen:

- ▶ Was schreibe ich wann und in welcher Art und Weise?
- ▶ Wie verhalte ich mich bei einem negativen Kommentar?
- ▶ Wie gehe ich mit einer Serviceanfrage um, wenn ich sie nicht direkt beantworten kann?
- ▶ Wie generiere ich Follower?
- ▶ Wie trete ich mit potenziellen Kunden in Kontakt?

Mit einer Twitter-Schulung können Sie unterschiedliche Szenarien durchspielen und Lösungen für Kompetenzprobleme finden. Es ist wichtig, das gesamte Unternehmen über die Social-Media-Aktivitäten in Twitter aufzuklären. Da Sie immer wieder Inhalte von verschiedenen Abteilungen benötigen, genügt es nicht, nur das Marketing einzubinden, stattdessen müssen alle Abteilungen mit einbezogen werden. Ein fundierter Redaktionsplan nimmt für Sie die gröbsten Hürden in Twitter. Da es hier um hochaktuelle Echtzeitkommunikation geht, müssen Sie bereits im Vorhinein die internen Kommunikationswege klären und das Krisenverhalten definieren.

Rechtstipp von Peter Harlander: Regeln Sie die Twitter-Kommunikation der Mitarbeiter in Social Media Guidelines

Wie immer, wenn Mitarbeiter in Social-Media-Marketingkampagnen mit einbezogen werden, empfiehlt es sich, auch bei Twitter die Rechte und Pflichten der Mitarbeiter über Social Media Guidelines (siehe Kapitel 2, »Social-Media-Strategie«) zu regeln.

6.5.7 Unterwegs twittern

Echtzeitkommunikation funktioniert am leichtesten, wenn Sie gerade unterwegs sind. Sie fahren gerade Taxi oder sitzen in der U-Bahn? Sie warten auf den nächsten

Flieger? Sie befinden sich auf der Fahrt zu einer Konferenz? In den Momenten, in denen Sie gerade warten oder nichts zu tun haben, können Sie Twitter sinnvoll nutzen. Teilen Sie anderen Twitterern mit, was Ihnen unterwegs auffällt. Retweeten Sie interessante Tweets, die Sie gelesen haben.

Die Twitter-App selbst ist sowohl auf iPhone, Android, BlackBerry und Windows Phone als auch auf Tablets verfügbar. Darüber hinaus sind die meisten Twitter-Apps wie Hootsuite, Echofon und Tweetdeck auf dem iPhone und auf Android-Smartphones verfügbar. Wenn all das nicht geht, können Sie immer noch unter *http://m.twitter.com* von unterwegs twittern.

6.6 Wie Sie Ihren Twitter-Account gestalten

Sie können Ihren Twitter-Account grafisch an Ihr Firmendesign anpassen. Das gewährleistet einen hohen Wiedererkennungswert Ihrer Website auf dem Twitter-Konto und verhindert etwaige Verwechslungen. Mit einem attraktiven und aussagekräftigen Headerbild können Sie dem User signalisieren, dass er hier richtig ist. Dazu bietet es sich an, die verschiedenen Autoren, die den Account betreuen, ebenfalls im Headerbild mit Foto, Name und Kürzel vorzustellen, so wie es die Deutsche Bahn und viele andere bereits machen. Achten Sie darauf, dass das Profilbild aussagekräftig und nicht verpixelt ist.

Tipp: Gewünschter Twitter-Account schon vergeben?

Für den Fall, dass der gewünschte Twitter-Name schon vergeben ist, weil eine andere Person diesen bereits reserviert hat, ihn aber brachliegen lässt: Twitter hat bereits mehrfach angekündigt, Accounts mit mehr als sechs Monaten Inaktivität auf Anfrage wieder zur Registrierung freizugeben. Sie können über das Supportformular auch Markenrechtsansprüche geltend machen: *http://support.twitter.com/forms*. Gehen Sie diesen Weg allerdings erst dann, wenn Kontaktversuche oder Übernahmegespräche mit dem bisherigen Inhaber des Twitter-Accounts erfolglos waren.

6.7 Richtig twittern

Ihren ersten Tweet sollten Sie am besten jetzt senden. Jetzt. Wirklich jetzt. Manche Unternehmen tun sich schwer damit. Aber scheuen Sie sich nicht davor. Schon bald werden Sie das Echo Ihrer Follower vernehmen, und es wird Ihnen richtig Freude bereiten!

6.7.1 Ein paar Twitter-Tipps, wie Sie richtig und erfolgreich twittern

► Formulieren Sie die ersten Wörter aussagekräftig.

► Schreiben Sie maximal 100 Zeichen, damit Ihre Tweets auch noch von anderen einfach retweetet werden können.

► Nutzen Sie die Möglichkeit von URL-Verkürzern wie bit.ly, um Links zu personalisieren und die Klickraten messen zu können.

► Verwenden Sie kurze, prägnante Infos (keine Füllwörter).

► Schreiben Sie neue Follower direkt und persönlich an (keine automatischen Messages!).

► Senden Sie, wenn möglich, einen direkten Link zum Artikel.

► Retweeten Sie interessante Infos anderer User, Branchenmeldungen und News, aber nicht in Dauerschleife.

► Verwenden Sie Hashtags, das erleichtert die Kategorisierung, allerdings maximal zwei Hashtags pro Tweet.

► Reichern Sie Ihre Tweets mit Imagelinks an.

6.8 Filtern und organisieren – so können Sie als Unternehmen Twitter effizient nutzen

Um Twitter sinnvoll nutzen zu können, empfiehlt es sich, mit Listen zu arbeiten, aber noch viel besser ist es, eine geeignete Software zu verwenden. Insbesondere benötigen Sie eine Software, die es ermöglicht, Filter für bestimmte Keywords (eigener Firmen- oder Produktname, Konkurrenz, Branche) anzulegen. Dann werden Ihnen Tweets von den Usern angezeigt, die zu dem gesuchten Keyword geschrieben haben. Sie können zwar auch über *www.twitter.com* Suchen speichern und aufrufen, allerdings ist dies weniger übersichtlich. Viel einfacher ist es für Sie, wenn Ihnen die Filter nebeneinander aufgelistet werden. Twitter-Filter sind sehr nützlich, um Zeit zu sparen. Sie lesen dann einfach nur die Tweets unter dem entsprechenden Keyword und ersparen es sich, alle Tweets der Accounts zu durchsuchen, denen Sie folgen. Dann wird Twitter nicht zur Überforderung, sondern Sie können sich ganz einfach und zielgerichtet mit Twitter beschäftigen. Zwei Twitter-Anwendungen, die Filter, zeitversetztes Twittern, Linkverkürzung und die Verknüpfung mehrerer Social-Media-Konten (Facebook, Blog, LinkedIn) ermöglichen, seien an dieser Stelle erwähnt: Hootsuite und TweetDeck. Uns persönlich und vielen unserer Kollegen gefällt Hootsuite am besten, deshalb möchten wir Ihnen nun die unternehmerische Nutzung von Hootsuite im Detail veranschaulichen.

6.8.1 Hootsuite

Hootsuite ist eine webbasierte Anwendung. Das bedeutet, Sie müssen nur die Website *www.hootsuite.com* aufrufen, sich anmelden und können die Anwendung von jedem Computer aus nutzen. Ein großer Vorteil von Hootsuite ist, dass Sie darüber nicht nur das Twitter-Konto, sondern auch Ihr Facebook-Profil, Ihre Facebook-Seite, Ihren LinkedIn-Account, Ihr WordPress-Blog, Ihre Google+-Seite und einige Profile mehr verwalten können. Hootsuite ist Ihre Nachrichtenzentrale, von der aus Sie Informationen in die sozialen Netzwerke streuen (siehe Abbildung 6.12). Sie können mehrere Twitter- und Social-Media-Konten gleichzeitig mit Hootsuite verwalten. In der kostenlosen Version ist die Zahl der betreuten Accounts auf fünf beschränkt. Im Bedarfsfall können Sie beispielsweise mehrere Accounts mit demselben Inhalt befüllen, indem Sie sie per Mausklick einfach »hinzuschalten«.

Abbildung 6.12 Das Social Media Dashboard von Hootsuite

Themen verfolgen

Mit Hootsuite können Sie mittels Filter Ihre individuelle Twitter-Timeline zusammenstellen. Dazu nutzen Sie einfach die Funktion ADD STREAM/SEARCH. Sie können zehn Streams pro Social-Media-Konto anlegen. Wählen Sie also die wichtigsten Keywords aus, und schauen Sie regelmäßig nach, was dazu geschrieben wird. So können Sie Konkurrenzkäufer finden, die gerade etwas über ein Konkurrenzprodukt twittern. Beobachten Sie Ihren direkten Konkurrenten in seiner Twitter-Kommunikation. Bedanken Sie sich bei Twitterern, die sich lobend über Ihr Produkt geäußert haben, oder helfen Sie bei Fragen weiter, wenn Sie etwas Relevantes dazu beitragen können.

Twitter-Beiträge zeitlich versetzt posten

Bei vielen unserer Kunden kommt ein Hootsuite-Feature besonders gut an: Sie können Beiträge zeitversetzt senden oder als Entwurf speichern. Wenn Sie also zufälligerweise gerade Zeit finden, sich ein paar Tweets oder Facebook-Seitenbeiträge zu überlegen, können Sie diese in Hootsuite verfassen und jeweils ein Veröffentlichungsdatum in der Zukunft definieren. Erst zu diesem Zeitpunkt wird der Beitrag von Hootsuite veröffentlicht. Damit sind Sie aber nach wie vor dafür verantwortlich, den Beitrag nach dem Zeitpunkt seiner Veröffentlichung auf Feedback, Fragen und Kommentare hin zu checken.

Warum Hootsuite unserer Meinung nach so empfehlenswert für Unternehmen ist und sich sehr gut als Corporate-Tweet-Anwendung eignet? Sie können damit verschiedenen anderen Hootsuite-Usern Zugang zu einem oder mehreren Ihrer Social-Media-Accounts in Ihrem Hootsuite freigeben. Alles in allem ist es ein absolut praktisches Tool, das in der Teamversion kostenpflichtig ist. Es gibt auch eine Version für Apple iPhone und Android-Smartphones, die in der Basisversion ebenfalls kostenlos ist und gegen Aufpreis zusätzliche Features enthält. Darüber hinaus eignet sich Hootsuite als Monitoring- und Controlling-Tool (siehe Abschnitt 6.11.2, »Twitter-Monitoring und Twitter-Controlling«).

6.8.2 TweetDeck

TweetDeck wird ebenfalls sehr gern von der Twitter-Gemeinde genutzt. Mittlerweile wurde das Tool von Twitter aufgekauft. Im Gegensatz zu Hootsuite ist es eine Software, die Sie auf Ihren Rechner laden und dort installieren müssen. Ergänzend dazu gibt es auch eine Version für iPhones und Android-Smartphones. TweetDeck ist sowohl für Windows- als auch für Mac-Rechner verfügbar. Es bietet ebenfalls Filterfunktionen und zusätzlich die Möglichkeit, Twitterer in Gruppen einzuteilen. Das hilft Ihnen, Ihre abonnierten Twitter-Konten z. B. nach Branchen einzuteilen und Themen zuzuordnen. Außerdem können Sie über TweetDeck ebenfalls andere Plattformen wie Facebook verwalten.

6.8.3 Twitter mit anderen Social-Media-Diensten verbinden

Twitter mit anderen Diensten, z. B. Facebook, Blog & Co., zu verbinden, will durchdacht sein: Überlegen Sie vorher, wohin Sie den Hauptteil des Traffics und der Aufmerksamkeit lenken wollen. Ist Ihr Blog das Zentrum aller Social-Media-Aktivitäten, und möchten Sie vor allem mehr Facebook-Fans aktivieren? Möchten Sie spannende Twitter-Links archivieren oder besondere Tweets in ausgewählte Communitys einspielen? Ein Tool, das fast alle diese Wünsche umsetzen kann, nennt sich IFTTT. Dies bedeutet »if this then that«, steht also für eine Wenn-dann-Bedingung (siehe Abbildung 6.13).

Abbildung 6.13 IFTTT bedeutet »Wenn dies, dann das«, und hilft Ihnen beim Social Media Management.

Rechtstipp von Peter Harlander: Wenn Sie Tweets im Blog einbinden, benötigen Sie die Einverständniserklärung der User

Wer fremde Tweets in die eigene Website einbindet, kann damit unter Umständen eine Urheberrechtsverletzung begehen. Wenn man fremde Inhalte in die eigene Website integrieren will, sollte man daher immer vorab die Zustimmung einholen.

Marketing-Take-away: Vermeiden Sie automatisierte Nachrichten

Auch wenn es praktisch und zeitsparend erscheint, Facebook-Updates in Twitter zu exportieren (Tool: *http://www.facebook.com/twitter*) oder vice versa von Twitter in Facebook zu posten, hat es sich mittlerweile bewährt, je nach Netzwerk oder Plattform eine entsprechende Nachricht zu formulieren. Der Vorteil von individualisierten Postings ist, dass Sie Personen im Beitrag hervorheben (»Taggen« in Facebook) und ansprechende Vorschaubilder generieren können. Das erhöht die Aufmerksamkeit und führt zu mehr Klicks.

Mit IFTTT sinnvolle Verknüpfungen zu allen Social-Media-Diensten schaffen

Ein Beispiel: Sie haben in Twitter eine interessante Nachricht gelesen und schnell als Favorit markiert, damit sie im Nachrichtenstrom nicht verloren geht. Mit IFTTT (*https://ifttt.com*) ist es nun möglich, dass dieser Favorit automatisch in Ihr Social-Bookmarking-Konto wandert. Oder Sie twittern etwa einmal am Tag zu einem ganz bestimmten Thema, z. B. Studien zum Thema »Nachhaltigkeit«. Diesen Tweet können Sie mit IFTTT und dem Hashtag #Nachhaltigkeit automatisiert in Facebook, LinkedIn und XING usw. posten. Achten Sie aber darauf, dass Sie dieses Hashtag nur einmal am Tag verwenden und zur richtigen Zeit twittern (siehe Abschnitt 6.7 »Richtig twittern«). Anne Grabs hat beispielsweise eine Wenn-dann-Bedingung für folgenden Fall erstellt: Sobald sie einen Tweet mit dem Hashtag #Neuauflage schreibt, wird diese Nachricht automatisch unter *https://www.facebook.com/social.media.marketing.buch*, der Facebook-Seite von Follow me!, gepostet.

6.8 Filtern und organisieren – so können Sie als Unternehmen Twitter effizient nutzen

Mit Paper.li Ihre individuelle Online-Tageszeitung erstellen

Im Abschnitt »Listen« in Abschnitt 6.4, »Die Funktionsweise von Twitter«, haben wir bereits auf die Funktion der Listen hingewiesen, mit der Sie Twitter zu bestimmten Themen zusammenfassen können. Mit dieser Liste und dem Tool Paper.li können Sie sich die Tweets, kategorisiert nach Themen, Hashtags und Medien, in einer Online-Tageszeitung anzeigen lassen (siehe Abbildung 6.14).

Abbildung 6.14 Mit Paper.li werden Tweets visualisiert. (Quelle: http://paper.li/annellchen/socialmedia)

Marketing-Take-away: Höhere Klickraten mit Paper.li

In Paper.li können Sie einstellen, ob nach der Aktualisierung der Zeitung eine Nachricht in Twitter rausgehen soll. Diese Nachricht enthält auch die Namen der Twitter-Konten, die Topthemen beigesteuert haben. So eine Nachricht lautet dann: »The Anne Grabs Daily wurde gerade veröffentlicht! Link Topthemen heute von @Twitter-User1, @Twitter-User2, @Twitter-User3«. Dadurch werden andere Twitterer darauf aufmerksam, dass sie in Anne Grabs Newspaper vertreten sind (und auch in ihrer Liste). Es handelt sich dabei um ein proaktives Tool, das sich auszahlt. Tweets mit Paper.li-Hinweisen erzielen eine CTR (Klickrate) von über 30 %.

6.8.4 Sollte man Tweets löschen?

Gerade bei den ersten Gehversuchen in Twitter taucht immer wieder die Frage auf, inwieweit Tweets gelöscht werden können. Technisch gesehen, ist es immer möglich. Tweets zu löschen, ist aber im Sinne der Authentizität ungern gesehen. Wenn Sie tatsächlich kurz nach Absenden der Nachricht feststellen, dass Sie etwas falsch geschrieben haben, können Sie den Tweet löschen. Insbesondere wenn der Tweet unangenehme oder rechtliche Konsequenzen nach sich ziehen könnte, sollte er schnellstens gelöscht werden. Dabei kommt es auf Ihre Schnelligkeit an, denn dieser Tweet könnte schon von jemand anderem retweetet worden sein.

6.9   Twitter als Verkaufs-Channel?

Ist es möglich, Twitter als reines Verkaufsinstrument zu nutzen? Ja, natürlich! Ein Twitter-Verkaufs-Channel ist möglich, wenn er als solches gekennzeichnet wird. Der PC-Hersteller Dell hat uns gezeigt, wie Verkauf in Twitter funktioniert. Unter *http://twitter.com/delloutlet* hat der Computerhersteller einen reinen Verkaufs-Channel eingerichtet. Dell hat über 1,4 Mio. Follower und spricht sein Publikum mit Neuigkeiten über Dell, mit neuen Dell-Produkten und -Angeboten sowie speziellen Aktionen an. Mit seinen Tweets konnte Dell nach eigenen Angaben bereits Millionenumsätze in Höhe von 6,5 Mio. US$ allein durch Twitter generieren. Damit hat der Dell-Account Marketinggeschichte in Twitter geschrieben. Es lohnt sich, neben dem Verkaufs-Channel zusätzlich einen Twitter-Support anzulegen, an den sich die User auch bei technischen Problemen wenden können.

Dazu bietet sich, wie bei Dell, die Nutzung von Gutscheincodes an, wenn Ihr Online-Shop über solch eine Funktion verfügt. Alternativ können Sie mit bit.ly oder ow.ly eine spezielle Tracking-URL einrichten und diese über Ihren Twitter-Account in Verbindung mit einem speziellen Angebot verschicken. Wenn Sie diese URL ausschließlich über Twitter und für dieses Angebot verwenden, können Sie halbwegs zuverlässig nachverfolgen, wie viel Ihre Twitter-Aktionen bringen.

> **Praxisbeispiel: Hotelbuchung via Twitter**
> Die Hotelkette Loews Hotels & Resorts hat Ende 2013 ein sogenanntes Social Reservation Tool gestartet. Interessenten können den hoteleigenen Account @Loews_Hotels mit dem Hashtag #BookLoews anschreiben, ein Mitarbeiter der Kette antwortet dann via Twitter und beginnt mit der Beratung. Ist man sich einig, erhält der Interessent einen Link zu einem externen, abgesicherten Tool, um die Buchung mittels Eingabe persönlicher Daten und Zahlungsinformationen abzuschließen.

Viele Twitter-Accounts werden erfahrungsgemäß gemischt genutzt. Das funktioniert, wenn der Verkaufs- bzw. Vertriebsgedanke nicht überhandnimmt. Ein gutes Beispiel im deutschsprachigen Raum ist der OTTO-Versand, der auf *http://twitter.com/otto_de* Kundendienst, Angebote und Informationen über das Unternehmen bzw. relevante Themen verträglich miteinander mischt.

Abbildung 6.15 Der Twitter-Account des deutschen OTTO-Versands

6.9.1 Mit Gewinnspielen Aufmerksamkeit erregen

Neben dem Verkaufs-Channel können Sie in Twitter auch Gewinnspiele ankündigen oder umsetzen. Um neue Follower zu generieren, können Sie beispielsweise als Teilnahmebedingung für das Gewinnspiel verlangen, dass Ihrem Account gefolgt wird. Kennzeichnen Sie das Gewinnspiel mit dem Hashtag #gewinnspiel, damit es in Twitter gefunden werden kann. Beachten Sie jedoch zuvor die jeweils gültigen Twitter-AGB und die dort enthaltenen Hinweise zu Gewinnspielen.

> **Praxisbeispiel: Der POP UP TWEET SHOP von Marc Jacobs**
>
> Das Modeunternehmen Marc Jacobs geht mit einem POP UP TWEET SHOP der anderen Art neue Wege und verbindet damit geschickt die Online- mit der Offline-Welt: User können Instagram-Fotos oder Twitter-Beiträge mit dem Hashtag #MJDaisyChain versehen und gehen damit in den TWEET SHOP. Dort erhalten sie ein kleines Geschenk als Dankeschön und nehmen zusätzlich an der Verlosung eines MJ-Produkts teil. Das Unternehmen profitiert vom User Generated Content und der dadurch erzeugten Reichweite.

6.10 Werbung in Twitter

Mittlerweile ist es möglich, Werbung in Twitter zu schalten. Unter der Adresse *http://business.twitter.com/advertise/start* finden Sie zusätzliche Informationen. Generell können Sie zwischen

- Promoted Accounts,
- Promoted Tweets und
- Promoted Trends

wählen. Sie können also Ihren Twitter-Account, einen speziellen Tweet oder ein Thema (mittels Hashtag) bewerben. Warum sollte es sinnvoll sein, einen einzelnen Tweet zu promoten? Stellen Sie sich vor, Ihr Unternehmen wurde Opfer eines Shitstorms. Da kann ein prominent platzierter Tweet schon Wunder wirken.

Außerdem versucht Twitter, vom Second-Screen-Trend zu profitieren. Second Screen bedeutet, dass viele Menschen neben dem Betrachten von TV-Sendungen gleichzeitig auch Twitter und Facebook am Smartphone oder Tablet nutzen, beispielsweise um sich mit anderen über die Sendung auszutauschen oder Zusatzinformationen einzuholen. Deshalb bietet Twitter beispielsweise »TV Conversation Targeting« für Werbekunden an: Damit können direkt jene Twitter-Nutzer angesprochen werden, die sich gerade über eine TV-Sendung austauschen.

Marketing-Take-away: Mit Promoted Accounts mehr Follower

Die Veranstalter von Cirque de Soleil haben mit Promoted Accounts direkt 360 Follower pro Tag generiert und zusätzlich im gleichen Kampagnenzeitraum 340 Follower pro Tag organisch über Twitter.

6.11 Erfolg in Twitter messen

Der Erfolg in Twitter ist abhängig von Ihrer Zielvorgabe. Twitter eignet sich insbesondere für die Social-Media-Kommunikation und den Service in Echtzeit, sodass der Dialog ausschlaggebend für den Erfolg ist. Ihren Twitter-Erfolg messen Sie daher anhand der Unterhaltung mit Kunden, die Sie durch Twitter gewonnen haben.

6.11.1 Twitter-Metriken

Zwei der wichtigsten Twitter-Metriken für die Erfolgsmessung von Werbung in Twitter lauten *Cost per Follower* und *Cost per Engagement*. Der Cost per Follower (Kosten pro Follower) liegt bei durchschnittlich 2,50 bis 4,00 US$. Wenn Sie in Twitter-Anzeigen investieren, um neue Follower zu gewinnen, können Sie sich an dieser Metrik orientieren. Cost per Engagement ist eine Metrik, um die Kosten für das Userengagement zu messen. Den Cost per Engagement messen Sie durch Klicks + Favoriten + Retweets + @Replies/Impressions. In der Regel liegt der Cost per Engagement (CPE) zwischen 0,75 und 2,50 US$.

Eine positive Markenreputation und einen guten Kundenservice danken Ihnen die Twitterer in der Regel mit positiven Tweets. Prüfen Sie das *Sentiment* (positiv/negativ/neutral) aller Tweets, die mit Ihrer Marke in Verbindung stehen. Die *Retweets* dienen der Berechnung des *Share of Voice* (SoV) in Twitter. Die Anzahl der Linkklicks ist die Grundlage für die Berechnung von Klickraten, wenn Sie Twitter als Verkaufs-Channel oder für bestimmte Marketingaktionen einsetzen.

6.11.2 Twitter-Monitoring und Twitter-Controlling

Das bereits vorgestellte Tool Hootsuite (siehe Abschnitt 6.8.1, »Hootsuite«) eignet sich auch zum Monitoring bzw. Controlling Ihrer Twitter-Aktivitäten. Ein einfaches Monitoring, das die Anzahl der Klicks nach Region sowie die Topseiten und Toplinks aufführt, stellt Hootsuite zur Verfügung (siehe Abbildung 6.16). Dabei wird auf den URL-Verkürzer ow.ly von Hootsuite zurückgegriffen. Allerdings ist dieser Report immer nur für die letzten 14 Tage einsehbar. Daten über diesen Zeitraum hinaus sowie ausführliche Profildaten (Erwähnungen durch Influencer, Follower-Wachstum, Twitter-Sentiment usw.) sind nur mit der kostenpflichtigen Version Hootsuite Pro verfügbar.

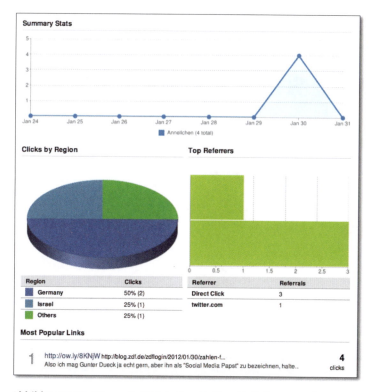

Abbildung 6.16 Diesen Einblick in Ihre Twitter-Statistiken gewährt Hootsuite kostenlos.

6.11.3 Kostenlose Twitter-Monitoring-Tools

Bit.ly

bit.ly, *https://bitly.com*, können Sie als Linkverkürzer nutzen und damit Klicks auswerten. Vorteil: Links können auch als Bundle zusammengefasst und deren Klickraten beobachtet und ausgewertet werden. Nachteil: Es ist kein Export der Statistiken als PDF möglich, der Report ist nur online einsehbar.

Refollow

Refollow, *http://refollow.com/refollow/index.html*, können Sie nutzen, um zu überprüfen, ob wichtige Twitter-Accounts, denen Sie folgen (Influencer, Markenfans, Blogger, Journalisten, Kunden), auch Ihnen folgen und umgekehrt.

Klout

Mit Klout, *http://klout.com*, können Sie die Reichweite Ihres Twitter-Accounts messen und Influencer ablesen. Klout misst anhand Ihrer Social-Media-Aktivitäten einen Wert zwischen 1 und 100 (siehe Abbildung 6.17). Je höher der Wert, desto höher sollen die Reichweite und der Netzwerkeinfluss sein.

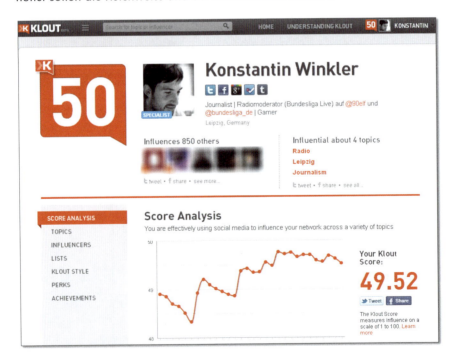

Abbildung 6.17 Dieser Influencer hat bereits 50 von 100 Klout-Punkten.
(Fotocredit: Konstantin Winkler, konni.org)

Kritik an Klout

Leider macht Klout nicht transparent, welche Daten es für den Klout-Score verwendet, woher diese Daten kommen und wie sie miteinander in Zusammenhang stehen. Beispielsweise ist es auch möglich, Klout-Punkte zu erhalten, ohne dass man in Klout angemeldet ist.

6.12   Fazit

Auch wenn Twitter etwas Eingewöhnungszeit benötigt, ist es ein tolles Tool, um Kundenwünsche herauszufinden, wertvolles Feedback zu Produkten zu erhalten, Service in Echtzeit zu bieten und die Konkurrenz zu beobachten. Wenn Sie es nicht als Teil Ihrer Social-Media-Kommunikation nutzen, riskieren Sie, dass unzufriedene Kunden Ihrem guten Ruf im Netz schaden. Möchten Sie Twitter nicht aktiv nutzen, da Ihnen der Platz zu gering erscheint oder die Funktionsweise für Sie zu kompliziert ist, sollten Sie jemanden in Ihrem Unternehmen suchen, der für die kurze und prägnante Kommunikation und den Dialog auf Twitter geeignet ist. Verwenden Sie Twitter als Sprachrohr nach außen, und schulen Sie Ihre Mitarbeiter in Presse und Marketing in diesem Tool. Alternativ haben Sie die Möglichkeit, Twitter nur zum Monitoring von Kunden und Konkurrenz einzusetzen. Dann können Sie wenigstens sofort reagieren, wenn positive oder negative Nachrichten über Sie verbreitet werden.

Tipp: Treffen Sie Ihre Twitter-Gemeinde!

Treffen Sie Ihre Twitter-Gemeinde im realen Leben, um die 140-Zeichen-Diskussion auf ein unbegrenztes Gespräch auszudehnen. Solche Treffen können Sie über *Twittwoch* (*www.twittwoch.de*) – ein Treffen an einem Mittwoch –, das *Twittagessen* (*www.twittagessen.de*) – ein gemeinsames Mittag- oder Abendessen – oder *Follower-Partys* organisieren.

7   Soziale Netzwerke

Freunde, Fans und Follower sind die neuen Begriffe für virtuelle Beziehungen zwischen Menschen. Soziale Netzwerke sind in den letzten Jahren zum zentralen Ort des Informationsaustauschs geworden. Für Unternehmen gilt deshalb, in jenen Räumen Platz zu nehmen, in denen sich die (potenziellen) Kunden bewegen.

Keinem anderen Thema rund ums Web wird in den letzten Jahren so viel Aufmerksamkeit geschenkt wie den sozialen Netzwerken, allen voran Facebook. Im Abstand von nur wenigen Monaten erscheinen neue Rekordzahlen in den Medien, was Mitgliederzahlen, Werbeausgaben und Userinteraktivitäten des Branchenprimus Facebook betrifft. Manche sprechen von der Entwicklung einer neuen Dotcom-Blase, andere wiederum von einer Kommunikations- und Informationsrevolution, die gerade stattfindet. Doch warum ist das eigentlich so, und ist das wirklich etwas Neues? Und was bedeutet diese Entwicklung für Unternehmen? Das alles möchten wir in diesem Kapitel klären.

7.1   Freunde, Fans und Follower – die ganze Welt vernetzt sich

Die Zahl der Nutzer sozialer Netzwerke ist bereits riesig und wächst beständig. Egal wie diese Netzwerke heißen, sie erfüllen einen wesentlichen Zweck: Menschen vernetzen sich über geografische, politische und sprachliche Grenzen hinweg, manchmal aber auch nur regional. Wird die ganze Welt nun ein Dorf? Vielleicht nicht gerade in nächster Zeit. Aber Tatsache ist, dass es viele Marktplätze gibt, auf denen sich die Menschen unterhalten, über Privates wie Berufliches. Dazu gehören ziemlich sicher auch Ihre Branche, Ihre Leistungen oder sogar Ihr Unternehmen.

Dass der Stellenwert von sozialen Netzwerken im Internet steigt, zeigt auch der Fakt, dass die großen Suchmaschinen bemüht sind, die soziale Interaktion in das Suchergebnis zu integrieren. Der sogenannte *Social Graph* wird eine immer größere Rolle spielen. Google zeigt im Suchergebnis unter jedem dargestellten Weblink, wer von den eigenen Kontakten beispielsweise auf Google+ diesen Link jetzt oder früher bereits geteilt hat. Dadurch soll die Suche personalisierter und das Suchergebnis wesentlich relevanter werden. Natürlich soll das der Verbreitung des sozialen Netzwerks mindestens im gleichen Umfang dienen.

Social Search

Quantität und Qualität geteilter Links in sozialen Netzwerken werden immer stärker das Suchergebnis beeinflussen, und zwar für alle Internetnutzer. Wird der Link zu einer Website besonders oft in sozialen Netzwerken geteilt, dann beeinflusst das das Ranking dieser Website. Aber auch die Qualität wird zunehmend wichtiger: Wenn der Link von Usern geteilt wird, die besonders gut und zahlreich vernetzt sind, steigert das ebenfalls das Ranking der Website.

Immerhin nutzen über 50 % der Unternehmen im deutschsprachigen Raum bereits soziale Netzwerke. Betrachtet man eine Umfrage unter börsennotierten Konzernen in Deutschland, Österreich und der Schweiz, liegt dieser Wert sogar bei über 60 %. Rund neun von zehn befragten Unternehmen glauben an eine steigende Bedeutung von Social Media und vor allem von sozialen Netzwerken in den nächsten Jahren. Und immer mehr Unternehmen können bereits eine positive Auswirkung auf diverse Marketing- bzw. Unternehmensziele durch soziale Netzwerke feststellen.

Marketing-Take-away: Dort aktiv sein, wo die Nutzer es sind

Soziale Netzwerke nehmen viel Raum und Zeit der Internetnutzer ein. Laut einer aktuellen Bitkom-Studie (2014) sind 78 % der deutschen Internetnutzer in mindestens einem sozialen Netzwerk angemeldet. 67 % der deutschen Internetnutzer nutzen soziale Netzwerke auch aktiv. Besonders interessant: 55 % der Internetnutzer, die der Generation 50plus angehören, sind in sozialen Netzwerken aktiv.[1] Sie sehen also, jede Zielgruppe ist über soziale Netzwerke erreichbar. Es gibt jedoch gravierende Änderungen, in welchen Netzwerken sich die User verstärkt bewegen. Eine Entwicklung ist ganz klar erkennbar: Facebook gewinnt User und Traffic/Visits, so gut wie alle anderen in Deutschland relevanten sozialen Netzwerke verlieren dagegen. Doch dazu später mehr.

Ähnlich verhält es sich auch mit dem Engagement von Unternehmen in sozialen Netzwerken. EU-weit nutzen rund 28 % der Unternehmen Social Media generell (also nicht nur soziale Netzwerke).[2] Facebook rangiert dabei ganz oben in der Nutzungshäufigkeit durch Unternehmen. Doch regional und thematisch ist die Liste beliebter Netzwerke weitaus länger. Für jeden sollte bei einer Auswahl von mehreren Hundert sozialen Netzwerken heutzutage das richtige dabei sein. Doch wo soll man da anfangen? Trotz der umfangreichen Auswahl ist es durch eine professionelle Definition und Einschränkung der Zielgruppen und umfassende Recherche möglich, die für das Unternehmen relevanten Netzwerke zu finden. Wer also aus-

---

1 *http://allfacebook.de/zahlen_fakten/bitkom-studie-social-media-in-deutschland*
2 *http://orf.at/stories/2210578/*

reichend Zeit und Energie in die Definition der Zielgruppen und die darauffolgende Recherche investiert, wird später dafür belohnt. Denn in vielen Regionen gibt es nach wie vor regionale Platzhirsche, die für Sie mindestens ebenso relevant sein können wie Facebook.

Am Beginn steht das Monitoring

In Kapitel 3, »Social Media Monitoring und Online Reputation Management«, haben wir bereits ausgeführt, wie Sie herausfinden, wo über Sie, Ihre Produkte, Ihre Branche oder Kundeninteressen gesprochen wird.

Das sollte die Entscheidungsbasis für Sie sein, in welchen sozialen Netzwerken Sie aktiv werden.

7.2 Das digitale Ich – die Geschichte der sozialen Netzwerke

Nachdem jeder davon spricht, wollen wir zunächst einmal klären, was mit »sozialen Netzwerken« eigentlich gemeint ist. Darunter versteht man Portale oder Web 2.0-Dienste, die eine Gemeinschaft von Webusern beherbergen. Die Idee dahinter ist gar nicht so neu: User, die sich mehr oder weniger bereits aus dem realen Leben kennen oder sich über diese oder eine andere Plattform kennenlernen, vernetzen sich miteinander. Schon das sogenannte Usenet, die frühe Form der Foren bzw. Boards, auf dem sich User zu einem bestimmten Thema (Hardware, Programmierung usw.) vernetzt und ausgetauscht haben, waren eine Art soziales Netzwerk. Wobei bei den Foren weniger das persönliche Profil im Vordergrund stand, als eher das spezifische Interesse an einem Thema und die dazugehörige Themenkompetenz bzw. der Austausch spezieller Daten und Informationen. Der soziale Aspekt durch die virtuelle Abbildung real existierender Netzwerke und die Alltagskomponente sind aber eine Besonderheit von sozialen Netzwerken, die die frühen Webforen in dieser Form nicht hatten.

Zentrales Kennzeichen eines sozialen Netzwerks sind die Profile der einzelnen User, die mit vielen persönlichen Informationen bestückt werden: Alter, Geschlecht, Ausbildung, Hobbys, eigene private Fotos und Videos, aber auch Inhalte von anderen Usern oder Plattformen. Das Profil ist die Eigendarstellung eines Users. Man zeigt hier, wer man ist oder wie man sein bzw. gesehen werden möchte. Damit andere am eigenen virtuellen Leben teilhaben und man überhaupt wahrgenommen wird, braucht man Kontakte. Wenn sich zwei und mehr User über ihre Profile miteinander vernetzen, sprich, in Kontakt treten, entsteht ein Netzwerk. Diese Verbindungen sind in den meisten Fällen zumindest mittelfristiger Natur, das bedeutet:

Egal ob man in Zukunft mehr oder weniger miteinander zu tun hat, man bleibt normalerweise miteinander verbunden und hält somit zumindest indirekten Kontakt, ohne dass man sich persönlich und explizit Nachrichten zukommen lassen muss. Der eine nimmt durch die öffentlichen Nachrichten und Informationen, die über das Profil geteilt werden, am Leben des anderen teil. Viele soziale Netzwerke bieten aber auch die klassischen E-Mail-Funktionalitäten: Man kann innerhalb des Netzwerks eine Art E-Mail verschicken oder zum Teil auch von außen erhalten bzw. nach außen senden.

Spannend dabei ist, dass diese kleinen und persönlichen Netzwerke keine Inseln sind, die jeder User über sein Profil bildet, sondern eine große virtuelle Welt, die mit Menschen bevölkert ist, die alle über eine oder mehrere Ecken miteinander verbunden sind: Jeder kennt irgendwie jeden, übertrieben gesagt.

Netzwerken ist (fast) alles

Auf der B2B-Plattform XING beispielsweise können Sie explizit sehen, wen Sie über welchen Kontakt kennen bzw. mit wem Sie welchen Kontakt teilen. Das hilft Ihnen, den Überblick zu behalten. Außerdem können Sie in fast allen sozialen Netzwerken nachsehen, mit wem einer Ihrer Kontakte noch befreundet ist bzw. in Kontakt steht. Das hilft Ihnen auch bei der Erweiterung Ihres Netzwerks, denn vielleicht kennen Sie den einen oder anderen auch und können den Kontakt wiederherstellen.

7.3 Warum soziale Netzwerke bei Usern so beliebt sind

Soziale Netzwerke sind für Menschen die einfachste Möglichkeit, mit vielen anderen Usern aus unterschiedlichen Regionen oder Ländern in Kontakt zu bleiben und mit ihnen Informationen auszutauschen. Während die Menschen sich früher überlegt haben, wem sie aus dem Urlaub eine Postkarte schreiben und an wen sie welche Urlaubsfotos per E-Mail schicken, organisieren sie das heute viel einfacher und ganz zentral über jenes Profil, über das sie mit ihren Freunden verbunden sind. Die umgekehrte Perspektive ist natürlich genauso wichtig: Wenn die Social-Media-User wissen wollen, was ihre Freunde so den ganzen Tag im Urlaub oder während der Arbeit machen, sind die sozialen Netzwerke die zentrale Plattform, auf der sie sich einklinken, nachsehen und informieren können. Soziale Netzwerke sind sozusagen der virtuelle Verteiler, bei dem man viel leichter dazugehört, als es früher vielleicht möglich war. Dabei sein ist also (fast) alles. Dadurch, dass sich hauptsächlich User miteinander vernetzen, die sich zumindest ansatzweise kennen, entsteht ein virtueller Raum mit einer viel höheren Vertrauensbasis, als es sonst im Internet möglich ist, mit Betonung auf »Internet«. Viele soziale Netzwerke haben ein Limit für das Hinzufügen von neuen Kontakten bzw. Kontaktanfragen eingebaut, was

264

den Spammern Einhalt gebieten soll. Das wiederum sorgt dafür, dass Inhalten, die unter Freunden ausgetauscht werden, mehr vertraut wird, als es auf anonymen Websites oder Portalen der Fall wäre. Genauso verhält es sich auch, wenn es um das Vertrauen der User gegenüber kommerziellen Inhalten geht.

Marketing-Take-away: User vertrauen Freunden/fremden Usern mehr als herkömmlicher Werbung

Eine Studie von Nielsen aus dem Jahr 2013 belegt, dass rund 80 % der User Inhalten und Empfehlungen von Freunden und rund 64 % den Empfehlungen fremder User vertrauen, während nur rund ein Viertel der User das klassische Online-Banner oder Werbeanzeigen in sozialen Netzwerken für glaubwürdig hält.[3]

Das Vertrauen in diese »Online-Räume« kann allerdings trügerisch sein, denn viele der mit Freunden geteilten Informationen sind auch öffentlich, also auch für Nichtfreunde einsehbar (je nach Privatsphären-Einstellung durch den User selbst). Und niemand weiß heute, was die jeweilige Plattform mit diesen Inhalten zukünftig vorhat. Die Themen Privatsphäre und Eigentum an Informationen werden die Gesellschaft noch viel mehr beschäftigen, als sie es heute bereits tun.

Mit der Nutzung sozialer Netzwerke ging und geht für die User ein Wandel an Mediennutzung, -kompetenz und Privatsphäre einher, der immer wieder für Diskussionen und das Infragestellen dieser Entwicklungen sorgt. Letztlich obliegt es aber jedem Einzelnen, sich Gedanken darüber zu machen, welche und wie viele Informationen er im Web möglicherweise für die Ewigkeit veröffentlichen möchte. Denn eines ist ganz klar: Das Internet hat ein unendliches Gedächtnis, und die Garantie, dass Inhalte selbst nach aktivem Löschen durch den User auch wirklich überall gelöscht werden, gibt es nicht.

Rechtstipp von Peter Harlander: Lieber vorsichtig sein, anstatt das Nachsehen zu haben

Der Europäische Gerichtshof hat 2014 ein »Recht auf Vergessen« ausgesprochen. Doch zählen Sie besser nicht darauf, dass Sie Informationen später wieder löschen können. Sobald Sie eine Information ins Web stellen, wird diese unter Umständen an andere Webapplikationen weitergereicht, von Suchmaschinen eingelesen und permanent in Webarchiven gespeichert.

Der beste Löschungsanspruch nutzt Ihnen überhaupt nichts, wenn die Daten mittlerweile an Stellen liegen, an die man über den Rechtsweg schlicht und einfach nicht herankommt, oder wenn diese ihre Marktmacht und ihre prall gefüllte Kriegskasse dazu missbrauchen, Ansprüche einfach abprallen zu lassen.

---

3 *http://www.nielsen.com/de/de/insights/presseseite/2013/skepsis-gegenueber-werbung-nimmt-in-deutschland-ab.html*

Verhalten Sie sich im Internet und vor allem in sozialen Netzwerken so, als ob Ihre Mutter alles mitbekommen könnte, also z. B. mit Ihnen auf Facebook befreundet wäre (wenn sie es nicht sowieso bereits ist). Veröffentlichen Sie nichts, was Sie in zehn Jahren nicht mehr vertreten könnten. Das gilt für Sie als Privatperson in Social Media genauso wie als beruflicher Social-Media-Nutzer. Jeder Geschäftspartner, Ihre Bank oder andere für Sie wichtige Kontakte können die Inhalte im Web irgendwann zu Gesicht bekommen.

Wichtig zu erwähnen ist auch, dass viele der heute beliebten Netzwerke auch technisch keine geschlossenen Räume sind. Mittels *API* (Application Programming Interface), einer Schnittstelle, mit der Daten von einem Programm ins Netzwerk eingespielt oder aus dem Netzwerk in ein Programm übertragen werden können, ergänzen viele Softwareentwicklungen die Inhalte oder Funktionalitäten der Portale. Gleiches gilt auch für die sogenannten *Apps* (Applikationen): Das sind Programme, die im sozialen Netzwerk von Usern genutzt werden können und mehr oder weniger nützliche Funktionen bereitstellen. Dazu gehören auch die beliebten Social Games wie Farmville oder MafiaWars in Facebook. Hier stehen in vielen Fällen nicht die Portalbetreiber, sondern externe und unabhängige Unternehmen dahinter.

7.4 Soziale Netzwerke beinhalten Online-Mundpropaganda

Soziale Netzwerke als ein wichtiger Teil von Social Media sind wie Mundpropaganda, nur online. Zufriedene Kunden sind die besten Multiplikatoren, offline wie online. Nur sind Reichweite und Sichtbarkeit online einfach viel, viel höher. Social Media ist also nichts anderes als Empfehlungsmarketing. Wenn Sie mit Ihrem Unternehmen in sozialen Netzwerken präsent sind, können Sie Ansprechpartner sein, bei Fragen weiterhelfen, Ihre Kompetenz zeigen und einen Ort anbieten, an dem Ihre zufriedenen Kunden ihrer Zufriedenheit Ausdruck verleihen können. Speziell an sozialen Netzwerken ist, dass die Verweildauer der User darin viel größer ist als auf herkömmlichen Websites und es um den Austausch von persönlichen Informationen und Empfehlungen geht. Besonders spannende, unterhaltsame oder dramatische Informationen verbreiten sich wie ein Lauffeuer. Das können Sie sich als Unternehmen ebenfalls zunutze machen.

> **Rechtstipp von Sven Hörnich: Sorgfalt bei der Auswahl von zu teilenden Inhalten**
> Seien Sie sorgfältig bei der Auswahl geteilter Inhalte, dies unabhängig von der Plattform. Die Rechtsprechung rechnet rechtswidrige Inhalte derzeit regelmäßig auch dann noch dem originären (ersten) Autor zu, wenn dieser sie aus seinem Kanal (z. B. Face-

> book-Page) entfernt hat und nur noch Dritte den rechtswidrigen Inhalt weiter veröffentlichen. »Geteilt« zu werden, ist zwar im Hinblick auf den viralen Effekt marketingtechnisch oftmals ein Segen, kann aber insoweit auch zu erheblichen Schäden in Ihrem Hause führen.

7.5 Schneeball, Buschbrand & Co. – wenn Inhalte viral werden

Jeder von uns, der schon lange über einen E-Mail-Account verfügt, kennt das: Rundmails von Freunden, Bekannten oder Kollegen mit witzigen Cartoons, sich selbst öffnenden Dateien, die zum Teil anrüchige Inhalte haben, Links zu schrägen oder lustigen Videos, Rätseln oder komischen Fotos im Anhang. Meistens wurden diese E-Mails schon mehrere Male vom jeweiligen Empfänger an dessen Freunde weitergeleitet (zu erkennen am Betreff Re: AW: Re: Re: Re: AW: AW: AW usw.). Diese E-Mails verbreiteten sich schnell, und genauso schnell ist es damit auch wieder vorbei. Im Prinzip ist das eine Art von viralem Effekt: Inhalte verbreiten sich quasi wie von selbst, und mit jedem Verbreitungsschritt und jedem Kontakt erweitert und multipliziert sich die Zahl der Empfänger.

Dieses System hat aber auch wesentliche Nachteile:

▶ Die Geschlossenheit gegenüber Nichtempfängern: Nur wer als Empfänger einer solchen E-Mail eingetragen ist, kann die Nachricht auch erhalten. E-Mails sind bekannterweise ja nicht öffentlich zugänglich und im Normalfall nicht über Google auffindbar.

▶ Die hohe Anzahl diverser Filter (z. B. Spam-Filter): Viele solcher Nachrichten scheitern mit der Zeit immer öfter an den sich stets verbessernden Spam-Filtern der Provider.

▶ Das relativ kurze Aufmerksamkeitsfenster: Zwar liegt die E-Mail häufig lokal auf einem PC in einem Mailprogramm, trotzdem vergessen viele User, sich die Inhalte gleich anzusehen, bzw. können es nicht, weil sie am Arbeitsplatz kein Risiko eingehen wollen (Virusgefahr, Gefahr des Entdecktwerdens beim Konsum privater Inhalte am Arbeitsplatz usw.).

▶ Der maximale Kreis der Empfänger solcher Nachrichten ist überschaubar.

Sie sehen also, es gibt viele Hürden, die es zu überwinden gilt und an denen eine wirklich virale Verbreitung häufig scheitert. In sozialen Netzwerken ist das etwas anders gelagert. Dass Videos auf YouTube innerhalb von wenigen Tagen die Millionengrenze an Views überschreiten, ist das beste Beispiel dafür, wie schnell sich

Inhalte in Social Media verbreiten können. Auf Facebook werden täglich Unmengen an Videos oder an Links zu Videos geteilt und sorgen so für die massenhafte Verbreitung dieser Inhalte. Wenn Sie es also schaffen, Inhalte zu veröffentlichen, die es aus Sicht der User wert sind, »empfohlen«, sprich weitergeleitet/mit den Freunden geteilt zu werden, haben Sie den kostengünstigsten Weg gefunden, Ihre Reichweite zu maximieren.

Virale Verbreitung allein bringt nichts

Viele der besonders erfolgreichen viralen Kampagnen bauen auf dem Entertainmentfaktor auf. Unterhaltsame Inhalte werden im Web tatsächlich besonders häufig verbreitet und sind sehr beliebt. Das Wichtigste dabei ist, nicht das Ziel aus den Augen zu verlieren: Soll die Reputation bzw. das Image des Unternehmens damit verbessert werden? Soll der User Fan werden oder Ihren Online-Shop besuchen? Dann müssen Sie Ihre Marke platzieren oder die richtigen Links setzen.

7.6 Wozu Unternehmen soziale Netzwerke nutzen können

Ein Hype sollte nie ausschlaggebend für ein Engagement eines Unternehmens sein, deshalb möchten wir Ihnen die wesentlichsten Gründe vorstellen, warum es sich für Unternehmen auszahlt, in sozialen Netzwerken aktiv zu sein.

7.6.1 Mehr über den Kunden und sein Verhalten herausfinden

Viele Aktivitäten börsennotierter Unternehmen in sozialen Netzwerken sind zunächst auf die Marktforschung ausgerichtet: Sie versuchen, unter anderem durch das Monitoring herauszufinden, wie sich die Meinung der Kunden zu ihrem Unternehmen und den Produkten darstellt, wie also die Online-Reputation beschaffen ist. Das ist für alle Unternehmen wichtig, egal ob groß oder klein. Sie sollten es nicht nur passiv, also beobachtend betreiben, sondern auch Feedback einfordern und akzeptieren. Wenn ein Unternehmen eine Community aufgebaut hat, bietet sich diese besonders dafür an, zu Produkten und Leistungen befragt oder in den Produktentwicklungsprozess integriert zu werden.

7.6.2 Kundenbeziehung stärken und direkten Kontakt fördern

In sozialen Netzwerken sind Sie da anwesend, wo es auch ein Teil Ihrer Kunden ist. Immer mehr Zeit verbringen die Menschen in diesen Netzwerken, und sie widmen viel Zeit der Kommunikation mit Freunden und Bekannten, aber auch über und mit Unternehmen. Direkter Kontakt, egal ob mit bestehenden oder potenziellen Kunden, mit Journalisten oder mit zukünftigen Mitarbeitern, ist über die sozialen Netzwerke wesentlich komfortabler, aber auch öffentlicher geworden. Es geht also irgendwie um Öffentlichkeitsarbeit.

7.6.3 Personalsuche (Social Recruiting)

Fast 30 % der deutschen Unternehmen schreiben laut einer BITKOM-Studie freie Stellen in sozialen Netzwerken wie Facebook oder XING aus.[4] Zwar gelten spezielle Jobbörsen noch als Hauptplattformen für Stellenangebote und -gesuche, doch sind soziale Netzwerke auch hier auf dem Vormarsch. Der Vorteil für Unternehmen liegt in der Vernetzung der User untereinander: Interessante Inhalte, und dazu gehören natürlich auch Stellenangebote, werden von Usern aktiv weiterempfohlen. Außerdem bieten soziale Netzwerke Unternehmen und Jobinteressenten die Möglichkeit, in direkten Kontakt miteinander zu treten.

7.6.4 Produktwerbung

Natürlich können Sie Ihren Markenfans auch Produktneuheiten vorstellen. Doch nehmen Sie dies mit Maß und Ziel vor, denn Ihre Fans erhalten diese Informationen sicher schon über andere Kanäle wie Newsletter, Website oder Werbung in den traditionellen Medien. Sie werden beobachten, dass vor allem persönliche Beiträge und Kommentare gut bei den Fans ankommen und PR- oder Werbeinhalte eher weniger.

Durch das Ausfüllen von Profildaten, aber auch das Teilen von Informationen, Bildern und Videos sowie Links hinterlassen alle Nutzer sozialer Netzwerke Spuren. Diese werden von den Portalen systematisiert und für das Targeting von Werbeanzeigen aufbereitet. Somit ist es möglich, die Zielgruppen weitaus genauer und mit weniger Streuverlust zu bewerben, als es über andere Medien möglich wäre. Andererseits steigt die Anforderung an die Konzeption der Werbekampagnen stetig: Die Konkurrenz um Aufmerksamkeit steigt innerhalb der Netzwerke, aber auch durch andere Anwendungen. Außerdem muss die jeweilige Kampagne den User besonders emotional oder monetär ansprechen, um ihn zur gewünschten Handlung zu bewegen.

7.6.5 Reichweite

Viele soziale Netzwerke verfügen über Mitgliederzahlen im mehrstelligen Millionenbereich. Der Durchschnittsuser ist mit weit mehr anderen Usern befreundet, als er im Offline-Leben »echte« Freunde hat. Jeder zufriedene Kunde ist ein wichtiger

---

4 Quelle: *http://www.bitkom.org/66566_66561.aspx*

und einflussreicher Multiplikator in diesen Netzwerken. Somit können Sie Ihre Reichweite um ein Vielfaches erhöhen, wenn Sie in sozialen Netzwerken präsent sind, Inhalte streuen und mit anderen kommunizieren.

7.7 Was Ihre relevanten sozialen Netzwerke sind

Die Antwort auf die Frage nach dem/den relevanten Netzwerk(en) kann nur so beantwortet werden: Es hängt einzig und allein von Ihren Zielgruppen, Ihrem Publikum, das Sie ansprechen möchten, ab. Blinder Aktionismus oder einem Hype zu erliegen, sind keine gute Grundlage für ein Social-Media-Engagement. Dazu gibt es zu viele soziale Netzwerke, die oft ein ganz unterschiedliches Publikum vereinen.

Myspace und Friendster waren die ersten wirklich weltweit bekannten sozialen Netzwerke. Im Laufe der Zeit schossen Hunderte solcher Plattformen aus dem Boden, und ein paar davon konnten sich am Markt behaupten. Einige sind regionale Player, andere haben es international geschafft. Manche decken Spezialthemen oder -inhalte ab (Fotos, Videos, Mode, Schule usw.), wieder andere sind Generalisten und bieten eine dementsprechende Breite an Funktionalitäten und Themen an, so wie Facebook. Es gibt für jeden das passende Netzwerk. Nicht jeder ist auf Facebook registriert, aber viele. Trotzdem ist Facebook nicht die einzig relevante Plattform. Um das herauszufinden, sollten Sie sich mittels Monitoring auf die Suche nach der virtuellen Heimat Ihrer Zielgruppen machen. In Kapitel 3, »Social Media Monitoring und Online Reputation Management«, finden Sie ausführliche Informationen dazu, wie Sie mit professionellem Monitoring Ihre Zielgruppen finden können.

Ein Tool für den ersten Überblick speziell für soziale Netzwerke kann beispielsweise der Social Media Planner von Inpromo sein (siehe Abbildung 7.1). Mit wenigen Klicks können Sie auf *www.socialmediaplanner.de* durch Auswahl von Alter, Geschlecht und Interessengebieten herausfinden, auf welchen Plattformen sich Ihr Social-Media-Publikum befindet. Das Ergebnis ist allerdings eher oberflächlich und bietet nur einen ersten Überblick, und es bedarf daher einer genaueren, weiterführenden Analyse im nächsten Schritt mittels Social Media Monitoring, um ein zuverlässiges Ergebnis zu erhalten.

Es gibt viele Plattformen, die auf den ersten Blick ähnliche Zielgruppen ansprechen oder Funktionen anbieten. Deshalb ist ein professionelles und umfangreiches Monitoring so wichtig. Ein paar Hauptakteure gibt es aber natürlich. Im Folgenden möchten wir Ihnen einen Überblick über die wichtigsten sozialen Netzwerke bieten, die im Moment für Unternehmen im deutschsprachigen Raum relevant sind.

Abbildung 7.1 Social Media Planner von Inpromo

7.8 Facebook

Dass wir Facebook einen derart großen Platz in diesem Kapitel einräumen, hat zwei wichtige Gründe: Einerseits hat Facebook in so kurzer Zeit schon eine unglaubliche Marktposition und Medienpräsenz erreicht. Andererseits lassen die Visionen und Neuerungen, die von Facebook ausgehen, noch einiges vermuten. Deshalb wird unserer Meinung nach Facebook zumindest in den nächsten zwei bis drei Jahren eine wichtige Rolle bei den Überlegungen von Unternehmen darüber spielen, wo und wie man in Social Media aktiv werden möchte.

Das mit über 1,2 Mrd. registrierten Usern mittlerweile größte internationale soziale Netzwerk der Welt hat ein beispielloses Wachstum an den Tag gelegt, was Userzahlen, Traffic auf Websites, Funktionalitäten und mediale Aufmerksamkeit betrifft. Seit seiner Gründung im Jahr 2004 wurde Facebook zu einem der ganz großen Portale, das selbst vor Googles Kerngeschäften nicht haltmacht und sich zu einem ernsthaften Player im hart umkämpften Markt des Online-Marketings entwickelt hat. Nicht ohne Grund fürchtet Google um seine Vormachtstellung: Während Besucher einer klassischen Webseite ca. sechs Seitenaufrufe tätigen, sind es bei Facebook rund 15 Seiten. Die User bewegen sich also verstärkt innerhalb des Netzwerks.[5] Das bedeutet auch, dass Facebook-Nutzer viel Zeit in Facebook verbringen, viele Inhalte konsumieren und dass sie interaktiv sind. Jeden Tag sind mehr als 55 % der Europäer mindestens einmal auf Facebook aktiv. Gute Voraussetzungen

---

5 http://www.heise.de/ct/artikel/Megacommunities-948944.html

für Unternehmen, um sich in diesem beliebten und stark frequentierten Raum zu engagieren (Abbildung 7.2).

Abbildung 7.2 Facebook ist für alle User kostenlos und wird es auch immer bleiben.

Um Ihnen vor Augen zu führen, welchen Umfang Facebook einnimmt, wenn es um die Zeit geht, die die Nutzer in Facebook verbringen, und um die Mengen an Inhalten, die sie dort teilen, möchten wir Ihnen folgende Statistik nicht vorenthalten. In einer Minute werden auf Facebook

- 3,125 Mio. »Gefällt mir« vergeben (Likes),
- 150.000 Nachrichten versendet,
- 243.000 Fotos hochgeladen,
- und 50.000 Links geteilt.[6]

Sie sehen also: Facebook hat sich zu einem zentralen Medium entwickelt und beansprucht viel Zeit und Aufmerksamkeit der Internetnutzer.

Der mediale Hype um Facebook ist enorm, auch was die negative Berichterstattung betrifft. Kein anderes soziales Netzwerk wird in den Medien so häufig mit Themen wie »der gläserne Mensch«, »Privatsphäre im Internet« oder »Stalking« in Zusammenhang gebracht. Doch Facebook selbst ist mehr als nur ein Hype: Die Betreiber

---

6 http://www.futurebiz.de/artikel/facebook-statistiken-passiert-alles-auf-facebook-einer-minute/

haben es bis dato geschafft, durch ständige Weiterentwicklung und Integration neuer Trends den Usern eine Plattform zu bieten, die sie täglich nutzen können und wollen. Und die Zahlen sprechen eine deutliche Sprache: Mehr als die Hälfte der User ist mindestens einmal täglich online. Mehr als 900 Mio. Facebook-User greifen mobil auf Facebook zu (z. B. über das Apple iPhone oder Android-Smartphones). Gerade das Mobile-Marketing-Thema wird die Marketingwelt und die Unternehmen in der nächsten Zeit beschäftigen, mehr dazu finden Sie auch in Kapitel 9, »Mobile Social Marketing«. Facebook ist eine lebendige Plattform, die absolute Mehrheit der User nutzt diese Plattform regelmäßig. Das bedeutet natürlich für Sie als Unternehmen, dass Sie sich wie im nicht digitalen Leben dort präsentieren sollten, wo die Kunden sind: Facebook ist ein virtueller Marktplatz – und ein besonders belebter noch dazu.

7.8.1 Die Geschichte von Facebook

2004 gründete der Harvard-Student Mark Zuckerberg gemeinsam mit drei weiteren Studenten die Plattform thefacebook.com. Zu Beginn war sie ausschließlich Harvard-Studenten zugänglich, bald darauf wurde sie für alle universitären Einrichtungen und deren Studenten in den USA geöffnet, später dann für Nichtstudenten und User außerhalb der USA, was den Grundstein für den Erfolg von Facebook legte. Heute steht Facebook in über 80 Sprachversionen zur Verfügung und gewinnt User in fast allen Gebieten der Welt.

Facebook ist eine Plattform, auf der sich Internetuser in der überwiegenden Mehrzahl mit ihrem echten Vor- und Nachnamen registrieren und ein Profil einrichten, um sich mit anderen Usern zu vernetzen und an deren virtuell abgebildetem Leben teilzuhaben. Meistens sind es andere Familienmitglieder, Freunde, Bekannte, Studien- oder Arbeitskollegen, also Menschen, mit denen man im realen Leben mehr oder weniger intensiv Kontakt pflegt. So bildet Facebook sehr oft ein erweitertes und virtuelles Abbild der realen sozialen Beziehungsstruktur eines Users ab. Erweitert deshalb, weil sich über Facebook häufig Menschen wiederfinden, die zuvor den Kontakt zueinander verloren oder vernachlässigt hatten.

Der große Vorteil für den User ist die Zentralität der Funktionen und mittlerweile auch die Marktdurchdringung. Egal ob es um Fotos, Videos oder ganz einfach nur um eine kurze Textinfo geht: Über eine einzige Plattform werden viele Empfänger erreicht. Und viele der Freunde und Kollegen sind auf Facebook zu finden. Das gilt zu einem gewissen Teil auch für Ihre Kunden.

7.8.2 Facebook-Userzahlen

Facebook hat eine imposante Entwicklung der Mitgliederzahlen auch im deutschsprachigen Raum hingelegt. Die vorliegenden Zahlen wurden im Juni 2014 erhoben. In Deutschland sind knapp 28 Mio. User auf Facebook angemeldet, in Österreich sind rund 3,2 Mio. User registriert, und die Schweiz liegt im relativen Vergleich sogar ganz vorn: 3,4 Mio. Schweizer sind in Facebook registriert. Das bedeutet, dass in allen drei Ländern eine wirklich relevante Zahl an Internetnutzern in Facebook registriert ist.

Besonders hervorzuheben ist, dass in allen drei Ländern die Altersgruppen immer ausgeglichener vertreten sind. Es ist also nicht, wie aus der Entstehungsgeschichte heraus immer wieder behauptet wird, eine reine Plattform für Studenten oder Jugendliche, sondern mittlerweile wirklich ein Netzwerk mit einer breiten Abdeckung.

Und auch wenn manche Medien von einer Abkehr vieler Jugendlicher von Facebook schreiben und es vereinzelt auch stimmen mag, sprechen die globalen Zahlen doch eine andere Sprache.[7]

> **Marketing-Take-away: Zahlen, Daten, Fakten zu Facebook**
>
> Aktuelle Zahlen und Statistiken können Sie jederzeit und vor allem in Echtzeit auf *www.socialbakers.com* oder direkt im Facebook-Werbeanzeigen-Tool auf *www.facebook.com/ads/create/* ermitteln. Weitere gute Quellen sind die Blogs von Thomas Hutter (*www.thomashutter.com*), Annette Schwindt (*www.schwindt-pr.com*) und AllFacebook Deutschland (*www.allfacebook.de*).

7.8.3 Warum Facebook für Unternehmen relevant ist

Wie bereits erwähnt, ist die reine Tatsache, dass ein Hype um eine Plattform oder ein Thema besteht, kein Grund, als Unternehmen diesem Hype blind zu folgen. Bei Facebook verhält sich die ganze Sache etwas anders. Es gibt durchaus gute Gründe, warum Unternehmen in Facebook aktiv sein sollten:

▶ Über 1,2 Mrd. User sind in Facebook registriert: In so kurzer Zeit (die Gründung von Facebook erfolgte im Jahr 2004) hatte es zuvor keine andere Plattform geschafft, so viele Mitglieder willkommen zu heißen. Wenn Sie Kunden auch im internationalen Bereich haben, ist Facebook für Sie auf alle Fälle wichtig. Die Zahlen für Deutschland, Österreich und die Schweiz belegen, dass Facebook auch für den nationalen Markt eine hohe Durchdringungsrate bietet. Das allein

---

[7] *http://www.internetworld.de/social-media/facebook/facebook-teenagern-beliebter-481457.html*

reicht aber noch nicht, um Facebook als ideales Marketingtool zu bezeichnen, denn es ist ja immer auch eine Frage der Nutzung durch die jeweils relevante Zielgruppe. Doch die Wahrscheinlichkeit, dass auch ein Teil Ihrer (potenziellen) Kunden auf Facebook anzutreffen ist, ist groß.

▶ Facebook-User geben, mehr oder weniger bewusst, viele Informationen über sich und das eigene Informations-, Konsum- und Freizeitverhalten auf Facebook preis. Das bedeutet für Unternehmen, dass es noch nie leichter war, die relevanten Zielgruppen exakt anzusprechen, wie es in Facebook möglich ist. Spätestens wenn Sie einmal das Facebook-Werbeanzeigen-Tool ausprobieren, werden Sie das feststellen. Alter, Geschlecht, Hobbys und Interessen: Es sind viele Daten, die für die Erstellung zielgruppengerechter Werbeanzeigen zur Verfügung stehen.

▶ Mehr als die Hälfte der User ist einmal täglich online: Egal was die eigenen Beobachtungen vielleicht vermitteln mögen, die Mehrheit der Facebook-User ist tatsächlich auch in Facebook aktiv. Die einen posten und kommentieren besonders viel, die anderen lesen eher und beobachten nur. Facebook ist ein virtueller Raum mit viel Interaktivität und Dynamik, die User verbringen viel und gern Zeit darin. Einen kleinen Teil dieser Aufmerksamkeit könnten die User auch Ihrem Unternehmen schenken.

▶ Mehr als 900 Mio. User verwenden Facebook von mobilen Endgeräten aus: Die tägliche Verweildauer in Facebook steigt besonders, wenn User über Smartphones oder andere internetfähige Mobilgeräte ins Internet gehen und Facebook nutzen.

▶ Mehr als 10 Mio. User pro Tag sagen »Gefällt mir« zu Facebook-Seiten (früher Fanseiten). Das sind jene Profile, die für Unternehmen zur Verfügung stehen und auch verstärkt von diesen genutzt werden. User sind an Inhalten von und der Kommunikation mit Unternehmen und Marken interessiert. Das belegen auch die vielen Beispiele von beliebten Facebook-Seiten wie Coca-Cola oder Adidas, aber auch von kleinen Unternehmen und Organisationen. Der Erfolg solcher Facebook-Seiten hängt entweder vom starken Markenimage ab oder von der Qualität der Inhalte der jeweiligen Facebook-Seite. Das heißt: Sie müssen keine große Marke sein, um in Facebook erfolgreich eine relevante Schar von Anhängern zu finden. Einzige Bedingung ist: Die Mehrheit Ihrer Kunden ist mit Ihnen zufrieden, und Sie schaffen es, auch auf Facebook interessant bzw. relevant zu sein. Mit einem »Gefällt mir« binden Sie den Facebook-User an sich, auch seine Freunde werden darüber informiert, und Sie können ihn daraufhin proaktiv mit Infos versorgen. Wobei es hier ein paar Filter bzw. Algorithmen gibt, doch dazu kommen wir später.

▶ Facebook macht recht gute Umsätze mit Werbeeinnahmen und möchte dieses einträgliche Geschäft natürlich verstärken, vor allem seit Facebook an die Börse ging. Deshalb tut es viel dafür, den idealen Rahmen zu schaffen, damit so viele Unternehmen wie möglich auf Facebook präsent und aktiv sind. Die Facebook-Entwicklungsabteilung arbeitet laufend an der Erweiterung des Leistungsspektrums an Applikationen und Funktionen für Facebook-Seiten, die es Unternehmen erleichtern, mit den relevanten Zielgruppen in Kontakt zu treten.

Nun haben wir also einige wichtige Gründe aufgelistet und Sie hoffentlich davon überzeugt, warum Sie als Unternehmen auf Facebook aktiv sein sollten. Der nächste Schritt ist nun, sich bei Facebook zu registrieren. Da gibt es ein paar wichtige Informationen und Tipps, die Sie zuvor wissen und anschließend beachten sollten, damit Sie von Anfang an auf dem richtigen Weg sind.

7.8.4 Gruppe, Profil, Seite oder Gemeinschaftsseite – was ist das Richtige für mein Unternehmen?

Aus der Historie heraus hat Facebook unterschiedliche Profilarten definiert, die zum Teil heute noch für Verwirrung sorgen. Profile, Gruppen, Seiten, was ist was? Ist eine Facebook-Seite dasselbe wie eine Facebook-Page? Da sich die Wahl des richtigen Accounts auf den Erfolg des Facebook-Engagements elementar auswirkt, möchten wir zuerst einmal Aufklärung in den Begriffswirrwarr bringen. Beginnen wir zunächst mit dem Facebook-Profil.

7.8.5 Facebook-Profil

Die Basis bilden bei Facebook die persönlichen Profile der User (siehe Abbildung 7.3). Ein Profil ist die Voraussetzung, um auf Facebook aktiv zu sein. Aktiv bedeutet, eigene Beiträge sowie Fotos und Videos zu veröffentlichen, Inhalte von anderen zu sehen und zu kommentieren und beispielsweise Gruppen beitreten zu können oder bei einer Facebook-Seite »Gefällt mir« zu sagen. Das eigene Profil enthält unterschiedliche Informationen über die eigene Person, angefangen bei Geburtsdatum, Wohnort und Telefonnummer über Ausbildung und den aktuellen Arbeitgeber bis hin zu Hobbys, Lieblingsfilmen, -musik und -büchern, um nur ein paar Beispiele zu nennen. Facebook möchte natürlich, dass die User so viel wie möglich von sich preisgeben, da die immer treffsicherer werdende personalisierte Werbung ein einträgliches Geschäft ist. Was aus der Sicht der User nicht nur auf Gegenliebe stößt, freut die Unternehmer und Werber natürlich in besonderem Maße.

2012 wurden alle Facebook-Nutzer auf die neue Profildarstellung, die sogenannte »Chronik« (Timeline) umgestellt: Alle Aktivitäten und Informationen werden in einer Zeitlinie umgekehrt chronologisch dargestellt, oben beginnend also mit der aktuellsten Aktivität. Die Facebook-Seite jedes Users nach seiner Anmeldung ist die Startseite, der sogenannte Newsfeed, die den User über Neuigkeiten informiert, die in seinem sozialen Netzwerk passiert sind bzw. gerade passieren. Für die kostenlose Anmeldung benötigen User nur wenige Schritte und Informationen: eine gültige E-Mail-Adresse, später einmal auch eine gültige Handynummer zur Verifizierung des Facebook-Profils. Für die Anlage und Betreuung einer Facebook-Seite wird letztendlich ebenfalls ein Profil benötigt, auch wenn Facebook als Zwischenschritt das sogenannte Unternehmenskonto (vergleichbar mit Profilen für Unternehmen) eingeführt hat. Es können jederzeit weitere bestehende Profile von anderen Usern als Facebook-Seitenadministratoren hinzugefügt oder entfernt werden. Im Gegensatz zu früher ist es heute auch möglich, den »Gründeradministrator« von der Seite zu entfernen. Es besteht also nicht mehr die Notwendigkeit, nur für das Erstellen einer Seite ein eigenes Profil anzulegen.

Abbildung 7.3 Im eigenen Facebook-Profil gibt der User persönliche Informationen über sich preis.

Was ist ein Unternehmenskonto?

Das ist eine abgespeckte Version eines Profils, die nicht an eine Person gekoppelt ist, sondern für die eine E-Mail-Adresse reicht. Wir raten Ihnen aber von der Nutzung solcher Unternehmenskonten ab: Diese haben den wesentlichen Nachteil, dass man über sie keine Applikationen auf Facebook-Seiten installieren kann. Deshalb empfiehlt es sich, eine Facebook-Seite von einem Profil aus anzulegen.

7.8.6 Facebook-Gruppe

Zusätzlich zur direkten Vernetzung mit anderen Usern in Form von Facebook-Freundschaften bietet Facebook die Möglichkeit, Gruppen zu gründen oder einer bestehenden Gruppe beizutreten. Facebook-Gruppen sind für User mit gemeinsamen Interessen geeignet. Hier vernetzen sich User, die beispielsweise gern Mountainbike-Touren machen und nach Gleichgesinnten für die nächste Tour suchen, sich über neues Material oder besonders tolle Strecken austauschen u. v. m. Unternehmen haben aktiv grundsätzlich in Gruppen nichts verloren. Was für Unternehmen jedoch interessant sein kann: Was bewegt meine Zielgruppe? Wonach suchen meine potenziellen Kunden? Gruppen sind also eine gute Möglichkeit, mehr über die Bedürfnisse der Kunden herauszufinden.

Beispiel für Gruppenmonitoring in Facebook

Wenn Sie eine Tourismusregion repräsentieren und erstmals ein Mountainbike-Event veranstalten, sollten Sie entsprechende Gruppen auf Facebook suchen, ihnen beitreten und die Diskussionen und geteilten Informationen mitverfolgen. Somit lernen Sie, was die Mountainbiker generell von Veranstaltungen erwarten, was ihnen bei anderen Veranstaltungen gut und was ihnen weniger gut gefallen hat, und können so viele Fehler vermeiden. Sofern Sie nicht zu werblich auftreten, können Sie auch Fragen stellen, sogar konkret in Bezug auf Ihre eigene Veranstaltung.

Im Rahmen eines professionellen Monitorings sollten Gruppen eine nicht unwesentliche Rolle spielen. Suchen Sie in Facebook nach Gruppen, die Ihre Region, Ihre Branche, Ihr Unternehmen oder Ihr(e) Produkt(e) behandeln, treten Sie den Gruppen bei. Hören Sie aufmerksam zu, aber vermeiden Sie jegliche Verkaufsintention, die User würden das nicht gutheißen. Nutzen Sie für die Suche nach Gruppen ganz einfach die Facebook-Suche im blauen Balken. Sie können aber auch selbst eine Gruppe gründen, um für eine von Ihnen organisierte Veranstaltung einen offenen oder geschlossenen Raum zur Verfügung zu haben oder um einzelne Abteilungen miteinander zu vernetzen. Die Anwendungsgebiete sind vielfältig.

Tipp: Eine Gruppe für Ihr Redaktionsteam

Wenn eine Facebook-Seite von vielen verschiedenen Administratoren betreut wird, ist es sinnvoll, eine geheime Gruppe anzulegen und alle Administratoren einzuladen, dort Links, redaktionelle Fragen und Themen auszutauschen und zu diskutieren. Das kommt in der Praxis immer häufiger vor und funktioniert erfahrungsgemäß sehr gut. Somit liegen alle Informationen im selben Medium vor und können einfach und schnell untereinander getauscht und diskutiert werden (siehe Abbildung 7.4).

Abbildung 7.4 In geschlossenen oder offenen Gruppen können sich User mit anderen Usern organisieren und über Themen diskutieren, Infos austauschen oder sogar Dokumente teilen.

7.8.7 Facebook-Seite (früher Fanseite)

Facebook hat für Unternehmen eine eigene Art von Präsenz geschaffen: die Facebook-Seiten. Diese sind für Unternehmen, Organisationen und berühmte Persönlichkeiten gedacht. Im April 2010 wurden seitens Facebook einige Änderungen umgesetzt: Aus den »Facebook-Seiten« wurden »Seiten«, aus »Fan werden« wurde »Gefällt mir«. Um dem Begriffswirrwarr ein Ende zu machen: Egal ob von Facebook-Seiten, FB-Seiten, Fanpages, Pages oder Unternehmensseiten die Rede ist, es handelt sich immer um genau dieselbe Form von Seiten, die einem Unternehmensauftritt in Facebook dienen. Das gilt nicht nur, weil Facebook das auch in den eigenen Facebook-Richtlinien so definiert, sondern weil es zahlreiche Vorteile gibt, die Facebook-Seiten für Unternehmen zur idealen Kommunikations- und Interaktionsfläche machen.

Einer der unserer Meinung nach besonders großen Vorteile (gegenüber Gruppen und Profilen) ist, dass Facebook-Seiten komplett offen für Suchmaschinen und für nicht registrierte bzw. angemeldete User sind (siehe Abbildung 7.5). Damit gehen Reichweite und Sichtbarkeit der Seite über die sowieso schon riesige Anzahl von Facebook-Benutzern hinaus: Jeder Internetuser ist ein potenzieller Besucher Ihrer Facebook-Seite, wenn er entweder die URL kennt oder auf Google ein Suchwort eingibt, das sich in suchmaschinenrelevanten Feldern auf Ihrer Facebook-Seite wiederfindet (z. B. im Namen der Facebook-Seite).

7 Soziale Netzwerke

Abbildung 7.5 Alle Inhalte Ihrer Facebook-Seite, egal ob Pinnwand oder ein anderer Tab, sind für nicht angemeldete User sichtbar.

Ein weiterer wesentlicher Vorteil der Facebook-Seiten ist die große Menge an Applikationen und Widgets, die dem Seitenbetreiber zur Verfügung stehen. Applikationen sind Anwendungen/Programme, die entweder von Facebook selbst oder von Drittanbietern programmiert wurden, um beispielsweise Inhalte von anderen Plattformen oder Spiele in Facebook zu integrieren. Die Fülle an Anwendungen ist groß, wächst ständig und wird von Facebook bewusst unterstützt. Dazu gehören sogar Integrationen von Online-Shops, Umfragen oder aufwendige Games und Gewinnspiele.

Apps sind nicht alles

Auch wenn Applikationen die Interaktivität Ihrer Facebook-Seite steigern, neue Fans bringen und Ihre Community unterhalten können, sollte Ihr Hauptaugenmerk auf der Qualität der Inhalte auf der Pinnwand liegen. Apps sollten Sie unterstützend da einsetzen, wo die Facebook-Richtlinien bzw. die Funktionalitäten der Pinnwand Ihnen Grenzen setzen: Komplexe Rätsel, aufwendige Grafikanwendungen, Umfragen usw. können über Apps sehr gut umgesetzt werden.

Eine hilfreiche Applikation ist die von Twitter: Mit dieser Anwendung können Sie alle Beiträge Ihrer Seite automatisch auf einen Twitter-Account exportieren (siehe Abbildung 7.6). Sie müssen nur auf *www.facebook.com/twitter* mit wenigen Klicks den Twitter-Account mit Ihrer Facebook-Seite verbinden. Dies ist vor allem dann sinnvoll, wenn Sie Ihre Facebook-Seite als zentrale Social-Media-Plattform und als Traffic-Ziel definiert haben und den Twitter-Account nicht nur automatisch befüllen lassen, sondern sicherstellen wollen, dass auch interpersoneller Informationsaustausch stattfindet. Warum sollte ein Twitter-User Ihrem Twitter-Account folgen, wenn nur Roboterbeiträge aus Facebook getwittert werden?

Abbildung 7.6 Die Beiträge der Facebook-Seite auf den Twitter-Account exportieren

Den umgekehrten Weg gibt es natürlich auch: Sie können jeglichen RSS-Feed in Ihre Facebook-Seite importieren, egal ob Tweets oder Blogbeiträge.

Rechtstipp von Peter Harlander: Auch bei RSS-Feeds das Urheberrecht beachten

Technisch gesehen, funktioniert eine RSS-Feed-Einbindung meist recht einfach, doch dürfen Sie nicht vergessen, dass Sie für den Import und die Darstellung fremder RSS-Feeds das Einverständnis des Urhebers einholen müssen.

Wir raten Ihnen aber eher davon ab, denn gerade Twitter-Beiträge beinhalten eine ganz eigene Sprache und Sonderzeichen, die viele Facebook-Nutzer nicht verstehen. So würden Sie Ihre Fans eher verschrecken als informieren.

Die Qual der Wahl bei Facebook-Apps

Sie müssen heutzutage nicht mehr jede App individuell programmieren lassen: Es gibt mittlerweile zahlreiche Drittanbieter von Applikationen für Facebook. Einige Beispiele folgen in diesem Kapitel.

7.8.8 Facebook-Gemeinschaftsseiten

2010 hat Facebook die sogenannten Gemeinschaftsseiten eingeführt. Diese sollen Themen oder Begriffen von allgemeinem Interesse, beispielsweise einem guten Zweck, dienen. Grund für diese Einführung war, dass einige Facebook-User diverse

Facebook-Seiten rund um Naturkatastrophen oder mit dem Namen bekannter Marken oder Persönlichkeiten angelegt und diese Facebook-Seiten dann für ihre eigenen Zwecke missbraucht haben (hauptsächlich zu Werbezwecken). Das sollen die Gemeinschaftsseiten unterbinden. Seitens Facebook wurden und werden allerdings auch Gemeinschaftsseiten zu einem bestimmten Thema/Begriff automatisch angelegt, wenn beispielsweise Mitarbeiter eines Unternehmens in ihrem Facebook-Profil unter »Arbeitgeber« einfach den Namen des Unternehmens eintippen und speichern. Facebook kam mit dieser Neuerung bei vielen Marketern in die Kritik, weil bei sehr beliebten und bekannten Marken so oft mehrere Hundert Gemeinschaftsseiten entstanden. Mittlerweile gibt es für Seitenbetreiber eine Möglichkeit, solche Gemeinschaftsseiten bei Facebook zu beanspruchen. Sie können diese Seite als Duplikat an Facebook melden und dann mit Ihrer offiziellen Facebook-Seite zusammenführen lassen.

Woran Sie Gemeinschaftsseiten erkennen

Gemeinschaftsseiten erkennen Sie häufig daran, dass sie keine »normale« Pinnwand besitzen, sondern Texte aus Wikipedia integriert haben und darunter alle öffentlich zugänglichen Facebook-Beiträge zeigen, die den Namen der Gemeinschaftsseite beinhalten. Außerdem zeigen viele Gemeinschaftsseiten kein Profilbild, sondern ein von Facebook generiertes Platzhaltersymbol.

7.8.9 Auf los geht's los – aber bitte mit Konzept!

Zuhören, zuhören, zuhören: Eine der wesentlichen Grundregeln für Social Media gilt natürlich auch für Facebook und sollte Grundlage für jedes Social-Media-Engagement von Unternehmen sein. Durch Zuhören, sprich Beobachten, lernen Sie, wie die User miteinander kommunizieren, was sie bewegt und interessiert, welche Inhalte sie besonders begeistern und was sie stört. Nicht nur am Beginn ist ein Perspektivenwechsel sinnvoll: Sie sollten regelmäßig »User spielen«. Abonnieren Sie die Seiten Ihrer Marktbegleiter und beobachten Sie, was wie gut bei deren Fans ankommt und wie Sie es selbst aus Usersicht empfinden. Auf die Frage, wie wenig genug und wie viel zu viel ist, gibt es keine Pauschalantwort. Je nach Thema, Unternehmen und Zielgruppe kann die ideale Updatedichte von Facebook-Seiten stark variieren. Wenn Sie beispielsweise einen großen Online-Shop für Computerhardware betreiben, wird zumindest phasenweise beim Erscheinen neuer Produkte die Häufigkeit der Beiträge höher sein als bei der Facebook-Seite eines kleinen Hotels oder Gastronomiebetriebs. Zudem sollten Sie ein oder mehrere Ziele definieren, die Sie mit der Facebook-Seite erreichen möchten. Das klingt banal und logisch, in Wahrheit mangelt es aber nicht wenigen Seiten genau daran.

Was ist Ihr Ziel?

Es ist ein großer Unterschied, ob Sie Traffic in den Online-Shop bringen und so den Umsatz steigern wollen oder ob Sie Image- und Reputationspflege betreiben möchten: Die Frage der Umsetzung und der Messbarkeit ist jeweils eine ganz andere. Wir empfehlen Ihnen auch, sich dringend einen Redaktionsplan zu überlegen, um nicht den Fehler zu begehen, zum konkreten Zeitpunkt nicht zu wissen, worüber Sie nun eigentlich schreiben sollen. Darunter könnten Relevanz und Qualität der Beiträge beträchtlich leiden.

7.8.10 Gemeinsam sind Sie stärker

Versuchen Sie, alle relevanten Personen Ihres Unternehmens in diesen Prozess mit einzubinden. Die Wahrscheinlichkeit, dass einige oder viele Ihrer Kollegen und Mitarbeiter bereits auf Facebook registriert sind und gewisse Erfahrungswerte als User erworben haben, ist groß. Sie können damit so manchen Fehler im Vorfeld zu vermeiden versuchen. Außerdem ist jeder Mitarbeiter ein potenzieller Multiplikator und Botschafter Ihres Unternehmens und der Message, die Sie streuen möchten. Außerdem haben Ihre Mitarbeiter das Gefühl, aktiv in den Prozess integriert und damit wertgeschätzt zu werden. Beachten Sie allerdings, dass man sie nicht zur Mitarbeit und zu diversen Facebook-Aktivitäten verpflichten kann und sollte. Es funktioniert nur, wenn es freiwillig und aus Überzeugung gemacht wird. Eine Portion Spaß an Social Media hilft ebenfalls. Ansonsten hätte das Ganze eher einen negativen Effekt. Sie können den jeweiligen Mitarbeiter natürlich mit monetärem Vorteil motivieren, doch viel besser ist es, wenn Sie ihm eine Bühne für seine Expertise und seine Person bieten. Sie können einen eigenen Tab (Menüpunkt) auf Ihrer Facebook-Seite einrichten, auf dem das Redaktionsteam oder die Experten mit Foto, Namen, Funktion und kurzem Lebenslauf vorgestellt werden. Das wertet die Personen auf und nimmt sie natürlich auch in die Verantwortung: Jeder der Beteiligten steht nun mit seinem Namen für die Qualität der Inhalte und der Betreuung der Facebook-Seite ein.

Tipp: Schaffen Sie Rahmenbedingungen

In diesem Rahmen ist es wichtig, sogenannte *Guidelines* zu definieren, zumindest mündlich, besser noch schriftlich, um Unklarheiten zu beseitigen und Struktur und Kommunikationswege festzulegen. Diese sollten weniger in Form von Verboten, sondern vielmehr als Empfehlungen und gemeinsame Wegweiser formuliert sein. Sie finden Beispiele für Social Media Guidelines sowie weiterführende Informationen auf *www.social-media-guidelines.com*.

Klären Sie bereits im Vorfeld mündlich oder schriftlich ab, welche Inhalte kommuniziert werden dürfen und welche nicht und wer im Zweifelsfall der Ansprechpartner im Haus ist, der die Entscheidungsbefugnis innehat. Das gibt Ihnen und dem einzelnen Mitarbeiter die Sicherheit für die tägliche Arbeit, nicht nur in Facebook, sondern in Social Media generell.

Wenn Sie also alle Rahmenbedingungen geklärt und alle Voraussetzungen erfüllt haben, können Sie starten und eine Facebook-Seite anlegen.

7.8.11 Worauf Sie bei der Anlage einer Facebook-Seite achten müssen

Wir sind tagtäglich mit Anfragen von Seitenbetreibern konfrontiert, die in löblicher Eigenregie und mit großer Motivation selbst eine Facebook-Seite angelegt und dabei Einsteigerfehler gemacht haben, die leider nicht mehr rückgängig zu machen sind. Deshalb ist es uns wichtig, Ihnen hier eine Aufstellung der wichtigsten Punkte zu geben, damit Sie gleich von Beginn an richtig loslegen:

▶ Überlegen Sie sich vorher den richtigen Seitennamen: Unter 200 Fans können Sie im Admin-Bereich den Seitennamen ändern, danach nicht mehr. Geben Sie Ihrer Facebook-Seite den Namen, unter dem Ihr Unternehmen/Produkt bei Ihren Kunden bekannt ist und die Seite gefunden werden soll.

▶ Die Auswahl der richtigen Kategorie entscheidet darüber, welche und wie viele Eingabefelder Sie im Infobereich auf der Seite zur Verfügung haben. Wenn Sie eine Facebook-Seite für ein Restaurant führen möchten, sind für die User vor allem Adresse, Telefonnummer, Öffnungszeiten und Zahlungsmöglichkeiten wichtige Informationen, die schnell auffindbar sein sollten. Die Kategorie LOKALES GESCHÄFT bietet eine Unterkategorie RESTAURANT, die genau diese Felder anbietet. Die Seitenkategorie entscheidet auch, ob die Bewertungsfunktion (REZENSION) zur Verfügung steht.

▶ Befüllen Sie den Inforeiter mit allen relevanten Informationen, die den Besucher Ihrer Seite davon überzeugen können, dass er hier richtig ist. Geben Sie die Unternehmensadresse an, und bieten Sie so viele Unternehmensinformationen wie möglich.

▶ Wählen Sie ein aussagekräftiges Profillogo und ein Coverbild (Titelbild) aus, die beide einen gewissen Wiedererkennungswert besitzen.

Nun haben Sie alle technischen Grundvoraussetzungen erfüllt, um mit Ihrer eigenen Facebook-Seite zu starten.

7.8.12 Wie Sie zu Fans kommen

Grundsätzlich sei hier erwähnt, dass Fanzahlen kein alleiniger Maßstab für den Social-Media-Erfolg Ihres Unternehmens sein können. Nicht die Quantität an Fans ist entscheidend, sondern die Qualität der Fans. Was nützen Ihnen Tausende von Fans, wenn diese nicht an Ihrem Unternehmen, Ihren Produkten oder Ihren Informationen interessiert sind? Doch brauchen Sie natürlich relevante Fans, die Ihre Message mit ihren Freunden teilen, damit Sie so zu neuen Fans und Kunden kommen können. Am Beginn steht natürlich immer der engere Umkreis des Unternehmens: die Mitarbeiter und die Kunden. Deren Freunde auf Facebook sollen wiederum im nächsten Schritt erreicht werden und so weiter und so fort.

Folgende Schritte sind dazu notwendig:

▶ Alle in Facebook aktiven Mitarbeiter sollten Fan werden und ihre Freunde einladen, Fan zu werden. Hier werden Sie merken, dass es sehr nützlich war, die Mitarbeiter schon möglichst früh in den Prozess mit einzubinden.

▶ Machen Sie Ihre Facebook-Seite offline bekannt. Überall dort, wo Kunden sehen können, dass Sie auch auf Facebook vertreten sind, sollten Sie darauf hinweisen. Die Wahrscheinlichkeit, dass sich bei über 1,2 Mrd. registrierten Facebook-Usern der eine oder andere auch unter Ihren Kunden befindet, ist je nach Zielgruppe durchaus hoch. Zögern Sie deshalb nicht, die Facebook-URL (siehe übernächsten Aufzählungspunkt) oder einen anderen grafischen oder textlichen Hinweis in allen Ihren Printprodukten oder auf relevanten Plätzen in Ihrem Unternehmen zu positionieren. Als Website und E-Mail-Adresse noch etwas ganz Neues waren, haben die einen oder anderen vielleicht auch gezögert. Heute ist es eine Selbstverständlichkeit, die eigene Website und die persönliche E-Mail-Adresse überall zu kommunizieren. So sollte es mit Ihren Social-Media-Präsenzen auch sein (Beispiele: Visitenkarten, Prospekte, Flyer, Schaufenster, Empfangs-/Kassenbereich Ihres Geschäftslokals, Infoterminals/LCD-Screens, sogar Bierdeckel und Produktverpackungen). Bedienen Sie sich im Bedarfsfall der Social-Media-Icons, die es zum Teil kostenlos im Web zu finden gibt. Viele der Icons sind für die jeweilige Zielgruppe selbsterklärend und oft eine optische Anreicherung für so manches Printprodukt.

▶ Machen Sie Ihre Facebook-Seite online bekannt: Besonders wichtig ist es natürlich, jedem Internetuser zu zeigen, dass Sie auch eine Facebook-Seite haben und warum er diese besuchen und abonnieren sollte. Integrieren Sie die Facebook-URL Ihrer Seite in die E-Mail-Signatur, schreiben Sie einen aktuellen Beitrag im E-Mail-Newsletter oder Blog, setzen Sie auf allen Ihren Websites einen Link auf die Facebook-Seite, integrieren Sie die Like-Box.

▶ Sie sollten eine sogenannte Vanity-URL reservieren. Facebook bietet jedem User und Seitenbetreiber an, eine individuelle URL einzurichten, die man sich im Gegensatz zur standardmäßig vergebenen URL leicht merken kann (Beispiel: *http://www.facebook.com/viermalvier*). Verwenden Sie bei der Reservierung dieser URL am besten denselben Namen, den Sie auch für die URL Ihrer Website nutzen. Die Reservierung der URL erfolgt über *http://www.facebook.com/username* (siehe Abbildung 7.7).

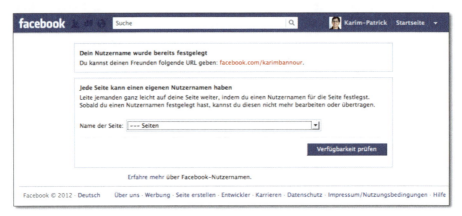

Abbildung 7.7 Sie können für Ihr Profil und für Ihre Seite(n) eine eindeutige Facebook-URL reservieren.

> **Tipp: Achtung bei der Nutzung von Logos und Icons**
>
> Nicht jedes im Web frei zugängliche Logo oder Social-Media-Icon ist auch frei verwendbar: Beachten Sie immer die jeweiligen Informationen des Markeninhabers oder des Urhebers. So dürfen Sie das Facebook-Logo mit dem ausgeschriebenen Wort »Facebook« nicht so einfach für Ihre Printprodukte verwenden. Und bei vielen Social-Media-Icons, die als »kostenlos« im Internet angeboten werden, ist eine kommerzielle Nutzung nicht erlaubt.

Jetzt kennen Sie die wichtigsten Schritte zur Einrichtung einer Facebook-Seite aus technischer Sicht. Widmen wir uns nun dem Inhalt.

7.8.13 Was Ihren Fans wichtig ist

In einer Studie[8] wurde festgestellt, dass die wichtigsten Faktoren für das Weiterempfehlen einer Facebook-Seite

- laufend aktuelle Inhalte und Neuigkeiten (81 %),
- eine lebendige Community (66 %) und
- die persönliche Ansprache (66 %)

sind. Hauptgründe dafür, dass Fans eine Seite nicht mehr gefällt (sie also aus der Fangemeinde austreten), sind »ein Großteil der Postings ist Werbung« und »Igno-

---

8 Quelle: *http://blog.werbeplanung.at/stories/8392578/*

ranz bei Anliegen und Fragen«. Genau das zeigt, worauf es bei einer Facebook-Seite ankommt, wenn man erfolgreich sein möchte: die Community ernst nehmen, die einzelnen User als Menschen und nicht als zu bewerbende Objekte betrachten, sie stets auf Augenhöhe behandeln und für sie ein aufmerksamer Ansprechpartner sein.

7.8.14 Welche Inhalte bei den Fans gut ankommen

Auf Facebook dreht sich alles um Content, egal ob als Text, Bild, Video oder Link zu externen Inhalten. Ihre Community erwartet Inhalte, die ihr in irgendeiner Art und Weise einen Mehrwert bieten.

Information

Helfen Sie dem User mit Tipps und Tricks, Hintergrundgeschichten, Beispielen, Erfahrungen und Meinungen weiter. Diese Infos müssen nicht nur Ihre eigenen aus dem Unternehmen sein: Genauso gibt es Userrelevantes aus der Branche, aus der Region, artverwandte Themen und vieles mehr. Nutzen Sie Ihre Partner, Lieferanten und Kunden als Informationsquelle oder sogar als Koautoren. Verlinken Sie im Beitrag mittels Mention-Funktion auf eine andere Facebook-Seite, das hilft dabei, von potenziellen neuen Fans gefunden zu werden.

Mention-Funktion auf Facebook

Die Mention-Funktion geht ganz einfach: Schreiben Sie den Klammeraffen (@) innerhalb eines Pinnwandeintrags und hängen Sie den Namen der zu verlinkenden Facebook-Seite an. Dann wählen Sie die Seite aus, und schon steht sie im Text als verlinkter blauer Text. Dieser Beitrag erscheint nach Veröffentlichung nicht nur auf Ihrer Facebook-Seite, sondern auch auf der verlinkten Seite, aber mit dem Namen und Logo Ihrer Seite. Zwischen Profilen arbeitet diese Mention-Funktion mittlerweile automatisch bei der Eingabe des Namens einer mit Ihnen auf Facebook befreundeten Person.

Sie haben in Facebook die Möglichkeit, zwischen den Identitäten des eigenen Profil sowie der Seiten, die Sie als Admin betreuen, hin- und herzuwechseln. Sie können ab sofort auch »als Seite« in Facebook Kommentare abgeben oder Beiträge auf fremden Pinnwänden posten. Gehen Sie damit aber sorgsam um, Sie könnten sonst schnell als Spammer wahrgenommen werden.

Unterhaltung

Etwas Lustiges, Unterhaltsames, Schräges kommt immer gut an. Ein kleines Hopsala aus dem Arbeitsalltag kann, wenn es nicht zu peinlich ist, das Unternehmen gleich menschlicher darstellen. Besonders gut kommen dabei Videos bei den Usern an. Sie können auch hier auf den riesigen Pool an externen Inhalten wie YouTube-

Videos zurückgreifen, indem Sie darauf verlinken. Oder haben Sie eine witzige Geschichte, ein lustiges Erlebnis mit einem Ihrer Kunden erlebt? Dann schreiben Sie doch einen Blogbeitrag und veröffentlichen den Link dazu mit einem einleitenden Satz auf Ihrer Pinnwand. Achten Sie aber in jedem Fall darauf, dass die Unterhaltung nicht zulasten eines anderen, sei es ein Mitarbeiter oder Kunde, geht.

Persönlich, aber nicht zu privat ...

... dies ist ein wichtiger Grundsatz, mit dem Sie die Grenze gut ziehen können sollten. Überspitzt dargestellt:

Die erfolgreich bestandene Abschlussprüfung Ihres Azubis/Lehrlings ist auf alle Fälle einen Beitrag wert. Dass er mit seiner Freundin Schluss gemacht hat und warum, hat nichts auf Ihrer Facebook-Seite verloren.

Materieller Vorteil

Auch auf Facebook freuen sich die User besonders, wenn sie etwas gewinnen oder Geld sparen können. Gerade über Applikationen haben Sie viele unterschiedliche Tools zur Verfügung, um potenzielle Fans zu tatsächlichen Fans zu machen. Es sollte aber nicht Ihre einzige Strategie sein, um Fans zu gewinnen, genauso wenig ist es ja für Ihr Business langfristig tragbar, ständig Rabattschlachten zu betreiben.

Es gibt also viele Möglichkeiten, sich positiv bei den Fans zu verankern und sie zur Interaktion und Auseinandersetzung mit Ihrer Facebook-Seite und Ihrem Unternehmen/Ihrer Marke zu bewegen. Das ist sehr wichtig, wie der nächste Punkt zeigen wird.

7.8.15 Facebook Newsfeed-Algorithmus

Was in den Anfangszeiten von Facebook noch nicht so ein großes Problem war, würde jetzt viele Facebook-User überfordern: In der Summe der Beiträge von Freunden, Gruppen und Seiten, die jede Minute auf die Facebook-User einprasseln, würde die einzelne Information untergehen, und der User würde komplett überfordert zurückbleiben.

Deshalb hat Facebook eine Art Filter eingeführt, inoffiziell immer wieder auch »Edgerank« genannt. Dieser Filter entscheidet nun, welche Inhalte an den einzelnen Facebook-User auch wirklich ausgeliefert, sprich, bei ihm angezeigt werden. Facebook entscheidet also in gewisser Weise, was für uns interessant ist. Dieser Filter tritt nicht nur, aber vor allem dann in Kraft, wenn gerade besonders viel auf Facebook los ist. Hinter dem Filter steckt eine mathematische Formel, die wir Ihnen im Detail ersparen möchten. Er funktioniert sinngemäß und vereinfacht an einem Beispiel dargestellt wie folgt:

Wenn eine Facebook-Seite einen Pinnwandeintrag veröffentlicht, wird dieser Pinnwandeintrag nur jenen Fans gezeigt, die

▶ bisher bereits viel mit der Facebook-Seite interagiert haben
(»Gefällt mir«, Kommentare, Teilen) oder

▶ viele Freunde haben, die mit der Facebook-Seite regelmäßig interagieren, oder

▶ wenn dieser Pinnwandeintrag von vielen anderen Fans geliked,
geteilt oder kommentiert wird.

▶ Natürlich haben auch die Tageszeit der Veröffentlichung und des User-Log-ins,
das generelle Volumen an veröffentlichten Inhalten zu diesem Zeitpunkt und
viele weitere Faktoren Einfluss darauf, bei welchen Fans ein Posting überhaupt
dargestellt wird.

Das ist eine verkürzte Darstellung des Filters, sollte aber ausreichen, um Ihnen zu
zeigen, worauf es in Facebook ankommt: Inhalte, die bei den Fans gut ankommen,
erhalten eine dementsprechende Verbreitung und somit Chance auf höhere Streuung und neue Fans. Andernfalls verlieren Sie im Lauf der Zeit einen Großteil der
Reichweite.

Tipp: Checken Sie Ihre Insights

Mit den Facebook-eigenen Seitenstatistiken können und sollten Sie regelmäßig beobachten, wie sich die Interaktion Ihrer Fans mit Ihrer Seite entwickelt. Es gibt aber auch
schon Drittanbietertools wie Socialbakers (*www.socialbakers.com*), die sich genau um
diese Thematik kümmern und teilweise sehr gute zusätzliche Daten liefern.

7.8.16 Facebook-Tabs

Wie bereits angeführt, bietet Facebook nur wenige optische Gestaltungsmöglichkeiten im Vergleich zu vielen anderen sozialen Netzwerken. Für Facebook-Seiten
gibt es aber eine Möglichkeit, die nach wie vor von Unternehmen genutzt wird:
zusätzliche Menüpunkte in Form von hinzugefügten Apps. Der Einfachheit halber
bezeichnen wir sie hier in der Folge immer als Tabs.

Diese Tabs erfüllen unter anderem folgende Funktionen:

▶ Unternehmen, die auf Facebook eine Werbeanzeigenkampagne durchführen
oder über andere Medien auf ihre Facebook-Seite aufmerksam machen, schalten oft einen kampagnenbezogenen Landingtab auf ihrer Facebook-Seite, um
dem Besucher einen gewissen Wiedererkennungswert zu bieten.

▶ Gewinnspiele dürfen seit Sommer 2013 auf der Pinnwand durchgeführt werden
(früher nur in eigenen Tabs oder auf externen Websites). Für komplexe Wettbewerbe/Games/Gewinnspiele werden nach wie vor solche Tabs gern genutzt.

- Immer mehr Unternehmen entscheiden sich, das eigene Facebook-Redaktionsteam mit Namen und Foto vorzustellen, dafür eignet sich ein Tab ebenfalls sehr gut.
- Netiquette und ein Supportformular sind ebenfalls am besten in einem eigenen Tab unterzubringen.

Es gibt mittlerweile zahlreiche Anbieter kostenloser Facebook-Tabs, z. B. für die Netiquette, eine Bildergalerie, eine Newsletter Registrierung oder kleine Gewinnspiele. Hier eine kleine Auswahl deutschsprachiger Anbieter:

- www.facebook.com/247GRAD
- www.facebook.com/HikeSocialApps

Abbildung 7.8 Für zusätzliche grafische oder sonstige Inhalte können Facebook-Tabs genutzt werden.

Mit jeder Umstellung von Facebook-Seiten auf ein neues Layout rücken diese Tabs in den Hintergrund. Ihre (potenziellen) Fans werden Sie noch mehr anhand der Aktualität und Relevanz Ihrer Beiträge messen. Sie haben aber die Möglichkeit, bestimmte Postings ganz oben zu halten, um die Sichtbarkeit eines Beitrags zu erhöhen (mittels Hervorheben-Funktion).

Wenn die Standardfunktionalitäten der kostenlosen Tabs für Sie nicht mehr ausreichen, können Sie bei einer Vielzahl weiterer Facebook-CMS-Anbieter kostenpflichtige, aber meist sehr günstige Pakete buchen. Die Vorteile der meisten kostenpflichtigen Pakete:

- Es gibt keine oder weniger Beschränkungen in der Menge der installierten Tabs oder der verwaltbaren Facebook-Seiten pro Account.
- Viele dieser Dienste verfügen über ein komfortables Drag-and-drop-System: Je nach Bedarf können so mit wenigen Klicks Bilder und Texte hinzugefügt werden.
- Die Anbieter verfügen meist über vorgefertigte Templates, beispielsweise für ein Foto-Voting-Gewinnspiel, ein Registrierungsformular, One-Product-Specials, Coupons usw.
- Sie beinhalten in manchen Fällen persönlichen Support bei Fragen oder individuellem Template-Bedarf.

So bietet beispielsweise der Facebook-CMS-Anbieter atipso.com mit seinem Tab-Builder die Möglichkeit, Gutscheine (Coupons) mit individuellem Bar- und Gutscheincode zu versehen (siehe Abbildung 7.9). Die Codes können via CSV-Datei auch mit anderen Systemen ausgetauscht werden.

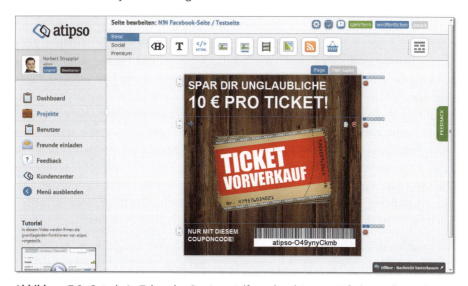

Abbildung 7.9 Gutschein-Tabs oder Gewinnspielformulare können einfach erstellt werden.

Die Möglichkeiten solcher Facebook-CMS-Anbieter werden immer umfangreicher. Wenn es jedoch um eine individuellere Umsetzung oder komplett neue Anforderungen geht, bedarf es vielleicht der Programmierung einer neuen Facebook-Applikation.

Rechtstipp von Peter Harlander: Impressumspflicht für Facebook-Seiten

In Deutschland, in Österreich und in der Schweiz besteht für Facebook-Seiten mit kommerziellem Hintergrund eine Impressumspflicht. In Deutschland und Österreich gilt zusätzlich eine Impressumspflicht für Facebook-Seiten, die über die reine Darstellung des Seiteninhabers hinausgehen. Je nach Land und je nach Grundlage der Impressumspflicht sind unterschiedliche Informationen in das Impressum aufzunehmen. Facebook bietet seit März 2014 eine für alle Endgeräte zugängliche Impressumsfunktion (also auch für mobile Endgeräte). Fügen Sie Ihr komplettes Impressum einfach im dafür vorgesehenen Punkt in der SEITENINFO der Facebook-Seite ein.

7.8.17 Facebook-Applikationen (Apps)

Unter Facebook-Apps versteht man Programme oder Anwendungen, die in die Facebook-Seite integriert werden können. Jedem Programmierer stehen verschiedene Anwendungs- und Entwicklungsmöglichkeiten zur Verfügung, um in Facebook Programme oder Spiele einzubinden, die bei Bedarf über die Facebook-API auch auf Facebook- und Userdaten zurückgreifen können.

Ein Grund für die früher stark steigende Zahl der Facebook-Applikationen war die Tatsache, dass Facebook keine Gewinnspiele auf der bzw. über die Pinnwand erlaubte und viele Seitenbetreiber deshalb Applikationen integrieren mussten, über die das Gewinnspiel ablief. Durch die Regeländerungen von Facebook im Sommer 2013 die Gewinnspiele auf der Pinnwand betreffend wurde die Notwendigkeit solcher Apps für Gewinnspiele etwas relativiert. Ein nach wie vor wichtiger Vorteil von Apps: Es gibt die Möglichkeit, noch mehr und zudem spezifischere Daten von den Fans zu sammeln. Applikationen integrieren zudem Funktionen und Interaktionen in die Facebook-Seite, die seitens Facebook nicht angeboten werden. Vor allem Spiele kommen bei vielen Usern gut an. Beispiele wie Farmville oder MafiaWars, die Millionen von Spielern begeistern und den Unternehmen dahinter Millionengewinne bescheren, eröffnen auch ganz neue Perspektiven: Denn viele der Farmville-Spieler sind keine klassischen Computer-Gamer oder Konsolenspieler.

Aber nun zurück zu den Applikationen für Unternehmen: Ein gelungenes Beispiel für eine Applikation war »My Austrian Jet«. Dabei ging es um ein Gewinnspiel, bei dem Fans der österreichischen Fluglinie Austrian Airlines die Möglichkeit hatten, einen virtuellen Flieger zu chartern und bis zu 99 Facebook-Freunde einzuladen, im Flieger Platz zu nehmen (über die Applikation). Wenn der virtuelle Flieger dann voll war, nahm man mit allen teilnehmenden Freunden an der Verlosung eines echten Rundflugs teil. Damit motivierte man viele User, einen eigenen Flieger zu gründen und möglichst viele Freunde einzuladen, die wiederum ihre Freunde einluden, damit der Flieger auch voll wurde.

Eine weitere gelungene Integration von Produkten in eine Applikation ist jene des Schmuckherstellers Pandora. Mit der Facebook-App »Pandora Bracelet Designer«, die man einmalig für sein Profil installieren muss, kann jeder User aus einer Herstellerauswahl von Armbändern wählen (siehe Abbildung 7.10). Viel spannender ist aber, dass man auch die von Usern individuell zusammengestellten Stücke ansehen und mittels Kommentar oder eines Klicks auf »Gefällt mir« bewerten kann. Und wer sich selbst als Designer betätigen will, stellt seine eigene Kreation zusammen und kann sie von anderen Usern bewerten und kommentieren lassen. Außerdem kann man seinen Freunden auf Facebook und Twitter jedes Armband (egal ob das eigene oder fremde) weiterempfehlen. Es gibt sogar Gruppen, mit denen man verschiedene Designs oder Themen mit anderen App-Nutzern diskutieren kann. Die Applikation nennt zudem den aktuellen Preis des jeweiligen Armbands. Man kann ein solches Armband allerdings nur offline in einem der Pandora-Stores vor Ort wie gewünscht zusammenstellen lassen und kaufen.

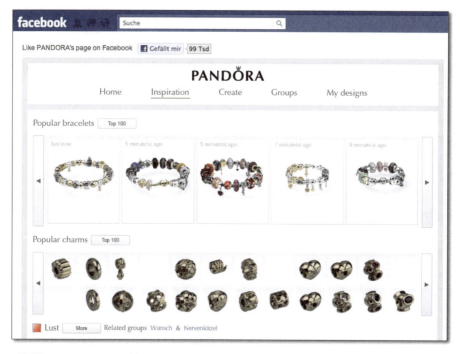

Abbildung 7.10 Die Applikation von Pandora stellt beliebte Artikel vor und lässt jeden User direkt in Facebook sein individuelles Armband gestalten.

7.8.18 Facebook Open Graph

Zunächst war der Open Graph »nur« eine Erweiterung des Social Graph, um sich nicht mehr nur mit Menschen, sondern auch mit physischen Objekten vernetzen bzw. verbinden zu können, z. B. Orten, Firmen, Websites usw. Durch den Like-Button wird so beispielsweise eine Verbindung zwischen einem User und einem Produkt in einem Online-Shop hergestellt. Die Graph-API ermöglicht es, Daten und ihre Verbindungen zueinander abzufragen und damit ein ganz individuelles Nutzererlebnis zu generieren. Ein tolles Beispiel ist das »Museum of Me«, ein virtueller Museumsrundgang mit Inhalten aus dem Facebook-Profil des Betrachters (natürlich nur nach vorhergehender Abfrage und Zustimmung durch den User selbst).

Bei der f8-Konferenz im September 2011 stellte Facebook eine Weiterentwicklung des Open Graph vor. Mit dessen Hilfe kann eine Aktion zwischen einer Person und einem Objekt definiert werden, z. B. »Karim kocht Wiener Schnitzel«. So können App-Entwickler individuelle App-Nutzungen und daraus generierte Meldungen erstellen, die der konkreten Nutzung mehr entsprechen und so möglicherweise die Freunde des Nutzers besser ansprechen. Es waren diverse Anwendungen mit dem neuen Open Graph auf dem Markt, unter anderem Spotify (»Karim hört Coldplay«) und Washington Post Social Reader (»Karim liest den Artikel ›Wahlen in den USA‹«), die sich einer weiteren Funktion bedienten: des sogenannten »Frictionless Sharing«, grob übersetzt »reibungsloses Teilen«. Dahinter verbirgt sich die Idee, Nutzerverhalten, nach einmaliger Zustimmung durch den Nutzer, automatisch in dessen Profil zu teilen. Beispiel: Jedes Mal, wenn Sie als Spotify-Nutzer ein Musikstück auf Spotify hören, wird es in Ihrem Facebook-Profil automatisch geteilt, ohne dass Sie etwas dazu beitragen müssen. Facebook entschied sich allerdings 2014, das Frictionless Sharing wieder schrittweise (oder vielleicht auch nur vorübergehend) zurückzufahren.

Kommen wir nun zu einer Auswahl besonders beliebter Open-Graph-Elemente. Die vollständige Liste der Social Plugins in Facebook finden Sie auf *http://developers.facebook.com/plugins*.

Like-Box

Früher als Fanseiten-Widget bekannt, ist die Like-Box eigentlich nichts anderes als ein kleiner Ausschnitt Ihrer Facebook-Seite, den Sie auf jeder Ihrer Websites integrieren können (siehe Abbildung 7.11). Sie können dabei entscheiden, ob Sie lediglich die kleine Variante (nur den Namen der Seite und den »Gefällt mir«-Button) oder die volle Informationsbreite, also inklusive des Streams (die letzten Beiträge Ihrer Facebook-Seite) und eines Fotoausschnitts Ihrer Fans, auf Ihrer Website zeigen möchten.

Im Vergleich zum einfachen Integrieren eines Facebook-Logos, bei dessen Klick ein neues Fenster im Browser aufgeht und der Traffic von der Website zur Facebook-Seite weggeführt wird, ist die Integration der Like-Box besser: Der Websitebesucher wird, sofern er Facebook-User ist, mit einem einzigen Klick zum Fan bzw.

abonniert Ihre Inhalte, ohne dass der Traffic von der Website weggeführt wird und der Websitebesucher möglicherweise vergisst, was er auf Ihrer Website eigentlich vorhatte. Mit diesem einen Klick wird der Websitebesucher viel stärker an Sie gebunden, da er in Zukunft die Beiträge Ihrer Facebook-Seite erhält und so stets über Ihr Unternehmen auf dem Laufenden bleibt.

Abbildung 7.11 Mit der Like-Box und dem Like-Button holen Sie Facebook auf Ihre Website.

Like-Button

Im Gegensatz zur Like-Box, bei der der User mit Klick auf »Gefällt mir« die Inhalte der Facebook-Seite abonniert (früher »Fan werden«), ist der Like-Button unabhängig davon zu sehen, ob es eine Facebook-Seite gibt oder nicht.

Mit der richtigen Integration des Open Graph Protocol und des Like-Buttons kann auf jeder Website in jede Unterseite ein »Gefällt mir«- oder »Empfehlen«-Button integriert werden, der Folgendes auslöst:

Wenn ein registrierter und angemeldeter User auf den »Gefällt mir«-Button klickt, wechselt der Button sein Erscheinungsbild, und der Name des Users erscheint neben dem Button am Beginn des Satzes »… gefällt das«.

Parallel dazu erscheint im Facebook-Profil des Users (und im Newsstream mancher seiner Freunde) der Hinweis »User XY gefällt die Seite YZ auf Website XYZ«. Wenn vorher oder in Zukunft einer der Facebook-Freunde des genannten Users auf dieselbe Webseite (sprich Unterseite einer Website) geht, sieht er, dass der genannte User bereits einmal auf »Gefällt mir« geklickt hat. Mittlerweile haben viele Millionen Websites einen integrierten Like-Button. Neben dieser klassischen Variante besteht auch die Möglichkeit, den »Gefällt mir«-Button in ein Online-Banner zu integrieren (in Kooperation mit Facebook).

Rechtstipp von Peter Harlander: Behalten Sie die Datenschutzdiskussion zum Like-Button im Auge

Der Like-Button ist datenschutzrechtlich sehr umstritten. Wer den Like-Button einsetzt (was aus Marketingsicht absolut Sinn ergibt), sollte unbedingt die datenschutzrechtliche Diskussion im Auge behalten, um nicht plötzlich mit Abmahnungen eingedeckt zu werden (dieses Risiko ist bereits jetzt nicht ganz ausschließbar).

Teilen-Button

Immer mehr Seitenbetreiber bauen zusätzlich zu dem Like-Button oder auch an seiner Stelle einen Share-Button/Teilen-Button ein. Dieser benötigt zwar mehr Aktion seitens des Users (mehrere Klicks), hat aber auch wesentlich mehr Effekt (Reichweite) als der Like-Button.

Facebook-Kommentar-Plug-in

Ebenfalls erwähnenswert ist das Plug-in »Facebook Comment«, das es Ihnen ermöglicht, eine Kommentarfunktion für Facebook-User zu Ihrer Website hinzuzufügen.

Abonnieren-Button

Facebook ermöglicht jedem registrierten Nutzer, die öffentlichen Inhalte von anderen Facebook-Nutzern zu abonnieren, ohne dass beide Nutzer miteinander befreundet sein müssen. Diese Funktion ähnelt sehr dem »Follow«-Prinzip von Twitter.

Facebook Login

Eine sehr nützliche und immer beliebtere Funktion ist auch der Facebook Login für Websites. Wenn Sie beispielsweise ein Forum oder eine andere registrierungspflichtige Website betreiben, können Sie es den Usern ermöglichen, sich mit ihrem Facebook-Profil einzuloggen, anstatt ein komplettes Registrierungsformular ausfüllen zu müssen. Dadurch können Sie die Registrierung erleichtern und die Registrierungsrate erhöhen.

Eine vollständige und vor allem saubere Integration des Open Graph Protocol sorgt übrigens auch dafür, dass die Website sogar in der Facebook-Suche auftaucht, was früher nur Seiten, Gruppen und Profilen vorbehalten war.

7.8.19　Facebook-Werbeanzeigen

Neben den allgemeinen Angaben über die Anzahl der Mitglieder in Facebook und deren Nutzungsverhalten, die sich ja auch laufend verändern, gibt es für Marketer und Unternehmen ein noch viel spannenderes Tool, um herauszufinden, ob und wie stark die Zielgruppen in Facebook vertreten sind: die Facebook-Werbeanzeigen. Werbeanzeigen sollten auf keinen Fall Ihre einzige Strategie sein, um neue Fans zu gewinnen. Das wäre auch nicht nachhaltig. Doch Sie können Facebook-Werbeanzeigen sinnvoll in Ihre Marketingaktivitäten mit einbeziehen.

Rechtstipp von Peter Harlander: Auch bei Facebook-Werbung sind die Grundsätze des Werbe- und Wettbewerbsrechts zu beachten

Rechtsverstöße in diesem Bereich sind in der Regel besonders kostspielig. Eine einfache Regel lautet: Wer schon bei der Erstellung einer Werbemaßnahme befürchtet, dass sich der Mitbewerb über die Werbung (vielleicht sogar ein wenig zu Recht) ärgern könnte, und wer sich dann schon eine gute Begründung zurechtlegt, um die Sache schönzureden, der hat gute Chancen, dass er gerade eine wettbewerbswidrige Werbemaßnahme erstellt. In dem Fall gibt es nur zwei Möglichkeiten. Entweder man lässt es sein, oder man konsultiert einen Spezialisten für Wettbewerbsrecht, um die Sache abzuklären.

Facebook macht bereits sehr gute Umsätze über die auf Facebook geschalteten Werbeanzeigen und schafft laufend bessere Rahmenbedingungen für Unternehmen, die auf Facebook kommerzielle Werbung schalten möchten. Der große Vorteil von Facebook ist: Keine andere große Plattform bietet über ein Self-Service-Tool mehr aktuelle demografische Daten von Usern als Facebook in seinem Werbeanzeigen-Manager. Somit kann bei geschickter und überlegter Eingrenzung der Zielgruppen der Streuverlust wesentlich reduziert werden.

Beispiel: Sie möchten ein bestimmtes Produkt, Ihre Facebook-Seite oder eine Kampagne über Facebook-Werbung unterstützend kommunizieren und haben eine genaue Vorstellung bzw. exakte Informationen über die Zielgruppe(n)? Auf Facebook können Sie unter anderem folgende Einschränkungen der Empfänger Ihrer Werbeanzeige vornehmen:

- ▶ *Standorte:* Hier können Sie auf ein Land oder mehrere Länder einschränken. Bei vielen Ländern ist es sogar möglich, auf bestimmte Städte und deren Umkreis einzugrenzen. Doch beachten Sie: Bei einer zu detaillierten geografischen Einschränkung besteht die Gefahr, dass zu viele jener User, die eigentlich zur Zielgruppe gehören, damit durch den Filter ausgeklammert würden.

- ▶ *Demografie:* Sie können diese besonders wichtigen Targeting-Informationen gezielt und genau einschränken: Alter von … bis …, Geschlecht, Beziehungsstatus, Sprachen usw.

▶ *Interessen und Verhalten:* Das ist jener Bereich, auf den Facebook und die Werbewirtschaft ein besonderes Augenmerk legen. Je genauer die Facebook-User in ihrem Profil die Interessen den entsprechenden Facebook-Kategorien zugeordnet haben, desto leichter wird das Targeting auf Facebook. Der Trend geht ganz klar in diese Richtung. Immer stärker wird in der Zukunft auch die Verwendung von Keywords in Posts und Messages der User für das Targeting genutzt werden.

▶ *Ausbildung und Arbeitsstätten:* Dieser Bereich wird derzeit noch von vielen Facebook-Usern vernachlässigt und sollte deshalb nur in seltenen Fällen als Filterkriterium verwendet werden.

▶ *Verbindungen:* Hier können Sie auf jene User einschränken, die bereits mit einer Ihrer Facebook-Seiten verbunden sind oder eben noch nicht. Beachten Sie, dass diese Einschränkungen nur auf Facebook-Seiten möglich sind, bei denen Sie selbst Administrator sind. Eine besonders gut funktionierende Auswahl ist in vielen Fällen die Möglichkeit, Freunde von Fans zu bewerben.

Ob Sie die Möglichkeiten, die Werbeanzeigen bieten, wahrnehmen wollen, sei dahingestellt. Ihr Augenmerk sollte immer auf der Qualität der Inhalte Ihrer Facebook-Seite liegen. Werbeanzeigen sollten immer nur unterstützend mitwirken, beispielsweise bei Kampagnen oder Gewinnspielen. Aber es gibt noch einen sehr interessanten Zweitnutzen des Werbeanzeigen-Tools: Sie können bereits im Vorfeld einer Kampagne oder eines Gewinnspiels oder ganz einfach für die Marktforschung herausfinden, wie stark eine bestimmte Zielgruppe in Facebook vertreten ist. Facebook gibt einen Schätzwert dazu aus, wie die ungefähre Reichweite Ihrer Zielgruppeneinschränkung in Facebook aussehen würde. Wichtig vor der Erstellung einer Werbeanzeige ist es, sich zu überlegen, wo der Traffic die beste Conversion Rate bringt. Dabei spielen zwei Überlegungen eine große Rolle:

▶ Wenn Sie den Traffic beispielsweise von Facebook weg direkt auf eine Landingpage, z. B. das beworbene Produkt im Online-Shop, führen, generieren Sie idealerweise direkten Umsatz. Der User wird zwar einerseits aus dem virtuellen Raum »Facebook« herausgeführt, andererseits aber nicht nachhaltig an die Marke bzw. das Unternehmen gebunden.

▶ Wenn Sie den Traffic auf Ihre Facebook-Seite führen und den User mit relevanten Inhalten davon überzeugen, auf »Gefällt mir« zu klicken, wird er nachhaltig an die Marke bzw. das Unternehmen gebunden und informiert. Es könnte aber auch passieren, dass seine Intention, ein bestimmtes Produkt zu kaufen, verloren geht. Möglicherweise holt er dies nach oder auch nicht. Das hängt wiederum stark von den Inhalten der Facebook-Seite ab.

Tipp: Auf Facebook bleiben

Erfahrungsgemäß ist es besser, Ihre Facebook-Seite oder dortige Informationen oder Kampagnen zu bewerben, sprich, den User innerhalb von Facebook zu halten. Der User kann in der Werbeanzeige direkt auf »Gefällt mir« klicken und Fan Ihrer Facebook-Seite werden. Sie können und sollten mehrere Varianten probieren und können dazu eine interne und externe Verlinkung austesten.

Wenn Sie auf Facebook eine Werbeanzeige schalten möchten, haben Sie zwei Möglichkeiten: Sie können Werbeanzeigen selbst schalten oder über das Facebook Sales Team eine Werbekampagne buchen, ein Budget ab 1.200 € vorausgesetzt.

Über den sogenannten Werbeanzeigen-Manager bietet Facebook die Möglichkeit, selbst Werbeanzeigen zu gestalten und zu verwalten. Dazu benötigt man, technisch gesehen, nur ein Facebook-Profil und inhaltlich natürlich etwas Webmarketing-Know-how.

Abbildung 7.12 Werbeanzeigen werden entweder im explizit dafür reservierten rechten Werbebereich dargestellt (Right-Hand-Ads) oder im Newsfeed des Users, der in die Zielgruppe fällt.

Als Grundlage für eine Werbeanzeige dienen entweder ein bestehendes Posting einer Facebook-Seite, ein unveröffentlichtes Posting (Dark Post) oder eigens für die Werbeanzeige zusammengestellte und im Werbeanzeigen-Manager hochgeladene Inhalte (Bilder und Texte).

Für versierte Werbetreibende gibt es zusätzliche Möglichkeiten, Facebook-Nutzer mit Werbeanzeigen zu erreichen: Mit Custom Audience und Lookalike Audience haben Sie die Möglichkeit, bestehende Kundendatenbanken mit Facebook abzugleichen und so gezielt bestimmte Nutzer anzusprechen. Weiterhin gibt es die Möglichkeit des Remarketings oder der Conversion-Messung mit einem Conversion-Pixel (z. B. ob der Klick auf eine Werbeanzeige auch in einem Kauf im Online-Shop resultierte).

7.8.20 Gewinnspiele auf Facebook

Im Sommer 2013 hat Facebook die Gewinnspielregeln wesentlich gelockert. Was spricht also dagegen, dass man auf seiner Facebook-Seite ein Gewinnspiel veranstaltet, bei dem man die Fans aufruft, beispielsweise ein Foto von sich mit einem Ihrer Produkte in der Hand hochzuladen, und das Foto mit den meisten »Gefällt mir«-Klicks und/oder Kommentaren gewinnt den Hauptpreis? Das würde doch alle Teilnehmer motivieren, ihre Freunde einzuladen, um für das Foto zu voten. Sie hätten massig Content und Interaktion. Die Facebook-Richtlinien für Gewinnspiele erlauben nun solche Pinnwandgewinnspiele. Ungeachtet dieser Richtlinienerleichterungen müssen Gewinnspiele über entsprechende Teilnahmebedingungen usw. verfügen. Im Sommer 2014 hat Facebook zusätzlich noch eine bei Marken sehr beliebte Funktion abgeschafft: Das sogenannte »Fan-Gating«. Darunter versteht man die technische Möglichkeit, dem Nicht-Fan beispielsweise das Gewinnspielformular vorzuenthalten und ihn aufzufordern, zuerst »Fan« werden zu müssen, um mitspielen zu können. Ein weiterer Schritt von Facebook weg von den Tabs und Gewinnspiel-Apps.

Rechtstipp von Peter Harlander: Beachten Sie die Gewinnspielrichtlinien

Auch wenn sich einige Ihrer Mitbewerber der verschiedensten Gewinnspielmethoden bedienen, sollten Sie trotzdem auf Nummer sicher gehen. Informieren Sie sich lieber vorher, ob und wie Sie ein Gewinnspiel umsetzen können. Auch hat Facebook die Gewinnspielrichtlinien in der Vergangenheit bereits mehrmals abgeändert. Wer über Facebook Gewinnspiele veranstaltet, sollte sich daher regelmäßig vergewissern, dass sich die Gewinnspielregeln nicht unerwartet geändert haben. Gute Quellen dafür sind die offiziellen Richtlinien von Facebook auf *http://www.facebook.com/promotions_guidelines.php*, aber auch Infoblogs wie *www.allfacebook.de* oder *www.futurebiz.de* sowie die Seiten unserer geschätzten Kollegen Annette Schwindt (*www.schwindt-pr.com*) und Thomas Hutter (*www.thomashutter.com*).

7.8.21 Ihre Fans sprechen viele Sprachen? Das können Sie auch!

Die Frage, in wie vielen Sprachen man die eigene Website anbietet, stellt sich bei international tätigen Unternehmen oder in Branchen mit internationaler Klientel (z. B. im Tourismus) relativ rasch und muss oft mit Einschränkungen beantwortet und umgesetzt werden.

Facebook bietet die Möglichkeit, Pinnwandbeiträge zielgruppengerecht zu veröffentlichen (siehe Abbildung 7.13). Sie können bei jedem einzelnen Beitrag einstellen, wer ihn sehen darf. Die Einschränkung erfolgt nach

- Geschlecht,
- Beziehungsstatus,
- Bildungsstand,
- Interesse,
- Alter,
- Ort (Land, Stadt) sowie
- Sprache.

Abbildung 7.13 Sie können jeden Pinnwandeintrag auf eine bestimmte Zielgruppe einschränken

Es ist empfehlenswert, sich auf allgemein sehr treffsichere Einschränkungen wie z. B. »Sprache« zu konzentrieren, da diese Auswahl am häufigsten der Realität entspricht: Die absolute Mehrheit der User nutzt Facebook in der ihr geläufigsten Sprache.

7.8.22 Facebook-Seitenstatistiken

Facebook bietet den Seitenadministratoren durchaus aussagekräftige Statistiken beispielsweise über die Zusammensetzung der Fangemeinde und die Interaktion auf und mit der Facebook-Seite. Die Zahlen werden natürlich erst ab einer gewissen Anzahl an Nutzern (sprich Fans) aussagekräftig. Die Statistiken sollen Ihnen vor allem helfen, langfristig an der Qualität der Beiträge zu arbeiten und so die Performance Ihrer Facebook-Seite noch weiter zu steigern. Die Statistiken gliedern sich in mehrere Bereiche, die wir kurz erläutern möchten.

Auf der Übersichtsseite zeigt Facebook zunächst für die vergangenen sieben Tage anhand der Gesamtzahl der Fans (»Gefällt mir«-Angaben für die Seite), der Beitragsreichweite und der Interaktionen, wie sich die Performance der Seite in der vergangenen Woche entwickelt hat. Außerdem können Sie zu den letzten Beiträgen der Seite die wichtigsten Kennzahlen wie Reichweite und Interaktionen nachlesen.

Nutzer

Hier sehen Sie die Demografie (Alter, Geschlecht) sowie Herkunft und Sprache der Fans (siehe Abbildung 7.14). Dazu zeigt Facebook im Vergleich den Facebook-Gesamtwert.

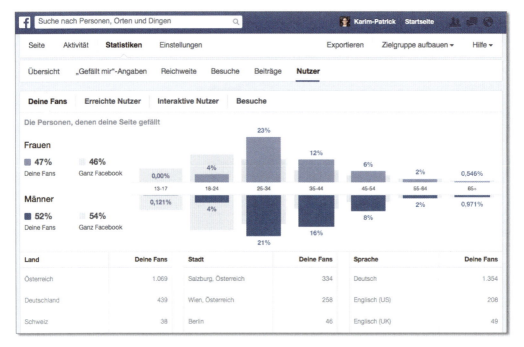

Abbildung 7.14 Facebook bietet mit den Seitenstatistiken einen schönen Überblick darüber, wie alt Ihre Fans sind, welche Sprachen sie sprechen und woher die einzelnen Fans kommen.

Wann Ihre Fans online sind

Mit den neuen Facebook-Statistiken sehen Sie sogar, an welchem Tag und zu welcher Uhrzeit wie viele Fans online und somit grundsätzlich erreichbar sind (siehe Abbildung 7.15).

7.8 Facebook

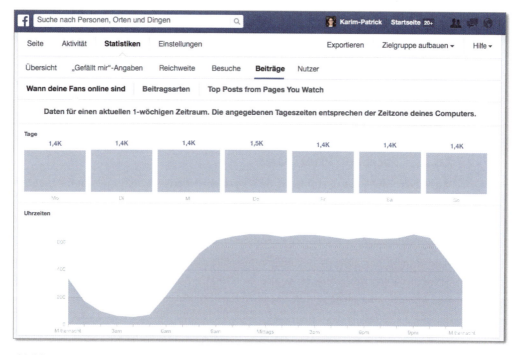

Abbildung 7.15 Facebook-Statistiken: Wann sind Ihre Fans online?

Reichweite und Interaktion von Beiträgen

Außerdem können Sie rückwirkend und in einer Gesamtübersicht herausfinden, welche Ihrer Seitenbeiträge besonders viele User erreicht haben und welche Beiträge mit viel Interaktion bedacht wurden.

Sie sollten sich angewöhnen, die Facebook-Statistiken regelmäßig zu konsultieren. Wenn Sie beispielsweise sehen, dass der Prozentsatz jener Fans, die Englisch sprechen, einen gewissen (von Ihnen zu definierenden) Grad überschreitet, Sie aber Ihre Facebook-Seite bis dato nur auf Deutsch geführt haben, sollten Sie sich überlegen, ob es nicht sinnvoll wäre, beide Zielgruppen in ihrer jeweiligen Muttersprache (oder Profilsprache) zu bedienen.

> **Tipp: Pinnwandbeiträge auf Sprachzielgruppen einschränken**
>
> Sie sollten es sich gut überlegen, ob und wie Sie diese Möglichkeit der Zielgruppenkommunikation nutzen. Denn wenn Sie die englischsprachigen Fans explizit mit englischen Beiträgen ansprechen und die deutschsprachigen User auf Deutsch, bleiben alle anderen Sprachzielgruppen davon ausgeschlossen. Andererseits sollten Sie Ihren Fans doppelte oder gar dreifache Beiträge ersparen.

303

Eine andere für Sie relevante Information wäre beispielsweise, dass zu einem bestimmten Datum die Zahl jener Fans, die die Beiträge Ihrer Facebook-Seite in ihren Neuigkeiten verborgen haben oder auf »Gefällt mir nicht mehr« geklickt haben, stark ansteigt. Das würde bedeuten, dass zu diesem Zeitpunkt einige Fans Ihre Beiträge als »zu viel«, zu irrelevant bzw. als Spam wahrnehmen. Darauf sollten Sie dringend reagieren und die Qualität und Häufigkeit der veröffentlichten Beiträge überdenken.

7.8.23 Facebook Places/Orte

Mit Facebook Places (Orte) ist es dem sozialen Netzwerk gelungen, den Anschluss an eine völlig neue, für das Marketing aber hochinteressante Form der Kundengewinnung und -bindung zu schaffen, die durch Location-Based-Service-Tools wie Foursquare und Gowalla erstmals größere Aufmerksamkeit erlangte.

Vom Prinzip her geht es um Folgendes: Alle gängigen Smartphones haben einen GPS-Empfänger integriert, es ist also eine relativ exakte Standortbestimmung möglich. Warum also nicht seinen Social-Media-Freunden sagen, wo man sich gerade befindet? Werfen Sie jetzt mal alle Privacy-Bedenken über Bord und sehen Sie es aus der Sicht Ihres Unternehmens (sofern Sie Laufkundschaft haben): Jeder Facebook-User hat im Schnitt 130 Freunde. Wenn Sie eine Pizzeria betreiben und dieser User jetzt seinen Freunden mitteilt, dass er gerade bei Ihnen ist und was er da genau tut, verbreitet er den Namen Ihres Unternehmens, und das mit nur ein bis zwei Klicks. Dies steigert also die Reichweite Ihrer Marke bzw. Ihres Unternehmensnamens. Zusätzlich kann der User beim Check-in einen individuellen Text dazuschreiben wie »Bestell mir gerade eine leckere Pizza Calzone«, oder er versieht den Check-in mit einer anderen Art von Bewertung. Das sind die kaufrelevanten Informationen für zukünftige Kunden, die sich in Social Media informieren.

Wie funktioniert Facebook Places?

Sie verfügen entweder über ein Smartphone (Apple iPhone, Android usw.) oder können Facebook Places am eigenen Computer nutzen. Zentrale Elemente sind Orte, also Places. Das kann ein Restaurant, eine Bar, Ihr Büro, ein Store oder beispielsweise auch ein ganzes Einkaufszentrum oder eine Sehenswürdigkeit sein. Wenn ein Smartphone-Besitzer das GPS aktiviert hat, zeigt die Facebook-Applikation alle Orte in der Nähe. Der User kann an diesem Ort »einchecken« und so seinen Facebook-Freunden mitteilen, dass er sich hier an diesem Ort befindet. Er kann aber auch auf einen Blick sehen, wer von seinen Freunden ebenfalls hier eingecheckt hat und welche Personen sonst oder bereits früher hier eingecheckt haben. Wenn es in Facebook Places diesen Ort noch nicht gibt, kann er von jedem User selbstständig angelegt werden, er muss nicht Geschäftsinhaber sein oder bereits die dazugehörige Facebook-Seite besitzen. Deshalb ist es für Sie als Unternehmen wichtig, rasch zu überprüfen, ob es Ihr Unternehmen schon als Place gibt und ob dieser Place bereits Check-ins oder Kommentare beinhaltet. Gehen Sie dazu einfach in die Facebook-Suche und geben Sie den Namen Ihres Unternehmens ein. Viele Facebook-Orte haben ein Check-in-Symbol und keine Pinnwand, dadurch können Sie Facebook Places von einer normalen Facebook-Seite unterscheiden. Gibt es Ihr Unternehmen bereits als Place, können Sie diesen bestehenden Ort als Geschäftsinhaber beanspruchen. Ansonsten können Sie die Places-Funktion zu Ihrer Facebook-Seite hinzufügen, indem Sie eine für Facebook erkennbare Postadresse im dafür vorgesehenen Infofeld hinzufügen. Es besteht auch die Möglichkeit, Ihre Facebook-Seite mit dem Facebook-Ort (Place) zusammenzuführen. Das kann in manchen Fällen Sinn ergeben, in anderen wiederum nicht, das muss im Einzelfall entschieden werden.

Abbildung 7.16 So sieht ein reiner Facebook-Ort aus.

Jetzt werden Sie sich fragen, warum ein User das tun sollte – aller Welt sagen, wo er gerade ist? Tatsächlich ist diese Form der eigenen geografischen, halb öffentlichen Verortung noch nicht sehr verbreitet, aber es haben sich bereits einige Anhänger, vor allem technikaffine User, gefunden. Für den Durchschnittsuser müssen natürlich Anreize geschaffen werden, den sogenannten Check-in auch auszuführen.

Erste Praxisbeispiele zu Facebook Places für die kommerzielle Nutzung gibt es bereits: So bekamen alle Besucher der Release-Party des neuen Albums von James Blunt nach ihrem Check-in via Facebook Places exklusiv drei Songs zum kostenlosen Download geschenkt. Ein anderes gelungenes Beispiel ist die Verknüpfung von Check-ins mit einem Gewinnspiel. So forderte die britische Tourismusbehörde alle Besucher der Facebook-Seite auf, auf »Gefällt mir« zu klicken. Wer mindestens an zwei Orten via Facebook eincheckte, nahm an der Verlosung einer Reise für zwei Personen teil.

Facebook ging ursprünglich aber noch einen Schritt weiter (und damit näher an die Konkurrenten wie Foursquare heran), und zwar mit Facebook Deals. Das ist eine Erweiterung und Monetarisierung von und über Facebook Places. Damit konnte man User belohnen, die, ähnlich wie bei Foursquare, in einem Unternehmen eincheckten: mit Vergünstigungen, kostenlosen Give-aways oder einfach nur ein bisschen Ruhm (als Kunde des Tages beispielsweise). Facebook testete die Akzeptanz dieses Service anhand einiger Preferred Partner (auch in Deutschland) und schaltete es in den USA weitgehend frei, in Europa ließ es aber noch auf sich warten. In der letzten Zeit wurde es seitens Facebook ruhig zu diesem Thema, es ist also nur schwer einzuschätzen, ob solche Möglichkeiten wieder verstärkt für Seitenbetreiber angeboten werden.

Facebook Global Pages und Parent/Child-Struktur

Für international agierende Unternehmen bzw. Marken bietet Facebook sogenannte Global Pages: Es gibt eine einzige zentrale Facebook-Seite, die aber inhaltlich und technisch auf verschiedene Regionen zugeschnitten sein kann. Die Regionalseiten werden in der Facebook-Suche nicht dargestellt, dafür verfügen sie über eigene Vanity-URLs.

So gibt es beispielsweise eine einzige Facebook-Seite für die Marke NIVEA, die grafischen Elemente wie Coverbild und Logo sowie die Postings werden auf den einzelnen Zielmarkt angepasst und nur der jeweiligen Zielgruppe zugänglich gemacht (siehe Abbildung 7.17).

Abbildung 7.17 Facebook Global Page mit Regionsauswahl

Sollten Sie für Ihr Unternehmen oder Ihre Marke eine solche Global-Pages-Lösung benötigen, hilft nur der direkte Kontakt zu Facebook. Eine gute Anlaufstelle ist aber auch unser Kollege Thomas Hutter, der als ausgewiesener Facebook-Spezialist über entsprechende Erfahrungen und Kontakte verfügt. Auf seiner Website finden Sie dazu weitere Informationen: *http://www.hutter-consult.com/facebook-marketing/facebook-seiten-orte/*.

Unternehmen mit mehreren Standorten/Filialen haben wiederum die Möglichkeit, mit der sogenannten Parent/Child-Struktur die jeweiligen Facebook-Orte (-Standorte) unterhalb einer zentralen Facebook-Seite für den Gesamtauftritt zu bündeln (siehe Abbildung 7.18). Das Hinzufügen von Facebook-Orten zu einer zentralen Facebook-Seite wird möglicherweise in den nächsten Monaten für alle Seitenadministratoren freigeschaltet werden.

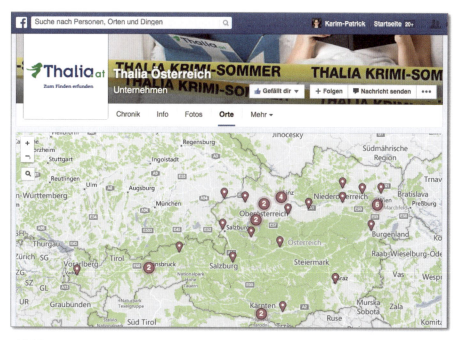

Abbildung 7.18 Sogar die gesammelte Darstellung der Facebook Places/Orte aller Filialen ist möglich (Facebook Parent/Child-Struktur). (Quelle: Screenshot Facebook-Seite Thalia.at)

7.8.24 Facebook als Bewertungsplattform

Viele Facebook-Seiten verfügen über eine Bewertungs- bzw. Rezensionsfunktion, mit der User der Seite einen bis fünf Sterne vergeben und einen Kommentar dazu verfassen können. Facebook stellt diese Funktion mit jedem Designupdate prominenter dar und scheint die Bewertungsfunktion gezielt zu pushen. Der Grund dafür liegt auf der Hand: Bewertungen werden von Usern als relevant wahrgenommen und auch aktiv gesucht. Seitenbetreiber sollten also die Rezensionen stärker im Blick behalten und auch gezielt ihre Fans auffordern, Bewertungen abzugeben. Mehr Informationen dazu finden Sie auf dem Blog von viermalvier.at (*http:// blog.viermalvier.at*).

7.8.25 Noch ein paar wichtige Facebook-Benimmregeln

Folgende Regeln gelten grundsätzlich nicht nur für Facebook, sondern für alle sozialen Netzwerke. Zum Teil beziehen sie sich aber auf Facebook-spezifische Funktionalitäten:

▶ Spammen Sie nicht: Vermeiden Sie plumpe Werbung, egal ob über Ihr Profil oder auf der Facebook-Seite. Versuchen Sie nicht, so zu tun, als ob es sich um eine persönliche Empfehlung handeln würde, wenn berufliches Interesse oder eben Werbung dahintersteckt. Ihre Facebook-Freunde würden es merken und sich schrittweise von Ihnen zurückziehen bzw. die Beiträge der Facebook-Seite ausblenden.

▶ Halten Sie sich mit Seiten- oder Gruppeneinladungen zurück. Wenn Sie Ihre Facebook-Freunde über ein normales Maß hinaus ständig mit solchen Einladungen bombardieren, machen Sie sich unbeliebt. Mittel- und langfristig ergibt es auch überhaupt keinen Sinn: Jemand, der nicht an Ihnen, Ihrem Unternehmen oder Ihren Produkten interessiert ist, wird auch kein guter Multiplikator und Botschafter sein. Deshalb schränkt Facebook bereits schrittweise die Verfügbarkeit der Seitenempfehlungsfunktion ein.

▶ Seien Sie authentisch: Geben Sie sich nicht als jemand aus, der Sie nicht sind. Deshalb: Ihr Profil soll Ihren persönlichen Namen tragen, und die Facebook-Seite soll als offizieller Auftritt Ihres Unternehmens erkennbar sein. Die User möchten wissen, mit wem sie es zu tun haben.

▶ Denken Sie immer daran: Alles, was Sie auf die Pinnwand schreiben, jeder Link und jedes Foto oder Video, das Sie veröffentlichen, jeder Kommentar, den Sie abgeben, wird von allen im beruflichen Kontext wahrgenommen und kann für immer im Internet gespeichert sein und somit gefunden werden.

Rechtstipp von Peter Harlander: Der richtige Umgang mit Fake-Profilen

Wir empfehlen Ihnen dringend, auf die Nutzung von Fake-Profilen zu verzichten. Profile mit Fake-Namen können von Facebook im schlimmsten Fall gesperrt werden. Dann könnten wertvolle Kontakte oder sogar Admin-Rechte verloren gehen. Umgekehrt gilt: Wenn ein User mit dem Namen Ihres Unternehmens, Ihrer Marke oder eines Ihrer Produkte ein Profil, eine Gruppe oder eine Seite eingerichtet hat, sollten Sie nicht sofort mit der Anwaltskeule drohen oder rechtliche Schritte einleiten. Suchen Sie den Kontakt, bleiben Sie freundlich, und versuchen Sie, eine gemeinsame Lösung zu finden. Bei zu rohem Vorgehen könnte es sich zu einem Image-Supergau für Sie entwickeln, der irreparable Reputationsschäden zur Folge hätte. Deshalb: Behandeln Sie den User stets auf Augenhöhe, professionell und korrekt. Für den Fall, dass die Kontaktversuche Ihrerseits unbeantwortet bleiben oder kein Kooperationswille vom User signalisiert wird, bietet Facebook entsprechende Kontaktformulare an, um beispielsweise Ansprüche auf Basis von Marken- oder Urheberrecht geltend zu machen.

Facebook bietet eine breite Palette an Möglichkeiten, mit den Kunden in Kontakt zu treten und auch zu bleiben. Doch wie eingangs erwähnt, ist Facebook nicht das einzige soziale Netzwerk, das im deutschsprachigen Raum beliebt ist und genutzt wird. Wir möchten Ihnen nun die wichtigsten anderen überregionalen Netzwerke vorstellen.

7.9 Google+

Google, der Suchmaschinengigant, ist auch im Social Web schon lange unterwegs: Durch die Akquise von YouTube wurde Google zum Global Player im Uservideo-Bereich. Das lange Zeit in Brasilien so beliebte soziale Netzwerk Orkut gehörte ebenfalls zur Google-Familie (es wurde im Sommer 2014 aber geschlossen). Doch durch Facebook hat Google einen ernst zu nehmenden Konkurrenten erhalten: Die Internetuser verbringen immer mehr Zeit in sozialen Netzwerken, informieren sich und sind dort auch für Werbung durchaus empfänglich. Die Plattformbetreiber wiederum haben durch den Zugriff auf die Profildaten und das Nutzungsverhalten der User wesentlich hochwertigere und genauere Targetinginformationen zur Verfügung und werden so für Werber viel interessanter. Und in den USA bringt bereits heute Facebook mehr Besucher auf Websites als Google.

Die vermeintliche Antwort darauf heißt Google+ (Google Plus). Im Juni 2011 wurde das soziale Netzwerk der Öffentlichkeit vorgestellt und in einer Betaversion einem gewissen Userkreis zugänglich gemacht (über Einladungen). Google stand und steht hier unter Erfolgsdruck: Nachdem Google Buzz und Google Waves gescheitert sind, erwarten viele Branchenexperten, dass Google+ auf alle Fälle funktionieren, sprich, eine kritische Masse erreichen und sie auch halten können muss.

Google+ verfügt zwar laut verschiedenen Quellen über knapp 1 Mrd. registrierte User (Stand Juni 2014), davon scheint aber nur eine Minderheit tatsächlich regelmäßig aktiv zu sein.[9] Denn viele der in Google+ registrierten User wurden quasi automatisch registriert, da ihre YouTube-, Gmail- oder andere Konten in Google+-Konten umgewandelt oder mit Google+-Konten zwangsweise verknüpft wurden.

---

9 *http://www.futurebiz.de/artikel/3-jahre-google-von-der-facebook-alternative-zum-social-layer-infografik/*

Die Plattform wird häufig als *Social Layer* gesehen: Damit ist die Verknüpfung aller Google-Produkte mit sozialen Funktionen und Informationen aus dem eigenen sozialen Netzwerk gemeint.

Google+ wird zwar häufig direkt mit Facebook verglichen, doch dieser Vergleich hinkt: In vielen Punkten ist Google+ eigentlich viel näher an Twitter als an Facebook, darauf gehen wir im Folgenden noch mehrmals ein. Schauen wir uns nun an, wie Google+ funktioniert.

Die Anmeldung auf Google+ erfolgt über einen bereits bestehenden Google-Account aus einer früheren Anmeldung, beispielsweise für Picasa, YouTube, Google Analytics oder eine der vielen weiteren Google-Plattformen und -Services. Google-Account heißt aber nicht, dass Sie verpflichtet sind, eine Gmail-Adresse anzumelden. Sie können auch jede andere E-Mail-Adresse für die Registrierung eines Google-Kontos verwenden. Achten Sie aber darauf, dass die E-Mail-Adresse einen direkten Zusammenhang mit Ihrem Personenprofil auf Google+ erlaubt.

7.9.1   Das Google+-Profil

Nach der Registrierung Ihres Google+-Accounts sollten Sie Ihr Profil befüllen. Neben einem aussagekräftigen Profilbild sollten Sie besonderes Augenmerk auf den Infobereich im Profil legen, vor allem auf folgende Felder:

▶ GESCHICHTE: In diesem Bereich sollten Sie in wenigen Worten Infos über Ihre Person erfassen (MOTTO, ÜBER MICH).

▶ ARBEIT: Die Befüllung dieser Felder (BERUF, KOMPETENZEN, BESCHÄFTIGUNG) ist besonders wichtig, da die darin befindliche Information als Vorschautext direkt unter Ihrem Namen auftaucht, beispielsweise in der Suche oder wenn jemand Ihr Profil auf Google+ teilt.

▶ LINKS: Hier können Sie eine Art Linkliste eintragen. Tragen Sie unter WEITERE PROFILE Ihr Blog, Ihren Twitter-Account, Ihr Facebook-Profil und alle weiteren, aussagekräftigen Profile ein. Das ist insofern auch mittel- und langfristig wichtig, da Google so eine Verbindung zwischen Ihrem Google+-Profil und den anderen Profilen herstellen kann. Wenn im Google-Suchergebnis später einmal bei jedem von Ihnen geschriebenen Blogartikel Ihr Google+-Profilfoto und ein Link zum Profil erscheinen, kann das nur ein Vorteil sein (Google Authorship).

7.9.2   Die Google+-Startseite

Nun kommen wir zur Google+-Startseite, die jeder Google+-User nach dem Einstieg automatisch angezeigt bekommt (siehe Abbildung 7.19). Die Startseite ähnelt in Aufbau und Funktionalität sehr der Startseite der Facebook-User. In der Mitte befindet sich der sogenannte Stream, in dem alle Beiträge von jenen Usern und Unternehmensseiten gezeigt werden, denen Sie folgen, von denen Sie also Follower sind. Im sogenannten Publisher können Sie, ähnlich Facebook, einen Beitrag schreiben und ein Foto, ein Video, einen Weblink und Ihren Standort hinzufügen sowie die Empfängerkreise auswählen. Google+ geht hier neue Wege und stellt als Bindeglied die sogenannten Kreise zur Verfügung. Genau hier unterscheidet sich Google+ stark von Facebook und ähnelt Twitter, was das Prinzip des Kontaktaufbaus und der Kontaktpflege betrifft.

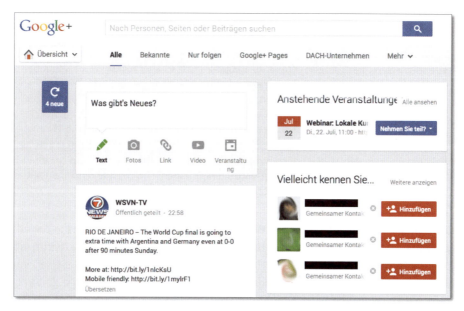

Abbildung 7.19 Google+-Startseite mit dem Stream

7.9.3 Google+ Circles: der Kreis der Auserwählten

Auf Google+ dreht sich sprichwörtlich alles um Kreise (Circles). Diese sind ähnlich zu sehen wie Listen auf Twitter oder Facebook. Sie sind die Kontaktverwaltung. Jeder Google+-Nutzer kann einen anderen Google+-Nutzer in einen seiner Kreise ziehen, ohne dass dieser zustimmen muss. Die Einordnung in Kreise bestimmt nicht nur, wer grundsätzlich welche Inhalte zu sehen bekommt, sondern ermöglicht auch, einen Filter zu setzen, der festlegt, von welchem Kreis, also welcher Google+-Nutzergruppe, man die Inhalte im Stream lesen möchte.

Natürlich müssen Sie nicht zwangsläufig immer Kreise auswählen, Sie können auch einzelnen Google+-Usern einen Beitrag zugänglich machen oder eben »öffentlich« und somit auch offen für Suchmaschinen posten. Es ist natürlich jederzeit möglich,

Personen aus Kreisen zu entfernen oder anderen Kreisen zuzuordnen. Sie sollten schon von Beginn an versuchen, Ihre Kontakte konsequent in die richtigen Kreise zu ziehen, um den Überblick zu behalten und den vollen Vorteil dieser Filtermöglichkeit ausnutzen zu können.

> **Beispiel der Kontaktverwaltung mittels Kreisen**
>
> Wenn Google+-User Karim beispielsweise Google+-User Anne zu seinen Kontakten hinzufügen will, weil ihn interessiert, was Anne schreibt, ordnet er Anne einem oder mehreren seiner Kreise zu, beispielsweise dem selbst erstellten Kreis »Social-Media-Kollegen«. Anne bekommt die Information, dass sie von Karim einem Kreis (als Kontakt) hinzugefügt wurde, aber nicht, welchem. Sie muss dem nicht zustimmen und kann es auch nicht wirklich verhindern. Nun kann Anne wiederum Karim ebenfalls einem oder mehreren ihrer Google+-Kreise hinzufügen, muss es aber nicht. Wenn Karim beispielsweise explizit nur jene Beiträge lesen möchte, die die in diesem Kreis befindlichen Google+-User geschrieben haben, kann er auf seiner Startseite den Kreis »Social-Media-Kollegen« als Filter auswählen. Karim kann beispielsweise aber auch einen Google+-Beitrag zum Thema Social Media Marketing schreiben und nur für jene User zugänglich machen, die sich im Kreis »Social-Media-Kollegen« befinden. Diesen Beitrag bekommen aber selbstverständlich nur jene Google+-User auf deren Stream zu sehen, die Karim wiederum ihrem/n Kreis(en) hinzugefügt haben – im Grunde dasselbe Follower- und Listen-Prinzip wie auf Twitter.

Obwohl das System auf den ersten Blick etwas verwirrend scheint, ist es in der alltäglichen Nutzung doch sehr praktisch und nachvollziehbar. Google+ wirbt mit einer einfachen und transparenten Handhabung der Privatsphäre um die User, vor allem um jene, die eine solche Transparenz und Übersichtlichkeit lange Zeit vermisst haben. Nur kurz nach Einführung von Google+ hat Facebook seine Privatsphären-Einstellungen radikal überarbeitet und vereinfacht, was nicht zuletzt auch auf Google+ zurückgeführt werden darf.

Facebook bietet ja seit Einführung der Chronik (Timeline) ebenfalls einen Zwischenweg zwischen Freundschaft (über eine bestätigte Freundschaftsanfrage) und Nichtfreundschaft (also keiner aktiven Zustellung von Beiträgen dieser Person). Sie können die öffentlichen Beiträge von anderen Facebook-Usern abonnieren bzw. ihnen folgen, mit denen Sie nicht befreundet sind (wenn diese die Abo-Funktion aktiviert haben).

7.9.4 Der +1-Button

Eine weitere Facebook-ähnliche Funktion ist der +1-Button. So können Sie einerseits einer Google+-Seite eine +1 geben (damit werden Sie aber nicht automatisch ein Follower) und andererseits einen Beitrag von anderen Google+-Usern oder Seiten »liken«, also ähnlich dem »Gefällt mir«-Button (Like-Button) aus Facebook eine Art Statement abgeben, dass Sie diesen Beitrag gut finden. Sie sehen übrigens als eingeloggter Google+-User auf der Google-Suchmaschine im Normalfall unter jedem Link im Suchergebnis, ob und welcher Ihrer Google+-Kontakte diesen Link schon einmal geteilt hat.

7.9.5 Google+-Unternehmensseiten

Seit November 2011 können, vergleichbar mit den Facebook-Seiten, auch Unternehmensseiten auf Google+ registriert werden. Die Einrichtung ist relativ rasch erledigt. Die Wahl der richtigen Kategorie (z. B. wählen Sie die Kategorie LOKALES GESCHÄFT, um ein Restaurant auf Google+ anzulegen) entscheidet so wie auf Facebook über die Anzahl und Ausprägung der zu befüllenden Felder. Deshalb sollten Sie auch hier genau darauf achten, was Sie auswählen und eingeben. Ein großer Vorteil: Seit Dezember 2011 können Sie noch zusätzliche Administratoren ernennen.

> **Rechtstipp von Sven Hörnich: Achten Sie auf die Angabe eines Impressums**
> Herumgesprochen dürfte sich seit Langem haben, dass beispielsweise gewerbliche Facebook-Accounts ein Impressum benötigen. Umso überraschender ist regelmäßig, dass die Diskussion bei anderen Social-Media-Kanälen stets aufs Neue aufkommt. Die Antwort hier ist klar: Unabhängig von der technischen Umsetzung bedürfen gewerbliche Accounts jeweils eines wirksamen Impressums. Gleiches gilt – dies aus presserechtlicher Sicht – auch oftmals für nicht gewerbliche Accounts von beispielsweise Hobbyjournalisten. Denn ein betroffener Dritter muss sich im Ernstfall gegen eine rechtswidrige (beispielsweise falsche) Behauptung wehren und seinen Gegner kennen können.

Im Vergleich zu Facebook bietet Google+ noch sehr wenige Möglichkeiten, über die Newsbeiträge hinaus die Unternehmensseite aufzupeppen. Gestalten Sie die Unternehmensseite so aussagekräftig wie möglich und beachten Sie folgende Tipps:

▶ Verifizieren Sie die E-Mail-Adresse, und geben Sie so Ihrer Google+-Seite ein offizielles Kennzeichen.

▶ Füllen Sie das Feld INFO vollständig aus (Intro, Kontakt, Website).

▶ Geben Sie relevante Links ein (EMPFOHLENE LINKS): Verlinken Sie zur Website, und bauen Sie auf Ihrer Website das Google+-Widget ein. Das hilft dem Ranking Ihrer Website und Ihrer Google+-Unternehmensseite auf der Suchmaschine Google.

▶ Verlinken Sie unter EMPFOHLENE LINKS auch auf das Impressum Ihrer Website.

▶ Geben Sie auch ein vollständiges Impressum an.

7 Soziale Netzwerke

Abbildung 7.20 Befüllen und verifizieren Sie Ihre Google+-Seite. (Quelle: Screenshot Google+ Seite viermalvier.at)

Die Verwaltung der Kreise

Standardmäßig haben Unternehmensseiten die Kreise NUR FOLGEN, KUNDEN, VIPs und TEAMMITGLIEDER vorinstalliert. Diese Aufteilung zeigt schön, wie Google+ die Nutzung von Unternehmensseiten vorsieht. Kreise können beliebig angelegt, verändert oder gelöscht werden. Als Unternehmen können Sie Ihren Kreisen nur Personen hinzufügen, die zuerst Ihr Unternehmen schon deren Kreisen hinzugefügt haben. Andere Seiten, beispielsweise von Agenturen, Kunden oder Lieferanten, können Sie sehr wohl selbstständig hinzufügen, auch wenn diese Ihnen noch nicht folgen (also Ihre Google+-Unternehmensseite noch nicht in deren Kreisen steckt).

Grundsätzlich müssen Sie als Unternehmen keine komplexe Kreisverwaltung betreiben. Sie können alles »öffentlich« posten, und es kann von allen Followern gesehen werden, auch von den Suchmaschinen. Wenn Sie aber eine zielgruppengenaue Ansprache brauchen, beispielsweise für einen bestimmten Kundenkreis, ist die Einteilung in bestimmte Kreise sinnvoll. Umgekehrt hilft Ihnen das auch, die Beiträge bestimmter Kundenkreise aktiv und selektiv zu lesen und die Beiträge anderer auszublenden.

7.9.6 Wie Sie Ihre Google+-Seite bekannt machen

Da es auf Google+ selbst noch keine Möglichkeit gibt, Ihre Unternehmensseite mittels Ads zu bewerben, gibt es nur eine eingeschränkte Auswahl an Verbreitungsmaßnahmen:

▶ Nutzen Sie alle anderen Social-Media-Kanäle, um auf Ihre Google+-Unternehmensseite hinzuweisen, aber übertreiben Sie es nicht.

▶ Bauen Sie auf Ihrer Website und anderen Webpräsenzen den Google+-Button oder das Widget ein, genauso auch den +1-Button bei Presse- oder Blogartikeln.

▶ Schreiben Sie einen Newsletter-Artikel über Ihre Google+-Seite, und erzählen Sie, warum es sich auszahlt, Follower zu werden.

▶ Nutzen Sie Ihre persönlichen Google+-Profilkontakte, um auf die Seite hinzuweisen.

Leider ist aktuell noch nicht bei allen Google+-Seiten eine individuelle Vanity-URL möglich (so wie auf Facebook beispielsweise *http://www.facebook.com/viermalvier*). Sie können zwar eine Vanity-URL eintragen, aber zum Zeitpunkt der Erstellung dieses Kapitels war lediglich eine von Google vorgeschlagene URL möglich, eine Individualisierung nur auf Antrag durch den Seitenbetreiber.

Erst wenn Sie eine Vanity-URL haben, ist es einfach und schnell möglich, das Google+-Profil oder die Google+-Seite beispielsweise auf Printprodukten zu bewerben.

7.9.7 Wie Sie mit Ihren Followern kommunizieren können

So wie auf allen anderen aktiven Social-Media-Plattformen hängt der Erfolg Ihrer Unternehmensseite auf Google+ davon ab, wie authentisch, regelmäßig und relevant Sie kommunizieren, in diesem Fall über die Pinnwand (Stream). Verfassen Sie also Beiträge, die die Leser ansprechen, unterhalten, informieren und zur Weiterleitung an deren Follower animieren. Veröffentlichen Sie Inhalte, die die Follower am besten ausschließlich auf Google+ von Ihnen bekommen, und vermeiden Sie simples Copy-and-paste von Inhalten aus Facebook oder Twitter. Sie werden dann mit einer höheren Interaktionsrate (+1, Kommentare, Teilen) belohnt. Das wiederum führt zu einer höheren Streuung Ihrer Unternehmensseite. Die Erfahrung zeigt aber, dass auf Google+ kein großer Unterschied zu den Zielgruppen und Nutzern auf Facebook oder Twitter besteht, daher fällt es schwer, andere Inhalte zu finden und zu veröffentlichen. Sie sollten zumindest versuchen, selektiver vorzugehen und nicht alles wortwörtlich genau so wie auf Facebook und/oder Twitter zu veröffentlichen.

Follower können auf der Seite selbst keinen Pinnwandeintrag hinterlassen, sondern nur auf der eigenen Pinnwand einen Eintrag ans Unternehmen richten. Der zentrale Weiterverbreitungseffekt wird hauptsächlich durch das aktive Klicken des Followers auf »Teilen« unter dem Beitrag ausgelöst.

7.9.8 Hangouts

Diese Videokonferenzen oder -chats sind ein großer Vorteil von Google+, den beispielsweise im Januar 2012 auch der US-amerikanische Präsident Barack Obama für eine virtuelle Fragestunde nutzte. Sie können als Seitenbetreiber ein Hangout starten und so Ihre Follower zu einem Videochat einladen. So hat beispielsweise Red Bull schon mehrere Hangouts mit Sport- und Musikstars für seine Follower organisiert, und die Drogeriekette »dm Österreich« hat via Videochat Frisuren- und Stylingtipps von professionellen Stylisten geben lassen, einschließlich Zwischenfragen der anderen Hangout-Teilnehmer. Das Tolle an den Hangouts ist, dass der Videochat auch via Smartphone möglich ist. Außerdem können Sie den Hangout »on air« durchführen und neben den zehn direkten Videochat-Teilnehmern den Hangout auch einer breiten Öffentlichkeit über Livestreaming auf YouTube zugänglich machen.

7.9.9 Insights/Ripples

Für Google+-Unternehmensseiten stehen Insights zur Verfügung, ähnlich wie z. B. für Facebook-Seiten, allerdings nicht im gleichen Umfang und mit der gleichen Datentiefe. Eine durchaus gelungene Informationsquelle ist Ripples, eine Darstellung der Viralität eines Beitrags anhand einer dynamisch erzeugten Grafik (siehe Abbildung 7.21).

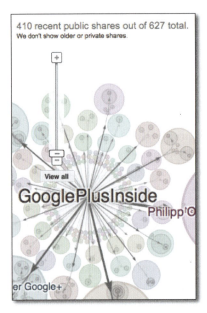

Abbildung 7.21 Mit Ripples sehen Sie, wer einen Beitrag geteilt hat und wen er damit erreicht hat.

Die Größe eines Kreises sagt aus, wie stark dieser User zur Weiterverbreitung des Posts beigetragen hat. Die Pfeile und die dahinter befindlichen Kreise wiederum zeigen, von wem dieser Beitrag aufgegriffen und weiterverbreitet wurde. Das Ganze wird darunter noch einmal in Textform aufgelistet und mit zusätzlichen statistischen Informationen angereichert.

Wie eingangs schon erwähnt, steht für Google viel auf dem Spiel. Deshalb wird Google sich auch besonders bemühen, weiterhin viele neue und vor allem aktive User zu gewinnen und sie dazu zu bewegen, Zeit auf Google+ zu verbringen, viele Inhalte zu teilen und natürlich auch die Google-Datenbanken zu füttern. Aktuelle Statistiken und Zahlen über Nutzer und deren Verteilung finden Sie auf einem der zahlreichen Google+-Blogs.

Zu viel Google+ im Google-Suchergebnis?

Kritik wurde über die Social-Media-Kreise hinaus laut, als Google das sogenannte »Search, plus Your World« vorstellte. Damit gemeint ist ein Filter, der auf der klassischen Google-Suchmaschine automatisch nach Inhalten von anderen Google+-Usern sucht und diese auch entsprechend hervorhebt. Facebook, Twitter und einige andere Plattformbetreiber kritisieren dies als sehr subjektive Darstellung und Bevorzugung von Google+-Inhalten.

Neben den Global Playern Facebook und Google+ kommen wir nun zu weiteren sozialen Netzwerken, die mittlerweile einen harten Kampf gegen die Großen führen und in vielen Fällen starke Rückgänge bei den Besucherzahlen erleben. Das betrifft auch einstige lokale bzw. regionale Platzhirsche wie StudiVZ oder wer-kennt-wen.de. Andererseits gibt es ein paar aufsteigende Sterne am Himmel, die wir Ihnen natürlich ebenfalls vorstellen möchten.

7.10 Weitere soziale Netzwerke

7.10.1 Instagram – beliebte App und mobile Fotocommunity

Vielleicht sind Ihnen in letzter Zeit überbelichtete Bilder oder Fotos mit besonderen Filtern aufgefallen, die bestimmte User auf Facebook oder Twitter teilen? Das liegt an Foto-Apps wie z. B. »Instagram«, »Snapseed«, »Leme« oder »Hipstamatic«. Instragram ist eigentlich eine Foto-App für Smartphones, mit der man Fotos schnell bearbeiten und in sozialen Netzwerken teilen kann. Es ist aber auch eine eigene Fotocommunity. Instagram-User können Bilder und Kurzvideos posten und anderen Nutzern folgen, und natürlich können die Bilder und Videos geliked und kommentiert werden.

Instagram hat aktuell rund 200 Mio. registrierte User und wurde von Facebook gekauft. Es erlebt aktuell einen großen Zuspruch an neuen Usern, und die Interaktionsraten bei den veröffentlichten Bildern können sich sehen lassen. Relativ zu den Follower-Zahlen gesehen, liegen sie oft weit höher als auf den vergleichbaren Facebook-Profilen oder -Seiten derselben Personen oder Unternehmen.

Warum und wie Sie in Instagram aktiv werden sollten

Beliebte Nutzer in Instagram sammeln viele Follower, die wiederum die Bilder liken und kommentieren. Bilder erzeugen eine höhere Aufmerksamkeit als Nachrichten, insbesondere bei Instagram, weil sie optisch besonders ansprechend sind. Das hat auch Vorteile für Unternehmen: ATOMIC (*http://instagram.com/atomicski*), Burberry, Swarovski aber auch viele Stars haben eigene Instagram-Accounts und nutzen die Plattform, um ihren Followern persönliche Bilder und Hintergrundinfos zukommen zu lassen oder sie über neue Produkte/Projekte usw. zu informieren. Instagram ist unter berühmten Persönlichkeiten, ähnlich wie Twitter, ein Medium geworden, mit dem Stars ihren digitalen Ruf aufbauen und verbessern können. Sänger und Musiker wie Madonna, Marilyn Manson, Moby und viele mehr nutzen den Fotodienst, um ihr neues Album zu bewerben oder ihre Tour zu dokumentieren. Oft sind es auch einfach nur Alltagsszenen, die in einer Art Online-Fototagebuch auf Instagram veröffentlicht werden.

Ford Fiesta startete beispielsweise eine Instagram-Kampagne mit dem Namen »Fiestagram«. Dabei mussten die User über den gesamten Kampagnenzeitraum sechs Aufgaben lösen, z. B. Bilder über Musik hochladen und die USB- und Bluetooth-Schnittstelle des neuen Ford Fiesta bewerben. Nach jeder Challenge wurde unter den Teilnehmern das beste Foto gekürt und belohnt. Wichtig war natürlich, das Foto mit den Hashtags #Fiestagram und #Musik zu taggen, um die Aktion Fiestagram zu kennzeichnen und noch mehr Teilnehmer zu aktivieren. Insgesamt gingen 15.723 Bilder ein.

Wenn Ihr Unternehmen bzw. einzelne Produkte oder Persönlichkeiten über Bilder kommunizierbar sind oder jemand in Ihrem Unternehmen bereits Instagram nutzt, scheuen Sie sich nicht, mit Ihrem Unternehmen darin aktiv zu werden.

7.10.2 Stayfriends.de

Während viele regionale soziale Netzwerke mit dem Überleben kämpfen oder gegenüber Facebook schon verloren haben, hält sich Stayfriends relativ gut und kann als deutsches soziales Netzwerk sogar leichte Zuwächse verzeichnen. Stayfriends ist ein Netzwerk, um sich mit ehemaligen Schulfreunden und Klassenkollegen zu vernetzen und in Kontakt zu bleiben. Laut eigenen Angaben hat das Portal im Juni 2014 über 14 Mio. registrierte User in Deutschland, es gibt außerdem eigene

Ableger für Österreich und die Schweiz. Ob es sich langfristig behaupten kann, bleibt abzuwarten.

7.10.3 Das VZ-Netzwerk – StudiVZ & Co.

Das früher zur Holzbrinck-Gruppe gehörende VZ-Netzwerk bestand aus StudiVZ, SchülerVZ und meinVZ. StudiVZ war geraume Zeit direkter und großer Facebook-Konkurrent im deutschsprachigen Raum, aber seit Langem hat Facebook im gesamten deutschsprachigen Raum die Führungsposition übernommen, und das gesamte VZ-Netzwerk erlebte einen starken Rückgang der Besucherzahlen. SchülerVZ wurde geschlossen, StudiVZ und meinVZ wurden überarbeitet. Trotz mehrmaligen Besitzwechsels gelang es keinem Eigentümer, für entsprechenden Userzuspruch zu sorgen, deshalb gehen wir hier nicht weiter auf die VZ-Netzwerke ein.

7.10.4 wer-kennt-wen.de – früher eine große Nummer

wer-kennt-wen.de (WKW) war mit etwa 9 Mio. Usern eines der großen sozialen Netzwerke in Deutschland. Neben gängigen Funktionen, wie Freundschaften pflegen, Bilder hochladen und kommentieren, in Gruppen und Foren diskutieren, Chatten usw., hatten die Betreiber die Community auch mit WKW-Partys bekannt gemacht. Im Juni 2014 schlossen die Betreiber die Plattform endgültig.

7.10.5 Myspace.com – Musik aus besseren Tagen

Einst das größte soziale Netzwerk der Welt, wurde Myspace bereits im Jahr 2008 von Facebook überholt und kämpft seit Langem damit, eine entsprechende Nische zu finden. Aktuell dürfte es etwas mehr als 200 Mio. registrierte User haben. Gegründet bereits im Jahr 2003 in den USA, entwickelte sich Myspace schnell zu einem großen Netzwerk, in dem sich Einzelpersonen, aber nach und nach vor allem Künstler und andere Personen aus dem Musikbereich miteinander vernetzten. 2005 wurde Myspace durch die News Corp. von Rupert Murdoch aufgekauft und 2011 angeblich zu einem sehr niedrigen Preis an Specific Media verkauft. Auch wenn Myspace kürzlich ein großes Redesign erhielt, hat die Plattform viel an Relevanz verloren.

In manchen Medien wird Myspace bereits als Randgruppennetzwerk bezeichnet. Es wird behauptet, dass in den USA hauptsächlich Menschen aus der Unterschicht bei Myspace aktiv sind. Sicherlich ist es kein globales soziales Netzwerk wie Facebook, möglicherweise war es das auch nie so richtig. Man versucht nun, über einen noch stärkeren Fokus auf Musik und Video ein interessiertes Publikum anzusprechen und zu halten.

Einzelne User bzw. Bands können ein Profil anlegen und dieses mit Hintergrundinformationen über sich oder eben die Band, über kommende Konzerte, Album-Releases und Veranstaltungen mithilfe eines eigenen Terminkalenders, Hörproben usw. befüllen. Ähnlich wie bei einem Facebook-Profil bzw. einer Facebook-Seite kann man eine eigene Myspace-URL reservieren.

Wenn Sie ein Unternehmen haben, das direkt oder indirekt mit der Musik-, Video- oder Veranstaltungsbranche zu tun hat, ist Myspace als Plattform für Sie nach wie vor überlegenswert. Viele Bands besitzen ein Profil auf Myspace. Sie können sich also auf Myspace auf die Suche nach interessanten und relevanten Bands und Einzelkünstlern machen und mit ihnen Freundschaft schließen. Damit halten Sie den Kontakt und bekommen vielleicht relevante Informationen. Außerdem gibt es natürlich die Möglichkeit, auf Myspace zu werben. Wenn sich also Ihre Zielgruppe mit der Community auf Myspace ansatzweise deckt, können Sie diese mittels Ads oder einer eigenen größeren Kampagne bewerben.

Unserer Meinung nach wird es Myspace schwer haben, den Abwärtstrend an Besuchern und Nutzern zu stoppen. Die letzte verbliebene, wirklich stark vertretene Nutzergruppe der Musiker wird auf Facebook immer mehr nützliche Funktionalitäten vorfinden – und vor allem: die Mehrheit der für sie relevanten Hörer.

7.10.6   Last.fm – Social Listening

Wenn Sie eine Band, ein neues Album oder eine Veranstaltung promoten möchten oder Ihre Zielgruppe generell musikaffin ist, dann ist neben Myspace auch noch Last.fm für Sie interessant. Es ist ein soziales Netzwerk, in dem sich alles um Musik dreht. Auf Basis der Lieder, die der registrierte User hört, werden ihm passende andere Lieder und Bands vorgeschlagen. Die Relevanz der Vorschläge wird umso höher, je mehr Musikstücke das eigene Profil bzw. die Historie gespielter Lieder beinhaltet. Dadurch ist es möglich, die Zielgruppen ziemlich exakt bewerben zu können. Last.fm bietet neben der Möglichkeit, ein Profil für einen Künstler oder eine Band anzulegen, auch an, auf der Plattform zu werben.

7.10.7   Soundcloud

Eines der Start-ups der letzten Jahre im Musikbereich ist Soundcloud. Gegründet im Jahr 2007, wurde es schnell eine beliebte Plattform von und für Musiker, um Audiodateien miteinander auszutauschen, daran gemeinsam zu arbeiten, die eigene Musik zu verbreiten und mit den Fans zu kommunizieren. Laut eigenen Angaben hatte das Portal im Januar 2012 die magische Grenze von 10 Mio. Mitgliedern überschritten.

Eine der Hauptfunktionen von Soundcloud ist die einfache Möglichkeit, Musikdateien in Facebook einzubinden oder auf Twitter zu teilen und zum Download anzubieten. Fans oder andere Musiker, die beispielsweise am Musikstück mitarbeiten oder eine Frage zu einer bestimmten Sequenz haben, können direkt bei der entsprechenden Sequenz einen Kommentar abgeben. Über eine eigene Smartphone-App können Sounds aufgenommen und hochgeladen werden, es existieren auch zahlreiche Apps und Schnittstellen mit anderen Plattformen.

Diese neue und einfache Art der Zusammenarbeit ist sicher eine der Stärken von Soundcloud und wird viele Musiker und deren Fans anziehen und so weitere Aufmerksamkeit und Mitglieder gewinnen können. Aus unserer Sicht schon jetzt ein Muss für jeden Musiker, jede Band und alle anderen musikalischen Formationen.

7.10.8   Spotify, Rdio & Co.

Die neue Generation der Musikdienste beinhaltet eine enge Vernetzung mit Facebook. Allen voran hat Spotify mit seiner Frictionless-Sharing-Anbindung einen komplett neuen Schritt gewagt. Innerhalb des Diensts sieht man, welche Musik die Facebook-Freunde oder Kontakte aus anderen Plattformen gerade hören oder gehört haben, und bei deaktiviertem »Privat-Modus« wird darüber hinaus jedes Musikstück während des Anhörens auf der Pinnwand dieses Users geteilt. Auch wenn das Frictionless-Sharing von Facebook im Sommer 2014 wieder schrittweise deaktiviert wird, zeigt dieser Trend der Vernetzung eines ganz deutlich: Die Netzwerke und Services der Zukunft sind keine geschlossenen Kreise oder Inseln mehr, sondern Systeme mit vielen Schnittstellen und Andockpunkten. Viele Plattformen nutzen Social Logins via Facebook, Twitter und Google+, um nicht nur den Registrierungs- und Log-in-Prozess zu vereinfachen, sondern auch um das Sharing zu erleichtern und den Freundeskreis des Nutzers mit einzubinden.

Die Qual der Wahl, aber wer fragt, gewinnt!

Es gäbe noch Hunderte weiterer sozialer Netzwerke, die zum Teil regional begrenzt sehr beliebt und stark frequentiert sind. Am besten erkundigen Sie sich in Ihrem Freundes- und Bekanntenkreis, welche Netzwerke sie nutzen, und fragen ganz einfach Ihre Kunden. Nutzen Sie eines der Social-Media-Monitoring-Tools, um herauszufinden, wo über Ihr Unternehmen, Ihre Produkte und Leistungen oder über Ihre Region gesprochen wird. Dann wissen Sie, in welchen sozialen Netzwerken Ihr Publikum anwesend ist und wo Sie sich engagieren sollten.

7.11   Businessnetzwerke (B2B-Netzwerke)

Widmen wir uns nun den Businessnetzwerken, die innerhalb der Landschaft der sozialen Netzwerke für Unternehmen eine sehr wichtige Rolle spielen. Viele Unternehmen kennen und verwenden Businessnetzwerke wie XING oder LinkedIn. Insbesondere kleinere Unternehmen sind stark vertreten und nutzen diese Netzwerke zur Kontaktpflege mit Kollegen, Kunden, Geschäftspartnern und Interessenten. Es scheint also, als hätten sich diese Businessnetzwerke bei Unternehmen etabliert. Natürlich sind viele Unternehmer und leitende Mitarbeiter auf Facebook und Twitter anzutreffen, aber es gibt spezielle Internetplattformen, auf denen diese Personen explizit und in ihrer beruflichen Funktion aktiv sind. Das schafft eine seriösere Umgebung (abhängig von den jeweiligen Personen natürlich). Sich mit anderen Menschen zu vernetzen, war und ist im »echten« Privat- wie Berufsleben schon immer wichtig gewesen. Was liegt also näher, als eine Plattform zu nutzen, um sich mit Kunden, Freunden usw. auch virtuell zu verbinden? Noch dazu, da die Kontaktpflege über solche Plattformen vor allem auf überregionaler Basis wesentlich komfortabler ist, als es im persönlichen Kontakt möglich wäre. Das soll aber nicht heißen, dass das virtuelle »Netzwerken« die Kontaktpflege in der Realität ersetzen sollte oder kann.

Man darf nicht den Fehler begehen, B2B-Engagement auf diese darauf spezialisierten Netzwerke zu beschränken: Immer mehr Unternehmen setzen bei der B2B-Kommunikation auf einen Mix verschiedener Plattformen. Einen guten ersten Eindruck bietet das Social-Media-Ranking B2B von Induux unter folgendem Link: *https://www.induux.de/rankings/social-media-b2b/*.

> **Rechtstipp von Peter Harlander: Achten Sie auf die Impressumspflicht**
> Auch Unternehmensseiten auf B2B-Plattformen benötigen ein Impressum, sofern diese nicht nur den Zweck eines besseren Telefonbucheintrags erfüllen, sondern ähnlich wie eine Website oder eine Facebook-Seite zur Information oder Kommunikation genutzt werden.

7.11.1 XING

Das Businessnetzwerk XING wurde 2003 als OpenBC (Open Business Club) in Deutschland gestartet. XING steht auch für Crossing, und das bezieht sich beispielsweise auf eine der Hauptfunktionen von XING: Über wen ist man mit wem verbunden, sprich, über wie viele »Ecken« kennt man einen anderen User? Nach eigenen Angaben hatte XING im Juni 2014 rund 14 Mio. registrierte User, davon allein im deutschsprachigen Raum ungefähr 7 Mio. Mittlerweile steigt auch die Zahl der User aus nicht deutschsprachigen Ländern wie Spanien, wobei XING international zunehmend Konkurrenz von LinkedIn, dem direkten Konkurrenten aus den USA, bekommt. Auch rückt Facebook immer mehr in den Fokus der Personaler und Bewerber, vor allem seit Facebook-Applikationen wie Jobvite oder BeKnown diverse HR-Funktionalitäten integrieren. Im deutschsprachigen Raum ist XING derzeit noch die Nummer eins, deshalb legen wir den Fokus bei den Businessnetzwerken in unserem Buch auch auf dieses Netzwerk.

Wozu Unternehmen XING nutzen können

Nun war bereits mehrmals die Rede davon, dass XING ein Businessnetzwerk ist. Heißt das, dass man es als reinen Vertriebskanal nutzen kann oder sollte? Keineswegs! Die Social-Media-Grundsätze gelten auch für diese Netzwerke, aber es gibt zahlreiche Möglichkeiten, wie Sie XING für Ihr Unternehmen einsetzen können. Beachten Sie, dass die Arbeit mit und in XING langfristig angelegt sein sollte. Erwarten Sie nicht, dass zwei Wochen nach Ihrem Beitritt zu XING die Aufträge oder die passenden Bewerber nur so hereinsprudeln. Aber wenn Sie professionell und zielstrebig mit XING arbeiten, können Sie langsam, aber sicher mit spürbaren Effekten rechnen.

Zunächst möchten wir Ihnen zeigen, welche Arten von Profilen es auf XING gibt: das Personenprofil und das Unternehmensprofil.

Ihr persönliches Profil ist Ihr Kapital

Beim Personenprofil gibt es eine kostenlose und eine kostenpflichtige Registrierungsvariante. In beiden Varianten ist Ihr eigenes Profil eines der zentralen Elemente auf XING. Der User registriert sich mit seinem Namen, lädt ein aussagekräftiges Profilbild hoch und füllt alle Felder aus, die ihn, seine Ausbildung und seinen beruflichen Werdegang darstellen. Zusätzlich gibt er an, welche Leistungen er anbietet und nach welchen Leistungen er möglicherweise sucht. Je besser die Felder ausgefüllt sind, desto leichter kann sich ein Außenstehender ein Bild von dem jeweiligen User machen (siehe Abbildung 7.22).

Damit Ihr Profil ein gutes Ranking auf XING selbst und auf den gängigen Suchmaschinen erzielt und die wesentlichen Informationen enthält, die von Interessenten gesucht werden, sollten Sie alle folgenden relevanten Bereiche vollständig ausfüllen. Vor allem die Bereiche bei PROFILDETAILS sind einzeln verlinkte Schlagwörter, Sie sollten sich deshalb anschauen, welche Stichwörter Ihnen XING bei der Eingabe vorschlägt.

Kontaktdaten

▶ Telefon, Fax, E-Mail, Website usw.: Seien Sie hier besonders sorgsam mit der Weitergabe dieser Informationen an andere User. Vor allem wenn Sie die Person nicht kennen, wäre es ratsam, so wenig private und berufliche Kontaktdaten wie möglich preiszugeben. Ansonsten könnten Sie daraufhin sehr viele Spam-Mails erhalten.

7 Soziale Netzwerke

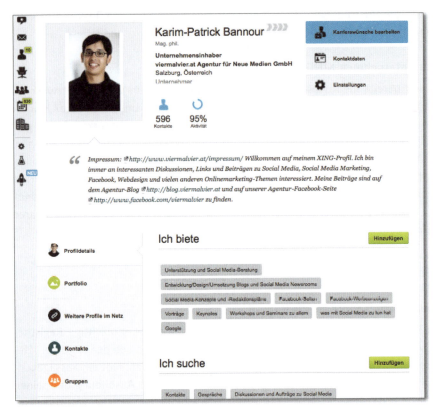

Abbildung 7.22 In XING dreht sich alles um Ihre Kontakte, Ihre Qualifikationen, Ihre berufliche Erfahrung und um das, was Sie suchen/bieten.

Persönliches

▶ ICH SUCHE: Hier geben Sie an, nach welchen (Dienst-)Leistungen und Informationen bzw. Kontakten Sie suchen. Versuchen Sie hier anzugeben, nach welcher Art von Aufträgen Sie suchen. Je genauer Sie das formulieren, desto eher und besser können Sie von einem potenziellen Kunden gefunden werden.

▶ ICH BIETE: Das Gleiche gilt für dieses Eingabefeld. Wählen Sie jene Suchbegriffe, die Ihre Stärken und besonderen Leistungen hervorheben und worin Sie sich als besonders gut bezeichnen würden.

Berufserfahrung

▶ Damit gemeint sind alle bisherigen Tätigkeiten und Unternehmen, bei denen Sie gearbeitet haben. Dieses Feld dient unter anderem dazu, dass ehemalige Arbeitskollegen aus früheren Tagen Sie wiederfinden können bzw. um Ihre Erfahrung und das Know-how zu untermauern.

▶ Tragen Sie natürlich auch das Unternehmen ein, in dem Sie aktuell tätig sind, inklusive aller bisherigen Positionen und Ihrer aktuellen Tätigkeit.

Qualifikationen & Auszeichnungen

▶ Dieser Bereich ist Premium-Mitgliedern vorbehalten. Es kann hilfreich sein, beispielsweise seine Arbeitszeugnisse oder andere Dokumente hier hochzuladen. Außerdem können Sie sogenannte Referenzen, also Empfehlungen von anderen XING-Mitgliedern, erhalten.

Ausbildung

▶ SCHULEN: Geben Sie Ihre vollständige (Hoch-)Schulausbildung inklusive Bildungsstätten an. Das hilft dabei, von ehemaligen Mitschülern bzw. Studienkollegen gefunden zu werden. Dies kann einen wichtigen und relevanten Teil Ihres beruflichen sozialen Netzwerks ausmachen.

▶ SPRACHEN: Die Welt wächst zusammen, und deshalb werden zusätzliche Sprachkenntnisse neben der eigenen Muttersprache immer wichtiger. Doch seien Sie ehrlich, und geben Sie nur Sprachen an, die Sie auch wirklich in Wort und Schrift halbwegs beherrschen.

Weitere Profile im Netz

▶ Weitere Profile im Web, die Informationen zu Ihrer Person enthalten (Facebook, Twitter usw.), gehören hierher. Das hilft, Ihre Person umfassender und ganzheitlicher vorzustellen. Sie sparen Ihrem Gegenüber wertvolle Zeit, weil die einzelnen Accounts nicht mehr gegoogelt werden müssen. Außerdem unterstützen Links beispielsweise auf Ihre Website Ihr Ranking auf den gängigen Suchmaschinen.

Nach dem Einloggen erscheint Ihre Startseite mit einer Zusammenfassung der Aktivitäten Ihrer Kontakte (NEUIGKEITEN) und einer Vorstellung neuer Mitglieder, mit Mitgliedern, die Sie kennen könnten, Kontakten Ihrer Kontakte, Jobangeboten (die zu Ihrem Profil passen) und Besuchern Ihres Profils. Letzteres sehen Sie nur im Detail, wenn Sie Premium-Mitglied sind, also eine monatliche Gebühr für den Vollzugang zu XING bezahlen.

Am Beginn sollten Sie sich, wie gesagt, auf die Suche nach Ihnen bekannten Personen machen. Wenn Sie eine Person zu Ihrem Kontaktnetzwerk hinzufügen wollen, müssen Sie zunächst eine Kontaktanfrage an diese Person senden. Diese muss der Anfrage dann zustimmen, bevor Sie deren vollständiges Profil sehen und mit ihr in richtigen Kontakt treten können. Das Gleiche gilt umgekehrt natürlich auch. Das soll vor Spammern und solchen Usern schützen, die nur auf plumpe Werbung und egozentrische Ich-Platzierung setzen. Wenn Sie mit einem neuen XING-User Kon-

325

takt aufnehmen möchten, stellen Sie sich in einem kurzen Text, der der Kontaktanfrage angehängt wird, vor und erläutern Sie den Grund für Ihre Anfrage. XING selbst stellt Ihnen eine Liste potenziell interessanter Kontakte vor, die Sie kennen könnten. Diese Liste wird mit Kontakten angereichert, mit denen einer oder vor allem mehrere Ihrer bestehenden XING-Kontakte bereits verbunden sind.

Woher Sie jemanden kennen

Sie können zu jeder Person individuelle Tags (Schlagwörter) speichern. Beispielsweise können Sie in Stichwörtern beschreiben, woher Sie die Person kennen: »Paris, Ausstellung 2012«. Zusätzlich können Sie bei jedem XING-Kontakt einzeln definieren, welche Informationen Sie mit dieser Person teilen und welche nicht.

Die Suche nach Personen ist das eine. Sie können aber genauso gut auch nach Begriffen suchen, die sich auf Ihre Branche, Ihren Beruf, Ihr Unternehmen oder Ihre Produkte beziehen, und einen automatischen Suchauftrag ausführen, der dafür sorgt, dass Ihnen täglich oder wöchentlich eine E-Mail mit dem Suchergebnis derjenigen neuen Mitglieder geschickt wird, die diesen Suchbegriff in ihrem Profil angegeben haben.

Vergessen Sie nicht, Ihr Profil auf der Website, in der E-Mail-Signatur, auf der Visitenkarte und auch sonst überall dort bekannt zu geben, wo potenzielle Interessenten darauf stoßen könnten. Wenn Sie als Unternehmen möchten, dass Ihre Außendienstmitarbeiter auch auf XING für Ihre Kunden erreichbar sein sollen, können Sie die Links oder die Profilbanner mit Link auf Ihrer Website mit einbinden. Das bedeutet zwar auch, dass diese Mitarbeiter für die Konkurrenz sichtbarer werden, aber diese Transparenz ist Teil und Bedingung von Social Media. Daran müssen wir uns alle gewöhnen.

Unternehmensprofil

Auch für das Unternehmen selbst gibt es mehrere Möglichkeiten, auf XING eine Präsenz einzurichten: das sogenannte Unternehmensprofil. Neben dem kostenlosen Basisprofil gibt es noch kostenpflichtige Varianten. Die Bezahlvarianten erweitern die Features um die Eingabe von Schlagwörtern, die Integration von Arbeitgeberbewertungen via kununu.com, eine Abo-Funktion für Firmennews und zusätzliche Gestaltungsmöglichkeiten. Sie können zunächst einmal die kostenlose BASIS-Variante wählen und im Bedarfsfall dann noch upgraden. Mit dem Unternehmensprofil können Sie das Unternehmen inklusive Logo und Unternehmensbeschreibung noch besser präsentieren, und alle Mitarbeiter können auf dieses Unternehmensprofil verlinken (siehe Abbildung 7.23).

7.11 Businessnetzwerke (B2B-Netzwerke)

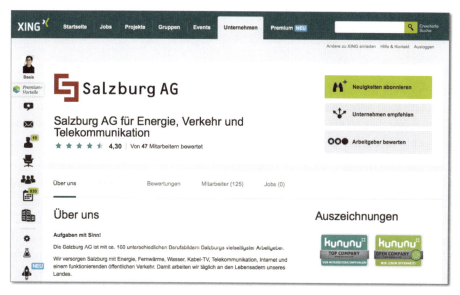

Abbildung 7.23 Ein XING-Unternehmensprofil mit allgemeinen Infos, Bewertungen von Mitarbeitern und Stellenangeboten (Quelle: Screenshot XING-Unternehmensseite Salzburg AG)

Es gibt also verschiedene Möglichkeiten, sich auf XING einzurichten. Kommen wir nun zur Beantwortung der Frage, was Sie mit XING erreichen können.

Bestehende Kontakte pflegen

Über XING können Sie sich mit Kollegen aus dem Unternehmen, aus der Branche, aus Zeiten früherer gemeinsamer Tätigkeiten und aus der Studienzeit vernetzen. Machen Sie sich die Mühe und suchen Sie einmal auf XING nach allen Bekannten, Geschäftspartnern und Personen, die Sie beruflich wie privat vielleicht aus den Augen verloren haben. Gerade bei Letzteren werden Sie oft das eine oder andere Mal überrascht ein, welchen beruflichen Weg so manch einer eingeschlagen hat. Mitunter ist derjenige nun in einer für Sie interessanten Position. Vernetzen Sie sich mit all jenen, die Sie finden, indem Sie eine Kontaktanfrage senden. Aber stellen Sie sich im Zweifelsfall kurz vor, damit das Gegenüber auch die Chance hat, nachzuvollziehen, woher Sie sich kennen. Sie können XING auch als Online-Adressbuch nutzen und so viele Kontakte wie möglich dorthin vermitteln. Das hat einen großen Vorteil: Die Kontakte aktualisieren im Normalfall ihre Daten selbst, und Sie haben immer die aktuelle Telefonnummer oder E-Mail-Adresse zur Hand. Das gilt umgekehrt natürlich auch: Wenn sich bei Ihnen etwas ändert, können Sie es im Profil aktualisieren, und alle Ihre Kontakte haben direkt Zugriff darauf (sofern Sie Ihr Profil dafür freigegeben haben). XING hilft Ihnen also, eine große Anzahl an verstreuten Kontakten einfacher zu verwalten, was in der heutigen Zeit der Globalisierung sehr hilfreich sein kann.

Neue Kontakte knüpfen

Sehr nützlich und effizient ist es, wenn Sie sich von einem XING-User an dessen Kontakte weiterempfehlen lassen. Das passiert vor allem dann, wenn Ihr Kontakt Sie als besonders interessant oder hilfreich einschätzt oder es um ein konkretes Projekt geht, für das Sie bestimmte Kompetenzen liefern könnten.

Über die bestehenden Kontakte können Sie aber auch auf die Suche nach neuen Kontakten gehen, die für Sie interessant sein könnten. So finden Sie mögliche neue Geschäftspartner, Lieferanten oder Kunden, je nachdem, ob die potenziell neuen Kontakte in ihren Feldern ICH BIETE das von Ihnen eingegebene Suchwort eingetragen haben. Oder Sie suchen in Gruppen zu relevanten Themen nach Usern, die für Sie interessant sein könnten. Das gilt nicht nur für berufliche Themen, sondern auch für private. Im Feld INTERESSEN tragen XING-User berufliche wie private Interessen ein. Wenn Sie also beispielsweise ein leidenschaftlicher Mountainbiker sind, können Sie User suchen, die diese private Leidenschaft mit Ihnen teilen. Im Gespräch und beim Kennenlernen stellen Sie dann vielleicht fest, dass Sie auch beruflich voneinander profitieren könnten. Entweder Sie suchen direkt über die XING-Suche, oder Sie stöbern durch die Kategorien, die es für XING-Gruppen gibt. Aber dazu gleich mehr.

Rechtstipp von Peter Harlander: Vermeiden Sie spammiges Auftreten
Kontaktaufnahmen sind auf B2B-Plattformen zumeist erwünscht. Kontaktaufnahmen ohne bestehende reale Verbindung oder ohne Mehrwert für den Kontaktierten werden aber auch auf B2B-Plattformen als Spam empfunden und können sogar illegal sein. Zu Rechtsstreitigkeiten kommt es deswegen aber selten. Viel häufiger kommt es zur dauerhaften Sperre von spammigen Benutzern.

Anderen helfen und eigene Kompetenz zeigen

Obwohl es danach klingt, ist es keine hohle Phrase: In Social Media geht es um Geben und Nehmen, ums Prinzip der Gegenseitigkeit. Seien Sie sozial und helfen Sie anderen zuerst, bevor Sie Hilfe für sich selbst erwarten oder überhaupt gleich mit »spammiger Kaltakquise« die User massenweise verschrecken. Das gilt in Gruppen genauso wie im direkten Kontakt mit anderen XING-Usern. Stellen Sie hilfreiche Informationen aus der Branche, zu relevanten Produkten, Studien oder Neuigkeiten vor. Das ist der einfachste und sicherste Weg, um eigene Kompetenz zu zeigen, und Sie können sich damit positiv bei Ihren XING-Kontakten verankern. Die wissen dann nämlich bereits, an wen Sie sich im Bedarfsfall wenden müssen.

Geduld ist auf alle Fälle gefragt: In den seltensten Fällen führt der Erstkontakt gleich zur Auftragserteilung, Sie bauen aber Schritt für Schritt eine Beziehung mit den Usern auf. Oftmals sind es die Kontakte von Kontakten, die die ersten Umsätze bringen.

Jeder freut sich über positives Feedback

Zeigen Sie auch, dass Sie die Hilfe anderer wertschätzen. Wenn Ihnen ein Artikel oder ein Gruppeneintrag gut gefällt oder konkret weitergeholfen hat, dann sagen und zeigen Sie das auch. Sie würden sich ja auch darüber freuen.

Virtuelle Visitenkarte und digitaler Lebenslauf

Für Nichtmitglieder ist Ihr XING-Profil je nach Privatsphären-Einstellungen ebenfalls sichtbar, so auch für Google und andere (Personen-)Suchmaschinen. XING hat auf den gängigen Suchmaschinen meist ein gutes Ranking, und Ihr Profil wird deshalb im Suchergebnis hoch gereiht und gefunden. Sie können also XING als virtuelle Visitenkarte für andere XING-User nutzen. Sie erreichen damit aber auch Internetnutzer, die selbst gar nicht auf XING sind und sich im Web über Sie informieren möchten. Mit einem topaktuellen Lebenslauf können Sie Ihre Qualifikationen und Stärken, Ihre berufliche Laufbahn und vieles mehr kommunizieren. Damit haben Sie eine zentrale Anlaufstelle für alle beruflichen Fragen rund um Ihre Person. Sie bekommen von XING eine individuelle URL direkt verlinkt auf Ihr Profil, z. B. *https://www.xing.com/profile/Anne_Grabs*. Diese können Sie auf Ihre Printsorten drucken lassen, in die E-Mail-Signatur übernehmen usw. Außerdem bietet XING ein Widget zur Einbindung des Profils in die eigene Website.

Recruiting – Mitarbeiter finden oder Job suchen

Viele der auf XING aktiven Unternehmen bzw. deren Personalverantwortliche nutzen XING, um auf die Suche nach potenziellen neuen Mitarbeitern zu gehen. Natürlich wird XING auch verwendet, um sich über Bewerber zu informieren, auch wenn das der eine oder andere nicht zugeben will. Und auch umgekehrt ist XING ein guter virtueller Platz, um sich selbst nach lukrativen Jobangeboten umzusehen. Als Unternehmen können Sie auch kostenpflichtige Stellenanzeigen als solche auf XING veröffentlichen. Die Überlegung, ob das sinnvoll ist, sollte unter anderem davon abhängig gemacht werden, ob viele Kollegen aus Ihrer Branche auf XING aktiv sind.

Zusatzpaket für Personaler: Recruiter-Mitgliedschaft

Für Personaler und HR-Manager bietet XING außerdem noch eine sogenannte Recruiter-Mitgliedschaft an. Für eine zusätzliche Monatsgebühr können Sie mit einem zusätzlichen Suchfilter potenzielle Kandidaten besser finden, deren Informationen direkt einsehen und die Kandidaten einfacher verwalten.

Veranstaltungen promoten

Eine sinnvolle Möglichkeit, eigene Veranstaltungen zu promoten, ist das Anlegen eines XING-Events. Sie können alle Ihre XING-Kontakte einladen und haben eine vollständige Eventverwaltung zur Verfügung. Es gibt übrigens auch offizielle XING-Events und sogenannte XING-Treffen, bei denen man entweder mehr über XING lernt oder sich virtuelle Gruppen zu realen Gesprächen treffen. Durch die Übernahme des Event-Management-Portals Amiando durch XING verfügt XING nun auch über ein Online-Ticketing-System für die Organisation und Abwicklung von Events.

XING-Gruppen erfolgreich nutzen

Den Gruppen kommt auf XING eine zentrale Bedeutung zu, ähnlich den Foren, wie wir sie in Kapitel 4, »Foren und Bewertungsplattformen«, beschrieben haben. Während das eigene XING-Profil bzw. die XING-Startseite nach wie vor relativ statisch wirkt und nichts ist, wo man täglich stundenlang aktiv sein kann so wie auf der Pinnwand von Facebook oder im Twitter-Stream, spielt sich das eigentliche virtuelle Leben in den XING-Gruppen ab. Sie finden die für Sie relevanten Gruppen entweder über die Suchfunktion oder über die Gruppenkategorien. Eine weitere Möglichkeit ist, die eigenen Kontakte zu durchstöbern und zu checken, in welchen Gruppen Ihre Kontakte Mitglied sind. Es gibt mittlerweile über 50.000 Gruppen auf XING (Stand Juni 2014). Manche Gruppen sind öffentlich zugänglich, bei anderen Gruppen müssen Sie erst eine Anfrage stellen, die vom Moderator der Gruppe bestätigt werden muss, bevor Sie Mitglied der Gruppe werden können. Am Beginn sollten Sie sich der Gruppe vorstellen und zeigen, wer Sie sind, was Sie machen und warum Sie gerade dieser Gruppe beigetreten sind. In diesen Gruppen können Sie sich mit anderen interessierten Usern austauschen, beobachten, worüber die Branche diskutiert, oder im konkreten Fall bei Fragen weiterhelfen. Sie sollten auf keinen Fall beginnen, wie wild Kontaktanfragen an andere Gruppenmitglieder zu stellen oder ständig über Ihr Können und Ihre Leistungen zu sprechen: Auch wenn XING ein berufliches Netzwerk ist, heißt das noch lange nicht, dass die User dort jede Verkaufs- und Vertriebsmentalität tolerieren. Versuchen Sie stattdessen, die Sympathie der Leute zu gewinnen und durch Ihre Kompetenz zu überzeugen. Bereits seit einigen Jahren werden im gesamten deutschsprachigen Raum erfolgreich XING-Treffen veranstaltet, bei denen sich Mitglieder bestimmter Gruppen regelmäßig treffen, persönlich kennenlernen und austauschen können.

Wofür Sie Gruppen nutzen können

Ein paar wichtige Punkte wurden ja bereits genannt. In Gruppen können Sie neue Kontakte knüpfen, die wiederum langfristig in Informationsaustausch und Auftragsgenerierung münden können. Sie können Ihre Veranstaltungen ankündigen, sofern die Zielgruppen übereinstimmen, oder Ihre Kompetenz vermitteln, indem Sie anderen Usern bei Fragen weiterhelfen.

Wenn Sie z. B. Berater für EU-Förderungen sind und in einer Gruppe zum Thema »Förderungen« eine konkrete Frage zu Modalitäten von bestimmten Förderanträgen qualifiziert und verständlich beantworten, können Sie sicher sein, dass die Teilnehmer der Diskussion, aber auch alle anderen Gruppenmitglieder Sie als kompetenten Ansprechpartner wahrnehmen. Sie müssen dann nicht ständig darauf hinweisen, dass es bei Ihnen diese oder jene Beratungspakete gibt. Wenn sich der Bedarf bei einem der Gruppenmitglieder konkretisiert, wird derjenige auf Sie zukommen. Noch viel wichtiger ist, dass Sie auch außerhalb der Gruppe, ja sogar außerhalb von XING, weiterempfohlen werden.

Natürlich können Sie aber auch einzelne Produkte promoten, wenn es zum Thema der Gruppe passt. Bleiben wir beim konkreten Beispiel: Wenn es eine neue EU-Förderung gibt und Sie ein kostenpflichtiges Seminar dazu anbieten, können Sie gleich ein XING-Event dafür anlegen und dieses in der Gruppe vorstellen.

Eine Frage in die Runde stellen

Wenn Sie ein neues Produkt planen und nicht wissen, ob und wie gut es am Markt ankommen wird, sollten Sie zunächst einmal herauszufinden versuchen, ob es dazu schon Diskussionen oder Stimmungsbilder in entsprechenden XING-Gruppen gibt. Sie können aber auch konkret eine Umfrage starten und die Fachmeinung anderer Gruppenmitglieder einholen. Auch wenn die direkte Kritik hart ausfallen kann, hilft das dennoch ungemein bei der Weiterentwicklung und Fehlervermeidung.

Als Nächstes möchten wir Ihnen noch den Hauptkonkurrenten von XING aus den USA vorstellen, der bereits an der New Yorker Börse notiert und auf den deutschen Markt drängt: die B2B-Plattform LinkedIn.

7.11.2   LinkedIn

Neben XING, das im deutschsprachigen Raum derzeit noch Marktführer ist, gibt es einen zweiten, dem europäischen Pendant sehr ähnlichen Mitbewerber namens LinkedIn (siehe Abbildung 7.24). Funktion, Aufbau und Nutzen sind jenen von XING sehr ähnlich, deshalb möchten wir eine reine Wiederholung an dieser Stelle vermeiden und empfehlen Ihnen die Lektüre von Abschnitt 7.11.1, »XING«, für den Fall, dass Sie ihn noch nicht gelesen haben. Ursprünglich aus den USA stammend, hat LinkedIn mittlerweile auch in Europa Fuß gefasst. Von den rund 300 Mio. Mitgliedern sind nach eigenen Angaben rund 4,5 Mio. davon in der DACH-Region (Stand Juni 2014).

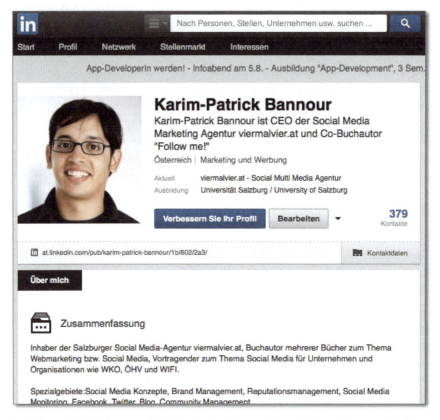

Abbildung 7.24 LinkedIn und XING ähneln sich in Funktionalitäten, Nutzen und Aufbau.

Sie können sich mit Kollegen aus der eigenen Firma, aus der Branche, aus Studienzeiten und mit Kunden vernetzen, um als Ansprechpartner für Fragen, Diskussionen, aber auch neue Projekte, Ideen und Aufträge präsent zu sein.

Was ist LinkedIn?
Einen guten Überblick über LinkedIn bekommen Sie über das unternehmenseigene Video »Was ist LinkedIn?« auf YouTube unter *www.youtube.com/watch?v=QoXFZijwbyE*.

Wie ist LinkedIn aufgebaut?

Zentrales Element sind die Personenprofile. Jedem Internetuser stehen eine kostenlose und mehrere kostenpflichtige Profilanmeldungen zur Verfügung. Die kostenpflichtigen Pakete unterscheiden sich durch die Anzahl an Zusatzfunktionen und Tools. Nur ein vollständig ausgefülltes Profil wird professionell wahrgenommen und ist optimal vorbereitet, um von den relevanten Usern gefunden zu werden. Neben den Personenprofilen gibt es auch Unternehmensprofile. Sie sind ähnlich aufgebaut, sind aber die Seite für und über ein Unternehmen. Idealerweise legen Sie für Ihr Unternehmen ein solches Profil an, füllen es ebenfalls vollständig aus und verbinden Ihr Personenprofil mit dem Ihres Unternehmens.

Eine ebenso wichtige Rolle wie in XING spielen Gruppen in LinkedIn. Um Ihre Kompetenz zu untermauern und den Usern weiterzuhelfen, können Sie in Gruppenbeiträgen die sogenannte Kommentar-Funktion nutzen. Dabei können Sie Fragen von anderen Usern beantworten und sich so ins Gespräch bringen. Mittlerweile gibt es auch offene Gruppen, deren Beiträge Sie sehen, auch wenn Sie (noch) kein Mitglied der Gruppe sind.

Wenn Ihre Antwort als relevant angesehen wird, kann sie von den Usern bewertet werden, was Ihrem Profil den Expertenstatus verleiht (wenn Sie für hilfreiche Antworten Punkte erhalten, vergibt LinkedIn diesen Status).

Auf LinkedIn können Sie bestimmte Kontakte einladen, die von Ihnen eingetragenen »Kenntnisse« zu bestätigen bzw. können Ihre Kontakte von sich aus »Kenntnisse« zu Ihrem Profil hinzufügen und somit bestimmte Kompetenzen hervorheben.

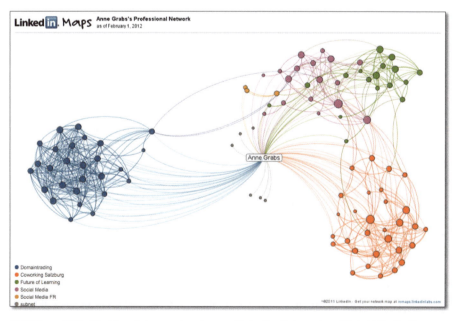

Abbildung 7.25 Die Visualisierung des eigenen LinkedIn-Netzwerks mittels LinkedInMaps

LinkedIn hat mit LinkedInMaps ein Visualisierungstool gestartet, mit dem der LinkedIn-Nutzer sieht, wie sein Vernetzungsgeflecht und das seiner Kontakte aussieht und welche Cluster sich daraus ergeben. Es soll zeigen, dass Sie durch die Weiterempfehlung Ihrer direkten Kontakte auch Personen zweiten und dritten Grads mit Ihrer Message erreichen können. Sie finden die Anwendung auf *http:// inmaps.linkedinlabs.com*.

Ähnlich wie in XING können Sie in LinkedIn eigene Veranstaltungen (Events) anlegen und Einladungen dazu verschicken, Sie können Jobangebote veröffentlichen oder Werbeanzeigen schalten. Ob sich LinkedIn auf dem deutschsprachigen Markt so gut etablieren kann wie XING, sei dahingestellt. Es schadet aber auf keinen Fall, hier ein Profil einzurichten, wenn Sie es schaffen, es im Blick zu haben und aktuell zu halten.

Nur dabei zu sein, reicht nicht aus

Wenn Sie Profile auf mehreren unterschiedlichen Plattformen führen, sollten Sie dafür sorgen, dass überall dieselben und vor allem aktuelle Informationen veröffentlicht werden. Widersprüchlichkeiten über Ihre Person können potenzielle Arbeitgeber, Geschäftspartner oder Kunden schnell abschrecken. Achten Sie auch auf Rechtschreibung und Grammatik: Nur weil das Internet zum Teil eine eigene Sprache entwickelt hat und im Vergleich zu anderen Medien als freizügigerer Raum wahrgenommen wird, heißt das nicht, dass Sie auf Form und Richtigkeit verzichten können. Das könnte Ihrem Image schaden und potenzielle Kontakte abschrecken.

7.12 Fazit

Die Auswahl an sozialen Netzwerken ist riesig, deshalb ist es umso wichtiger, strategisch vorzugehen und dem Ganzen eine professionelle Recherche und Konzeptionierung voranzustellen. Wenn Sie beispielsweise einen Online-Shop für Outdoor-Mode führen mit Endkonsumenten aus dem gesamten deutschsprachigen Raum, werden das Monitoring und die Recherche mit ziemlicher Sicherheit ergeben, dass Sie sich in Facebook engagieren sollten. Besitzen Sie ein Hotel mitten in Hamburg mit internationalem Publikum, wird dafür das Gleiche gelten. Wenn Sie jedoch ein beliebtes Studentenlokal in Wien betreiben, würden sicher gleich mehrere Plattformen infrage kommen: Facebook und einige regional starke Player. Haben Sie sich für das eine oder andere Netzwerk entschieden, sollten Sie sich gut überlegen, wie Ihr Engagement genau aussehen sollte: eine offizielle Unternehmenspräsenz oder doch eher Werbeanzeigen? In jedem Fall zahlt es sich aus, als privater User aktiv zu sein, um mehr über die Communitys und deren Kommunikations- und Konsumverhalten herauszufinden. Nur wer selbst in Social Media aktiv ist, kann Social Media wirklich verstehen.

Finden Sie heraus, wie die User kommunizieren, wie sie Inhalte miteinander teilen. Reden Sie mit Ihren Kunden darüber, und entwickeln Sie ein Gespür dafür, was sie wirklich wollen. Dadurch lernen Sie, welche Inhalte Sie wie oft posten sollten und was gut bei den Usern ankommt. Seien Sie offen und kreativ. Und lernen Sie auch von der Konkurrenz. Dann haben Sie einen guten Grundstein für Ihr erfolgreiches Social-Media-Engagement gelegt.

Soziale Netzwerke werden uns die nächsten Jahre weiter beschäftigen, auch wenn sich die eine oder andere Plattform verabschieden wird und sich der Ort der Nutzung immer weiter weg von den Privatwohnungen und vom Home-Computer hin zur mobilen Nutzung am Smartphone verlagert. Facebook ist auch hier auf dem besten Weg, von den Ambitionen in Richtung Suchmaschinenmarkt ganz zu schweigen. Doch wenn Sie unsere Tipps bereits am Anfang dieses Buchs gelesen haben, wissen Sie, dass nicht das Tool oder die Technik entscheidet, sondern die Frage, in welchen sozialen Netzwerken im Web Ihre Zielgruppen zu Hause sind. Das ist die wichtigste Entscheidungsgrundlage für Ihr Engagement in sozialen Netzwerken. Auch wenn wir uns in diesem Buch auf die wichtigsten und größten Plattformen beschränkt haben: Sie werden bei Ihrer Recherche möglicherweise auf soziale Netzwerke und Portale stoßen, die Sie vielleicht vorher noch nicht einmal namentlich gekannt haben. Nehmen Sie sich die Zeit für eine ausführliche und umfassende Recherche, und identifizieren und verorten Sie Ihre Zielgruppen/Ihr Publikum. Gehen Sie strategisch vor, und – besonders wichtig – lernen Sie durch Zuhören. Dann steht Ihrem unternehmerischen Erfolg in sozialen Netzwerken nichts mehr im Weg.

8 Content und Sharing – Teilen bringt Freunde

Teilen macht Freude, und es bringt neue Freunde: In Ihrem Fall soll es neue Kunden bringen, die bis dato noch nichts von Ihrem Unternehmen oder Ihren Leistungen wissen. Und das Teilen war noch nie so einfach wie heute: Egal ob Sie Fotos, Videos, News, Websites oder andere Informationen im Web mit und vor allem durch Ihre Kunden empfehlen und verbreiten lassen möchten, Ihnen stehen immer die entsprechenden Plattformen zur Verfügung. Warum YouTube & Co. so beliebt und für Sie bzw. Ihr Unternehmen sinnvoll sind, erfahren Sie in diesem Kapitel.

Täglich werden im Social Web Hunderte Millionen von Informationen geteilt: Das können Links, Videos, Fotos, Podcasts, PDFs usw. sein. Allein auf Facebook werden pro Minute über 3 Mio. Likes gesetzt. Kein Wunder bei über 1,2 Mrd. registrierten Nutzern und 54 Mio. Facebook-Seiten. Dazu kommen 50.000 Shares und 150.000 Facebook-Nachrichten, die in 60 Sekunden mit dazu rausgehen. Facebook-CEO Mark Zuckerberg bezeichnet die Tatsache, dass sich die Anzahl der Inhalte, die von einem User geteilt werden, von Jahr zu Jahr verdoppelt, als »Law of Social Sharing«.[1] Ein bisschen gilt das Prinzip: »Wir sind, was wir teilen!« Vieles davon, was die User untereinander an Informationen und Inhalten teilen, sagt wiederum viel über denjenigen aus, der es teilt. Das gilt für die User wie auch für Unternehmen. Dieses Prinzip müssen Sie auch bei Ihren eigenen Unternehmensinformationen verfolgen. Je mehr Sie zeigen können, was Sie bzw. Ihr Unternehmen wirklich auszeichnet, desto eher kann es potenzielle Kunden überzeugen, dass Sie das richtige Unternehmen für sie sind. Und die Internetnutzer verlangen immer stärker nach multimedialen Inhalten und nach der Vielfalt an authentischen Informationsmöglichkeiten. Social Sharing ist auch Öffentlichkeitsarbeit im Web. Wir zeigen Ihnen in diesem Kapitel, welche Portale für Ihre Informationen wichtig sind und wann Sie wo welche Inhalte vervielfältigen bzw. zur Weiterverbreitung bereitstellen sollten.

---

1 *http://techcrunch.com/2011/07/06/mark-zuckerberg-explains-his-law-of-social-sharing-video*

8.1 Was bedeutet Social Sharing eigentlich?

Damit ist gemeint, dass User Inhalte (Content) unterschiedlichster Art miteinander teilen bzw. Informationen darüber austauschen. Social Sharing passiert im weiteren Sinne natürlich auch per E-Mail, aber immer stärker in sozialen Netzwerken wie Facebook und eben auf Content-Portalen wie YouTube, Flickr, Pinterest, Instagram & Co. Diese Services sind sowohl für die User als auch für Unternehmen zum überwiegenden Teil kostenlos. Jeder kann beispielsweise ein Video auf YouTube laden, und jeder kann das Video auf YouTube ansehen (sofern es wie in den allermeisten Fällen öffentlich zugänglich ist). Auch Suchmaschinen finden diese Inhalte leichter und geben sie in den Suchergebnissen aus. Gleiches gilt für Fotoseiten, Bookmarking-Dienste und viele andere Services. Während früher eine kosten- und wartungsintensive Infrastruktur notwendig war, um eigene Videos einem breiten Internetpublikum zugänglich zu machen, geht das heute ganz einfach und kostenlos über die Videoportale. Sie können auf die bestehende Technologie von YouTube & Co. zurückgreifen und die Inhalte in Ihre Webpräsenzen einbinden (»embedden«).

Es geht also um das Veröffentlichen eigener Inhalte wie Fotos oder Videos, aber genauso um das Teilen von Inhalten anderer. Gemäß einer Studie[2] der Universität Wien passiert das Teilen eher zufällig, indem man über Inhalte »stolpert«, die einem zusagen, und sie an Freunde und Follower weiterempfiehlt. Laut Studie empfinden die Sharer den Prozess des Teilens nicht als Aufwand, deshalb wird es auch gemacht. Die Content-Plattformen kommen dem mit immer einfacheren Ein-Klick-Empfehlungsbuttons und Integrationen wie Facebook Connect sehr entgegen, in ihrem eigenen Interesse natürlich.

Auch wenn YouTube und Flickr oft in einem Atemzug mit Facebook und anderen sozialen Netzwerken genannt werden, sind sie das nicht im herkömmlichen Sinn. Während Facebook vor allem dazu dient, Menschen miteinander zu vernetzen, die in Beziehung zueinander stehen, dienen Content-Portale dazu, Multimedia-Inhalte zugänglich zu machen. Bei Content-Portalen ist es eher der Inhalt, der die User zusammenbringt. Diese Plattformen bieten den Mitgliedern zwar wie in Netzwerken die Möglichkeit, sich untereinander zu vernetzen, aber das wird nur von einem geringen Teil der User wirklich wahrgenommen. Viele Plattformbesucher und -nutzer haben gar keinen registrierten Account, da die Inhalte auch ohne Registrierung zugänglich sind, d. h., zum Anschauen eines YouTube-Videos brauchen Sie kein Kundenkonto, zum Kommentieren und Bewerten aber schon (neuerdings sogar ein Google+-Konto). Erst wenn Sie eigenen Content hochladen wollen, müssen Sie

---

2 *http://www.univie.ac.at/internetforschung/2011/12/sharing-in-sozialen-medien_zentrale-ergebnisse/*

einen Account registrieren. Das bedeutet, dass die Einstiegshürde sehr niedrig und der Zugang zu den Plattformen sehr einfach ist.

Hier findet allerdings gerade auf den zur Google-Familie gehörenden Plattformen YouTube und Picasa eine Neustrukturierung statt: Google+ hält auf diesen Plattformen Einzug, und die Verbindungen zueinander werden enger. YouTube beispielsweise wird um Google+-Funktionalitäten und -Elemente angereichert, Picasa ist ganz in Google+ aufgegangen. Ohne vorab die Nutzer zu informieren, integrierte Google 2013 die Picasa-Webalben in sein soziales Netzwerk Google+. Nutzer, die versuchen, ihr Picasa-Webalbum aufzurufen, werden automatisch zu Google+ weitergeleitet. So werden immer mehr Google-Dienste zusammengefasst, mit einem Log-in kann man nun viele Dienste nutzen. Doch zunächst betrachten wir einmal, wozu Unternehmen überhaupt Social Sharing nutzen können.

8.2   Was Social Sharing für Unternehmen bringt

Sie werden sich nun die Frage stellen, warum Sie alle Ihre Inhalte auf öffentlich zugänglichen Plattformen und nicht mehr (nur) auf Ihrer eigenen Website veröffentlichen sollen. Was bringt es Ihnen also?

8.2.1   Reichweite

Sie können damit Ihre Reichweite erhöhen. Ein Video oder Bild, das nur auf Ihrer Website zu finden ist, kann auch nur von den Besuchern Ihrer Website gesehen und mit deren Freunden geteilt werden. Dasselbe Video auf einer Content-Plattform wie YouTube oder ein Bild auf Pinterest kann von Millionen von Usern gefunden werden, die sich täglich auf diesen Content-Plattformen bewegen. Diese User kennen Sie oder Ihr Unternehmen (noch) nicht, aber finden den Content über ein bestimmtes Keyword, über eine Empfehlung durch die Content-Plattform oder über eine Kategorie, in der sich der Inhalt befindet. Es sind also viele Wege, die zu Ihrem Content und somit auch zu Ihrem Unternehmen führen, sofern Sie alle SEO-Tipps im jeweiligen Kapitel dieses Buchs beachten. Sie machen es diesen Usern aber auch leichter, Ihre Inhalte weiterzuempfehlen: Der User muss nur auf den »Share it«-Button klicken und kann beispielsweise das Video mittels Klick an seine Freunde auf Facebook, Twitter, Google+ oder eine der vielen anderen Social-Media-Plattformen weiterschicken. Das ist gerade für Videos wichtig, die sich viral verbreiten können sollen.

Das Lieblingskundenprinzip

Wenn zufriedene Kunden diese Inhalte mit ihren Freunden teilen, wird der eine oder andere dieser Freunde bald Ihr Kunde sein, denn er ist möglicherweise auch Teil der

Zielgruppe und erfährt gerade von Ihrem Unternehmen und Ihren Leistungen. Das können Sie auch und besonders mit Fotos und Videos erreichen. Mehr über das Lieblingskundenprinzip erfahren Sie in Abschnitt 2.4.4, »Das Lieblingskundenprinzip«.

8.2.2 Besseres Ranking auf Suchmaschinen (SEO)

Die Inhalte auf den Content-Plattformen erreichen nicht nur deren direkte Nutzer, sondern im Prinzip alle Internetuser. Sie kennen sicher auch schon die sogenannte Google Universal Search: Neben den Links als klassischem Suchergebnis findet sich immer öfter auch eine Leiste mit relevanten Videos und Fotos, Google-Maps-Einträgen sowie Newsbeiträgen und sogar manchmal Twitter- oder Facebook-Statusmeldungen. Während Sie also früher nur mit Ihrer Website die Chance hatten, unter die ersten zehn Treffer zu gelangen, können Sie es jetzt beispielsweise zusätzlich mit einem YouTube-Video, Foto, Social-News-Beitrag oder Tweet schaffen. Social Sharing hilft also auch beim Ranking auf Google & Co. Verlinkungen von Content auf Ihre Website helfen wiederum, das Ranking der Website im Suchergebnis zu verbessern.

8.2.3 Mehr Traffic auf Ihrer Website

Durch die höhere Reichweite auf den Content-Plattformen können Sie mehr Traffic (Besucher) auf Ihre Website bringen. Dazu müssen Sie natürlich die dementsprechenden technischen Voraussetzungen schaffen: im Video, in der Fotobeschreibung, in der Präsentation usw. einen Link auf die Website einblenden, idealerweise gleich anklickbar. Wenn Sie bei der Erstellung Ihrer individuellen Social-Media-Strategie Traffic als eines der Ziele definiert haben, sollten Sie das Setzen von Links besonders beachten.

8.2.4 Günstige Technik

Wie eingangs erwähnt, können Sie sich Ihren eigenen Videoserver sparen: Laden Sie alle Videos, die Sie auf Ihrer Website zeigen möchten, auf eine der Videoplattformen hoch. Dann können Sie das Video per Link teilen oder in Ihre Website einbetten. Fotoplattformen bieten Diashows, ganze Dokumente können Sie zum Online-Lesen in Ihre Website integrieren. Und das Allerbeste ist: Ein Großteil der Plattformen ist, zumindest in der Basisvariante, kostenlos. Die reicht in vielen Fällen aus. Doch selbst die Premiumpakete kosten nicht die Welt, sie sind immer noch wesentlich günstiger, als eine eigene Infrastruktur zu kaufen oder zu mieten.

8.2.5 Tools für Ihre Website

Sie können mit wenigen Klicks und ohne großen Kostenaufwand Ihre Website aufpeppen: Ein Großteil der Plattformen bietet verschiedene, einfach anzuwendende Möglichkeiten an, um die Inhalte in die eigene Website zu integrieren: YouTube-Videos können genauso einfach und in verschiedenen Ausschnittgrößen eingebaut werden wie selbststartende Diashows Ihres Fotoalbums auf Flickr oder eine Auswahl an PowerPoint-Präsentationen, die Sie auf Slideshare angelegt haben. Sie müssen sich nicht um irgendwelche Videoformate oder komplizierte Programmierungen kümmern.

Rechtstipp von Peter Harlander: Rechtliche Grenzen des technisch Machbaren

Nur weil es technisch leicht möglich ist, etwas in Ihre Website einzubauen, ist es noch lange nicht erlaubt. Wenn beispielsweise ein User, ohne dazu berechtigt zu sein, illegal ein Video auf YouTube hochladt und Sie anschließend dieses Video in dem Glauben, dass es sich rechtmäßig auf YouTube befindet, in Ihre Website einbauen, ziehen Sie im Zweifelsfall trotzdem den Kürzeren. Der Rechteinhaber kann nicht nur gegen den User, der das Video hochgeladen hat, und gegen die Plattform, wenn diese das Video nicht sofort nach Aufforderung entfernt, vorgehen, er kann auch direkt gegen denjenigen, der das Video gutgläubig auf seiner Website eingebunden hat, Ansprüche stellen. Werden gegen denjenigen, der das Video auf seiner Website eingebunden hat, dann Ansprüche gestellt, kann sich dieser unter Umständen an dem User, der das Video hochgeladen hat, schadlos halten. Ganz abgesehen davon, dass dies in vielen Konstellationen bereits rechtlich fraglich ist, scheitert die Schadloshaltung in der Praxis zumeist daran, dass man schlicht und einfach nicht an die realen Daten des oft anonymen Users kommt oder dass sich dieser im rechtlich nur schwer erreichbaren Ausland aufhält.

Damit Sie die optimale Reichweite, ein besseres Ranking, mehr Traffic und die praktischen Tools für Ihre Website auch erreichen und nutzen können, ist eine gute und sinnvolle Auswahl der Plattformen wichtig. Wie in Kapitel 2, »Social-Media-Strategie« betont, ist nicht das Tool, sondern das Ziel entscheidend: Wer ist Ihr Publikum, und wo können Sie es erreichen? Das Monitoring wird Ihnen ebenfalls einige Antworten liefern. Wir haben Ihnen nun eine für den deutschsprachigen Raum relevante Auswahl an Plattformen zusammengestellt und zeigen Ihnen, welche Nutzungsmöglichkeiten Sie jeweils haben.

8.3 Videoplattformen – wie sich Online-Videos bezahlt machen

Hohe Bandbreiten zu niedrigen Gebühren, gesunkene Kosten bei der Anschaffung von Videokameras sowie die massenhafte Verbreitung von videotauglichen Handys und Smartphones haben den Siegeszug von Online-Videos und den dazugehörigen

Videoplattformen eingeläutet. YouTube ist jedem Internetnutzer ein Begriff. Doch wie können Sie diese Plattformen für Ihr Unternehmen einsetzen? Nicht nur Millionen von Internetnutzern sehen sich täglich Videos im Internet an, lassen sich unterhalten und genießen die riesige Auswahl, die die zahlreichen Plattformen bieten. Immer mehr Unternehmen erkennen den Nutzen von Videoplattformen und den vielseitigen Möglichkeiten, die sie bieten.

8.3.1 Wie Sie mit Videos die Massen erreichen

Videoplattformen sind bei Usern sehr beliebt und werden oft frequentiert. 65 % der deutschen Onliner sind auf Videoplattformen unterwegs. Sie verweilen dort durchschnittlich etwa 15 Minuten. Das bedeutet, Sie können hier mit einem interessanten Video weit mehr User erreichen, als es dasselbe Video allein auf Ihrer Website schaffen würde. All diese Plattformuser sind wiederum mit Usern in Netzwerken wie Facebook & Co. vernetzt und können Ihr Video dort weiterempfehlen und die Reichweite nochmals multiplizieren. Hier geht's also um das klassische Empfehlungsmarketing. Wie können Sie die höhere Reichweite messen? Zunächst einmal in Views (also in Übersichten, die zeigen, wie oft das Video angesehen wurde). Das ergibt vor allem dann Sinn, wenn Ihr Video keine direkte Handlungsaufforderung beinhaltet oder auf unterhaltsame Weise Ihre Marke kommunizieren und viral verbreiten soll. Aber auch der Traffic kann und soll kanalisiert, genutzt und gemessen werden.

8.3.2 Bringen Sie mehr Besucher auf Ihre Website

Durch die höhere Reichweite haben Sie die Möglichkeit, mehr Traffic auf Ihre Website zu bringen. Dazu sollten Sie im Video einen Link auf die Website einblenden, im Abspann auf die Website hinweisen, im Videobegleittext einen Link einbauen usw. Wenn Sie im Video eine coole Veranstaltung promoten und den User überzeugen, sollten Sie ihm auch zeigen, wo er Tickets für die Veranstaltung reservieren kann: beispielsweise mit einem Link auf Ihren Online-Shop direkt zu dieser Veranstaltung.

Günstige Technik

Registrierung und Videoupload, mittlerweile sogar in HD-Qualität (High Definition = hochauflösende Bildqualität) sind nicht nur für die User kostenlos, sondern auch vielfach für Unternehmen. Somit stellen die Videoplattformen kostenlos eine hochwertige und ausgereifte Infrastruktur zur Verfügung. Die Videos können Sie wiederum in die eigene Website oder auf Ihrer Facebook-Seite einbinden. Zusätzlich bieten viele Plattformen verschiedene Voting-Systeme an, die Sie beispielsweise für eine Kampagne oder ein Gewinnspiel nutzen können.

> **Rechtstipp von Peter Harlander: Beachten Sie die AGB**
>
> Nur weil manche Plattformen über eine Voting-Möglichkeit verfügen, heißt das nicht, dass damit automatisch ein Gewinnspiel erlaubt ist. Es gelten auch viele andere Regeln bezüglich Freizügigkeit und Jugendschutz, was die Inhalte selbst angeht. Konsultieren Sie zuerst die AGB des jeweiligen Plattformbetreibers, um ganz sicherzugehen.

Besseres Ranking auf Google & Co.

Vor allem Videos werden im normalen Google-Suchergebnis immer prominenter dargestellt. Wenn Ihr Video also das entsprechende Suchwort beinhaltet, können Sie eine hohe Position im Suchergebnis erhalten, was Ihnen vielleicht mit Ihrer Website bis dato noch nicht gelungen ist. Schließlich kommt es vor allem auf die ersten zehn Suchtreffer und die erste Seite im Suchergebnis an.

Video ist allerdings nicht gleich Video. Es gibt ein paar wichtige Faktoren, die den Erfolg eines Online-Videos beeinflussen.

8.3.3 Das Besondere an Online-Videos

Videos vereinen viele Vorteile: Durch ihre Bewegtheit und Dynamik ziehen sie die Aufmerksamkeit besser auf sich als Fotos, Text oder reines Audio. Sie können dadurch in relativ kurzer Zeit viel Inhalt und eine deutliche Botschaft transportieren. Und genau daran scheitern viele Online-Videos: Denn was mit einem Imagefilm, der auf Ausstellungen und Messen gezeigt wird, auch nur eher dürftig funktioniert, hat im Web überhaupt keine Chance. Die Aufmerksamkeitsspanne, die der User einem Video im Web schenkt, ist noch viel geringer als im TV oder Kino. Ständig droht Ablenkung. Deshalb gilt bei Online-Videos ein Grundsatz: Sie sollten es in den ersten 10 bis 15 Sekunden schaffen, das Interesse des Zuschauers zu gewinnen. Die Gesamtdauer eines Online-Videos sollte 90 Sekunden nicht überschreiten, es sei denn, Sie schaffen es durch eine überlegte, spannende Dramaturgie und einen gekonnten Schnitt, den Zuschauer länger bei Laune zu halten.

> **Rechtstipp von Peter Harlander: Auf korrekte Lizenzierung achten**
>
> Wenn Sie Ihr Video vertonen, achten Sie bitte auf eine korrekte Lizenzierung der Musik.

Der Großteil der Videos im Web ist semiprofessionell. Virale Videos müssen nicht zwangsweise verwackelt sein, aber TV-Qualität ist ebenfalls nicht unbedingt notwendig. Es kommt darauf an, an welche Zielgruppe sich das Video richtet und welche Botschaft Sie vermitteln möchten. Da beispielsweise auf YouTube alle Qualitätsstufen möglich sind, können Sie bei Ihrer Videoproduktion je nach Zielpublikum abwägen, wie viel Sie in die Qualität investieren möchten.

Videoportale werden zur Unterhaltung, ähnlich wie das Fernsehen, genutzt. Der große Unterschied ist dabei, dass sich der User sein Programm selbst zusammenstellt. Die User widmen einen Teil ihrer Freizeit und Aufmerksamkeit diesen Videoplattformen. In der Zielgruppe der 14- bis 19-Jährigen gehören Videoplattformen zum Alltag. Diese Gruppe nutzt sie zu 90 % täglich, jedoch von kurzer Dauer. Webvideos dienen der kurzen Ablenkung. Auf Videoplattformen gibt man sich den Inhalten weniger hin als beispielsweise bei einem zeitintensiven zweistündigen Kinobesuch. Es geht um die kurze Unterhaltung für zwischendurch. Der User klickt sich spontan und schnell durch das Angebot, bis er etwas gefunden hat, das ihn interessiert.

Das Video in der Hosentasche

Beim Videokonsum spielen insbesondere die Endgeräte eine Rolle, auf denen die Videos angeschaut werden. Smartphones, wie z. B. das iPhone von Apple, ermöglichen es den Menschen, die Inhalte jederzeit und an jedem Ort anzuschauen. U-Bahn, Pausenhof und Parkbank sind die neuen »Wohnzimmer«, von denen aus die Videoplattformen angesteuert werden. Mit Smartphones und deren integrierter Videokamera ist es außerdem leichter geworden, eigene Videoinhalte schnell und einfach auf Videoplattformen hochzuladen.

8.3.4 Virale Kampagnen – wie sich Viren verbreiten

90 % der Videos auf YouTube verbreiten sich durch gegenseitige Empfehlung der User. Die Videos werden an Freunde und Bekannte per E-Mail gesendet oder im eigenen Social-Networking-Profil gepostet, und die Freunde teilen das Video wiederum mit ihren Freunden usw. Diesen Weiterempfehlungseffekt nennt man *virale Verbreitung*. Das Video verbreitet sich durch (digitale) Mundpropaganda. Wenn man ein Video viral verbreiten möchte, sind einige wichtige Regeln zu beachten, denn sie unterscheiden sich von klassischen TV-Kampagnen. Online-Videos sind in der Regel eine bis maximal drei Minuten lang. Besonders viral sind häufig auch sehr kurze Videos mit 10 oder 20 Sekunden. Virale Videos weisen außerdem sehr viele Kommentare auf. An der Anzahl der Kommentare erkennen Sie häufig, ob sich ein Video »natürlich« viral verbreitet hat oder ob eine Firma beauftragt wurde, Views (Übersicht über die Anzahl der Personen, die das Video angesehen haben) zu generieren. Malcolm Gladwell leitet in seinem Buch »Tipping Point« die Erfolgsfaktoren Virus, Vermittler und Nährboden ab.

Das Virus

Das »Virus« ist die Videobotschaft, eine Geschichte, ein Interview usw. Das Virus muss so interessant sein, dass sich der Betrachter dazu aufgefordert fühlt, das Video weiterzuempfehlen. Der Inhalt des Videos kann überraschend, humoristisch, sinnstiftend, bedeutungsvoll, erschreckend, vergleichend, inspirierend usw. sein. Wenn das Video die Zuschauer überzeugt, erzeugt es einen sogenannten Stickiness-Faktor, d. h., die User bleiben gewissermaßen an dem Video kleben, schauen es sich mehrmals an und leiten es an ihre Freunde weiter.

Die Vermittler

Die »Vermittler« dienen als Verstärker und sorgen dafür, dass sich das Video verbreitet. Die Vermittler sind sehr gut in unterschiedlichsten sozialen Gruppen vernetzt. Durch ihre Interessen und ihre ausgeprägte Kommunikationsfähigkeit schaffen sie es, Informationen innerhalb kürzester Zeit an die richtigen Personen zu kommunizieren.

Der Nährboden

Den »Nährboden« bilden die User. Sie bestimmen letztlich, ob sich das Video viral verbreitet oder nicht. Jede noch so gute Geschichte kann trotz Weiterempfehlungen und Video-Seedings sein Zielpublikum verfehlen, wenn dieses den Inhalt des Videos ablehnt. Möchten Sie ein Video viral verbreiten, sollten Sie diese drei Faktoren beachten: Inhalt, Zielpublikum und Weiterempfehlungen, d. h., Sie sollten genügend Möglichkeiten zur Teilhabe bieten.

8.3.5 Best Practice – The Force: VW-Passat-Werbung mit Darth Vader

Damit dieser Werbespot zu einem viralen Hit wurde, hat man zwei wichtige Elemente miteinander vereint: Zum einen konnte man dank Darth Vader auf die große Fangemeinde der Star-Wars-Fans zurückgreifen, zum anderen spiegelte die Geschichte eine Situation wider, in die man sich auch selbst hineinversetzen konnte.

Zu sehen ist ein kleiner Junge, bekleidet mit schwarzem Umhang und schwarzer Maske als Mini-Darth-Vader, der an einer Waschmaschine, einem Hund, einer Puppe und sogar einem Butterbrot seine Superkräfte ausprobieren will – leider ohne Erfolg. Doch plötzlich startet, nachdem der Junge seine Hand bewegt hat, der Motor des Passats der Familie. Der Grund: Drinnen im Haus steht der Vater und hat via Fernbedienung den Motor gestartet. Der kleine Darth Vader freut sich über seinen Erfolg, ohne zu wissen, woher dieser gekommen ist. Das Video erhielt über 60 Mio. YouTube-Views, 227.000 Likes direkt in YouTube sowie unzählige Shares in Social-Media-Netzwerken wie Facebook und Google+.

Auch Greenpeace nutze den Hype um das Video und parodierte in »VW Darkside« den überaus erfolgreichen viralen Star-Wars-Werbeclip. Ziel war es, den deutschen Autokonzern für die Umsetzung strengerer Emissionsziele und schärferer CO_2-Grenzwerte zu gewinnen. Auch dieses Video erhielt über 1 Mio. Views und große Aufmerksamkeit.

Abbildung 8.1 Das Video »Darth Vader« auf YouTube (Quelle: Screenshot YouTube)

Bei einem viralen Markenvideo ist die Marke häufig nicht sofort für den Nutzer erkennbar. Dies klärt sich erst im Abspann des Videos, mitunter wird die Marke gar nicht genannt, und der Betrachter kann nur raten, wer hinter dem Video steckt, so wie in unserem Beispiel.

Was zählt, ist die Idee des Videos. Wenn sich der Inhalt wie ein Virus im Netz verbreitet, sprechen wir von einem viralen Effekt. Solche Effekte können auch Sie mit unterhaltsamen Videos, Bildern und Sprüchen auslösen. Der große Vorteil ist, dass die Inhalte im Internet nicht verschwinden. Sie können von den Usern immer wieder aufgerufen werden. Dadurch findet eine permanente Auseinandersetzung mit Ihrer Marke statt. Erwarten Sie aber nicht, dass Ihr letzter Werbespot wirklich einen viralen Effekt auslösen wird, es sei denn, er ist so beliebt, dass die User ihn von selbst ins Netz stellen und verbreiten.

8.3.6 Idea is King

Wie man mit einer humoristischen und einfachen Idee Erfolg haben kann, zeigt der »Planemob« von Germanwings. In Anlehnung an den Begriff *Flashmob* (kurzer, spontaner Menschenauflauf mit dem Ziel, eine Botschaft zu verkünden) erstellte die beauftragte Agentur ein Video, in dem sie die Schwächen der Konkurrenz-Airline auf die Schippe nahm (siehe Abbildung 8.2).

8.3 Videoplattformen – wie sich Online-Videos bezahlt machen

Abbildung 8.2 Ein viraler Erfolg: Germanwings »Planemob« (Quelle: Screenshot YouTube)

Die beauftragte Agentur LLR hat auf Video-Seeding (Streuung des Videos und Bekanntgabe auf Social-Media-Plattformen) verzichtet und konnte dennoch für das Originalvideo über 460.000 Views generieren (Stand 2014). Mit einer witzigen Idee wie dieser können Sie spielerisch Ihre Zielgruppe erreichen.

8.3.7 Jay-Z und Bing

Um Bing, der Suchmaschine von Microsoft, zu mehr Traffic zu verhelfen und die Biografie des US-amerikanischen Rappers und Musikproduzenten Jay-Z zu promoten, ging die Kampagne »Decode with Jay-Z« an den Start. Die Agentur Droga5 New York zeichnete sich für die Idee verantwortlich und verteilte zunächst jede einzelne Seite aus der Autobiografie von Jay-Z auf unterschiedliche Medienräume in aller Welt. Die Seiten wurden an Orten verteilt, die in der Biografie von Jay-Z eine wichtige Rolle spielten. Fans in aller Welt konnten nun tatsächlich auf den Spuren von Jay-Z wandeln und seine Geschichte genau dort erleben, wo sie stattgefunden hatte. Eine Seite wurde beispielsweise auf ein Auto gedruckt, eine weitere Seite auf einen Pizzakarton, eine wurde als riesiges Billboard in New York aufgehängt. Die Kampagne bediente sich verschiedenster Medien und Werbeträger. Die Fans von Jay-Z konnten die einzelnen Seiten suchen und in einer Map markieren. So wurde die Autobiografie noch vor Veröffentlichung durch die Fans zusammengesammelt und veröffentlicht, da jeder Fan die gefundene Seite hochladen und markieren konnte. Am Ende der Aktion wurden alle Seiten via Bing verknüpft. So konnte man virtuell durch die Autobiografie blättern bzw. sie lesen. Das ergab es eine geschickte Verknüpfung zwischen On- und Offline-Angebot – mit dem Vorteil, dass Bing viele Zugriffe erhielt und Jay-Z schon vor der Veröffentlichung seiner Autobiografie einen gewaltigen Medienbuzz generieren konnte. Das Video über die Kampagne kann man hier ansehen: *https://www.youtube.com/watch?v=XNic4wf8AYg*.

Beim viralen Marketing geht es vor allem darum, eine gute Idee zu finden. Manchmal kommt aber auch jede noch so gute Idee nicht bei den Usern an. Ein bisschen Glück gehört dazu, denn die Netzwerkeffekte sind nur schwer vorhersehbar und planbar. Wichtig ist, dass die Idee stimmt und Sie dafür sorgen, dass sich das Video im Netz verbreiten kann. Das geht am einfachsten über die beliebten Videoplattformen, die das Teilen des Videos erlauben.

Rechtstipp von Peter Harlander: Wettbewerbsrecht beachten

Wichtig ist auch, dass die Idee rechtlich abgesichert ist. Immer dann, wenn man sich über andere lustig macht oder Schwächen des Mitbewerbers aufzeigt, bewegt man sich auf dünnem Eis. Vergleiche mit Mitbewerbern bzw. mit deren Waren und Dienstleistungen sind zwar unter gewissen Umständen rechtlich zulässig. Der Rahmen des Zulässigen ist aber sehr eng abgesteckt.

8.4 Videomarketing

Um Videos zu verbreiten, müssen Sie mehrere Dinge beachten. Erstens müssen Sie das Video auf die richtigen Videoplattformen (z. B. YouTube, Vimeo, MyVideo,) hochladen. Beim Upload werden suchmaschinenrelevante Überschriften und Schlagwörter vergeben, damit Ihr Video in Google besser gefunden werden kann (Video-SEO). Um die Aufmerksamkeit für das Video auf den Videoportalen zu schärfen, müssen Sie möglicherweise Werbung für das Video buchen. Zweitens müssen die Meinungsführer gefunden werden, die über das Video berichten und es damit verbreiten. Das alles mündet in das sogenannte Video-Seeding, damit sich das Video sowohl auf allen Videoplattformen als auch in sozialen Netzwerken, der Blogosphäre und in Twitter verbreitet.

8.4.1 Storytelling mit interaktiven Videos

Der Vorteil von Webvideos gegenüber klassischen TV-Spots ist die Interaktivität, die dieses Medium bietet. Webvideos werden nicht nur in einem interaktiven Kontext – dem sozialen Netzwerk von YouTube & Co. – geschaut, sondern können auch selbst interaktiv sein. Eine YouTube-Kampagne von Junkers macht das vor. Auf der Kampagnenseite in YouTube, *http://www.youtube.com/merryjunkers*, sieht der User ein Video im gewohnten YouTube-Look-and-feel. Doch er kann das Video nur dann stoppen, wenn er an dem integrierten Wärmeregler dreht (siehe Abbildung 8.3). Dann erscheint ein neues Video, das zur Temperatur passt: Bei 30° tanzt der Protagonist mit einer Samba-Tänzerin, bei 60° findet er sich in einer finnischen Sauna wieder, und bei 99° macht er sich ein BBQ am Wegesrand. Der Zuschauer wird dadurch zum aktiven Gestalter der Kampagne. In der Regel verweilt er auch länger auf der Seite und setzt sich auf diese Weile spielerisch und humorvoll mit der Marke Junkers auseinander.

Abbildung 8.3 Junkers lässt die Zuschauer am Wärmeregler drehen und dadurch die Geschichte neu erzählen.

8.4.2 Video-SEO – das Video soll gefunden werden können

Suchmaschinenoptimierung ist vom Grundsatz »Content is King« geprägt. Man geht davon aus, dass mit vielen Inhalten die User im Web abgefangen werden können. Um Websites besser positionieren zu können, werden entsprechende Inhalte mit den relevanten Keywords des Produkts oder der Dienstleistung veröffentlicht.

Ziel ist es, im Google-Ranking unter den Stichwörtern möglichst weit vorn zu stehen. Aus diesem Grund erstellt man spezielle Landingpages, die den User direkt zur Angebotsseite führen sollen. Für eine wirksame Suchmaschinenoptimierung sind die richtig verfassten Inhalte (Content) von fundamentaler Bedeutung.

Video-SEO ist die Verknüpfung von Videoinhalten und Suchmaschinenoptimierung (kurz SEO für Search Engine Optimization). Video-SEO hat zum Ziel, dass die Videos im Suchergebnis höher gereiht werden. Die Suchmaschinen haben bereits erkannt, dass Videoinhalte für die User interessant und relevant sind. Deshalb gibt es standardmäßig in Suchmaschinen die Option, sich die Bilder- und Videoergebnisse anzeigen zu lassen. Zusätzlich listet beispielsweise Google Bilder und Videos auf der ersten Suchergebnisseite als Vorschaubild. Solche Suchergebnisse werden häufiger geklickt, da sie mehr Aufmerksamkeit auf sich ziehen als die reinen Textlinks. Damit Videos in Google gut gelistet werden, müssen die Regeln der SEO bei Videoplattformen angewendet werden. Google kann bisher nur Textinhalte lesen und wiedergeben. Deshalb müssen Bilder und Bewegtbilder so beschrieben werden, dass Google die nötigen Informationen erhält.

Dafür müssen Sie

▶ einen Titel,

▶ eine Beschreibung und

▶ Tags (Schlagwörter, Keywords)

vergeben.

Damit im Titel und in der Beschreibung die richtigen Schlagwörter vorkommen, werden die relevanten Stichwörter in einer Keyword-Recherche ermittelt. Sie werden nachher als Tags übernommen. Das Recherche-Ergebnis dient im Anschluss auch bei der Eintragung von Videos in Social-Bookmarking-Diensten (persönliche Linklisten). Dort werden ebenfalls Titel, Beschreibung und Tags für den Eintrag vergeben. Ziel der Video-SEO ist es, das Video in Google unter den wichtigen Schlagwörtern auffindbar und für den Nutzer sichtbar zu machen. Bei mehreren Videos empfiehlt es sich, eine Video-Sitemap anzulegen.

8.4.3 YouTube – eine der größten Suchmaschinen der Welt

Die größte, bekannteste und weltweit beliebteste Videoplattform ist YouTube. Sie wurde 2005 gegründet und im November 2006 von Google übernommen. Ein paar Zahlen zur Verdeutlichung der Menge an Videoinhalten und an Interaktion: YouTube ist in 61 Ländern und in 61 Sprachen verfügbar. 1 Mrd. Menschen erreicht die Plattform monatlich, davon erfolgen 80 % der YouTube-Zugriffe außerhalb der

USA. Über 6 Mrd. Stunden Video werden jeden Monat angesehen – das ist hochgerechnet eine Stunde für jede Person auf dieser Erde. Laut Marktforschungsinstitut Nielsen erreicht YouTube mehr Erwachsene in den USA im Alter von 18 bis 34 Jahren als jedes Kabel-TV-Netzwerk. Pro Minute werden 100 Stunden Videomaterial hochgeladen. Zum Vergleich: Im Januar 2012 waren es pro Minute rund 60 Stunden Videomaterial, im Mai 2011 waren es noch 48 Stunden. Es steigt also nicht nur die Konsumation von Videos, sondern auch die Produktion. Ein Grund dafür ist definitiv die einfache Möglichkeit, Videos mittels Smartphone in ausreichender Qualität herzustellen und direkt auf YouTube hochzuladen. Rund 40 % aller Videos werden mittlerweile mobil am Smartphone angesehen.

Hohe Reichweite und viele Funktionalitäten

Immer mehr User gehen direkt auf YouTube und nicht den Umweg über eine »normale« Suchmaschine, um das gesuchte Video zu finden. Damit ist YouTube selbst zur zweitgrößten Suchmaschine der Welt geworden. Außerdem können Sie das YouTube-Video bequem in Ihre Website, in Ihr Blog und in Ihre Facebook-Seite integrieren (»embedden«). Damit können Sie an vielen verschiedenen Stellen die Sichtbarkeit des Videos erhöhen. Besonders praktisch ist die Möglichkeit, im Video Text einzublenden und so beispielsweise auf Ihre Website oder weiterführende Informationen hinzuweisen. YouTube bietet umfangreiche Statistiken zur Auswertung der Zusammensetzung Ihres Publikums.

Tipp: Registrierung auf YouTube

Wenn Sie sich auf YouTube registrieren, können und müssen Sie das mit Ihrem bestehenden Google-Konto tun. So brauchen Sie sich nicht noch einen weiteren Usernamen mit Passwort zu merken. Beachten Sie aber, dass damit auch automatisch der Name des Google-Kontos zum YouTube-Kontonamen wird. Das ist vor allem relevant, wenn Sie auf YouTube einen eigenen Channel nutzen möchten. Sie sind dann auch automatisch in Google+, dem sozialen Netzwerk von Google, angemeldet. Umgekehrt können Sie natürlich Ihr Google+-Konto für eine Anmeldung auf YouTube verwenden.

8.4.4 YouTube-Channel – Ihre Videozentrale

Der YouTube-Channel ist das zentrale Element und wird im Prinzip automatisch mit Ihrer ersten Registrierung auf YouTube angelegt. Damit erhalten Sie auch eine individuelle URL, z. B. *www.youtube.com/user/cocacola*. Auf einem Channel werden alle Videos gesammelt dargestellt, die von diesem User bzw. Channel-Betreiber hochgeladen wurden. Einen solchen »Branded Channel« führt Coca-Cola mit besonderen Designelementen und Funktionalitäten – speziell für große Marken von YouTube zur Verfügung gestellt (siehe Abbildung 8.4).

8 Content und Sharing – Teilen bringt Freunde

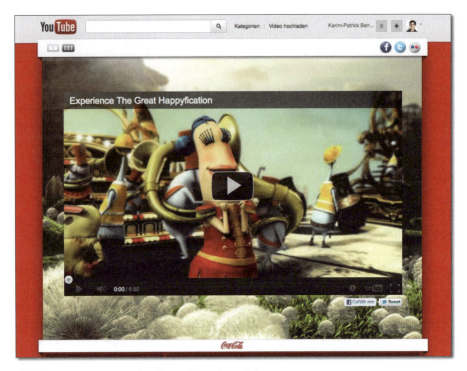

Abbildung 8.4 Der YouTube-Channel von Coca-Cola

> **YouTube-Channel langfristig nutzen**
>
> Es zahlt sich langfristig aus, einen erfolgreichen Channel zu etablieren. Besonders erfolgreiche YouTube-Channels haben viele Abonnenten. Jeder Channel kann von anderen Usern abonniert werden, die bei Interaktionen und Upload automatisch informiert werden. Somit sorgen Sie für eine automatische Verbreitung Ihrer Inhalte.

Das Einrichten eines eigenen YouTube-Channels ist für Privatpersonen und Unternehmen grundsätzlich kostenfrei (ausgenommen Premiumvarianten wie beispielsweise jene für Coca-Cola). Das Tolle an den kostenlosen YouTube-Channels ist, dass Sie diese nach eigenen Designvorgaben individuell gestalten und auf Ihre Marke oder Ihr Unternehmen optisch abstimmen können. Füllen Sie das Profil, entweder sofort bei der Anmeldung Ihres YouTube-Kontos oder später in den Konto-einstellungen, vollständig aus. Besonders wichtig sind der Profilname, die Website, die Kanalbeschreibung und der Name des Unternehmens sowie dessen Standort. Zudem können Sie in den Kanaleinstellungen die *Kanaltags* – beschreibende Schlagwörter für Ihren YouTube-Channel – hinzufügen. Eine Liste der beliebtesten YouTube-Channels finden Sie auf *www.youtube.com/channels*.

Besonders angesagt sind derzeit Videospiel-, Comedy- und Musikvideos. In Deutschland erzielt unter anderem der Channel »Y-Titty« die meisten Abos (mehr als 2.900.000 Abonnements) und Aufrufe. Der Name Y-Titty ist die Abkürzung für »YouTube Dummies«. YouTube Dummies war ein vorheriges Projekt von Y-Titty, bei dem Videos im Stil von Jackass gedreht wurden. Der Channel wird von Philipp Laude, Matthias Roll und Oğuz Yılmaz betrieben, die auf unterhaltsame Weise Sketche, Kurzvideos und Parodien auf YouTube präsentieren. Es gibt sogar einen Wochenplan dazu, wann neue Videos hochgeladen werden. Die Kommunikation mit den Fans erfolgt über soziale Netzwerke wie Facebook und Twitter sowie über Kommentare unter den Videos, die in den Kommentare-Kommentier-Shows – kurz KomKomShows – beantwortet werden. Damit hat das Trio quasi ein eigenes Videoformat in YouTube etabliert. Mit über 2,9 Mio. Abonnenten und über 552 Mio. Videoaufrufen war Y-Titty bis Anfang Juni 2014 der meistabonnierte deutsche YouTube-Kanal Deutschlands. Seither rangiert das Trio hinter Gronkh auf dem zweiten Platz. Y-Titty ist nicht bloß ein Hobby von drei Freunden: Seit 2011 kann die Gruppe von den Videoeinnahmen leben, d. h., die Befüllung des YouTube-Channels ist zum Beruf geworden. Y-Titty ist YouTube-Partner, wodurch das Trio über Werbung Geld verdient. Mittlerweile hat Y-Titty ein richtiges Werbenetzwerk mit zahlreichen weiteren YouTube-Channels, Single-Veröffentlichungen und Product Placements aufgebaut.

Marken mit vielen Views auf YouTube sind unter anderem Google, Red Bull, Samsung, Coca-Cola und Apple.

Aber Sie können auch ohne Millionen von Aufrufen einen erfolgreichen YouTube-Channel führen. Einfallsreichtum, hohe Technikaffinität und Humor sind dennoch wichtige Voraussetzungen dafür.

YouTube-Design

YouTube überarbeitet immer wieder sein Design, um es nutzerfreundlicher zu gestalten. Komplizierte Designeinstellungen gehören längst der Vergangenheit an, dafür können Sie bequem ein Hintergrund- und ein Logo-Bild hochladen, Tags auswählen, eine Beschreibung Ihres Channels hinzufügen und einzelne Videos hervorheben (Funktion EMPFOHLENE VIDEOS). Halten Sie Ihren Channel aktuell und sehen Sie sich in regelmäßigen Abständen Designänderungen an.

Suggest – kostenlose Videoempfehlungen durch YouTube

Wenn Sie ein YouTube-Video direkt auf der Plattform ansehen (oder oft auch in der eingebetteten Version nach dem Ende des Videos), empfiehlt Ihnen YouTube »ähnliche Videos«. Die Basis dieser Empfehlungen (Suggests) bildet unter anderem die Ähnlichkeit zwischen Videotitel, Beschreibung und Tags des gesehenen Videos und anderer Videos auf YouTube. Es wäre doch toll, wenn Ihr Video als Empfehlung zu anderen passenden, besonders beliebten Videos als Empfehlung erschiene? Die

353

Betonung liegt dabei auch auf inhaltlich passend: Sie sollten nicht wahllos Tags und Keywords zu Ihrem Video packen, die dem Inhalt des Videos nicht entsprechen. So würden Sie nur enttäuschte Seher erzeugen. Aber nehmen Sie sich ein Beispiel an vergleichbaren, besonders beliebten Videos, und sehen Sie nach, welche Keywords und Tags verwendet wurden. Sie können sich sicher die eine oder andere Inspiration dadurch holen. Garantieren kann Ihnen natürlich niemand, dass Ihr neues Video als Empfehlung nach einem beliebten und viralen Video mit Millionen Views tatsächlich erscheint. Aber einen Versuch ist es wert. Vor allem hilft es Ihnen auch bei der YouTube-Suche. Für den Fall, dass Ihr Video tatsächlich einschlägt, schafft es das Video auch auf die YouTube-Startseite unter die beliebtesten Videos, aber dazu brauchen Sie wirklich einen viralen Knaller.

8.4.5 YouTube-Werbung – wie Sie eigene Videos bekannt machen oder im dynamischen Umfeld von YouTube werben

YouTube ist mit weltweit fast 1 Mrd. Nutzern ein beliebtes Medium, das täglich angesteuert wird. Werbung in YouTube ist nur bedingt mit Werbung im Fernsehen vergleichbar, da der User viel mehr Steuerungsmöglichkeiten hat. Aber auch die Werbetreibenden und Agenturen können die Werbung gezielter streuen. Diese Steuerung wird als *Targeting* oder *Behavioral Targeting* bezeichnet.

Abbildung 8.5 Der YouTube-Nutzer wird mehrmals auf die Kampagne von mobile.de aufmerksam gemacht: durch Reach Ad auf der YouTube-Startseite (oben) und Targeting mit Video Ads (unten).

Da die User soziodemografische Daten wie Alter, Geschlecht und Interessen hinterlassen, kann YouTube die Werbung danach einstellen. Dies bewirkt einen geringeren Streuverlust, der bei klassischer TV-Werbung im Vergleich dazu besonders hoch ist. Im Fernsehen richten sich die Inhalte an eine fast undefinierbare Masse. Auf YouTube können Sie die Zielgruppen direkt nach deren Interessen und Vorlieben ansprechen. YouTube ist nun ebenfalls dazu übergangen, direkt im Video zu werben (*Video Ads/Display Ads*) und seine Plattform als Werbefläche zu vermarkten (*Reach Ads*), wie Abbildung 8.5 zeigt. Infos zu den Werbemöglichkeiten auf YouTube finden Sie unter *http://www.youtube.com/advertise*.

8.4.6 Mitmachvideo – die Königsklasse des Videomarketings

Ein kongenialer viraler Spot ist der französischen Agentur Buzzmann mit »A hunter shoots a bear« gelungen. Der Zuschauer sieht die bekannte Szene des Jägers in Gesellschaft eines Bären. Bevor der Jäger schießt, wird der User am Ende des Videos dazu aufgerufen, zwischen Schuss oder keinem Schuss zu wählen. Das Video wird verlängert und mit einem Trick versehen: Der Jäger greift aus dem Video auf das rechte Werbefeld zum Tipp-Ex und löscht das Wort »erschießt« in der Videoüberschrift (siehe Abbildung 8.6). Nun kann der User frei entscheiden, ob es »Ein Jäger liebt einen Bären« oder was auch immer heißen soll. Je nachdem, welches Wort vom User eingegeben wurde, folgt zum Abschluss ein entsprechendes Video, in dem beispielsweise der Jäger dem Bären einen Heiratsantrag macht. Das Video hat innerhalb eines Monats über 8,3 Mio. Views eingespielt. Die User sind überaus begeistert von diesem Video, das gerade durch das aktive Eingreifen des Users so erfolgreich ist.

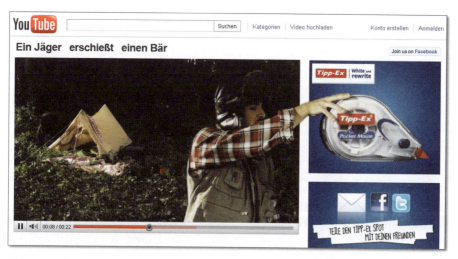

Abbildung 8.6 Interaktive und virale YouTube-Kampagne von Tipp-Ex

Marketing-Take-away: Längere Verweildauer bei Mitmachvideos
Durchschnittlich verweilt der YouTuber zwei Minuten bei einem Video, bei dem Tipp-Ex-Video waren es im Durchschnitt sechs Minuten. Klar, er hatte ja auch Spaß dabei, die unterschiedlichen Videoausgänge zu erproben. Interaktive Werbespots erzeugen eine weitaus höhere Verweildauer und Customer Involvement als Videos ohne Mitmachoption.

Videostatistiken

Für jedes Video bietet YouTube eigene Statistiken, die sogenannten YouTube-Insights (siehe Abbildung 8.7). Dieses Tool liefert Ihnen wichtige Informationen über die Entwicklung der Performance des Videos: die Zahl der Videoaufrufe über einen bestimmten Zeitraum oder auf eine bestimmte Region eingegrenzt, außerdem jene Links, die auf das Video verweisen bzw. den Ort (YouTube, externe Website usw.), an dem das Video konsumiert wurde, dazu noch demografische Durchschnittsdaten über die User, die das Video gesehen haben, und noch ein paar Community-Infos, wie z. B. die Herkunftsländer der Videoseher. Mit all diesen Infos können Sie viel über das Publikum des jeweiligen Videos herausfinden und möglicherweise die Streuung weiter optimieren, also das Video dort platzieren, wo es noch mehr von den gewünschten Usern sehen können und sollen.

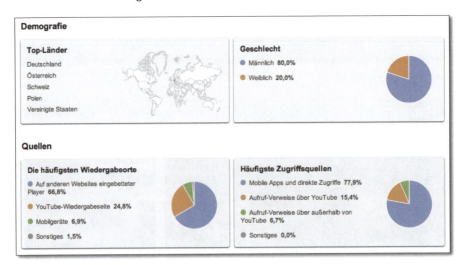

Abbildung 8.7 YouTube-Insights pro Video

YouTube ist die unangefochtene Nummer eins auf dem internationalen Online-Videosektor. Aber auch Facebook und TV-Sender haben mit ihren Video-on-demand-Angeboten deutlich aufgeholt. Dennoch gibt es einige lokal starke Videoplattformen im deutschsprachigen Raum, die vor allem bei den jungen Internetnutzern besonders beliebt sind. Die wichtigsten davon möchten wir Ihnen nun vorstellen.

8.4.7 MyVideo – hohe Reichweite bei jungen Webusern

MyVideo ist eines der beliebtesten Videoportale im deutschsprachigen Raum. Das Portal gehört zur ProSiebenSat.1-Gruppe SevenOne Intermedia GmbH. Bei MyVideo ist mehr als die Hälfte der User 14 bis 29 Jahre alt. MyVideo ist in Deutschland, Österreich und der Schweiz mit jeweils eigenen Länderplattformen verfügbar. Die Besucher können zwischen nutzergenerierten Inhalten (User Generated Content) und Premium-Content (Fernsehserien) wählen (siehe Abbildung 8.8).

Für die Streuung Ihres Webvideos eignet sich MyVideo besonders, um die junge Zielgruppe der 14- bis 19-Jährigen zu erreichen. Wenn Sie Ihr Video in Deutschland, Österreich und der Schweiz verbreiten wollen, laden Sie es auf allen drei Plattformen hoch (*.de/.at/.ch*). Kombiniert mit der Video-des-Tages-Empfehlung, die mit Kampagnen in MyVideo verknüpft werden, können Sie genügend Aufmerksamkeit erzeugen. Mehr Infos finden Sie unter *http://www.myvideo.de/Werbung*.

Abbildung 8.8 TV-Serien und Castingshows auf MyVideo neben User Generated Videos

8.4.8 Clipfish – ein Platz für Marken und Serien

Clipfish wurde bereits im Juni 2006 von der RTL-Tochter RTL interactive gestartet. Clipfish ist mit MyVideo eines der beliebtesten deutschen Videoportale. Die Kernzielgruppe sind Männer und Frauen zwischen 14 und 29 Jahren. Die 30- bis 39-Jährigen sind auf Clipfish sogar stärker vertreten als auf MyVideo. Auf Clipfish wurden Serien wie DSDS und Big Brother hochgeladen, was der Seite anfangs viel Traffic brachte. Diese Inhalte waren bei den Usern sehr beliebt. Im Zuge einer Neupositionierung der Plattform erfolgte die Abschaltung des User Generated Content, um sich ausschließlich auf professionell produzierte Bewegtbildinhalte zu fokussieren.

8.4.9 Vimeo – da sind die Profis zu finden

Vimeo ist keine Plattform zur reinen Streuung von Videos oder für klassische Marketingkampagnen, sondern ein zentrales Netzwerk für qualitativ hochwertige Inhalte. Das Portal ermöglicht die Erstellung sogenannter persönlicher Streams, in denen Videos anderer Benutzerprofile gesammelt, kommentiert und bewertet werden können. Das machen sich Videokünstler und Videoprofis aus dem Video- und Filmbereich zunutze. Vimeo bietet also einen professionellen Rahmen für Filme und Videos mit einem hohen künstlerischen und qualitativen Anspruch (siehe Abbildung 8.9).

Abbildung 8.9 Eines der meistgesehenen Vimeo-Videos: »Optimist« von Brian Thomson über das Farbenfestival in Utah

Ab sofort auch kommerzielle Inhalte auf Vimeo

Was lange Zeit nicht möglich war, hat sich für Vimeo zu einem einträglichen Geschäftszweig entwickelt: die kommerzielle Nutzung der Plattform für Unternehmen. So gibt es nun den kostenpflichtigen Dienst Vimeo Pro. Dort können Sie kommerzielle Videos auf Vimeo hosten und die Darstellung so anpassen, dass man das Hosting von Vimeo nicht erkennt (ein eigenes Logo hochladen oder die Webumgebung äußerlich anpassen). Zudem können die Seiten unter eigenen Domains gehostet werden. Für die nicht kommerzielle Nutzung existiert weiterhin das normale Vimeo.

Marketing-Take-away: Nutzen Sie Vimeo für hoch qualitative Videocontests

Der Konzern Olympus PEN hat zur Feier des 50-jährigen Jubiläums der Marke PEN die Internetuser über seine Website aufgerufen, eigene Videobeiträge zum Jubiläum zu produzieren und sie entweder auf die offizielle Website oder auf eine der gängigen Videoplattformen hochzuladen, darunter auch Vimeo (siehe Abbildung 8.10). Da es sich bei den Videos um von Usern selbst erstellte und hochgeladene Beiträge handelte, ging das mit den Vimeo-Richtlinien konform.

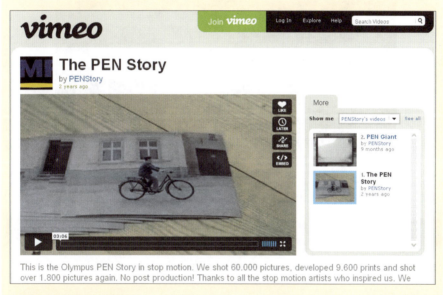

Abbildung 8.10 The PEN Story auf Vimeo

8.4.10 Google+ Hangouts

Eine Videoplattform der etwas anderen Art bietet Google mit Google+ Hangouts. Hangouts sind Videochatkonferenzen im sozialen Netzwerk Google+, in denen mehrere Teilnehmer via Videofunktion miteinander kommunizieren können, ähnlich der Videotelefonie. Die Teilnehmerzahl ist auf zehn begrenzt, da sonst die Kommunikation unüberschaubar wird. Die Teilnahme erfolgt per Computer über den Browser oder per Smartphone-App, die einzige Bedingung ist ein Google+-Konto. Zusehen können unbegrenzt viele Menschen, und zwar dann, wenn ein Hangout als öffentlich deklariert wird. Außerdem ist es möglich, die gesamte Kommunikation aufzunehmen und das Video dann in YouTube zu veröffentlichen. Ist das Video kürzer als zwei Stunden, kann man es in YouTube auch noch bearbeiten und zuschneiden. Google+ Hangouts eignen sich beispielsweise für Gespräche mit Experten, Fragestunden, Interviews usw.

Das Format der Hangouts von Google ist ein in den USA bereits sehr häufig genutztes und erfreut sich auch in Österreich immer größerer Beliebtheit. Der wohl berühmteste Hangout fand mit dem US-Präsidenten Barak Obama statt. Bei diesem Hangout aus dem Weißen Haus beantwortete er live Fragen interessierter Bürger. Insgesamt wurden mehr als 133.000 Fragen übermittelt.

Abbildung 8.11 Google+ Hangout mit US-Präsident Barack Obama

8.4.11 Videostreamingdienste – Netflix, watchever & Co.

Immer mehr User sehen sich Serien oder bestimmte Sendungen online an. Doch das Verhalten der User verändert sich vom nachträglichen Zugriff auf TV-Inhalte (z. B. weil man eine Fernsehsendung versäumt hat) hin zum ausschließlichen und zeitlich unabhängigen TV-Konsum. So mancher Experte prognostiziert bereits das Ende des klassischen Fernsehens. Was heute sicher noch zu weit gegriffen ist, kann in einigen Jahren aber Realität werden. Ein amerikanischer Dienst, der das Fernsehverhalten der Europäer weiter verändern könnte, ist Netflix. Er ermöglicht legales Streamen von Filmen und TV-Serien. In den USA, wo der Dienst als Erstes gestartet ist, können Nutzer für einen fixen monatlichen Preis Filme, Serien und TV-Sendungen ansehen, und zwar auf allen möglichen Endgeräten: vom Fernseher über den Laptop bis zur App für Smartphone und Tablet – zum Teil sogar im hochauflösenden Ultra-HD-Format. Seit 2011 produziert Netflix zudem eigene Serien für seinen Online-Dienst. Das

8.5   Fotoplattformen – Bilder hinterlassen einen bleibenden Eindruck

Aushängeschild für den Erfolg dieser Entscheidung ist David Finchers »House of Cards«. Seit 2013 drängt Netflix verstärkt auch auf den europäischen Markt und wird 2014 in vielen europäischen Ländern verfügbar sein. Mittlerweile streamen auch öffentlich-rechtliche TV-Sender wie z. B. das ZDF via *www.watchever.de*.

8.4.12   Instagram Video

Neben den beliebten Fotos mit Filtern kann man bei Instagram auch Kurzvideos von bis zu 15 Sekunden Länge aufnehmen. Dabei stehen 13 Videofilter zur Verfügung, unter anderem die beliebten Retro- und Vintagefilter. Das Interessante daran: Auch Videos, die man außerhalb von Instagram aufgenommen hat, kann man mit der neuen Videofunktion bearbeiten. Zudem stabilisiert die Software automatisch verwackelt aufgenommene Videos.

8.4.13   Vine

Mit der Smartphone-App Vine (*http://www.vine.com*) können User am Smartphone sechs Sekunden lange Videos veröffentlichen, die in einer Endlosschleife laufen und immer wieder abgespielt werden (Endlos-Loop). Damit kommt Vine dem Bedürfnis der User, immer kürzere Videos sehen zu wollen, nach. Der Nutzer hat die Möglichkeit, auf zwei Weisen mit seinem Smartphone oder Tablet zu filmen: kontinuierlich in einem durch oder mit Zwischenstopps. Gerade wegen der Zwischenstopps erinnern viele Vine-Filme an animierte GIFs, eine Technik, die in den 90er-Jahren populär war. Vine-Videos können auch in Websites integriert werden. Vine ist die Abkürzung für Video Network und gehört mittlerweile zu Twitter. Der Austausch erfolgt über die sozialen Netzwerke wie Twitter und Facebook.

8.5   Fotoplattformen – Bilder hinterlassen einen bleibenden Eindruck

Neben der gedruckten Schrift und dem gesprochenen Wort sind Fotos ebenfalls relativ alte Informationsträger, vor allem wenn man im Vergleich dazu Fernsehen, Video und die digitalen Datenträger betrachtet. Gerade in den letzten Jahren haben Fotos vor allem im digitalen Sektor extrem viel Verbreitung erlangt. Während die analoge Fotografie immer weiter abnimmt, wurde durch die Verbesserung der digitalen Bildaufnahme und den günstigen Zugang für Konsumenten zu Apparaten sogar im digitalen Spiegelreflexbereich ein wahrer Boom ausgelöst. Durch das Vorhandensein digitalen Materials sind natürlich auch die Notwendigkeit und der

Weg, diese Bilder auch digital zu verbreiten, zu dokumentieren und zu archivieren, nicht weit. Fotoplattformen erfüllen genau diesen Zweck: Sie stellen dem einzelnen User einen Account (in der Basisversion meist kostenlos) mit einer beschränkten Menge an Datenspeicher zur Verfügung. Der User kann die Fotos hochladen, weiterverarbeiten, beschriften, ordnen und entweder öffentlich oder privat machen und so den Zugang für andere freigeben oder beschränken. Deshalb werden diese Plattformen auch als Fotosharing-Plattformen bezeichnet.

Generalisten vs. Spezialisten

Konkurrenz erwächst diesen Plattformen in der letzten Zeit immer mehr durch soziale Netzwerke wie Facebook, in denen User ebenfalls Fotos hochladen und ihren Freunden zeigen können. Somit sind diese Inhalte noch näher an der »Zielgruppe« und vor allem im selben Netzwerk bzw. auf ein und derselben Plattform. Die Frage, ob die Universalisten wie Facebook und Google+ oder die Spezialisten wie Flickr langfristig gewinnen, können wir hier nicht beantworten. Auch wenn aktuell Facebook im massiven Aufwind ist, heißt das noch lange nicht, dass wir auf all die Vorteile verzichten müssen, die uns Fotoplattformen bieten.

8.5.1 Warum Sie Fotoplattformen nutzen sollten

Im Grunde könnten Sie Ihre Bilder ja auch auf der Website veröffentlichen und haben es wahrscheinlich in der Vergangenheit auch so gemacht. Doch es gibt gute Gründe, die Bilder nicht mehr nur auf der Website zu »verstecken«.

Suchmaschinenrelevanz

Fotoplattformen sind suchmaschinenrelevant. Wenn Ihre Fotos mit den richtigen Schlagwörtern und Beschriftungen versehen und öffentlich zugänglich sind, können sie über Google, Bing oder Yahoo gefunden werden. Alle großen Suchmaschinen haben einerseits eigene Bildersuchen, andererseits werden Bilder (Fotos, Grafiken usw.) als ein Teil der allgemeinen Websuche in das Suchergebnis neben Websites usw. integriert. Fotoplattformen sind ebenfalls Suchmaschinen. Nicht wenige User gehen direkt auf die jeweilige Plattform und suchen nach speziellen Inhalten, weil sie glauben oder erfahrungsgemäß wissen, dass die Plattform die relevanteste Quelle für ihre Informationssuche ist.

Höhere Reichweite und Sichtbarkeit Ihrer Bilder

Wenn Ihre Fotos auf einer CD/DVD in der Schublade liegen, können sie von Ihren potenziellen Kunden nicht gefunden werden (und Sie selbst tun sich vielleicht auch schwer). Fotoplattformen bieten zahlreiche nützliche Funktionen (Suche, Alben, Kategorien, Schlagwörter usw.), um die Fotos zu ordnen und leichter auffindbar zu machen.

Kostenlose Basisprofile mit tollen Funktionalitäten

Die Basisvarianten der großen Fotoplattformen sind kostenlos. Sie müssen sich nur registrieren und können sofort mit dem Upload starten. Im Profil können Sie einen Link auf Ihre Website und meistens eine kurze Biografie hinterlegen; somit weiß jeder User sofort, von wem die Bilder stammen. Viele Plattformen bieten komfortable, optisch gut gestaltete und einfach zu integrierende Lösungen, um die Fotos wiederum in Ihre Website, in Ihr Blog einzubetten oder per Link in jedem sozialen Netzwerk zu veröffentlichen und mit den Freunden zu teilen.

8.5.2 Bilder-SEO – Ihre Bilder wollen gefunden werden

Fotos transportieren Emotionen und Eindrücke einfacher, als es reiner Text vermag. Damit die Bilder auf der Bilderplattform ihren Zweck erfüllen, ist es wichtig, dass Sie die relevanten Keywords sinnvoll dem Bild hinzufügen. Suchmaschinen wie Google können (noch) keine Bilder lesen, sie wissen nicht, worum es im Bild geht. Deshalb müssen wir nachhelfen, damit die potenziellen Kunden wiederum die Bilder über die Suche finden und wir so Aufmerksamkeit und Anreiz schaffen können. Denn wie schon bei der Website, beim Blog und bei allen anderen Präsenzen: Wir wollen jene erreichen, die uns noch nicht kennen, entweder über das Empfehlungsmarketing à la Social Media oder über das Gefundenwerden über Google, Bing und Yahoo.

Rechtstipp von Peter Harlander: Weisen Sie bei Bildern deutlich auf Ihr Copyright hin

Die Erfahrung zeigt, dass Ihre Bilder umso häufiger von anderen Nutzern – auch illegal – kopiert werden, je besser sie im Web aufzufinden sind. Selbst wenn Sie großzügig sind und die private Nutzung Ihres Bildmaterials erlauben oder dabei zumindest ein Auge zudrücken, wird es spätestens dann zum Problem, wenn Mitbewerber Gefallen an Ihrem Bildmaterial finden und dieses zur Bewerbung ihrer eigenen Waren und Dienstleistung benutzen. Ihre Werbelinie verliert damit schlagartig an Einzigartigkeit. Wenn Sie daher Bildmaterial veröffentlichen, das andere zwar betrachten, aber nicht nutzen sollen, tun Sie gut daran, deutlich auf Ihr Copyright hinzuweisen. Ferner sollten Sie in diesem Fall regelmäßig eine Recherche mit spezialisierten Bildersuchmaschinen vornehmen, um so zu kontrollieren, ob sich Ihr Bildmaterial auf anderen Websites illegal verselbstständigt hat.

Es gibt bei Bildern fürs Web generell fünf wichtige Bereiche, in denen Sie Keywords positionieren können, die wir Ihnen nun genauer vorstellen möchten.

Dateiname

Ja, Sie haben richtig gelesen: Sogar der Dateiname eines Bilds ist suchmaschinenrelevant. Normalerweise tragen Bilddateien so kryptische Dateinamen wie z. B. *29823429.jpg* oder *DCIM-23384.jpg*, je nachdem, welches Fabrikat der Fotoapparat oder Scanner hat, über den die Bilder gespeichert wurden. Sie sollten vor dem Upload der Fotos darauf achten, dass Sie ihnen individuelle Dateinamen mit relevanten Keywords verpassen, das hilft beim Gefundenwerden.

> **Beispiel**
>
> Machen Sie aus dem Dateinamen *29823429.jpg* einfach *gasthaus_xy_ortsangabe_gastgarten.jpg*, und schon haben Sie für jemanden, der ein Gasthaus an einem bestimmten Ort mit Gastgarten sucht, die richtigen Keywords verpackt.

Bildtitel (Bildüberschrift)

Der Bildtitel (bzw. die Bildüberschrift) ist ein zentrales Element. Er taucht bereits in der Übersicht des Suchergebnisses auf und soll kurz und prägnant aussagen, worum es in diesem Bild geht.

Bildbegleittext (Bildunterschrift)

Die Bildunterschrift erläutert in einer längeren Form die Entstehungsgeschichte, den Ort, die Motive und die Handlung des Bilds. Hier kann man ruhig ausführlicher werden, solange man auf übermäßige Wiederholungen verzichtet: Die stören User und Suchmaschinen gleichermaßen.

Bildtags (Schlagwörter)

Die Tags wiederum helfen dem User, einen Überblick über die Bildinhalte zu bekommen – und vor allem beim Gefundenwerden über die Suche. Hier können Sie alle passenden Keywords als Tags hinzufügen.

Profilbeschreibung

Damit der User weiß, wo er weiterführende Informationen bekommt und idealerweise sein Konsumbedürfnis befriedigen kann, ist es wichtig, bei den Profilinformationen des Fotoaccounts Text und Links zu und über Ihr Unternehmen einzufügen. Am besten trägt der Account auch den Namen des Unternehmens.

Weitere Tipps für Ihre Bilder im Web

Die schönsten Bilder bringen nichts, wenn sie nicht gesehen werden. Deshalb sollten Sie folgende Tipps beachten, damit Ihre Bilder über die gängigen Suchmaschinen besser gefunden werden:

▶ Beschreiben Sie das Bild so genau und so authentisch wie möglich. Dann fällt es Ihnen leichter, die relevanten Keywords im Text so zu verpacken, dass der Leser sich nicht daran stört.

▶ Nutzen Sie, wenn möglich und sinnvoll, die Popularität bestimmter Themen oder Orte in Ihrer Umgebung, um auf sich aufmerksam zu machen. Aber versuchen Sie nicht, »auf Teufel komm raus« alle Bilder mit beliebten Schlagwörtern zu versehen, wenn die Bilder partout nichts damit zu tun haben und nichts davon abbilden, was in den Schlagwörtern vorkommt. Sie werden weder darüber User und neue Kunden generieren, noch wird die Fotoplattform das langfristig tolerieren. Keyword-Stuffing bzw. Keyword-Spamming (also das maßlos übertriebene Verwenden von Schlagwörtern in einem Text) wird generell von Suchmaschinen und Usern gleichermaßen gering geschätzt. Vermeiden Sie Wiederholungen innerhalb der Bildunterschriften und auch das mehrfache Verwenden desselben Texts bei mehreren Bildern.

▶ Geben Sie nach Möglichkeit eine Ortsangabe zum Foto an. Meist ist beim einzelnen Bild oder beim Account eine interaktive Landkarte (Google Maps o. Ä.) integriert, und Sie können den Ort der Aufnahme markieren.

▶ Es gibt auf den meisten Plattformen verschiedene Veröffentlichungs- und Fotolizenzierungsmöglichkeiten für Ihre Bilder: Warum nicht einige der Bilder, die einen Wiedererkennungswert über das Motiv und vielleicht ein kleines Logo im Hintergrund haben, als Creative Commons für die nicht kommerzielle Nutzung durch andere freigeben? Was könnte Ihnen Besseres passieren, als dass Ihr Foto mit Quellenangabe für einen interessanten Blogartikel verwendet wird, der indirekt Werbung für Sie macht? Denken Sie deshalb schon beim Erstellen der Fotos daran. Über die Lizenz können Sie auch festlegen, dass der Nutzer beim Bild Ihren Namen angeben muss.

Der Trend in Social Media geht eher in die Richtung »authentisch und dafür weniger aufwendig«, was die Qualität der Bilder angeht. Hierbei kommt Ihnen auch die Technik entgegen: Mittlerweile hat jedes Handy eine integrierte Fotofunktion, und viele davon ermöglichen sogar eine passable Auflösung. Wenn Sie alles beachten, können Sie die Sichtbarkeit Ihres Unternehmens im Web erhöhen und Traffic dort erzeugen, wo Sie ihn haben möchten. Sie sehen also, es gibt genug Gründe, um sich die großen Plattformen einmal genauer anzusehen und die CDs und DVDs aus dem

Schreibtisch hervorzukramen. Wir möchten Ihnen nun die drei Global Player im Fotosharing-Bereich vorstellen.

8.5.3 Flickr – die beliebteste Bilderplattform der Welt

Branchenprimus ist die Yahoo-Tochter Flickr. Die ursprünglich von einer eigenständigen Firma (Ludicorp) entwickelte Plattform ging etwa zur selben Zeit wie Facebook online, also Anfang 2004. Bis heute finden sich bei Flickr mehrere Milliarden Fotos. Unter den Mitgliedern der Community finden sich Hobby- wie Profifotografen gleichermaßen, aber auch Unternehmen, die hier ihre Pressebilder zur Verfügung stellen. Die Reichweite ist groß, und Flickr ist selbst zur Suchmaschine avanciert: Viele User, die auf der Suche nach hochwertigen Bildern sind, gehen direkt zu Flickr.

Marketing-Take-away: Mit Creative Commons Bilder aus der Community nutzen

Flickr bietet den Nutzern die Möglichkeit, ihre Bilder mit einer Creative-Commons-Lizenz zu versehen. Damit können Bilder unter Namensnennung und Quellenangabe verwendet werden. Auch wir nutzen Flickr zur Suche nach Creative-Commons-Inhalten und schreiben die Urheber anschließend an, ob wir das Bild in Follow me! verwenden dürfen. Nutzen Sie dafür die erweiterte Suche von Flickr, und filtern Sie dabei nach Bildern mit CC-Lizenz: *http://www.flickr.com/search/advanced*.

Hochwertige Bilder für alle Zielgruppen

Flickr tut sich vor allem dadurch hervor, dass viele User ihre qualitativ hochwertigen Bilder hochladen und andere User wiederum genau nach solch hochwertigen Bildern suchen. Deshalb ist es die richtige Umgebung für Sie, um Ihre besten Seiten bzw. Bilder zu zeigen. Wenn Sie einen Flickr-Account in der kostenlosen Variante registrieren (dazu wird eine Yahoo-ID benötigt), können Sie seit Mai 2013 1 TB (Terabyte) und außerdem Bilder in maximaler Auflösung und Videos mit bis zu drei Minuten Dauer in High Definition hochladen. Neben den neuen Funktionen wurde das Design des Diensts neu gestaltet, und mittlerweile gibt es auch eine eigene Smartphone-App für Flickr. Den Pro-Account (kostenpflichtig) lässt Flickr auslaufen, damit verfügt man derzeit noch über Zusatzfunktionen wie 2 TB Datenspeicher und eine werbefreie Zone. Wenn Sie allerdings, wie vorhin erläutert, Flickr als Schaufenster mit besonders guten und exemplarischen Bildern über Ihr Unternehmen nutzen, sollten Sie normalerweise mit dem einfachen Konto auskommen.

In der Bildunterschrift (Beschreibung) können auch HTML-Tags verwendet werden: Somit können Sie sogar mehrere Links auf die Website setzen oder weiterführende Informationen geben. Das hilft, Traffic, sprich Besucher, dorthin zu lenken, wo Sie sie haben möchten: auf Ihre Website, auf Ihr Blog usw. (siehe Abbildung 8.12).

8.5 Fotoplattformen – Bilder hinterlassen einen bleibenden Eindruck

Abbildung 8.12 Bildtitel, Bildunterschrift, Tags und Profildaten auf Flickr ausfüllen

Fotoalben – Bilder nach Themen sortieren

Sortieren Sie Ihre Bilder nach Alben, aber geben Sie jedem Bild eine passende Beschreibung, denn: Die meisten User werden nicht über Ihren Flickr-Account oder über das Album auf das Bild stoßen, sondern es über einen Link oder die Bildersuche direkt anklicken und sehen. Der Vorteil der Alben: Sie können den Link zum Album auf Ihrer Website einbauen oder per E-Mail verschicken und so dem interessierten User mit dem Album einen guten Überblick bieten. Sie können die Bilder auch innerhalb des Albums oder zwischen den Alben hin- und herschieben. Unter ORGANISIEREN bietet Flickr eine Drag-and-drop-Oberfläche dafür. Damit können Sie auch Schlagwörter (Tags) zusätzlich auf alle oder bestimmte Fotos verteilen.

Diashow – peppen Sie Ihre Website auf

Eine tolle Sache ist die Möglichkeit, eine Diashow zu erstellen und in Ihre Website oder Ihr Blog zu integrieren (siehe Abbildung 8.13). Damit werden die Fotos eines kompletten Albums automatisch durchgewechselt und sorgen so für eine optische Abwechslung und Dynamik. Außerdem können Sie mittels Embed-Code jedes einzelne Foto beispielsweise in einen Blogbeitrag einbetten, ohne dass Sie das Foto erneut im Blog direkt hochladen müssen. Nutzen Sie die Diashow auch dazu, im Rahmen einer Kampagne alle von Usern erstellten Bilder, die mit einem bestimmten Schlagwort versehen wurden, gesammelt darzustellen.

8 Content und Sharing – Teilen bringt Freunde

Abbildung 8.13 Eine Flickr-Diashow verschönert Ihre Webseite und ist einfach zu integrieren.

> **Rechtstipp von Peter Harlander: Vorsicht bei User-Generated-Content-Kampagnen**
>
> So interaktiv und spannend solche Kampagnen auch sind, bei denen User ihr Foto einreichen und an einem Gewinnspiel teilnehmen können: Es besteht immer die Gefahr, dass User ein Foto einreichen, das sie nicht selbst gemacht und für das sie auch kein entsprechendes Nutzungsrecht haben. Es gibt bereits mehrere Beispiele aus der Praxis, bei denen ein solches Bild gewonnen hatte und es nachträglich zu kostspieligen Prozessen kam, weil der eigentliche Urheber und Rechteinhaber seine Ansprüche geltend gemacht hatte.

Vernetzen Sie sich mit der Fotocommunity

Auch bei Flickr geht es um die Vernetzung zwischen Usern. Erkundigen Sie sich in Ihrem Umfeld, wer einen Flickr-Account besitzt, und fügen Sie diese Personen als Freunde hinzu. Sie können sie auf Fotos markieren und so zur Verbreitung Ihrer Fotos beitragen, wenn die Personen tatsächlich auf dem Foto zu sehen sind und diese es auch erlauben. Wenn Sie zu einem Foto eines anderen Flickr-Nutzers inhaltlich etwas beitragen möchten, können Sie das ebenfalls. Damit stellen Sie sich quasi bei diesem Nutzer vor, und er wird Ihre Bilder auch einmal ansehen.

> **In Gruppen aktiv werden**
>
> Es gibt in Flickr zahlreiche Gruppen zu spezifischen Themen. Vielleicht finden Sie die eine oder andere Gruppe, die sich mit einem Thema beschäftigt, zu dem auch Fotos von Ihnen passen. So können Sie sich und Ihr Unternehmen bzw. Ihre Leistungen ins Ge-

spräch bringen. Aber auch hier gilt vor allem: Sie sollten Kompetenz in der Sache und nicht im Verkauf zeigen.

Account- und Profileinstellungen – zeigen Sie, wer Sie sind

Hier können Sie das sogenannte Buddy-Icon (ein Miniaturbild bzw. Ihr Logo) auswählen, finden hier Ihre Flickr-Webadressen (Ihre Flickr-URLs) und können eine umfangreiche Beschreibung und Ortsangabe Ihres Unternehmens hinterlassen. Außerdem können Sie einstellen, ob Ihre Fotos frei zugänglich oder nur privat (also für bestimmte Personen) verfügbar sind: Da Sie Flickr ja als Schaufenster nutzen sollten, kommt nur der öffentliche Zugang infrage.

> **Rechtstipp von Peter Harlander: Nutzen Sie Creative Commons auch für Ihre eigenen Bilder**
>
> Es gibt im Internet viele verschiedene Varianten, die Nutzung von Bildern einzuschränken oder zu erlauben. Dazu gehört auch die Möglichkeit, einzelne Ihrer Bilder für eine Weiterverwendung durch andere Nutzer freizugeben. Als »Creative Commons« werden die Lizenzmodelle bezeichnet, die es unter verschiedenen Bedingungen anderen Usern ermöglichen, die Bilder z. B. auf der eigenen Website einzubinden oder sogar zu bearbeiten. Damit können Sie die Reichweite und Sichtbarkeit Ihres Accounts und Ihrer Bilder erhöhen.

8.5.4 Picasa wird zu Google+ Bilder

Lange Zeit war Picasa eine wichtige Fotoplattform für Bilder. Nach dem Start von Googles eigenem sozialen Netzwerk Google+ wurde Picasa schrittweise in Google+ integriert und ist nicht mehr als Einzeldienst aufrufbar. Die User können jedoch weiterhin verschiedene Filter und Bildbearbeitungsfunktionen, jetzt aber innerhalb des sozialen Netzwerks Google+, nutzen. Um also den Fotodienst zu nutzen, müssen Sie ein Google+-Konto anlegen. Die Integration hat auch aus Google-SEO-Sicht Vorteile. Google lässt immer öfter die Inhalte aus seinem sozialen Netzwerk sehr prominent in die Suchergebnisse einfließen, d. h. Bilder, die in Google+ hochgeladen und entsprechend beschriftet werden, haben eine ungleich höhere Chance, gefunden zu werden, als Bilder auf einer Fotoplattform eines anderen Anbieters. Dies ist besonders für Hoteliers und Touristiker interessant, da diese mit ihren Bildern gute Ergebnisse im Suchmaschinenranking erreichen können.

Google+ Bilder – nützliches Tool fürs Web und für Ihren Computer

Sie können Ihre Bilder auf Google+ hochladen und verwalten. Zusätzlich bietet es noch ein paar Bildbearbeitungsfunktionen für die kleinen Ansprüche, bekannt bereits aus Picasa. Das hat vor allem dann Vorteile, wenn man gleich mehrere Dutzend Fotos hochladen oder überarbeiten möchte. Auf Google+ verfügen Sie über die gleichen Funktionen und Eingabemöglichkeiten wie auf Flickr: Bildtitel, Bildunterschrift, Tags, Ortsangabe, Lizenz, Profilinfos usw. Sie können ebenfalls relativ unkompliziert eine Dia- bzw. Slideshow erstellen und in Ihre Websites einbinden.

8.5.5 Panoramio – geben Sie Ihren Bildern einen Ort

Die dritte große Fotosharing-Plattform ist Panoramio, ebenfalls im Besitz von Google. Hier werden Fotos, die über GPS-Daten verfügen (also mit Längen- und Breitengradangabe georeferenziert sind), hochgeladen und so für verschiedene Kartenapplikationen wie Google Earth oder Google Maps zur Verfügung gestellt (siehe Abbildung 8.14). Genau hier liegt auch der Vorteil. Selbst wenn die meisten User Panoramio nicht namentlich kennen, stolpern sie doch bei der Suche auf Google über das eine oder andere Foto auf Google Maps, das ja wiederum in das normale Google-Suchergebnis integriert ist. So schließt sich der Kreis. Auf Panoramio direkt werden die lokalisierten Fotos jeweils auf den Kartenausschnitt angepasst: Je näher man zu einem bestimmten Ort zoomt, desto genauer wird die Bildansicht links. Damit können Sie ganz gezielt die Reichweite Ihrer Bilder erhöhen. Nachdem Sie ja idealerweise bereits über einen Google-Account für Google+, Google Alerts oder Picasa verfügen, können Sie sich mit demselben Account auch bei Panoramio einloggen.

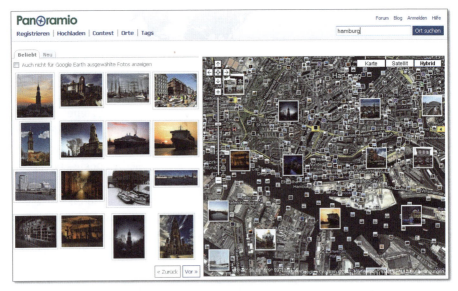

Abbildung 8.14 Panoramio holt sich die entsprechenden Bilder zum jeweiligen Bildausschnitt und gleicht die Fotos auch mit Google Earth ab.

Das war jetzt lediglich ein Überblick über die ganz Großen. Daneben gibt es noch Hunderte kleine bzw. spezialisierte Plattformen, die im konkreten Fall ebenso wichtig sein können. Je nachdem, ob Sie Grafiker bzw. Fotograf sind und Ihr Können visualisieren und einem breiteren Publikum zugänglich machen wollen oder ob Sie regelmäßig Partyfotos von Ihren Veranstaltungen online stellen möchten: Für jeden Bedarf gibt es mittlerweile die richtige Plattform. Schauen Sie einfach, welche Bilder aus welcher Quelle das Suchergebnis Ihrer bevorzugten Suchmaschine beim jeweiligen Suchbegriff auswirft.

Rechtstipp von Peter Harlander: Achtung bei Veranstaltungsfotos

Bei der Veröffentlichung von Party- und Veranstaltungsfotos stellt sich oft die Frage nach dem Recht am eigenen Bild. Um sicherzustellen, dass Sie das Einverständnis aller im Bildmittelpunkt stehenden Personen haben, und um dies auch nachweisen zu können, sollten Sie sich an eine ganz einfache Regel halten. Nehmen Sie beim Fotografieren immer einen großen Satz Visitenkarten mit, auf denen ungefähr Folgendes steht: »Alle Fotos zu unserem Event finden Sie ab morgen auf der Plattform XY. Zusätzlich werden ausgesuchte Fotos auch anderweitig veröffentlicht.« Wenn Sie diese Vorgehensweise ausnahmslos durchziehen, ist nachweisbar sichergestellt, dass alle fotografierten Personen über die Veröffentlichung Bescheid wissen und in diese eingewilligt haben. Als erfreulicher Nebeneffekt werden viele der Fotografierten am nächsten Tag die angegebene Plattform besuchen, dort Kommentare hinterlassen oder die Fotos sogar über andere soziale Netzwerke mit ihren Freunden teilen. Diese Vorgehensweise nützt daher auch Ihrem Marketing.

8.5.6 Instagram

Instagram ist eine erfolgreiche und sehr beliebte Mischung aus Social Network und Foto-App mit über 200 Mio. Nutzern. Mehr dazu finden Sie in Kapitel 7, »Soziale Netzwerke«.

8.5.7 Pinterest

Pinterest ist aufgebaut wie eine digitale Pinnwand. Die Idee hinter diesem Netzwerk ist der gemeinsame Austausch über verschiedene Hobbys, Interessen und Einkaufstipps mithilfe von Fotos, die auf virtuellen Pinnwänden gespeichert werden. Der Name der aktuell sehr schnell wachsende Social-Media-Plattform (70 Mio. Nutzer weltweit) setzt sich aus den englischen Wörtern pin = anheften und interest = Interesse zusammen. Menschen können dort ihre Fotos an virtuelle Pinnwände »pinnen«, und diese können dann von anderen geteilt werden. Andere Nutzer können diese Bilder ebenfalls teilen (repinnen), ihr Gefallen ausdrücken oder sie kommentieren. Wenn sich zum Beispiel jemand für Inneneinrichtungen oder Do-it-yourself-Projekte interessiert, wird auf Pinterest eine Vielzahl an Fotos dazu finden.

Vor allem Frauen sind auf Pinterest stark vertreten. Eine steigende Anzahl an Fotografen verwendet die Seite mittlerweile, um Bilder von ihrer Foto- oder 500px-Seite zu »pinnen«, um auf diese Weise ihre Besucheranzahl und ihren Bekanntheitsgrad zu erhöhen. Da diese Sammlungen auch für andere Nutzer sichtbar sind, kommt immer wieder die Frage auf, ob damit nicht Urheberrechte verletzt werden könnten. Das Unternehmen experimentiert gerade mit Werbung in Form von bezahlten Bildern ausgewählter Unternehmen.

Abbildung 8.15 Die Pinterest-Startseite mit aktuellen Pins

8.5.8 500px

500px (*http://500px.com*) gilt als Fotosharing-Plattform für ambitionierte Fotografen. Hier dreht sich alles um die Ästhetik und den gekonnten Bildaufbau eines Fotos. Es gibt auch die Möglichkeit, Fotos zu kaufen, aber das Communitygefühl wie z. B. bei Flickr fehlt hier. Vermutlich liegt es auch daran, dass es keine Gruppen gibt, in denen sich Fotografen untereinander austauschen können.

8.5.9 Photobucket

Die US-Fotoplattform Photobucket (*http://www.photobucket.com*) ist eine kommerzielle Online-Datenbank für die Archivierung und Präsentation von digitalen Bildern und Videos. Man kann den Accountstatus bzw. einzelne Bilder auf den Status

»öffentlich«, »privat« oder »for guests only« stellen und hat 2 GB Speicher. Es gibt auch einen Pro-Account mit unbegrenztem Speicherplatz und werbefreiem Raum.

8.5.10   Tumblr

Tumblr ist eigentlich eine Blogsoftware. Der Grund für das Wachstum und die Beliebtheit ist aber nicht die Möglichkeit, Blogs zu erstellen, sondern die Darstellung von Fotos, die Integration von GIFs und die Art und Weise, wie Inhalte geteilt werden können. Viele User nutzen Tumblr als »Fototagebuch«. Mehr zu Tumblr finden Sie in Kapitel 7, »Soziale Netzwerke«.

Mobile (Foto-)Apps sind stark im Kommen

Weil die mobile Nutzung von Social Media immer weiter um sich greift, gibt es auch immer mehr Dienste, die dem Ausgabegerät Smartphone gerecht werden. Dienste wie WhatsApp oder Snapchat werden deshalb ausschließlich an Smartphones genutzt.

8.5.11   Snapchat

Snapchat ist ein Instant-Messaging-Dienst für Smartphones und Tablets. Man versendet dort Fotos, die sich wenige Sekunden, nachdem sie der Empfänger betrachtet hat, von selbst löschen (genauer gesagt, sich unsichtbar machen). Aus diesem Grund wird die App auch häufig für Sexting (private Kommunikation über sexuelle Themen, Versand von erotischem Bildmaterial), vor allem unter Jugendlichen, eingesetzt. Snapchat hat bereits mehrere Übernahmeangebote, unter anderem auch von Facebook, ausgeschlagen und scheint auf eigenen Füßen stehen zu wollen. Ob und wie Snapchat für das Engagement von Unternehmen und mögliche Marketingfeatures zur Bewerbung von Nutzern offen und interessant sein wird, bleibt abzuwarten.

8.5.12   WhatsApp

WhatsApp ist eine besonders beliebte mobile Nachrichten-App, die es Usern erlaubt, SMS-ähnliche Nachrichten untereinander auszutauschen, ohne für jede einzelne Nachricht zahlen zu müssen. Aber auch Bild-, Video- und Tondateien können in Sekundenschnelle übertragen werden. Der Online-Messaging-Dienst wurde vor Kurzem von Facebook gekauft – zum Unmut vieler User, da diese eine Verletzung ihrer Privatsphäre durch Facebook befürchten.

8.5.13   Slingshot

Slingshot (deutsch: Schleuder) ist eine von Facebook gelaunchte App, die Snapchat Paroli bieten soll. Slingshot funktioniert nach einem einfachen Prinzip: Wer Nachrichten von einem Freund erhält, kann diese Inhalte nur ansehen, wenn er selbst eine eigene Nachricht, ein Foto oder Video verfasst und an den Absender schickt (zurückschleudert). Die Idee dahinter: Es geht nicht um das Sharing von Inhalten, sondern darum, dass jeder seine eigenen Fotos, Videos usw. gestalten soll.

Wichtige Begriffe im Zusammenhang mit Foto-Apps sind *Selfie* und *Hashtag*, die wir hier natürlich auch vorstellen möchten:

Selfie

Ein Selfie ist eine Art Selbstporträt, üblicherweise mit einer Digitalkamera oder einem Smartphone von der eigenen Hand aufgenommen. Selfies werden gern in sozialen Netzwerken gepostet, beispielsweise in Facebook, Snapchat oder Instagram. Beliebte Selfie-Motive sind Selbstporträts im Badezimmer, auf das eigene Spiegelbild gerichtet, oder aber Gruppen-Selfies, auf denen mehrere Leute ein Selbstauslöserfoto per Hand machen. Das berühmteste Selfie wurde bei der Oscarverleihung 2014 von Ellen DeGeneres gemacht: Sie fotografierte eine Horde von Hollywoodstars bei den Oscars und teilte das Bild auf Twitter. Innerhalb kürzester Zeit wurde der Tweet mehrere Zehntausend Mal retweetet. Nach nur einer Stunde hatte er bereits die Eine-Million-Grenze geknackt.

Abbildung 8.16 Das Selfie von Ellen DeGeneres auf Twitter (Quelle: Screenshot Twitter-Acccount von EllenDeGeneres)

Hashtag »#«

Ein Hashtag ist ein Rautezeichen im Fließtext, das einen potenziellen (Such-)Begriff markiert, wie z. B. das von Ellen DeGeneres verwendete Hashtag »#oscar«. Der Begriff Hashtag stammt aus dem englischen Wortschatz und setzt sich aus den zwei Wörtern »Hash« und »Tag« zusammen. Die englische Bezeichnung »Hash«

bedeutet zu Deutsch so viel wie »Raute«, »Tag« so etwas wie »Markierung«. Über Hashtags kann sehr einfach festgestellt werden, welche Twitter- oder Facebook-Themen gerade besonders beliebt sind, indem man analysiert, welche Begriffe häufig »gehashtaggt« werden. Diese Begriffe werden dann als sogenannte »Tren-ding-Topics« angezeigt. Wenn man zur richtigen Zeit zu seinem Posting ein Hash-tag veröffentlicht, hilft das der viralen Verbreitung von Nachrichten extrem (z. B. Fußball-WM, Großereignisse, Katastrophen usw.).

8.6   Guestsourcing – die Gästeperspektive macht das Foto oder Video relevanter

Weil es hier gerade so gut passt: Es wäre doch interessant, zu wissen, wie Ihre Kun-den Ihr Unternehmen oder Ihre Produkte sehen, oder etwa nicht? Bleiben wir beim Beispiel eines Hotels. Wenn Sie die Fotos in die Hände bekommen würden, die Ihre Gäste während des gesamten Urlaubsaufenthalts schießen, dann würden Sie ja exakt wissen, was den Gästen gut gefallen hat oder, im gegenteiligen Fall, welche gröberen Mängel ihnen aufgefallen sind. So oder so sind das für Sie sehr relevante Informationen. Es gibt keine authentischeren Inhalte als jene der Kunden selbst. Das Tolle ist: Sie müssen nicht die Kamera Ihres Kunden heimlich stehlen und den Chip auslesen. Stattdessen haben Sie folgende Möglichkeiten:

▶ Sie können den Gast fragen, ob er Lust hat, sich von Ihnen mit einer Kamera einen Tag lang ausstatten zu lassen und alles zu fotografieren, was ihm auffällt und gefällt. Gehen Sie mit ihm die Fotos gemeinsam durch, wenn er Ihnen am Abend die Kamera wieder zurückbringt. Selbst wenn Sie aufgrund mangelnder Bildqualität keines der Fotos kommerziell (sprich für Prospekt oder Website) di-rekt nutzen könnten, beinhaltet jedes Foto doch eine ganz wertvolle Informa-tion: die Kundenperspektive. Er hat das fotografiert, was ihm aufgefallen ist. Mit diesen Fotos können Sie einen professionellen Fotografen beauftragen, sie nachzuempfinden.

▶ Suchen Sie auf Suchmaschinen und direkt auf Fotoplattformen nach Fotos zu Ihrem Unternehmen oder Ihrer Konkurrenz, Ihren oder vergleichbaren Produkten, Ihrer Region, Ihrer Branche usw. Auch hier werden Sie viele Fotos von Usern aus der persönlichen Sicht des Users finden. Wenn dann manche Fotos sogar noch eine Bildbeschreibung haben und dort für Sie relevante Informationen stehen, haben Sie wertvollste Informationen völlig kostenlos erhalten. Toll, nicht wahr?

Das Ganze fällt in die Kategorie User Generated Content (UGC). Darunter versteht man Inhalte, die von Usern selbst erzeugt werden, wie eben Fotos oder Videos. Dass der Anteil an User Generated Content im Web zunimmt, liegt vor allem daran, dass es mittlerweile für jeden ungeübten User möglich ist, ein kleines Video mit seinem Smartphone zu drehen und zu schneiden und ganz passable Fotos selbst mit dem einfachsten Handy zu machen. Für die kostenlose Veröffentlichung der Fotos und Videos stehen zahlreiche Plattformen zur Verfügung: Von Facebook über Twitter bis Flickr – überall dort können Sie Fotos hochladen und diese Freunden oder der gesamten Webgemeinschaft zeigen. Und wie wir mittlerweile wissen, wird das von den Usern auch massiv und umfassend genutzt.

Fördern Sie den Content Ihrer Kunden

Das können wir uns als Unternehmen zunutze machen: Der vielleicht einfachste Weg ist es, ein Gewinnspiel zu organisieren, das an die Erstellung und den Upload beispielsweise eines Videos durch die User geknüpft ist. Beispiel: Sie schreiben ein Gewinnspiel aus, bei dem jeder User zu einem bestimmten Thema ein kleines, einminütiges Video drehen kann. Dieses Video soll der User dann auf seinen YouTube-Account hochladen bzw. Ihnen über eine eigene Videoupload-Funktion auf Ihrer Website zukommen lassen. Wichtig im Fall von YouTube ist, dass Sie in die Teilnahmebedingungen aufnehmen, dass der User das Video mit bestimmten Keywords sowie Titel und Videobeschreibung versieht oder Sie diesen Teil übernehmen. Somit haben Sie viel eigenständigen Content, der in Zukunft von vielen anderen Webusern über Google oder direkt auf YouTube gefunden werden kann. Achten Sie darauf, sich die Nutzungsrechte dafür zu sichern, ansonsten kann das teuer für Sie werden. Stellen Sie auch sicher, dass sich die User verpflichten, nur eigene Inhalte zu verwenden und nicht auf urheberrechtlich geschütztes Material von anderen zurückzugreifen. Falls Sie auf einer Fotoplattform auf ein Foto stoßen, das Ihnen besonders gut gefällt, und Sie es für Ihre Website oder Ihren Prospekt verwenden möchten: Kontaktieren Sie den User, und versuchen Sie, herauszufinden, ob er das Foto wirklich selbst gemacht hat.

> **Rechtstipp von Peter Harlander: Bildrechte – ein heikles Thema**
> Es soll auch schon vorgekommen sein, dass ein User ein Foto wiederum von einer anderen Plattform geklaut und auf seinen Account hochgeladen hat. Dann hilft es wenig, wenn Sie die Nutzungsrechte von diesem User kaufen, er aber gar keine Rechte an diesem Bild hat und der echte Urheber dann sein Recht bei Ihnen geltend macht.

8.7 Social-Bookmarking- und Social-News-Dienste

Noch immer speichert die Mehrheit der Internetuser interessante Links als Bookmark bzw. Lesezeichen im Browser auf dem lokalen Computer ab. Mit solch einem Lesezeichen kann man den Schnellzugriff auf eine Website anlegen oder verhindern, dass man eine relevante Seite später nicht mehr wiederfindet. Dass die Lesezeichen (Firefox) bzw. Favoriten (Internet Explorer) nur auf dem jeweiligen Computer gespeichert sind, hat ein paar wesentliche Nachteile für Sie als User:

▶ Wenn der Computer kaputtgeht oder neu installiert werden muss und der User keine Sicherung der gespeicherten Links vorgenommen hat, sind alle Lesezeichen unwiederbringlich weg.

▶ Mobilität ist heute keine Ausnahme, sondern die Regel. Das bedingt auch, dass die User nicht mehr nur von einem bestimmten Computer aus auf das Internet zugreifen, sondern im Büro, zu Hause und unterwegs unterschiedliche Geräte nutzen, aber trotzdem auch wichtige Links zur Verfügung haben möchten.

▶ Je mehr Lesezeichen man gesammelt und im Browser gespeichert hat, desto unübersichtlicher wird es. Man kann zwar Lesezeichen in Ordner und Unterordner sortieren und eigene Namen vergeben, trotzdem ist es sehr schwierig, den Überblick zu behalten.

▶ Sie haben sich sicher bei jedem Link, den Sie gespeichert haben, Gedanken dabei gemacht: Entweder möchten Sie diese Seite später noch genauer anschauen oder diese immer wieder aufrufen oder für zukünftige Projekte in weiser Voraussicht ablegen. Es gibt aber sicher noch viele andere Menschen, die mit derselben Fragestellung auf der Suche nach genau diesem Link sind und froh wären, wenn ihnen jemand einen Hinweis darauf gäbe.

▶ Das gilt umgekehrt auch für Sie: Wenn jemand einen für Sie relevanten Link gefunden und ihn nicht online geteilt hat, kann es leicht passieren, dass Sie selbst die verlinkte Seite nie zu Gesicht bekommen werden. Das Wissen und die Erfahrung, die der Suchprozess und die Bewertung der gefundenen Informationen mit sich bringen, gehen so jedes Mal verloren.

Das ist ein Verlust von relevantem Know-how, von Informationsbewertung, die anderen und durch andere auch Ihnen zugutekommen sollte. Genau hier setzen die sogenannten Social-Bookmarking-Dienste an. Anstatt einen relevanten Link einfach nur auf dem eigenen Computer zu speichern, legt man den Link inklusive einer Beschreibung und ein paar guter Stichwörter online ab. So können nicht nur Sie selbst diesen Link bequem und sicher wiederfinden, sondern auch andere Webuser profitieren davon. Nun könnte man argumentieren, dass so viel Transparenz sich auch nachteilig auswirken kann: Keiner (beispielsweise auch nicht die Konkurrenz) muss sich von Anfang bis zum Ende durch endlose und unergiebige Suchergebnisse durchwühlen und Zeit vergeuden, sondern kann auf eine perfekte Informationsbasis zurückgreifen. So sparen sich die anderen die Arbeit. Das ist richtig. Das gilt für Sie genauso wie für die Konkurrenz oder andere Akteure. Auch wir profitieren davon, dass andere ihre wertvoll gewonnenen oder erarbeiteten Informationen ohne konkreten Geldnutzen immer öfter online stellen, einfach so. Jeden Tag freuen sich Computerbesitzer darüber, dass es genug User gibt, die dasselbe Hard- oder Softwareproblem gehabt und das in einem Forum auch gepostet haben, inklusive der Problemlösung. Social Media ist ein Geben und Nehmen, wobei bewusst das Geben im Vordergrund steht. Nur wenn ich wirklich bereit bin, etwas zu geben, habe ich es auch verdient, etwas zu nehmen.

Mit Social-News-Diensten ist es ähnlich. Hier werden nicht normale Websites als Link öffentlich bzw. online gespeichert, sondern Nachrichten bzw. Inhalte mit Informations- oder Unterhaltungswert. Wenn Sie sich für ein bestimmtes Themengebiet interessieren, hilft es, solche Seiten zu besuchen und zu schauen, welche Informationen bei den Usern mit den gleichen Interessen wie den Ihren besonders gut ankommen.

Nichts fürs klassische Marketing

So oder so sei eines vorweggesagt: Weder Social-Bookmarking- noch Social-News-Dienste eignen sich wirklich für das direkte Marketing. Vielmehr helfen sie, relevante und interessante Inhalte sichtbarer zu machen (auch in Form von SEO) und schneller zu verbreiten. Und für Sie persönlich sind es hilfreiche Filter in der Unendlichkeit und Flut an Informationen, die im Web existiert.

8.7.1 Social Bookmarking & Content Curation

Die erste wirkliche Social-Bookmarking-Site war SlashDot, eine Website, auf der hauptsächlich sogenannte Nerds Links zu für sie interessanten Artikeln rund um technische Themen veröffentlichten. Sie ist auch der Namensgeber für den sogenannten SlashDot-Effekt: Server stürzten ab, weil ein veröffentlichter Link auf der hochfrequentierten SlashDot-Site zu viel Traffic auf die verlinkte Website brachte. Richtig los mit dem Thema Social Bookmarking ging es erst nach der DotCom-Krise 2003 mit der Gründung von del.icio.us.

Wie funktioniert Social Bookmarking?

Basis jedes Social-Bookmarking-Service ist ein Profil, das mittels Registrierung eingerichtet wird. Um die bereits gespeicherten Links zu sehen, benötigen Sie normalerweise kein Passwort, sondern das Profil ist über eine URL oder den Usernamen erreichbar. Lediglich private Lesezeichen sind passwortgeschützt und dann auch nur für Sie sichtbar. Wenn Sie ein Social Bookmark speichern wollen, müssen Sie sich einloggen. Das Speichern geht folgendermaßen vonstatten:

▶ Sie gehen direkt auf das Social-Bookmarking-Portal und speichern den Link inklusive Tags und Beschreibung ab.

▶ Sie nutzen sogenannte Plug-ins oder Add-ons, die es für die gängigen Browser gibt. Das sind kleine Programme, die den Direktzugriff des Browsers auf Ihren

Social-Bookmarking-Account ermöglichen. Sie müssen nur einmal den User-namen und das Passwort eingeben und dann speichern. Wenn Sie sich auf einer Webseite befinden, die Sie speichern möchten, können Sie im Browser auf den entsprechenden Button klicken und die relevanten Tags und die Beschreibung hinzufügen, fertig! So zum Beispiel geht es mit dem Delicious-Plug-in für Firefox.

Nicht alles muss öffentlich sein

Das Ganze bedeutet nicht, dass alle Ihre Links jetzt öffentlich sichtbar gemacht und für alle ungebetenen User mit Ihrem Namen in Verbindung gebracht werden können oder müssen. Alle Social-Bookmarking-Dienste bieten die Möglichkeit, jeden einzelnen Link »privat« zu speichern, also nicht öffentlich abzulegen. Doch wie viele Ihrer Links benö-tigen das in Wirklichkeit? Im Normalfall nur ganz, ganz wenige: den direkten Link zum Log-in fürs Internetbanking oder Firmenintranet beispielsweise. Die Mehrzahl der Links verweist auf öffentliche Seiten und kann ohne Bedenken auch öffentlich gespeichert werden.

8.7.2 Warum Sie Social-Bookmarking-Dienste nutzen sollten

Für Sie persönlich und für die Arbeitseffizienz sind Social-Bookmarking-Tools ein absolutes Muss und extrem praktisch. Wenn Sie sie zusätzlich als Marketinginstru-ment nutzen möchten, haben Sie die im Folgenden beschriebenen Möglichkeiten.

Zeigen Sie Kompetenz, und seien Sie sozial

Ihre Freunde oder andere interessierte User können mittels RSS-Feed Ihre Neuent-deckungen abonnieren, umgekehrt können Sie die Social Bookmarks von Usern, von denen Sie glauben oder wissen, dass sie regelmäßig über für Sie relevante Sei-ten stolpern, ebenfalls abonnieren und bleiben so am Ball. Damit können Sie eine Art Bookmarking-Newsletter führen. Relevante und interessante Inhalte sorgen dafür, dass Ihr Social-Bookmarking-Account von vielen Usern abonniert wird und Sie Ihre Kompetenz z. B. zu einem bestimmten Thema oder Ihrer Region vermitteln können.

Lassen Sie sich und Ihre Inhalte finden

Verwenden Sie populäre Tags (Popular Tags), wenn Sie Bookmarks setzen: Damit können User, die an Ihrem Thema interessiert sind, auch auf Ihre Bookmarks stoßen. Aber achten Sie darauf, dass die vergebenen Tags auch mit den Inhalten der Seiten übereinstimmen, ansonsten ernten Sie Enttäuschung und Missfallen. Mit Maß und Ziel können Sie auch Ihre eigene Website mit relevanten Keywords eintragen.

Eine weitere und grundsätzliche Funktion von Social-Bookmarking-Diensten ist es, auf der Startseite besonders beliebte (sprich populäre), aktuell oft gespeicherte

Links vorzustellen und so über neue Trends oder relevante Themen zu informieren. Eine zentrale Rolle bei allen Diensten spielen Tags und Kategorien: Durch die Vereinheitlichung der Begriffe wird es den Usern erleichtert, für sie relevante Links zu finden. Nachdem Sie sich offensichtlich für Social Media Marketing interessieren, können Sie auf Delicious & Co. unter dem Tag bzw. der Kategorie jene Lesezeichen ansehen, die andere User dazu gespeichert haben, und Sie sehen, welche davon besonders oft bzw. von besonders vielen Usern gespeichert wurden. Das hilft Ihnen bereits bei der Bewertung der Inhalte, bevor Sie jeden einzelnen Link öffnen müssen. Das geht mittlerweile so weit, dass User eine Art »öffentliche Linksammlung« unter einem bestimmten Schlagwort veröffentlichen, eine Best-of-Liste zu einem bestimmten Thema. Dazu gleich mehr bei Delicious.

Das Netzwerk nutzen

Natürlich können Sie im Einzelfall auch Ihr Netzwerk bemühen und fragen, ob die Delicious-Nutzer unter ihnen mithelfen, indem sie Ihre Seite unter bestimmten Tags ablegen. Das erhöht die Sichtbarkeit der gespeicherten Seite wesentlich. Sie sollten das aber nicht übertreiben und schon gar kein Geschäftsmodell daraus machen. Ihr Netzwerk wird es früher oder später negativ aufnehmen.

8.7.3 Delicious – der Favorit unter den Bookmarking-Diensten

Der weltweit beliebteste und nach wie vor kostenlose Social-Bookmarking-Dienst wurde 2003 als del.icio.us gegründet und im Jahr 2006 von Yahoo gekauft. Kurzfristig drohte 2010/2011 das Aus, nach einem umstrittenen Redesign und Neustart ist Delicious wieder verfügbar. Der Pionier und Klassiker unter den Social-Bookmarking-Services ermöglicht es registrierten Webusern, Lesezeichen anzulegen und mit Schlagwörtern (Tags) und einer Beschreibung zu versehen. Standardmäßig sind diese Bookmarks öffentlich. Im Bedarfsfall können einzelne Lesezeichen auch privat gespeichert werden, somit sind sie für andere nicht mehr auf Ihrem Account sichtbar. Die Nutzung ist relativ unkompliziert: entweder über die Website *delicious.com* oder über ein Add-on für Ihren Browser (empfehlenswert).

Wie funktioniert Delicious?

Im Normalfall tritt Delicious erst dann in Erscheinung, wenn Sie ein neues Lesezeichen anlegen oder ein bereits gespeichertes Lesezeichen aufrufen möchten. Wollen Sie ein Lesezeichen speichern, gehen Sie entweder auf die Website *delicious.com*, oder Sie nutzen das installierte Plug-in. Mit einem Klick auf das Delicious-Symbol in der Browser-Symbolleiste können Sie die aktuelle Website als Lesezeichen speichern und dieses mit einer Beschreibung und Tags (Schlagwörtern) versehen (siehe Abbildung 8.17).

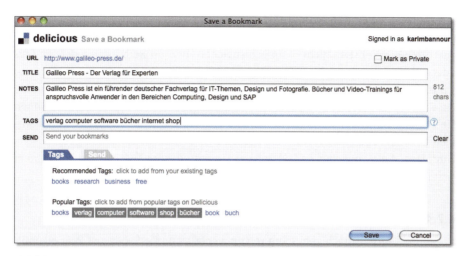

Abbildung 8.17 Ein Lesezeichen auf Delicious speichern

Bei den Tags sollten Sie aus mehreren Gründen immer auf eine durchdachte und einheitliche Schreibweise achten:

▶ Damit Sie das Lesezeichen rasch wiederfinden, sollten Sie Tags verwenden, die Sie sich leicht merken können und die den Inhalt oder das Thema der Seite präzise beschreiben.

▶ Genauso wichtig ist es, immer dieselbe Schreibweise zu verwenden, damit die Links auch wirklich nur unter dem einen passenden Tag zusammengefasst werden. Beispiel: Wenn Sie Seiten zum Thema Public Relations ablegen möchten, sollten Sie nicht »publicrelations« und »public-relations« parallel verwenden. Das würde die Links auf zwei Listen aufteilen und zusätzliche Arbeit verursachen, vor allem beim Wiederfinden eines Links. Entscheiden Sie sich gleich von Beginn an für eine einzige Schreibweise.

Sehr hilfreich ist die Funktionen RECOMMENDED TAGS und POPULAR TAGS. Unter POPULAR TAGS schlägt Ihnen Delicious jene Tags vor, die andere User für diese Webseite verwendet haben. Sie können sogar den Titel des Lesezeichens ändern, denn bei Weitem nicht jede Website liefert einen intelligenten und selbsterklärenden Titel. Außerdem bietet Ihnen das Notizenfeld die Möglichkeit, Anmerkungen zum Lesezeichen hinzuzufügen.

Ähnlich wie ein Blog ist das öffentliche Profil jedes Users aufgebaut: Es werden die letzten öffentlich gespeicherten Links dargestellt, inklusive Tags und Beschreibung. Es bietet also einen Überblick über Ihre Interessen. Umgekehrt sollten Sie einmal schauen, mit welchen Schlagwörtern (Tags) Ihre Website oder einzelne Seiten (z. B. Produktseiten) von anderen Usern versehen wurde. Dadurch lernen Sie, wie andere

Ihre Seite(n) sehen und worunter sie sie einordnen. Stimmt das mit Ihrer eigenen Wahrnehmung oder mit dem gewünschten Ziel überein? Sehr praktisch ist auch, dass Sie eine Webseite nicht mehrfach speichern und im Bedarfsfall jederzeit Tags oder eine Beschreibung hinzufügen können. Dabei bleibt es trotzdem immer nur ein einziges Bookmark pro Seite (sprich pro individuelle URL). Außerdem können Sie einen RSS-Feed für ein bestimmtes Tag (Schlagwort) abonnieren: Damit können Sie Delicious im Rahmen des Monitorings nutzen, um neue Trends mitzubekommen und zu beobachten, wie über Sie und Ihre Themen im Web »gesprochen« wird. Das ist ein ähnliches Prinzip wie das Einrichten einer Twitter-Search zu einem bestimmten Keyword oder Hashtag.

8.7.4 StumbleUpon

Dieser im deutschsprachigen Raum relativ wenig genutzte Service ist kein eigentlicher Social-Bookmarking-Dienst, sondern eine Art Social-Link-Service. Übersetzt aus dem Englischen, bedeutet StumbleUpon so etwas wie »über etwas stolpern«, und genauso verhält es sich auch. Das kostenlose StumbleUpon wird über eine eigene Symbolleiste im Browser genutzt. Mittels Klick auf eine Schaltfläche wird eine Seite geladen, die den Interessen des Users (bei der Installation aus einer Liste ausgewählt) und seinen bisherigen Präferenzen (bisherige Seiten und StumbleUpons, die ihm gefallen haben, mit »Daumen hoch«, und die, die ihm nicht gefallen haben, mit »Daumen runter« gekennzeichnet) entspricht. Zugeordnet wird das auf Basis von Bewertungen und Kategorisierungen anderer Webuser. Jeder User kann aber auch jede beliebige andere Webseite selbst bewerten und so ins StumbleUpon-Netzwerk übernehmen. Je mehr Seiten ein User bewertet, desto treffsicherer kann StumbleUpon für ihn und für andere werden. Es gibt also einen klassischen Social-Media-Effekt: Geben und Nehmen. Sie können nur wirklich relevante Informationen erhalten, wenn Sie selbst zur Relevanz beitragen und nicht zuerst nur an sich denken.

StumbleUpon funktioniert mit den gängigen Browsern wie Internet Explorer und Firefox. Nachdem Sie das kleine Softwarepaket heruntergeladen und installiert haben, können Sie sich registrieren. Zuerst vergeben Sie einen Benutzernamen, der auch in eine eigene URL übernommen wird. Damit ist Ihr Profil auch für alle anderen Internetuser sichtbar, egal ob sie StumbleUpon nutzen oder nicht. Besonders wichtig für die Relevanz der vorgeschlagenen Seiten ist die anschließende Auswahl der richtigen Themen und Kategorien. Füllen Sie das so genau wie möglich aus, Sie können beispielsweise so viele Interessen auswählen, wie Ihrer Meinung nach zutreffend sind. Das ist die Basis dafür, welche Seiten StumbleUpon Ihnen zeigen wird.

Abbildung 8.18 Um StumbleUpon zu nutzen, brauchen Sie nur die Symbolleiste für Ihren Browser zu installieren und sich zu registrieren.

Wie Sie StumbleUpon für Ihr Unternehmen nutzen können

Ähnlich wie in Twitter können andere StumbleUpon-User Ihnen folgen und umgekehrt. In Einzelfällen können Sie sich ein Netzwerk aufbauen und in Interaktion mit anderen StumbleUpon-Nutzern treten: Wenn Ihre Zielgruppen im US-amerikanischen Raum zu Hause sind, ist es sicher eine Überlegung wert. Selbst wenn das bei Ihnen nicht der Fall ist, gibt es einen guten Grund, warum wir StumbleUpon als relevant empfinden: Es kann für Sie persönlich bzw. für die berufliche Recherche sehr informativ sein, auf Content zu stoßen, den Sie anders vielleicht nie gefunden hätten. Das wiederum steigert Ihr Know-how und kann helfen, Ihre Marketingmaßnahmen zu unterstützen. Außerdem haben Sie so eine viel größere Chance, neue Trends oder viel diskutierte Themen mitzubekommen, als darauf zu warten, bis sie von den traditionellen Medien aufgegriffen werden. Dazu sollten Sie sehr wohl versuchen, ein mehr oder weniger großes Netzwerk mit anderen aktiven Usern aufzubauen und StumbleUpon regelmäßig zu nutzen: Jeden Tag eine gute Tat, d. h., je mehr Seiten Sie bewerten und ins StumbleUpon-Netzwerk einbringen, desto relevantere Vorschläge bekommen Sie, und desto besser sind Sie vernetzt. Vermeiden Sie aber, ständig Ihre eigenen Webseiten zu promoten, das kommt auch hier nicht gut an.

8.7.5 Keeeb.com

Keeeb.com ist als Bookmarking-Tool oder auch als Content-Curation-Tool bekannt. Das Hamburger Start-up will intelligentes Bookmarking anbieten. So kann man auf Keeeb nicht nur ganze Seiten abspeichern, sondern auch explizit ausgewählte Inhalte, wie zum Beispiel ein Foto, eine Überschrift oder einen bestimmten Textabschnitt. Die Inhalte können privat, öffentlich oder mit einer ausgewählten Gruppe geteilt werden. Das Spannende daran ist, dass auch im Team an einer Themenseite gearbeitet werden kann. So können sehr einfach und übersichtlich viele verschiedene Quellen zu einem Thema gesammelt werden. Auch für Portfolios oder persönliche Lebensläufe lassen sich interessante Storys abbilden und hierfür relevante Spuren aus dem Netz zusammenfügen.

8.7.6 Google Stars

Google Stars ist ein neuer Bookmarking-Dienst aus dem Hause Google. Dort lassen sich die gespeicherten Inhalte in einer Pinterest-ähnlichen Ansicht betrachten. Man kann Ordner erstellen, es werden ähnliche Inhalte automatisch zusammengefasst, und eine Suchfunktion soll es ermöglichen, den gesamten Inhalt der abgelagerten Seite zu durchstöbern. Tote Seiten sowie Seiten, die für die Verbreitung von Spam bekannt sind, werden automatisch entfernt. Dieses Social-Bookmarking-Tool befindet sich zum Zeitpunkt der Überarbeitung dieses Buchs in der Betaphase.

8.7.7 Pinterest – das neue Social Bookmarking?

Bei der neuen Social-Media-Plattform Pinterest (siehe Abschnitt 8.5.7, »Pinterest«), die seit Beginn 2012 einen regelrechten Hype erlebt, geht es um das virtuelle »Pinnen« von Grafiken, Fotos und Videos auf eigene, nach Themen sortierte Pinnwände. Andere Pinterest-User können einzelnen Pinnwänden »folgen«, sie also abonnieren, und werden so über jeden dieser Pinnwand neu hinzugefügten Inhalt informiert. Pinterest verfügt auch über eine tiefe Integration von und in Facebook: Jedes »Pinnen« kann automatisch auf der eigenen Facebook-Wall wiederum gepostet werden. So mancher spricht schon von einem Revival des Social Bookmarking.

Im Gegensatz zu den Social-Bookmarking-Diensten, bei denen es um das öffentliche Ablegen und Kategorisieren von Links geht, sind Social-News-Sites auf Nachrichten und deren Bewertung ausgerichtet. Das möchten wir Ihnen im folgenden Abschnitt genauer erklären.

8.7.8 Social-News-Dienste – was das Publikum empfiehlt

Stellen Sie sich vor, es gäbe Zeitungen, deren Inhalte von den Lesern komplett selbst bestimmt würden. Sie schlagen Artikel vor, und die Bewertung aller Leser entscheidet, was am nächsten Tag gedruckt wird. Das Ganze gleicht bereits einem Bürgerjournalismus. So oder so ähnlich sind Social-News-Sites zu verstehen. Dabei geht es um Informationen, die durch User bewertet werden und es so auf die News-Startseite schaffen: Social News oder auch soziale Nachrichten eben. Das Phänomen ist nicht ganz neu: Sie haben doch sicher früher auch immer wieder E-Mails mit lustigen oder bizarren Geschichten, Links zu YouTube-Videos oder sogar ganze PowerPoint-Präsentationen erhalten, die in Ihrem Freundes- und Bekanntenkreis, aber auch darüber hinaus ihre Kreise zogen. Mitunter erhielten Sie innerhalb von wenigen Wochen denselben Inhalt von ganz unterschiedlichen Quellen. Heute wird das verstärkt in sozialen Netzwerken wie Facebook oder ganz öffentlich auf Social-News-Sites abgebildet.

Beispiel: Streuen Sie Vorabinfos

Veranschaulichen wir das anhand eines Beispiels: Ihr Unternehmen vertreibt exklusiv eine neue Computerhardware (z. B. iPhone-Dockingstations) in Deutschland. Sie können Vorabinfos, technische Features oder Fotos des Prototyps, die auf Ihrer Website als Erstes veröffentlicht werden, auch auf Social-News-Sites anmelden, da diese Informationen für die User von Interesse sein könnten.

Social News sind im deutschsprachigen Raum nicht so stark verbreitet wie in den USA und eignen sich nur indirekt für Social Media Marketing. Spamartiges Vorschlagen eigener Websites ohne Relevanz für die anderen User ist ein absolutes

No-go. Aber Social News sind die ideale Plattform für Informationen, die sich bei großer Beliebtheit oder bei Relevanz für die User über diese Plattformen schnell verbreiten lassen und Ihrer Reputation dienen können – entweder direkt auf der Plattform für Ihr Profil oder indirekt über die größere Reichweite Ihrer von Ihnen vorgeschlagenen Inhalte.

Wie funktionieren Social-News-Sites?

Grundsätzlich kann jeder User (meist mit Registrierung) Content, also Inhalte jeglicher Art, vorschlagen bzw. einreichen und mit einem Kommentar oder einer Bewertung versehen. Besonders wichtig sind auch Tags (Schlagwörter) so wie in vielen anderen sozialen Medien. Inhalte können Nachrichten, Blogartikel oder Webseiten sein, die aus der Sicht des vorschlagenden Users interessant für andere User sein könnten. Der Begriff »News« darf nicht allzu wörtlich genommen werden: Es geht nicht mehr nur um tatsächliche Nachrichten, sondern um Inhalte jeglicher Art, die es aus Usersicht wert sind, empfohlen zu werden. Durch die Bewertung und Kategorisierung kann der Inhalt von anderen am Thema interessierten Usern besser und schneller gefunden werden. In etwa ist es damit vergleichbar, dass Sie einen interessanten Artikel in der Zeitung rot einrahmen und in der Bürokantine liegen lassen, weil Sie wissen, dass ein paar Ihrer Kollegen das Thema und somit den Artikel interessant finden werden.

Steigern Sie Ihre Reichweite

Alle anderen User können wiederum die sozialen Nachrichten positiv oder negativ bewerten. Die gängigste Variante ist das Prinzip »Daumen rauf/Daumen runter«. Dabei werden unterschiedliche Gewichtungen verwendet, um Missbrauch zu vermeiden und valide Bewertungsergebnisse anzubieten: Wenn ein Newsartikel in kurzer Zeit besonders viele positive Bewertungen von besonders aktiven Usern erhält, hat das eine verstärkende Wirkung. Auch kann es eine Rolle spielen, wie viele Stimmen ein Artikel im Verhältnis zum aktuellen Durchschnitt aller Artikel hat oder ob es immer dieselben User sind, die Ihre Inhalte positiv bewerten. Zur Bewertung müssen die User aber heutzutage nicht mehr auf die Social-News-Site gehen, sondern können unabhängig davon auf einen interessanten Artikel stoßen. Dazu muss auf dieser Website bzw. bei diesem Artikel einer der zahlreichen Buttons integriert werden, die ein Voting direkt auf dieser externen Website ermöglichen. Besonders beliebte Social News schaffen es durch einen hohen positiven Bewertungsgrad auf die Startseite der Social-News-Plattform und werden wiederum von noch mehr Usern wahrgenommen und bewertet usw. Und schon kann ein Schneeballeffekt eintreten. Ziel sollte sein, dass auf der Social-News-Site selbst viele User für Ihren Inhalt voten und diesen gleichzeitig in anderen Netzwerken mit Ihren Kontakten teilen. Sie können also mit für das Publikum relevanten Informationen eine extrem hohe Reichweite für Ihre Inhalte erzielen.

Worauf Sie achten müssen, wenn Sie Social News vorschlagen

▶ Vermeiden Sie Links auf eindeutig vertriebliche Inhalte: Am besten nutzen Sie Ihr eigenes Blog, um dort einen Artikel als Landingpage einzurichten. Ansonsten riskieren Sie, dass Ihr Newsbeitrag als Spam markiert und gelöscht wird oder gleich Ihre ganze Website auf die Spam-Blacklist kommt.

▶ Wählen Sie immer eine aussagekräftige Überschrift. Das ist eine Grundregel, die beispielsweise für das Schreiben von Blogbeiträgen genauso gilt. Bei Social News kommt aber hinzu, dass viele User aus Zeit- und Aufmerksamkeitsmangel die zahlreichen News nur überfliegen, daher muss die Überschrift ansprechend sein und ins Auge springen. Bleiben Sie aber bei der Wahrheit.

▶ Wie auf Blogs funktionieren auch auf Social-News-Sites bestimmte Inhalte besser als andere: Fotos und Videos beispielsweise. Besonders Fotos sind, wenn gut gemacht, schnell erfassbar und erregen Aufmerksamkeit. Gleiches gilt für die allseits beliebten Toplisten (Top 10 der wichtigsten Programme, Top 5 der beliebtesten Wanderrouten usw.).

Auch die Uhrzeit hat Einfluss

Achten Sie auch darauf, zu welcher Uhrzeit und an welchem Tag Sie Ihre Inhalte eintragen: Davon hängt ab, ob Ihre Inhalte überhaupt von den relevanten Usern gesehen und gevotet werden können. Aber das gilt für Facebook genauso, und der beste Tipp ist: Beobachten Sie, wann und wie es vergleichbar andere machen, und stellen Sie sich auf Ihr Publikum ein.

8.7.9 Bauen Sie eine positive Online-Reputation auf

Sie können mit der Veröffentlichung und aktiver Bewertung von relevanten Inhalten eine positive Reputation für Ihr Profil und Ihren Namen aufbauen. Wenn viele User Ihren Input als wertvoll und interessant wahrnehmen, färbt das auch auf Sie ab. Sie werden somit als kompetent und hilfreich wahrgenommen, und genau das möchte und sollte man ja in und über Social Media erreichen.

In diesem Fall sollten Sie sich mit vielen anderen Usern vernetzen. Suchen Sie nach »alten« Bekannten aus sozialen Netzwerken wie Facebook. Bauen Sie ein vertrauenswürdiges Profil auf. Dazu gehört auch – wie für jedes andere Profil, das Sie im Social Web anlegen – die Verwendung eines aussagekräftigen Profilfotos und eines vollständigen Profils mit entsprechender Biografie und Ihren Kontaktdaten.

8.7.10 Höhere Sichtbarkeit und Reichweite Ihrer Inhalte

Sie können Schritt für Schritt Ihre Online-Reputation aufbauen und einen Social-News-Leserkreis um sich scharen. Für den Fall, dass Ihnen das zu mühsam ist oder es Ihnen nicht gelingt: Nehmen Sie mit den sogenannten Influencern Kontakt auf. Das sind User mit besonders hoher Aktivität, vielen beliebten Vorschlägen und vielen Freunden/Abonnenten auf der Social-News-Site. Sie haben ein treues und interessiertes Publikum und könnten somit für eine höhere Sichtbarkeit und Reichweite Ihrer Inhalte sorgen.

8.7.11 Digg – Social Bookmarking und Social News in einem

Der weltweit bekannteste Social-News-Service war Digg. Mittlerweile hat sich dieser vom reinen Social-Bookmarking-Dienst zu einem Content-Curation-Format entwickelt. Digg will die spannendsten Inhalte im Web sammeln und veröffentlichen. Leider ist Digg nur auf Englisch verfügbar, und der US-amerikanische Dienst wird auch hauptsächlich von englischsprachigen Usern genutzt. Das Log-in erfolgt via Twitter oder Facebook Connect. Wer sich nun fragt, was ein »Digg« eigentlich ist, dem sei folgende Eigendefinition ans Herz gelegt: A digg is a thumbs-up – a positive vote – for a story.« Digg ähnelt einem Online-Magazin. All jene Inhalte, die sehr oft »gediggt« wurden (via Facebook, Twitter oder Google+ Login), erscheinen in diesem Magazin.

8.7.12 Reddit

Auf Reddit.com können Sie einen Überblick erhalten, welche Inhalte im Web von den Usern »up- oder downgevotet« werden, je nach Beliebtheit der Links. Upvotes sind das Pendant zu Facebooks »Gefällt mir«-Button. Obwohl auf Deutsch verfügbar, sind auch hier die meisten User außerhalb des deutschsprachigen Raums zu finden. Reddit vereint die englischen Begriffe »read« und »edit«. Ausgesprochen wird »reddit« wie die Aussage »read it«, also »habe es gelesen«.

Die Übersichtlichkeit lässt etwas zu wünschen übrig, aber das Prinzip ist schnell verstanden: Mittels Pfeil nach oben bzw. unten kann ein Beitrag bewertet werden. Dazu muss man bei Reddit registriert sein, genauso auch für das Einreichen eines Links.

Reddit kann Ihnen helfen, interessante Inhalte zu finden (Marktforschung) oder die Sichtbarkeit und Reichweite Ihrer eigenen Inhalte zu erhöhen, indem Sie eigene News eintragen. Deswegen wird Reddit auch als »die Titelseite des Internets« bezeichnet. Gehen Sie sorgsam mit dem »Pushen« eigener Inhalte um, das könnte von der Community schnell negativ aufgenommen werden.

Auf Reddit kann man aber auch Sublisten zu gewissen Themen erstellen, die heißen dann Subreddits. Solch eine Subliste existiert auch unter dem Namen Subreddit Deutschland (*http://www.reddit.com/r/deutschland*). Dort findet man eine Rangliste der beliebtesten Themen in und zu Deutschland.

8.7.13 Storify

Der Dienst Storify ermöglicht es, Inhalte im Web zu sammeln, diese auf Storify zu veröffentlichen und sie dann in ein beliebiges Webformat wie Website oder Blog zu integrieren. So können z. B. Twitter-Meldungen zu einem gewissen Thema gesammelt und gebündelt veröffentlicht werden. Die User von Storify verwenden zum Verfassen von Artikeln und Informationen das Drag-and-drop-Verfahren. So haben sie die Möglichkeit, YouTube oder Vimeo-Videos, Fotos aus Flickr, kleine Audiodateien und RSS-Feeds zu verknüpfen und zu verfassen.

Storify folgt dem aktuellen Trend des Content Curation: Nicht mehr die Masse an Informationen ist wichtig, sondern es geht um das Sammeln und Sortieren der Inhalte im Web. Spannend ist die Integration von Storify-Inhalten in klassische Medien. Besonders eindrucksvoll geschah dies bei den Protesten der Occupy-Bewegung in New York: Die New Yorker Polizei hatte Pressevertreter und Journalisten daran gehindert, die Demonstranten zu interviewen, deshalb fehlten Berichte von Teilnehmern und Passanten, um ein umfassendes Stimmungsbild in den Medien wiederzugeben. Man wusste sich dank Storify zu helfen und nutzte Tweets der Protestierenden sowie andere Augenzeugenberichte, die man via Storify in die Online-Artikel einpflegte.

> **Weitere Social-News-Dienste**
>
> Auch StumbleUpon kann im weiteren Sinn als Social-News-Service bezeichnet werden. Ein anderer deutschsprachiger Dienst ist Shortnews.de.

8.8 Slideshare & Co. – teilen Sie Ihre Kompetenz mit

Gerade im Bereich Unternehmensberatung, Marketing und PR spielen Präsentationen via PowerPoint oder Keynote eine große Rolle, sind sie doch der erste Eindruck von Professionalität und Kompetenz, die der Präsentator hinterlassen kann. Normalerweise steckt deshalb viel Energie in solchen Präsentationen. Warum sie also nicht öffentlich sichtbar und suchbar machen? Ein Gegenargument ist häufig, dass sich somit alle anderen viel Arbeit ersparen und vom Aufwand, den der Urheber gehabt hat, profitieren: Meistens handelt es sich noch dazu um die direkten Konkurrenten, denen man damit sozusagen kostenlos das Material liefern würde. Das ist dann richtig, wenn Sie Ihr Material nicht selektieren und sortieren. Sie müssen nicht den vollen Umfang Ihrer Präsentationen hochladen, sondern können abgespeckte Versionen nutzen. Selbst wenn Sie grundsätzlich keine PowerPoint- oder PDF-Dateien führen, ist es überlegenswert, die Vorteile Ihrer Produkte oder Dienstleistungen in Form einer Zehnpunkteliste darzustellen. Dazu müssen Sie kein Profi sein oder extrem aufwendige Slideshows zusammenstellen.

8.8.1 Hohe Sichtbarkeit und Reichweite

Plattformen wie Slideshare oder Scribd haben auf den gängigen Suchmaschinen oft ein sehr gutes Ranking: Wenn Sie also ein Berater sind und gern Ihren Kundenkreis erweitern möchten, sind diese Plattformen genau richtig für Sie. Damit erhöhen Sie die Sichtbarkeit und Reichweite Ihrer Kompetenz und Ihres Know-hows. Es hilft Ihnen dabei, von potenziellen neuen Kunden gefunden und als der kompetente und richtige Ansprechpartner eingestuft zu werden. Denn wenn der Kunde bereits im Groben weiß, was ihn erwartet, können unnötige Überraschungen, aber vor allem Enttäuschungen vermieden werden.

Sie können Plattformen wie Slideshare oderScribd nutzen, um häufig genutzte Dokumente jederzeit im Web zur Verfügung zu haben oder einzelnen Usern oder dem gesamten Internetpublikum zum Download anzubieten. Allen Plattformen ist eine »Follow«-Funktion gemein: Sie können ein Profil abonnieren und werden automatisch verständigt, wenn über dieses Profil eine neue Präsentation hochgeladen und veröffentlicht wird.

Funktionen und Funktionalitäten sind bei allen Plattformen ähnlich, deshalb möchten wir Ihnen diese anhand von Slideshare vorstellen.

8.8.2 Slideshare

Es ist die populärste Plattform zum Upload und Veröffentlichen von Dokumenten, Präsentationen und PDF-Dateien. Slideshare wird von über 60 Mio. Usern jeden Monat besucht und gehört mittlerweile zu LinkedIn. Über das normale Zurverfügungstellen von Präsentationen hinaus gibt es zahlreiche praktische und marketingtechnisch hilfreiche Funktionalitäten. Die Basisversion ist kostenlos und fürs Erste ausreichend.

Nachdem Sie Ihren Account registriert und das Profil mit den Basisinformationen über Ihre Person oder Ihr Unternehmen befüllt haben, können Sie Ihre Dateien hochladen (siehe Abbildung 8.19). Beachten Sie diesbezüglich folgende Punkte:

1. Optimieren Sie Ihre Präsentationen: Besonders wichtig ist die Verwendung wichtiger Keywords in der Überschrift der Datei und in der Beschreibung, die Sie zum Upload hinzufügen können. Außerdem können Sie zahlreiche Tags (Schlagwörter) hinzufügen, die den Inhalt Ihrer Präsentation aussagekräftig beschreiben. Auch zu Ihrem Profil können Sie Tags vergeben. Damit können Ihre Inhalte überhaupt erst gefunden werden.

2. Nicht nur klassische Präsentationen sind gefragt, sondern auch Handbücher, Anleitungen, Slides mit Zahlen und Statistiken, Tipplisten usw.

3. Integrieren Sie anschließend Ihre Slideshare-Präsentationen in Ihre Website, in Ihren LinkedIn-Account und überall dort, wo es technisch möglich und erlaubt

ist. Wenn Sie eine neue Präsentation hochgeladen und fertig bearbeitet haben, können Sie auf Facebook, Twitter und anderen Social-Media-Plattformen einen kurzen Hinweis dazu schreiben. Sie können übrigens selbst entscheiden, ob Ihre Präsentation zum Download freigegeben wird oder nicht.

4. Ebenfalls gibt es die Möglichkeit, Videos hochzuladen oder beispielsweise Videos in die Präsentation zu integrieren. Außerdem können Sie eine Präsentation mit einer Audiodatei anreichern.

Abbildung 8.19 Ihre Präsentation auf Slideshare erreicht ein viel größeres Publikum, als es Ihnen persönlich möglich wäre.

Große und kleine Unternehmen und Marken nutzen Slideshare auch, um einen eigenen Channel einzurichten. Dieser verfügt über spezielle Funktionalitäten und ein stärkeres Branding. Das ist kostenpflichtig und in den meisten Fällen nicht unbedingt notwendig. Unter *http://www.slideshare.net/channels* finden Sie eine aktuelle Aufstellung der Channels. Wenn Sie Statistiken über Zugriffe und weitere Zahlen zu Ihrem Profil und den einzelnen Präsentationen haben möchten, müssen Sie auf die kostenpflichtige SlideShare-Pro-Variante wechseln.

> **Rechtstipp von Peter Harlander: Zeigen Sie, von wem die Präsentation stammt**
>
> Weisen Sie dezent auf sich als Urheber hin: entweder in der Fußzeile jeder Folie mit Logo und Namen oder am Ende jeder Präsentation mit einem Extra-Slide mit Kontaktdaten und beispielsweise weiterführenden Links. Damit machen Sie andere Internetnutzer nochmals deutlich sichtbar auf Ihr Urheberrecht aufmerksam. Wenn Sie auf der letzten Folie zusätzlich noch einmal deutlich darauf hinweisen, dass eine Weiterverwendung der Präsentation nicht gestattet ist, wird dies die Zahl der illegalen Kopien nochmals deutlich senken.

8.8.3 Scribd

Die Plattform Scribd wird vor allem für Dokumente wie Studien, Handbücher, Tutorials und andere »Skripte« genutzt und erfreut sich wachsender Beliebtheit. Die Integration in die eigene Website ist relativ einfach und komfortabel. Auch im Fall von Slideshare und Scribd gilt die Devise: Nicht entweder – oder, sondern sinnvoll beide Plattformen nutzen.

8.8.4 Isuu.com

Issuu (*http://www.issuu.com*) ist eine tolle Möglichkeit, um online seine Publikationen wie z. B. ein Magazin zu veröffentlichen. Der Dienst wurde ursprünglich in Dänemark gegründet. Sie laden Ihr PDF-Dokument hoch und wählen Metadaten für den »Titel der Publikation«, »Sprache«, »Stichwörter« und »Topic«. Nach ein paar Minuten ist die Publikation dann fertig, der bewährte Blättereffekt ist da, und das Dokument lässt sich hervorragend lesen, einzoomen oder versenden. Issuu ist ein sehr wichtiges Tool für Online-Publisher. Die Plattform fungiert als großer Online-Kiosk und zeigt besonders sehenswerte Magazine auf seiner Startseite an. Wenn sich die eigene Publikation darunter befindet, steigert das die Leserzahlen enorm. In der Basisversion ist Issuu kostenlos.

8.8.5 Prezi

Prezi (*http://www.prezi.com*) ist zwar keine klassische Social-Sharing-Plattform, da sie aber eine neuartige Präsentationstechnik bietet, die plattformunabhängig arbeitet und auf der Sie Ihre Präsentationen öffentlich ablegen können, wollen wir sie hier kurz vorstellen.

Mit der Prezi-Software kann auf Basis der Flash-Technologie eine Präsentation auf einer Art dreidimensionalen Präsentationsoberfläche erstellt werden. Der Wechsel von einem Präsentationspunkt zum nächsten wirkt wie ein Flug oder Sprung. Zudem kann man bei Prezi ganz einfach Textfelder, Bilder oder Filme einfügen. Die Objekte können dann während der Präsentation vergrößert, verkleinert, gedreht und verschoben werden.

8.9 Podcasts

Neben Blogs und Videos eignen sich auch Podcasts dazu, Ihren Kunden Informationen bereitzustellen. Podcasts sind Audiobeiträge, die ohne großen technischen Aufwand erstellt werden können. Beispielsweise verfügen die meisten Handys heutzutage über eine Sprachmemo-Funktion, mit denen Podcasts einfach produziert werden können. Das Wort »Podcast« ist zusammengesetzt aus »iPod« (Apples MP3-Player) und »Broadcasting« (englisch für »Sendung«).

Der große Vorteil von Podcasts gegenüber einer Videoerstellung ist der geringe technische Aufwand und, dadurch bedingt, die relativ geringen Produktionskosten. Dafür benötigen Sie nur einen Sprecher und ein Aufnahmegerät. Podcasts sind vergleichbar mit Radiosendungen, nur dass sie nicht »live« senden, sondern regelmäßig, d. h. wöchentlich oder monatlich, aufgenommen und anschließend als MP3 online gestellt werden. Publiziert wird über Ihre eigene Website, den Apple iTunes Store oder eine Podcasting-Plattform wie *http://podster.de* oder *http://podcast.de*. Dort können sich die Nutzer den Podcast direkt anhören oder herunterladen. Das interessierte Zielpublikum kann sich die Dateien wie Musik auf den eigenen Rechner oder mobile Devices (MP3-Player, iPod, iPhone) ziehen und so auch unterwegs darauf zugreifen. Eine andere Möglichkeit ist, die Beiträge als RSS-Feed ähnlich wie bei Blogbeiträgen in einem Feedreader, hier Podcatcher genannt, zu abonnieren. Sehr beliebt ist jedoch das Abo via iTunes, da der User die Beiträge selektiv herunterladen kann. Ein weiterer Vorteil von Apple iTunes liegt darin, dass iTunes direkt mit dem iPhone oder iPod synchronisiert wird. Der Anwender spart es sich also, die MP3-Files extra noch aufs Handy zu laden. Das ist besonders bequem, wenn man einen Podcast unterwegs hören möchte.

8.9.1 Podcasts als USP (Unique Selling Proposition) im Content Marketing

Einer der bekanntesten Podcaster Österreichs ist Daniel Friesenecker. Er betreibt seinen Podcast »TheAngryTeddy.com« seit 2011 und hat bislang 26.000 Downloads für seine Podcasts erhalten (ohne Werbung). Im Schnitt wird eine seiner Sendungen in der ersten Woche nach Veröffentlichung 160 Mal heruntergeladen. Diese Zahlen belegen, dass Podcasts zwar ein Nischenthema sind, sich aber seit Jahren beständig am Markt halten. Als persönliche Motivation für sein Podcasting-Engagement nennt Friesenecker die Möglichkeit, mit Personen in Kontakt zu treten und sich auszutauschen. Darüber entstünden interessante Kontakte, aber auch wertvoller Content, dessen Verbreitung sowohl Frieseneckers Angebot als auch die Expertise der Interviewpartner stärken würden. »Außerdem lassen sich im gesprochenen Wort komplexe Inhalte leichter erklären als in Texten«, ergänzt der bekannteste Podcaster Österreichs. Daniel Friesenecker sieht Podcasts als gute Ergänzung im Content Marketing. »Sie erreichen zwar kein Massenpublikum mit Podcasts, dafür aber eine kleine, sehr aktive Community.« Er warnt davor, Podcasts als Zweitverwertungskanal von Rundfunkbeiträgen zu sehen, auch wenn dies oft passiert. Im Idealfall spezialisiere man sich auf ein Thema, über das man als Serie von Sendungen referiert. So könne man sich als Experte zu einem gewissen Thema positionieren.

Einer der wichtigsten Podcaster Deutschlands ist Tim Pritlove (*http://tim.pritlove.org*). Er bietet eine Vielzahl an verschiedenen Podcast-Formaten und hat es geschafft, mit seinen Podcasts auch Einnahmen zu generieren. Dies geschieht via Affiliate-Links und Flattr-Spenden. Auch in den USA ist das Format Podcast weiter am Leben. Vor allem Tech-Casts sind dort populär mit teilweise mehreren Hunderttausend Zuhörern. Wie bei fast allen Webthemen, die derzeit diskutiert werden, besteht die Hoffnung darin, dass vor allem mobile Devices den Zugang zum Podcast-Angebot vereinfachen und darüber das Medium attraktiver wird.

8.9.2 Podcast-Nutzung

Allerdings greifen unter den Onlinern relativ wenig Nutzer auf Podcasts zurück. Laut ARD/ZDF-Online-Studie 2011 nutzen nur 4 % Audiopodcasts. Zum Vergleich: 58 % der User nutzen Videoportale. Der typische Nutzer ist männlich, jung, gut gebildet und konsumiert fast täglich Podcasts. Eine weitere Form des Podcastings sind die Videopodcasts oder auch *Vodcasts*. Vodcasts werden laut ARD/ZDF-Online-Studie 2011 ebenfalls nur von 4 % der Onliner genutzt. Was unterscheidet einen Vodcast von einer Videoveröffentlichung in YouTube & Co.? Bei einem Vodcast werden in regelmäßigen Abständen Videobeiträge veröffentlicht. Die Videos sollten sich in ein Programm einreihen, während ein einzelnes Video in YouTube losgelöst von einem thematischen Rahmen hochgeladen wird.

Ein Podcast ist in der Regel wesentlich länger als ein Video. Die Sättigung bei Videos tritt bereits nach 3 Minuten ein, während Podcasts meistens 20 bis 30 Minuten lang sind, häufig sogar eine Stunde und länger. Podcasts lohnen sich, wenn Sie ausführlich über Themen berichten möchten. Für einen Podcast nimmt sich der User Zeit, ähnlich wie bei einem Spielfilm. Bei Werbespots und Webvideos erwartet der Empfänger schnelle, kurzweilige Unterhaltung.

8.9.3 Corporate Podcast

Analog zu den Corporate Blogs möchten wir für Firmen-Podcasts die Bezeichnung Corporate Podcast verwenden. Ein Beispiel eines Corporate Podcast zeigt die Bundesinnungskrankenkasse Gesundheit, kurz BIG direkt gesund. Sie veröffentlicht regelmäßig Podcasts zum Thema Gesundheit und Fitness. Häufig werden Schwerpunkte vorgestellt, z. B. zum Thema Vorsorgeuntersuchungen, Impfschutz usw., oder Interviews mit Experten veröffentlicht. Hier greift das Unternehmen Fragen und Themen aus dem Krankenkassenalltag auf. Die Beiträge werden mit einer kurzen Beschreibung des Moderators und des Experten versehen, sodass der Zuhörer auch weiß, wer am anderen Ende spricht.

Auch der Büromöbelhersteller bene hatte bis vor Kurzem einen erfolgreichen Podcast zum Thema Lebens- und Arbeitsräume.

Ein Corporate Podcast verbreitet sich, indem er von interessierten Kunden abonniert wird. Wer einen Podcast abonniert, erwartet aber auch, dass regelmäßig neue Sendungen veröffentlicht werden. Wichtig für den Erfolg eines Corporate Podcast ist daher die Regelmäßigkeit Ihrer Beiträge. Dafür benötigen Sie ein Sendeprogramm, um Themen und Studiogäste zu planen. Die Themenvielfalt ist eine wichtige Voraussetzung, um einen Benefit für den Nutzer zu generieren, damit er den Podcast abonniert.

8.9.4 Videocast

Einer der bekanntesten Video-Podcasts in Deutschland ist der Vodcast der Firma BMW unter *http://bmw.tv/de* (siehe Abbildung 8.20). BMW informiert regelmäßig über BMW-affine Themen, d. h. Autoinnovationen, technische Neuheiten, Veranstaltungen der BMW-Welt usw. BMW hat unter *http://podcast.bmw.com* bis 2005 einen Podcast geführt. Jetzt sind diese Inhalte jedoch ausschließlich über iTunes verfügbar.

Abbildung 8.20 Video-Podcast von BMW: BMW-TV

Podcast-Produktion und Veröffentlichung

Um einen eigenen Podcast zu erstellen, benötigen Sie kein eigenes Tonstudio. Es genügt bereits, wenn Sie an Ihren Laptop oder Rechner ein Mikrofon (Headset genügt) anschließen und eine geeignete Software installieren. Videocasts sind aufwendiger in der Produktion. Sie müssen eine gewisse Videoqualität bieten und benötigen Videokamera, Beleuchtung und einen abschließenden Videoschnitt. iTunes ist das größte Podcasting-Portal mit einer Vielzahl an Podcasts. Dort werden Podcasts aus allen gesellschaftlichen Bereichen angeboten: Wissen, Kultur, Medien, Politik usw. Interessante Podcasts findet man in Podcast-Verzeichnissen wie podcast.de, podster.de oder im iTunes Store. In Österreich und der Schweiz sind podcast.at, gpodder.net und podcasters.ch gute Verzeichnisse.

Der bekannteste deutsche Vodcast dürfte das politische Videoblog von Angela Merkel sein. Für die Anwender ist der iTunes-Download ein sehr bequemer Service, da die iTunes-Dateien direkt mit dem Handy (iPhone) oder iPod synchronisiert werden. Wenn Sie also einen Podcast machen, ist es sinnvoll, ihn in iTunes einzustellen.

Interessanter Podcast-Service: Audioboo

Einige neue Podcast-Services buhlen um Mitglieder, darunter *www.audioboo.com*. Audioboo ist eine Plattform für die Aufnahme und Veröffentlichung von Audiodateien (also auch Podcasts) via Smartphone oder Browser. Schauen Sie sich diese und andere Plattformen an, und informieren Sie sich über das vorhandene Angebot, auch das hilft, den Markt besser einschätzen zu können.

Wichtig für Podcasts und Vodcasts ist die Regelmäßigkeit Ihrer Beiträge. Wer einen Podcast abonniert, erwartet auch, dass in gewissen Abständen neue Sendungen eingestellt werden. Diese Sendungen funktionieren natürlich nicht ohne ein Sendeprogramm. Die Themen müssen konzeptionell geplant, Studiogäste definiert und eingeladen werden. Bei einem wöchentlichen Podcast ist das mitunter ein relativ hoher Aufwand. Es lohnt sich eine Verknüpfung von Inhalten, wie z. B. Pressemitteilungen, die mittels Podcast ausführlicher behandelt werden können. Diese inhaltliche Herausforderung sollte nicht unterschätzt werden, da vielen Podcastern bereits in der Anfangsphase die Themen ausgehen. Für einen regelmäßigen Podcast braucht es also auch einen engagierten, motivierten und kreativen Podcaster.

Rechtstipp von Peter Harlander: Die notwendigen Rechte einholen

Wenn Sie im Podcast fremde Musik- oder Videoinhalte verwenden, müssen Sie unbedingt die dazu notwendigen Rechte einholen. Für Musikinhalte geht dies relativ einfach bei der deutschen GEMA, der österreichischen AKM oder der schweizerischen SUISA. Für Videoinhalte müssen Sie sich direkt an den Rechteinhaber wenden.

Vorteile von Podcasts

Podcasts eignen sich für lange und ausführliche Beiträge, die über andere Medien nicht realisierbar sind. Podcasts haben für den Hörer den Vorteil der mobilen Verfügbarkeit. Für den Podcast-Produzenten ist vor allem der geringe technische Aufwand ein großer Vorteil.

Den Erfolg Ihres Podcasts messen Sie über die Anzahl der Downloads in iTunes. Allerdings geben diese Downloads keine Auskunft über die Abonnenten, und Sie können nur schwer prüfen, ob der Podcast auch von der anvisierten Zielgruppe angehört wird. Sie können allerdings die Nutzer direkt im Podcast dazu auffordern, auf einer Website oder Ihrer Facebook-Seite Feedback zu geben. Sie können auch Ihren Podcast in Form eines Blogs online stellen, sodass direkt eine Kommentarfunktion eingebaut ist. Bei Vodcasts geben die Anzahl der Views Auskunft über die Zuschauerzahlen.

8.10   Fazit

Egal welche Inhalte Sie zur Verfügung haben, das Web bietet mittlerweile alle Plattformen und die notwendigen Technologien, um diese Inhalte zu streuen und Ihrem Publikum zugänglich zu machen. Sie müssen nicht die virale Kampagne des Jahrtausends entwickeln (auch wenn das natürlich toll wäre), um Ihren Inhalten eine entsprechende Verbreitung zukommen zu lassen. Sorgen Sie lieber dafür, dass Ihre Fotos, Videos und andere Inhalte von den Zielgruppen gefunden werden können. Geben Sie dem Content die richtigen und relevanten Keywords mit. Streuen Sie die Inhalte überall da, wo Ihre (potenziellen) Kunden im Web unterwegs sind. Damit können Sie die Reichweite der Inhalte und Ihrer Message wesentlich steigern.

9　Mobile Social Marketing

Smartphones haben sich zu multifunktionalen Alleskönnern entwickelt, zu Computern im Westentaschenformat: hochauflösende Fotos und Videos machen, mobil surfen, Videotelefonie, sich navigieren lassen oder einfach nur in Facebook, Twitter oder auf Bewertungsplattformen unterwegs sein – Mobile Marketing und Mobile Commerce bieten Ihnen ganz neue Möglichkeiten für die Kundenansprache.

In Ihrem Freundes- und Bekanntenkreis besitzt sicher jeder – außer ein paar wenigen Verweigerern – ein Smartphone. Es ist aktuell das wichtigste Kommunikationsmedium und wird schon bald den PC ablösen. Laut BITKOM Studie 2014 verwendeten im ersten Halbjahr 2014 bereits 55 % aller Deutschen ab 14 Jahren zumindest gelegentlich ein Smartphone. Prognosen gehen davon aus, dass im Jahr 2015 bereits mehr Menschen über das Mobiltelefon ins Internet gehen als über den stationären PC oder Laptop. Smartphones werden also mittlerweile stärker genutzt als herkömmliche Handys. Früher haben wir mit unseren Telefonen nur telefoniert und SMS geschrieben. Heute sind Smartphones Minicomputer, Spielkonsole, Organizer, Instant Messenger, Videotelefonie und Fernseher zugleich. Smartphones verändern also unsere Mediennutzung. Das konventionelle Mobiltelefon hat ausgedient und wird mittelfristig vom Markt verdrängt werden. Mit Smartphones können sich die Nutzer leichter durch das Mobile Web klicken und spielerisch eigene Fotos und Videos hochladen. Die Breitbandverfügbarkeit erleichtert den einfachen und schnellen Zugang, und günstige Datentarife sorgen dafür, dass das mobile Surfen erschwinglich ist. Aber nicht nur das Social Web wird mobil angesteuert, sondern es wird auch Ausschau nach lokalen Angeboten gehalten und immer mehr mobil geshoppt. Deshalb berichten wir in diesem Kapitel sowohl über die Möglichkeiten der mobilen Kundenansprache in sozialen Medien als auch speziell über Location Based Services und über den mobilen Verkauf von Produkten (in Abschnitt 9.11, »Mobile Payment«). Dabei erwartet uns in den nächsten Jahren eine neue kleine technologische Revolution, die unsere Hände frei und die Technik allzeit bereit macht: Wearable Technology, also Technik, die wir wie unsere Kleidung oder modische Accessoires an uns tragen. Google hat mit seiner Google-Brille »Google Glass« gezeigt, dass die Zeit dafür reif ist, zumindest was die dafür notwendige Technik betrifft. Damit werden die Menschen mobil noch mehr Daten konsumieren und produzieren.

9.1 Mobile Social Web

Seit es mobile Alleskönner wie das iPhone von Apple oder die Android-Smartphones von Samsung & Co. gibt, ist es möglich, Social-Media-Applikationen komfortabel auf dem Handy zu nutzen. Über 1 Mrd. monatlich aktive Facebook-Nutzer greifen nicht nur über den Desktopcomputer, sondern auch mobil auf die Plattform zu. Über 30 % der monatlich aktiven Facebook-Nutzer nutzt die Plattform ausschließlich mobil.[1] Das Social Web verlagert sich dadurch ins Mobile Web und wird zum Mobile Social & Local Web. Nebenbei sind Smartphones und Tablet-PCs (iPad) die entscheidende Technologie, um die Massen ins Internet zu bringen. Beim mobilen Internetnutzer handelt es sich vor allem für die Werbetreibenden um eine ausgesprochen attraktive Zielgruppe: Sie wird dominiert von Männern (ca. 65 %) und Frauen (ca. 35 %) im Alter von 20 bis 50 Jahren, die durchwegs mit überdurchschnittlicher Bildung und höheren Einkommen aufwarten können.

Neben sozialen Netzwerken nutzen die User auch neue Funktionen wie Location Based Services (siehe Abschnitt 9.10, »Mobile Commerce«), um sich ortsbezogen zu vernetzen. Wetter, Dienstprogramme wie Wecker oder Taschenlampe und natürlich Spiele sind immer noch die beliebtesten Anwendungen auf dem Handy, wie z. B. die App Quizduell, die auch als TV-Show im ARD adaptiert wurde. Mitspieler müssen in verschiedenen Fragenkategorien mehr Fragen richtig beantworten als ein ausgewählter oder zufälliger Kontrahent. Die Anwendung wurde bisher mehr als 23 Mio. Mal in elf verschiedenen Sprachen über den Google Play Store und den Apple App Store heruntergeladen (Stand März 2014). Die beliebtesten Apps 2014 waren laut Tomorrow Focus Media Studie folgende: Wetter-Apps, Dienstprogramme (z. B. Wecker-Apps), Nachrichten-Apps, Fotografie-Apps, Navigations-Apps, Apps sozialer Netzwerke, Spiele sowie Musik-Apps.[2]

9.1.1 Wie sich das Mobile Social Web auf Unternehmen auswirkt

In Europa gibt es an die 200 Mio. Smartphone-Nutzer, die meisten davon in Großbritannien, Deutschland und Spanien. Was passiert, wenn Ihre Kunden zu jeder Zeit an jedem Ort mobil surfen können? Sie tun es und stellen so die klassischen Strukturen des Handels auf den Kopf. So wurde in den USA 2013 bereits jeder zehnte mit Online-Shopping erwirtschaftete Dollar auf einem Smartphone oder einem Tablet ausgegeben. Mobil surfen und mobil shoppen gehören mittlerweile zum Alltag vieler Menschen – auch in Europa.

---

1 *http://de.statista.com/infografik/1077/facebooks-mobile-nutzer/*

2 *http://www.tomorrow-focus-media.de/uploads/tx_mjstudien/TFM_MobileEffects_Studie_2014-I_01.pdf*

Heute ist es ganz selbstverständlich, dass Smartphone-User Fotos von Produkten machen und verschicken (siehe Abbildung 9.1). Etwa 15 % schreiben SMS an Freunde und Familienmitglieder wegen des Produkts oder rufen direkt an. Genau an dieser Stelle werden kaufrelevante Entscheidungen gefällt. Das kennen Sie wahrscheinlich von sich selbst, wenn Sie sich vor dem Kauf noch schnell beim besten Freund absichern wollen oder einer Freundin ein Bild schicken (siehe dazu auch Abschnitt 10.4.1, »Sicherheit – warum wir uns bei Freunden absichern«).

Abbildung 9.1 Smartsurfer machen gern Produktfotos und -vergleiche, häufig direkt im Shop. (Fotocredit: Nico Benedickt)

9.1.2 Permanente Preis- und Produktvergleiche

Smartphone-Besitzer können permanent Preis- und Produktvergleiche mobil durchführen, auch dann, wenn sie sich gerade in Ihrem Geschäft befinden. Bewertungen und Erfahrungsberichte werden nicht mehr zeitversetzt (z. B. nach dem Urlaub) online eingetragen, sondern direkt nach oder sogar noch während der Serviceleistung geschrieben. Der Markt wird für den Kunden transparenter. Produkte werden dann direkt im Handel getestet, aber mobil bei einem günstigeren Online-Händler bestellt. Diesem »Showrooming« (also der Auswahl und dem Prüfen eines potenziellen Produkts im stationären Handel und dem anschließenden Kauf über eine Online-Plattform) oder den ROPO-Effekten (Online-/Offline-Vergleich & Online-/Offline-Kauf) können Sie nur durch besondere Beratungsleistungen, bei denen Sie proaktiv auf den Kunden zugehen, entgegenwirken. Oder Sie installieren direkt einen Infoscreen mit Bewertungen anderer Kunden, die Sie durch Social Media Monitoring filtern können (siehe Kapitel 3, »Social Media Monitoring und Online Reputation Management«).

Marketing-Take-away: Fast jeder Zweite vergleicht mobil im Shop

Rund ein Drittel aller Suchanfragen in Google werden bereits von mobilen Endgeräten ausgeführt. Die Tendenz ist steigend, denn gerade bei lokalen Suchanfragen wird das Smartphone zurate gezogen. Besonders interessant: 47 % der Konsumenten lesen Produktbewertungen direkt im Handel. Das Mobile Web ist die Fortsetzung des Social Web auf Handys und spielt eine wichtige Rolle für den Mobile Commerce, denn es bietet Ihnen die Möglichkeit, Ihre Kunden *social*, *local* und *mobile* anzusprechen.[3]

Es gibt Branchen, wie etwa die Unterhaltungselektronik, in denen User bereits seit einigen Jahren ohne Scheu online einkaufen. Doch wie erreichen auch andere Branchen Ihre Kunden mobil? Und wie kann eine seriöse Online-Reputation aufgebaut werden? Für das Mobile Marketing gelten andere Regeln als für Social Media Marketing, da die User vor allem über Anwendungen (kurz Apps) und Mobile Communities angesprochen werden müssen. Darauf müssen Sie sich vorbereiten (siehe Abschnitt 9.7, »Tablet-Marketing«).

9.1.3   Feedback in Echtzeit

Die Kunden können jederzeit das Feedback ihrer Freunde oder die Meinung eines befreundeten Experten einholen. Mit dem Handy werden Bilder und Videos der Produkte gemacht, die schnell in den sozialen Netzwerken hochgeladen werden, um auf dieser Basis eine ehrliche Rückmeldung zu bekommen. Die Modemarke »Diesel« hat den Feedbackbedarf seiner Kunden erkannt und hat in ihren Filialen ein Diesel-Cam-Terminal eingerichtet, mit dem die Kunden Bilder von sich machen und diese Facebook-Freunden zeigen können. Die Diesel Cam ist eine Installation, die es Shoppern erlaubt, sich direkt neben der Umkleidekabine zu fotografieren und die Bilder auf Facebook zu teilen. Die User können so Fotos ihrer neuen Kleider direkt auf Facebook veröffentlichen und sich so von Freunden vor dem Kauf beraten lassen.

9.1.4   Mobiler Kundenservice

Das Mobile Internet wird im Alltag ganz gezielt und serviceorientiert eingesetzt. Die Verbraucher nutzen die bequeme mobile Servicesuche im Alltag. Sorgen Sie

---

3 F-Commerce, Syzygy, 2011, *www.syzygy.de/nl/syzygy_f-commerce-white-paper.pdf*, nachfolgend zitiert als »F-Commerce«

dafür, dass Ihre Services mobil auffindbar sind und eine direkte Anrufoption bieten (siehe Abbildung 9.2).

Abbildung 9.2 Mit einer mobilen Anruffunktion holen Sie Ihren potenziellen Kunden direkt zu sich.

> **Marketing-Take-away: 95 % nutzen ihr Handy für die lokale Suche**
>
> Die meisten Suchanfragen in Google haben einen lokalen Bezug. Bei der mobilen Suche verstärkt sich das, weil die Smartsurfer ihr Handy immer bei sich haben. 95 % der Smartphone-Besitzer nutzen laut »Connected Europe« ihr Handy, um lokale Informationen zu finden.

9.1.5 Ortsbezogene Angebote auf dem Handy

Durch die Lokalisierbarkeit der Smartphones können Sie Ihre Kunden mit ortsbezogenen Angeboten und Services versorgen. Mit mobilen Anwendungen, sogenannten Location Based Services, wie Foursquare können Angebote, Rabatte und Vergünstigungen gleichzeitig digital und ortsbezogen beworben werden. Bisher musste sich der Konsument selbst zum Geschäft begeben, Flyer lesen oder die Website des Unternehmens aufrufen, um aktuelle Angebote zu finden. Jetzt kann der Konsument vor Ort vom Verkäufer mit Coupons darauf aufmerksam gemacht werden. Stellen Sie sich vor, Sie haben ein Schuhgeschäft und jemand sitzt wenige Meter von Ihrem Geschäft entfernt in einem Café. Über einen Tipp in Foursquare erhält er die Nachricht: »Im Schuhladen XY gibt es erstklassige Lederwaren und Schuhe.« Mit der richtigen Strategie können Sie diese Nachricht auf sein Handy »pushen« (siehe Abschnitt 9.10, »Mobile Commerce«).

9.2 Mobile Marketing

Mobile Marketing ist bereits ein alter Hut. Schon vor Jahren hat man sich über die mobile Kundenansprache Gedanken gemacht. Allerdings blieben die Überlegungen bei SMS/MMS und später bei Bluetooth stecken. Die Konzepte erleben jetzt, da es Smartphones gibt, eine Renaissance. Lohnt es sich also gerade jetzt für Sie, ins Mobile Marketing einzusteigen? Und wenn ja, womit fangen Sie an? Das hängt sowohl von Ihrer Zielgruppe und Ihrer Zielsetzung als auch von Ihrem Budget ab. Anhand der unterschiedlichen Einsatzfelder von Mobile Marketing zeigen wir Ihnen, wann, wo und wie Sie mobile Kunden gewinnen können.

9.2.1 Der mobile und vernetzte Konsument

Smartphones bieten entscheidende Vorteile für die mobile Kundenakquise, denn:

1. Der Kunde hat es permanent bei sich.
2. Das Smartphone ist (fast) immer an.
3. Das Smartphone ist immer in Reichweite.
4. Das Smartphone wird bei einem kreativen Impuls verwendet.
5. Der Smartphone ist lokalisierbar.
6. Smartphones erweitern die Realität.

9.2.2 Den typischen Online-Shopper gibt es nicht

Waren früher technikaffine Männer oder gut vernetzte Frauen um die 40 die klassischen Online-Shopper, so hat sich dieses Bild in den letzten Jahren deutlich gewandelt. Verbraucher, egal welcher Altersgruppe, erwarten heute einen entsprechenden Online-Auftritt über die verschiedenen Einkaufskanäle hinweg und suchen dann den für sie bequemsten Einkaufsweg/Shoppingkanal aus. Die klassische Website bleibt dabei wichtig, aber auch Apps für Smartphones und Tablets legen stark zu. Wenn Käufe im E-Commerce mobil getätigt werden, dann eher über Apps als über den Browser.

Am häufigsten werden laut Tomorrow Focus Media Studie 2014 Bücher online gekauft, gefolgt von Elektrogeräten und Bekleidung, wobei Männer eher Elektrogeräte, Frauen eher Kleidung kaufen. Eine globale Studie hat Menschen aus 16 Märkten zu ihrem digitalen Kaufverhalten befragt und mit der Erkenntnis geendet: »Den typischen ›Online-Shopper‹ gibt es nicht (mehr).« Jeder Verkäufer muss seine Zielgruppe und deren Wünsche kennenlernen und so den richtigen (Verkaufs-) Channel finden, abhängig von Produktkategorie, Demografie, Servicewünschen usw.

6 Typen von Online-Shoppern[4]

▶ *Techno-Shy Shoppers* – der Anti-Online-Shopper: Dieser Einkaufstyp interessiert sich nicht sonderlich für neue Technologien oder findet neue digitale Kanäle oder Geräte einfach nicht so wichtig während des Online-Shoppings. Dennoch kauft diese Gruppe hin und wieder online ein, bevorzugt aber mit persönlicher telefonischer Beratung. Typisch für diese Zielgruppe sind junge Studenten und ältere Konsumenten.

▶ *Occasional Online-Shoppers* – der Gelegenheitsshopper: Gelegenheitskäufer bevorzugen das Internet, E-Mail-Bestellungen oder In-Store-Technologien beim Online-Shopping. Smartphones oder Social Media nutzen sie während ihres Online-Einkaufs gar nicht. Diese Konsumenten nutzen digitale Kanäle für Produktvergleiche und um Lieferungen nachzuverfolgen. Sie erwarten die digitalen Online-Shopping-Kanäle in ihrer Muttersprache, wollen flexible Umtauschbedingungen, online Produktverfügbarkeit und guten Kundenservice. In dieser Käufergruppe sind eher Frauen als Männer in der Altersgruppe 45+.

▶ *Value Seekers* – die Schnäppchenjäger: Schnäppchenjäger sind preisbewusste Einkäufer, die grundsätzlich nur wenig Interesse am Online-Shopping zeigen, wenn es ein Produkt zu einem günstigen Preis gibt. Smartphone-Apps, Social Media oder andere Anwendungen spielen für sie keine Rolle.

▶ *Rational Online Shoppers* – die rationalen Einkäufer: Diese Käuferschicht ist relativ firm im Online-Einkauf. Sie kauft bevorzugt Bekleidung und Elektronik. Das ist die zweitaktivste Zielgruppe nach den Digital Shopaholics. Das Internet ist ihre Lieblingseinkaufswelt, aber auch hier haben Social Media und Apps nur eine sehr geringe Bedeutung. Konsumenten aus dieser Zielgruppe wissen bereits vorab, was sie im Internet kaufen wollen und wie sie danach suchen werden. Sie sind begeistert von guten Online-Stores mit ausführlichen Produktinformationen, z. B. zum Umtauschrecht. Produktbewertungen werden zwar gelesen, der rationale Online-Käufer misst ihnen aber nicht viel Bedeutung bei.

---

4 *http://www.capgemini.com/resource-file-access/resource/pdf/Digital_Shopper_Relevancy_ EXECUTIVE_SUMMARY_.pdf*

Gleichzeitig gibt diese Zielgruppe auch selbst keine Bewertungen ab, auch nicht in objektiven Communitys oder Kanälen. Diese Zielgruppe besteht gleichermaßen aus Frauen und Männer, rund 25 % davon sind bereits in Rente.

► *Digital Shopaholics*: Zu dieser Konsumentengruppe zählen die sogenannten Early Adopters, die schon früh mit neuen Technologien im Internet experimentiert haben und die Online-Shopping seit vielen Jahren nutzen. Diese Zielgruppe verwendet Devices wie Smartphone-Apps und In-Store-Technologien (z. B. Diesel Cam) sehr aktiv, durch alle Produktgruppen hindurch, und das sehr regelmäßig. Falls diese Zielgruppe Hilfe braucht, erhält sie sie am liebsten online, entweder direkt mit dem Retailer oder in Online-Foren oder Social Networks wie Facebook. Sie sind überzeugt davon, dass in Zukunft die Off- und Online-Shopping-Welten verschmelzen werden und Geschäftslokale eher zu Showrooms werden – Showrooms, in denen die potenziellen Käufer Produkte vor Ort ansehen und anschließend online kaufen. Diese Käuferschicht ist eher männlich, mit gutem Einkommen und hoher Ausbildung.

► *Social Digital Shoppers* – die Käufer der Zukunft: Social Digital Shoppers sehen Online-Shopping als normalen Vertriebskanal an und nutzen die unterschiedlichsten Kanäle. Technische Vorbehalte gibt es nicht, deshalb wird gern und oft eingekauft. Nichtsdestotrotz sind sie nicht die kaufkräftigste Zielgruppe, bedingt durch ihr Alter. Wenn sie etwas kaufen, wollen sie das auch mitteilen und ihre Erfahrungen mit anderen teilen. Deshalb sind sie auch die aktivsten Nutzer von Apps und Social-Media-Services. Diese Zielgruppe lässt sich wie folgt beschreiben: 45 % von ihnen sind unter 35 Jahren, und 11 % von ihnen sind Studenten. Vor allem in Ländern wie Indien, China und Mexiko sind die Social Digital Shoppers stark vertreten.

Ihre Produkte sollten also dem Kunden ohne Zeitverzögerung, geolokalisiert und bei konkretem Kaufinteresse im richtigen Kanal direkt angeboten werden. Wie Sie das machen, zeigen wir Ihnen später anhand einiger Tools und Services.

9.2.3 Mobile Marketing als Wettbewerbsvorteil

Zwar schätzen 74,5 % der deutschen Unternehmen die Entwicklung mobiler Endgeräte als Werbeträger für zukunftsweisend ein und gehen von einer starken Zunahme aus, aber bisher sind die Medienbudgets für Mobile Marketing (und auch für Social Media) sehr gering. Nur sehr wenige Unternehmen gehen das Thema wirklich strategisch an. Mit einer durchdachten und konsequenten Mobile-Media-Strategie sind Sie noch immer einer der Ersten am Markt und können Kunden den Service bieten, den die Konkurrenz durch fehlenden mobilen Auftritt bislang versäumt hat. Diesen Wettbewerbsvorteil sollten Sie sich zunutze machen.

404

Viele Unternehmen springen gerade auf den mobilen Trend auf und lassen Apps entwickeln. Einige Apps werden nur mit dem Ziel online gestellt, schnell im App Store vertreten zu sein. Diesen Anwendungen fehlt dann jedoch der lange Atem. Sie sollten diesen Trend auf keinen Fall verschlafen, aber auch nicht Ihre App oder andere mobile Aktionen im Schnellschussverfahren entwickeln. Bevor Unternehmen also eine Anwendung auf den Markt bringen, müssen sie den Nutzen für den Kunden definieren, sonst floppt die App, in die in der Regel sehr viel Zeit und Programmieraufwand gesteckt wurde.

Aber es muss ohnehin nicht immer eine teure App sein. Sie können Ihre Zielgruppe auch kostengünstig über Location Based Services oder Mobile Ads ansprechen, wie wir im Einzelnen noch ausführlich erläutern werden. Schaffen Sie Angebote, mit denen Sie Ihre Kunden in Ihre mobile, interaktive Welt einladen können.

9.3   Mobile-Marketing-Strategie

Die Strategie soll Ihnen zeigen, wie Sie Mobile-Media-Tools im Mobile Web für sich nutzen können. Wir gehen außerdem der Frage nach, wie Sie eigene mobile Anwendungen (Apps) für Ihre Kunden etablieren können. Das setzt zunächst eine Zielgruppenanalyse voraus. Finden Sie heraus, ob Ihre Zielgruppe besonders smartphoneaffin ist und wo sie mobil surft.

9.3.1   Smartsurfer – sind Ihre Kunden im Mobile Web?

Früher waren Smartphones nur unter Geschäftsleuten verbreitet. Sie waren die Early Adopters (mehr Informationen über Early Adopters in Abschnitt 1.6.5, »Meinungsführer«) von Mobiltelefonen, die erst Mitte der 90er-Jahre massentauglich wurden. Der Markt für mobile Endgeräte boomt. In Deutschland verwenden 50 % aller Bürger ein Smartphone (2014: +25 % gegenüber 2013), 63 % hiervon täglich. Insgesamt sind das ca. 25 Mio. Menschen in Deutschland.[5]

In allen Altersschichten wird mittlerweile mobil gesurft, d. h., sowohl von Jugendlichen als auch von älteren Surfern wird das Internet mobil aufgerufen. Smartphone-Besitzer nutzen ihr Gerät mittlerweile bis zu 81 Minuten pro Tag. Zum Vergleich: Onliner in Deutschland verbrachten laut ARD/ZDF Online Studie 2013 im Schnitt insgesamt 169 Minuten täglich im Internet.

---

5 BVDW, 2014, *http://www.bvdw.org/medien/online-nutzung-durch-mobile-endgeraete-deutlich-gestiegen?media=5728*

> **Mobile Internetnutzung: Aus einer digitalen Avantgarde werden mehrheitlich Smart-Natives**
>
> In einer GO-Smart-Studie von 2010 wurden die aktiven Smartphone-Nutzer noch als »digitale Avantgarde« bezeichnet. Zu diesem Zeitpunkt zählte nur eine kleine Gruppe zu den sogenannten »Smart-Natives«. Smart-Natives (Wortkombination aus »Smartphone«-Nutzern und »Digital Natives«) sind aktive Smartsurfer, die sich durch eine hohe Internetaffinität, Technikaffinität und Always-on-Mentalität auszeichnen.
>
> Das Bild hat sich deutlich gewandelt. Heute ist das Smartphone ständiger Begleiter und unersetzlich, wenn es um lokale Angebote, die Suche nach Inhalten und den Zugang zu sozialen Netzwerken geht. In Großbritannien kommt bereits knapp die Hälfte des gesamten Internet-Traffics von mobilen Endgeräten, in Deutschland sind es ca. 45 % (laut ARD/ZDF Online Studie 2013).

9.3.2 Wonach suchen und was kaufen die Smartsurfer?

Deutsche Smartsurfer suchen laut BITKOM Studie über den mobilen Browser oder die mobile App am häufigsten nach Infos zu Büchern (64 %), gefolgt von Schuhen, Kleidung und Accessoires (60 %) sowie Eintrittskarten für Veranstaltungen (51 %). Unterhaltungsmedien (wie Filme und Musik), Dienstleistungen rund ums Reisen sowie Software und Elektronikprodukte werden ebenfalls häufig online gekauft.

9.3.3 Wie sehr nutzen Smartsurfer Social Media?

Die Hälfte der mobilen Surfer nutzt das Smartphone als Zugang zu den sozialen Netzwerken. Nach eigenen Angaben von Facebook nutzen mehr als 1 Mrd. aller Facebook-User das Netzwerk (auch) mobil. Allein in Deutschland sind dies täglich mehr als 19 Mio. Menschen. Sie sind doppelt so aktiv wie Nutzer, die Facebook nur über stationäres Internet nutzen. Besonders häufig werden Bilder und Schnappschüsse von unterwegs hochgeladen, denn mit dem Smartphone können diese Inhalte sofort, schnell und effizient mit Freunden geteilt werden.

9.3.4 Zieldefinition

Im nächsten Schritt müssen Sie prüfen, was Sie mit dem Einsatz von Mobile Media erreichen möchten. Geht es Ihnen um Aufmerksamkeit? Möchten Sie Ihre Zielgruppe mit etwas Neuem überraschen? Dann ist vielleicht ein Plakat-Flight mit Bluetooth- oder Augmented-Reality-Elementen das Richtige. Möchten Sie einfach nur Ihre Kampagnen ins Mobile Web streuen? Dann sollten Sie in Mobile Advertising investieren. Sie möchten Kunden je Aufenthaltsort entsprechende Angebote unterbreiten? Dann schauen Sie sich Location Based Marketing an. Wenn Sie das Erreichen Ihrer mobilen Kunden als langfristige Unternehmensstrategie definieren, sollten Sie dafür einen Mitarbeiter einstellen, der das Mobile Web in allen Bereichen für Sie aus-lotet. Prüfen Sie vorab, ob Sie mit Mobile Commerce Käufer erreichen können.

Wenn Sie mit Mobile Media erst einmal experimentieren und dabei Kosten sparen wollen, lohnt es sich, SMS, QR-Codes, NFC und Location Based Services auszuprobieren. Mit Mobile Ads können Sie Ihr Online-Marketing erweitern und testen, wie Ihre Zielgruppe Werbung auf dem Handy annimmt.

9.4 Bluetooth-Werbung

Bluetooth an sich ist keine neue Anwendung, es hat seine Stärken bei der Übertragung von Daten. Gerade im Bereich der Plakatwerbung wurde Bluetooth bereits vielfach eingesetzt, denn damit lassen sich Kampagnen sinnvoll erweitern und bieten die Möglichkeit, den Kunden noch stärker zu involvieren. Bluetooth ist ein Funk-übertragungsstandard, der mittlerweile in nahezu allen Handys/Smartphones installiert ist. Der Handynutzer muss Bluetooth einschalten, um Daten kostenlos zu empfangen oder zu senden. Auf diese Weise können Daten einfach und schnell übertragen werden.

9.4.1 Bluetooth 4.0 erleichtert den Traum von Connected Devices

Derzeit erlebt Bluetooth eine Renaissance, vor allem wegen des geringen Energie-verbrauchs und neuer Services wie Apples iBeacon, das sich für Lösungen von Smart Devices eignet. Ein Beispiel: Mithilfe der Bluetooth-Technologie lässt sich etwa ein Türschloss so programmieren, dass es sich automatisch öffnet, wenn sich ein Gerät mit Bluetooth 4.0 und der notwendigen Berechtigung nähert. So können also Türen mittels »digitalem Schlüssel« geöffnet werden.

Auch der Handel setzt wieder verstärkt auf Bluetooth. Mithilfe des iBeacon-Programms können Kaufhäuser ihren Kunden bei Eintritt in den Laden aktuelle Informationen und Angebote auf deren Smartphone schicken. iBeacon kann auch als Navigationshilfe oder für bargeldloses Zahlen verwendet werden. Apple etwa vernetzt in den USA seine Shops mit Bluetooth. Wer die Werbung via Bluetooth nicht will, schaltet die Bluetooth-Funktion am Smartphone einfach ab.

Rechtstipp von Peter Harlander: Bei virtuellen Give-aways Urheberrechte beachten
Wenn Sie per Bluetooth urheberrechtlich geschützte Werke wie Songs verteilen, müssen Sie zur Verteilung dieser Werke zuerst beim Rechteinhaber die Berechtigung dazu einholen. Beim Song-Beispiel reicht es keinesfalls aus, wenn Sie sich die CD gekauft haben. Der CD-Kauf allein berechtigt nicht zur Verteilung des Songs.

9.4.2 Der Vorteil von Bluetooth-Werbung

Unternehmen können mit Bluetooth-Interaktionen vor allem junge, mobile Menschen in Großstädten erreichen. Generell eignet sich Bluetooth für die Verbreitung von digitalem Content wie Fotos, Videos oder Audiodateien. Da die Bluetooth-Übertragung auch ohne Internetanbindung funktioniert, können Sie damit auch Kunden erreichen, die noch nicht zu den Smart-Natives gehören. Setzen Sie Bluetooth in der Außenwerbung oder bei Ambient Media ein, um zusätzliche, interessante Inhalte an die Zielgruppe weiterzugeben.

> **Tipp: Bluetooth-Werbung mit Social Media verknüpfen**
>
> Damit sich die Kampagne noch besser verbreitet, integrieren Sie zusätzlich zum Download auch Social Media: »Dir gefällt diese Aktion? Dann teile sie mit deinen Freunden!« Die Smartsurfer, die Sie ohnehin mit der Aktion ansprechen, können davon in ihrem Netzwerk berichten.

9.5 QR-Codes – Produktscanner für Konsumenten

Haben Sie sich schon einmal einen Link im Vorbeigehen gemerkt? Dank QR-Codes können Sie ihn direkt speichern. QR-Codes sind schwarz-weiße »Strichcodes«, die der schnellen Übermittlung von Informationen dienen. QR steht für »Quick Response«, also »schnelle Antwort«. Viele Handys können mittlerweile QR-Codes lesen, weil sie mit einer Kamera ausgestattet sind. Smartphone-Nutzer scannen mit einer App Barcodes und QR-Codes, um so zusätzliche Informationen zu Produkten und Events zu erhalten.

Konsumenten oder vorbeigehende Passanten können mittels Scan des QR-Codes mehr Informationen zu Produkten, Events und vieles mehr erhalten. Jede Information, die auch als Link im Web verfügbar ist, kann als QR-Code verschlüsselt werden. QR-Codes sind besonders bei Smart-Natives beliebt, weil sie mobiles Surfen effektiv bei Leerlaufzeiten einsetzen.

> **Best Practice – die QR-Code-Kampagne von Mercedes-Benz**
>
> Mercedes-Benz hat für den Launch seiner neuen A-Klasse im März 2012 ein Modell komplett mit QR-Codes beklebt. Aber nicht nur auf der Straße, auch im Netz und in der Presse wurden diese QR-Codes gedruckt, und die Challenge lautete, die drei »Erlkönige« zu finden (siehe Abbildung 9.3). Den Gewinner erwartete eine Reise zur Premiere der A-Klasse nach Genf.

9.5 QR-Codes – Produktscanner für Konsumenten

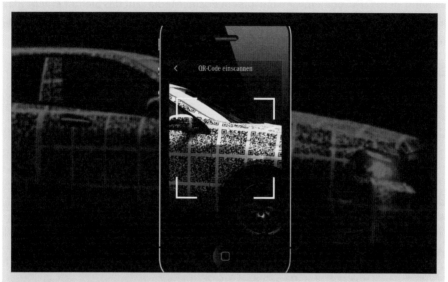

Abbildung 9.3 Mercedes-Benz' Gewinnspiel mit QR-Codes

9.5.1 Eventmarketing mit QR-Codes

QR-Codes eignen sich, ebenso wie Bluetooth-Werbung, als Verknüpfung zum klassischen Marketing. Besonders in der Außenwerbung und in Printanzeigen sowie im Eventmarketing lassen sie sich sinnvoll einsetzen. Durch QR-Codes können Sie Events mit einem Anmeldeformular erweitern. Sie können genauso gut einen Link zum Ticketshop als QR-Code verschlüsseln. Gerade wenn es besonders lange Links sind, was bei einem Link zum Ticketshop häufig der Fall ist, lohnt sich diese Verkürzung. Die Deutsche Bahn verschlüsselt beispielsweise ihre Online-Tickets als QR-Codes.

9.5.2 Mit QR-Codes Informationen verbreiten

QR-Codes eignen sich auch für die Verbreitung von Informationen. Die Berliner Verkehrsbetriebe stellen über QR-Codes Fahrpläne zur Verfügung. Die BVG kann dadurch diejenigen Kunden erreichen, die gern Informationen auf ihr Handy ziehen und jederzeit nutzen wollen. Solche Services sind in vielen öffentlichen Einrichtungen denkbar, seien es öffentliche Verkehrsmittel, Vereine oder auch Museen. Öffnungszeiten, Programmhefte oder weiterführende Informationen könnten somit für Passanten sichtbar gemacht werden. Auch für Unternehmen bietet das die Möglichkeit, auf Angebote hinzuweisen (siehe Abbildung 9.4). Oder Sie verschlüsseln mit dem QR-Code ein Gewinnspiel in Social Media, auf das Sie mit einem Plakat hinweisen. Mit dem QR-Code kommt der User dann direkt zur Gewinnspielanmeldung, anstatt sich auf Ihrer Facebook-Seite zu verirren.

Abbildung 9.4 Mit dem QR-Code konnten sich Passanten direkt den Media-Markt-Film im Web anschauen.

9.5.3 Wie Sie einen QR-Code erstellen

Sie haben jetzt sicher einige Ideen dazu, welche Informationen Sie demnächst als QR-Code anzeigen lassen wollen. Aber wie erstellt man einen QR-Code? Sie können für jede Information, die im Web als Link verfügbar ist, einen QR-Code erstellen. Mit dem QR-Code-Generator unter *http://qrcode.kaywa.com* können Sie Ihre Website, Ihren Shop, Ihre Veranstaltung usw. verschlüsseln.

> **Marketing-Take-away: QR-Codes mit Firmenlogo werden sechsmal häufiger gescannt**
>
> Für den Veranstaltungshinweis mittels QR-Code nutzte die LBB/Berliner Sparkasse die Logo-Integration, und nach Angaben der Agentur wurden diese QR-Codes beim zweiten Plakat-Flight sechsmal häufiger von Passanten gescannt (siehe Abbildung 9.5). Firmenlogos können ohne Bedenken eingesetzt werden, da der Strichcode auch dann noch lesbar ist, wenn 30 % davon mit dem Logo versehen sind.

Abbildung 9.5 Der QR-Code mit Sparkassen-Branding wurde wesentlich öfter gescannt. (Fotocredit: Marvin Hegen, Quelle: tagnition.de)

Tatsache ist allerdings, dass QR-Codes bis dato scheinbar nicht bei der breiten Masse an Konsumenten angekommen sind. Viele Menschen wissen nichts mit diesen Codes anzufangen, und viele Unternehmen zögern nach wie vor, sie einzusetzen. Möglicherweise werden die QR-Codes also von neueren Technologien wie NFC (Near Field Communication) oder anderen technischen Entwicklungen überholt.

9.6 Apps, Apps, Apps

Mobile Anwendungen sind für zwischendurch. Gerade bei Überbrückungs- und Leerlaufzeiten (z. B. Warten auf den Bus, U-Bahn-Fahrten) gesellt sich zur »Zigarette für zwischendurch«, das »mobile Surfen für zwischendurch«. Deshalb sind besonders Spiele auf Smartphones beliebt. Es sind kurze Websessions, die der User in dieser Zeit nutzt. Ihre mobile Anwendung muss daher auf eine kurzweilige Interaktion ausgerichtet sein.

Das Apple iPhone hat mit seinen mobilen Anwendungen die Handynutzung nachhaltig beeinflusst. Apps sind Anwendungen, die für Spiel, Spaß, Unterhaltung am Handy sorgen. Zu den beliebtesten Apps für Smartphones zählen vor allem Spiele, wie z. B. »Candy Crush Saga«, »Oceanhorn«, »Clash of Clans«, »Quizduell« oder »Angry Bird«. Auch praktische Anwendungen, wie etwa Wetter-Apps oder die Apps der öffentlichen Verkehrsmittel (z. B. Deutsche Bahn), werden gern heruntergeladen.

9.6.1 Mit der eigenen Unternehmens-App Kunden verbinden

Eine eigene App für Ihr Unternehmen kann sehr sinnvoll sein, wenn Sie regelmäßig Informationen, News, Veranstaltungen usw. weitergeben wollen. Das hat den Vorteil, dass Sie Ihre Kunden über die spielerische Auseinandersetzung mit der App für Ihr Unternehmen begeistern können. Damit sich der User intensiv mit der Marke bzw. dem Produkt in der App auseinandersetzt, muss die Anwendung für den Nutzer wie geschaffen sein und einen hohen persönlichen Mehrwert für ihn bieten. Nur so können Sie mit einer Anwendung Kundenbindung betreiben. Wie Sie Ihre App konzipieren müssen, zeigt Ihnen Abschnitt 9.6.4, »App-Strategie«.

Tipp: Machen Sie Ihre Website mobil

Neben der App ist es auch wichtig, eine funktionierende mobile Website aufzusetzen, damit User, die mobil surfen, eine entsprechend optimierte Website vorfinden. Am besten geht das mit dem sogenannten *Responsive Webdesign*. Der wesentliche Unterschied zwischen einer mobilen Webseite und einem Responsive Design besteht darin, dass das Layout einer responsiven Website so flexibel gestaltet wird, dass es auf Computerdesktop, Tablet und Smartphone eine gleichbleibende Benutzerfreundlichkeit bietet und der Inhalt gänzlich und schnell vom Besucher aufgenommen werden kann. Beim Responsive Webdesign wird nur eine einzige Version der Website erstellt, und diese passt sich an das jeweilige Ausgabeformat an. Besonders sichtbar wird dies beim Layout, das sich nach Breite des Browserfensters entsprechend verändert.

9.6.2 Mobiles Markenbranding mit Mobile Games

Spiele werden sehr gern von den Smartphone-Nutzern heruntergeladen und verwendet. Einige Unternehmen nutzen diesen Umstand und verschenken Spiele-Apps im Corporate Design. Unterhaltsame Programme werden ebenfalls gern heruntergeladen. Aus diesem Grund entwickeln Unternehmen Spiele für Smartphones, anstatt eine Unternehmens-App herauszubringen, wie z. B. die Eieruhr-App von Maggi. Das erinnert Sie vielleicht auch an den Gamification-Ansatz, den wir in Kapitel 1, »Social Media beginnt mit »Du«!«, erklärt haben.

Mit dieser App können die User wie bei einer echten Eieruhr eine gewisse Zeitspanne eingeben, bevor sie ein Signalton daran erinnert, die Eier aus dem Wasser zu nehmen. Auch die private Zimmervermittlung Airbnb (*http://www.airbnb.com*) bietet ihren Kunden via Smartphone-App einen Zusatznutzen. So zeigt sie in einer Map alle freien »Last-Minute-Unterkünfte« an, ein Service, den es in der Desktopvariante so nicht gibt. Wenn also Traveller unterwegs sind und die App aufrufen, sehen sie, welche Privatunterkünfte in der nächsten Umgebung noch frei sind.

Abbildung 9.6 Mit einer App spielerisch die Marke kennenlernen

Solche Apps können im Google Play Store oder im Apple iTunes Store heruntergeladen werden. Grundsätzlich muss man damit rechnen, dass Apple 30 % des Verkaufserlöses der App im iTunes Store verlangt, für den Google Play Store gilt Ähnliches. Für eine hohe Abruffrequenz ist es oft erforderlich, zu den Top-50-Anwendungen zu gehören. Weitere Erfolgsfaktoren sind das Design, eine klare Seitenstruktur sowie eine intuitive Navigation.

9.6.3 WhatsApp

Doch warum sind manche Apps so beliebt und machen ihre Entwickler innerhalb von wenigen Jahren zu Millionären? Wir wollen dieses Thema am Beispiel WhatsApp näher beleuchten. WhatsApp ist ein Messenger-Dienst (ähnlich SMS) zum Versenden von Nachrichten und anderen Dateien wie Sprachnachrichten, Fotos, Videos usw. Die Inhalte werden über die Internetverbindung des Smartphones übertragen. WhatsApp greift auf die Telefonnummern im Telefonadressbuch zu und prüft, welche der Nummern bereits bei WhatsApp registriert ist. So erscheinen alle WhatsApp-Nutzer aus den eigenen Kontakten automatisch in der WhatsApp-Kontakteansicht und in den Chats. WhatsApp hat lange Zeit die App-Download-Charts in über 100 Ländern angeführt.

WhatsApp war zu Beginn vor allem bei Teenagern beliebt, weil sie dort unter sich kommunizieren konnten (anders als bei Facebook, wo mittlerweile auch ihre Eltern zu finden waren) und das Versenden der Nachrichten kostenlos ist. Es gibt viele beliebte Funktionen wie etwa die Gruppenchats, bei der mehrere Personen gemeinsam kommunizieren können und man sieht, wer eine Nachricht erhalten und gelesen hat.

Aber auch bei der Beliebtheit von WhatsApp gibt es Grenzen, zumindest geografisch: So sind in Japan der Messagingdienst Line, in China WeChat oder auch KakaoTalk aus Korea die vorherrschenden Messenger-Apps in Teilen Asiens, während in Deutschland, Spanien, Indien, Brasilien, Mexiko und Italien WhatsApp auf je über 90 % der Smartphones installiert ist.

Facebook hat die Instant-Messaging-App WhatsApp für 19 Mrd. Dollar gekauft. Der Kauf von WhatsApp ist ein Versuch, die eigene Präsenz auf mobilen Geräten zu stärken. Der mobile Markt ist ein wichtiger Zukunftsmarkt, nicht nur in der westlichen Welt, sondern vor allem in Schwellen- und Entwicklungsländer, wo das Thema Smartphone bzw. mobile Telefonie erst am Anfang steht. In Indien ist beispielsweise WhatsApp auf einigen Smartphones bereits vorinstalliert und wird vor allem aufgrund der kostenlosen Nutzung sowie der werbefreien Zone geschätzt. Für viele Menschen ist das Smartphone der erste (Mini-)Computer. Zudem ist WhatsApp ein sehr enges Netzwerk – da man ja die persönlichen Telefonnummern braucht, um sich zu vernetzen.

9.6.4   App-Strategie

Ebenso wie bei den Social-Media-Aktivitäten genügt es nicht, mal schnell eine App auf den Markt zu bringen. Sie benötigen schrittweise immer wieder neue Angebote und müssen die Anwender Stück für Stück an den Service heranführen. Viele Unternehmen schätzen Apps als wichtiges, zukunftsträchtiges und innovatives Geschäftsfeld ein und zögern dennoch, eigene Anwendungen anzubieten.

Wählen Sie das richtige Betriebssystem

Mittlerweile existieren Millionen unterschiedlicher Apps, die in den verschiedensten App-Stores zum Download zur Verfügung stehen. Die stetig wachsende Zahl macht es schwierig, genaue Mengen zu nennen. Nur so viel: Der Apple App Store ist mit mehr als 70 Mrd. Downloads (bis April 2014) und über 1 Mio. Apps neben

Google Android Market einer der größten App-Anbieter. Seit Apple seinen App Store im Juli 2008 gestartet hat, haben aber auch andere Smartphone-Anbieter nachgezogen. Bisher wurden auf Smartphones, die mit dem Google-Betriebssystem Android laufen, über 50 Mrd. Apps heruntergeladen.

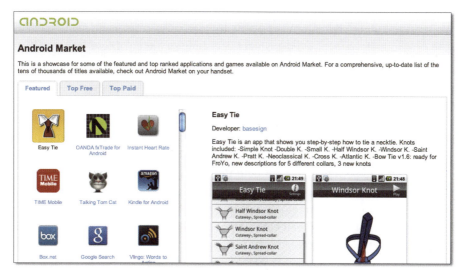

Abbildung 9.7 Im Google Android Market (Google Play) können Entwickler Apps zum kostenlosen oder kostenpflichtigen Download anbieten.

Android führt die Liste der Smartphone-Betriebssysteme an. Apple muss sich mit Platz zwei begnügen. Laut einer Studie von Kantar Worldpanel sind die iPhones mit dem iOS-Betriebssystem mit Ausnahme von Japan in vielen Märkten auf dem absteigenden Ast. Die Betriebssysteme haben in den größten fünf EU-Ländern, also Deutschland, Großbritannien, Frankreich, Spanien, Italien im Moment folgendes Verbreitungsranking:

1. Android (Google)
2. iOS (Apple)
3. Windows Phone
4. BlackBerry
5. andere

Sie sollten die jeweilige Plattform (also das Betriebssystem) wählen, das Ihre Zielgruppe am häufigsten nutzt. Jede Smartphone-App muss für jedes Betriebssystem eigens erstellt oder modifiziert werden. Wenn entsprechend finanzielle Ressourcen zur Verfügung stehen, können Sie Ihre App natürlich für alle gängigen Betriebssysteme umsetzen lassen.

Denken Sie an den langfristigen Nutzen der App

Viele Spiele werden nur in dem Moment genutzt, in dem sie in den Top 25 der App-Stores gelistet werden, und werden danach gleich wieder gelöscht. Eine App muss deshalb gut durchdacht und auf langfristige Nutzung ausgelegt sein, damit der Hype nicht verkümmert. Können Sie ein Spiel als Anwendung herausbringen? Wollen Ihre Kunden nur informiert werden? Oder müssen Sie gerade eine spielerische Anwendung wählen, um die Nutzer bei Laune zu halten? Diese Fragen sollten Sie vorab beantworten.

App-Entwicklung

Ihre Unternehmens-App sollte an die Kernaussagen des Produkts oder der Dienstleistung geknüpft sein. Wofür steht das Produkt? Was ist der universelle Nutzen für den Endkunden? Wie können Sie diesen Nutzen mobil darstellen? Eignet sich eher ein Spiel, eine reine Info-App oder eine Video-App? Was möchten Sie langfristig mit der App erreichen: Feedback, Branding, Absatz oder alles? Wie sollen die Anwender Ihr Unternehmen mobil wahrnehmen? Möchten Sie besonders innovativ sein, und verfolgen Sie damit eine Umpositionierung Ihrer Marke? Oder soll die App für den Kundenservice eingesetzt werden?

Stufenmodell definieren

Apps werden im Stufenmodell entwickelt: Es gibt eine erste Version und stetige Erneuerungen. Gerade zu Beginn geht es darum, User für die App zu begeistern, d. h. die Meinungsführer zu gewinnen.

Eine App, die bereits alles kann, könnte den User einerseits überfordern, andererseits gäbe es nach etwas Eingewöhnungszeit nichts Neues mehr zu entdecken. In einem Stufenmodell können Sie die Wünsche Ihrer Kunden berücksichtigen und ergänzende Funktionen hinzufügen.

Beginnen Sie mit einem Prototyp

Die erste Version sollten Sie im für Sie relevantesten App-Store einführen. Die Anwendung sollte wichtige rudimentäre Funktionalitäten bieten und dabei ausbaufähig bleiben. In einem zweiten Schritt können Sie der App dann weitere Features hinzufügen. Bei einer Spiel-App könnte der Prototyp beispielsweise rein auf das Spiel abgestimmt sein und in einem zweiten Schritt ein Community-Log-in beinhalten, damit die User ihre Ergebnisse auch mit anderen Nutzern vergleichen können. Bei einer Unternehmens-App könnte die erste Version einen Produktkatalog beinhalten, die der Nutzer in einer Merkliste zusammenstellen kann.

In der zweiten Phase wird die App dann um »Share it«-Funktionen, Produktbewertungen und -empfehlungen sowie um eine einfache Kaufoption erweitert. Auf diese Weise können Sie dann Stück für Stück anspruchsvolle Funktionen wie einen integrierten Shop (mit Mobile Payment), Elemente der Kundenberatung (Rückruf und Beratungen), Location Based Services (Hinweise auf lokale Angebote) bis hin zu Augmented Reality hinzufügen.

Viele Unternehmen setzen dieses Stufenmodell bei ihren Apps um, zumal kontinuierlich Anpassungen gemacht werden müssen. Eine Erweiterung kann auch aufgrund neuer Technologien notwendig werden (z. B. NFC). Das regelmäßige Aktualisieren der Apps führt ebenfalls dazu, dass sich der Anwender immer wieder mit der App beschäftigt und darauf aufmerksam gemacht wird.

Tipp: Mobile Anwendungen mit Social Media verknüpfen

Fügen Sie Ihrer App Schnittstellen zu Social Media hinzu, damit sie sich verbreiten kann. Verknüpfen Sie Ihre Anwendung mit möglichst vielen sozialen Medien (»Teilen«-Funktion). So kann sich die neue Anwendung schneller herumsprechen.

App-Finanzierung

Es gibt kostenpflichtige und kostenlose Apps für den User. Die Wahl der App-Finanzierung ist abhängig vom Unternehmen. Wird die App über ein Werbebudget finanziert, oder muss die App durch Einnahmen refinanziert werden? Werden kostenpflichtige Inhalte zur Verfügung gestellt? Je nachdem können die folgenden vier Modelle (siehe Abbildung 9.8) für die Finanzierung herangezogen werden:

▶ *Pay per Download*: Wird einmalig bezahlt. Achten Sie auf Ihre Zielgruppe! Jugendliche unter 16 besitzen häufig noch keine Kreditkarte.

▶ *Abo-Modelle*: Einmalige Abos und monatliche Abos. Wenn Sie mit einer App Markenbranding erzielen wollen, sollten Sie die App nicht kostenpflichtig anbieten, schließlich zahlen die Kunden ja normalerweise auch nicht dafür, Werbung präsentiert zu bekommen.

▶ *Werbefinanzierung*: Die App ist kostenlos und werbefinanziert (durch *In-App-Werbung* oder *In-Game-Werbung*).

▶ *Hybridmodelle*: Kombination aus Werbefinanzierung und bezahlten Inhalten. Die Süddeutsche Zeitung hat beispielsweise eine kostenlose App und weitere kostenpflichtige Apps wie die »Wanderapps«. Der Download der kostenpflichtige Wanderapp kostet 3,59 €.

Wenn Sie besondere Services oder urheberrechtlich geschützte Inhalte (Bücher, Journalismus) anbieten, ist eine kostenpflichtige App schon viel sinnvoller. Je mehr Inhalte Sie zur Verfügung stellen, die Sie selbst auch Geld kosten, desto eher müssen Sie eine Finanzierung berücksichtigen.

Marketing-Take-away: Unternehmen setzen auf Hybridmodelle

Das Modell »kostenlose App mit Werbefinanzierung« wird laut der Umfrage des Bundesverbands Digitale Wirtschaft (siehe Abbildung 9.8) von Unternehmen als Erfolg versprechend eingestuft. Überlegen Sie sich bei der Finanzierung Ihrer App also, welche Zielgruppe Sie ansprechen wollen und ob es finanzielle Hürden geben könnte. Bei Markenspielen sind kostenpflichtige Apps eine enorme Hemmschwelle, die wahrscheinlich nur wenige User akzeptieren.

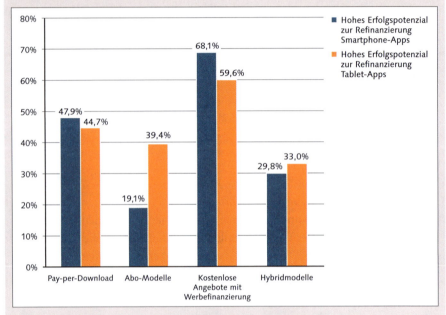

Abbildung 9.8 Finanzierungsmodelle für Apps (Quelle: BVDW e. V.)

9.7 Tablet-Marketing

Neben Smartphones erobern derzeit sogenannte Tablet-PCs wie das iPad, Amazon Kindle oder Android-Tabs (z. B. Samsung Galaxy Tab) den Markt. Sie sind kleiner und leichter als PCs und Laptops und verfügen über viele praktische Funktionalitäten, die sehr intuitiv mit den Fingern abgerufen werden können, sowie das Einbinden dynamischer Inhalte wie Infografiken und Videos. Deshalb eignen sie sich für Infotainment, Produktpräsentationen wie auch für interaktive Werbekampagnen. Gute Beispiele sind etwa die preisgekrönte iPad-App »Al Gore. Our Choice«, eine App über die Klimaerwärmung mit Text-, Bild-, Bewegtbild- und dynamischen Inhalten sowie Infografiken (siehe *http://vimeo.com/22872265*), oder das Spiel »Monument

Valley«, in dem man eine stumme Prinzessin durch eine unmögliche, aber atemberaubend schöne (Welt-)Architektur im Stile von MC Escher steuert. Neben der Klima-App hat auch eine DJ-App einen Design-Award gewonnen, siehe Abbildung 9.9. Das zeigt, welche technischen Möglichkeiten Tablet-Apps bereits bieten.

Abbildung 9.9 Die iPad-App »djay« ist ein mobiles Mischpult.

9.7.1 Das Tablet als Werbemittel und zur Produktpräsentation

Tablet-PCs eignen sich als Werbemittel, da ihr Bildschirm viel größer ist als bei Smartphones, womit sich Videowerbung wesentlich schöner darstellen lässt. Mit Tablet-Apps können Sie Informationen attraktiv aufbereiten und gleichzeitig den individuellen Medienkonsum Ihrer Kunden bedienen. Nutzen Sie Tablets in Ihrem Geschäft zur Waren- und Produktvorführung. Ihre Dienstleistungen können mit dem Touchscreen des Tablets erlebbar gemacht werden, wodurch interaktive Präsentationen möglich sind.

Egal ob im Büro, im Handel oder im Dienstleistungsbereich – überall werden Informationen, auf Prospekten und Plakaten, über Infoscreens und Videoboards, bereitgestellt. Bisher waren diese Präsentationen jedoch in keiner Weise interaktiv. Der Kunde konnte sich nur davon berieseln lassen. Bei Präsentationen auf Ihrem Tablet ist der Kunde aber nicht nur »Zuschauer«, sondern kann sich durch das Angebot, den Produktkatalog und durch die Firmenvideos klicken. Er kann sich seine Präsentation sogar individuell zusammenstellen und Fotos und Videos mehrmals anschauen. Tablet-PCs haben gegenüber stationären PCs den Vorteil, dass sie mobil verwendet werden können. Gegenüber Smartphones trumpfen sie mit größeren

Bildschirmen auf, wodurch Inhalte wie Werbung, Firmenpräsentation, Produkte usw. höher auflösend dargestellt werden können.

9.7.2 Interaktive Tablet-Werbung

Besonders sinnvoll sind Tablet-Werbespots oder Tablet-Apps, die den Betrachter zur Interaktion auffordern, denn das geht mit dem Touchscreen ganz einfach und führt durch das aktive Eingreifen des Betrachters zu einer starken Auseinandersetzung mit der Marke bzw. der Werbebotschaft. Ein gelungenes Beispiel für interaktive Tablet-Werbung ist die Anzeige des Vereins gegen Tierfabriken (VGT) in der iPad-App des österreichischen Magazins DATUM (siehe Abbildung 9.10). Die Anzeige von »Pelzatelier Stefanie Rieder« (der Name war erfunden) wirkte zunächst wie eine Standardanzeige eines Modelabels. Die User versuchten also, die vermeintlich störende Werbeeinblendung durch Wischen auf dem Display zu überspringen. Doch statt des gewünschten Effekts hinterließ der Nutzer damit digitale Blutspuren auf dem Display. Erst nach mehreren Versuchen erscheint der VGT-Hinweis: »27 Füchse mussten für diesen Pelz qualvoll sterben.«

Abbildung 9.10 Der Verein gegen Tierfabriken (VGT) inszenierte eine Pelzmodenanzeige und ließ sie von iPad-Usern mit Blut beschmieren.

Marketing-Take-away: Interaktive Werbung auf dem Tablet wirkt

Interaktive Tablet-Werbung, in die der Betrachter eingreifen kann, macht Jugendlichen bis 19 Jahren besonders viel Spaß. Im Gegensatz zu klassischen TV-Spots bieten sie dem Zuschauer erstmals einen Mehrwert, weil er aktiv mitmachen kann. Diese Spots erzeugen eine höhere Aufmerksamkeit und Auseinandersetzung mit der Marke bzw. der Anzeige. Dieses sogenannte Customer Involvement bzw. Audience Engagement führt letztlich auch zu einer höhere Kaufbereitschaft. Nutzen Sie die technischen Möglichkeiten, und integrieren Sie Bilder, Videos, Zoom-in- und Zoom-out-Funktionen sowie Eingabefenster.

9.7.3 Die iPad-App der Deutschen Post

Einige iPad-Apps haben bereits für Aufmerksamkeit gesorgt. Die Deutsche Post hat eine iPad-App namens »Funcard« (siehe Abbildung 9.11) auf den Markt gebracht, mit der die Anwender eigene Postkarten mit Urlaubsfotos gestalten und versenden können. Das Ergebnis sind individualisierte Postkarten in Echtzeit statt der immer gleichen Digitalfotos, die sich letztendlich ja doch niemand anschaut. Das iPad bietet dafür die nötigen Funktionalitäten, und der Urlauber spart sich den Gang zur Post, denn Versand und Druck übernimmt die Deutsche Post.

Abbildung 9.11 Die Funcard-App der Deutschen Post

9.8 Mobile Advertising

Wir möchten Mobile Advertising nur kurz anreißen, da es eigentlich zum klassischen Online-Marketing zählt. Allerdings gewinnt Mobile Advertising zunehmend an Bedeutung, da das Surfen am PC vom Mobile Web abgelöst wird. Langfristig wird Online-Werbung also nicht mehr am PC oder Laptop gesehen, sondern über

Smartphones, Tablets und andere mobile Endgeräte wahrgenommen. Desktop-PCs und Laptops werden immer mehr zu klassischen Arbeitsgeräten, während Smartphones, Tablets, Smart Watches oder Google Glass immer mehr für die Informationseinholung wie für das Lesen von Nachrichten, das Abrufen und Versenden von E-Mails und das Teilen von Informationen verwendet werden. Bei der mobilen Werbung geht es demnach auch sehr stark darum, die richtigen Inhalte für die richtigen Ausgabeformate zu gestalten. Ein 30-Sekunden-Spot auf YouTube ist für das Smartphone wahrscheinlich zu lang, dort reicht ein 5 bis 10 Sekunden langer Spot. Wir sehen diesen Trend bereits an Diensten wie Vine oder Instagram Video.

Sehr bald wird es auch ganz normal sein, dass wir z. B. nach der Ankunft eines Flugs nach London unser Smartphone einschalten und ein Ad angezeigt bekommen, das uns genau die Tickets anbietet, die wir gerade brauchen (Transfer nach London). Diese Werbung wird zwar etwas teurer sein als klassische Werbebanner, aber um ein Vielfaches effektiver, da sehr zielgerichtet. Immerhin kommen Werber in Zukunft bis in die Hosentaschen ihrer Zielgruppen.

Auch auf Facebook boomen mobile Werbeanzeigen (Ads). Bislang genießen mobile Werbeformen eine vergleichsweise hohe Akzeptanz, oftmals auch deshalb, weil sie von den Smartphone-Usern nicht als Werbung erkannt werden. Allerdings müssen die Ads auch eine klare Handlungsaufforderung und Zielseite haben. Am Smartphone hat der User noch weniger Zeit für Inhalte. Wenn der User also auf ein Ad klickt, der Inhalt aber nicht seinen Erwartungen entspricht, ist er sofort wieder weg. Dennoch nutzen sehr viele Unternehmen mobile Werbeanzeigen, um Traffic für ihre Online-Angebote zu generieren. Vor allem wenn Ads auf die Zielgruppe zugeschnitten sind und Interessen, Ort und Zeit berücksichtigt werden, sind sie Erfolg versprechend. Auch die Bewerbung von Videos funktioniert mobil sehr gut, und Mobile Video wird in Zukunft zu einem sehr wichtigen Werbekanal.

Ob mobile Bannerformate, iAds, In-App-Ads, Mobile E-Mail, SMS/MMS, Push-Notifications, Facebook-Ads oder Mobile Video, Mobile Advertising ist vielfältiger und spannender denn je – und noch lange nicht ausgereizt.[6]

Wenn also mobiles Advertising immer besser die Zielgruppen erreichen kann, werden sich auch die Anzeigenformate verändern. Dabei spielt das Tracking eine wichtige Rolle. Experten gehen davon aus, dass sich die CPC- und CPV-Klicks durchsetzen werden, da das Augenmerk verstärkt auf die Qualität des Klicks und nicht mehr auf die Masse gelegt wird. CPC ist die Abkürzung für *Cost-per-Click* und stellt die »Kosten pro Klick« dar. Für Webmaster, die Geld durch Online-Werbung

---

6 *http://www.mobile-zeitgeist.com/2013/03/20/mobile-advertising-2013-was-war-was-ist-und-was-kommt*

verdienen, wird auch oft der gleichbedeutende Begriff *Pay-per-Click* (PPC) verwendet.

CPV ist die Kurzform für *Cost-per-View* und bezeichnet den Preis, den man für die Einblendung eines bestimmten Werbemittels erhält. Der Begriff wird jedoch nur selten verwendet, da eine Abrechnung in der Regel pro 1.000 Views erfolgt. Am häufigsten ist diese Vergütungsform bei Video-Ads zu finden.

In Deutschland wuchs der Mobile-Advertising-Markt im Jahr 2013 um satte 67 % und brachte rund 65 Mio. € Umsatz.

Mobile Advertising wird in den nächsten Jahren zu einem fixen Bestandteil des Kommunikationsmix und von Crossmedia werden, und mobile Werbung wird sogar im Online-Marketing dominieren.

Mobile Werbung sollten Sie daher als zusätzlichen, aber immer wichtigeren Medienkanal für Ihre Online-Werbung buchen. Warum? Weil immer mehr Menschen mobil online sind.

Die Online-Vermarkter haben sich in Sachen Mobile Advertising bereits aufgestellt. Über Partnerprogramme können zusätzlich Mobile Ads nach dem Werbeumfeld gebucht werden. Wenn Sie beispielsweise eine Automarke mobil bewerben wollen, können Sie via Facebook, Google oder YouTube ihre Zielgruppe erreichen. Oder Sie buchen Mobile Ads direkt beim Vermarkter (z. B. IP-Deutschland, ubiyoo) zu einer bestimmten Medialeistung. Je nach Vermarkter können Sie die Medialeistung auf Basis von Einblendungen (Ad Impressions) oder Performance (Bezahlung bei Klick auf die Anzeige) abrechnen.

Google, Facebook und Apple bieten ebenfalls Mobile Ads an. Bei Apple können *iAds* gebucht werden, bei Google *Mobile Ads*.

9.9 Location Based Marketing

Wenn die User in sozialen Netzwerken bislang ihre Freundschaften gepflegt, Bilder und Videos hochgeladen und Inhalte geteilt haben, werden sie eines immer öfter tun: Standortinformationen hinterlassen. Ein Beispiel dafür ist das sogenannte »einchecken«, d. h., an einem Ort ankommen und seinen virtuellen Freundeskreis davon informieren. Dieser Check-in ist vergleichbar mit der Statusmeldung auf Facebook und Twitter, nur dass gleichzeitig der Ort mitgeliefert wird. Solche Dienste werden als *Location Based Services* (kurz LBS) zusammengefasst, also als ortsbasierte oder ortsbezogene Dienste.

Das Einchecken geschieht mithilfe des Smartphones, denn diese sind mit einem GPS-Empfänger ausgestattet und können den Standort des Users bestimmen. Im Mobile Social Web teilen die User jedoch ihren Standort mit anderen Usern, sodass sich immer wieder lokale Communitys bilden können. Mit den Location Based Services (oder Geo-Apps) Foursquare oder Facebook Places können die User an Orten und Plätzen einchecken. Das können Bars, Restaurants, Cafés, Bürogebäude, Bahnhöfe usw. sein. Die Freunde in ihrer Community sehen dann, wo sie sich gerade eingecheckt haben.

9.9.1 Beliebte Location Based Services

Im deutschsprachigen Raum sind vor allem folgende Location Based Services mit jeweils eigener App in Gebrauch:

▶ Foursquare/Swarm (jeweils eine eigene Smartphone-App)

▶ Facebook Places (über die normale Smartphone-App)

Unter den reinen Location Based Services ist Foursquare der beliebteste und bekannteste. Auch für Unternehmen bietet er die besten Möglichkeiten, mobile Kunden lokal zu erreichen.

9.9.2 Wie Sie Ihre Kunden im Hier und Jetzt abholen

Mit Location Based Services können Unternehmer lokale Fans ansprechen und eigenes lokales Marketing betreiben. Damit können Sie Ihren Kunden nach dem Prinzip »Wenn Sie gerade in der Gegend sind, schauen Sie doch bei uns vorbei!« genau dort abholen, wo sie sich gerade befinden. Dadurch verringern Sie Streuverluste, die in der klassischen Werbung besonders hoch sind. Bei Location Based Services geht es nicht um Markenbranding oder Reichweite um jeden Preis, sondern darum, die relevanten Angebote an die anvisierten Kunden zu kommunizieren. Wenn sich Ihr Kunde bereits in Ihrem Geschäft befindet, ist es ein Leichtes, seine Aufmerksamkeit zu gewinnen.

9.9.3 Location Based Marketing

Mit Location Based Services können Sie Ihre bisherigen Marketingaktivitäten (Gutscheine, Mailings, Rabatte) verzahnen. Spüren Sie potenzielle Kunden und Lieblingskunden direkt vor Ort auf. Das sind Gäste, die an Ihrem Ort besonders oft einchecken. Belohnen Sie sie mit einem kostenlosen Getränk (z. B. in der Gastronomie) oder einem Gutschein. Ihr Kunde freut sich, denn das Angebot trifft direkt am Point of Sale auf sein Interesse.

Mit geolokalisierten Angeboten können Sie langfristig Flyer und Prospekte durch digitale Gutscheine ersetzen bzw. ergänzen. Das geht einerseits mit Gutschein-Apps (Abschnitt 9.7, »Tablet-Marketing«) oder eben mit Geo-Apps wie Foursquare. Dann spüren Sie jedoch direkt Ihre Lieblingskunden auf, anstatt Angebote und Gutscheine herzuschenken. Digitale Gutscheinsysteme über Location Based Services haben den Vorteil, dass Sie die Aktionen noch mehr steuern können, denn Sie entscheiden, wen Sie belohnen wollen.

9.9.4 Lokales Marketing durch globale Netzwerke

Location Based Services sind jedoch keine geschlossenen Communitys, denn der User hat die Möglichkeit, seinen Standort gleichzeitig auch in Facebook und Twitter zu veröffentlichen. Auf diese Art haben sich Location Based Services schnell verbreitet, da beispielsweise Facebook-Freunde auf die Anwendung aufmerksam gemacht wurden. Aber nicht nur die Anwendung, insbesondere der Ort wird auf diese Weise im Freundes- und Bekanntenkreis bekannt gemacht. Die User entdecken neue Bars und Cafés durch die Check-ins ihrer Freunde. Wenn jemand also in Ihrem Geschäft oder Büro eincheckt, macht er kostenlos Werbung für Ihr Unternehmen. Sie müssen deshalb dafür sorgen, dass regelmäßig Leute an Ihrem Ort einchecken und diese Information in ihrem Online-Netzwerk mitteilen.

Marketing-Take-away: Warum es sich lohnt, lokal Gutscheine zu verschenken

Sie fragen sich jetzt vielleicht, warum Sie Ihrer lokalen Community so großzügig Geschenke machen sollten und ob das überhaupt effizient ist. Zunächst einmal werden diese Geschenke nicht an irgendwen vergeben, sondern an Ihre treuen Lieblingskunden. Das Lieblingskundenprinzip haben wir Ihnen in Kapitel 2, »Social-Media-Strategie«, erklärt. Ob es sich um einen Lieblingskunden handelt, können Sie an der Anzahl seiner Check-ins ablesen. Oder Sie belohnen erst dann, wenn der User einen Kommentar abgegeben oder einen Tipp hinterlassen hat. Sie können sicher sein, dass nur Ihre Lieblingskunden diesen Aufwand betreiben werden, um einen Gutschein zu erhalten. Durch seine Tipps und Empfehlungen sichern Sie sich positive Kommentare und Empfehlungen, um neue Kunden zu werben.

9.9.5 Digitale Mundpropaganda steigern

Die meisten Location Based Services sind automatisch mit Social Media verknüpft, d. h., nicht nur die lokale Community erfährt davon, sondern auch Facebook-Freunde und Twitter-Follower. Die digitale Mundpropaganda steigert sich bei Location Based Services um ein Vielfaches. Durch das Geben-und-Nehmen-Prinzip sind die Kunden viel eher bereit, etwas über Sie in Social Media zu schreiben, wenn sie auch etwas dafür bekommen. Und gleichzeitig nehmen sie auch viel lieber etwas, wenn sie etwas dafür gegeben haben. Gutscheine und Couponing sind vielversprechende Einsatzszenarien für Location Based Services.

9.9.6 Wer sind Ihre Local Heroes?

Ihre Local Heroes sind im Grunde genommen Ihre Lieblingskunden. Es sind jene Kunden, die täglich zu Ihnen kommen, die seit Jahren Kunde bei Ihnen sind und für die Sie sich in der Regel etwas mehr Zeit nehmen. Sie sind aber auch die Meinungsführer und Vermittler, die mit ihren Tipps und To-dos in Foursquare Ihr Unternehmen bewerben. Ihre Angebote und Aktivitäten mit Location Based Services werden zukünftig darüber entscheiden, wo diese Treffen stattfinden, denn die Nutzer werden aktiv nach Angeboten Ausschau halten.

Sprechen Sie Ihre Lieblingskunden also aktiv an, und vernetzen Sie sich mit ihnen. Sie werden sich noch als sehr wertvoll für Sie erweisen. Location Based Services werden sich als Standard in sozialen Netzwerken etablieren. Neben Facebook und Twitter ist Foursquare eines der spannendsten Tools zu diesem Thema.

9.9.7 Foursquare

Die New York Times schrieb bereits im Februar 2010 über Foursquare: »This app makes a city come alive«, denn es sind die besonderen Städtetipps, die besten Cafés, die schönsten Parkanlagen, die interessantesten Museen, die eine Stadt erst lebendig machen. Foursquare wurde 2009 gegründet und hat heute über 50 Mio. registrierte User, die wiederum über 6 Mrd. Check-ins gemacht haben. Foursquare lockt seine Nutzer von Beginn an mit kleinen Spielereien. Der User kann Punkte sammeln, Mayor (Bürgermeister) werden und erhält verschiedene Badges (Auszeichnungen):

▶ *Punkte*: Mit jeder neu angelegten Location erhält der Nutzer Punkte.

▶ *Mayorship*: Wer innerhalb eines bestimmten Zeitraums am häufigsten an einem Ort/einer Location eincheckt, wird zum »Mayor« (Bürgermeister) der Location. Andere User sehen dadurch, wen sie häufig in der Location treffen können. Durch die Zusammenlegung mit Swarm kann man jetzt nur mehr Mayor unter seinen Freunden werden.

▶ *Badges*: Badges sind Auszeichnungen. Die User erhalten sie, wenn sie bestimmte Ziele erreichen, etwa einen »Fresh Brew Badge« für häufige Check-ins in Cafés (siehe Abbildung 9.12).

Die User sind also immer angehalten, Orte anzulegen, um Punkte zu sammeln. Durch die Auszeichnungen wird auch durchaus ein wenig Konkurrenz unter den Usern erzeugt.

Abbildung 9.12 Virtuelle Anstecknadeln, »Badges«, sind ein wichtiger Anreiz für die User, regelmäßig mit Foursquare einzuchecken.

> **Tipp: Die User machen Ihren POI (Point of Interest) bekannt**
>
> Zusätzlich können die Nutzer »Tipps« und »To-dos« für den POI eintragen. Diese Tipps und To-dos werden anderen Usern beim Check-in angezeigt. Auf diese Weise verbreiten sich Ortsempfehlungen in Foursquare. Wenn der Nutzer etwas Interessantes an einem Ort entdeckt hat, z. B. eine Ausstellung in einem Museum, kann er es durch einen Tipp anderen Usern weitersagen.

9.9.8 Lokales Marketing mit Foursquare

Sie können Ihre Location (Büro, Geschäft, Restaurant) als Inhaber (»Venue«) in Foursquare nutzen. Sobald Sie sich als Besitzer/Manager eingetragen haben, können Sie spezielle Angebote zur Location angeben. Sie können jedem Besucher, der gerade eincheckt, ein Angebot machen oder nur die »Mayors« Ihrer Location belohnen. Der Mayor erhält beispielsweise einen Gutschein, oder jeder eingecheckte Besucher, der einen Tipp abgibt, erhält ein Probegetränk. Sie können immer nur ein Angebot online stellen, jedoch zwischen Ihren verschiedenen Specials hin- und herwechseln. Foursquare prüft diese Angebote und stellt sie online.

Statistiken über Ihre Besucherströme

Foursquare bietet Lokalbesitzern ausführliche Besucherstatistiken, die Frequenz der Besucher, die Uhrzeit der Check-ins und den Anteil der Besucher, die ihre Check-ins auf Facebook und Twitter geteilt haben (siehe Abbildung 9.13). Die Statistiken geben Ihnen Aufschluss darüber, ob Foursquare ein geeignetes Tool für Sie ist. Checken die User häufig bei Ihnen ein, können Sie Ihr Engagement in Foursquare erhöhen. Sie erfahren sogar die Namen der Personen, die in Ihrem Store waren, und können sie nachträglich ansprechen. Der Vorteil von Foursquare liegt also auf der Hand: Der Service gibt sehr konkret Auskunft über Ihre Lieblingskunden. Wie wir bereits in Kapitel 2, »Social-Media-Strategie«, beschrieben haben, sind diese verantwortlich für das Verbreiten von Empfehlungen, die durch »Tipps« und »To-dos« in Foursquare ausgesprochen werden.

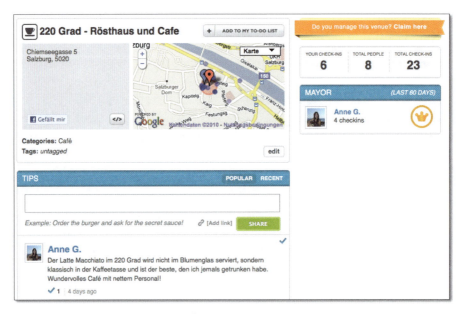

Abbildung 9.13 Wer ist hier, wer war hier, und wie oft?

9.9.9 POI-Marketing mit Location Based Services

Mit Location Based Marketing können Sie verstärkt auf Ihren POI (Point of Interest) aufmerksam machen. Das erreichen Sie durch durchdachte Aktionen, bei denen die Nutzer im Endeffekt das Empfehlungsmarketing übernehmen und Sie sie dafür belohnen. Sie müssen Foursquare dafür aktiv nutzen oder einen Mitarbeiter einstellen, der sich mit Ihren Lieblingskunden vernetzt.

9.9 Location Based Marketing

> **Marketing-Take-away: Mit Foursquare-Coupons zu mehr Besuchern**
>
> In den USA hatte die Kaffeehauskette Starbucks die User mit seinen Foursquare-Aktionen überrascht. Die Mayors erhielten einen Kaffeerabatt im Wert von 1 US$. Das Angebot wurde sehr gut angenommen und führte zu einer höheren Besucherfrequenz im Shop. Viele Medien (Blogs, Social Media) berichteten vom Vorstoß der Starbucks-Filialen in Sachen Location Based Services. Sie können mit solchen Aktionen daher auch Buzz in den Medien generieren, vorausgesetzt, Sie sind der Erste und bekannt genug.

Um den Effekt der Empfehlungen auf Foursquare auszunutzen, sollte das Special so angelegt werden, dass möglichst viele andere Nutzer davon erfahren. Das Belohnungssystem sollte die aktive Beteiligung der Nutzer einbeziehen. Verschenken Sie nicht einfach Ihre Produkte an eingecheckte Nutzer, sondern setzen Sie voraus, dass der User einen Tipp anlegt. Wenn Sie Ihren POI bekannt machen wollen, müssen Sie sich als Foursquare-Nutzer selbst aktiv beteiligen. Befreunden Sie sich mit aktiven Usern in Ihrer Umgebung. Schreiben Sie Tipps und To-dos für Ihre und andere Locations.

Best Practice – Restaurants locken mit Gratisgetränken

Das Wiener Restaurant Reisinger's sowie auch andere Betriebe haben den Dienst Foursquare für sich entdeckt (siehe Abbildung 9.14) und bieten den Gästen »Goodies« für das Einchecken an. In der Monkeys Bar erhält man beispielsweise einen kostenlosen Espresso. Für einen Tipp zum Lokal vergibt das Restaurant Reisinger ebenfalls ein Getränk. Die User haben fleißig ihre Lieblingsspeisen und Getränkeempfehlungen gepostet. Durch die Tipps und To-dos konnte sich das Restaurant unter den Nutzern leichter herumsprechen.

Abbildung 9.14 Digitaler Treuebonus via Foursquare (Quelle: Screenshot Foursquare.com)

Solche Angebote sollten crossmedial beworben werden, z. B. in allen Social-Media-Plattformen, in denen das Unternehmen registriert ist. Mit Plakaten im Lokal kann man zusätzlich auf das Angebot hinweisen.

9.9.10 Lokales Empfehlungsmarketing

Foursquare ist ein sinnvolles und kostengünstiges Tool, um mithilfe der Empfehlungen der Lieblingskunden neue Kunden an das Produkt bzw. die Location heranzuführen und langfristig zu binden. Der Service ist im deutschsprachigen Raum noch nicht so weit verbreitet und wird nur von einem geringen Teil der Smart-Natives genutzt. Auch wenn die Anzahl aktiver Foursquare-Nutzer im deutschsprachigen Raum im Vergleich zu Facebook überschaubar ist, können Sie durch die Reichweite in Social Media (Check-ins, die in die sozialen Netzwerke weitergeleitet werden) auf Ihren Ort aufmerksam machen.

9.9.11 Facebook Places

Bei Facebook-Seiten mit Ortsfunktion, also Seiten, die mit einer Adresse hinterlegt sind, kann man als User einchecken und somit angeben, dass man sich gerade hier befindet. Dieses Einchecken wird bei den eigenen Facebook-Freunden als Neuigkeit angezeigt, gleichzeitig erhält aber auch die Seite einen weiteren Check-in beim Wert »Personen waren hier«. Vor allem für Lokale oder Restaurants ist ein Check-in ein guter Gradmesser für die Beliebtheit eines Orts.

Die meisten Check-ins werden via Smartphone getätigt. Mobil sieht man »Orte in der Nähe«, und es werden auch gleich alle Facebook-Freunde angezeigt, die bei diesen »Orten in der Nähe« schon eingecheckt haben. Beim Einchecken kann man sich und seine Freunde verlinken, somit signalisiert man, mit wem man beispielsweise im Restaurant oder bei einem Konzert usw. ist. Sehr gern wird die Check-in-Funktion bei Hotel- oder Flugreisen genutzt. Mehr zu den Facebook Places finden Sie in Kapitel 7, »Soziale Netzwerke«.

9.9.12 YELP

YELP ist eine Bewertungsplattform für Locations, die schon lange vor Location Based Services für Handys existierte. Die Orte (vor allem Restaurants) werden auf der Website *www.yelp.de* von den Usern eingetragen und bewertet. Für YELP gibt es natürlich auch eine Smartphone-App, mit der die Nutzer spontan Orte bewerten können. Der User sammelt außerdem für seine Check-ins Punkte. YELP haben wir in Abschnitt 4.8.2, »Google«, ausführlicher erläutert.

9.9.13 Kritik an Location Based Services

Location Based Services geraten natürlich auch in die Kritik von Datenschützern. Die öffentliche Preisgabe von Orten kann in aller Konsequenz auch zur Erstellung von Bewegungsprofilen führen. Wenn jemand in einer Bar eincheckt, ist er zwangsläufig nicht zu Hause. Für Einbrecher wäre das ein perfekter Überwachungsradar. Tatsächlich gibt es bereits mehrere Internetplattformen, die die Geodaten von Usern visualisieren. Viele Kritiker finden es befremdlich, dass User solche sensiblen Daten online stellen. Allerdings können die User diese Services auch beliebig manipulieren und an Orten einchecken, an denen sie sich gar nicht befinden. Das hat bei Starbucks in New York zu massiven Problemen geführt, weil plötzlich unzählige Menschen dort eingecheckt hatten, obwohl nur ein paar Gäste im Café waren.

Ausblick: Location Based Services wie Flinc

»Flinc« ist ein Location Based Service in Deutschland mit Fokus auf »Ride Sharing«. Mit dieser App sind Mitfahrgelegenheiten innerhalb einer Stadt oder kürzere, regelmäßige Fahrten möglich (siehe Abbildung 9.15). Die Fahrer können ihre regelmäßigen Fahrten zum Fixpreis einstellen und interessierte Fahrer sich spontan über die mobile App dafür anmelden. Vielleicht haben Sie sich schon einmal gedacht, wie sinnvoll und nachhaltig es wäre, wenn man solche Fahrgemeinschaften nutzen könnte. Flinc macht es möglich, gemeinschaftlich an Mitfahrten zu partizipieren.

Abbildung 9.15 Flinc ist ein Location Based Service für Mitfahrgelegenheiten. (Quelle: Screenshot flinc.org)

9.10 Mobile Commerce

Über die Hälfte der Deutschen nutzt ein Smartphone, und vier von fünf Smartphone-Besitzern nutzen bereits ihr Handy als Hilfe beim Shopping. Das bedeutet, dass Online-Shopping immer weniger stationär am PC, sondern viel öfter unterwegs, zu jeder Zeit und an jedem Ort stattfinden wird. Mobile Shopping findet viel seltener isoliert zu Hause statt, sondern gemeinsam unter Freunden, von denen sich der Käufer jederzeit direkt Feedback einholen kann, oder eben vor Ort in einem Geschäft, um sich bei der Auswahl des Produkts verschiedener Quellen (Bewertungen, Preisvergleiche) zu bedienen. In Zukunft wird das Smartphone auch verstärkt als Zahlungsmethode einsetzbar sein und genutzt werden.

Online-Shopping ist schon lange zu einer ganz normalen und alltäglichen Sache geworden. Auch über Tablets wird inzwischen kräftig bestellt. Neben eBay und Amazon ist Zalando eine der größten, am schnellsten wachsenden und wohl beliebtesten Shopping-Plattformen in Deutschland. Weitere beliebte Shopping-Apps bieten Apple, brands4friends, Stuffle (mobiler Trödelmarkt), H&M, Otto und viele mehr. In Österreich kann sich willhaben.at (http://www.willhaben.at) weiterhin am Markt positionieren – obwohl die großen Anbieter wie eBay und Amazon Druck machen.

Mobile Commerce ist eine Unterkategorie des klassischen E-Commerce, die vor allem auf die Nutzung von Smartphones und Tablets beim Shopping eingeht. Mithilfe von Apps, positiven Bewertungen ihrer Produkte oder Empfehlungsfunktionen versuchen die Unternehmen, ihre Kunden zu überzeugen und mit ihren neuen Nutzungsvorlieben gezielter anzusprechen. Wesentlicher Bestandteil des Mobile Commerce ist die Anpassung des eigenen Online-Angebots an mobile Endgeräte, was über mobile Webseiten oder die Programmierung von Apps erfolgt. Auch die Entwicklung neuer Schnittstellen, beispielsweise für das sichere Bezahlen mit mobilen Geräten, stellt eine Herausforderung des Mobile Commerce dar.

Abbildung 9.16 Die Teilbereiche des Mobile Commerce (Quelle: »Trust me« von Anne Grabs und Jan Sudhoff)

Der Sportartikelhändler SportScheck hat einen »SportScheck Outfitter« entwickelt, der dem User Mode auf Grundlage seiner Lieblingsmode vorschlägt. Dafür muss er nur das Bild eines Kleidungsstücks in die App hochladen. SportScheck filtert Farben und Schnitte und schlägt ähnliche Mode aus seinem Sortiment vor. Die Sachen können nachher aus der SportScheck-App heraus im Online-Shop bestellt werden. Dafür hat SportScheck seinen Online-Shop für alle gängigen Smartphones optimieren müssen. Denn ohne direkte Kaufoption wäre die App relativ zwecklos. Wer einmal sein Lieblingsstück gefunden hat, möchte es auch kaufen.

Marketing-Take-away: Mobile Commerce in Deutschland wächst

Mobile Commerce ist im vergangenen Jahr in Deutschland stark gewachsen und liegt europaweit auf Platz zwei hinter Großbritannien. Rund jeder zehnte Euro wurde von deutschen Online-Shoppern 2013 über ein mobiles Endgerät ausgegeben – das ergab eine internationale Studie von deals.com in Zusammenarbeit mit dem Centre for Retail Research. Experten erwarten, dass sich der Umsatz 2014 mehr als verdoppelt und auf 6,6 Mrd. € ansteigt (4,1 Mrd. € via Smartphone und 2,5 Mrd. € via Tablet) – und damit 16,8 % vom gesamten Online-Handel einnimmt. Nur 2 % der deutschen Facebook-Nutzer haben schon einmal etwas in Facebook gekauft.[7]

9.10.1 Mehr Absatz – wie es Tesco mit Mobile Commerce schaffte, seine Konkurrenz zu verdrängen

Können Sie sich vorstellen, Ihren täglichen Lebensmittelbedarf mobil einzukaufen? Bananen und Fleisch über Bilder mit kleinen Codes? Nein. In Südkorea hat das zum Erfolg geführt. Die britische Lebensmittelkette Tesco hat in speziellen U-Bahn-Stationen ihr gesamtes Sortiment auf Plakate drucken lassen und jedes einzelne Produkt mit QR-Codes versehen (weitere Informationen zu QR-Codes siehe Abschnitt 9.5 »QR-Codes – Produktscanner für Konsumenten«). Die Produkte konnten direkt im dazugehörigen Online-Shop Home plus (*http://www.homeplus.co.kr*) bestellt werden und wurden sofort nach Hause zum Kunden geliefert. Tesco erzielte mit der Aktion 130 % mehr Umsatz im Online-Shop, und Home plus wurde zur Nummer eins für das Online-Shopping in Südkorea. Die Erfolgsfaktoren dieser Kampagne waren die starke Handyaffinität vor Ort, die Bereitschaft, Lebensmittel online einzukaufen, und vor allem die dadurch gewonnene Zeitersparnis.

9.10.2 Was Shopping-Apps bieten müssen

Online-Shopping verlagert sich ins Mobile Web. Viele Moderetailer wie Zalando oder Otto haben bereits mobile Shopping-Apps entwickelt, mit denen die Pro-

---

7 *http://www.deutsche-mittelstands-nachrichten.de/2014/04/61260/*

dukte direkt in der App gekauft werden können. Shopping-Apps müssen vom Design her interessant und von der Usability benutzerfreundlich gestaltet werden, damit der Online-Käufer sie gerne nutzt und ihnen vertraut.

Mobile Commerce ist, wie E-Commerce, als Ergänzung zum stationären Handel zu sehen. Sie profitieren vor allem von geringen Distributionskosten, müssen aber anfängliche Entwicklungskosten mit einkalkulieren. Eine Investition in Mobile Shopping lohnt sich besonders, um Ihren Lieblingskunden zu bedienen, da ihm die App eine geschlossene Umgebung bietet, in der er sich intensiv mit seiner Lieblingsmarke beschäftigen kann. Beliebte Apps werden in weiterer Folge gern weiterempfohlen.

Rechtstipp von Peter Harlander: Shopping-Apps müssen rechtlich alle Vorgaben eines Online-Shops erfüllen

Shopping-Apps müssen ebenso wie klassische Webshops alle rechtlichen Vorschriften einhalten, auch wenn dies aufgrund des geringeren Platzangebots in Apps etwas schwieriger ist. Preisangaben müssen beispielsweise mit Umsatzsteuer und Versandkosten versehen werden. Es muss ein gesetzeskonformer Hinweis auf das Widerrufsrecht erfolgen. Der User muss die Möglichkeit haben, Eingabefehler zu erkennen und zu korrigieren.

Freiheit und Autonomie

Das wichtigste Motiv für mobiles Shopping ist die Freiheit und die Autonomie. Der Käufer entscheidet sich im Hier und Jetzt für das Produkt und geht seinem Kaufwunsch spontan nach.

Einfache Handhabung und Effizienz

Der Kunde muss durch wenige und einfache Schritte zum Kauf geführt werden, d. h., Sie müssen für eine effiziente Funktionalität in Ihrer Shopping-App sorgen. Integrieren Sie neben Kaufabschlussfunktionen auch Barcodescanner, Suchfunktionen und Social-Media-Elemente (Facebook Login, Like-Button).

Kaufstimuli und Neugier

Viele Kunden sind immun gegen Werbebotschaften der Händler geworden. Anreize fürs Mobile Shopping können Sie deshalb am besten durch lokale Angebote oder einmalige Aktionen geben.

Nutzen Sie das Empfehlungsmarketing für Mobile Commerce, und zeigen Sie Ihren Kunden, was deren Freunden gefällt. Wenn z. B. ein Kunde in einem Geschäft etwas kauft, möchte er vielleicht seinen Freunden dieses Geschäft via Smartphone weiterempfehlen. Kaufen die Freunde in absehbarer Zeit ebenfalls in diesem Geschäft ein, kann man beispielsweise einen »Empfehlungsrabatt« beim nächsten Einkauf vergeben. Die App erkennt (wenn sie aktiviert ist) den Shop, in dem sich der User gerade befindet, und zeigt zudem Empfehlungen von anderen Kunden an.

Online-Shops versuchen auf verschiedenen Wegen, das Offline-Kauferlebnis immer besser nachzuahmen. Die deutsche Möbel- und Einrichtungskette Butlers (http://www.butlers.de) bietet ihren Kunden Showrooms, in denen ein Großteil der Butlers-Produkte ausgestellt ist. In den Showrooms in Berlin und Köln können sich Kunden via Webcam zuschalten und sich im Laden umsehen. Sie bekommen von einem Verkäuferteam, die mit Headset und Kamera ausgestattet sind, die Produkte genau erklärt. Eine Videoberaterin geht mit den Kunden durch den Showroom und zeigt ihnen mit der Videokamera alle Möbeldetails, die den potenziellen Käufer interessieren könnten.

Abbildung 9.17 Virtuelles Showrooming über die Webcam
(Quelle: Screenshot YouTube-Video von BUTLERS)

Auch in der Schweiz experimentieren und erweitern Online-Shops ihr Angebot und suchen nach neuen Auslieferungsmöglichkeiten, um ihren Kunden noch mehr Service zu bieten. So konzipierte man mit der SBB Good Box einen Service speziell für Bahnreisende, bei dem man via App im Online-Shop bestellt und zahlt, die Waren aber nicht nach Hause geliefert werden, sondern aus verschließbaren Spinds am Bahnhof entnommen werden können. So kann jeder Kunde seine vorher online bestellte gefüllte Einkaufstüte in Empfang nehmen. Die Idee dahinter: Pendler sitzen jeden Tag viele Minuten lang im Zug, haben danach aber wenig Zeit zum Einkaufen. Die Zeit im Zug können sie zum Online-Shopping nutzen, um wenige Stunden später (am Abend) die Ware abzuholen und mit nach Hause zu nehmen. Die Produkte reichen von Lebensmitteln bis zu Blumen und Convenience-Produkten.[8]

---

8   http://www.tagesanzeiger.ch/wirtschaft/unternehmen-und-konjunktur/Good-Box--der-neue-SBBService-im-Test/story/26919683

9.10.3 Shopping-App mit Shopgate

Wenn Ihnen eine eigene Shopping-App zu kostspielig ist, können Sie beispielsweise »Shopgate« nutzen. Damit wird Ihr bereits vorhandener Online-Shop in die Smartphone-App integriert. Shopgate gehört zu den beliebtesten Shopping-Apps und führt sehr viele deutsche Shops. Über eine Schnittstelle mit Ihrem Shoppingsystem werden die Waren und Produkte in die Shopgate-App übernommen. Ihr Shop wird dann unter Ihrem Marken- oder Unternehmensnamen gelistet. Shopgate ist eine günstige Alternative, um Ihren Online-Shop mobilen Kunden zur Verfügung zu stellen. Weitere Informationen zu Shopgate finden Sie unter *www.shopgate.com*.

9.10.4 Mobile Couponing – mobil Gutscheine verteilen

Location Based Services wie Foursquare eignen sich für digitale Coupons und ortsbezogene Angebote. Derzeit sorgen aber noch weitere mobile Anwendungen wie Gettings, Kaufda, Marktguru und andere Angebotslistinganbieter für Furore im mobilen Netz. Per Smartphone-App oder über die auch mobil verfügbare Website können sich Konsumenten über Angebote und Aktionen in ihrer Umgebung aus den Bereichen Einzelhandel, Gastronomie und Freizeit informieren und Coupons sichern. Der Käufer erspart sich dadurch das lange Studieren von Flyern und Angebotsseiten. Durch Kooperationen mit lokalen und nationalen Partnern in Deutschland können täglich neue Angebote unter die Konsumenten gestreut werden. Handelsunternehmen können damit Aufmerksamkeit für ihre Produkte und Angebote generieren und die Frequenz in ihren Geschäften erhöhen. Zudem erhalten sie Statistiken, wann und wie oft die Angebote aufgerufen wurden.

Groupon-App

Auch das in Kapitel 10, »Social Commerce«, vorgestellte gemeinschaftliche Shopping-Portal »Groupon« hat eine Mobile App, um seine lokalen Angebote noch leichter an den Mann oder die Frau zu bringen. Die App bietet klassische Shopping-Artikel, Ermäßigungen in der Gastronomie sowie Reiseangebote. Bis heute sind mobile Coupons kein Massenprodukt geworden, aber in der Nische sehr erfolgreich.

9.11 Mobile Payment

Mobile Payment, oder *mPayment*, ist eines der Zukunftsthemen, sowohl für E-Commerce, Banken und Handel als auch für den Social und Mobile Commerce, denn für ein Drittel der Smartphone-Nutzer ist eine sichere Mobile-Payment-Option ein wichtiger Kaufanreiz. Doch noch gibt es kein einheitliches Verfahren beim mobilen Bezahlen. In der Praxis sind bislang alle Versuche, derartige Handy-Bezahlsysteme in Deutschland zu etablieren, gescheitert. Zu groß ist die Konkurrenz durch EC-

oder Kreditkarten. Hinzu kommt die Skepsis in der Bevölkerung. Dennoch gibt es einige Unternehmen, die diese neuen »Mobile Wallet«-Bezahlsysteme nutzen.

Starbucks beispielsweise kombiniert seine »Starbucks Card« mit seiner Starbucks-App für Smartphones, damit Kunden ihren Kaffee bargeldlos bezahlen können. Der deutsche Lebensmittelkonzern Netto hat eine eigene Zahlungsmethode mit dem Anbieter Valuephone für seine Kunden gelauncht, bei dem der Käufer mittels App und mehrerer Codeabfragen direkt bezahlen kann – was bisher allerdings eher als kompliziertes Prozedere anmutet denn als tatsächliche Einkaufserleichterung. Mit einer Innovation auf diesem Bereich könnte der südkoreanische Elektronikriese Samsung aufwarten. Durch eine Kooperation mit dem Bezahldienstleister PayPal will man im Mobile-Commerce-Bereich neue Wege gehen und schon bald das Bezahlen via Fingerprint ermöglichen.

Social Payment: Transaktionen unter Freunden

Das Berliner Start-up Cringle (*http://www.cringle.net*) will den Bargeldtransfer unter Freunden vereinfachen und arbeitet an einer App für Bargeldtransaktionen unter Freunden via Girokonto. Cringle kann als Social Payment bezeichnet werden. Ein Anwendungsfall wäre z. B. ein gemeinsames Essen unter Freunden im Restaurant. Einer der Freunde bezahlt das Essen, den anderen teilt er per Chatnachricht mit, wie hoch ihr Anteil ist und welchen Betrag er bekommt. Sie senden ihren Anteil der Zeche per App. Das geschieht mit wenigen Klicks bargeldlos. Die App nutzt dazu das SEPA-Lastschriftverfahren.

Und dann ist da noch die NFC-Nahfunktechnik: NFC steht für »Near Field Communication«, also Nahfeldkommunikation, und gilt als zukunftsträchtige Technik, obwohl einige Smartphone-Hersteller zögern, ihre Produkte mit dem Übertragungsstandard auszustatten und der Technologie dadurch entsprechenden Anschub zu leisten. Allerdings unterstützt Googles Android bereits NFC, und Apple hat die NFC-Unterstützung für die nächste iPhone-Generation bereits angedeutet. Die Deutsche Bahn führt seit 2011 beispielsweise an allen Touch-&-Travel-Points bei Fernbahnhöfen die NFC-Technik ein. Größtes Manko an der Technik ist neben der bisher geringen Massentauglichkeit vor allem das hohe Sicherheitsrisiko bei Verlust des Smartphones. Das betrifft im Übrigen auch Girogo, eine Bezahlfunktion mittels EC-Karte der deutschen Sparkassen und Volksbanken, mit denen man ohne PIN-Eingabe kleinere Beträge kontaktlos bezahlen kann – ebenfalls über NFC-Technik. In Österreich bezeichnet man das kontaktlose Bezahlen übrigens als »Quicken«.

Bleibt also die Frage: Welche Technologie ist die beste? Darauf gibt es derzeit noch keine Antwort. NFC ist auf Wachstumskurs trotz des hohen Sicherheitsrisikos, Google Wallet ist ein weiteres Beispiel. Derzeit nehmen mobile Bezahldienste immer mehr Fahrt auf, mehrere Unternehmen experimentieren mit digitalen Brieftaschen im Handy.

So auch Apple. Der Computerriese aus den USA verwaltet Millionen Kundendaten wie Kreditkarteninformationen oder Kontodaten im iTunes Store – deshalb wäre es nur naheliegend, zusätzlich einen Bezahldienst zu entwickeln. Technisch hätte Apple alle Bausteine, um auf dieser Basis einen Bezahldienst aufzuziehen. Das neue iPhone 5s hat sogar einen Fingerabdrucksensor, der zur Identifizierung verwendet werden könnte. Es bleibt also abzuwarten, was die Zukunft in Sachen Mobile Payment bringt.

9.12 Augmented Reality – erweiterte Realität

Während Location Based Services Menschen mit Orten verknüpfen, geht Augmented Reality (erweiterte Realität) noch einen Schritt weiter. Es ist, wie der Name schon sagt, eine Erweiterung dessen, was wir wahrnehmen können. Dabei betritt der Anwender keine virtuelle Welt, wie es bei Second Life der Fall war, sondern er erfährt seine reale Welt direkt, aber virtuell ergänzt. Sie fragen sich, wozu das nützlich sein soll? Über Augmented Reality können digitale Informationen, Bilder und Links von Alltagsgegenständen, Häusern usw. angezeigt werden. Mit der App »Museum of London: Streetmuseum«, die Sie in Abbildung 9.18 sehen, kann der Besucher das alte London erleben. Dabei halten Sie Ihr Smartphone auf Gebäude, und ein »Film« des alten Londons, so wie es damals an der Stelle ausgesehen hat, legt sich über das Bild.

Abbildung 9.18 Das London der 50er-Jahre – mit Augmented Reality erlebbar (Fotocredit: Alan Levine, Quelle: Flickr)

Augmented Reality ist eine sehr spezielle Technologie, die bisher nur sehr wenige User nutzen. Da es eine der zukunftsträchtigsten Technologien ist, möchten wir Ihnen einige Best Practices und Einsatzfelder aufzeigen. Augmented Reality hat aber noch längst nicht die Masse erreicht. Bevor Sie in Augmented Reality investieren, sollten Sie daher genau prüfen, ob es sich für Ihr Unternehmen lohnt.

9.12.1 Versteckte Informationen sichtbar machen

Augmented Reality lässt sich überall dort sinnvoll einsetzen, wo »versteckte« Informationen angezeigt werden sollen. Die Technologie kann daher sowohl im B2C- als auch im B2B-Bereich zum Einsatz kommen. Handwerker könnten bei ihrer Arbeit mit einer virtuellen Bauanweisung unterstützt werden. Ärzte könnten sich mittels digitalen »Röntgenblicks« nicht sichtbare Körperteile anzeigen lassen. Einrichtungsbüros könnten mit ihren Kunden die Möbel und Einrichtungsgegenstände virtuell vorführen.

Hinweis: Wo verstecken sich bei Ihnen Informationen?

Gibt es in Ihrem Unternehmen »versteckte« Informationen, die für Mitarbeiter und Kunden interessant und wichtig sind? Dann könnte sich eine Investition in diese Technologie bezahlt machen. Allerdings sind die Entwicklungskosten für Augmented Reality sehr hoch. Machen Sie vorab also eine genaue Kosten-Nutzen-Rechnung.

9.12.2 Best Practice – Wikitude

Augmented Reality ist noch eine recht neue Technologie, die durch Anwendungen wie Wikitude oder Google Goggles immer bekannter wird. Allerdings sind die praktischen Anwendungen sehr gering. Diejenigen, die es gibt, erscheinen jedoch sehr sinnvoll und lassen erahnen, wie wir in Zukunft mobil unterwegs sein werden. Einige Unternehmen haben begonnen, mit Augmented Reality zu experimentieren. Mit Wikitude beispielsweise können Unternehmen ihre Prospekte um AR-Inhalte anreichern.

9.12.3 Shopping mit Augmented Reality

Augmented Reality ist nicht nur auf Smartphones beschränkt. Mittels Webcam am Laptop oder PC lassen sich ebenfalls Augmented-Reality-Inhalte anzeigen. Die Idee ist im Grunde genommen nicht sonderlich neu. Wenn Sie z. B. ein neues Auto kaufen wollen, kann der Berater an seinem Display unterschiedliche Farben und Designentwürfe durchspielen, bis Sie das passende Modell gefunden haben. Mit Augmented Reality lassen sich Designentwürfe nun aber auch auf Menschen und Räume übertragen, was zu ganz neuen, individuellen Shoppingerlebnissen führt.

Neben der Modebranche könnten als Erstes Architekten und Einrichtungshäuser Augmented Reality zielführend im Verkauf einsetzen, um die Möbel direkt im Raum des Kunden anzuordnen.

9.12.4 Augmented Reality als Kampagnen-Add-on

Augmented Reality wird sich nur als Add-on für Kampagnen durchsetzen bzw. als Interaktionselement. Gerade für crossmediale Kampagnen eignet sich Augmented Reality, um Plakate und Printanzeigen dadurch zu erweitern und den Kunden mit zusätzlichen Informationen zu versorgen (siehe Abbildung 9.19). Allerdings muss überprüft werden, wie die User solche Kampagnen annehmen.

Abbildung 9.19 Für seine Kampagne nutzte Benetton Augmented Reality, um über die Plakat-Flights auf Videos hinzuweisen.

Technisch ist es kein Problem, Augmented Reality umzusetzen, doch die massentaugliche Anwendung funktioniert nur, wenn der User auch einen echten Mehrwert darin sieht. Dann können die User Schritt für Schritt an die Technologie herangeführt werden. Mode, Möbel und Tourismus sind die ersten Branchen, die Augmented Reality eingesetzt haben, um den Usern bei ihren Erkundungstouren in der realen Welt auch virtuell Informationen, Bilder und Videos bieten zu können.

Ikea hat dies beispielsweise mit seiner Ikea-App für die eigene Wohnung perfekt umgesetzt. Die App projiziert Möbel in die eigene Wohnung. Mithilfe des neuen Katalogs und der App lassen sich Möbelstücke frei im Raum platzieren – zumindest virtuell auf dem Display eines Smartphones oder Tablets. So kann der User, zumindest am Display, sehen, wie der neue Einrichtungsgegenstand in der Wohnung wirkt. Knapp 100 Produkte des Katalogs wurden mit einem speziellen 3-D-Icon versehen. Bei einem Klick auf das Symbol erscheint das Produkt auf dem Display.

Gleichzeitig wird die Kamera aktiviert, und man richtet das Smartphone auf die Stelle, an der man das Möbelstück (z. B. ein Sofa) später aufstellen will.

Die Zukunft von Augmented Reality

In Zukunft wird es sogar möglich sein, Kleidungsstücke von Passanten mit Augmented Reality zu scannen und sie direkt im dazugehörigen Online-Store zu kaufen. Das zumindest könnte mittels RFID-Chips schon bald Realität sein. Immerhin können Sie mit Google Goggles bereits diverse Gegenstände, z. B. Weinetiketten, mit Ihrer Kamera scannen (mit Goggles können Sie anhand von Fotos, die Sie mit Ihrem Mobiltelefon aufgenommen haben, im Web suchen). Manche Prognosen gehen davon aus, dass Gesichtserkennungen mit dem Smartphone möglich sein werden. Das jedoch bleibt vorerst Zukunftsmusik. Wichtig für Unternehmen ist es, diesen Trend zu verfolgen und zu prüfen, ob man die eigene Zielgruppe mit dieser Technologie ansprechen könnte. Spätestens mit der Vorstellung der Google-Brille (»Google Glass«) haben wir einen Hinweis darauf, in welche Richtung sich AR-Technik und ihre Nutzung entwickeln könnte.

Sie müssen nicht unbedingt eine eigene Augmented-Reality-Umgebung für Ihr Unternehmen entwickeln lassen. Es reicht auch, wenn Sie die Entwicklungen im Auge behalten und darauf achten, welche Anwendungen besonders beliebt sind, auf welche Daten diese zugreifen und ob Ihr Unternehmen Teil dieser Daten sein sollte.

9.13 Fazit – warum Sie Mobile Social Marketing betreiben sollten

Smartsurfen ist zur Selbstverständlichkeit geworden – kaum einer, der nicht mit Smartphone in der U-Bahn sitzt und Musik hört oder gerade online surft. Smartphones und Tablets werden »on-the-go« genutzt und ersetzen immer häufiger auch den Laptop, denn vor dem Fernseher möchte man lieber mit einem kleinen, handlichen Gerät surfen (Stichwort: Second Screen). Die Medienästhetisierung in den heimischen Wohnzimmern und U-Bahn-Stationen verlangt neue Konzepte für Mobile Marketing und Mobile Shopping. Die Einsatzfelder von Mobile Social Marketing sind sehr vielfältig, insbesondere was Location Based Marketing und QR-Codes betrifft. Bei Location Based Marketing profitieren Sie von viralen Effekten in Social Media, weil die Check-ins auch dort angezeigt werden. Nun müssen Angebote und Anwendungen entwickelt werden, die den Nutzer noch mehr involvieren und einen wahren Nutzen für ihn bieten.

Die Kunden organisieren sich mittlerweile auch ihre Einkäufe mobil und suchen nach Preisvergleichen, Bewertungen und Informationen zu Produkten, selbst wenn sie gerade in Ihrem Geschäft stehen (siehe ROPO-Effekt). Ihre mobilen Anwendungen, sei es eine Smartphone- oder eine Tablet-App, sollten daher an die Bedürfnisse Ihrer Kunden angepasst sein und nicht nur die bisherige Homepage kopieren. Im Gegenteil, sie sollten auch Belohnungen und exklusive Angebote beinhalten sowie Social-Media-Features wie Feedbackmöglichkeiten oder eine Bilder- und Videosuche, und sie sollten Bewertungen und Meinungen integrieren, die direkt im Shop, egal ob offline oder online, genutzt werden können.

Der BVDW hat Unternehmen befragt, wie sie die Bedeutung von Mobile Commerce in den nächsten zwei Jahren einschätzen. Drei Viertel der Befragten gehen von einer deutlichen Steigerung der Bedeutung aus. Bis 2016 soll das Transaktionsvolumen mit Smartphones auf 23 Mrd. € steigen, vorausgesetzt, der Handel steigt auf entsprechende Lesegeräte um. Zum Vergleich: Der Online-Handel in Deutschland erwartet für 2015 einen Umsatz von ca. 50 Mrd. €. Im Mobile Commerce liegt also enormes Potenzial.[9]

Tipp: Linksammlung über Studien zu Mobile Marketing und Mobile Business

Unter folgendem Link finden Sie eine Art Studienführer mit zahlreichen Studien zum Thema »Mobile Marketing« bzw. »Mobile Business«: *http://mobilbranche.de/category/studienfuehrer*.

---

9   E-Payment Report 2011, BVDW e. V., *http://www.bvdw.org/medien/bvdw-veroeffentlicht-e-payment-report-2011?media=3489*

10 Social Commerce

Wie wäre es, wenn Ihnen ein Online-Shop zeigt, welche Produkte Ihren Facebook- und Twitter-Freunden gefallen und welche sie gekauft haben? Das und viel mehr bietet Social Commerce: Es ist nichts anderes als Mundpropaganda – übertragen auf den Online-Handel – und verknüpft Empfehlungen mit Kaufanreizen für Kunden.

Die letzten Jahre drehte sich thematisch alles um Social Media und die Frage, warum und wie sich Unternehmer und Manager im Social Web präsentieren sollen. Mittlerweile liegen die Vorteile von Social Media für kleine und große Firmen auf der Hand, und nach dem Einzug der Marken in die sozialen Netzwerke folgt nun konsequenterweise auch der Handel in und durch Social Media. Dass soziale Netzwerke auch als Absatzkanal eingesetzt werden können, zeigen nicht nur die Erfolgsstorys von Dell & Co., die durch den Verkauf in Social Media ihre Umsätze steigern konnten, es liegt auch an den Usern, die über Produktneuheiten und exklusive Angebote informiert werden möchten. Viele Start-ups und EPUs (Ein-Personen-Unternehmen) nutzen Social Media, um schnell Aufmerksamkeit, Kontakte und Umsatz zu generieren.

Praxisbeispiel: Maqaroon – kleines Label ganz groß

Das kleine Schmucklabel hat auf Instagram über 1.000 Follower und hat auch über andere Social-Media-Kanäle eine enorme Reichweite und Kontaktzahl aufgebaut, fast ohne Marketingbudget, aber dafür mit kreativen Mitteln. Beispielsweise hat die Eigentümerin Joanna Zhou mit einem Comic, das sie auf Instagram gepostet hat, über 200.000 Views generiert und es damit sogar auf das reichweitenstarke Online-Newsportal Huffington Post geschafft. Maqaroon tritt eher wie ein Blog als wie eine Marke auf. Mit originellem und nutzvollem Content und Postings in der Ich-Form kann die Eigentümerin so Vertrauen und eine Bindung zu den Menschen aufbauen. Auf YouTube erhält sie regelmäßig etliche Tausend Views für ihre Videos (*https://www.youtube.com/user/maqaroon*).[1]

Facebook etabliert sich mittlerweile als kleines »Internet« im Internet, in dem der User alle Informationen, Websites und in Zukunft auch seine Online-Shops findet, anstatt sie einzeln aufrufen zu müssen. In Facebook organisiert er sich alle seine

---

1 *http://www.digitalschmankerl.at/maqaroon-interview/*

Online-Aktivitäten und möglicherweise bald auch seine Einkäufe. Deshalb berichten wir in Abschnitt 10.5, »Facebook-Commerce«, über dortige Trends und gehen auf die aktuellen Trends ein.

Was bedeutet Social Commerce, und was heißt F-Commerce?

Der Begriff *Social Commerce* ist eine Wortschöpfung aus *Social Media* und *E-Commerce*. Beim Social Commerce werden die Social-Media-Prinzipien auf den E-Commerce übertragen. Ein einzelnes Produkt kann dann direkt im vorhandenen Online-Shop bewertet, kommentiert und weiterempfohlen werden, was sich positiv auf den Verkauf des Produkts auswirkt. Social Commerce bedeutet aber auch direkten Abverkauf in Social Media, zum Beispiel in Facebook. *F-Commerce* steht für Facebook-Commerce und bedeutet die Verknüpfung von E-Commerce mit Facebook. Innerhalb von Facebook kann das durch einen Facebook-Shop erfolgen oder durch Postings und Werbeanzeigen, die eine Direktverlinkung bzw. sogar einen »Kaufen«-Button fürs Produkt beinhalten, und extern durch die Nutzung von bekannten Facebook-Elementen wie dem Like-Button im bestehenden Online-Shop. F-Commerce nutzt die vertrauten Mechaniken des E-Commerce, die die Online-Shopper kennen und akzeptieren.

10.1   Social Shopping

Häufig werden unsere Kaufentscheidungen durch Empfehlungen von Freunden und Bekannten beeinflusst. Früher wurden diese Erfahrungswerte im persönlichen Gespräch ausgetauscht. Im echten Leben ist es ganz selbstverständlich, von Produktenttäuschungen und positiven Kauferlebnissen zu berichten. Wie oft schon haben Sie eine Restaurantempfehlung ausgesprochen oder von einem tollen Beratungsgespräch geschwärmt? Durch Social Media werden diese Meinungen jetzt online ausgetauscht und beeinflussen somit andere User. Feedback zu bevorstehenden Käufen können spielend leicht in Social Media eingeholt werden, und die Käufer sehen, wer den gleichen Geschmack hat und wer nicht.

Social Commerce ist aber nicht das neue Wort für Social Media Marketing. Social Commerce umfasst:

► Empfehlungsmarketing in Social Media: Kunden inspirieren und beraten sich gegenseitig in und durch Social Media. Dies hat direkte Auswirkungen auf die Umsätze im Online-Shop.

► Social Media Marketing: Online-Händler werben für ihre Produkte und Angebote in Social Media und ziehen so mehr Kunden in ihren Online-Shop.

▶ Social Media im Online-Shop: Produkte werden im Online-Shop bewertet und weiterempfohlen. Durch Empfehlungseffekte werden Freunde und Bekannte des Nutzers zu neuen Kunden. Plus: Mit Empfehlungssoftware können dem Kunden passende Produkte vorgeschlagen werden.

Lese-Tipp: Empfehlungsmarketing im Social Web

Zu diesem Thema dürfen wir Ihnen auch das neue Buch von Anne Grabs und Jan Sudhoff empfehlen: »Empfehlungsmarketing im Social Web – Kunden gewinnen und Kunden binden«, erhältlich im Buchhandel sowie online unter anderem bei Galileo Press unter *https://www.galileo-press.de/empfehlungsmarketing-im-social-web_3300/*.

10.1.1 Neue Erwartungshaltung beim Social Shopping

Durch Social Media haben sich die Konsumenten von ihrer Rolle als passive Käufer emanzipiert und nutzen die Möglichkeiten des aktiven Austauschs und der Mitbestimmung. Unternehmen, die Ihre Kunden ernst nehmen und mit besonderer Wertschätzung belohnen, profitieren in weiterer Folge von kostenloser Mundpropaganda in Social Media. Ihre Markenfans wünschen sich jetzt auch beim Social Shopping diese Anerkennung und gehen mit einer Erwartungshaltung der Belohnung auf Ihre Facebook-Seite. Beachten Sie diesen Belohnungsaspekt, und sagen Sie Ihren Fans mit Gutscheinen und exklusiven Angeboten danke. Genauso aber können Sie Ihre Fans mit exklusiven Inhalten, Vorabinformationen und Produkttests belohnen. Es muss also nicht immer die Rabattschlacht sein.

10.1.2 Best Practice – Überraschen unter Freunden

Beim Social Commerce geht es um gemeinsame Shoppingerlebnisse unter Freunden. Dieses Prinzip hat sich die Marke Heinz in Großbritannien mit der Aktion »Get Well Soup« zunutze gemacht. Ausschließlich Markenfans erhalten die Möglichkeit, den Klassiker Tomatensuppe personalisiert an einen Freund zu verschicken (siehe Abbildung 10.1). Die Suppe »Get Well Soon« konnte mit dem Namen eines Facebook-Freundes versehen werden. Das kostete den Fan nur ein paar Pence mehr als im Supermarkt. Dafür konnte er seinen Freund mit einer witzigen Aktion überraschen. Heinz nutzte die aufwendige Kampagne, um mit einer viel Aufmerksamkeit erzeugenden Aktion neue Fans zu generieren und gleichzeitig Markenfans zu belohnen. Diese Kampagne wurde 2014 bereits das vierte Jahr in Folge umgesetzt und ist bei den Heinz-Fans sehr beliebt. Ein Teilerlös geht an eine karitative Organisation.

10 Social Commerce

Abbildung 10.1 Mit der »Get Well Soup« belohnte Heinz seine Markenfans.

10.2 Die Social Shopper

Um herauszufinden, wie die Online-Shopper das Internet bzw. soziale Medien (Blogs, Foren, Rezensionen, Videoportale) für die Produktrecherche einsetzen, nutzen Sie das kostenlose Tool »Consumer Commerce Barometer« unter *http://www.consumerbarometer.com*. Dort können Sie für die sieben Produktkategorien Automobil, Verbrauchsgüter und Gesundheit, Finanzen, Medien/Unterhaltung/Lokales, Einzelhandel, Technik, Reisen untersuchen, wie je nach Land, Alter, Geschlecht und Internetnutzung nach diesen Produkten recherchiert wird. Besonders relevant für die Kaufentscheidung sind beispielsweise bei Technikprodukten

Konsumentenrezensionen, Preisvergleich-Websites und Suchmaschinen allgemein. Auf soziale Netzwerke greifen Frauen tendenziell stärker zurück als Männer. Auch Videos dienen vorab als Informationsquelle. Neben dem Rechercheverhalten können auch noch Vergleiche zum Kaufverhalten (online gesucht/offline gekauft) durchgeführt werden. Das Consumer Commerce Barometer (kurz CCB) wird vom IAB Europe in Zusammenarbeit mit TNS Infratest und Google herausgegeben, die gemeinsam auf eine enorme Datenbasis zugreifen können und somit sichere Ergebnisse über die Recherchestationen bis hin zum Online-Kauf liefern können.

10.3   Ziele des Social Commerce

Social Commerce ist eine sinnvolle Erweiterung Ihrer Social-Media-Strategie, die nach dem aktiven Austausch mit Ihren Kunden nun auch den Verkauf über Kommunikation vorsieht. Für Shopbetreiber ist Social Commerce ebenfalls ein sinnvoller Schritt, Ihre Produkte über den Online-Shop hinaus zu verkaufen, denn damit lässt sich der Traffic im Online-Shop erhöhen, weitere Käuferschichten können erschlossen werden, und die Online-Sales lassen sich steigern.

10.3.1   Schaffung personalisierter Kauferlebnisse

Social Commerce ist die Möglichkeit, personalisierte Kauferlebnisse in der Community zu schaffen. Facebook liefert beispielsweise ausführliche Daten über das Internetverhalten und die Produktinteressen der User, die Sie für eine gezielte Käuferansprache nutzen können. Individualität und Community gehören beim Social Commerce zusammen, denn der User erhält auf seine Produktinteressen abgestimmte Angebote, die er in seinem Netzwerk vergleicht und kommentiert, bis er sich sicher ist, dass er das Richtige gefunden hat und schließlich kauft.

10.3.2   Brand Advocacy – mehr Absatz durch digitale Mundpropaganda

Social Commerce nutzt außerdem die Effekte digitaler Mundpropaganda, um Kaufentscheidungen durch Feedback von Freunden zu erleichtern und Kaufbarrieren herabzusetzen. Die Grundidee kennen Sie bereits von Amazon. Durch Buchrezensionen und Kundenbewertungen kann sich der potenzielle Käufer bei Gleichgesinnten informieren und auf diese Weise absichern (lesen Sie dazu auch den Abschnitt 10.4.1, »Sicherheit – warum wir uns bei Freunden absichern«). Durch Social Commerce erhöhen Sie die Brand Advocacy: Ihre Kunden treten durch Bewertungen und Empfehlungen als Fürsprecher für Ihre Produkte ein und leisten die notwendige Überzeugungsarbeit bei den potenziellen Käufern.

> **Praxisbeispiel: Vermarktung via Social Media**
>
> Haben Sie schon einmal von Matthias Schwaighofer gehört? Wir vorher auch nicht, aber etliche Tausend Internetuser sehr wohl. Der österreichische Fotograf hat über 33.000 Facebook-Fans (*https://www.facebook.com/SchwaighoferART*) sowie 10.000 YouTube-Abonnenten und generiert viele Aufträge über Social Media, wie er selbst sagt. Mit witzigen Postings, die sich viral verbreiten, und Kooperationen mit reichweitenstarken Stars wie z. B. der Tattookünstlerin Makani Terror schafft er es, viel Aufmerksamkeit und Kontakte und offensichtlich auch Aufträge zu generieren.[2]

10.3.3 Einblicke in die Customer Journey

Social Commerce gewährt sehr konkrete Einblicke in die *Customer Journey* (die »Konsumentenreise« vom Kaufimpuls bis zum finalen Kauf) und kann Zusammenhänge über Online-/Offline-Recherchen und Online-/Offline-Kauf offenlegen. Nebenbei: In allen Schritten der Konsumentenreise trägt die Online-Recherche maßgeblicher zur Kaufentscheidung bei als die Offline-Recherche, und Social Media wird dabei immer relevanter.[3] Diese Recherchen verlagern sich immer mehr ins Social Web, da die Käufer nur dort vertrauenswürdige Beiträge finden (siehe dazu auch Kapitel 4, »Foren und Bewertungsplattformen«).

10.3.4 Social-Commerce-Ziele für den stationären Handel

Der stationäre Handel kann von Social Media profitieren und muss auch auf die Herausforderungen, die durch die neuen Technologien und Social Media entstanden sind und weiter entstehen, reagieren.

- ▶ Mehr Besucher in Ihre Geschäft bringen: Durch gezielte Angebote, zielgruppenspezifische Informationen und Vergünstigungen können Sie mehr Besucher und Käufer in Ihr Geschäft bringen.

- ▶ Mehr Vertrauen in Ihr Geschäft: Sorgen Sie mit einer hohen Zahl an authentischen Bewertungen für einen höheren Grad an Vertrauen und Reputation.

> **Praxisbeispiel: Facebooks »Gefällt mir«-Angaben beim Produkt**
>
> C&A hat in Brasilien eine tolle Idee umgesetzt, um die Beliebtheit seiner Produkte in Facebook auch offline darzustellen. Dazu war mittels Digitaldisplay auf jedem Kleiderbügel von zehn speziellen Produkten angegeben, wie viele Likes dieses Produkt von C&A-Kunden (über eine eigene Smartphone-App) bekommen hat.

---

2 *http://www.digitalschmankerl.at/wie-man-als-fotograf-social-media-nutzt/*

3 Kaufentscheidung, TNS Infratest, 2011, *www.tnsinfratest.com/presse/pdf/Presse/TNS_Infratest_Kaufentscheidung_Deutschland_I.pdf*

10.3.5 Social-Commerce-Ziele für den Online-Handel

Wenn Sie einen Online-Shop betreiben, sollten Sie in jedem Fall Social Media nutzen, um Ihre Umsätze zu steigern. Folgende Ziele können Sie konkret verfolgen und erreichen:

▶ Mehr Traffic in den Online-Shop.

▶ Die Bekanntheit Ihres Online-Shops steigern.

▶ Das Vertrauen in Ihren Online-Shop erhöhen.

▶ Neukundengewinnung durch Empfehlungsmarketing.

▶ Cross-Selling und Up-Selling durch soziale Produktvorschläge (»Social Recommendations«).

▶ Kundenbindung und Kundenservice in und via Social Media (Social CRM).

▶ Produktinnovation und -weiterentwicklung (Optimierung des Online-Sortiments)

Aber diese Ziele erreichen Sie nicht, wenn Sie einfach nur Ihren Shop mit Social-Media-Elementen versehen (mehr dazu in Abschnitt 10.6, »Open Graph – wie Sie Ihren Online-Shop mit Facebook verknüpfen«). Damit der Verkauf in und durch Social Media glückt, müssen ein paar Prinzipien beachtet werden.

Bewertungen im Online-Shop erhöhen die Kaufwahrscheinlichkeit

Eine der ältesten und wirkungsvollsten Maßnahmen des Handels generell gilt auch für Social Commerce. Bewertungen sind Mundpropaganda, und Online-Bewertungen haben eine erheblich größere Reichweite und Relevanz gegenüber Empfehlungen, die im persönlichen Gespräch getätigt werden. Bewertungsmöglichkeiten gehören inzwischen zum Standard eines zeitgemäßen Online-Shops. Bewertungen sind neben vielen anderen Faktoren, wie schnellen Lieferzeiten und sicherer Zahlungsabwicklung, das Fundament erfolgreicher Online-Shops. Laut einer ECC-Handelsstudie steigt die Kaufwahrscheinlichkeit um 38,7 %, wenn positive Produktbewertungen im Online-Shop angezeigt werden, als wenn gar keine Bewertungen vorhanden sind.[4]

10.4 Die Prinzipien des Social Commerce

Kaufen ist eine sehr soziale Tätigkeit. Ist Ihnen schon einmal aufgefallen, wie viele soziale Interaktionen beim Einkaufen stattfinden und wie viele soziale Faktoren Ihren täglichen Einkauf beeinflussen? Da sind die Überlegungen vorab, die Sie vielleicht zu zweit besprechen und bei denen Sie die Bedürfnisse anderer berücksichtigen. Da ist der Einkauf selbst mit all seinen beteiligten Herstellern, Beratern, Ver-

---

[4] *http://www.ecc-handel.de/Themenfelder/themen-detail/Positive-Kundenbewertungen-in-Online-Shops-erhöhen-die-Kaufwahrscheinlichkeit*

käufern. Die Liste könnten wir bis zum Kauf fortführen und würden immer mehr soziale Komponenten finden. Es wundert daher nicht, dass sich Konsumenten bei Kaufbarrieren lieber bei Freunden und im Social Web absichern, anstatt dem eigentlichen Experten – dem Hersteller oder Händler – zu vertrauen. Diese Prinzipien und weitere Grundüberlegungen über Social Commerce hat TabJuice in einer Infografik zusammengetragen. Die folgenden Statistiken sind dieser Grafik entnommen.[5]

10.4.1 Sicherheit – warum wir uns bei Freunden absichern

Bei unsicheren Kaufentscheidungen oder Kaufbarrieren möchten wir uns bei vertrauten Personen absichern, ob wir auch die richtige Entscheidung treffen. Deshalb nutzen 81 % der Konsumenten die Ratschläge von Freunden und Bekannten über Social Media. Dieses Prinzip hat sich die Modemarke Diesel zunutze gemacht und in einem Diesel-Shop neben der Anprobe eine »Diesel Cam« (siehe Abbildung 10.2) installiert, mit der die Besucher Bilder von sich machen und auf Facebook posten konnten. Dadurch erhielten die Käufer direktes Feedback von ihren Freunden zu den Diesel-Produkten.

Abbildung 10.2 Per Diesel Cam konnten unsichere Kunden direkt bei ihren Facebook-Freunden nachfragen.

Marketing-Take-away: Wie Sie Ihren Käufern mehr Sicherheit geben

Nutzen Sie Verbraucherstimmen, Produkthitlisten und Wunschlisten von Ihren bestehenden Kunden, und machen Sie diese für Ihre Konsumenten transparent. Platzieren Sie Bewertungssysteme dort, wo Ihr Produkt in der Regel gekauft wird: im Online-Shop oder aber direkt am Point of Sale (POS). Achten Sie darauf, dass es sich um authentische Bewertungen von echten Käufern und nicht um Testimonials handelt.

---

5 Social Commerce Psychology, TabJuice 2011, *http://www.tabjuice.com/infographics/social-commerce-psychology-infographic*

10.4.2 Autorität – warum wir Experten vertrauen

Spezialisten und Experten gewähren eine neutrale Sichtweise auf Produkte und Dienstleistungen, während Unternehmen immer nur das Beste von sich sagen. Das haben die Konsumenten mittlerweile erkannt und vertrauen nicht mehr den Werbeversprechen, sondern lesen sich bei kritischen Kaufentscheidungen vorab die Bewertungen im Social Web durch (77 % der Online-Shopper tun dies). Experten geben dem Produkt die notwendige Autorität, liefern Argumente gegen Konkurrenzprodukte und legitimieren schließlich die Kaufentscheidung des Kunden.

Bei Produkten des täglichen Bedarfs (Me-too-Produkte) tauschen sich die User noch nicht so häufig aus (aber auch das ändert sich bereits, siehe den Nestlé-Marktplatz in Abbildung 10.3) wie bei teuren, erklärungsbedürftigen oder sehr persönlichen Produkten. Gerade bei Produkten der Unterhaltungselektronik ist es mittlerweile ganz selbstverständlich, dass sich die Käufer vorab auf ciao.de, Amazon und in ihrem jeweiligen sozialen Netzwerk informieren, bevor sie das Produkt im Handel erwerben. Häufig wird direkt im Geschäft mit dem Smartphone recherchiert und werden Preisvergleiche online/offline durchgeführt. Wenn ein Kunde zuerst online recherchiert, bevor er das Produkt im Geschäft kauft, spricht man vom »ROPO-Effekt« (Research Online, Purchase Offline). Dieser Effekt ist in der Unterhaltungselektronik mit 39 % am stärksten und mittlerweile eine echte Herausforderung für den Handel.

Abbildung 10.3 Nestlé macht einen großen Schritt ins Social Web und bietet seinen Käufern einen sozialen Marktplatz.

Marketing-Take-away: Jeder Kunde ist Experte

Mit einer geeigneten Plattform können Sie ganz leicht jeden Kunden zum Experten machen, der anderen Käufern die Autorität bietet, die der für seine Kaufentscheidung benötigt. Ein praktisches Beispiel dafür ist der soziale Marktplatz von Nestlé, den das Unternehmen im September 2011 gestartet hat. Unter *www.nestle-marktplatz.de* können Nestlé-Produkte nicht nur online gekauft, sondern auch bewertet und weiterempfohlen werden. Zudem können Nestlé-Kunden Produktideen einreichen und an Produkttests teilnehmen. Der Marktplatz ist ein erster großer Schritt von Nestlé, dem Bedürfnis der Kunden, in der Community Kauferlebnisse zu teilen und gemeinsam an Produktentwicklungen zu partizipieren, gerecht zu werden.

Nestlé berichtete im Dezember 2011, der Marktplatz habe bisher zwar wenig Verkäufe, dafür aber den direkten Kontakt mit Kunden und überwiegend positive Reaktionen gebracht.

10.4.3 Exklusivität – warum Produktknappheit unser Interesse weckt

Wir leben in einem Überangebot an Waren und Produkten. Nur selten ist etwas nicht zu haben. Konsumenten werden deshalb zu Schnäppchenjägern und suchen permanent nach einzigartigen Produkten, Preisnachlässen und Rabatten. Die Mehrheit der Menschen ist an exklusiven Angeboten interessiert. Durch Social Commerce können Sie mit Angeboten aktiv Mitglieder und Fans akquirieren. Wichtig ist dabei aber, dass Sie den »Angebots-Channel« als solchen auch kenntlich machen. Handelt es sich um einen reinen Verkaufs-Channel, sollte dies für den User sofort ersichtlich sein. Dell macht seinen Verkaufs-Channel in Twitter beispielsweise durch den Zusatz »Outlet« kenntlich (*https://www.twitter.com/delloutlet*).

Marketing-Take-away: Belohnen Sie Lieblingskunden mit Angeboten

In Kapitel 2, »Social-Media-Strategie«, haben wir Ihnen den Lieblingskunden vorgestellt, der sich im Social Web als Fan, Follower oder Kommentator zeigt. Belohnen Sie diese Personen mit exklusiven Angeboten. Oder belohnen Sie nur die aktivsten und treuesten Fans mit Angeboten (Fan-first-/Fan-only-Angebote), und zeigen Sie so den passiven Fans, dass das Engagement mit der Marke belohnt wird. Procter & Gamble hat beispielsweise seine neue Pantene-Produktserie in einem Facebook-Shop promotet, noch bevor sie im Online-Shop oder Handel verfügbar war.

Groupon

Ein weiteres Beispiel, wie die User im Social Web gemeinsam auf Schnäppchenjagd gehen, ist die Plattform Groupon, ein Anbieter für exklusive Gutscheine und Coupons, die nach dem Prinzip des Gruppen- und Preisnachlasses vergeben werden (siehe Abbildung 10.4). Die Angebote auf Groupon sind nach Städten sortiert. Die

10.4 Die Prinzipien des Social Commerce

User können den Newsletter pro Stadt abonnieren und erhalten so täglich einen neuen »Deal«. Finden sich genügend User für ein Angebot, wird es an die Teilnehmer »ausgeschüttet«. Groupon belohnt auch Netzwerkaktivitäten wie die Weiterleitung des Angebots via E-Mail, Facebook oder Twitter.

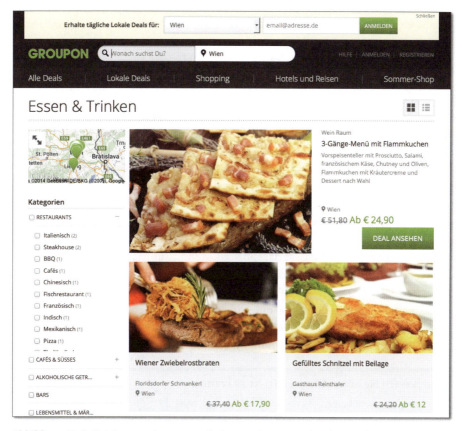

Abbildung 10.4 Bei Groupon kann man als Gruppe Coupons erhaschen und so Geld sparen.

Marketing-Take-away: Mit Groupon Kapazitäten auslasten

Groupon eignet sich zur Kapazitätsauslastung oder zur schnellen Markteinführung und dem Bekanntmachen eines neuen Geschäfts: So lohnt es sich beispielsweise für ein Restaurant am Stadtrand von München, 50 Essen mit einem Preisnachlass von 50 % pro Person anzubieten, um zumindest die Fixkosten zu decken. Für den Gastronomen ist das immer noch besser, als wenn das Restaurant leer bliebe. Auch im Dienstleistungsbereich könnte ein Angebotsüberhang durch Preisnachlass an eine Gruppe ausgeglichen werden. Oder Sie nutzen Groupon, um auf Ihre Angebote im lokalen Einzugsgebiet hinzuweisen. Die Angebote sind nicht nur auf Restaurants beschränkt. Die Branchen Reisen, Mode, Schmuck, Konsumgüter, Elektronik, Gesundheit, Beauty, Lifestyle und mehr sind ebenfalls vertreten. Auf Groupon findet nahezu jeder Deal im B2C-Bereich (Konsumgüter) seinen Platz. Prüfen Sie, wann und inwieweit Ihr Geschäft nicht ausgelastet ist, und überlegen Sie, welches Angebot Sie kostendeckend auf Groupon einstellen könnten. Auch wenn das Angebot nicht angenommen wird, gelangt es zumindest über den Groupon-Newsletter zu den potenziellen Käufern. Das ist für Sie immerhin kostenlose Werbung. Natürlich lässt Groupon sich das auch etwas kosten, Sie müssen einen Teil des verbleibenden Umsatzes an Groupon abtreten.

10.4.4 Like – warum wir mögen, was andere mögen

Um sich mit anderen Menschen verbunden zu fühlen, vergleicht der Mensch gern seine eigenen Interessen, Werte und Wünsche mit anderen. Daher gefällt ihm häufig auch das, was seinen besten Freunden, seiner Familie und den Vorbildern und Meinungsführern in seinem sozialen Umfeld gefällt. Durch den Austausch über Produkte werden gemeinsame Marken identifiziert und im Netzwerk, im Verein, in der Clique, im sozialen Milieu, d. h. durch Gruppendynamik, verstärkt. Das Social Web macht es uns nun leicht, anderen zu sagen: »Das gefällt mir«, oder »Dieses Produkt empfehle ich.« Etwa ein Drittel der Onliner klickt auf Websites und in Online-Shops auf »Teilen«, um Freunde auf bestimmte Produkte hinzuweisen. Wenn Ihre Produkte häufig geteilt werden, ist das ein starkes Indiz für Markenloyalität und/oder die Beliebtheit des Angebots, denn der User »riskiert« mit jedem Beitrag (z. B. Teilen eines Angebots) auch seine Reputation im Online-Netzwerk. Dieses Risiko kalkuliert er bei jedem Beitrag mit ein und überlegt sich schon im Voraus, ob das Angebot auch für seine Freunde interessant sein könnte. Wird das Angebot also geteilt, hat es schon mehrere Hemmschwellen überwunden.

> **Tipp: Lassen Sie ausprobieren, anstatt zu werben**
>
> Das jahrelang praktizierte *Advertising* (Werbung) wird jetzt durch das *Tryvertising* ersetzt. Tryvertising (eine Wortschöpfung aus Try für »Probieren« und Advertising) bedeutet, durch nachhaltiges Sampling (Vergabe von Produktproben) einen Zugang zur Zielgruppe zu bekommen, um sie testweise vom Produkt zu überzeugen. Das klassische Sampling kennen Sie beispielsweise von Parfümproben oder anderen Vouchers. Häufig sind es für die Tester jedoch nur »Produkte für umsonst«. Nachhaltiges Sampling können Sie nur mit einer Testercommunity erreichen, die für Ihre Produkte einsteht, sie weiterempfiehlt und Berichte schreibt.

Machen Sie Ihre Lieblingskunden zu Produkttestern

Laden Sie doch Ihre Lieblingskunden und Markenfans zu Tests ein. Zahlreiche Unternehmen, große wie kleine, nutzen ihre Community, um neue Produkte zu testen, qualitatives Feedback zu bekommen und die Produktnachfrage zu lancieren. Ein sehr gelungenes Beispiel sind die sogenannten »dm scouts« bzw. Produkttester von dm drogerie markt. Auf vielen Länder-Facebook-Seiten von dm (Deutschland, Österreich, Slowakei, Tschechien) werden regelmäßig Produkttester gesucht. Die ausgewählten Tester erhalten dann das Produkt kostenlos zugesandt und können im Anschluss einen anonymen Fragebogen ausfüllen und Feedback zum Produkt geben. Viele Fans warten jedes Mal sehnsüchtig darauf, ein Produkt zu erhaschen, um es testen und bewerten zu dürfen. Gerade das unkomplizierte Generieren von authentischem Kundenfeedback ist ein riesengroßer Vorteil von Social Media. Viele User posten von sich aus Feedback zu Produkten und Leistungen auf der Facebook-Pinnwand von Unternehmen und Marken, und die Facebook-Rezensionen-Funktion wird diesen Trend noch verstärken.

Abbildung 10.5 dm sucht regelmäßig Produkttester über die Facebook-Seite.

Sie können natürlich auch auf die größte deutschsprachige Testercommunity »trnd« zurückgreifen. trnd geht über das klassische Sampling hinaus, denn bei trnd-Produkttests berichten speziell für die Marke ausgewählte Markenbotschafter über das Produkt im Social Web und im richtigen Leben. Dadurch entstehen glaubwürdige Erfahrungsberichte, Gespräche und eine Markenbeliebtheit von Konsument zu Konsument, die online und offline weitergegeben wird (Mundpropaganda). Außerdem bietet trnd den Vorteil, dass auch Produkte getestet werden können, die sonst nicht in kleine Produktproben passen, wie zum Beispiel der Rasierer in Abbildung 10.6.

Abbildung 10.6 Die größte deutschsprachige Testercommunity sorgt für Mundpropaganda für Marken.

Neben Sicherheit, Autorität, Knappheit und Like nennt TabJuice noch *Markenkonsistenz*. 62 % der Online-Shopper sind markenloyal und kaufen eher ein Produkt, das sie bereits kennen und wiedererkennen, vorausgesetzt, sie waren online mit dem Produkt zufrieden. Daher ist es wichtig, Markenkonsistenz und eine Corporate Identity aufzubauen, die der Kunde auch in seinem Social-Media-Umfeld wahrnimmt.

Zuletzt ist *Reziprozität* ein entscheidendes Merkmal für den Abverkauf. Reziprozität, also die wechselseitige Beziehung unter Konsumenten, bedeutet, dass Tipps und Empfehlungen immer auf Gegenseitigkeit beruhen. Wenn Sie jemanden auf ein Angebot hinweisen, werden Sie sicher auch einen Tipp von ihm erhalten und umgekehrt. Dieses Prinzip gilt es, für den Social Commerce zu nutzen, beispielsweise durch ein Vorschlagswesen. Sie kennen das bereits von Bestellungen bei Amazon, wenn Sie ein Produkt kaufen und den Hinweis erhalten: »Kunden, die diesen Artikel gekauft haben, kauften auch …«

Vorschlagswesen bei Amazon

Mit der »Your Amazon Facebook Page«, die Sie unter *https://www.amazon.com/gp/yourstore/facebook* einrichten können (vorausgesetzt, Sie haben ein Amazon-Konto), präsentiert Amazon ein Vorschlagswesen, das auf persönlichen Interessen in Facebook und denen von Facebook-Freunden beruht. Durch die Verknüpfung mit Facebook werden dem Amazon-Käufer speziell auf ihn zugeschnittene Angebote hinsichtlich seiner Lieblingsseiten, Interessen und »Gefällt mir«-Angaben vorgeschlagen.

Amazon ist nicht nur im Vorschlagswesen stark, sondern auch der Primus beim Bewertungs- und Empfehlungsmarketing. Käufer erhalten direkt nach dem Kauf die Möglichkeit, ihren Einkauf zu »facebooken«, zu twittern oder per E-Mail weiterzuleiten (siehe Abbildung 10.7).

Abbildung 10.7 Amazon lässt keine Chance ungenutzt, Empfehlungen und Bewertungen zu generieren.

Marketing-Take-away: Tweet-Button führt zu mehr Empfehlungen

53 % der Twitterer empfehlen Unternehmen und/oder Marken in ihren Tweets. Und Websites, die den Tweet-Button integriert haben, werden siebenmal häufiger empfohlen als Websites ohne diesen Button. Nutzen Sie also Twitter, und verwenden Sie ein Tool, das den Tweet schon für den User »vorbereitet«. So können Sie die kostenlose Werbung also sogar eigenhändig gestalten, nur twittern muss der User selbst.[6]

10.5 Facebook-Commerce

Facebook-Commerce, oder kurz *F-Commerce*, hat sich im letzten Jahr stark verändert. Während wir in der ersten Auflage von Follow me! noch von Produktpräsentationen in Facebook berichteten, sprossen 2011 die Anbieter für vollständige Shoplösungen in Facebook hervor wie Pilze aus dem Boden. Procter & Gamble ging 2011 nach einer Kooperation mit Amazon direkt mit der eigenen Facebook-Shoplösung »estore« für sechs seiner Marken (Gillette, Gain, Tide, CoverGirl, Febreze, Luvs) an den Start. Der Grund dafür ist die Nachfrage der Nutzer, die Facebook neben der Interaktion mit Freunden nun auch als Einkaufsmöglichkeit nutzen möchten. Nebenbei: In Amerika verkauft P & G 1.000 Pampers-Windeln pro Stunde über seinen Facebook-Shop. Mittlerweile wurde dieses Projekt wieder eingestellt. In Deutschland ergeben sich bisher jedoch nur spontane und zufällige Impulskäufe in Facebook. Bei konkreten Kaufabsichten geht der Online-Shopper bisher noch lieber zu Amazon, Zalando oder einem anderen Online-Shop, da Facebook noch keine lohnenswerte Alternative darstellt. Das liegt einerseits an Sicherheitsbedenken und dem Schutz der eigenen Privatsphäre in Facebook (siehe dazu auch Abschnitt 10.9.4, »Die Hürden des F-Commerce«), andererseits an der noch recht jungen Disziplin Facebook-Commerce selbst. Während sich die Shopintegrationen in Facebook nicht durchgesetzt haben, gibt es im Bereich Käufergenerierung über Postings und Werbeanzeigen weitreichende Entwicklungen, auf die wir gleich eingehen werden.

Start-up via Facebook-Seite

Facebook-Commerce kann aber auch heißen, das eigene Business in Facebook (über eine Facebook-Seite) zu beginnen. Ein gutes Beispiel dafür ist Lolly Wolly Doodle: Die Gründerin hat zu Beginn ihres Start-ups eine Facebook-Seite eingerichtet und darauf die selbst genähte Kinderkleidung gepostet. Fans konnten via Kommentar diese Kleidung bestellen. Mittlerweile ist es ein Großunternehmen mit fast 1 Mio. Fans.[7]

10.5.1 Fans in Käufer umwandeln

Facebook hat sich als das neue »Internet« im Internet der Nutzer etabliert. Die Nutzer organisieren ihre früheren »Browser-Favoriten« und meistbesuchten Seiten (Nachrichten, Sportnews, Blogs, Online-Shops, Musik, YouTube) im Facebook-Newsfeed.

---

6 F-Commerce, Syzygy, 2011, *www.syzygy.de/nl/syzygy_f-commerce-white-paper.pdf*, nachfolgend zitiert als »F-Commerce«; Brightedge, 2011, *http://www.brightedge.com/2011-09-01-brightedge-September-social-share*

7 *http://www.internetworld.de/onlinemarketing/facebook/facebook-marketing-wunderwaffe-475240.html*

So gelangen die Nachrichten zum User, ohne dass er sie extern aufrufen muss. Und das ist für den User ebenfalls die bevorzugte und bequemste Art und Weise, Nachrichten über seine Lieblingsmarken zu empfangen. Jeder zweite Facebook-Nutzer ist mit mindestens sechs Marken in Facebook befreundet, und 86 % möchten über neue Produkte informiert werden.[8] Facebook-Seiten von Marken und Unternehmen, die eine Kommunikation auf Augenhöhe mit den Kunden pflegen, genießen eine hohe Akzeptanz bei den Usern, da die Nutzer sie speziell für ihren Newsfeed ausgewählt haben. Mit dem Klick auf »Gefällt mir« haben sie zudem ihr Einverständnis gegeben, relevante Informationen zu erhalten und über Angebote informiert zu werden.

Marketing-Take-away: Belohnung geht vor Kauf

Verstehen Sie das jedoch nicht als Aufruf, alle goldenen Regeln der Social-Media-Kommunikation über Bord zu werfen und ab jetzt nur noch Vertrieb in Social Media zu machen. Social Commerce funktioniert nicht ohne Social-Media-Engagement und Belohnungssysteme. Facebook-Commerce funktioniert nicht ohne die Fans, die nun für ihre Markenloyalität belohnt und bevorzugt behandelt werden wollen. Je genauer Sie messen können, wer Ihre Markenfans sind und was sie für die Verbreitung Ihrer Produkte tun, desto bezahlter wird sich diese neue Art des Verkaufens durch Belohnung machen.

10.5.2 Markenloyalität belohnen und Kunden binden

Mit Facebook-Commerce können Sie endlich Ihre Markenfans belohnen und Ihre Lieblingskunden noch stärker an sich binden. Und das sollten Sie auch tun, denn mehr als drei Viertel der Nutzer möchten über Rabattaktionen und Gewinnspiele informiert werden, wobei bisher nur 46 % diese Angebote auch tatsächlich erhalten (siehe »Der Wandel zum Handel«). Das zeigt, dass sich Unternehmen mit Rabatten in Social Media noch sehr zurückhalten. Mit F-Commerce ergeben sich vielfältige Möglichkeiten zur Kundengewinnung und Kundenbindung, denn Facebook erlaubt es wie keine andere Plattform, Exklusivität zu bieten und Begehrlichkeit zu wecken. Sie müssen es nur schaffen, den Klick des Users auf »Gefällt mir« als ein Eintrittsticket für besondere Angebote zu vermarkten. Schaffen Sie personalisierte Angebote, die Aufmerksamkeit erregen und weiterempfohlen werden. Das bewirken beispielsweise Fan-first- oder Fan-only-Artikel, aber auch eine gelungene Produktdarstellung, Produktstorys und Produktimageserien, Anwendungsbeispiele, Fan-Testimonials, attraktive Angebote, Coupons und Gutscheine sowie zeitabhängige oder gruppenabhängige Gewinnspiele.

---

8 Facebook-Commerce – Der Wandel zum Handel, BBDO, 2011, *http://www.bbdo.de/cms/de/news/2011/2011_09_09html*, nachfolgend zitiert als »Der Wandel zum Handel«

10.5.3 Die vier Stufen des Facebook-Commerce

F-Commerce hat mehrere Dimensionen, die sich vom Einbinden bekannter Facebook-Elemente, wie z. B. des Like-Buttons im Online-Shop, bis hin zum vollintegrierten Online-Shop in Facebook erstrecken. Folgende Stufen können wir unterscheiden:

1. *Open Graph*: Verknüpfung von Facebook (z. B. Like-Button von Facebook) mit dem bestehenden Online-Shop.

2. *Storefronts*: Produktkatalog in Facebook und externer Kaufabschluss im Online-Shop des Anbieters.

3. *Newsfeed-Sale*: Postings oder Werbeanzeigen mit Direktlink zum Online-Shop oder direkter Kauffunktion, ohne Facebook verlassen zu müssen.

4. *Vollintegrierte Facebook-Shops*: Shoppen in Facebook bis zum Kaufabschluss in Facebook.

Marketing-Take-away: Mehr Traffic im Online-Shop durch den Like-Button

Levi's generierte nach der Integration des Like-Buttons in seinem Online-Shop 40-mal mehr Traffic. Beim Sporthändler Giantnerd führte es zu einer Umsatzsteigerung von 100 %.

10.5.4 Stufenweise zum sozialen Verkauf

Die Integration von Social Plugins ist mit einem geringeren technischen Aufwand verbunden als die Umsetzung eines vollintegrierten Facebook-Shops. Wenn Sie also nur einen kleinen Online-Shop betreiben, genügt im ersten Schritt die Verwendung von Social Plugins. Dadurch erfahren Sie bereits eine Menge über die Produktvorlieben der Nutzer und bekommen mehr Besucher in Ihrem Online-Shop, da die Social Plugins vom Online-Shop zu Facebook und vice versa Traffic generieren. Im nächsten Schritt können Sie Ihren Produktkatalog in Facebook (Storefront) präsentieren und so Käufer von Facebook direkt zu Ihrem Online-Shop leiten. Wenn Sie feststellen, dass die Produkte in Ihrer Facebook-Storefront häufig angeklickt werden, jedoch nicht zum gewünschten Verkauf im Online-Store führen, lohnt es sich mitunter, einen vollintegrierten Facebook-Shop aufzusetzen. Definitiv interessant ist die Möglichkeit, direkt in Postings und Werbeanzeigen einen Kaufabschluss zu erzeugen, wie es die neue F-Commerce-Einbindung seitens Facebook seit Juli 2014 (»Buy-Button«) in einer ersten Testphase anbietet.

10.6 Open Graph – wie Sie Ihren Online-Shop mit Facebook verknüpfen

Die Verknüpfung Ihrer Online-Präsenzen (Website und/oder Online-Shop) und Facebook geschieht mithilfe sogenannter *Social Plugins*, wie dem Like-Button, der Like-Box oder der Comment-Box, siehe *https://developers.facebook.com/docs/plugins*. Über eine Programmierschnittstelle (Open-Graph-API) können Sie auf die Social Plugins zurückgreifen und sie in Ihre bestehenden Online-Präsenzen integrieren.

Beachten Sie beim Einbinden der Social Plugins unbedingt das Open Graph Protocol (*https://developers.facebook.com/docs/opengraph*). Damit stellen Sie sicher, dass beispielsweise ein Like in Ihrem Online-Shop auch richtig im Facebook-Profil des Nutzers, d. h. mit Vorschaubild zum Produkt, dem richtigen Link und Beschreibungstext, angezeigt wird (siehe Abbildung 10.8).

Abbildung 10.8 Mit dem Klick auf »Gefällt mir« wird das Produkt sofort im Freundeskreis des Nutzers bekannter gemacht. (Quelle: Screenshot meindm.at)

Marketing-Take-away: Like-Button führt zu mehr Verkäufen

Der amerikanische Ticketanbieter Eventbrite generierte beispielsweise für jeden in Facebook geteilten Produktlink, der vor dem Kauf gepostet wurde, 2,53 US$ zusätzliche Einnahmen.

10.6.1 Neue Käufer im Netzwerk der Markenfans gewinnen

Der große Vorteil von Social Plugins ist, dass sie direkt nach dem Klick auf »Gefällt mir« automatisch einen Beitrag im Facebook-Profil des Nutzers generieren. So erfahren die Facebook-Freunde, dass der Nutzer gerade ein Produkt in einem Online-Shop angesehen hat, das ihm gefällt. Die Wahrscheinlichkeit, dass unter diesen Freunden jemand ist, dem das Produkt ebenfalls gefällt, ist hoch, denn Freunde identifizieren sich häufig über gleiche Marken und Produkte (siehe dazu auch Abschnitt 10.4.4, »Like – warum wir mögen, was andere mögen«).

10.6.2 Mehr Traffic und Messung von Like-Effekten

Sie können mit der Open-Graph-Integration mehr Traffic auf Ihre Website oder Ihren Shop lenken und mehr Verkäufe generieren. Dadurch können Sie Ihr bisheriges Engagement in Social Media zusätzlich monetarisieren. Sie schauen dann nicht nur auf die Fans, Likes und Kommentare Ihrer Facebook-Seite, sondern darauf, wie viele Käufer von Facebook auf Ihren Shop gelangt sind und zu welchen Aktionen das führte. Ein Return on Investment kann durch Indikatoren wie »Umsatz per Like« weitaus treffender gemessen werden.

10.6.3 Like oder Share – was ist besser?

Während ein »Gefällt mir« (Like) schnell geklickt ist und schnell wieder verpufft, kann ein »Teilen« (Share) wesentlich mehr Freunde des Nutzers erreichen, der sich gerade in Ihrem Online-Shop befindet und das Produkt weiterempfiehlt bzw. in sein Netzwerk trägt. Am besten, Sie nutzen beide Buttons und überlassen die Wahl dem Nutzer. Hauptsache, der User kann überhaupt auf eine dieser Funktionen zurückgreifen.

10.6.4 Von der Marktforschung zum personalisierten Warenkorb

65 % der Facebook-Nutzer klicken auf externen Marken- und Unternehmenswebsites auf »Gefällt mir«. Das sind viele Hundert Millionen Menschen, die monatlich die Social Plugins von Facebook auf externen Seiten nutzen. Früher konnten Sie nur auf die Besucherstatistiken zurückgreifen, heute erfahren Sie, ob das häufig geklickte Produkt auch tatsächlich gemocht und im Netzwerk geteilt wurde, welche Produkte besonders beliebt sind und welche eher weniger gefallen.

Der Open Graph stellt neben den Daten über die konkreten Aktionen im Online-Shop noch sämtliche Daten über die in Facebook vom Nutzer hinterlegten und öffentlich gemachten Interessen kostenlos zur Verfügung. Das betrifft auch von ihm bevorzugte Seiten, Anwendungen usw. Dieser Datenpool hilft Ihnen, Ihr Waren-

10.6 Open Graph – wie Sie Ihren Online-Shop mit Facebook verknüpfen

sortiment auf die Wünsche und Kaufgewohnheiten Ihrer Kunden abzustimmen. Sie können Käuferschichten nach ihren Interessen und Gewohnheiten clustern und mit gezielter Werbung in Facebook personalisiert ansprechen. Gleichzeitig gehen Sie damit den ersten Schritt in Richtung Social Commerce und helfen Ihrem Kunden dabei, das zu kaufen, was auch seinen Freunden gefällt.

10.6.5 Dem Käufer Sicherheit geben

Das Vertrauen in den Online-Shop wächst um ein Vielfaches, wenn der Shopbetreiber bereits Freunde und Bekannte im sozialen Netzwerk des Kunden von seinen Produkten überzeugt hat, und sei es nur durch das digitale Like. Bedenken Sie dabei auch, dass über 80 % der Verbraucher den Meinungen von Freunden und Bekannten vertrauen.

Best Practice – Friends Store von Levi's

Die Jeansmarke Levi's hatte einige Zeit lang unter *http://store.levi.com* einen »Friends Store« eingerichtet, der die Likes aller Facebook-Nutzer, EVERYONE, und die Likes von Facebook-Freunden, FRIENDS, anzeigte (siehe Abbildung 10.9). Für den Käufer war das eine enorme Erleichterung bei der Auswahl seiner Produkte, denn er bekam schon vorsortiert, was seinen Freunden gefiel. Solche Likes erzielen eine Sogwirkung in Bezug auf das Produkt.

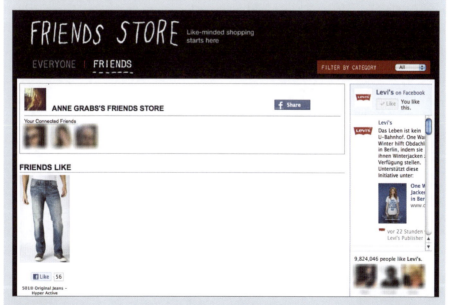

Abbildung 10.9 Wer den Friends Store von Levi's besuchte, sah direkt, was den Freunden gefiel.

463

10.6.6 Kritik am Open Graph

Datenschützer sind gegen die Verwendung des Open Graph, weil dadurch automatisch Daten über die Aktivitäten, Interessen und »Gefällt mir«-Angaben bis hin zu ausführlichen Customer Insights über das Kaufverhalten der User an Facebook übermittelt werden. Das geschieht nicht nur, wenn man konkret auf den Like-Button auf einer externen Seite klickt, sondern auch schon, wenn man lediglich in Facebook eingeloggt ist, und mittlerweile werden sogar im ausgeloggten Zustand hinreichende Daten über Cookies gespeichert. Facebook kann auf diese Weise seine Datenbasis mit Kaufhistorien anreichern, die ein immer genaueres Profiling der User zulässt. Der Datenpool hat für Unternehmen den Vorteil der gezielten Kundenansprache und ist für Facebook das Eintrittsticket in den E-Commerce, um neben Werbung auch Einnahmen als Handelsplattform zu generieren, was für Händler nur durch den Zugriff auf die Daten einen Vorteil gegenüber dem klassischen E-Commerce bietet. Für die Nutzer ist diese Datensammelei jedoch völlig intransparent und unüberschaubar. Der Großteil der User ist Laie, wenn es um das verdeckte Sammeln von Daten (durch Open Graph, Apps oder Cookies) geht, und beschränkt sich darauf, seine Privatsphäre in Facebook richtig einzustellen; er schaut selten auf Einstellungen in den Anwendungen (siehe Abbildung 10.10), aus denen er aber durch eigenes proaktives Löschen der Anwendung (Opt-out-Prinzip) aussteigen kann. Solange Facebook nicht als seriöse Handelsplattform auftritt, müssen Sie besonders auf einen vertrauensvollen Umgang mit den Daten achten und das auch so kommunizieren.

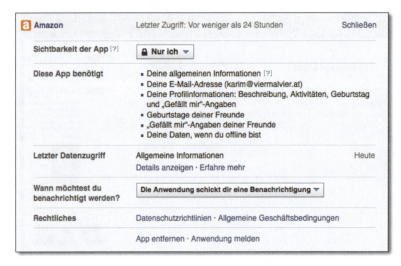

Abbildung 10.10 Über Facebook-Anwendungen werden vor allem Daten ausgetauscht und gesammelt.

Rechtstipp von Sven Hörnich: Sichern Sie sich mit einer individuellen Lösung ab!

Rechtlicher Dreh- und Angelpunkt der aktuell in Deutschland stattfindenden Diskussion ist das Thema »Auftragsdatenverarbeitung« gemäß § 11 BDSG. Die Frage ist, ob eine Datenerhebung seitens Facebook im Auftrag des jeweiligen Nutzers der API geschieht. Dies wird rechtlich unterschiedlich beurteilt. Zu trennen ist dabei zwischen dem reinen Unterhalten einer Facebook-Seite bzw. dem bloßen Verweis darauf sowie der direkten Einbindung von Funktionen des sozialen Netzwerks. Letztere versagen dem Drittnutzer, der lediglich die Website des API-Nutzers aufruft, jegliche Möglichkeit, den Datenaustausch zu kontrollieren. Er erhält noch nicht einmal Kenntnis über den konkreten Umfang der Erhebung. Aus anwaltlicher Sicht ist es derzeit schwierig, einen klaren Rat zu geben, da man einerseits zur Beratung über sämtliche Risiken verpflichtet ist, aber der eigene Mandant sich andererseits aus wirtschaftlichen Gründen Diensten wie Facebook nicht verschließen möchte oder – aus Sicht der Marketingfachleute – nicht kann. Hier müssen stets die aktuellen Entwicklungen be(ob)achtet werden. Hinsichtlich des sogenannten Like-Buttons hatte beispielsweise heise.de eine interessante »2-Click-Lösung« entwickelt. Diese ging dennoch seinerzeit den »Hardlinern« der Facebook-Kritiker nicht weit genug. Letztere argumentierten damit, dass selbst bei isolierter Zustimmung zur »Übertragung« die Reichweite der Einwilligung für den Besucher nicht ersichtlich sei. Letztlich wird auch dieser Streit wie vormals der »Counter mit erheblich erweitertem Funktionsumfang« einer sehr großen Suchmaschine einer Lösung zugeführt werden müssen. Wir arbeiten bis dahin unsererseits gemeinsam mit unseren Mandanten an individuellen und (tages-)aktuellen Lösungen.

Marketing-Take-away: Schaffen Sie Vertrauen und Privatsphäre

Wenn Sie den Open Graph also in Zukunft einsetzen, sollten Sie zur Datenverwendung kurz Stellung beziehen. Besonders wenn Ihre Kundschaft ohnehin schon sehr »datensensibel« ist, sollte ein Passus oder Hinweis, z. B. »Wir geben deine persönlichen Daten und Informationen nicht an Facebook weiter«, auf der Website bzw. im Shop nicht fehlen. Dort erläutern Sie, zu welchem Zweck Sie die Daten der Kunden verwenden und dass Sie keinerlei Daten an Facebook weitergeben.

10.7 Storefront – professioneller Produktkatalog in Facebook

Ihren Online-Shop können Sie ganz einfach als Produktkatalog (Storefront) in Facebook einstellen. Die Storefront dient als Produktvorschau, die nach den Regeln eines ganz normalen Online-Shops in Facebook funktioniert: Produkte sind nach Kategorien oder Themen sortiert und statisch oder in einem Imageslider anklickbar. Produkteinzelheiten (Größe, Preis) öffnen sich beim Klick auf das Produkt. Bei manchen Shops ist auch der Warenkorb in Facebook befüllbar, bei anderen nicht. Nur der Check-out (Kaufabschluss) ist in jedem Fall außerhalb von Facebook, also nur direkt im Online-Shop, möglich.

Das Problem des externen Kaufabschlusses ist jedoch, dass Sie damit eine höhere Abbruchquote und eine geringere Conversion Rate generieren, da der Check-out im externen Online-Shop eine zu hohe Facebook-Unterbrechung beim Käufer bewirkt. Diesen Check-out können Sie dem Käufer jedoch als notwendigen Schritt für den sicheren Kaufabschluss mit verschlüsselter Datenübertragung in Ihrem Online-Shop schmackhaft machen, solange sich Facebook als verlässliche Verkaufsplattform nicht eignet.

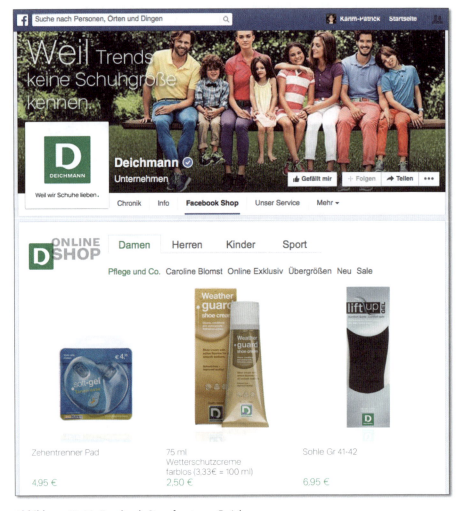

Abbildung 10.11 Facebook-Storefront von Deichmann

> **Marketing-Take-away: Warum Sie eine Storefront in Facebook aufsetzen sollten**
>
> Nutzen Sie die Storefront, um Ihre Fans gezielt auf Ihren Online-Shop zu lenken. Neben dem intensiven Austausch sind die Nutzer nun auch aufnahmebereit für konkrete Produktvorschläge, die sie lieber im Umfeld von Facebook anklicken, als dazu extra Ihren Online-Shop aufzurufen. Mit der Storefront stellen Sie den Konnex von Fan zu Käufer her, der für den Kaufabschluss notwendig ist.

10.8 Direkter Verkauf im Newsfeed

Seit Längerem experimentieren Facebook bzw. einige Shop- und Softwareanbieter mit Lösungen, die den direkten Verkauf von Produkten im Newsfeed des Nutzers ermöglichen, idealerweise ohne dass er den Newsfeed verlassen muss. Eine der neuesten Entwicklungen wurde von Facebook im Juli 2014 vorgestellt: Unternehmen haben die Möglichkeit, Postings oder Werbeanzeigen zu veröffentlichen, die einen »Buy«-Button beinhalten. Klickt der User darauf, kann er innerhalb des Postings den Kauf abwickeln (Zahlungs- und Lieferinformationen eintragen usw.) und muss den Newsfeed bzw. Facebook dazu nicht verlassen. Welche Voraussetzungen dafür gegeben sein müssen, ist zum Zeitpunkt der Erstellung des Buchs unklar, aber der Trend geht eindeutig in diese Richtung. Auch Twitter arbeitet an solchen Lösungen.

10.9 Vollintegrierte Facebook-Shops

Vor ein paar Jahren konnte man Facebook-Shops nur mit hohem Programmieraufwand aufsetzen. Heute gibt es dafür Anbieter, die umfangreiche Shoplösungen von der Produktsuche bis zum Kaufabschluss zur Verfügung stellen. Der Vorteil von Facebook-Shops ist klar: Die Kunden können ohne Umwege über den externen Online-Shop direkt Ihre Lieblingsmarken und -produkte in Facebook kaufen.

10.9.1 Anbieter für Facebook-Shoplösungen

Es gibt eine Vielzahl an Facebook-Shoplösungen, häufig aus dem englischsprachigen Raum. Manche binden den bestehenden Online-Shop über technische Anbindungen in Facebook ein, andere sind als eigenständiger Online-Shop in Facebook zu sehen. Einige dieser Anbieter sind:

▶ Ondango: *http://www.ondango.de/*

▶ Ecwid: *http://www.ecwid.com/*

- 8thBRIDGE: *http://www.8thbridge.com/*
- Shop Tab: *http://www.shoptab.net/*
- EasySocialShop: *http://www.easysocialshop.com/*

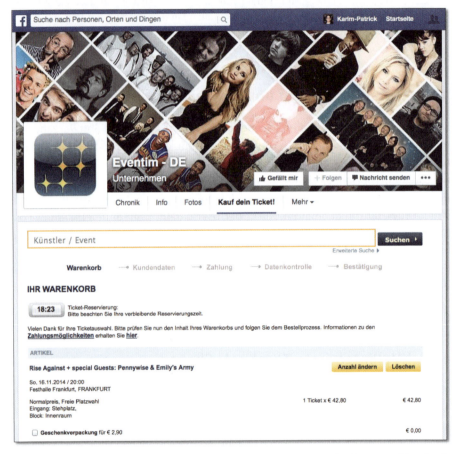

Abbildung 10.12 Der Ticketservice Eventim hat eine vollintegrierte Shoplösung auf Facebook.

Lösungen von Shopanbietern

Amazon bietet seinen Verkäufern den Amazon Webstore (*http://webstore.amazon.com*), der als vollständige Facebook-Shoplösung mit Kauf, Bezahlung und Versand genutzt werden kann. Der Webstore hat mehrere Vorteile: Einer davon ist, dass die Amazon-Bewertungen direkt in die Produktdetailansicht übernommen werden und so unsichere Käufer überzeugen. Des Weiteren kennen die meisten Online-Shopper Amazon als verlässlichen Online-Shop, dem sie vertrauen. Unternehmen, die noch keinen Online-Shop besitzen, sparen sich außerdem Kosten für Shopsystem und Logistik und profitieren von der Präsenz auf Amazon und Facebook.

10.9.2 Tipps für einen erfolgreichen Facebook-Shop

Damit der Facebook-Shop auch zum Verkaufserfolg führt, sollten Sie ein paar Tipps beachten.

So wird Ihr Facebook-Shop erfolgreich

1. **Das Angebot muss zum User kommen, nicht umgekehrt.**

   Auch wenn der Facebook-Shop Ihren Online-Shop optisch kopiert, heißt das nicht, dass Sie sich jetzt zurücklehnen und dabei zusehen können, wie die Fans zu Käufern werden. Ihre Angebote müssen den User in Facebook trotz hoher Aufmerksamkeitsschwelle erreichen, ihn begeistern und überzeugen. Nur mit einmaligen Aktionen und exklusiven Belohnungen, Gruppenrabatten und Gutscheinen, die auf die Bedürfnisse Ihrer Fans abgestimmt sind, schaffen Sie es, eine Sogwirkung auf Ihre Produkte zu auszulösen. Bedenken Sie dabei, dass Sie immer noch über Kommunikation verkaufen, nicht über den Facebook-Shop per se, denn der ist nur Mittel zum Zweck.

2. **Achten Sie auf Funktionalität und Empfehlungssysteme.**

   Wenn Sie sich für einen Anbieter entscheiden, prüfen Sie vorab die Demoversionen auf Produktdarstellung, Funktionalität und Empfehlungssysteme (Integration des Like-Buttons) hin. Die Produktdarstellung inklusive der Detailansichten ist das A und O Ihres Facebook-Shops und sollte nach Möglichkeit die gleichen Schritte wie in gängigen Online-Shops beinhalten. Bei zu vielen Schritten bis zur finalen Produkteinsicht steigen die Käufer frühzeitig aus. Wichtig ist auch die volle Funktionalität auf mobilen Endgeräten.

   Das Gleiche gilt für Produktbilder, die zu klein oder zu groß sind. Wichtig ist außerdem, dass der Like-Button in die Produktansicht integriert ist, damit Sie die Effekte der Empfehlungen innerhalb von Facebook für die Bekanntmachung Ihres Shops nutzen können.

3. **Achten Sie auf Zertifizierungen.**

   Shopping in Facebook ist für User noch ungewohntes Terrain, in dem sie sich erst einmal zurechtfinden müssen. Um das Vertrauen in Facebook-Shopping zu stiften, nutzen Sie Sicherheitszertifikate wie »Trusted Shops« oder »McAfee Secure«.

4. **Setzen Sie die Messlatte nicht zu hoch.**

   Bisher generieren Facebook-Shops etwa 2 bis 5 % dessen, was Sie normalerweise mit einem Online-Shop umsetzen. F-Commerce kann also allenfalls als zusätzlicher Vertriebskanal zum bestehenden E-Commerce verstanden werden, insbesondere bei großen Online-Shops. Kleinere Marken und Independent Labels können F-Commerce mit geringem Aufwand als Spielwiese für den Absatz ihrer Produkte nutzen (siehe Shoplösung von Etsy). Generell eignen sich als Einstieg in den F-Commerce die Bestseller des E-Commerce, wie etwa Gutscheine, Tickets, Eintrittskarten (Facebook-Vorteil Zeit), Bücher, Magazine, Filme, Musik (erinnert an Amazon), Kleidung und Elektronik (erinnert an eBay), Spiele und virtuelle Güter (zu Facebook Credits siehe Abschnitt 10.9.3, »Facebook-Währung«). Diese erzielen bisher die besten Conversion Rates.

10.9.3 Facebook-Währung

Die *Facebook Credits* wurden lange bei Spielen eingesetzt. Beim beliebten Facebook-Spiel »Farmville« wurde beispielsweise darauf zurückgegriffen, um virtuelle Güter zu kaufen. Der User musste also zunächst Facebook Credits kaufen, bevor er Produkte im Spiel kaufen konnte. Diese Facebook Credits konnten mittels Bankeinzug oder Kreditkarte gekauft werden. Obwohl die Facebook Credits als solches im Jahr 2013 eingestellt und durch »Local Currency« ersetzt wurden, gibt es den technischen Prozess im Hintergrund nach wie vor. Möglicherweise könnte in Zukunft Geldtransfer zwischen Facebook-Usern möglich sein.

10.9.4 Die Hürden des F-Commerce

Auch wenn der F-Commerce praktische Vorteile bietet und das Fan-Sein belohnt, gibt es allerhand Bedenken bei den Nutzern, in Facebook einzukaufen. Jeder Zweite hat Zweifel und weiß nicht, ob der Einkauf wirklich sicher ist. Über die Hälfte möchte nicht, dass Facebook weiß, was sie gekauft haben. Diese Bedenken sind einerseits dem laxen Umgang Facebooks mit der Privatsphäre der Nutzer und andererseits seinem Negativimage als Datenkrake geschuldet. Wenn sich Facebook als Handelsplattform etablieren möchte, müssen hier noch Weichen in Richtung Vertrauen, Sicherheit und Verlässlichkeit gestellt werden.

Neben den Sicherheitsbedenken kann es auch passieren, dass Facebook mit einer zu starken Absatzoffensive seine eigentliche Funktion als Netzwerkplattform einbüßt, was zu massiven Abwanderungen der Nutzer führen könnte. Hier sind auch Sie als Unternehmen gefragt, F-Commerce nicht als plumpen Vertriebskanal zu nutzen, sondern mit Angeboten und Produkten zu überraschen und Belohnungen an Ihre Fans auszuschütten.

10.10 YouTube-Shopping

Videoportale werden von sehr vielen Onlinern intensiv genutzt. YouTube ist das beliebteste Videoportal, gerade weil es über sehr viele Inhalte verfügt und fast jedes Musikvideo darin auffindbar ist. Nicht nur Musikvideos, auch Inhalte aus den Bereichen Film, Kultur, Kunst, Reisen werden konsumiert. Viele User suchen sogar nach Werbespots in YouTube, die sie besonders witzig fanden. YouTube ist das beste Medium, eine Botschaft lebendig und sinnstiftend an die User zu kommunizieren.

10.10 YouTube-Shopping

Best Practice – die »Youtique« von French Connection

Was könnte sich also besser eignen als ein eigener Shop in YouTube? Das hat sich auch die Modemarke »French Connection« gedacht und im Oktober 2010 unter *www.YouTube.com/user/frenchconnection* eine »Youtique« (Wortschöpfung aus »YouTube« und »Boutique«) ins Leben gerufen (siehe Abbildung 10.13). Besonders gelungen sind die einheitliche Farbgebung und das angepasste Layout, womit sich die Youtique vom gängigen Design der YouTube-Channels abhebt. Außerdem sind Empfehlungssysteme wie Google+, Facebook und Twitter vorhanden, um die Youtique anderen zu empfehlen. Die Kleidungsstücke werden als einminütige Teaser präsentiert und sind dadurch in einem ganz anderen Kontext erlebbar als im direkten Handel, wo sie nur auf der Stange hängen. French Connection arbeitet mit Bildern, mit Vorbildern, mit den Stimmungen und Erwartungen seiner Käufer.

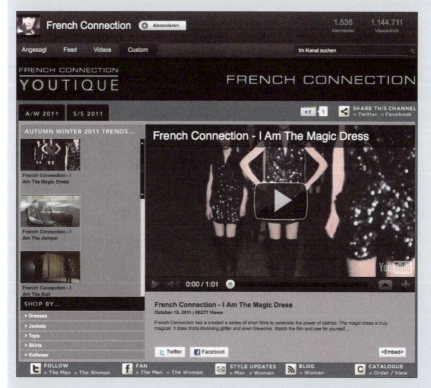

Abbildung 10.13 Die Youtique von French Connection, eingebettet in einen YouTube-Channel

Wenn Sie diese Lösung in Betracht ziehen, prüfen Sie vorab, ob sich das Medium Video für Ihre Produkte eignet. Beachten Sie dabei auch, wer mehrheitlich YouTube nutzt. Gerade bei hochpreisigen Produkten ist YouTube vielleicht nicht das geeignete »anspruchsvolle« Medium.

10.11 Fazit

Der Social Commerce, insbesondere der F-Commerce, hat sich im letzten Jahr enorm entwickelt. Das wird auch in den kommenden Monaten so bleiben, neue Anbieter werden hinzukommen, und mit der einen oder anderen Änderung in Facebook wird uns Mark Zuckerberg sicher wieder überraschen. Eine solche Änderung ist bereits für den Open Graph vorgesehen. Der Open Graph 2.0 wird neben »Gefällt mir«- und »Teilen«-Funktionen auch Nennungen wie »Das möchte ich« (»I want«) und »Habe ich gekauft« (»I bought«) beinhalten, die weitere Einblicke in kaufbezogene Interessen der Nutzer gewähren. Daneben wird der F-Commerce auch durch die mobile Nutzung von Facebook befeuert. Ein Großteil der Facebook-Nutzer greift bereits über mobile Endgeräte auf Facebook zu. Dadurch ergeben sich neue Konzepte für die mobile Vermarktung von Produkten über Facebook, die sich besonders für lokale Angebote in Echtzeit eignen.

> **Rechtstipp von Peter Harlander: Social Commerce und F-Commerce müssen rechtlich sauber integriert werden**
>
> Social Commerce ist ein Querschnitt aus mehreren rechtlich bereits für sich gesehen sehr komplexen Fachgebieten. Die Erstellung eines Social-Commerce-Konzepts setzt daher fundierte rechtliche Kenntnisse in den Bereichen Social-Media-Recht und E-Commerce-Recht voraus.

10.11.1 F-Commerce steht noch am Anfang

Bisher haben nur wenige Prozent der deutschsprachigen Internetnutzer bereits über Facebook eingekauft, und nur 15 % sind an Facebook-Commerce in der Zukunft generell interessiert.[9] Das mag an Facebook selbst und den Bedenken der Nutzer liegen, andererseits belegt die W3B-Studie auch, dass 11 % Facebook-Shopping bequem finden, weil man ja sowieso in Facebook sei (Stichwort »Convenience«). 19 % sehen als Vorteil von Facebook-Commerce, Angebote mit Freunden teilen zu können. Die geringe Akzeptanz von F-Commerce kann also auch an der bisherigen Umsetzung liegen. Denn ein Facebook-Shop allein bringt noch lange kein Verkaufskonzept hervor.

---

9 W3B-Report zu Social Web und F-Commerce, Fittkau & Maaß, 2012, *http://www.fittkau-maass.de/services/w3breports/social_networks*, nachfolgend zitiert als »W3B-Report«

10.11.2 Social Commerce ist bei Jugendlichen noch nicht angekommen

Jugendliche von 12 bis 19 Jahren möchten in Facebook »mit Freunden kommunizieren« (94 %), »unterhalten werden« (81 %), »Informationen teilen« (63 %) oder sich informieren (58 %). »Shoppen« ist mit 4 % noch relativ uninteressant. Dennoch eignet es sich als Empfehlungsinstrument auch für Jugendliche.[10]

Bevor Sie also mit Social Commerce starten, sollten Sie prüfen, ob sich diese Investition wirklich lohnt. Aufwand und Nutzen müssen in einem realistischen Kosten-Nutzen-Verhältnis zueinander stehen. Mit dem Open Graph können Sie zunächst einmal testen, wie Social Media in Ihrem Online-Shop ankommt, bevor Sie mit einer Storefront eine Stufe weiter im Social Commerce gehen. Dabei können Sie auch die generellen Entwicklungen beobachten und schauen, ob und wie die User Social Commerce annehmen. Möglicherweise muss der Trend aus den USA erst einmal nach Europa herüberschwappen. Den »SoLoMo-Consumer«, also den sozial vernetzten, mobilen User, der nach lokalen Angeboten Ausschau hält, stellen wir in Kapitel 12, »Ausblick«, vor.

---

10 MediaAnalyzer, Jugendliche und Social Commerce, 2012, *http://www.mediaanalyzer.com/Dokumente/MediaAnalyzer-Umfrage-Jugendliche-und-SocialCommerce.pdf*

11 Crowdsourcing

Wer kennt die Wünsche und Bedürfnisse besser als der Kunde selbst? Warum also nicht Produktinnovation in die Hände der Konsumenten geben? Noch dazu, da viele Markenfans das gerne tun, weil sie ihr Lieblingsprodukt weiterentwickeln wollen, solange sie dafür belohnt werden und vor allem Anerkennung erhalten.

Unternehmen müssen innovativ sein, denn ihre Produkte unterliegen dem sich ständig wandelnden Markt. Ideen benötigen Sie überall im Geschäftsprozess. Sie wollen ein neues Produkt auf den Markt bringen? Sie brauchen Ideen. Sie wollen ein neues Design entwickeln? Sie brauchen Ideen. Sie möchten mit einer neuen Werbekampagne Kunden gewinnen? Sie brauchen Ideen. Normalerweise übernehmen das die zuständigen Abteilungen, Experten oder externe Agenturen. Doch was wäre, wenn Sie gemeinsam mit Ihren Kunden Ideen spinnen könnten? Sie halten das für abwegig, weil Sie Ihren Kunden bisher nur das Endprodukt präsentiert haben? Das stört Ihre Kunden überhaupt nicht. Im Gegenteil: Sie geben gern Feedback und freuen sich, an der Produktentwicklung partizipieren zu können. Das geht sogar so weit, dass die Internetnutzer Projekte mit Geld unterstützen (siehe Abschnitt 11.6, »Crowdfunding«).

Grundsätzlich kann man zwischen vier verschiedenen Formen unterscheiden:

1. Crowdfunding
2. Crowd Creation
3. Crowd Voting
4. Crowd Wisdom

Unter Crowdfunding versteht man die Finanzierung von Projekten durch die Unterstützung vieler User. Bei Crowd Creation nützt man die Kreativität der Masse, um z. B. neue Logos oder Videos gemeinschaftlich zu erstellen. Bei Crowd Voting lässt man die Community zu bestimmten Themen abstimmen, und bei Crowd Wisdom verwendet man die Weisheit der Vielen für Innovationen und Forschung.[1]

---

1 *http://www.crowdsourcingblog.de/blog/2011/05/05/crowdsourcing-kategorisierung/*

11.1 Warum Gruppen klüger sind als der Einzelne

Der Begriff *Crowdsourcing* wurde von Jeff Howe geprägt, der ihn 2006 im Wired Magazine erstmals zur Diskussion stellte. Bevor Howe den Begriff Crowdsourcing erfand, kursierten für das gleiche Phänomen bereits Begriffe wie Open Innovation, interaktive Wertschöpfung, Schwarmintelligenz oder kollektive Intelligenz. Die Idee dahinter war und ist immer die gleiche: Ein Gruppe von Menschen tut sich zusammen, um gemeinsam im Netz an Ideen und Projekten zu arbeiten unter der Prämisse, Gruppen seien klüger als jede noch so schlaue Einzelperson. Crowdsourcing ist eine Wortschöpfung aus »Crowd« für Masse bzw. Menschen und »Outsourcing« für das Auslagern von Arbeit und ein effektives Instrument, um Innovationen gemeinsam mit Kunden zu gestalten. Crowdsourcing ist also weder Buzzword noch Spielerei, sondern lässt sich sowohl direkt im Marketing als auch für Ihr Innovations- und Wissensmanagement einsetzen.

Ein klassisches Beispiel von Crowdsourcing ist die Enzyklopädie Wikipedia (siehe Abbildung 11.1). Die Artikel werden von der Autorencommunity eingestellt, kontrolliert und aktualisiert. Wikipedia funktioniert, weil sich sehr viele Autoren »ehrenamtlich« engagieren. Einer allein hätte niemals eine solche Plattform mit Millionen von Artikeln in über 260 Sprachen auf die Beine stellen können.

Abbildung 11.1 Wikipedia ist das größte Crowdsourcing-Projekt der Welt. (Quelle: Screenshot Wikipedia.de)

> **Tipp: Informieren Sie sich im Crowdsourcing-Blog**
>
> Das Crowdsourcing-Blog informiert über Crowdsourcing allgemein, über Trends und bietet interessante Fallbeispiele: *www.crowdsourcingblog.de*.

11.2 Crowdsourcing im Marketing

Crowdsourcing tritt in unterschiedlichsten Formen und Ausprägungen auf und variiert je nach Mitbestimmungsgrad der User. Es gibt Beispiele, in denen Ideen für Werbung, Veranstaltungen, Produkte und Dienstleistungen, Hardware, Mode, Journalismus und Kultur »crowdgesourct« werden. Dadurch können ganz neue Produkte entstehen, neue Ideen gesammelt und Designs entworfen werden. Crowdsourcing bietet Ihnen die Möglichkeit, Teile Ihres Marketings, Ihres Innovationsmanagements und der Produktentwicklung an viele Beteiligte im Internet abzugeben.

11.2.1 Kostenloses Online-Brainstorming

Beginnen wir mit kostenlosen Online-Brainstormings: Das deutsche Portal *www.brainR.de* bietet Online-Brainstormings. Die User können ohne Anmeldung Brainstormings eingeben oder Ideen hinzufügen. Innerhalb weniger Stunden erhalten Sie interessante Ideen. Auf *www.brainfloor.com* bekommen Sie Lösungsvorschläge zu unterschiedlichen Fragestellungen.

Die Ideengewinnung durch Befragungen unbekannter User ist ein erster Schritt in Richtung Crowdsourcing. Die Vorschläge sind sehr verschieden und subjektiv, da jeder User eine andere Perspektive einnimmt. Außerdem gibt es starke Schwankungen, was die Qualität der Beiträge betrifft. Es wird ja Usern nicht untersagt, irgendetwas zu schreiben, auch wenn es komplett sinnfrei ist. Online-Brainstormings können also nur als eine erste Ideensammlung betrachtet werden. Die wirklichen Markenassoziationen und Produktanforderungen erfahren Sie jedoch erst mittels direkter Befragung Ihrer Kunden oder einer ausgewählten Community.

11.2.2 Innovationsmanagement

Unternehmen möchten durch Expertenwissen ihren Wissensvorsprung absichern. Es mag Sie daher irritieren, dass Crowdsourcing davon ausgeht, dass die Masse klüger ist als Ihr bester Designer, Ihr versiertester Ingenieur oder Ihr fachkundigster Controller. Tatsächlich kann man aber beobachten, dass sich Marketingexperten mitunter schwertun, neue Ideen zu kreieren, da sie zu nah an der Marke dran sind. Das Expertenwissen verhindert teilweise, dass neue Ideen entstehen. Eine heterogene Gruppe, wie die User im Netz, kann mit ihren unterschiedlichen Ansichten eine bessere Lösung herbeiführen bzw. ein differenzierteres Urteil fällen. So entsteht die »Weisheit der Vielen«, auch kollektive Intelligenz genannt.

Das Netz bietet Ihnen den nötigen Rahmen für die Nutzbarmachung kollektiver Intelligenz. Der Aufruf zur Mitwirkung ist öffentlich und erfolgt über einen »Open Call«. Sie können eine große Anzahl von Internetusern, die das Mitmach-Web für sich entdeckt haben, befragen. Sie schlagen Ihnen ihre Produktideen und Designanregungen vor.

Best Practice – Tchibo Ideas

Tchibo macht heute einen Großteil seines Umsatzes mit Cross-Selling, nicht mit Kaffee. Das Unternehmen muss permanent (»Jede Woche eine neue Welt«) neue Produkte entwickeln, die den Ansprüchen der Tchibo-Kunden gerecht werden. Deshalb hat Tchibo bereits im Mai 2008 seine eigene Crowdsourcing-Community mit dem Namen »Tchibo Ideas« gestartet. Bis heute tummeln sich auf *www.tchibo-ideas.de* Bastler und Kreative, um neue Produkte für den alltäglichen Gebrauch zu entwickeln. Wird ein Produkt von der Community sehr hoch bewertet, überprüft Tchibo seine Markttauglichkeit. So werden immer wieder Produkte in das Tchibo-Sortiment aufgenommen (siehe Abbildung 11.2), wie z. B. die variable Tortenhaube, entwickelt von Tobias Kotulla in Kooperation mit der Hochschule Coburg. Tchibo kann dadurch einen Teil seines Innovationsmanagements an die Kunden »auslagern«, die Produkte entwickeln, die sich sehr nah an den Wünschen der Käufer orientieren.

Abbildung 11.2 Einige gute Ideen aus der Community wurden bereits umgesetzt und in den Handel gebracht. (Quelle: Screenshot www.tchibo-ideas.de)

11.2.3 Werbekampagnen mit der Community umsetzen

Beim Crowdsourcing profitieren Sie vom natürlichen Zugang des Kunden, der weder die genaue Produktpositionierung kennt noch in Marketingstrategien eingeweiht wurde. Ihre Kunden sind die besseren Experten, wenn es um einen unverfälschten Zugang zur Marke geht. Ob Logos, Verpackungen oder Bierdeckel – der kreative Kunde hat oft die besseren Ideen, denn er betrachtet das Produkt aus der Verbrauchersicht. Dadurch können sehr spannende und interessante Ideen zutage treten, die unter Umständen Ihrem besten Mitarbeiter nicht eingefallen wären. Es ist sogar möglich, ganze Kampagnen zu »crowdsourcen« und beispielsweise Kunden als Darsteller in einem Werbespot zu engagieren. Außerdem machen Sie mit dem Sammeln von Ideen bereits Werbung für Ihr Produkt.

Es lohnt sich ebenfalls, Kampagnenentwürfe mit der Zielgruppe zu diskutieren, um qualitatives Feedback zu erhalten. Wie gehen Sie anschließend mit den Rückmeldungen um? Natürlich müssen Sie das Feedback Ihrer Kunden ernst nehmen. Wird die Kampagne stark kritisiert, muss sie auch verändert werden. Anderenfalls riskieren Sie eine Kritikwelle Ihrer Kritiker, die sich fragen, wozu sie überhaupt Feedback gegeben haben. Es bleibt Ihnen überlassen, wie sehr Sie Kunden an Ihrem Entwicklungsprozess teilhaben lassen. Es gilt jedoch der Grundsatz: Je mehr Partizipationsmöglichkeiten Sie Ihren Kunden einräumen, als desto sinnvoller erachten diese das Crowdsourcing.

11.2.4 Produktentwicklung in der Community

Jedes Unternehmen muss neue Produkte entwickeln oder alte verbessern. Durch neue Produkte oder Produkterweiterungen bleiben Sie konkurrenzfähig und sichern die Zukunft Ihrer Firma. Innovationsmanagement wird in größeren Unternehmen häufig an Forschungs- und Entwicklungsabteilungen abgegeben. Bei kleineren Unternehmen bleibt dieses Feld meistens Chefsache. Neben guten Ideen entstehen aber häufig auch Produktfehlentwicklungen. Die Forschung findet im stillen Kämmerlein statt. Die Meinungen der Mitarbeiter werden häufig ausgeblendet. Man verlässt sich auf den Experten, der am wenigsten mit Kunden und Käufern zu tun hat. Anstatt direkt den Kunden zu fragen, werden oft nur Vermutungen darüber angestellt, was ihm gefallen könnte.

Automarken nutzen die Kreativität ihrer Kunden

Der Automobilhersteller Daimler ist nicht nur Vorreiter in Sachen Social Media und Enterprise 2.0, sondern setzt auf unterschiedlichste Art und Weise Innovationsmanagement im Social Web um. Auch Crowdsourcing hat das DAX-Unternehmen bereits ausprobiert. So konnten die User beispielsweise ihren Lieblings-Smart gestalten.

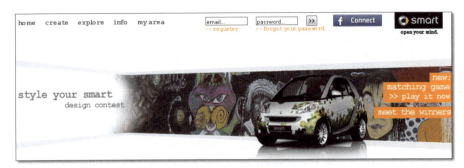

Abbildung 11.3 Hier kann ein Smart individuell gestaltet und von anderen Smart-Liebhabern bewertet werden. (Quelle: Screenshot smart-design-contest.com)

Der internationale Automobilzulieferer Continental nutzt Crowdsourcing, um Produktinnovationen in der Automobilelektronik voranzutreiben. Dabei geht es um die schrittweise Weiterentwicklung der Fahrzeugsysteme in Richtung automatisiertes Fahren. Unter dem Stichwort »Elektronischer Horizont« will Continental schon bald die Daten vieler Autofahrer nutzen und sie anderen Fahrern zur Verfügung stellen. Statische Kartendaten werden mit den Sensordaten der vernetzten Fahrzeuge aus der Umgebung verknüpft, und auf Basis dieses »Crowdsourcings in Echtzeit« sollen Fahrzeuge in die Lage versetzt werden, »um die Ecke zu schauen«.[2]

Einen anderen Weg geht Local Motors, das crowdgesourcte Fahrzeuge anbietet. Der US-Automobilhersteller setzt Crowdsourcing für die Fahrzeugentwicklung ein. Local Motors betreibt eine Online-Community mit über 30.000 Mitgliedern, auf der Designer, Konstrukteure, Ingenieure und Autofans gemeinsam innovative Fahrzeuge entwickeln. Eines dieser Fahrzeuge ist der Rally Fighter, der ein wenig an den BMW X6 erinnert. Die Fahrzeugpläne werden als Open-Source-Projekte unter freier Lizenz veröffentlicht. Anschließend werden die Autos von den Kunden gemeinsam mit Local-Motors-Mitarbeitern in sogenannten »Microfactories« konstruiert.[3]

Die französische Automarke Citroën suchte nach einem passenden Song für den Launch ihres neuen limitierten Modells. Angesprochen wurden talentierte Musiker, die ihre Interpretationen ausgewählter Klassiker in einer Art, in der sie zum neuen Citroën DS5 passen, einreichen sollten. Danach wurde die Community dazu

---

2 http://www.pressebox.de/inaktiv/continental-automotive-gmbh-hannover/Continental-auf-der-CES-2014/boxid/650062

3 http://www.frenus.de/megatrend-individualisierung-crowdsourcing-in-der-automobilbranche/

aufgefordert, für ihren Favoriten abzustimmen, eine Jury wählte schlussendlich den Gewinner aus.[4]

Marketing-Take-away: Wie sich internes und externes Innovationsmanagement gegenseitig bereichern

Die Idee des Smart-Design-Contests wurde aus 1.200 eingereichten Ideen der internen »Daimler Business Innovation Community« ausgewählt, auf der die Mitarbeiter des Konzerns regelmäßig Ideen äußern, die von Kollegen anderer Abteilungen bewertet werden. Wird die Idee als sinnvoll und umsetzbar erachtet, wird sie weiterentwickelt. Dadurch werden gute Ideen gefördert und schlechte Ideen aussortiert.

Der Smart-Contest war also gewissermaßen eine Nischenidee unter 1.200. Eine interne Community, ähnlich dem Wissensmanagement mit Wikis, hilft Ihnen, die Ideen Ihrer Mitarbeiter an einer zentralen Stelle zu speichern, damit sie nicht verloren gehen. Sie werden staunen, welche Ideen zutage treten werden!

Crowdsourcing ist der Ausweg aus der isolierten Produktschmiede. Selbst Produkte aus der Pharmaindustrie können mittels Crowdsourcing optimiert werden. Sie brauchen dafür nur eine Community zu etablieren, auf der sich Fachleute aus der ganzen Welt entsprechend austauschen können.

11.2.5 Wie Sie eine eigene Crowdsourcing-Community aufsetzen

Möchten Sie auch Ideen von Ihren Mitarbeitern und Kunden gewinnen? Es braucht nicht viel für Ihre eigene Crowdsourcing-Community. Sie müssen nur eine Plattform mit Upload- und Bewertungsmöglichkeiten aufsetzen.

Kostenlose Community-Software

Mit Ning (*www.ning.com*) oder Mixxt (*www.mixxt.de*), aber auch mit jeder anderen Foren- oder auch Blogsoftware, können Sie beispielsweise auf Community-Technologie zurückgreifen, die Vernetzungs-, Bewertungs- und Kommentarfunktionen bereits mitbringt.

Crowdsourcing im Blog

Sie können aber auch in Ihrem Blog ein Projekt starten und in den Kommentaren die Ideen sammeln, wie es Ritter Sport im Blog mit der Kategorie VORSCHLÄGE löst (siehe Abbildung 11.4). Wenn Sie mit Videos arbeiten wollen, liefern Videoportale wie YouTube ohnehin schon Bewertungsfunktionen.

---

4 *http://www.horizont.net/aktuell/digital/pages/protected/OMD-und-Citro%EBn-starten-Crowdsourcing-Wettbewerb-fuer-Musiker_105434.html*

Abbildung 11.4 Ritter Sport sammelt im Blog Vorschläge von Kunden. (Quelle: Screenshot Ritter SPORT Blog)

Crowdsourcing auf Facebook

Auch auf Facebook ist es mittlerweile Usus, User zu Produktinnovationen zu befragen oder sie bei der Produktinnovation um Unterstützung zu bitten, egal ob es sich dabei um die Neugestaltung einer Produktverpackung handelt oder um die Auswahl zwischen zwei Geschmackssorten, bei der die Community ein Produkt zum Testen erhält. Dies hat der österreichische Backwarenhersteller Resch&Frisch schon mehrmals mit Erfolg und hoher Rücklaufquote getan. So wurden unter anderem die User ihrer Facebook-Seite aufgefordert, sich als Produkttester eines neuen Weckerls zu bewerben. Die ausgewählten User bekamen dann die Produkte zugesandt und erhielten ein paar Tage später einen Online-Fragebogen zu Geschmack, Form und Innovation des Produkts. Die Rücklaufquote war außerordentlich hoch, da man für das Ausfüllen des Online-Fragebogens ein Brotmesser als Dankeschön erhielt. Auf Basis der Daten konnte das Unternehmen wichtige Erkenntnisse zu den Vorlieben und Wünschen seiner Kunden gewinnen.

Proaktives Crowdsourcing

Schöne Beispiele dafür, dass es auch Crowdsourcing-Projekte gibt, die von Benutzern selbst initiiert wurden, lieferten 2013 die Niemetz-Schwedenbomben sowie die Zwiebelringe-Kampagne in der Schweiz.

Viele Österreicher verbinden die Schwedenbomben, in Deutschland als Schokoküsse bekannt, mit positiven Kindheitserinnerungen. Als bekannt wurde, dass die Firma Niemetz, die diese Schwedenbomben produzierte, geschlossen werden sollte, startete auf Facebook eine Solidaritätswelle. Diese war so stark, dass das Unternehmen gerettet werden konnte. Ein Investor übernahm den Betrieb, alle

Mitarbeiter konnten bleiben, und die Werbung, die das Unternehmen durch die Solidaritätswelle erhielt (alle österreichischen Medien berichteten darüber), war unbezahlbar.

Ähnliches passierte in der Schweiz mit den Zwiebelringen von Zweifel. Über Facebook organisierten sich Fans des seit 15 Jahren aus dem Handel genommenen Produkts und forderten die geliebten Zwiebelringe – mit Erfolg – zurück.

11.2.6 Produktfehlentwicklungen verhindern

Neben der Entstehung neuer Produktideen können aber auch Produktfehlentwicklungen durch Crowdsourcing verhindert werden. Ein Beispiel dazu stammt aus Japan: Welcher Entwicklungsingenieur bei Kärcher hätte wohl gedacht, dass ein Hochdruckreiniger für den japanischen Markt leiser und leichter zu transportieren sein sollte als einer für den europäischen Markt? Der Grund scheint simpel: Viele Japaner haben komplett gefliesste Badezimmer, die sie gern mit einem Hochdruckreiniger reinigen würden – aber ohne dabei die Nachbarn durch Lärm zu stören. In einem Land, in dem sehr viele Menschen auf sehr engem Raum leben, ist Lärm ein entscheidender Faktor beim Kauf eines Produkts. Durch die Zusammenarbeit mit dem Münchner Softwareanbieter Innosabi, das für die Umsetzung von Open-Innovation- und Crowdsourcing-Strategien zuständig ist, hat Kärcher genau das herausgefunden, ohne viel Geld in Geräte zu stecken, die sich dann möglicherweise gar nicht verkaufen. Produkt und Anwendung hatten einfach nicht zusammengepasst, und hätten die User und zukünftigen Kunden nicht so direkt reagiert, wäre dieser Fehlversuch dem Unternehmen vielleicht erst mit den schwachen Verkaufszahlen des Hochdruckreinigers auf den Kopf gefallen. Dann wäre es jedoch zu spät gewesen. Dank der User im Netz konnte jedoch das Schlimmste verhindert werden.[5]

Das Beispiel zeigt, wie sinnvoll es sein kann, treue Kunden in die Produktentwicklung mit einzubeziehen, denn sie haben ein großes Interesse daran, dass ihr Lieblingsprodukt auch in Zukunft überzeugt.

Tipp: Bilden Sie Ihr eigenes Innovationsteam

Suchen Sie sich genau die Lieblingskunden aus, die seit Jahren Ihr Produkt kaufen und mit denen Sie in engem Kontakt stehen. Fragen Sie nach, ob sie gern Teil des Innovationsteams Ihrer Firma wären. Belohnen Sie sie durch Auszeichnungen und kleine Giveaways.

---

5 *http://blogs.faz.net/netzwirtschaft-blog/2013/12/27/kein-feigenblatt-catharina-van-delden-ist-die-stimme-der-start-ups-im-bitkom-3585/*

11.2.7 Wissensmanagement mit Wikis

Wenn Sie intern ein Firmen-Wiki einsetzen, ist das gleichzeitig auch eine Form von Crowdsourcing mit dem Ziel, durch das Wissen aller Mitarbeiter zu einem besseren Produkt oder zu einem effektiveren Produktionsprozess zu gelangen. Noch nie war es so einfach, Wissen und Know-how im Unternehmen transparent zu machen und an einer Stelle zu bündeln. Der interne Einsatz von Wikis dient daher dem Wissensmanagement. Damit sich Wikis für Sie lohnen, müssen Sie die Ergebnisse anschließend in Ihr Prozessmanagement einfließen lassen. Internes Crowdsourcing kostet Geld, denn es braucht Zeit, Beiträge in das Wiki zu schreiben. Die internen Verbesserungsvorschläge und Ideen Ihrer Mitarbeiter müssen sich in Veränderungen niederschlagen, ansonsten fragen sich Ihre Mitarbeiter, wozu sie das alles überhaupt schreiben.

Best Practice – wie IBM Wikis einsetzt

IBM nutzt Social-Media-Tools für sein Wissensmanagement bei IBM Software Services Lotus. Über 20.000 Mitarbeiter verwenden Blogs, Wikis, Social Bookmarking, Instant Messenger, um Wissen im Unternehmen abzubilden, zu strukturieren und für jeden Mitarbeiter zugänglich zu machen. Einige der Mitarbeiter bereichern das Wiki zweimal wöchentlich mit neuen Beiträgen. IBM versteht sich als Best Practice für Enterprise 2.0. Das verschafft IBM den nötigen Wissensvorsprung, um wettbewerbsfähig zu bleiben.

11.2.8 Wie Sie Kreative übers Web engagieren

Wenn sich Profis im Web zusammentun, können Sie davon profitieren. Viele Agenturen engagieren freie Mitarbeiter, die je nach Auftragslage bezahlt werden. Ein deutsches Unternehmen namens Clickworker (*www.clickworker.com*) setzt dieses Prinzip um. Mehr als 50.000 freie Mitarbeiter haben sich dort angemeldet (siehe Abbildung 11.5). Eine neue Website kann auf diesem Weg mithilfe freier Programmierer, Designer und Content Manager entstehen. Die Aufträge werden in kleine Einheiten zerlegt, wodurch Kosten gespart werden können, da die Ressourcen nur im Bedarfsfall genutzt werden. Unternehmen, die über keine Ressourcen und Kapazitäten für IT- und Medienprojekte verfügen, können somit in kürzester Zeit neue Aufgabenstellungen bearbeiten.

Ein Portal, auf dem Designer und Kreative ihr Können unter Beweis stellen, heißt »12designer – der Kreativ-Marktplatz für Logo, Flyer, Webdesign und vieles mehr« (*http://www.12designer.com/de*). Unter den englischsprachigen Portalen sind oDesk (*https://www.odesk.com*) und Guru.com (*http://www.guru.com*) zu empfehlen.

Abbildung 11.5 Über Clickworker können Sie kleinere Tasks auslagern. (Quelle: Screenshot clickworker.com)

Rechtstipp von Peter Harlander: Achtung – unterscheiden Sie streng zwischen Arbeitsvertrag und Werkvertrag

Bei der Beschäftigung von Arbeitskräften über das Internet übersehen sehr viele Unternehmen zudem äußerst großzügig, dass die so abgeschlossenen Verträge oft nicht als Werkvertrag, sondern als Arbeitsvertrag mit allen sich daran anknüpfenden sozialrechtlichen Folgen zu qualifizieren sind. Auch wenn dies in der Praxis bisher zumeist ohne Folgen bleibt, entsteht durch die Außerachtlassung derart elementarer rechtlicher Vorschriften ein absolut unkalkulierbares Risiko. Unternehmer müssen beim Crowdsourcing aufpassen, in keine arbeitsrechtliche Falle zu laufen. Mindestlohnbestimmungen, Kollektivverträge und dergleichen gelten selbstverständlich auch im Internet. Die sehr oft vorhandene internationale Komponente des Crowdsourcings sorgt oft für zusätzliche rechtliche Komplexität.

11.2.9 Crowdsourcing im Journalismus

Crowdsourcing ist nicht nur auf Produkt- und Designideen beschränkt, sondern findet auch bei Hobbyautoren großen Anklang. Da Sie im Social Web regelmäßig Beiträge veröffentlichen müssen, brauchen Sie diese Autoren. In Kapitel 5, »Blogs – Ihre Social-Media-Zentrale«, haben wir darauf hingewiesen, dass die Gewinnung von Gastautoren wichtig ist, um das Blog regelmäßig mit neuen Beiträgen zu beleben. Lieblingskunden mit einem Gespür fürs Schreiben sollten unbedingt für Ihre Beiträge gewonnen werden. Sprechen Sie potenzielle Autoren für Ihr Blog oder Ihre Website an. Wenn Sie Texte von Gastautoren aber auch anderweitig verwenden wollen, müssen Sie sich dazu vorab unbedingt die Berechtigung einholen.

Bürgerreporter und Hobbyjournalisten gewinnen

Ein spannendes Medienprojekt, das Journalisten und Bürgerreporter vereint, ist Huffingtonpost.de (*http://www.huffingtonpost.de/*). Die Huffington Post ist eine Online-Zeitung, deren Redakteure nach spannenden Internetlinks im Web suchen, um Nachrichten aus den verschiedensten Ressorts und Themenbereichen zu sammeln (vom Skandal im Weißen Haus bis hin zu den Trennungen von Prominenten) und zu veröffentlichen. Zusätzlich gibt es eigene Berichte und Kommentare. Ein Großteil der Beiträge wird von unbezahlten freiwilligen Autoren verfasst. Die Artikel verweisen sehr oft auf Berichte anderer Medien. Wichtiges Element dieses Online-Journals ist die starke Social-Media-Verknüpfung. Die Huffington Post beschäftigt sogenannte Traffic Editors. Diese durchsuchen die Nachrichtenseiten nach interessanten Geschichten, die auch auf der eigenen Seite funktionieren könnten. Das Ziel: Eine Geschichte soll »viral« gehen, also möglichst häufig von Lesern geteilt oder kommentiert werden. Die Huffington Post springt auch gern auf Exklusivmeldungen auf. In einigen Fällen erreicht die Seite damit sogar mehr Kommentare als die Originalquelle. Wer sich für den Originaltext interessiert, findet den Direktlink im Artikel. Die Bürgerreporter erhalten für ihre Beiträge keinerlei Bezahlung. Der Anreiz für die Hobbyjournalisten, Blogger, Studenten usw. besteht darin, wichtige Themen wiederzugeben, große Reichweite durch die Plattform zu erzielen und von anderen Lesern anerkennende Kommentare zu erhalten.

11.2.10 Crowdsourcing im Online-Handel

Immer mehr Unternehmen nutzen die Schwarmintelligenz des Netzes, um neue Produkte zu designen oder auf den Markt zu bringen, die den Wünschen der Kunden entsprechen. So gibt es beispielsweise eine Vielzahl an Online-Shops, die über Motive auf T-Shirts abstimmen lassen und die beliebtesten Kleidungsstücke dann produzieren (z. B. Threadless.com). Dieses Prinzip, Produkte unter Einbeziehung der Konsumenten zu entwickeln, bietet große Vorteile. Unternehmen produzieren nur solche Produkte, die auch bei potenziellen Käufern ankommen und bei denen ein Bedarf vorhanden ist. Große Stückzahlen von Kollektionen zu produzieren, ist in vielen Fällen unwirtschaftlich und kommt dank Crowdsourcing weniger vor. Indem sich die Kundinnen beteiligen und eigene Vorschläge einbringen oder die Anregungen anderer bewerten, werden nur Kollektionen angeboten, für die ein Kaufinteresse besteht.

Eine weitere spannende Plattform ist fancy.com, die vor allem im amerikanischen Raum bekannt ist. Fancy.com ist laut Eigendefinition Geschäft, Blog und Wunschliste in einem. Die Plattform bietet Einzelpersonen, Händlern und Unternehmern die Möglichkeit, Produkte zu mögen und dafür ein »fancy it«, ähnlich dem »Like«-Button auf Facebook, zu vergeben. Dadurch landet das Produkt automatisch auf der fancy.com-Plattform. Je mehr User ein »fancy« für ein Produkt vergeben, desto sichtbarer wird es auf fancy.com dargestellt. Fancy.com funktioniert wie Pinterest, aber mit dem Unterschied, dass alle Produkte, die sich in dem sozialen Netzwerk befinden, auch gekauft werden können. Die User inspirieren sich so gegenseitig und können Produkte, die sie mögen, hinzufügen und ihren Freunden vorstellen.

11.3 Prinzipien für erfolgreiches Crowdsourcing

Damit diese Zusammenarbeit gelingt, gilt es im Vorhinein zu prüfen, ob die Voraussetzungen erfüllt sind. Eine wichtige und grundlegende Voraussetzung ist die Offenheit des Unternehmens, da sowohl der Kunde seine Ideen und Gedanken öffentlich macht als auch das Unternehmen Innovationsprozesse offenlegt. Gewisse Unternehmensinformationen müssen daher mit den Kunden geteilt werden. Manche Unternehmer denken, sie würden damit unternehmens- und produktbezogene Schwächen öffentlich machen und könnten dadurch einen Imageschaden erleiden. Das ist beim Crowdsourcing jedoch nicht der Fall. Es gilt vielmehr, einen potenziellen Imageschaden mithilfe richtiger Produktinnovationen zu verhindern.

11.3.1 Partizipation, Transparenz und Geben-und-Nehmen-Prinzip

Wichtige Eckpfeiler für erfolgreiches Crowdsourcing sind Partizipation, Transparenz und das Geben-und-Nehmen-Prinzip, d. h., die User müssen etwas davon haben, wenn sie Ihnen Tipps geben. Ein User darf nicht zur Mitarbeit gezwungen werden, sondern nimmt immer freiwillig teil. Deshalb sollte unbedingt eine Namensnennung erfolgen bzw. weiterführende Informationen über das Produkt und den Designer transparent gemacht werden. Schließlich ist das, neben der intensiven Teilhabe am Unternehmen, häufig der einzige Benefit für den Ideengeber. Dadurch binden Sie ihn auch als Innovator an Ihr Unternehmen, denn er kann seine Mitarbeit auch jederzeit beenden. Beim Crowdsourcing gibt es keine gegenseitige Verpflichtung.

11.3.2 Finanzielle Anreize oder Auszeichnungen?

Wie motivieren Sie Ihre Mitarbeiter und Kunden zum Crowdsourcing? Sollten Sie eine finanzielle Entschädigung in Aussicht stellen oder mit Auszeichnungen wie Namensnennung locken? Warum schreiben die Wikipedianer ihre Artikel kostenlos, während Tchibo seine »Hobbydesigner« monetär belohnt? Die Motive für das Autorenehrenamt in Wikipedia sind vielfältig. Fakt ist, dass die Autoren sowohl egoistische Motive haben, wie Anerkennung und Spaß, als auch solidarische Motive, wie etwas für die Gemeinschaft zu tun oder anderen zu helfen und sie zu motivieren. Deshalb werden bei Wikipedia täglich Beiträge prämiert. Sehr gute Beiträge werden mit »exzellent« bewertet. Für die Autoren ist das eine wichtige und erstrebenswerte Anerkennung. Bei der Umsetzung Ihrer eigenen Crowdsourcing-Community ist es wichtig, die richtigen Belohnungssysteme zu schaffen. Die Motivation der User ist häufig ausschlaggebend für den Erfolg oder Misserfolg Ihres Crowdsourcings.

11.3.3 Wie Sie die Massen motivieren

Crowdsourcing ist jedoch nur erfolgreich, wenn Sie die Nutzer und Kunden im Netz zur Teilnahme motivieren können. Die Motivation steigern Sie, indem Sie einen besonderen Nutzen für den User stiften. Nur wenn sich der User als wichtiger und unerlässlicher Teil der Problemlösung bzw. der Innovation versteht, wird er gute Beiträge liefern und andere Ideen kritisch bewerten. Wichtig ist es, die richtigen User zur aktiven Teilnahme zu gewinnen. Dafür muss eine Win-win-Situation für Kunden und Unternehmen geschaffen werden. Der User teilt Ihnen seine Ideen und Meinungen mit und muss im Gegenzug Anerkennung oder eine Art der Entlohnung für seine »Arbeit« erhalten. Anerkennende Worte können von anderen Teilnehmern oder dem Unternehmen durch eine besondere Erwähnung innerhalb der Crowdsourcing-Community mitgeteilt werden. Häufig wird die Motivation dadurch sichergestellt, dass der User ein Teil des ganzen Projekts ist, das gewisse Dynamiken hervorbringt. So wird bei neuer Software oft um Testaccounts gebuhlt, da die User »dabei sein wollen«.

> **Tipp: Crowdsourcing-Projekte durch Social Media bekannt machen**
>
> Nutzen Sie Social-Media-Kanäle und klassische Werbung, um auf Ihr Crowdsourcing-Portal oder eine spezielle Aktion hinzuweisen. Stellen Sie möglichst viele Social-Media-Funktionen auf der Website Ihres Crowdsourcing-Projekts zur Verfügung, damit sich die Aktion möglichst rasch verbreiten kann.

11.3.4 Achten Sie auf markenrechtliche Aspekte

Crowdsourcing ist nicht als Aufruf zu verstehen, Ihr Marketing ab jetzt in Gänze an die Kunden abzugeben. Ideengeber ist nach wie vor der Hersteller, denn er kennt die Werte des Produkts in- und auswendig. Außerdem kann man vom Kunden nicht verlangen, dass er eine Abgrenzung zur Konkurrenz vornimmt. Es kann also auch passieren, dass die Kunden Ideen klauen und auf Ihr Produkt adaptieren. Das ist rein rechtlich gesehen bereits ziemlich kritisch und außerdem nicht sonderlich kreativ. Sie müssen daher als Jury oder zumindest als kontrollierende Instanz neben den Community-Bewertungen auftreten.

11.3.5 Sollen Sie Ideen preisgeben?

Sie haben jetzt womöglich die Vorteile von Crowdsourcing erkannt, aber eine Frage ist für Sie nach wie vor unbeantwortet: Wie gehen Sie damit um, dass der Ideen-

11.3 Prinzipien für erfolgreiches Crowdsourcing

gewinnungsprozess öffentlich (Open Call) und somit transparent für die Konkurrenz ist? Der öffentliche Aufruf macht es unmöglich, die Konkurrenz von der Einsicht in die Ideen auszuschließen. Gleichzeitig ist der Open Call ein wichtiges Merkmal für Crowdsourcing, denn nur wenn jeder User die Chance erhält, mitzumachen, kann das Prinzip »die Weisheit der Vielen« wirken. Wie können Sie verhindern, dass sich die Konkurrenz Ihre Idee und die Produktkreationen Ihrer Kunden abschaut und selbst umsetzt? Die Idee Ihres Crowdsourcing-Projekts und die Loyalität Ihrer Kunden werden darüber entscheiden, ob es Nachahmer einfach haben werden oder nicht. Insbesondere treue Kunden und Lieblingskunden werden an Ihren Aktionen teilnehmen und daher nicht so schnell zur Konkurrenz gehen, wenn diese Ihre Idee abkupfert.

Der Design-Contest von Smart hat gezeigt, dass die öffentliche Ideengenerierung nicht gleich den Ideenklau der Konkurrenz mit einschließt. Eine gründliche Analyse Ihrer Kunden sollte im Vorfeld dennoch stattfinden. Daimler hatte dabei festgestellt, dass seine Smart-Kunden ein besonderes Faible für grafische Verschönerungen haben. Auch wenn andere Autohersteller nachziehen würden, hieße das noch lange nicht, dass das bei einer anderen Marke funktionieren würde.

11.3.6 Wie sich die Offenlegung des Firmengeheimnisses als letzter Ausweg für Goldcorp erwies

Natürlich behalten Sie normalerweise Ihre Firmengeheimnisse für sich. Manchmal kommen Firmen aber nicht umhin, sie preiszugeben, wie das Beispiel des kanadischen Unternehmens »Goldcorp« zeigt. Goldcorp stand im Jahr 2000 kurz vor der Insolvenz, da es keine neuen Goldvorkommen mehr entdeckte. Die letzte Hoffnung war eine 50 Jahre alte Goldmine. Um herauszufinden, ob und an welchen Stellen noch Goldvorkommen zu finden waren, startete das Unternehmen einen Aufruf im Internet (mit einem Preisgeld von 500.000 US$). Das Crowdsourcing-Projekt bestand darin, möglichst viele Daten der Goldgrube zusammenzutragen und über diesen Weg auf bisher unentdeckte Stellen zu stoßen. Um Verdopplungen zu vermeiden, veröffentlichte Goldcorp sein komplettes Firmengeheimnis und stellte alle Geodaten ins Internet. Diese Daten waren fortan auch für die Konkurrenz sichtbar. Das Glück stand dennoch auf Goldcorps Seite, denn mehr als 1.000 Forscher und Geologen beteiligten sich an dem Projekt und gaben ihre Daten preis. 50 % der Daten wiesen auf Stellen hin, die Goldcorp vorher noch nicht entdeckt hatte.

Die richtige Taktik entscheidet

Datenpreisgabe, gekoppelt mit der richtigen Taktik, muss nicht zum Datenmissbrauch durch die Konkurrenz führen. Natürlich ist diese Frage von Unternehmen zu Unternehmen unterschiedlich zu beantworten. Transparenz zählt jedoch nicht ohne Grund zu den goldenen Social-Media-Regeln. Mitunter müssen Sie Informationen von sich preisgeben, um die der User zu bekommen.

11.4 Was können Sie crowdsourcen?

Die vorangegangenen Beispiele sollen Ihnen als Anregung für Ihre Produkte und Dienstleistungen dienen. Überlegen Sie nun, ob sich ein ähnliches Projekt für Ihre Produktentwicklung oder Ihr Marketing lohnt. Sind Sie unzufrieden mit Ihrer letzten Werbekampagne? Rufen Sie Ihre Kunden auf. Oder Sie wollen Ihr Produktsortiment erweitern? Lassen Sie den Ideen Ihrer Kunden freien Lauf. Laden Sie zur Werksbesichtigung ein, und bitten Sie im Anschluss Ihre Kunden, ihr Lieblingsprodukt mit Ihren Zutaten neu zu kreieren. Für Sie als Unternehmer ist es die Chance, direkt mit den Kunden Innovationen und Erneuerungen voranzutreiben. Mit diesem Innovationsmanagement verhindern Sie gleichzeitig, dass Produktflops entstehen.

11.4.1 Beispiel Städtereisen – User Generated Content

Angenommen, Sie bieten Städtereisen in ganz Europa an. Die Städtereisen sind geführt und laufen nach einem bestimmten Schema ab. Viele Kunden möchten die Stadt jedoch individuell für sich entdecken, aber dennoch auf Ihren Service nicht verzichten. Mit einer Crowdsourcing-Community, die Tipps zu Sehenswürdigkeiten, Restaurants, Bars, Museen usw. gibt, könnten Sie Ihren Kunden genau diesen Wunsch erfüllen. Und Sie müssen dafür keine neue Community aufsetzen, sondern können vorhandene Technologien wie Location Based Services (siehe Kapitel 9, »Mobile Social Marketing«) nutzen. Bitten Sie Ihre Kunden einfach, an ihren Lieblingsorten einzuchecken und ihre Städte-Geheimtipps zu veröffentlichen. Anhand der Tipps können Sie die Touren dann variieren und haben für jeden Geschmack die richtige Tour in petto.

11.4.2 Beispiel Konsumgüter – Marktforschung und Produktideen

Angenommen, Sie sind Anbieter eines Kosmetikartikels, z. B. mehrerer Duschgels in verschiedenen Variationen. Einige Duschgels kaufen die Kunden besonders gern, andere weniger. Die Kunden wissen am besten, welche Produkte ihnen gefallen, welche eher nicht und welche sie sich im Sortiment wünschen würden. Auf einer Crowdsourcing-Plattform könnten Sie den Usern ein Tool zur Verfügung stellen, mit dem sie eigene Düfte kreieren können. So betreiben Sie nicht nur Marktforschung und sehen, welche Düfte besonders beliebt sind, sondern gelangen im Austausch mit Ihren Kunden gleichzeitig zu neuen Produktideen, die Ihrer Entwicklungsabteilung möglicherweise niemals eingefallen wären.

490

11.4.3 Beispiel Lebensmittel – Kunden auszeichnen

Sie verkaufen ein handelsübliches Lebensmittelprodukt, z. B. einen Soßenbinder. Dieses Produkt bieten mehrere Hersteller an, mit denen Sie in direkter Konkurrenz stehen. Ihr Soßenbinder eignet sich für eine Vielzahl von Rezepten. Häufig stehen diese Rezepte auch auf der Rückseite der Verpackung. Sie könnten Ihre Kunden nun bitten, Ihre Kochrezepte speziell zu diesem Soßenbinder auf einer Crowdsourcing-Plattform einzutragen. Die Kochrezepte bewertet anschließend die Community. Als Belohnung werden die besten Kochrezepte auf der Plattform gelistet und in Absprache mit dem Rezepterfinder sogar auf die Rückseite der Verpackung gedruckt. Der Kunde hält dann beim nächsten Kauf seine eigene Idee in der Hand – eine hohe Auszeichnung für den Hobbykoch.

11.5 Exkurs – Mass Customization

Crowdsourcing hilft Ihnen, individuelle Produkte zu erzeugen. Die benötigen Sie, da die Konsumenten in der Angebotsvielfalt nach Produkten suchen, die sie mit ihrem individuellen Lifestyle kombinieren können, anstatt auf vorgefertigte Massenwaren zurückgreifen zu müssen. Im Internet können sie die Produkte an ihre eigenen Bedürfnisse anpassen und sich so vom Mainstream abheben. Die »DIY-Szene« (Do-it-yourself-Szene) hat mit Portalen wie *www.etsy.de* und *www.dawanda.com* (DE, AT, CH) demonstrieren können, wie sich selbst gemachte Produkte von Hobbybastlern erfolgreich verkaufen (siehe Abbildung 11.6).

Abbildung 11.6 Mass Customization steht für individualisierte Produkte und Unikate. (Quelle: Screenshot etsy.com)

Bei diesen Portalen ist die Marke nebensächlich bzw. gar nicht vorhanden, entscheidend ist einzig und allein das Unikat. Diese individuellen Produkte sind so beliebt, dass sie eine Masse an Abnehmern erreichen. Das ist auch das Prinzip von Mass Customization.

Rechtstipp von Peter Harlander: Kein Widerrufsrecht bei individuellen Anfertigungen

Der Mehraufwand individueller Anfertigungen wird vom Gesetzgeber belohnt! Im Normalfall haben Kunden bei Bestellungen über das Internet ein Widerrufs- bzw. Rücktrittsrecht, wenn ihnen die bestellte Ware doch nicht zusagt. Dieses Widerrufsrecht gilt nicht bei individuellen Anfertigungen nach Kundenwunsch. Der Gesetzgeber ist bei der Gewährung dieser Ausnahme jedoch sehr streng. Es reicht nicht aus, wenn eine übliche Handelsware speziell für den Kunden bestellt werden muss oder wenn der Kunde de facto nur aus einem sehr weiten Sortiment auswählt.

11.5.1 Absatz mit selbst gemachten Unikaten

Mit Mass Customization werden Produkte durch die Ideen der Nutzer so sehr variiert, dass sich neue, interessante Produkte ergeben, die eine Vielzahl von Käufern finden. Sie fragen sich jetzt vielleicht, wie individuelle Kundenwünsche und Massenproduktion zusammenpassen, da doch nur Massenprodukte auch einen Massenmarkt erreichen? Doch kundenindividuelle Massenproduktion ist im Social Web kein Widerspruch. Einige Anbieter im Internet bauen ausschließlich auf diesen Grundsatz. Die User können sich ihr Produkt nach eigenen Wünschen zusammenstellen und mitunter ein individuelles Design festlegen. Bei Chocri (*www.chocri.de*) können Sie beispielsweise individuelle Schokoladenarten kreieren (siehe Abbildung 11.7). Mittlerweile sind die Berliner Schokoverkäufer so erfolgreich, dass auch in den USA eine eigene Plattform gelaunched wurde, *http://www.createmychocolate.com*. Chocri verzichtet auf die Prämierung von Kundenkreationen, empfiehlt aber eigene Sorten und beliebte Kreationen der Käufer. Die Mymuesli GmbH (*www.mymuesli.com*) bietet ihren Kunden die Möglichkeit, ihr Müsli selbst zu kreieren. Die Kunden lieben es, ihr Müsli zu mixen und dabei aus verschiedenen Zutaten auszuwählen. Im Grunde stellt der Kunde seinen eigenen Wunschzettel zusammen und gibt ihn dann in Auftrag.

Produktionskapazitäten auslasten

Sie können Mass Customization auch zur Auslastung Ihrer Produktionskapazitäten verwenden. Wenn Sie beispielsweise bereits Schokolade herstellen, aber nicht genügend Kapazitätsauslastung verzeichnen, können Sie diese Ressourcen Ihren Kunden für eigene Kreationen zur Verfügung stellen.

Der größte technische Aufwand ist die Website und der Design- bzw. Produktkonfigurator. Sie liefern dann nur die Zutaten, stellen die Produktionsanlagen zur Verfügung und kümmern sich um den Vertrieb der Ware, überlassen die Schokoladensorten aber Ihren Kunden.

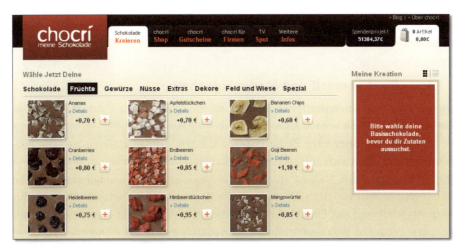

Abbildung 11.7 Was einer Person gefällt bzw. schmeckt, kann auch vielen anderen schmecken. (Quelle: Screenshot chocri.de)

Individuelle Kundenwünsche bedienen

Um Mass Customization für Ihre Produkte zu ermöglichen, sollten Sie auf Ihrer Website ein Tool (siehe Mymuesli) zur Verfügung stellen, mit dem die Kunden eigene Kreationen erstellen können. Mittels Mass Customization können Sie individuelle Kundenwünsche bedienen und erhöhen dadurch die Kundenbindung. Ihre Kunden verhalten sich dann loyaler, da sie nahezu vollständig in die Produktentwicklung integriert werden, verstehen sich möglicherweise sogar als Teil des Unternehmens. Loyale Kunden berichten gern ihren Freunden und Bekannten von ihren Erfahrungen – und nicht nur das. Kunden, die ihr Produkt selbst zusammengestellt und gestaltet haben, werden es lieben, weiterempfehlen und verschenken. Mass Customization eignet sich vor allem bei handelsüblichen Produkten, denn beratungsintensive Dienstleistungen sollten von vornherein auf den einzelnen Kunden abgestimmt sein.

11.5.2 McDonald's lud zum Burgerbauen ein

Um mehr Nähe zu den Kunden aufzubauen und das Angebot stärker zu individualisieren, rief McDonald's in mehreren Ländern Europas die Kunden dazu auf, eigene Burger mithilfe eines Burger-Generators zu gestalten.

Die Teilnehmer konnten aus über 100 Zutaten auswählen und so ihren Lieblingsburger zusammenstellen. Anschließend wurden die User aufgefordert, über die beliebtesten Burger abzustimmen. Eine Auswahl davon landete dann tatsächlich im Handel bzw. auf der Speisekarte von McDonald's. Der Geschmackssieger 2012 in Deutschland hieß »McPanther« (kreiert von Duanne M., Eishockeytrainer der Augsburger Panthers) und konnte immerhin 51.501 Stimmen für sich gewinnen. Er gewann nicht nur den Burger-Contest, sondern durfte im TV-Spot von McDonald's mitwirken.

11.5.3 Do it yourself und Marke Eigenbau

Viele Menschen haben mittlerweile das Bedürfnis, ganz eigene Produkte zu entwickeln, um sich damit vom Massenmarkt abzugrenzen. Der Käufer möchte das Produkt seinen ganz speziellen Bedürfnissen anpassen, ein Unikat kreieren. Die Prosumenten schaffen sich ihre eigene Konsumwelt. In Deutschland werden diese Produkte unter dem Namen »Marke Eigenbau« geführt. Im englischsprachigen Raum spricht man von der »DIY-Szene«. Die Kunden sind begeistert vom individuellen Angebot und der Einmaligkeit der Produkte. Im Internet können die Kreativen ihre Produkte global vertreiben und dadurch genügend Abnehmer für diese Nischenprodukte finden. Die Kosten sind für die Anbieter verschwindend gering, da sie das Produkt auf der gemeinsamen Community-Seite verkaufen, für Lagerung und Miete keinen Cent bezahlen und nur beim Verkauf für den Versand aufkommen müssen.

Tipp: DIY-Märkte parallel zur Massenproduktion bedienen

DIY und Marke Eigenbau sind Trends, die sich parallel zur Massenproduktion etablieren. Das Bedürfnis nach Eigenkreation ist ungebremst stark. Sie sollten diese Trends zumindest beobachten oder sie sich direkt zunutze machen: Stellen Sie Technikern, Hobbytüftlern und Bastlern Materialien zur Verfügung, die damit neue Produkte schaffen, die Sie über die üblichen Vertriebswege verkaufen. Die Entwickler binden Sie damit stärker an Ihr Unternehmen.

11.5.4 Rechtsfragen beim Crowdsourcing

Zuletzt sei noch auf die rechtlichen Aspekte beim Crowdsourcing hingewiesen, die sehr komplex sind. Der deutsche Rechtsanwalt Sven Hörnich hat diese Aspekte umfassend beleuchtet.

Rechtstipp von Sven Hörnich: Rechtsfragen beim Crowdsourcing

In rechtlicher Hinsicht ist vorab zu trennen zwischen einer möglichen Verletzung der Rechte Dritter, eventuell eigenen Rechten der Crowdsourcing-Beteiligen sowie der Verwertung auf der Website in einem ersten und im Rahmen der finalen Umsetzung (so das Projekt »marktreif« ist) in einem zweiten Schritt auf der anderen Seite. Diese Punkte interagieren. Ein Dritter kann durch die Präsentation auf der Internetseite genauso verletzt werden wie durch die finale Produktion. Zu fragen ist aber stets vorab: Welche Rechte können hier entstehen? Denkbar sind Urheberrechte (eine Melodie, ein Text). Bloße Geschäftsideen hingegen sind grundsätzlich nicht geschützt. Aus der eigenen Beratungspraxis ist mir ein Fall bekannt, bei dem ein Dritter über ein Crowdsourcing-Projekt (dies übrigens schon vor sechs bis sieben Jahren) einen Gedichtband erstellte. Die User sollten »fleißig dichten« und die besten Beiträge eine Veröffentlichung »gewinnen«. Nur war das Dichten einem der Gewinner wohl zu mühselig, weshalb er ein Werk eines Dritten einsandte, der von der Crowdsourcing-Aktion nichts mitbekam, sehr wohl aber später vom Gedichtband. Folge waren Unterlassungs- und Schadensersatzansprüche gegen den Verlag. In der Praxis empfiehlt sich rechtlich folgendes Vorgehen:

1. Dritte machen Sie darauf aufmerksam, dass ihre Rechte auf der Crowdsourcing-Seite verletzt werden: Sofort Inhalt sperren bis zur endgültigen Klärung. In vergleichbaren Fällen wendet die Rechtsprechung die Grundsätze der sogenannten Kenntnishaftung an.

2. Ihnen wird schon selbst bei Lektüre eines Beitrags klar, dass es sich um eine Rechtsverletzung handelt, weil sich diese quasi aufdrängt: Sofort Inhalt sperren bis zur endgültigen Klärung. Die Sperrmöglichkeit sollte sich neben einer Reihe weiterer wichtiger Regelungen unbedingt in den Allgemeinen Geschäftsbedingungen finden. Eine vollumfängliche Darstellung ist an dieser Stelle aus Platzgründen nicht möglich. Hierzu sollte jedoch dringend vorab Rechtsrat eingeholt werden.

3. Ein Teilnehmer stellt im Rahmen eines Crowdsourcing-Projekts Inhalte ein, die selbst (z. B. urheberrechtlichen) Schutz erreichen (könnten): Für diese Fälle muss in den Allgemeinen Geschäftsbedingungen eine entsprechende Regelung zur Nutzung im Rahmen des Website-Projekts enthalten sein. Diese kann sich die im deutschen Urheberrecht anwendbare »Zweckübertragungstheorie« zunutze machen. Hinsichtlich des (eigentlich) bestehenden Vergütungsanspruchs des Teilnehmers kann unter Umständen § 32 Absatz 3 S. 3 UrhG herangezogen werden. Auch hierzu sollten Sie sich jedoch vorab individuell und ausführlich rechtlich beraten lassen, da dieser einer sinnvollen Verwertung im Nachhinein auch abträglich sein könnte.

4. Sie wollen eine Idee eines Teilnehmers vollumfänglich auswerten: Lassen Sie diese zunächst rechtlich auf mögliche Schutzrechte wie Urheberrechte (z. B. bei Fotografien, Texten) abprüfen. Besteht kein Sonderrechtsschutz, kann es vorkommen, dass die Idee frei ist. Ergibt die Prüfung, dass derartige Rechte des Teilnehmers bestehen, ist nicht zu empfehlen, sich auf die anfänglich per Klick akzeptierten Allgemeinen Geschäftsbedingungen zu verlassen, da für diese die Klauselkontrolle der §§ 305 ff. BGB gilt. Hier sollte nochmals ein individueller Vertrag mit dem Teilnehmer getroffen werden, der gegebenenfalls auch Regelungen zur Vergütung beinhalten könnte (§ 32 UrhG). Auch dies sollte von einem erfahrenen Rechtsbeistand durchgeführt werden.

Kritik am Crowdsourcing

Da die Crowd meistens kostenlos oder kostengünstig ihre Ideen zur Verfügung stellt, wird Crowdsourcing häufig auch als ausbeuterisch getadelt. Auf *http://*

logotournament.com können Sie sich für ein kleines Budget im dreistelligen Bereich Logos designen lassen und erhalten nicht nur ein bis zwei Designvorschläge, sondern in der Regel über 100! Crowdsourcing gerät deshalb immer wieder bei Designern und Kreativen in die Kritik. Denn dadurch würde Arbeit, die üblicherweise von Mitarbeitern, Agenturen oder anderen Auftraggebern ausgeführt wird, an eine große, undefinierte Gruppe von Menschen ausgelagert. Gerade wenn Unternehmen nach dem »AAL-Prinzip« (AAL steht für »andere arbeiten lassen«) agieren, wirft das ein schlechtes Licht auf die Firmenphilosophie. Die Crowd darf deshalb niemals ausgenutzt werden. Der Betreiber der Community- und Crowdsourcing-Agentur VOdA, Matias Roskos, betont, dass der Ideengeber Anreize in Form von Geld oder Anerkennung erhalten muss, anstatt als Freizeitarbeiter ausgebeutet zu werden.

11.5.5 Crowdsourcing ermöglicht Projekte, die bisher nicht denkbar gewesen wären

Mit Crowdsourcing können Sie kreative Kräfte bündeln. Mitunter ermöglicht erst die Masse an Usern Projekte, die sonst scheinbar unmöglich wären, wie z. B. jenes Projekt, das derzeit in den USA läuft. Dort wollen Wissenschaftler der University of Washington mithilfe der Weisheit der Vielen Robotern lehren, Aufgaben schneller umzusetzen. So wollen die Wissenschaftler versuchen, ein System aufzubauen, in dem Roboter Menschen auf der ganzen Welt zu einem Problem befragen können, anstatt nur von einem Menschen zu lernen bzw. ihn zu imitieren. In dem Forschungsprojekt bauten einige Teilnehmer ein simples Modell eines Autos. Dieses sollte dann vom Roboter nachgebaut werden. Da der Roboter aber mehr Varianten brauchte, um das Modell nachzubauen, bat man auf Amazon Mechanical Turk, einer Crowdsourcing-Site, über 100 Personen, dieses Modell zu bauen. Weil der Roboter aus diesem Datensatz lernen konnte, schaffte er es schließlich, das Modell des Autos nachzubauen. Je mehr Daten dem Roboter zur Verfügung standen, desto einfacher tat er sich in der Umsetzung seiner Aufgabe. In Zukunft sollen mit diesem System auch komplexe Handlungen von Robotern gelöst werden können, die Einsatzmöglichkeiten sind dabei vielfältig.[6]

11.6 Crowdfunding

Eine spezielle Form von Crowdsourcing ist das *Crowdfunding*, bei dem die »Crowd« die Finanzierung von Projekten aller Art übernimmt. Das geschieht über Danksagungen und Namensnennungen der Projektunterstützer. Gerade im Kunst- und

---

6 *http://www.computerwelt.at/news/wirtschaft-politik/forschung-wissenschaft/detail/artikel/
105013-roboter-lernen-mit-crowdsourcing-schneller/*

Kulturbereich setzt sich diese Art der Förderung immer mehr durch, da der direkte Kontakt zu den Kunstschaffenden hergestellt wird, der Fördergeber einen Einblick in den Schaffungsprozess erhält und am Ende an den Projekten partizipiert. Er kann sich so mehr oder weniger seine Kulturwelt selbst erschaffen. Wenn Sie also schon länger eine Idee haben, es Ihnen allerdings bislang an ausreichend finanzieller Unterstützung fehlte oder die Beantragung von Fördergeldern den Start erschwerte, sollten Sie Crowdfunding nutzen. Plus: Wenn Ihr Projekt gefördert wird, ist das ein guter Indikator für den späteren Erfolg, und Ihre Fördergeber sind gleichzeitig Ihre Multiplikatoren, die das Projekt online und offline bekannt machen werden. Laut dem Crowdfunding Industry Report der Firma Massolution gibt es vier verschiedene Formen des Crowdfundings:[7]

1. Equity-based Crowdfunding (die Masse wird beteiligt)
2. Lending-based Crowdfunding (die Masse verleiht Geld)
3. Reward-based Crowdfunding (Geschenkmodell)
4. Donation-based Crowdfunding (Dankesmodell)

Manche Experten gehen sogar davon aus, dass sich Crowdfunding/Crowdinvesting als eine Art »Zukunft der Unternehmensfinanzierung« etablieren wird. Denn heutzutage wird es für viele Jungunternehmen immer schwieriger, als »kreditwürdig« zu gelten und Kredite/Darlehen von Banken zu erhalten. Je restriktiver die Kreditinstitute in der Krise bei Unternehmensdarlehen vorgehen, desto mehr explodiert diese alternative Finanzierungsform. Vor allem für Start-ups oder KMUs, also dem Großteil aller Unternehmen in Europa, wird Crowdfunding immer attraktiver.

> **Rechtstipp von Peter Harlander: Auch Crowdfunding unterliegt rechtlichen Regelungen**
> Crowdfunding unterliegt oft komplizierten rechtlichen Regelungen. Wer Unternehmen oder Projekte auf diese Weise finanzieren will, sollte sich vorab erkundigen.

Ein gutes und aktuelles Beispiel für mögliche rechtlichen Grenzen von Crowdfunding: Der niederösterreichische Schuh- und Möbelhersteller GEA, geführt vom Unternehmer Heini Staudinger, der für seine ausgefallenen Ideen und Visionen bekannt ist, hat sich für sein Unternehmen rund 2,8 Mio. € von Privatpersonen geliehen und ihnen dafür 4 % Zinsen versprochen. Die österreichische Finanzmarktaufsicht FMA sieht dieses Finanzierungsmodell als Bankgeschäft, für das Staudinger eine Konzession benötigen würde, die er nicht hat. Der Fall ist bereits seit zwei Jahren vor diversen Gerichten.

---

7 *http://de.scribd.com/doc/92834651/Massolution-abridged-Crowd-Funding-Industry-Report*

Laut Crowdfunding-Experte Wolfgang Gumpelmaier haben beim lending-based und beim equity-based Crowdfunding vor allem Start-ups und Unternehmen aus den unterschiedlichsten Bereichen die Möglichkeit, Finanzierung für ihre Ideen zu finden. Im Gegenzug beteiligen sich die Investoren an der Firma und erhalten finanzielle Gegenleistungen. Das reward-based oder donation-based Crowdfunding wiederum richtet sich vor allem an kreative und gemeinnützige Projektinhaber. Wenn man sich die Branchen im reward-based Crowdfunding-Umfeld ansieht, dann sind es vor allem Projekte aus dem Musik-, Film-, Games- und Tech/Gadget-Umfeld, die via Crowdfunding Finanzierung suchen oder ihre Produkte auf diese Weise vorverkaufen.[8]

Ein spannendes Crowdfunding-Projekt hat 2014 der VfL Osnabrück erfolgreich umgesetzt. Dem Fußballverein drohte der Lizenzentzug für die Spielsaison 2014/15 wegen mangelnder Liquiditätsreserven. Deshalb rief man die Fans auf, den Verein mittels »Lizenz-Darlehen« zu unterstützen. So konnte mithilfe der finanziellen Unterstützung von Fans und regionalen Unternehmen der VfL die Finanzsumme von 400.000 € aufbringen und so den Lizenzerhalt für die Liga sichern.

Auch den Projekten »Krautreporter« und »#SOLiPOWER«, einem ökosozialen Fair-Trade-Mode-Projekt, half Crowdfunding enorm, um die gesteckten Ziele zu erreichen. Bei Krautreporter sammelte man innerhalb von 30 Tagen über 900.000 € zur Schaffung eines neuen Online-Magazins.

Bei SOLiPOWER unterstützte man den Bau einer Fotovoltaikanlage für eine Fair-Trade-Schneiderei in Nepal. Als Gegenleistung gibt es etwa einen Fair-Trade-Mode-Workshop für den Entwurf eines individuellen Einzelstücks oder die sogenannte »Männerprämie«, über die man sich namentlich im Etikett eines Modells der Herbst/Winter-Kollektion 2014 verewigen kann.

Marketing-Take-away: Crowdfunding lohnt sich

In der Vergangenheit wurden vor allem Filmprojekte via Crowdfunding erfolgreich unterstützt. Das größte von der Crowd unterstützte Projekt ist der Film »Veronica Mars«, der in einer Höhe von 5.700.000 € von Internetnutzern unterstützt wurde. Eines der größten deutschen Crowdfunding-Filmprojekte war Stromberg. Auch Musiker nutzen Crowdfunding, um neue Alben zu produzieren.[9]

11.6.1 Vorteile des Crowdfundings

Crowdfunding lohnt sich sowohl für die Projektinitiatoren als auch für die Projektunterstützer.

---

8 E-Mail-Interview mit Wolfgang Gumpelmaier, Juni 2014

9 *http://www.crowdsourcingblog.de/blog/2014/01/13/crowdfunding-in-der-deutschen-filmbranche-2013/*

Vorteile für den Projektinitiator/Crowdfunder

▶ Zielpublikum/Zielgruppe frühzeitig an das Projekt/Produkt binden und Community aufbauen: Der Projektunterstützer ist von Anfang an bei der Ideen- und Projektentwicklung dabei und identifiziert sich innerhalb kurzer Zeit mit dem Werk, da er ja möchte, dass es Erfolg hat. Deshalb kann er auch wertvolles Feedback liefern. Zudem ist es lohnenswert, sich mit den Fans zu vernetzen, da diese ja später mögliche Käufer des Produkts sind.

▶ Erfolgschancen des Projekts abklopfen: Kommt ein Projekt bei der Zielgruppe gut an und wird es unterstützt, ist das bereits ein wichtiger Hinweis auf den späteren Erfolg.

▶ Multiplikatoren gewinnen: Je mehr Projektunterstützer es gibt, desto größer ist die Reichweite. Auch kleine »Spendenbeträge« sind daher schon ein Gewinn, denn mit jedem Unterstützer haben Sie einen weiteren Multiplikator für Ihr Endprodukt.

Vorteile für den Projektunterstützer/Geldgeber

▶ Als Projektunterstützer bekommen Sie Anerkennung und Reputation für Ihr Förderengagement, nicht nur vom Projektinitiator, sondern auch von Freunden, Kunden, Mitarbeitern und anderen Unternehmen.

▶ Sie erhalten exklusive Einblicke in den Schaffensprozess, den Sie durch Ihr Feedback beeinflussen können. Sie sind ganz nah am Künstler oder Projekt-/Produktentwickler und können von seiner kreativen Herangehensweise etwas lernen.

▶ Projektunterstützer werden belohnt: Das können Eintrittskarten für die Werkschau oder Premiere, Namensnennungen oder das Produkt selbst (z. B. Buch oder DVD) sein.

▶ Mit Crowdfunding können Sie Ihr Unternehmen z. B. als »Kulturförderer« positionieren. Damit demonstrieren Sie Ihr Interesse an Kreativität und schaffen Sinnstiftung für Ihre Kunden. Das hat noch keinem Unternehmen geschadet.

11.6.2 Crowdfunding in Deutschland

2014 erleben wir in Deutschland und Österreich wieder ein kleines Hoch, da immer mehr Projekte gestartet und auch erfolgreich abgeschlossen werden können. Zudem steigen die Summen, die pro Projekt erzielt werden können, und ebenso die Anzahl der Unterstützer. Dies gilt sowohl für den equity- als auch für den reward-based Bereich.

Crowdfunding-Experte Wolfgang Gumpelmaier sieht in Crowdfunding einen wachsenden Trend: »*In den USA etablieren sich aufgrund gesetzlicher Regulierungen lang-*

sam Crowdinvesting-Plattformen (also equity-based), die den anderen Plattformen in manchen Bereichen gefährlich werden könnten. Umgekehrt drängen internationale Plattformen wie Kickstarter, Indiegogo, Ulule oder Fundedbyme verstärkt nach Deutschland und stellen eine ernst zu nehmende Konkurrenz für die etablierten Plattformen, wie Startnext oder Visionbakery, dar. Alles in allem denke ich, dass sich der Markt einerseits etwas mehr selbst regulieren wird und manche Plattformen verstärkt in Nischen drängen werden. Außerdem werden wir Hybrid-Angebote, die unterschiedliche Methoden vermischen, sowie vermehrt Kampagnen im DIY-Stil sehen.«

Crowdfunding-Plattformen

- **Startnext**: Kunst- und Kulturförderung, *http://www.startnext.de*
- **VisionBakery**: kreative Ideen aller Art, *http://www.visionbakery.de*
- **Indigogo**: mit deutscher Seite & Team, *https://www.indiegogo.com/*
- **Ulele.com**: *http://de.ulule.com/*
- **Fundedbyme**: *https://www.fundedbyme.com/de/*
- **Betterplace.org**: soziale Projekte, *http://www.betterplace.org/de*
- **Crowdfunding Berlin**: Metaplattform, *http://www.crowdfunding-berlin.com/de/*

Geschäftsideen durch Crowdfunding finanzieren

Auch Unternehmen können Crowdfunding zur Umsetzung von Projekten nutzen. Gerade Unternehmen im Technologiesektor können dadurch Projekte vorfinanzieren und Stakeholder stärker in die Entwicklungen mit einbinden. Es ist vergleichbar mit dem öffentlichen Ansuchen von Förderungen. Es sind mehrere Plattformen gegründet worden, die sich der Förderung von Geschäftsideen widmen:

- **Kickstarter**: *http://www.kickstarter.com*
- **seedmatch**: *https://www.seedmatch.de*
- **Innovestment**: *http://www.innovestment.de*
- **Companisto**: *https://www.companisto.com/de/*
- **Bettervest**: *https://bettervest.de*

11.6.3 Erfolgreiches Crowdfunding am Beispiel »First Truly Consumer 3D Printer«

Die Kampagne »The First Truly Consumer 3D Printer« möchten wir hier als Best-Practice-Beispiel vorstellen. 3-D-Drucker gibt es schon länger, aber sie sind immer noch sehr teuer und deshalb nicht für den Heimgebrauch geeignet. Mit »The Micro« will ein US-amerikanisches Start-up-Unternehmen den ersten »wahren 3-D-Drucker für Endkunden« auf den Markt bringen. Dafür wurde im April 2014 eine

Crowdfunding-Kampagne zur Finanzierung des Projekts gestartet. Bereits innerhalb von wenigen Minuten nach Start der Crowdfunding-Kampagne auf kickstarter.com war das Finanzierungsziel von 50.000 US$ erreicht und überstieg nach dem ersten Tag schon die Eine-Million-Marke.

Folgende Faktoren für eine erfolgreiche Crowdfunding-Kampagne sind laut Wolfgang Gumpelmaier entscheidend:

▶ Man sollte sich Zeit nehmen, um das eigene Projekt vorzubereiten, sich andere Projekte anzusehen, alles genau zu planen und sich möglichst früh Gedanken über die unterschiedlichen Stakeholder zu machen, die im Rahmen der Kampagne erreicht werden sollen.

▶ Ein Fehler läge oft darin, dass die Leistung der Plattformen überschätzt würde. Diese sind für das Einrichten und die Durchführung der Kampagne da, die Öffentlichkeitsarbeit und die Verbreitung der Idee muss selbst umgesetzt werden. Dabei spielt Social Media eine wichtige Rolle. Auch die Zielsumme, die erreicht werden will, sollte realistisch bleiben.

11.6.4 Exkurs – Microfunding ist Crowdfunding mit kleinen Geldbeträgen

Als Micropayment-Systeme sind vor allem Flattr und Kachingle oder Bitcoin bekannt geworden. Bei Micropayment-Systemen laden die User ihr »Spendenkonto« mit einem bestimmten Betrag auf, und jedes Mal, wenn sie der Meinung sind, dass der Artikel oder das Projekt sie anspricht, können sie einen Teil ihres Guthabens dafür spenden. Als Website-Betreiber können Sie Flattr sowohl in Ihre Website als auch in Ihr Blog einbinden und mit guten Beiträgen Geld verdienen. Die Berliner »taz« hatte dies 2010 versucht, nach zwei Jahren Flattr aber wieder aufgegeben, da der Dienst von den Usern nicht angenommen wurde. Bislang haben sich Micropayment nicht durchgesetzt, auch deshalb, weil die Bereitschaft der User, für Inhalte im Web zu bezahlen, nicht sehr groß ist. Am ehesten funktioniert dies mit klassischen Zahlungsmethoden wie z. B. PayPal, denen die User mehr Vertrauen schenken.

11.7 Fazit – warum Sie crowdsourcen und crowdfunden sollten

Crowdsourcing lässt sich also intern zum Wissensmanagement und extern zur Generierung neuer Geschäfts- und Marketingideen einsetzen. Ermöglicht wird dies durch die Masse an Usern im Internet bzw. im Social Web. Die Qualität des Crowdsourcings und der Erfolg des Crowdfundings können variieren, je nachdem, wie sich die »Crowd« an Ihrem Projekt beteiligt. Dennoch stellt sich immer ein Erfolg ein, auch wenn Projekte nur zum Teil finanziert werden.

Laut »Forbes« wird Crowdsourcing seine Innovationskraft entfalten können, weil einerseits Unternehmen damit Kosten sparen und sich andererseits der Trend zu »Challenge Based Communities« abzeichnet, also zu Communitys, die Wettbewerbe mitmachen, zu Internetnutzern, die online ihr Können unter Beweis stellen wollen (siehe Wikipedia), aber auch zu Kreativportalen wie »Clickworker« oder »12designer« (siehe Abschnitt 11.2.8, »Wie Sie Kreative übers Web engagieren«). Die rasanten Entwicklungen im Bereich Crowdfunding (immer mehr Projekte bei steigenden Privatinvestitionen) zeigt ebenfalls, welches Potenzial in der Projektförderung von der Community stecken. Das Interessante am Crowdfunding ist, dass Sie sich als Projektinitiator oder als Projektunterstützer ausprobieren können, je nachdem, was für Sie sinnvoller ist.

Die unterschiedlichen Beispiele haben gezeigt, was im Bereich Crowdsourcing möglich ist. Sowohl für Ihr internes Wissensmanagement (Wikis) als auch für Produktentwicklungen mit Usern außerhalb laborähnlicher Marktforschung eignet sich Crowdsourcing in besonderem Maße. Wenn Sie Produktideen oder Produktnamen suchen, können Sie spielend leicht einen Aufruf im Internet (Foren, Blog) starten oder Ideenportale nutzen. Möchten Sie einen Schritt weitergehen, können Sie Ihre bestehenden und potenziellen Kunden (und vor allem Ihre Lieblingskunden) zu Produktentwicklungen online wie offline befragen. Eine genaue Planung Ihres Crowdsourcing-Projekts ist unumgänglich. Mit einem durchdachten Konzept, das die Motivation der User, die Konkurrenz, den Aspekt der Offenheit und die rechtlichen Folgen berücksichtigt, können Sie die Ideen und die Kreativität Ihrer Kunden für Ihr Innovationsmanagement nutzbar machen.

12 Ausblick

*Social Media hat die Art und Weise, wie wir kommunizieren, uns infor-
mieren und online einkaufen, verändert, und wird auch in Zukunft
weitere Umwälzungen herbeiführen. Cloud Health, Collaborative
Consumption und Smart Mobile Devices sind ein paar jener Trends, die
durch Social Media begünstigt und verbreitet werden und mit denen
wir uns in der nächsten Zeit beschäftigen dürfen.*

12.1 Alles wird social

Social Media haben das Netz transparenter, aber vor allem sozialer gemacht. Und
nicht nur das, auch die Art und Weise, wie Menschen mit ihrer Umgebung, ihren
Freunden, Bekannten oder Unternehmen kommunizieren, hat sich verändert.

Es ist heute viel einfacher, seine Meinung zu äußern, Inhalte wie Fotos oder Videos
im Web zu teilen oder aber auch seinen Ärger kundzutun. Zwar sind die meisten
User mit einem Klarnamen (dem echten Namen) in sozialen Netzwerken angemeldet, bei so manchem Problem oder Shitstorm lassen sich einige User aber zu ver-
balen Entgleisungen und Beschimpfungen hinreißen. Trotzdem ist Social Media als
Chance zu sehen, bietet es doch viele neue Möglichkeiten, auch für Unternehmen.
Direkter Dialog, Feedback zu Ideen und Produkten, die Möglichkeit, Wissen relativ
einfach auszutauschen, Kompetenz zu zeigen und voneinander zu lernen, sind nur
einige Vorteile.

Durch diese neuen Tools wird der Internetnutzer immer transparenter. Die unglaubliche Menge an Daten und Informationen sind Ware und Währung für Unternehmen wie Facebook und Google.

12.1.1 Big Data

Der stetige Anstieg des Datenvolumens ist also gewaltig, und mit dieser Flut an
Daten lässt sich auch der Missbrauch von Userdaten nicht verhindern. NSA-Über-
wachung, die Edward-Snowden-Affäre und immer wiederkehrende Datenlecks, die
publik werden: Big Data – darunter versteht man die Auswertung von Userdaten
für die strategische Ausrichtung eines Unternehmens oder Produkts – wird zu
einem zentralen Thema. Durch die Analyse von Big Data können Experten Aussagen und Prognosen über Kundenwünsche, gesellschaftliche Entwicklungen oder

503

aber auch über die Verbreitung einer Pandemie treffen. Die Einsatzmöglichkeiten sind sehr vielfältig und stehen erst am Anfang. Der User wird dadurch immer mehr zum »gläsernen Menschen«.

Auch aus den Google-Suchanfragen können wertvolle Daten ausgelesen werden. So sorgten Softwareentwickler von Google in einem Artikel der Zeitschrift Nature für Aufsehen. Sie erklärten, dass sie anhand der Suchanfragen (bestimmter Keywords) in Google die jährliche Grippeepidemie in den USA »voraussagen« könnten, nicht nur landesweit, sondern auch heruntergebrochen auf einzelne Städte. Basis dieser Prognose seien die Suchanfragen der User in Google. Google konnte aussagekräftige Daten zum Start einer Grippewelle liefern, ohne dabei auf Berichte von Hausärzten oder Krankenhäusern zurückzugreifen. Stattdessen beruht die Methode auf »Big Data«. Mit dieser Methode verfügt die Menschheit über ein neues Instrument, um im Fall einer Pandemie die Ausbreitung vorauszusagen bzw. möglicherweise sogar zu verhindern.

Praxisbeispiel Immobilienscout24

Bereits im Jahr 2001, als der Begriff Big Data in dieser Form noch nicht existierte, hat Immobilienscout24 damit begonnen, Objektdaten der angebotenen Immobilien zu speichern. Zusätzlich wurden Suchanfragen der User anonymisiert ausgewertet und die Bewertung von Objekten für die Entwicklung neuer Produkte und Angebote verarbeitet. Daraus resultierte der »MarktNavigator«, der Immobilienmaklern wertvolle Informationen zum deutschen Immobilienmarkt liefert (typische Miet- oder Kaufpreise, Nachfrageentwicklung usw.). Aber auch für Kunden erarbeitete man wertvolle Suchfunktionen aus der Analyse der Daten heraus. Ein Beispiel dafür ist die Suchempfehlung. Sie leitet sich aus einer Analyse des Suchverhaltens des Users ab. Dadurch weiß die Immobilienplattform, auf welche Bezirke der User alternativ ausweichen würde. Ein anderes Beispiel für den Einsatz großer Datenmengen ist die Fahrtzeitsuche. Sie eignet sich für Immobiliensuchende, die keine lange Fahrtzeit zur Arbeitsstelle wünschen. So versucht man mehr Service für die Kunden zu bieten.[1]

Big Data erzeugt also statistische Informationen über unser Kaufverhalten, unsere Gesundheitsdaten, das Freizeitverhalten, die Teilnahme in sozialen Netzwerken usw. und liefert Bewegungsprofile auf Straßen und im Netz (Google Maps, Check-ins), Nicht allen ist diese Entwicklung recht: In kleinen Ansätzen kann man bereits einen Rückzug in vermeintlich geschützte Kommunikationsbereiche feststellen. So nutzen immer mehr Jugendliche zur Kommunikation lieber den Short-Messaging-Dienst WhatsApp, da anders als z. B. bei Facebook die Kommunikation unter angeblichem Ausschluss der Öffentlichkeit stattfindet. Zusätzlich fühlen sie sich von Werbung genervt und wollen in Netzwerken ungestört kommunizieren, ohne dass

---

1 *http://www.seeburger.de/uploads/tx_seemarketing/CP-Monitor-BIG-Data-Special.pdf*

ihre Eltern mitlesen können. Aber auch Bürgerbewegungen, die mehr Privatsphäre im Netz oder die Löschung von personenbezogenen Daten in Suchmaschinen fordern, formieren sich. Bislang fehlen noch in vielen Fällen verbindliche Richtlinien für soziale Netzwerke und Plattformen darüber, wer welche Daten wie sammeln und verarbeiten darf. Vielen Usern ist nicht bewusst, dass jeder ihrer Online-Schritte mitgetrackt wird. Am ehesten sichtbar wird das z. B. durch Retargeting, also dann, wenn Internetuser verwundert darüber sind, wenn sie Werbung genau zu jenem Produkt erhalten, das sie sich kurz vorher auf einer Website angesehen hatten.

12.1.2   Social Search

Alle Informationen im Web werden in Zukunft immer stärker um den Faktor »sozial« angereichert, seien es Werbung, Nachrichten, Shopping oder die Suche. Google etwa reichert seine Ergebnisse mit Empfehlungen und Informationen von Google+-Nutzern an, und Facebook wird zum Nadelöhr des Internets – DAS Social Web im Internet –, von wo aus die User zentral alles machen können: Nachrichten schreiben, chatten, Informationen lesen und streuen sowie Online-Shopping und Suche. Wer also in Social Media nicht vorhanden ist, wird auch nicht gefunden. Und wer in Social Media nicht im Gespräch ist, hat große Nachteile im Suchmaschinenranking genauso wie im Empfehlungsmarketing. In der Suche muss allerdings auch auf das Ausgabegerät eingegangen werden. Jemand, der am Desktop auf Google surft und den Begriff »Kaffee« eingibt, hat ein anderes Bedürfnis als einer, der mobil über sein Smartphone in Google surft und ebenfalls »Kaffee« eingibt. In der Desktopsuche wird der User eher nach einer Packung Kaffee zum Kaufen suchen, in der mobilen Version sucht er z. B. nach einem Coffee-to-go oder einem Kaffeehaus um die Ecke.

Das Prinzip »Social« verfolgt auch die Taxi-App uber.com, die mittlerweile in 67 Städten in 25 Ländern aktiv ist. User können auf dieser Plattform ihre privaten Taxidienste anbieten. Jeder, der ein Auto und ein Smartphone besitzt, kann so zum Chauffeur werden. Uber ist eine Online-Plattform, die Fahrer und Gäste via Smartphone vermittelt. Der Wagen wird nicht mehr per Handzeichen, sondern per Smartphone-App geordert. Zusätzlich zeigt der Dienst an, wie lange es dauert, bis das private Taxi da ist, wer den Wagen fährt und ebenso Bewertungen über den Fahrer. Bezahlt wird über die Uber-App, davon gehen 20 % des Fahrpreises an den Onlinedienst, den Rest erhält der Fahrer. Auch Google hat in Uber ordentlich investiert und sieht es als zukunftsträchtiges Start-up.

12.1.3   Smart Devices

Neben Smartphones werden Gadgets wie die Google-Glass-Brille oder Smartwatches immer interessanter für die User. Ziel ist, Technik und Bekleidung bzw. den

Körper des Users miteinander verschmelzen zu lassen. Die Technik, die ein Smartphone beherbergt, wird in ein noch kleineres Endgerät verpackt.

Google Glass

Die Google-Glass-Brille ist eine als Minicomputer getarnte Brille und lässt sich mittels Sprache oder Kopfnicken steuern. Im oberen rechten Bereich der Brille wird auf einer kleinen Projektionsfläche die entsprechende Bildinformation eingeblendet. Die Bedienung erfolgt, je nach gewünschter Funktion, per Stimme, Kopfbewegung oder durch Berührung des Touchpads am rechten Bügel. So kann man sich beispielsweise auf Facebook einloggen, Fotos machen oder mit seinen Freunden chatten. Durch z. B. die sprachliche Aufforderung: »okay Glass, take a picture« lässt sich ein Foto schießen. Mit einer Streichbewegung über den rechten Bügel kann man einen Menüpunkt auswählen, etwa Google Hangouts (Nachrichten und Videotelefonie), eine Map, den Routenplaner oder die Facebook-App.

Smartwatches

Google will bei den boomenden Wearables, also am Körper tragbaren Geräten wie z. B. Smartwatches, mitmischen und veröffentlichte das Betriebssystem »Android Wear«, das via Sprachbefehl funktioniert. Was man sich von den Minicomputern am Handgelenk erwartet? Damit soll man unaufgefordert mit brauchbaren Informationen aus seiner Umwelt versorgt werden, z. B. erhält man Informationen zum Filmprogramm, wenn man gerade an einem Kino vorbeigeht. Zudem können diese Minicomputer verschiedene Arten von Aktivitäten der User messen oder aber auch als digitale Keys für z. B. Türen verwendet werden.

12.1.4   Social Ads

Social-Media-Nutzer werden in Zukunft immer die aktuellen Empfehlungen ihrer Freunde sehen und treffsichere, individualisierte Werbung anhand ihres Interessenprofils erhalten. Doch damit geht auch eine angespannte Privatsphären- und Datenschutzdiskussion einher, denn nicht jeder User möchte die Verarbeitung und Vermarktung seiner Nutzerdaten in diesem Ausmaß akzeptieren. Es steckt großes Potenzial in Werbeanzeigen mit sozialem Kontext. 60 % der Unternehmen gehen davon aus, dass sich Social Ads in Facebook, Twitter & Co. in den nächsten zwei Jahren für sie auszahlen werden.[2] Social Ads eignen sich für KMU (kleine und mittlere Unternehmen) sowie für Unternehmen mit starkem lokalem Bezug und Nischenprodukten. Aber soziale Werbeanzeigen müssen andere Bedürfnisse erfüllen als beispielsweise Anzeigen in Suchmaschinen oder die bezahlte Suche. Der

---

2 *http://www.briansolis.com/2011/08/report-the-rise-of-the-social-advertising*

Suchende in Google ist kaufbereiter, während der User in seinem sozialen Netzwerk anderen Bedürfnissen nachgeht. Targeting durch Social Ads muss also auch die Stimmungen des Users berücksichtigen. Das ist die wirkliche Herausforderung von Social Ads.

12.1.5 Social Brands

Social Media Marketing greift in alle vier Ps des Marketings ein: Produktpolitik (Trend- und Innovationsmanagement), Distributionspolitik (Social Commerce, Empfehlungsmarketing), Kommunikationspolitik (Kundensupport, Brand, Krisenkommunikation, Issue Management) und Preispolitik. Bewertungen und Preisvergleiche im Web waren erst der Anfang, um Unternehmen bei der Preisgestaltung in Zugzwang zu bringen. Mit Crowdsourcing- und Crowdfunding-Plattformen sind den Usern jetzt Tür und Tor geöffnet, ihre Lieblingsprodukte oder Zukunftstechnologien sowohl produktpolitisch als auch preispolitisch zu gestalten. Privatinvestoren und Kreative konkurrieren zunehmend mit den Innovationsteams in Unternehmen, und es gibt nur einen Weg aus diesem Dilemma: den Kunden in den Prozess zu involvieren. Und das hat auch einen ganz entscheidenden Vorteil. Denn das Produkt selbst ist das mächtigste Marketingtool, das Ihnen mehr oder weniger kostenlos zur Verfügung steht. Vielleicht haben Sie bereits vergessen, dass es möglich ist, über das Produkt selbst, sein Design und seine Verpackung eine Geschichte zu erzählen. Vergessen Sie das alte Marke/Design-Paradigma, bei dem Kommunikationsabteilungen Markenversprechen erfinden, die das Produkt entweder nicht halten kann, weil es nur ein Me-too-Produkt ist, oder weil das Marketing einfach eine ganz andere Geschichte erzählt als die, für die das Produkt wirklich steht. Viel besser wäre es, wenn Sie Kunden zukünftig an der Produktinnovation teilhaben ließen, wodurch dem Produkt bereits eine Geschichte mitgegeben würde, die das Marketing anschließend nur über die verschiedenen Kanäle stimulieren müsste. Den Rest erledigt wieder der Kunde, wenn er über das Produkt berichtet. So ist das Empfehlungsmarketing bereits implizit im Produkt angelegt. Solche Produkte vermarkten sich von selbst über Mundpropaganda (was Sie durch digitale Mundpropaganda verstärken können). Social Brands sind die Zukunft des Marketings. Verschlafen Sie das nicht.

12.2 Collaborative Consumption

Kollaboratives was? Collaborative Consumption beschreibt eine nachhaltige Form des Konsums, bei dem Ressourcen und materielle Güter gemeinsam sinnvoll genutzt werden. Dieses Prinzip ist nicht besonders neu. Sie kennen es vielleicht von der Plattform »Mitfahrgelegenheit«, wo sich Fahrer und Mitfahrer zusammentun, um die Benzinkosten zu teilen. Dieses Prinzip wurde mit der Plattform »Airbnb«

(*http://www.airbnb.com*) nun auch auf Privatunterkünfte angewendet. Dort können Zimmer tage- oder wochenweise zur Vermietung eingestellt werden. Der Mieter profitiert von einem guten Preis-Leistungs-Verhältnis, den Insidertipps vom Vermieter und häufig einer zentralen Lage des Zimmers. Insgesamt bietet Airbnb mittlerweile Unterkünfte in 190 Ländern und 19.000 Städten dieser Erde an. Das zeigt auch, dass die Menschen bereit sind (und schon immer waren), zu teilen. Langfristig etabliert sich mit Collaborative Consumption eine »Ökonomie des Teilens und Tauschens«, bei der der Zugang zu einem Gut höher bewertet wird als der Besitz. Social Media verstärkt diesen Wandel vom Individualismus zum Gemeinwohlprinzip.

Cloud Health

Der demografische Wandel stellt unsere medizinische Versorgung vor große Herausforderungen. Krankheiten wie z. B. Übergewicht und dessen Folgen zählen jetzt schon zu den häufigsten chronischen Krankheiten in den Industrieländern. Um dieser Herausforderung gerecht zu werden, müssen neue technische Devices entwickelt werden, die einerseits die Ärzte entlasten und andererseits die selbstständige Beobachtung des Gesundheitszustands ermöglichen. Ein Thema, mit dem wir uns deshalb in Zukunft sicherlich intensiv beschäftigen werden, ist Cloud Health. Darunter versteht man das ständige Sammeln von Gesundheitsdaten durch technische Hilfsmittel und deren Auswertung und Benchmarking über entsprechende Tools. Dadurch erhofft man sich bessere Forschungsergebnisse bzw. die bessere Vernetzung in der Forschung und Entwicklung.

Aber auch Patienten werden im Web immer mehr zu Experten ihrer eigenen Krankheit. Es entstehen Apps, die den Patienten in der mobilen Diagnostik unterstützen, was zu mehr Selbstbestimmtheit und Eigenverantwortlichkeit führt. Ein Beispiel dafür ist die App mysugr.com (*http://mysugr.com/de*), die es Diabetikern ermöglicht, via Smartphone den Blutzuckerspiegel zu messen. Apple hingegen erforscht offenbar die Möglichkeiten, Herzattacken vorauszusagen, indem das Geräusch des Blutstroms analysiert wird. So könnte die »iWatch«, eine digitale Armbanduhr, drohende Herzattacken vorhersagen. Mit Apples »Health«-App werden schon jetzt die Schritte eines jeden iPhone-Users gezählt, und so kann ein Bewegungsprofil erstellt werden. Mit Health lassen sich nicht nur die eigenen Aktivitäten, sondern auch die Ess- und Trinkgewohnheiten überwachen.

Immer mehr Gesundheits- und Lifestyleplattformen sowie Ernährungsdienstleister bieten Informationen, Webshops, Blogs und Apps zu diesem Thema. Experten designen immer bessere Gesundheitsmanagementsysteme, die sich viel stärker um präventive Maßnahmen kümmern als »nur« um die Symptome und deren Behandlung. So werden wir selbst zu Gesundheitsexperten.

12.3 Der vernetzte User wird zum SoLoMo-Konsument

Studien zeigen, dass sich die Welt der Geschäfte stark verändern wird. Die Zukunft von Social Commerce und Mobile Commerce lautet SoLoMo-Commerce. »SoLoMo« steht für Social, Local und Mobile und bedeutet die mobile Nutzung von Social Media mit lokalem Interesse. Das Mobile Web wird unser aller Leben durchdringen und nach Schätzungen im Jahr 2015 der bevorzugte Einstieg ins Internet sein. Der SoLoMo-Konsument interagiert mit Marken lokal, mobil und nach den Prinzipien von Social Media. Er möchte sofortiges Feedback von Unternehmen, Produktvergleiche statt Werbebotschaften und lokale Angebote. Nach und nach wird es anstelle der klassischen Ladengeschäfte mehr Showrooms geben, das heißt Ausstellungsräume, in denen die Produkte jeweils zur Ansicht bereitstehen. Der Handel wird so zum Schaufenster für Produkte und dient der haptischen Überzeugung – gekauft wird jedoch über mobile Endgeräte. Der Point of Sale wird zum Point of Purchase und entzieht sich immer mehr dem Einfluss des Handels. Den einzigen Ausweg aus diesem Dilemma bieten eine optimale Beratung, Empfehlungen und Bewertungen auf Infoscreens und interessante Online-Angebote direkt im Shop, z. B. Belohnungen und Auszeichnungen von Lieblingskunden. Dadurch verändert sich auch die Rolle der Verkäufer. Aber verabschieden Sie sich von bekannten Incentives mit Sektempfang und Tombola. Der vernetzte Konsument wünscht sich Sinnstiftung und Spaß beim Einkauf. Übrigens: Wer nicht offline einkauft, wird zum »Couch Consumer«, denn der Tablet-PC (iPad usw.) wird zum bevorzugten Einkaufsmedium, mit dem die User mehr Zeit auf Shoppingseiten verbringen und länger einkaufen.[3]

Second Screen

Stärker vernetzen werden sich in Zukunft auch die unterschiedlichen Medienausgabegeräte. Unter dem Stichwort »Second Screen« findet das bereits heute statt. Darunter wird die parallele Nutzung von einem TV-Gerät und einem anderen Endgerät, meist einem Smartphone, verstanden. Wenn Sie also z. B. den Tatort ansehen und dazu twittern, kann man das als Second-Screen-Nutzung bezeichnen. Noch deutlicher wurde das z. B. bei der Fußball-WM 2014. Sich ein Fußballspiel im TV anzusehen, aber gleichzeitig mit seinen Freunden darüber zu chatten, ein Bild auf Facebook hochzuladen und sich parallel über die Spieler der Mannschaft zu informieren, ist mittlerweile Alltag geworden. Auch die ARD wartet mit Social Radio und TV (*http://social.ard.de/*) mit einem Second-Screen-Angebot auf. Die stärkste Usergruppe bei der Second-Screen-Nutzung sind Jugendliche bzw. junge Erwachsene zwischen 14 und 29 Jahren.

---

3 *http://www.cmo.com/sites/default/files/Digital_Marketing_Insights_WP_FINAL.pdf*

12.4 Gamification – Marketing spielen

Wenn mit Crowdfunding das letzte P des Marketings gelöst wird, wird mit Gamification ein weiteres P – POWER – hinzukommen. Dabei geht es nicht um Gewinnspiele in Facebook per se oder um die Nutzung von Spielmechaniken im Marketing, wie Wettbewerbe, Belohnungen und Auszeichnungen. Denn das Spiel hat einen ganz besonderen Reiz. Gespielt wird immer freiwillig, auch wenn es Stunden dauert und Kraft kostet. Und Spielen ermöglicht es, Erfahrungen zu machen, die im realen Leben vielleicht nicht möglich wären. Stellen Sie sich also vor, jemand spielt mit Ihrer Marke freiwillig, investiert Zeit und vielleicht sogar Geld, um ans Ziel zu kommen! Das hat enorme Auswirkungen auf das Markenbranding. Sie können sich nicht vorstellen, dass Sie Ihre Zielgruppe für ein Spiel begeistern können? Denken Sie nur mal zurück an die letzte Fußball-WM und daran, wie viele Menschen sich für dieses Sport-Event begeistert haben, die sonst fußballresistent waren.

Das Beispiel einer spielerischen Belohnungskampagne von McDonald's zeigt ebenfalls, dass Gamification ein wichtiger Trend ist, den Sie nicht ignorieren sollten. In der Stockholmer Innenstadt konnten die Passanten um ein Essen von McDonald's spielen. Der Spieleklassiker Ping-Pong wurde auf einem Riesenbildschirm gezeigt, und die Passanten konnten mit ihrem Smartphone ihren Spieler steuern (siehe Abbildung 12.1). Wer 30 Sekunden gegen den Computer durchhielt, gewann ein Essen. Die Fast-Food-Kette überwand mit dieser Aktion die Grenzen des normalen Samplings mit klassischen Flyern wie »3 Burger für 1 EUR« und erzeugte bei den Menschen Freude und Spielspaß, bevor sie sie zu ihren Kunden machte.

Abbildung 12.1 Game-based Marketing, wie hier von McDonalds in Stockholm, ist ein wichtiges Trendthema.

12.5 Audience Engagement

Nachdem die letzten Jahre versucht wurde, Fanzahlen nach dem Maßstab von Coca-Colas Facebook-Seite zu generieren, wird das Ziel von Social Media Marketing lauten: *Audience Engagement*. Denn ein KMU kann keine Fanzahlen wie Coca-Cola generieren, und das braucht es auch nicht. Viel wichtiger ist es, die Fans in Social Media für die eigene Sache zu aktivieren (»Lean forward«). Im übertragenen Sinn ist Audience Engagement dann gegeben, wenn eine Band es schafft, sein Publikum zum Tanzen zu bringen. Für eine Marke gilt das Gleiche. Audience Engagement in Social Media hat zum Ziel, die Menschen vor ihren Rechnern für die eigene Sache (sei es nur ein Posting, eine Kampagne, eine Aktion) so zu begeistern, dass sie ihren Freunden und Bekannten davon erzählen und die Information in ihrem Netzwerk teilen und bewerten (liken, kommentieren, weiterempfehlen).

Audience Engagement ist ein sehr ambitioniertes Ziel, schließlich schraubt Facebook ständig an der Interaktionsrate und beschränkt, sehr zum Ärger aller Unternehmen, die Reichweite seiner Postings. Wie schafft man es also, »Lean forward« bei der Zielgruppe auszulösen? Carlsberg ist dies mit einem Kinogag im Jahr 2011 gelungen. Carlsberg schickte jeweils zwei unwissende Kinogäste in einen übervollen Saal mit 200 Bikern, in dem, inmitten von Popcorn und Testosteron, nur noch zwei Plätze frei waren. Bei dem Anblick drehten einige Besucher direkt wieder um, andere zögerten, und wenige Mutige nahmen zwischen den Bikern Platz. Am Ende des Videos belohnt Carlsberg die Mutigen mit einem »That calls for a Carlsberg«, die mit tosendem Applaus von den Bikern selbst überreicht wurden (siehe Abbildung 12.2). Der Kinogag machte schnell die Runde. Das offizielle YouTube-Video im CarlsbergBE-Channel wurde von über 10 Mio. Zuschauern innerhalb von nur zwei Wochen begeistert geklickt.

Natürlich hat Carlsberg dafür auch ein wenig Geld in die Hand nehmen müssen (und gleichzeitig Kosten für TV-Produktion und Distribution gespart, da das Video ausschließlich für YouTube produziert wurde). Und sie haben eines ganz richtig gemacht: Sie haben sich eine gute Idee einfallen lassen, die zur Marke passt, die jeder Zuschauer nachvollziehen kann und die das Publikum zum Lachen bringt, also aktiviert. Aktivierung in Social Media muss mehr bieten, als nur ein bisschen Herumklickerei. Der Anspruch der User, sich spielerisch mit Marken auseinanderzusetzen, ist durch die Interaktionsmöglichkeiten in Social Media enorm gestiegen und wird durch mobile Anwendungen und den Gamification-Ansatz zusätzlich befeuert. Die Storys der Konkurrenz dürfen nicht kopiert, sondern eigene Wege müssen gefunden werden.

12 Ausblick

Abbildung 12.2 Carlsbergs witziger YouTube-Spot sorgte für Aufmerksamkeit und eine Menge Audience Engagement.

Nehmen Sie sich in Sachen Audience Engagement ein Beispiel an »innocent Smoothies«. Mit der Aktion »Das Große Stricken« gelingt es innocent jedes Jahr aufs Neue, alte wie junge Menschen für das Stricken zu begeistern (siehe Abbildung 12.3). Denn: Pro gestrickte Mütze geht ein bestimmter Betrag an gemeinnützige Organisationen wie z. B. die Caritas Österreich. Und mit ein wenig Glück findet das Strickliesl ihr Mützchen am Ende der Aktion auf einer der innocent-Flaschen im Supermarktregal wieder. Die Aktion wurde auch mit einer Facebook-Kampagne begleitet, die mehrere Belohnungen und Stimuli beinhaltete, um die Teilnehmer immer wieder für das Große Stricken zu motivieren. Alle Online- und Offline-Maßnahmen waren crossmedial aufeinander abgestimmt, das Große Stricken eine runde Sache – von der Entstehung der Mützchen mit Strickanleitungen und Auszeichnungen in Facebook (anderen Usern Mützchen widmen, »Mützchen der Woche«) über den individuellen »Mützometer« in Facebook und die Preisgabe des gemeinsamen »Spendenstands« im innocent-Blog bis zur finalen Spende und schließlich bis zum Wiederentdecken der Mützchen im Einzelhandel. Die Zahlen sprechen jedes Jahr für sich: Waren es im Jahr 2011 schon über 400.000 Mützchen im deutschsprachigen Raum, so strickte die innocent-Community 2013 bereits über 660.000 Mützchen.

Abbildung 12.3 Kann man Menschen zum Stricken für den guten Zweck bewegen? »Das Große Stricken« zeigt, dass es geht. (Fotocredit: innocent Alps GmbH)

Aber es muss auch nicht immer eine so aufwendige Kampagne wie bei Carlsberg oder innocent sein. Audience Engagement kann auch im Social-Media-Alltag erreicht werden. Hier sind 15 Tipps:

1. Unterhalten Sie Ihr Publikum!
2. Schaffen Sie Emotionen. Aktivieren Sie die Gefühle Ihrer Zuschauer – bringen Sie sie zum Lachen, regen Sie sie zum Nachdenken an. Seien Sie schöpferisch!
3. Stellen Sie bedeutungsvolle Fragen. Fragen Sie nach der Meinung Ihrer Zuschauer.
4. Brainstormen Sie mit Ihrem Publikum. Fragen Sie nach Ideen.

5. Bitten Sie Ihr Publikum, an einer gemeinsamen Sache zu arbeiten, und lassen Sie sie eigene Ideen kreieren (z. B. Design-Contest).

6. Sprechen Sie mit (und nicht zu) Ihrem Publikum.

7. Teilen Sie persönliche Informationen (z. B. Lustiges, Erfreuliches aus dem Büroalltag).

8. Schenken Sie Ihrem Publikum Aufmerksamkeit, und geben Sie ihnen Anerkennung (beispielsweise durch Namensnennung).

9. Sprechen Sie mit Ihrem Publikum, wenn es gerade zuhört (nicht nachher).

10. Unterhalten Sie sich mit Ihrem Publikum. Antworten Sie auf deren Fragen und Kommentare.

11. Verblüffen und überraschen Sie Ihr Publikum (indem Sie eine Meldung vorab ankündigen).

12. Teilen Sie etwas Greifbares mit ihnen, ohne einen Gegenwert zu verlangen.

13. Seien Sie menschlich und Sie selbst.

14. Teilen Sie Besonderheiten mit, die dazu anregen, geteilt zu werden.

15. Nutzen Sie multimediale Inhalte, um das Publikum auf allen sensorischen Ebenen zu erreichen (Videos, Fotos, Zitate, Geschichten, Erzählungen, Gedichte).

12.6 Der Machtkampf unter den großen Vier: Google, Amazon, Apple und Facebook

In den kommenden Monaten und Jahren wird sich zeigen, wer bei den Fragen, die die Social-Media-Welt bedeuten und dominieren, die richtige Antwort haben wird. Unter den großen Vier herrscht sowohl Wettbewerb als auch Kooperation, und alle werden in den kommenden Monaten neue Konzepte und Produkte in Bezug auf Mobile und E-Commerce auf den Markt bringen.

Amazon ist der größte Online-Händler der Welt und experimentiert ständig mit neuen Services wie etwa der Lebensmittelzustellung (Amazon macht nur mehr 10 % seines Umsatzes mit Büchern), einem eigenen Smartphone (Kunde fotografiert ein Produkt und kann es anschließend gleich auf Amazon bestellen) oder Cloud-Projekten, bei denen User ihre Daten speichern können.

Ein Dienst, nämlich Amazon Dash (*https://fresh.amazon.com/dash/*), ist bereits jetzt in den USA im Einsatz. Mithilfe eines »Zauberstifts«, der den Barcode von Lebensmittelprodukten liest, kann man online einkaufen. Man hält den »Dash« an ein Produkt und scannt so den Barcode. Dieser wird in einer digitalen Einkaufsliste gespeichert, die man nach entsprechender Kontrolle abschicken kann. Dann erhält man die gekauften Produkte direkt an die Haustür geliefert. Der Zauberstab versteht auch Texteingaben. Wenn man allerdings ein Produkt kaufen will, das man noch nicht zu Hause hat oder dessen Barcode man nicht weiß, funktioniert der Service nicht.

Apple wiederum führt seit geraumer Zeit auch Gespräche mit verschiedenen Automobilherstellern wie z. B. Tesla. Die Integration von Smart Devices bzw. Social-Media-Apps steht dort erst am Anfang und bietet von Routenplanung bis Stauvorhersage ungeahnte Möglichkeiten.

Facebook wiederum wird einerseits versuchen, seine Vormachtstellung unter den sozialen Netzwerken zu sichern, andererseits am Ausbau seiner Werbeplattform arbeiten und versuchen, noch mehr Dienste, Informationen, Nutzen anzubieten, um seine Mitglieder noch länger innerhalb des Facebook-Ökosystems zu halten. Facebook als Suchmaschine und als Bewertungsplattform sind absehbare Nutzungsmöglichkeiten und Geschäftsmodelle. Vor allem mit innovativen mobilen Werbeformaten will Facebook in Zukunft noch mehr Geld verdienen. Immer mehr kristallisiert sich Facebook als Traffic-Lieferant für Webinhalte von News- und Entertainmentportalen heraus. Mit interessanten Inhalten und Features wird Facebook versuchen, diese Homebase für die User zu bleiben. Spannend wird auch der Kampf zwischen Google und Apple um deren jeweilige Position im Sektor mobiler Endgeräte bzw. deren Betriebssystem. Dass das Internet noch mobiler, die Dienste noch flexibler und innovativer werden (müssen), ist absehbar.

12.7   Social Media verändert Mediensozialisation

Der Medienwandel schreitet voran, und die User werden tagtäglich von einer Informationsflut überrollt. Dabei werden viele Informationen als »News-Häppchen« in sozialen Netzwerken präsentiert – Herkunft und Relevanz der Inhalte oft unbekannt. So ignorieren Social-Media-Newsportale wichtige Funktionen und Qualitätsstandards der klassischen Medien (Gatekeeper, Kritik- und Kontrollfunktion, journalistische Sorgfalt usw.). Seiten wie heftig.co feiern mit vermeintlichen Nachrichten wie »Dieser Straßenmusiker bekam Kleingeld von einem Mädchen. Was danach geschah, hat die ganze Stadt verblüfft.« oder »Dieses Mädchen war nur 6 Monate alt, als ihre Eltern eine erschütternde Entdeckung machten. Was dann passierte, hätte niemand vorhergesehen.« große Erfolge und können mit den Überschriften Hunderttausende Klicks verbuchen. Woher das Material kommt, das heftig.co verbreitet, wer es produziert hat und warum es genau jetzt relevant ist, spielt in der Auswahl offensichtlich keine Rolle. Dieses »Nachrichtenmodell«, über das seit dem Erfolg des vergleichbaren amerikanischen Diensts Buzzfeed geredet wird, will vorrangig Geld via Werbeeinschaltungen verdienen bzw. Werbeflächen verkaufen.

Noch plattere Informationen offenbaren Seiten wie »Der Postillon« (*http://www.der-postillon.com*) in Deutschland oder »Die Tagespresse« (*http://dietagespresse.com*) in Österreich. Dort werden gezielt Fake-Meldungen veröffentlicht. Und was machen die User? Die finden das witzig und teilen die Nachrichten in ihren sozialen Netzwerken. Wobei bei einigen Nachrichten nicht ersichtlich ist, ob es sich nun tatsächlich um eine Falschmeldung handelt oder nicht.

Abbildung 12.4 Nicht jede Informationsquelle ist vertrauenswürdig. (Quelle: Screenshot Facebook-Seite W&V)

Denn die Informationsspanne der User ist kurz: Maximal ein Satz soll erklären, worum es geht, ein Link, ein Video oder ein Foto dazu und die Möglichkeit, die Nachricht zu teilen und zu kommentieren – und fertig ist die Nachricht. Auch traditionelle Medien springen, im Kampf um die Quote, immer öfter auf diesen Häppchen-Journalismus auf.

In die gleiche Kerbe schlägt auch der Kurzvideo-Trend. Mittels Vine oder Instagram können User nur wenige Sekunden lange Videos aufnehmen. Dem Thema Kurzvideo haben sich die Gründer von YouTube, Chad Hurley und Steve Chen, ebenfalls angenommen. Sie haben mit dem Dienst MixBit (*https://mixbit.com*) einen ähnlichen Dienst gelauncht, bei dem es aber möglich ist, eigene und fremde Kurzvideos zu mixen und zu schneiden und einen bis zu einer Stunde langes Video zu erstellen.

Längere Geschichten lassen sich etwa mit Instagram oder Vine aber gar nicht erst erzählen. Wir sind überzeugt, dass diese bzw. ähnliche Formen des Content Curation in Zukunft an Bedeutung zulegen werden bzw. diese Kurz-Videodienste schon bald als neues Werbeanzeigenformat genutzt werden.

12.8   Von Content Creation zu Content Curation

Anstatt immer mehr Inhalte selbst zu erstellen, nutzen User und Unternehmen die Inhalte Dritter, wie z. B. Bilder, Bewertungen, Kommentare, Forenbeiträge, Testberichte oder Artikel aus Fachmedien. Diese werden nach Bedarf zusammengestellt und mit eigenen Texten kommentiert und veröffentlicht. Jeder, der ein Facebook-, Twitter- oder Pinterest-Konto hat, wird dadurch zum potenziellen Content Curator. Klassische Gatekeeper gibt es im Social Web nicht. Die Grenzen zwischen Medienunternehmen, Lesern und Journalisten verwischen dadurch.

Das ist auch ein Grund, warum Facebook ständig den Newsfeed-Algorithmus ändert. Ziel ist, den Usern möglichst jene Nachrichten zu liefern, die von persönlichem Interesse für den User sind. Diese Interessen werden durch die Aktivitäten und die Interaktion des Users beeinflusst und durch spezielle Algorithmen berechnet und gefiltert.

In Zukunft ist die Medienkompetenz jedes einzelnen Users noch stärker gefragt, um Inhalte im Web einzuordnen, um ihre Glaubwürdigkeit einschätzen zu können und um zu beurteilen, welche persönlichen Daten man in sozialen Netzwerken veröffentlichen sollte und welche nicht.

12.9   Fangen Sie an!

Wer es nun schafft, all diese Trends und Themen zu verstehen, zu sortieren und im Bedarfsfall sinnvoll für sich zu nutzen, der hat gute Aussichten, seine Marke im digitalen Zeitalter, dessen Herausforderungen nach wie vor im sozialen, aber auch im mobilen Wandel liegen, zu positionieren. Social Media Marketing ist kein Trend, sondern steht immer noch am Anfang seines Potenzials. Denn Social Media Marketing bietet als einzige Marketingdisziplin die Möglichkeit, die Glücksmomente, die Emotionen und die Freude der Menschen hinter ihren Rechnern in Kampagnen zu transformieren, um Menschen nachhaltig von der eigenen Marke zu begeistern.

Die Autoren der Rechtstipps im Buch

Mag. Peter Harlander ist Rechtsanwalt und allgemein beeideter und gerichtlich zertifizierter IT-Sachverständiger. Bis er sich ausschließlich der Tätigkeit als Rechtsanwalt und IT-Sachverständiger verschrieb, führte er neben seiner juristischen Tätigkeit viele Jahre ein auf die IT-Betreuung von Rechtsanwaltskanzleien spezialisiertes IT-Unternehmen.

Um seinem Status als IT-Sachverständiger gerecht zu werden, bildet sich Mag. Peter Harlander bis heute technisch ständig weiter, was zur Folge hat, dass er technische Sachverhalte – und damit seine Kunden und deren IT- und Internetprojekte – wirklich von Grund auf versteht.

Aufgrund seiner hochgradigen Spezialisierung fokussiert sich seine Tätigkeit nahezu ausschließlich auf das österreichische und deutsche IT-, Internet-, Social-Media- und E-Commerce-Recht sowie auf damit zusammenhängende Fachgebiete wie Markenrecht, Urheberrecht, Wettbewerbsrecht und Datenschutzrecht. Mag. Peter Harlander bietet österreich- und deutschlandweit Vorträge und auch mehrtägige Schulungen an. Kunden, die nicht vor Ort sind, berät er gern via Videokonferenz.

Sie erreichen Mag. Peter Harlander unter *office@virtuallaw.at*. Mehr Informationen finden Sie auf seiner Website *www.virtuallaw.at*.

Die Autoren der Rechtstipps im Buch

Rechtsanwalt Sven Hörnich hat sich seit frühester Jug end der Medienlandschaft verschrieben, drehte selbst Filme und war hierfür sogar vor der Kamera in mehreren Kurz- und Langfilmen aktiv. Neben seinem Jurastudium war er zudem als Bandmanager und Musikjournalist tätig. Er kennt die Tücken des Weges von der Idee bis zur Umsetzung und die typischen Fehler, die einem Rechtsunkundigen dabei unterlaufen können, wie auch diejenigen Faktoren, die schlicht nicht kontrollierbar sind. So kreierte und programmierte er unter anderem Internetvideo-Fanzines in der Pre-YouTube-Phase, nur um dann mit anzusehen, wie »Inhalt« durch »Vielfalt« ersetzt wurde. Den »Gründergeist« hat er sich jedoch trotz aller Untiefen auch für seine anwaltliche Tätigkeit bewahrt. Seit seiner Zulassung als deutscher Rechtsanwalt im Jahr 2008 stand er vor allem auch Start-ups sowie kleinen und mittleren Unternehmen in den Bereichen des Medien-, Marken-, Urheber- und Wettbewerbsrechts zur Seite. Rechtsanwalt Sven Hörnich gründete nach langjähriger Tätigkeit im Dresdner Büro einer spezialisierten mittelständischen Kanzlei im Jahr 2012 seine eigene Sozietät in Dresden. Sie erreichen ihn am einfachsten per E-Mail (*kanzlei@sven-hoernich.de*). Weitere Informationen, Artikel und Kontaktmöglichkeiten finden Sie zudem auf seiner Internetseite *www.sven-hoernich.de*.

Das Coverbild

Sabine Tress in ihrem Atelier.
Das Portraitfoto ist von Gilbert Flöck (www.gilbert-floeck.de).

Das Titelbild dieses Buchs stammt von Sabine Tress, die 1968 in Ulm geboren wurde und von 1989–1994 Malerei an der Ecole nationale supérieure des Beaux Arts de Paris studierte. Anschließend arbeitete sie freiberuflich als Malerin in Ateliers in London und Berlin. Seit 2004 mietet sie einen Arbeitsraum im Kunstwerk Köln, Deutz. Ihre Arbeiten haben sich mehr und mehr zu einer Auseinandersetzung mit der Farbe als Materie und der Fläche entwickelt. Viele Übermalungen und Farbschichten kennzeichnen ihre Acrylbilder, in denen sie oftmals auch mit Sprayfarbe interveniert.

Bereits vorhandene Farbflächen werden bis zur Unkenntlichkeit überdeckt, andere werden so verführerisch und hauchzart verschleiert, dass man umso neugieriger wird auf das immer noch offenkundige Darunter. Sabine Tress stellt keine Welt von außen in ihren Bildern dar, sondern schafft eigene und persönliche Bildebenen. Diese lassen dem Betrachter genug Platz für individuelle Assoziationen. Die Bildtitel sind in diesem Sinne nur Hinweise auf mögliche Inspirationsquellen oder Gedankenblitze.

Mehr Infos unter: *www.sabinetress.de*

Index

500px 372

A

A hunter shoots a bear 355
Absatz 443
Absatzmarketing 80
Absatzsteigerung 433
Abverkauf 444
   mobil 397
Ad Impressions 423
Add-on 378
Administrator 185
Advertising 454
Advocate Influence 119
Airbnb 507
Allgemeine Geschäftsbedingungen 495
Alpha-Blogger 195
Always-on-Mentalität 406
Amazon 168, 451, 468, 514
   Bewertungen 168
   Rezensionen 168
   Vorschlagswesen 457
Amazon Kindle 418
Ambient Media 408
Anfängerfehler 163
Angebote
   exklusiv 443, 445, 452
   personalisiert 459
Angebotsüberhang 453
Ansprechpartner 164, 266
Anwendungen 41
   Auszeichnungen 426
   Badges 426
API (Application Programming
   Interface) 266
Apple 514
Applikationen für Smartphones 175
Apps 266, 411
   Abo-Modelle 417
   Entwicklung 416
   Finanzierung 417
   Geo-Apps 424
   Hybridmodelle 417
   Info-App 416

Apps (Forts.)
   mit Kaufoption 416
   Mobile Marketing, App Store 405
   Pay per Download 417
   Prototyp 416
   Shopping-Apps 433
   Spiele 412
   Spiele-App 418
   Strategie 412, 414
   Stufenmodell 416
   Video-App 416
   Werbefinanzierung 417
App-Stores 414
Arbeitsrecht 485
ARD/ZDF-Online-Studie 75
Audience Engagement 420, 511–512
Aufmerksamkeitsspanne 343
Auftragsgenerierung 331
Aufwand 82
Augmented Reality 165, 438
   Shopping 439
Austrian Internet Monitor 75
Auszeichnungen 487
Außenwerbung 409
Authentizität 41, 58, 70, 155, 158–159,
   165, 183, 189, 199, 231, 247, 308, 450
Autorenblog 197
Autorencommunity 476
Autorität 451
Avatar 160

B

B2B 147, 191, 439
B2B-Plattform 331
B2B-Unternehmen 47
B2C 147, 191, 439, 453
B2C-Unternehmen 49
Barcodes 408
Basisprofile 363
Behavioral Targeting 354
Beitrag löschen 153
Bekanntheitsgrad 54
Beleidigung 97, 152

523

Index

Belohnungen 459, 469–470, 500
Belohnungskampagne 510
Belohnungssysteme 459, 487
Benchmark 82, 120, 130
Berufserfahrung 324
Beschreibung 350, 353, 366, 381–382
Beschriftung 362
Beschwerden 115
Besucher auf Ihrer Webseite 366
Besucherfrequenz 429
Besucherstatistik 428, 462
Betriebsgeheimnis 96–97
Betriebssysteme
   Android 415
Bewegtbilder 350
Bewegungsprofile 431
Bewertungen 39, 164–165, 382,
                                     385–386, 399
   Ärztebewertungen 172
   Bewertungsplattformen 165
   gefälschte 167, 177
   Hotelbewertungen 34
   Lehrerbewertungen 172
   negative 103, 166, 176, 233
   positive 168, 233
   Reisebewertungen 172
   Umgang mit 176
   Urlaubsbewertungen 173
Bewertungsmöglichkeit 165
Bewertungsplattformen 101, 165, 430
Bewertungssysteme 450
Beziehung, wechselseitige 456
Beziehungsaufbau 28, 43, 84, 109
Beziehungsstruktur 273
Bildbearbeitungsfunktionen 369
Bildbegleittext 364
Bilder im Web 365
Bilderplattformen 366
Bildersuche 362
Bildmaterial 363
Bildqualität 375
Bildrecht 376
Bildtags 364
Bildtitel 364, 370
bit.ly 240
Blog 99, 153, 179, 204, 481–482
   abonnieren 218
   fremd gehostetes 203
   selbst gehostetes 207

Blogautor 189–190, 222
Blogbeitrag 223, 385
Blogdesign 206–207, 223
Blog-FAQ 220
Blogger 189
Blogger Relations 179
Bloggerabmahnung 194
Blogosphäre 180, 182, 194–195, 348
Blogroll 198
Blog-SEO 214
Blogsoftware 185, 200, 206
Blogtechnologie 181
Blogthemen 219
Blogüberschriften 216
Blog-URL 217
Blogvernetzung 198
Bluetooth-Werbung 407
Boardreader 161
Boards 263
booking.com 175
Bookmark 376, 382
Bookmarking-Dienste 338
Bookmarking-Newsletter 379
Brand 36
   Advocacy 73, 81, 120–121, 447
   Awareness 36, 73, 81
   Loyalty ... 37, 73, 81, 102, 158, 454, 456
Branded Channel 351
Branding 390
Breitbandverfügbarkeit 397
Browser-Add-on 380
Buchungsportal 176
Buddy-Icon 369
Bürgerjournalismus 229, 237, 384, 486
Businessnetzwerk 321, 323
BuzzRank 141

C

Challenge Based Community 502
Channel 351, 390
Channel-Betreiber 351
check24.de 169
Check-in 304–305
Clipfish 357
Cluetrain Manifest 35
CMS 181, 201
Collaborative Consumption 507

524

Community 155, 157, 159, 162, 287
   Bewertungen 488
   lokal 424–425
Community Manager 100
Community-Engagement 73, 81, 120
Community-Software 481
Consumer Commerce
   Barometer 446–447
Consumer Decision Journey 31, 37
Consumer Insights 73
Content 339
Content is King 349
Content Marketing 73
Content-Management-System
   → *CMS*
Content-Plattformen 339
Content-Portale 338
Convenience 472
Conversion Rate 120, 298, 469
Copyright 69, 363
Corporate Blog 185–186, 190
Corporate Identity 456
Corporate Podcast 393
Corporate Twitter 234
Corporate-Tweet-Anwendung 251
Couch Consumer 509
Couponing 401, 425–426, 429,
                               436, 452, 459
Creative Commons 69, 365, 369
Crossmedia 49, 85, 423, 440, 512
Crossmedia-Kampagne 49, 71
Cross-Selling 478
Crowdfunder 499
Crowdfunding 496, 502, 507, 510
   Micropayment 501
   Plattformen 500
   Projektunterstützer 499, 502
   Vorteile 498
Crowdsourcing 45, 47, 475, 507
   AAL-Prinzip 496
   Absatz 492
   Anerkennung 475
   Auszeichnungen 487
   Benefit 487
   Blog 476, 481–482
   Brainstorming 477
   Community 477–479, 481,
                                487–488, 490
   Erfolg 501

Crowdsourcing (Forts.)
   Finanzierung 496
   Ideen 488
   Innovationsmanagement 477, 479,
                                 490, 502
   Journalismus 485
   Kapazitätsauslastung 492
   Konkurrenz 489
   Kritik 495
   Lieblingskunden 502
   Marketing 477
   Marktforschung 490
   Massenproduktion 492, 494
   Mitarbeiter 481, 484
   Online-Handel 486
   Open Innovation 476
   Portal 488
   Prinzipien 487, 502
   Produktentwicklung 479, 483, 493
   Produktideen 483, 490, 502
   Projekt 488, 495
   Rechtsfragen 494
   Rechtstipp 494
   Werbekampagne 479, 490
   Wissensmanagement 481, 484
Customer Engagement 452
Customer Insights 464
Customer Involvement 420, 441
Customer Journey 448

D

Daimler AG 191
Daimler-Blog 112
Dateiname 364
Datenbasis 447
Datenmissbrauch 489
Datenpool 462, 464
Datenqualität 133
Datenschutz 53, 96
Datenvermeidung 149
Delicious 380
Dell 29
Demografische Daten 355
Dialog 44, 164, 185, 188, 193
Dialoginstrument 35, 184, 200
Dialogqualität 120
Diashow 367

525

Digg 387
Digital Immigrants 52
Digital Native 52, 146
Digital Visitors 53
Digitale Avantgarde 406
Digitale Mundpropaganda 425, 447
Digitaler Lebenslauf 329
Direct Message (DM) 240
Direkter Kontakt 268
Diskussionen 28, 159–160, 164
Diskussionsbeitrag 161
Diskussionsreichweite 119
Distribution 43, 78, 81
Distributionspolitik 507
DIY 491, 494
DIY-Märkte 494
Do it yourself 491, 494
Downranken 154
Drag-and-drop 367
Drei-Säulen-Modell 87
Durchdringungsrate 274

E

Early Adopters 405
Early Majority 54
Earned Media 56
Echtzeitjournalismus 232
Echtzeitkommunikation 92, 247, 400
Echtzeitmedium 232
E-Commerce 46, 73, 444
EdgeRank 79
Effizienz 434
Eigendarstellung 263
Eigene Inhalte 387
Einkaufsberater 169
Einkaufsmedium 509
Einkaufsverhalten 447
Einkommensstruktur 75
Einstiegshürde 339
Einwegkommunikation 44
E-Mail 264, 267
Embed-Code 367
»Empfehlen«-Button 295
Empfehlungen 27, 34, 339, 353, 444
   anderer User 265
   Empfehlungsinstrument 473

Empfehlungsmarketing 33, 37, 45, 47,
                73, 178, 209, 266, 342, 363,
                425, 428, 443, 457, 505, 507
   lokales 430
Empfehlungssysteme 469, 471
Entscheidungsbefugnis 284
Entscheidungshilfe 164
Erfahrungen 27, 159, 164, 287
Erfahrungsaustausch 44
Erfahrungsberichte 165, 456
Erfolgsmessung 118, 123
Eventmarketing 409
Exklusivität 452, 459
Expertenstatus 158, 163, 234–235,
                243, 333, 451

F

Facebook 261, 271, 337, 453, 514
   Aktivitäten 283
   API 292
   Apps 292
   Benimmregeln 308
   Bewertungen 171
   CMS-Anbieter 291
   Custom Audience 299
   Deals 306
   Edgerank 288
   Fans 284
   Freundschaften 278
   Frictionless Sharing 294
   für Unternehmen 274
   Gemeinschaftsseite 281
   Gewinnspiel 300
   Global Pages 306
   Gruppe 278
   Handelsplattform 464
   Impressumspflicht 292
   Infobereich 284
   Kampagne 512
   Kategorie 298
   Kritik 465
   Landingtab 289
   Like-Box 461
   Newsfeed 276, 458
   Newsfeed-Algorithmus 288
   Newsfeed-Sale 460

526

Index

Facebook (Forts.)

Nutzerverhalten 273
Ökosystem 515
Open Graph 293, 460
Page 276
Parent/Child-Struktur 306
Places 304–305
Profil 276
Rezensionen 171
Richtlinien 279
Richtlinien für Gewinnspiele 300
Seite 275–276, 279, 282
Seitenadministrator 277
Seiten-Kategorie 284
Seitenstatistiken 301
Shoplösungen 458, 467
Shopping 472
Shops 460, 467, 469
Social Plugins 294
Storefront 460
Suche 278, 296
Targeting 298
Unternehmenskonto 277
URL 285
User 273, 275
Userzahlen 274
Währung 470
Werbeanzeigen 275, 297
Werbung 45, 297
Facebook Commerce 38, 41
Facebook Credits 470
Facebook Places 430
Facebook-Commerce 444, 458, 472
Dimensionen 460
Empfehlungssysteme 469
Facebook-Shops 467
Gutscheine 469
Hürden 470
Produktkatalog 465
Rabattaktionen 469
StoreEnvy 469
Storefront 465
Facebook-Shop
Produktansicht 469
Zertifizierungen 469
Facebook-Shoplösungen
Tipps 469
Fachexperte 159

Fan-first-Angebote 452, 459
Fan-Gating 300
Fan-only-Angebote 452, 459
Fans 261
Fanseite 279
Fanseiten-Widget 294
Fanzahlen 284
FAQ 184
F-Commerce 444, 458–459, 472
Feedback 28, 54, 64, 69, 151, 164–165,
                       183, 233, 479, 499
Feedbackkanal 58, 84
Feedbackkultur 86
Feedbackmöglichkeit 71
Feedreader 182, 392
Filesharing 99
Firmenblog 84, 185
Firmenblogger 199
Firmengeheimnis 245, 489
Firmengeschichte 185
Firmenimage 231
Firmenphilosophie 74, 85, 112, 128
Flamewar 65
Flashmob 346
Flattr 501
Flickr 341, 366, 368–369
Flinc 431
Follower 240, 243, 261
Foren 31, 77, 155, 159, 263
Administrator 160, 163
Filter 162
Knigge 163
Listen 162
Marketing 164
Mitglieder 155, 160–162
Moderator 160, 163
Nickname 162
Profil 162
Signatur 158, 162
Suche 161
Thread 160, 163
Tipps 162
User 157
Forenarbeit 158–159
Forenbeitrag 31, 161
Forenbetreiber 163
Forennutzungsbedingungen 163
Forumcheck 162

527

Fotoalbum 341, 367
Fotocommunity 317, 368
Fotolizenzierung 365
Fotoortsangabe 365
Fotoplattformen 361–363, 365, 375
Fotosharing-Plattformen 362, 366, 370
Foursquare 304, 306, 401, 424, 426
   Badges 426
   Check-in 427
   Mayorship 426
Friends Store 463
Funktionalität 469

G

Gamification 36, 510
Gastautoren 485
Gastbeitrag 196
Geben-und-Nehmen-
   Prinzip 108, 425, 487
Gefällt mir 79, 459
»Gefällt mir«-Button 275
Gegenseitigkeit 457
Gemeinschaftsseite 276, 281
Gemeinwohlprinzip 508
Generalisten 270
Geodaten 431
Geschäftsgeheimnis 97
Geschäftsideen 495, 500
Geschäftsprozess 475
Gettings 436
Gewinnspiele 221, 288, 376, 459
Give-away 483
Glaubwürdigkeit 167, 199
Google 169, 447, 514
   AdWords-Keyword-Tool 215
   Analytics 214, 217
   Earth 370
   Konto 351
   Maps 370
   Mobile Ads 423
   SEO 369
   Stars 383
   Suche 161
   Suchergebnis 343
   Universal Search 340
Google Android 415
Google Goggles 439, 441

Google+ 309, 471
   +1-Button 312
   Hangout 316, 359
   Kreise 311
   Profil 310
   Ripples 316
   Unternehmensseiten 313
Google+ Bilder 369
Gowalla 304
GPS-Daten 370
Groupon 452
Gruppe 276, 368
Gruppenmitglieder 330
Guestsourcing 375

H

Handel 451
Handyverbot 98
Hashtags 241, 244, 249, 253
Hintergrundgeschichten 287
HolidayCheck 173
Hootsuite 139, 240, 250
HTML-Tags 366
Hype 29, 268

I

Icerocket 136
Ich-Perspektive 189
Idea Impact 119
Idea is King 346
Ideencommunity 39
Ideeneffekt 119
Ideengewinnung 477
Identität 162
Ignoranz 62
Imagefilm 343
Imageschaden 65, 167
   irreparabler 177
Imageverlust 62
Impressum 198
Impulskäufe 458
In-App-Werbung 417
Incentive 509
Influencer 37, 53–54, 144,
                        155, 158, 235

Informationsaustausch 41, 281
Informationsgewinnung 243
Informationskanal 243
Informationsmöglichkeiten 337
Informationsquelle 44, 165, 173
Informationssuche 164, 362
Informationsüberflutung 53
In-Game-Werbung 417
Inhalte 287
  streuen 268, 270
Innovation 164, 475, 487
Innovationsgrad 120
Innovationsmanagement 476–477, 507
  intern/extern 481
Innovationsteam 483
Innovatoren 54
Instagram 317
Interagieren 110
Interaktion 28, 43, 79, 301
Interaktionsrate 85
Interaktivität 348
Interessenprofil 506
Internationale Kampagne 131
Internetaffinität 406
Internet-Etiquette
  → Netiquette
Internetnutzung 75
Internetpublikum 338
Investor Relations 230
InVideo-Shopping 50
iPad 418, 509
  App 421
Issue Management 507

J

JAKO 194
Jobangebote 329
Journalismus 180, 477
Journalisten 41
Junkers 348

K

Kampagne 299
Kampagnen-Add-on 440
Kanalbeschreibung 352

Kanaltags 352
Kapazitätsauslastung 453
Kaufabsicht 458
Kaufanreiz 43
Kaufbarrieren 447, 450
Kaufentscheidung 37, 165, 168,
                                  444, 446, 451
Kaufentscheidungsprozess 165
Kauferlebnis 452
  personalisiertes 447
Kaufimpuls 448
Kaufstimuli 434
Kaufverhalten 31, 464
Keeeb 383
Kennzahlen 135, 143
  Social Commerce 120
Key Performance Indicator
  → KPI
Keynote 388
Keyword-Recherche 350
Keywords 132, 144, 215, 339, 350,
                              354, 363–364, 376
Keyword-Spamming 365
Keyword-Stuffing 365
Keyword-Suche 156
Klassische Werbung 488
Klickraten 253
Klout 258
KMU 89, 131
Kollaboration 43
Kollektive Intelligenz 476–477
Kommentare 269
Kommentarfunktion 165, 184
Kommentarrichtlinien 194
Kommunikation 28, 159, 469
  24/7 95
  auf Augenhöhe 459
  bidirektionale 45
  in Echtzeit 229
  many to many 28
  mit Freunden 268
  one to many 28
Kommunikationsabteilung 507
Kommunikationskultur 231
Kommunikationsmix 423
Kompetenz 131, 183, 388
  zeigen 266
Konkurrenz 111, 132, 183, 220,
                              243, 488, 491

529

Konkurrenzbeobachtung 237
Konkurrenzprodukte 451
Konsument 27
Consumer Decision Journey 31
vernetzt 402, 473, 509
Konsumentenreise 448
Konsumentensicht 164
Konsumgüter 454
Konsumverhalten 183
Kontaktanfragen 264
Kontakte 27, 155, 263
knüpfen 328
pflegen 327
Kontaktpflege 38
Konzeption 92
der Werbekampagne 269
Kostenkalkulation 82
Kosten-Nutzen-Verhältnis 473
KPI 59, 119, 121, 123
Kreativität 479, 499
Krisenkommunikation 231–232, 507
Krisen-PR 60, 63, 84, 188, 194
Krisenprävention 131
Krisenszenario 194
Kritik 104, 151, 153, 159, 177, 183
Kritische Masse 160
Kulturförderung 499
Kunden 27, 74, 159
-*ansprache* 42, 464
-*beratung* 417
-*bewertungen* 447
-*beziehung* 35, 43, 45, 83, 231, 268
-*bindung* 38, 45, 131, 231, 412, 459
-*dialog* 58, 109, 111, 120
-*feedback* 39, 158, 160, 176,
233, 237, 400
-*gewinnung* 38, 41, 49, 81, 459
-*kontakt* 27
-*perspektive* 375
-*service* 73, 400
-*support* ... 120, 220, 228, 231, 235, 507
-*unzufriedenheit* 166
-*zufriedenheit* 39, 73, 102, 168, 177,
183, 237
Kundenverhalten 268
kununu.de 170
Kurzbiografie 162
Kurznachrichten 239

L

Landingpage 298, 386
Last.fm 320
Late Majority 54
Laufendes Monitoring 130
Law of Social Sharing 337
Lead-Generierung 120
Lesezeichen 376–377, 380–381
Lieblingskunden 193, 196, 424, 428,
434, 452, 454, 459, 485, 509
finden 105
Lieblingskundenprinzip 82, 339, 425
Lieblingsmarke 467
Like 454
Like-Box 285, 294
Like-Button 78, 295, 461, 464–465
Integration 460, 469
Like-Effekt 462
LinkedIn 49, 321, 331–332
Account 389
Maps 334
Links 337, 377, 381
Linksetzen 340
Linkverkürzung 240, 249
bit.ly 258
Listen 162
Lobbyarbeit 180
Location Based Marketing 397,
423–424, 428, 441
Location Based Services 401, 423, 490
beliebt 424
Kritik 431
Lokale Suche 401
Lokales Marketing 424–425, 427
Long Tail 46, 184, 228
Lösungsrate 119
Loyalität 85
Loyalitätszyklus 32

M

Macht der Kunden 31
Mainstream 180
MA-Net-Studie 75
Manpower 89
Marke 30, 109, 131, 151, 454
Eigenbau 494

530

Markenbekanntheit ... 36, 78, 81, 121, 140
Markenbekenntnisse 57
Markenbotschafter 31, 33, 35, 37, 43, 45, 456
Markenbranding 36, 58, 73, 81, 412, 424, 510
   interaktives 36
Markenfans 37, 73, 81, 119, 158, 269, 454, 459, 475
   belohnen 445
Markenidentität 81
Markenimage 37, 78
Markenkommunikation 43, 47, 58
Markenkonsistenz 456
Markenkrise 63
Markenloyalität 31, 37, 120, 454, 456, 459
Markenpositionierung 416
Markenrecht 488
Markenreputation 257
Markenversprechen 58
Marketer 162
Marketing 29
   spielerisches 510
   Word of Mouth 31, 34
   Word-of-Mouth 33
Marketingabteilung 191
Marketinginstrument 67
Marketingmaßnahmen 131
Marketingmix 47, 73
Marketingstrategie 479
Marktdurchdringung 273
Marktforschung 73, 107, 140, 156, 158, 183, 387, 462
Marktforschungsinstrument 47
Marktkräfte 34
Markttauglichkeit 478
Mass Customization 491–492
Mediadaten 75
Medienästhetisierung 441
Medienkompetenz 146
Mediennutzungswandel 265
Medium 205
Meinungen 27, 44, 158, 163–164, 287
Meinungsfreiheit 166
Meinungsführer 53–54, 81, 140, 144, 158, 226, 235, 348, 416, 454
meinVZ 319
Mention-Funktion 287

Mentions 144, 241
Messbarkeit 45, 283
Me-too-Produkte 451
Mitarbeiter-Recruiting 92–93, 269, 329
Mitbestimmung 445, 477
Mitgliederwerbung 163
Mitgliederzahlen 269
Mitmach-Web 27, 29, 477
Mitspracherecht 43, 47
Mobile Advertising 421
Mobile Commerce 397, 400, 407, 431
   Mobile Couponing 436
   Preisvergleiche 399
   Produktvergleiche 399
   Shopping-Apps 434
   Trend 442
Mobile Communities 400
Mobile Games 412
Mobile Marketing 400, 402
   Apps 405, 411
   Couponing 401
   iAds 423
   interaktives 419
   Mobile Ads 405, 407, 421
   Mobil-Strategie 404
   ortsbezogene Angebote ... 401
   Reichweite 430
   Strategie 405
   Unternehmens-App 412
   Ziele 406
Mobile Payment 417, 436
Mobile Shopping 400, 431
Mobile Social Marketing 397
Mobile Social Web 424
Mobile Web 398
Moderatoren 330
Monetarisierung 462
Monitoring 268, 270
   Agentur 141
   begleitendes 135
   Dienste 141
   Setting 133
Monitoring-Tools 129, 140
   rechtliche Hinweise 132
Multimedia-Inhalte 338
Multiplikatoren 41, 54, 60, 68, 155, 180, 233, 266, 283, 497
   gewinnen 499

531

Mundpropaganda 31–34, 209, 266, 344, 445, 456, 493
  digitale 37
  negative 192
  Social Influencer Score 120
Myspace.com 319
MyVideo 357

N

Nachrichten 378, 385
Negativbeispiel 68
Negativimage 60
Nestlé-Marktplatz 451
Netiquette 64, 194
Netvibes 138
Netzwerkeffekte 348
News 337
Newsbeitrag 340
Newsbereich 179
Newsletter 182, 269
Newsletter-Funktion 209
NFC 437
Nielsen-Studie 265
Nischenprodukte 494, 506
Notizenfeld 381
Nutzerverhalten 129
Nutzungsbedingungen 162
Nutzungsmöglichkeiten 341
Nutzungsrechte 368, 376

O

Öffentlichkeitsarbeit 41, 95, 246, 269, 337
Ökonomie des Teilens 508
Online Relations 73, 81, 179, 211, 226
Online Reputation Management 73, 129, 145, 154
Online Reputation, Net Reputation
  Score 120
Online-Brainstorming 477
Online-Community 37
Online-Marketing 36, 42, 45, 421
Online-Mundpropaganda 266
Online-Reiseshopper 34

Online-Reputation 140, 151, 164, 184, 244, 268, 386
Online-Sales 447
Online-Shop 280, 433
Online-Shopper 444, 451, 456, 468
Online-Tageszeitung 253
Online-Video 341, 343
Open Call 477
Open Graph
  API 461
  Integration 461–462
  Kritik 464
  Open Graph 2.0 472
  Protocol 295, 461
Open Innovation 476
Open Source 28, 206
Opt-out-Prinzip 464
ORM
  → *Online Reputation Management*
Ortsbezogene Angebote 436
Owned Media 56

P

Page 279
Paid Media 56
Pandora Bracelet Designer 293
Panoramio 370
Partizipation 43, 452, 487
Passion 144
Personalaufwand 82
Personaleinsatz 221
Personalisierte Werbung 276
Personalsuche
  → *Mitarbeiter-Recruiting*
Personenprofil 333
Perspektivenwechsel 220, 282
Photobucket 372
Picasa 369
Pinnwandeintrag 287
Pinterest 339, 371, 384
Plane Mob 346
Planungssicherheit 90
Plattformen 28, 41, 337
Plug-in 210, 378, 380
Podcasting-Plattformen 392
Podcasting-Portal 395

Podcast-Nutzung 393
Podcast-Produktion 394
Podcasts 221, 337, 391
Podcast-Service 395
Podcatcher 392
POI-Marketing 428
Point of Interest (POI) 427
Point of Sale 424, 450, 509
Popular Tags 381
Positives Feedback 153
POST-Framework 74, 76, 106
Posting 160
PowerPoint-Präsentationen 341, 388
Poweruser 155
PR off the records 179
Präsentationen 389
Preisnachlass 453
Preispolitik 43, 507
Preisvergleiche 447, 507
    online/offline 451
Pressebereich 224
Pressebereich 2.0 224
Pressecorner 179
Pressemitteilungen 180, 188
Prinzip der Gegenseitigkeit 328
Privatsphäre 137, 146, 265, 272,
                        464–465, 470, 506
Privatsphären-Einstellungen 136,
                        150, 265
Proaktiv 157, 177, 233, 237, 464
Problembehebung 176
Produktbewertungen 400, 416
Produktdesign 507
Produktdifferenzierung 46
Produktempfehlungen 33, 79
Produktenttäuschung 39, 444
Produktentwicklung 111, 164, 237,
                        452, 475
Produkterfahrungen 31
Produktfehlentwicklung 109, 483
Produktgestaltung 43
Produkthitlisten 450
Produktideen 39, 452, 478, 483
Produktinnovation 81, 475, 507
Produktinteressen 447
Produktionskapazitäten 492
Produktionsprozess 47
Produktkatalog 465

Produktknappheit 452
Produktkonfigurator 492
Produktneuheit 269
Produktpolitik 74
Produktpositionierung   46, 81, 85, 109, 479
Produktpräsentationen 458
Produktprobe 159
Produktstorys 459
Produkttester 454
Produktverbesserung 159
Produktvergleiche 509
Produktverpackung 507
Produktwerbung 269
Professionalität 69, 388
Profil 263, 276
Profilarten 276
Profilbeschreibung 364
Profilbild 160
Profileinstellungen 369
Profilinformationen 364
Profilname 352
Projektinitiator 499
Projektmanagement 181
Projektunterstützer 499
Promoted Accounts 256
Promoted Media 56
Promoted Trends 256
Promoted Tweets 256
Prosumenten 27, 180, 494
Public Relations 41, 179, 230, 244
    Investor Relations 38
    Online Relations 41
Publikum 270, 341
Pull-Marketing 44
Pull-Prinzip 44
Punktesystem 163
Push-Marketing 44

Q

QR-Code 407–408, 433
    erstellen 410
    für Events 409–410
    für Informationen 409
    Generator 410
QR-Code-Kampagne 408
Qualität der Beiträge 283

533

Qualitätsmanagement 178
Qualitätssicherung 164
Qualitätsverbesserung 177

R

Ranking 40, 159, 233, 262, 323, 340–341
Rautezeichen (#) 241
Reach 144
Reaktion 68, 151
Reaktiver Ansatz 84
Realtime Search 42
Recherche 263
  online/offline 448
Recherchestationen 447
Recht am eigenen Bild 150
Rechtevergabe 190
Rechtsanwalt 150
Rechtsrat 495
Rechtstipp 61, 95, 99, 132, 142, 149–150, 152, 157, 160, 164, 176, 189, 193, 196, 198–199, 210, 212–213, 217, 219, 224, 233, 236, 238–239, 247, 252, 265, 281, 292, 296, 341, 343, 348, 363, 368–369, 371, 376, 390, 395, 407, 434, 465, 472, 492
Recommended Tags 381
Redaktionsplan 42, 45, 82, 90, 96, 219, 245, 283
Redaktionsteam 283
Reddit 387
Registrierung 158, 338, 342
  auf Facebook 276
Reichweite 33, 37, 39, 54, 63, 73, 120, 144, 183, 209, 266, 269, 279, 298, 304, 339–342, 351, 369, 385, 387, 389, 424
  höhere 362
  Ihrer Inhalte 386
Relevanz 382
Reputation 164, 454
Reputation Management 158
Reputationskrise 44, 64–65, 194
Reputationspflege 283
Reputationsschaden 61–63, 102, 113, 247, 309
Reputationsservice 150

Return on Investment
  → *ROI*
Retweet (RT) 232, 240
Revenue per Like 120
Revenue per Share 120
Rezensionen 447
Reziprozität 456
RFID 441
Ritter Sport 196
Roboterbeitrag 281
ROI 58, 121, 131, 462
  Return on Influence 59, 131
  Risk of Ignoring 58
ROPO-Effekt 399, 442, 451
RSS-Feed 182, 218, 281, 379, 392
Ruf 145, 147–148, 188
Rufschädigung 64, 95

S

Sampling 454
Schadensersatzansprüche 495
Schlagwörter 348, 350, 362, 364–365, 380, 385
Schneeball, Buschbrand & Co. 267
Schneeballeffekt 68, 385
SchülerVZ 319
Schwarmintelligenz 476
Scribd 389, 391
Search Engine Optimization
  → *SEO*
Second Screen 256
Self-Hosting 207
Selfie 374
Sentiment 144, 151, 257
  negative 257
  neutrale 257
  positive 257
Sentiment Ratio 119
SEO 154, 340, 350
  Bilder 363
SEO-Texten 216
SEO-Tools 210
Servicemangel 193
Servicequalität 120
»Share it«-Button 339
»Share it«-Funktion 416

534

Share of Voice (SoV) 59, 119, 144, 257
Share-Button 296
Shared Media 56
»Share«-Funktion 209
Shitstorm 60, 65, 113, 143, 256
   Tipps 115
Shopbetreiber 447
Showrooming 399
Sicherheit 450
   geben 450, 463
Sichtbarkeit 167, 266, 362, 369,
                    380, 387, 389
   der Seite 279
   des Videos 351
Sinnstiftung 499
Sinus-Milieus 75
Skeptiker 137
Skittles-Effekt 227
SlashDot-Effekt 378
Slideshare 388–389
Smartphone 165, 344, 376, 397
Smartphone-Anbieter 415
Smartphone-App 140
Smartsurfer 401, 405–406, 408
Smartwatches 506
Snapchat 373
Social Ads 506
Social Bookmarking 350, 376, 378, 380
   Account 379
   Dienste 377
   Portal 378
   Services 378, 380
Social Brand 507
Social Commerce 41, 47, 73, 443
   Empfehlungssysteme 471
   Fazit 472
   Friends Store 463
   Gewinnspiele 459
   Konzept 472
   Prinzipien 449
   Rabattaktionen 459
   Rechtstipp 472
   Social Shopping 445
   Umsatz per Like 462
   YouTube-Shopping 470
   Ziele 447
Social CRM 38
Social Games 266
Social Graph 261

Social Layer 310
Social Media 27
   Aggregator 226
   Aktionen 130
   Aktivitäten 46, 106
   Ausblick 503
   Begriff 27
   Berater 95
   Best Practice 111
   Brandsphere 56
   Content 233
   Dashboard 137
   Effekt 382
   Engagement 85–86, 88–89,
                   123, 270, 459
   Erfolg 89
   Features 442
   Floskeln 100
   Guidelines 42, 70, 84, 96, 193
   Icon 285
   Inhalte 40
   Kampagnen 122, 143
   Kanäle 29, 38, 50
   Kennzahlen 119, 143
   Know-how 89
   Kommandozentrale 29
   Kommunikation 28, 41, 43, 87, 101,
                  162, 184, 247
   Kompetenz 28, 96, 106
   Konzept 88
   Koordinator 89
   Long Tail 47
   Manager 88, 100
   Marketing 45, 196
   Marketingmix 47
   Monitoring 47, 129, 159
   Newsroom 47, 138, 224
   Nutzertypen 75, 107
   Planner 270
   Plattformen 339
   Präsenz 285
   Prinzipien 444
   Prisma 77
   Profile 140
   Publikum 270
   Stil 87–88
   Strategie 42, 73–74, 82, 87,
                 128–129, 340
   Tools 28–29, 106

535

Social Media (Forts.)
User 51, 75, 106
Zentrale 179
Ziele 74, 76
Social Media Controlling 87, 118
Social Media Guidelines 283
Social Mention 134–135
Social News 385–386
Beitrag 340
Dienste 378, 384
Seiten 384
Services 387
Social Plugins 460–461
Social Search 40, 262, 505
Social Sharing 337–338
Social Shopping 444, 446
Social Web 28, 492
Social-Link-Service 382
Social-News-Dienste 376
SoLoMo-Commerce 473, 509
Soundcloud 320
Soziale Interaktion 261
Soziale Nachrichten 384
Soziale Netzwerke 51, 261
Statistik 262
Stellenwert 261
Sozialer Aspekt 50
Sozialer Verkauf 460
Spam 70, 160, 213
Spam-Filter 267
Spammer 162
Spotify 321
Sprachrohr 259
Sprachzielgruppen 303
Stakeholder 500
Stammkunden 104
Standortbestimmung 304
Statistiken 428
Statusmeldungen 239
Stayfriends 318
Stellungnahme 152, 194
Stickiness-Faktor 345
Stimmungsbarometer 119–120
Storefront 465
Storytelling 50, 507
Strategie definieren 74
Strategiekonzept 82, 84
Strategische Markenführung 85

Stream 239, 294
Streisand-Effekt 60, 103, 152
Streuverlust 269, 297, 355
StudiVZ 319
StumbleUpon 382
Suchauftrag 326
Suchbegriffe 324
Suchergebnis 31, 261, 338
Suchfunktion 163
Suchmaschinen 40, 47, 155, 159, 184,
261, 338, 340, 351, 375, 447
Suchmaschinenoptimierung 158,
210, 350
Suchmaschinenranking 159, 200
Suchmaschinenrelevanz 362
Suchwort 343
Suggest 353
Sympathie 131, 163

T

Tablet
als Werbemittel 419
für Produktpräsentationen 419
interaktive Werbung 420
Videowerbung 419
Tablet-Marketing 418
Tablet-PC 398, 418–419, 509
Tagcloud 210
Tags 350, 353–354, 370, 380–381, 385
Talkwalker 133
Targeting 42, 297, 354, 507
Behavioral Targeting 42
für Werbeanzeigen 269
Teaser 471
Testaccount 77
Testercommunity 454
Testimonials 450, 459
Themenkompetenz 263
Titel 350, 376
TNS Infratest 447
Tools 341
Top-down-Prozess 43
Topic Trends 119
Topsy 136
Trackback 198
Tracking-Tool 217

Traffic 157–158, 164, 215, 283, 295, 298, 340, 342, 366, 378, 460, 462
Transmedia 50
Transparenz 185, 231, 326, 487
Trend Graph 161
Trends 143
Trendscouting 231
TripAdvisor 175
trnd 456
Troll 64
Tryvertising 454
Tumblr 205, 373
Tweet 240
TweetDeck 140, 249, 251
Tweets löschen 253
Twittagessen 259
Twitter 229
   Aktionen 254
   Anwendungen 249
   Biografie 240
   Channel 231
   Charts 242
   Corporate Twitter 247
   Dell 254
   Deutsche Bahn 245
   Erfolgsmessung 256
   Fake-Account 235
   Filter 249
   Gespräch 242
   Gewinnspiel 255
   Jobaccount 245
   Kategorien 243
   Konto 237
   kostenloses Monitoring 258
   Listen 241
   Monitoring 257
   Schulung 245, 247
   SPAR Österreich 245
   Suche 234
   Suchmaschine 136
   Support 235–236, 254
   Tipps 249
   Tools 249, 252
   Trends 242
   Tweet-Button 457
   Twitterern folgen 242
   User 230

Twitter (Forts.)
   Verkaufs-Channel 254
   Werbung 255
Twitter-Gemeinde 259
Twitter-Meldungen 242
Twitter-Metriken 256
   Cost per Engagement 256
   Cost per Follower 256
Twitterversum 243
Twittwoch 259
TYPO3 202

U

Überwachungsradar 431
UGC
   → User Generated Content
Umfragen 280
Umsatz per Like 462
Umsatz steigern 283
Unikat 492
Unique Active User 82
Unternehmens-App 416
Unternehmensblog 190
Unternehmensbotschafter 92, 132
Unternehmenseintrag 171
Unternehmenshierarchie 192
Unternehmensinformationen 337
Unternehmenskommunikation 67, 87, 97, 106, 191, 243
Unternehmenskultur 69, 86, 113
   partizipative 86
Unternehmensphilosophie 109, 193
Unternehmensprofil 326, 333
Unternehmensreputation 73
Unternehmensstrategie 406
Unternehmensstruktur 191
Updatedichte 282
Urheberrecht 61, 96, 495
URL-Verkürzer 240
Ursprungsbeitrag 160
Usability 223
Usenet 155, 263
User Generated Content 28, 165, 226, 375, 490
   Kampagnen 368
Usermeinungen 159

V

Vanity-URL	285
Verbraucherkritik	62, 65
Verbraucherstimmen	450
Verbrauchsgüter	446
Verkaufs-Channel	452
Verkaufserfolg	469
Verkaufskanal	35, 41, 80, 131, 323
Vertrauen	
schaffen	465
Vertrauensbasis	38
Vertrieb	81
Vertriebskanal	44
Verweildauer	275
der User	266
Video	337, 339, 376
Videoabspann	346
Videoaufrufe	356
Videobeschreibung	376
Videoblog	395
Videobotschaft	344
Videocast	394
Videoeinträge	350
Videoempfehlungen	353
Videoergebnisse	350
Videoinhalte	344
Videokünstler	358
Videomarketing	348
Videoplattformen	340, 342
Videopodcasts	393
Videoportale	338
Videoprofis	358
Videos bekannt machen	354
Video-Seeding	345, 347–348
Video-SEO	349
Videoshopping	50
Video-Sitemap	350
Videostatistiken	356
Videotitel	353
Videoupload	342, 376
Videozentrale	351
Views	347
Vimeo	358
Virale Inhalte	267
Virale Kampagne	344
Virale Verbreitung	267, 344
Virale Videos	343–344
Viraler Effekt	267, 346
Virales Marketing	39, 60, 73, 120, 348
Virtuelle Verteiler	264
Virtuelle Visitenkarte	329
Virtuelle Welt	264
Virtueller Marktplatz	273
Virus	344
Visitenkarte	202
Vodcasts	393
Voting-Systeme	342
VZ-Netzwerk	319

W

Wahrheit	166
Warenkorb	462
Wearables	506
Web 2.0	27, 43, 263
Weblog	181
Webmarketing	299
Webmonitoring	129
Website-Besucher	340
Websites	200–201, 269, 337
Weisheit der Vielen	28, 477, 489
Weiterempfehlungen	344–345
Werbeanzeigen	298–299
zielgruppengerechte	275
Werbeanzeigen-Tool	298
Werbebotschaft	44, 49, 343
Werbefinanzierung	418
Werbekampagne	479
Werbespot	346, 470
Werbeumgebung	42
Werbewirkung	40
Werbung	42, 269, 354, 477
interaktive	418
kostenlose	454
personalisierte	463
Targeting	506
wer-kennt-wen.de	319
Wettbewerbsrecht	348
Wettbewerbsvorteil	404
WhatsApp	373
Widgets	138, 280
Wikipedia	28, 476, 502
Wikitude	439
Win-win-Situation	488
Wissensmanagement	181, 476
WKW	319

WordPress 201, 206
   Dashboard 202
   Installation 201, 207
   Jetpack 209
   Plug-ins 209
   Themes 208
Worst-Case-Szenario 108, 227

X

XING 49, 92, 321–322
   Event 330
   Gruppen 328, 330
   Recruiter-Mitgliedschaft 329

Y

Yelp 170
YouTube 339, 350, 376
   Account 376
   Channel 351
   Insights 356
   Konto 352

YouTube (Forts.)
   Kontoname 351
   Shopping 470
   Sperren 98
   Startseite 354
   Suche 354
   Video 287, 338, 340, 351
   Views 267
   Youtique 471

Z

Ziele
   qualitative 81, 121, 343
   quantitative 81–82
Zielgruppe 35, 37, 42–43, 47, 74, 156,
           159, 183, 340, 347, 362, 366, 499
Zielgruppenanalyse 42, 75–76, 130, 405
Zielgruppeneinschränkung 298
Zielgruppenengagement 119
Zielgruppenkommunikation 303
Zielgruppenspezifische Anzeigen 42
Zielpublikum 345
Zufriedenheits-Score 119–120

- Website-Content verstehen und effizient einsetzen

- Mehr Reichweite mit dem passenden Content-Mix

- Essenzielles Texter-Wissen: von SEO über Online-PR bis zur Produktbeschreibung

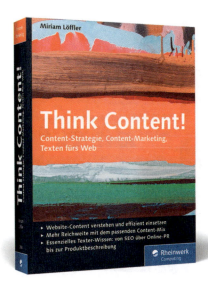

Miriam Löffler

Think Content!
Content-Strategie, Content-Marketing, Texten fürs Web

Content-Marketing ist eines der großen Zukunftsthemen der Branche. Lernen Sie, wie Sie erfolgreiche Content-Strategien für Ihr Online-Unternehmen entwickeln, Content-Strategien für Webseiten erfolgreich planen und umsetzen und erhalten Sie Ideen und Anregungen für effizientes Content-Marketing und spannende Umsetzungen - mit Lösungen für B2B und B2C. Dabei kommt auch das notwendige Rüstzeug nicht zu kurz. Unser Buch wird Ihnen helfen, qualitativ hochwertige Webtexte zu erstellen und Sie erfahren zudem, was ein guter Webtexter leisten muss und wie Sie den wirtschaftlichen Wert guter Text erkennen können.

627 Seiten, broschiert, 29,90 Euro
ISBN 978-3-8362-2006-4
erschienen Februar 2014
www.rheinwerk-verlag.de/3251

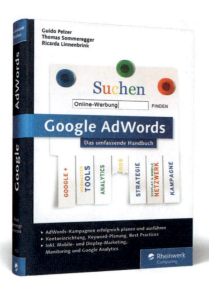

- Planung, Strategie und Durchführung einer erfolgreichen Google AdWords-Kampagne

- Kontoeinrichtung, Keyword-Planung, Best Practices

- Inkl. Mobile und Display Marketing, Monitoring und Auswertung

Guido Pelzer, Thomas Sommeregger, Ricarda Linnenbrink

Google AdWords
Das umfassende Handbuch

Nutzen Sie alle Möglichkeiten von Google AdWords, um zielgruppengenaue Werbung zu schalten. Sie lernen, wie Sie gute Keywords finden und erfolgreiche Anzeigen schalten. Von der Kampagnenplanung, der Zusammenarbeit mit Google Analytics bis hin zum Monitoring und Reporting haben Sie mit diesem Buch ein umfangreiches Kompendium zur Hand, das Sie in jeder Phase unterstützt. Unser Autoren-Team zeigt Ihnen alles, was Sie für die Durchführung einer erfolgreichen AdWords-Kampagne benötigen.

757 Seiten, gebunden, 34,90 Euro
ISBN 978-3-8362-2122-1
erschienen Februar 2015
www.rheinwerk-verlag.de/3320

Versandkostenfrei bestellen: www.rheinwerk-verlag.de

- Implementierung, Analyse, Optimierung

- Aufbau eines Webanalyse-Systems

- Inkl. Google AdWords-Integration und Webmaster Tools

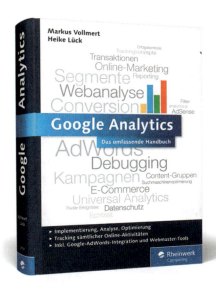

Markus Vollmert, Heike Lück

Google Analytics
Das umfassende Handbuch

Mit Google Analytics steht Ihnen eines der leistungsfähigsten Webanalyse-Tools kostenlos zur Verfügung. Lernen Sie mit diesem Buch, wie Sie die vielfältigen Funktionen nutzen und sie professionell einsetzen können. So erhalten Sie z.B. Hilfestellung dabei, wie Sie Ihr Webanalyse-System konzipieren und strukturieren sollten. Sie erhalten zudem Beispiele für eine optimale Implementierung und ein erfolgreiches Monitoring all Ihrer Online-Aktivitäten. Damit können Sie aussagekräftige Berichte generieren, um Ihre Website und Ihre Online-Marketing-Aktivitäten zu optimieren. Inkl. Google Webmaster Tools und Google AdWords-Integration.

679 Seiten, gebunden, 39,90 Euro
ISBN 978-3-8362-2731-5
erschienen April 2014
www.rheinwerk-verlag.de/3520

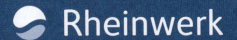

- Grundlagen, Funktionsweisen und strategische Planung

- Onpage- und Offpage-Optimierung für Google und Co.

- Erfolgsmessung, Web Analytics und Controlling

Sebastian Erlhofer

Suchmaschinen-Optimierung
Das umfassende Handbuch

Das Handbuch zur Suchmaschinen-Optimierung von Sebastian Erlhofer gilt in Fachkreisen zu Recht als das deutschsprachige Standardwerk. Es bietet Einsteigern und Fortgeschrittenen fundierte Informationen zu allen wichtigen Bereichen der Suchmaschinen-Optimierung. Verständlich werden alle relevanten Begriffe und Konzepte erklärt und erläutert. Neben ausführlichen Details zur Planung und Erfolgsmessung einer strategischen Suchmaschinen-Optimierung reicht das Spektrum von der Keyword-Recherche, der wichtigen Onpage-Optimierung Ihrer Website über erfolgreiche Methoden des Linkbuildings bis hin zu Ranktracking, Monitoring und Controlling.

915 Seiten, gebunden, 39,90 Euro
ISBN 978-3-8362-2882-4
7. Auflage 2014
www.rheinwerk-verlag.de/3611

Das gesamte Buchprogramm: www.rheinwerk-verlag.de